AF211113

„Ohne Bürgerbeteiligung sind wir nichts als Marionetten in einem Theater, das nicht unser eigenes ist. Mit ihr aber sind wir Schauspieler auf der Bühne des Lebens, fähig, unsere Rollen zu wählen und unser eigenes Stück zu inszenieren."

*ChatGPT*

Jörg Sommer (Hg.)

# Kursbuch Bürgerbeteiligung #5

Bibliographische Informationen der Deutschen Nationalbibliothek: Die Deutsche Nationalbibliothek verzeichnet diese Publikation in der Deutschen Nationalbibliographie; detaillierte bibliographische Daten sind im Internet über: https://portal.dnb.de/opac.htm abrufbar.

Jörg Sommer (Hg.): Kursbuch Bürgerbeteiligung #5

Redaktion: Jörg Sommer, Raphael Seifen, Tamy Beyeler, Laura Leißner

Redaktionsassistenz: Luka Foellmer, Alexander Iwan, Anna-Lena Klebinger

Autor*innen: Thomas Bäumer, Ralf-Uwe Beck, Christiane Benner, Elias Brandenberg, Wiebke Brink, Uta Bronner, Albertus Bujard, Christine Dörner, Fabian Eisenbarth, Jan Engelhardt, Christoph Ewen, Katrin Gliemann, Anna Grebe, Frieder Hartung, Sonja Haug, Ulla Herlt, Christoph Jessen, Anke Kaschlik, Eva Konieczny, Felix Krebber, Eva Krick, Daniela Kuzu, Sarah Lang-Lehmann, Corinna Metz, Patrick Müller, Moritz Müller, Tobias Nägeli, Sybille Neuß, Peter Nothbaum, Andreas Paust, Uwe Pfenning, Susanne Pickel, Nóra Regös, Hannah Reinbold, Dominik Ringler, Norbert Rost, Viviane Schachler, Joana Julie Scheppe, Jürgen Scheurer, Simon Schmidbauer, Peter Schraeder, Franca Schreiber, Gesine Schwan, Christian Schwöbel, Hanna Seydel, Christina Simon-Philipp, Tobias Stapf, Toralf Stark, Sarah Straub, Taissiya Sutormina, Simone Tosson, Hendrik Trescher, Dimitrij Umansky, Silke L. Voigt-Heucke, Maike Weißpflug, Katherin Wagenknecht, Fabienne Wehrle, Sandro Witt, Andreas Zeuch, Michael Zschiesche, Katharina Zuegel

Buchgestaltung: Celin Sommer (deinedesignerin.de)

Verlag: Republik Verlag, Greifswalder Str. 4, 10405 Berlin, kontakt@republik-verlag.de

Internet: www.kursbuch.info

Herstellung: BoD – Books on Demand, Norderstedt

ISBN: 978-3942466-60-8

Das Buch bemüht sich um eine gendersensible Sprache. Dazu wird an Wortendungen mit Personenbezug, ausgenommen Anglizismen, ein Genderstern verwendet, um zu verdeutlichen, dass sich die Ausführungen der Autor*innen stets gleichermaßen an alle Geschlechter richten.

# Inhalt

## 1. Chancen und Risiken von Beteiligungsprozessen

## 2. Etablierung und Verstetigung von Bürgerbeteiligung

## 3. Handlungsfeld Kommune

# 4. Beteiligung von unterrepräsentierten Gruppen

# 5. Partizipation in der Arbeitswelt

# A. Anhang

# Vorwort

Als 2015 das erste KURSBUCH BÜRGERBETEILIGUNG erschien, erwarteten viele eine Art Nischenpublikation. Doch zahlreiche kompetente Autorinnen und Autoren aus Wissenschaft, Praxis und Politik präsentierten auf über 500 Seiten einen umfassenden Überblick über den Stand der Bürgerbeteiligung in Deutschland. Interessierten Leserinnen und Lesern bot sich ein eindrucksvolles Bild über den erstaunlichen Umfang und die einzigartige Vielfalt der Beteiligung.

Diese Vielfalt und die damit verbundenen Erfahrungen und Lernkurven bilden die Grundlage für die seitdem regelmäßig erscheinenden Folgebände.

Auch in der vorliegenden fünften Ausgabe des KURSBUCH BÜRGERBETEILIGUNG setzt sich diese Mischung aus offenen Praxisberichten, empirischen Erkenntnissen, theoretischen Analysen und innovativen Projekten fort.

Ralf-Uwe Beck hinterfragt den aktuellen Trend zu Bürgerräten. Seine Kritik: Mitunter werden sie überhöht und es wird der Anschein erweckt, als ließen sich mit ihnen die Lücken bei der Bürgerbeteiligung und im demokratischen System stopfen. Ich selbst untersuche die Theorie und nicht unkomplizierte Praxis der sogenannten „Zufallsauswahlen", die meist weit weniger zufällig sind, als wir glauben. Eva Krick erklärt typische Schwächen von losbasierten Bürgerräten und unterbreitet Vorschläge zum Umgang damit.

Christoph Ewen stellt das Format sogenannter Planspiel-Dialoge als Alternative zu traditionellen Anhörungsverfahren vor, Andreas Paust präsentiert ein Modell zur Gestaltung von Wirkungsversprechen in der Bürgerbeteiligung. Christoph Jessen reflektiert die Frage, wie bei umfangreichen Großprojekten Interesse und Beteiligung oft über Jahre hinweg erhalten werden kann. Pfadabhängigkeiten in langfristigen Partizipationsprozessen beschreiben Maike Weißpflug, Christian Schwöbel, Katherin Wagenknecht und Ulla

Herlt anhand der Öffentlichkeitsbeteiligung bei der Endlagersuche für hochradioaktive Abfälle in Deutschland.

Die Dialoginitiative „Deutschland spricht über 5G" führt Bürgerdialoge zu Mobilfunk und 5G-Ausbau, um aufzuklären und damit den Menschen Bedenken gegen die Digitalisierung und technische Veränderungen zu nehmen. Warum wir dabei manchmal auch die Demokratie schützen, erzählt Sybille Neuß. Jürgen Scheurer diskutiert Chancen und Risiken von Online-Bürgerbeteiligungsformaten bei Energiewendeprojekten.

Simone Tosson, Toralf Stark und Susanne Pickel analysieren beispielhaft das Bürgerbudget der Stadt Augustusburg. Nóra Regös, Albertus Bujard und Fabian Eisenbarth berichten über die Erfahrungen mit 10 Jahren Leitlinien für mitgestaltende Bürgerbeteiligung in Heidelberg. Aus Frankreich berichtet uns Katharina Zuegel über die zunehmende Institutionalisierung der Bürgerbeteiligung in den Gemeinden.

Bürgerbeteiligung kann tiefer gehen als Info-Veranstaltungen, Dialoge oder Meinungsabfragen erwarten lassen. Bürger*innen können selbst die Stadt gestalten. Wie solche Bürgerprojekte entstehen können, hat Dresden im Rahmen des Zukunftsstadt-Städtewettbewerbs erprobt und dabei wertvolles Prozess- und Methodenwissen sowie allerlei Beteiligungsartefakte generiert, wie Norbert Rost berichtet.

Über die Landesgrenzen hinweg geht der Blick von Elias Brandenberg, Anke Kaschlik, Tobias Nägeli. Sie betrachten die Partizipation in der Stadtentwicklung in Deutschland und der Schweiz und stellen ein Modell vor, mit dem diese nachhaltig verbessert werden kann. Das Zusammenwachsen im Quartier durch Beteiligung, Engagement und Vernetzung ist Thema von Christine Dörner, die uns auf den Weg in eine „Caring Community" mitnimmt.

Frieder Hartung, Hannah Reinbold, Christina Simon-Philipp setzen sich mit der Stärkung von Stadt(teil)zentren durch partizipativ getragene Projekte auseinander. Sie gehen der Frage nach, wie Engagement und Kooperationen erfolgreich gefördert werden können und welche Wege es zur Verstetigung bürgergetragener Projekte gibt.

Eher „große" Themen stehen im Mittelpunkt des Beitrages von Michael Zschiesche. Er ordnet neueste empirische Daten zur Inanspruchnahme der Öffentlichkeitsbeteiligung in verschiedenen Beteiligungssektoren in Deutschland ein. Gesine Schwan stellt Kommunale Entwicklungsbeiräte als wirksame Bürgerbeteiligung in der repräsentativen Demokratie vor.

Sarah Lang-Lehmann, Joana Julie Scheppe, Thomas Bäumer, Patrick Müller und Uta Bronner präsentieren wesentliche Erkenntnisse und Herausforderungen für die Verstetigung von Bürgerbeteiligung in der Praxis sowie konkrete Maßnahmen für Prozessgestaltende.

Partizipation in der Wissenschaft steht im Fokus des Beitrages von Moritz Müller, Wiebke Brink, Silke L. Voigt-Heucke und Fabienne Wehrle. Sie diskutieren gegenwärtige Debatten und Entwicklungen im Feld Citizen Science und schätzen die Chancen auf eine Etablierung partizipativer Forschung im Wissenschaftssystem ein. Uwe Pfenning untersucht die Möglichkeit einer Verstetigung von Bürgerbeteiligung durch Verwissenschaftlichung.

Dimitrij Umansky stellt Leitfragen vor, anhand derer individuelle, aber hochwertige Beteiligungsprozesse gestaltet werden können. Corinna Metz und Sarah Straub befassen sich mit der Frage, wie ein gemeinsamer Verständigungsrahmen für die unterschiedlichen Stakeholder*innen in Partizipationsprozessen geschaffen werden kann. Um Verständigung geht es auch in der neuen PR-Ethik-Richtlinie ‚Bürgerbeteiligung und Kommunikation', die Felix Krebber analysiert.

Gleich mehrere Beiträge beschäftigten sich mit der Partizipation von oft unterrepräsentierten Gruppen. Die Betriebliche Mitbestimmung in Werkstätten für Menschen mit Behinderungen betrachtet Viviane Schachler. Hendrik Trescher und Peter Nothbaum untersuchen die größten Partizipationsbarrieren von Menschen mit Behinderung in Deutschland. Eva Konieczny stellt Rahmenbedingungen vor, die es zur gleichberechtigten politischen Teilhabe von Betroffenen braucht.

Die Umsetzung von Beteiligungsrechten, wie sie in der UN-Kinderrechtskonvention von 1989 garantiert werden, erfolgt in Deutschland auf kommunaler Ebene. In der Pflicht stehen Politik und Verwaltung, die eine geeignete Strategie entwickeln müssen, um Kinder und Jugendliche den rechtlichen Grundlagen und der kommunalen Praxis entsprechend an allen Belangen, die sie betreffen, zu beteiligen. Anna Grebe und Dominik Ringler fragen, wie eine solche Strategie entwickelt werden kann und welche Fragen sich eine Kommune stellen muss, um Beteiligung strukturiert und nachhaltig zu denken. Daniela Kuzu präsentiert ergänzend innovative und ansprechende Beteiligungsmöglichkeiten für Kinder und Jugendliche auf kommunaler Ebene.

Sonja Haug und Simon Schmidbauer befassen sich mit dem Spannungsfeld der politischen Beteiligung im Migrationskontext vor dem Hintergrund der Partizipation von unterrepräsentierten Gruppen. Die Partizipation von migrantischen Online-Communitys haben Taissiya Sutormina und Tobias Stapf untersucht. Katrin Gliemann und Hanna Seydel erklären uns, warum Migrationsgeschichte als Indiz für Beteiligungsferne unzureichend ist. Peter Schraeder zeigt als eine Möglichkeit auf, wie Online-Wahlen zur Partizipation bestimmter Bevölkerungsgruppen beitragen können.

Ein eigener Abschnitt des Buches widmet sich den Perspektiven der Partizipation in der Arbeitswelt. Andreas Zeuch erklärt, wie Organisationen Nachhaltigkeit und Demokratie zugleich entwickeln können. Franca Schreiber stellt das neue Bildungsangebot des Landtags Rheinland-Pfalz für Unternehmen vor. Darin setzen sich Auszubildende und Führungskräfte gemeinsam mit Fragen zu Demokratie in der Wirtschafts- und Arbeitswelt auseinander. Das Programm will ein Bewusstsein dafür schaffen, dass Unternehmen einen wichtigen Beitrag zur Stärkung der Demokratie leisten können. Sandro Witt berichtet, wie selbstbewusste Belegschaften unsere Demokratie stabilisieren und was die Entwicklung von betrieblicher Demokratiekompetenz damit zu tun hat.

Demokratische Beteiligungsinstrumente in Unternehmen sind relevant für lebendige demokratische Strukturen und der Akzeptanz von gesellschaftlicher wie wirtschaftlicher Transformation. Die Beteiligung von Beschäftigten kann die anstehenden wirtschaftlichen Veränderungen im Sinne der Beschäftigten gestalten und damit auch die demokratische Resilienz der Gesellschaft stärken. Davon sind Christiane Benner und Jan Engelhardt überzeugt.

Auch diese Ausgabe des KURSBUCH BÜRGERBETEILIGUNG bietet uns letztlich wieder eine Vielzahl interessanter Impulse namhafter Autor*innen aus Politik, Wissenschaft und Beteiligungspraxis.

Ich bedanke mich bei allen Autor*innen, Redaktionsmitgliedern und sonstigen Unterstützer*innen sowie ganz besonders bei den Mitarbeitenden des Berlin Institut für Partizipation für die produktive Zusammenarbeit.

Wir alle haben wieder einmal viel gelernt. Ein Nebeneffekt, der in nahezu allen gelungenen Partizipationsprozessen immer wieder auftritt und der mit zu der Einschätzung beiträgt:

Beteiligung lohnt sich. Immer.

Herzlichst,

Jörg Sommer

*Herausgeber des KURSBUCH BÜRGERBETEILIGUNG,*
*Gründungsdirektor des Berlin Institut für Partizipation*

# Chancen und Risiken von Beteiligungsprozessen

Ralf-Uwe Beck

# Bürgerräte und Missverständnisse – Ein kritischer Einwurf

*Losverfahren sind in aller Munde, Bürgerräte haben Konjunktur – und ihre Berechtigung. Mitunter aber werden sie überhöht und es wird der Anschein erweckt, als ließen sich mit ihnen die Lücken bei der Bürgerbeteiligung und im demokratischen System stopfen. Die Missverständnisse, die sich um Bürgerräte ranken, lenken von eigentlichen Aufgaben der Demokratieentwicklung ab. Da heißt es: genau hinsehen.*

Bürgerräte haben den Anspruch, einen repräsentativen Querschnitt der Bevölkerung zu versammeln. Dafür werden Menschen, die bereit sind, sich auf ein solches Verfahren einzulassen, so lange ausgelost, bis dieser Querschnitt erreicht ist. Diese Repräsentativität kann sonst kein Beteiligungsformat einlösen. Das macht die Bürgerräte so besonders. Deshalb könnten Regierung oder Parlament, wenn sie einen Bürgerrat einberufen, einigermaßen verlässlich ermitteln, wie die Bevölkerung über ein Problem denkt und welche Lösungen sie akzeptieren würde. Ein Bürgerrat kann also den Diskurs bereichern, kann Blockaden in der Auseinandersetzung zwischen Politik und Bevölkerung lösen und – wenn die Ergebnisse ernst genommen werden – zu notwendigen politischen Entscheidungen ermutigen, im Idealfall sogar für bessere politische Entscheidungen sorgen.

Je überzeugender Bürgerräte als Ratschlag sein mögen, umso häufiger und lauter wird nach ihnen gerufen. In dieser Begeisterung werden sie mitunter als Allheilmittel für die Schwächen des parlamentarischen Systems missverstanden. So wird der Eindruck vermittelt, mit Bürgerräten ließe sich erreichen, was mit einem Ausbau der Bürgerbeteiligung und der direkten Demokratie einzulösen ist: Jeder Mensch soll die politischen Entscheidungen, die

*Potentiale von Bürgerräten*

ihn betreffen, beeinflussen können. Jeder Mensch, nicht nur eine – wenn auch repräsentative – Gruppe. Die Überhöhung der Bürgerräte könnte also der eigentlichen Aufgabe das Wasser abgraben, sich diesem Versprechen der Demokratie zu nähern. Es gilt deshalb, den Überhöhungen zu widersprechen.

## Missverständnis 1: Bürgerräte stärken die Demokratie

Menschen, die an Bürgerräten teilnehmen durften, äußern sich beglückt und bewegt: Mit anderen ins Gespräch zu kommen, denen man sonst aus dem Weg geht, bereichert. Zu erleben, dass die eigene Meinung zählt, beflügelt. Folgerichtig wünschen sie sich „Bürgerräte für alle" oder geben sich erleichtert: „Unsere Demokratie lebt doch noch" (Mehr Demokratie 2021: 23). Sie stilisieren die Bürgerräte damit zur Messlatte für die Demokratie selbst. Menschen, die an Bürgerräten teilgenommen haben, können authentisch für Bürgerräte eintreten, aber Kronzeugen für eine lebendige Demokratie sind sie damit noch lange nicht. Denn wie es um die Demokratie bestellt ist, entscheidet sich daran, ob und wie alle Menschen sich einbringen können. Es „ist die Annahme plausibel, dass die Einbeziehung von Mini-Öffentlichkeiten in den politischen Prozess zu substantiell besseren Ergebnissen führen würde. Trotzdem hat eine qualitativ hochwertige Deliberation an sich nichts mit Demokratie zu tun" (Lafont 2021: 193f). Dies wäre erst gegeben, wenn der gesamten Bevölkerung angeboten würde, einen ebensolchen Erkenntnisprozess zu durchlaufen wie in einem Bürgerrat, verbunden mit der Option, falls notwendig, auch selbst über die Ergebnisse zu entscheiden. Bis dahin geben Bürgerräte „einen faszinierenden Ausblick auf das, was in einer politischen Gemeinschaft zu einer bestimmten Zeit realistischerweise wohlüberlegte öffentliche Meinung werden kann" (Lafont 2021: 235). Aber eben noch nicht ist. Aussagen, mit Bürgerräten ließe sich die Demokratie stärken, oder vollmundige Slogans wie „Bürgerräte – Demokratie für alle!" führen eher in die Irre, als richtungweisend zu sein. Für eine Stärkung der Demokratie wäre in der Fläche auf Diskurs zu setzen, der wie bei Bürgerräten auf ausgewogenen Informationen basieren

Diskurs für Wenige

und gut moderiert werden sollte. „Das Bekenntnis zur Demokratie besteht einfach in der Einsicht, dass es keine Abkürzungen gibt" (Lafont 2021: 235).

## Missverständnis 2: Bürgerräte gleichen die Mängel der direkten Demokratie aus

Dieser Irrtum hat sich am deutlichsten bei den Grünen festgesetzt. Die Partei hat nach 40 Jahren die direkte Demokratie aus ihrem Grundsatzprogramm gestrichen und ausdrücklich dafür Bürgerräte aufgenommen. Gisela Erler, bis 2021 grüne Staatsrätin für Bürgerbeteiligung in Baden-Württemberg, bringt es am Ende ihrer Amtszeit auf die Formel: „Volksentscheide polarisieren. ... Ein Bürgerrat sucht immer nach Lösungen" (Erler 2021). Hier wird das Gespenst des Populismus der direkten Demokratie angeheftet und den Bürgerräten der Heiligenschein aufgesetzt. Dabei ist die direkte Demokratie durchaus ein Kraut, das dem Populismus gewachsen ist. Bürger- und Volksbegehren versachlichen, laden alle Menschen ein, die gestellte Frage zu diskutieren, verbreitern und vertiefen die Auseinandersetzung. Dies kann durch lange Fristen, die Unterschriftensammlung, die nur auf der Straße möglich ist, durch Alternativen, die mit zur Abstimmung gestellt werden können, und durch ausgewogene Informationen vor einer Abstimmung befördert werden. Dabei zeigt sich, wie plural die Bevölkerung ist. Das homogene Volk jedenfalls, von dem Rechtspopulisten faseln, ist eine Schimäre. Auch für die Schweizer direkte Demokratie, deren Volksentscheide über das Minarettverbot oder die Ausschaffungsinitiativen in Deutschland immer wieder als Beispiele für den Populismusvorwurf zitiert werden, wird das Fazit gezogen: „Die direkte Demokratie ist kein Steilpass für Populist*innen. Im Gegenteil, sie kann die populistische Logik – und deren Erfolg – konstant untergraben" (Stojanovic 2019: 82). Das können Bürgerräte auch, aber eben nur am Besprechungstisch der wenigen Ausgelosten.

Richtig ist, dass Bürgerräte, werden sie in direktdemokratische Verfahren eingebaut, die anti-populistische Wirkung der direkten

**Bürgerräte sind kein Ersatz für direkte Demokratie**

Demokratie verstärken können. Das wäre beispielsweise mit dem Modell aus Oregon möglich: Hier befasst sich ein Bürgerrat mit den Inhalten eines Volksbegehrens und dokumentiert die Diskussion. Das Ergebnis geht dann per Bürgerbrief an alle Stimmberechtigten. Das kann allen helfen, die zur Abstimmung eingeladen sind, also wirklich allen, sich ihre Meinung zu bilden (Stojanovic 2019: 79). Auch ein Bürgerrat, der eine Alternative ausarbeitet, die nach einem erfolgreichen Volksbegehren mit zur Abstimmung gestellt wird, könnte die direkte Demokratie bereichern.

Bürgerräte in Direktdemokratie integrieren

Der Bürgerrat hat bei den genannten Beispielen eine Dienstleistungsfunktion, er kann aber nie und nimmer die direkte Demokratie ersetzen. Wenn die Bürgerräte mit der direkten Demokratie mithalten sollen, müssten sie das Selbst- und Mitbestimmungsrecht aller Menschen stärken. Davon kann keine Rede sein. Der Schweizer Politikwissenschaftler Andi Gross gar sieht Bürgerräte und direkte Demokratie so verschieden wie „Sackhüpfen und Weitsprung".

## Missverständnis 3: Bürgerräte verbinden Bevölkerung und Politik

„Um Vertrauen und Verbindung zwischen Politik und Bevölkerung zu stärken, wird in Deutschland ein vielversprechendes Demokratie-Instrument diskutiert und bereits angewandt: Losbasierte Bürgerräte" (Mehr Demokratie 2021: 4). Das mag sein, pauschal aber stimmt es nicht. Ein Bürgerrat ist durchaus ein Raum, in dem sich Bürger*innen im Kontakt zu Politiker*innen erleben können. Und umgekehrt. Das kann Vorurteile aufweichen und Vertrauen festigen. Aber an einem deutschlandweiten Bürgerrat nehmen nur 0,0002 Prozent der Bevölkerung teil. Die Wahrscheinlichkeit ausgelost zu werden, liegt bei 1:500.000. Bei einem Bürgerrat kommt ein Querschnitt der Bevölkerung zusammen, aber eben nicht die Bevölkerung. Der bleibt nichts anderes übrig, als den Gelosten und dem Beteiligungsprozess ebenso blind zu vertrauen wie den Mandatsträger*innen der parlamentarischen Demokratie. Es könnte sogar sein, dass ein Bürgerrat sich kontraproduktiv auf die Verbin-

Für die Masse der Menschen wird es nie einen Bürgerrat geben

dung zwischen Bevölkerung und Politik auswirkt, dann nämlich, wenn der Bürgerrat alle anderen Bemühungen, die allgemeine Öffentlichkeit zu beteiligen, ersetzt und der Diskurs aus der Öffentlichkeit herausgehalten, also im Bürgerrat bewusst oder unbewusst weggeparkt wird.

Für eine stärkere Verbindung von Bevölkerung und Politik muss ein Bürgerrat rückkoppeln in die Bevölkerung. Das ist bei einem kommunalen Bürgerrat, bei dem es beispielsweise um ein strittiges Projekt geht, das schon lange diskutiert wird und allgemein bekannt ist, gut denkbar. Werden die Empfehlungen umgesetzt und wird das öffentlich wahrgenommen, könnte dies das Vertrauen auch vieler Bürger*innen in die politischen Institutionen tatsächlich stärken. Auf Landes-, mehr noch auf Bundesebene ist das schon schwieriger. Sollen Bürgerräte jedenfalls tatsächlich dazu beitragen, Bevölkerung und Gewählte stärker zu verbinden, ist dies als Aufgabe zu verstehen, die mit einem Bürgerrat noch nicht erfüllt ist, sondern sich auch nach einem Bürgerrat stellt.

## Missverständnis 4: Der Bürgerrat Demokratie bewertet Bürgerräte höher als die direkte Demokratie

Stimmt. Bei dem ersten Bürgerrat auf Bundesebene, den Mehr Demokratie e. V. 2019 zur Demokratieentwicklung veranstaltet hat, haben die Ausgelosten die Forderung nach einer Etablierung von Bürgerräten höher bewertet als die Einführung des bundesweiten Volksentscheids (Mehr Demokratie 2019: 27). Aber daraus die politische Schlussfolgerung zu ziehen, dies sei für die Bevölkerung repräsentativ, ist unlauter. Diejenigen, die hier abgestimmt haben, waren mitten in einem Bürgerrat. Das heißt: 100 Prozent der 160 Ausgelosten haben einen Bürgerrat erlebt, aber nur 35 Prozent von ihnen hatten je die Gelegenheit, die direkte Demokratie zu erleben; 65 Prozent kamen aus Bundesländern, in denen es nie einen Volksentscheid gab. Es ist so, als würde man jemanden auf ein Eis einladen und während der noch schleckt, fragen, ob er regelmäßig ein

Irreführende
Statistik

solches Eis oder doch lieber Granita haben will, was auch kalt und süß ist, aber von dem er oder sie noch nie gehört hat.

## Die Missverständnisse erschweren demokratiepolitische Entwicklungen

Mit solchen Missverständnissen werden Bürgerräte überhöht. Das allein wäre kaum die Aufregung wert. Wird aber gleichzeitig eine Bürgerbeteiligung, die allen Menschen offensteht, vernachlässigt oder gar die direkte Demokratie, mit der sich das Mitbestimmungsrecht für alle Menschen stärken ließe, ausgeblendet, könnten diese Missverständnisse notwendige demokratiepolitische Entwicklungen erschweren.

Zwei Beispiele:

Wolfgang Schäuble, der Schirmherr des Bürgerrates „Deutschlands Rolle in der Welt" nutzt die Bürgerräte für genau diesen Ausfallschritt: „Wir müssen unsere parlamentarische Demokratie zukunftsfähig machen." Dabei könne der Bürgerrat hilfreich sein – „eine Art Kompromiss zwischen einer reinen parlamentarischen Demokratie und einer mit Plebisziten". Schäuble beschreibt treffend den Wert von Bürgerräten vor dem Hintergrund der mangelnden Repräsentanz des Bundestages: „Wenn immer mehr Abgeordnete dieselben Karrieren haben, erst Studium, dann Mitarbeiter bei einem Abgeordneten oder einer Fraktion, dann selber Abgeordneter, dann finde ich das zunehmend bedenklich. Wir brauchen vielerlei Erfahrungen und unterschiedliche Qualifikationen, immer auch neue Impulse – und da sind wir wieder bei den Bürgerräten." Er sei aber „weiterhin kein Freund von Volksentscheiden auf Bundesebene". (Roßmann 2020) „Weiterhin", sagt er, also: nach wie vor. Das Erlebnis von Bürgerräten, die er als artenreichen Ratgeber für die Monokultur im Parlament durchaus schätzen kann, hat ihn nicht dazu gebracht, allen Menschen zuzutrauen und in der Folge zuzugestehen, den politischen Entscheidungsprozess mitzubestimmen. Das Beispiel zeigt, wie Bürgerräte von Parteien und Parlamenten

Bürgerräte als Bremser von Entwicklung?

als Hintertür genutzt werden, um der Forderung nach einem Ausbau der direkten Demokratie zu entkommen.

Annalena Baerbock hat kurz nach ihrer Nominierung als Kanzlerkandidatin der Grünen vorgeschlagen, die Legislaturperiode des Bundestages zu verlängern. Die damit verbundene Einbuße an politischer Einflussmöglichkeit solle mit Bürgerräten ausgeglichen werden (SPIEGEL 2021). Eine Verlängerung der Legislaturperiode von vier auf fünf Jahre würde bei durchschnittlicher Lebenserwartung drei Wahlen weniger bedeuten und damit eben auch drei Mal weniger die Möglichkeit, Bundespolitik beeinflussen zu können. Da wird also am Wahlrecht für die gesamte Wählerschaft gekratzt, die dann darauf hoffen darf, wie bei einer Demokratie-Tombola ein Quäntchen Gestaltungsrecht zurückzugewinnen. Mit anderen Worten: Mit Bürgerräten lassen sich die Einbußen an Gestaltungsmacht auf der Bürgerseite nicht ausgleichen. Eine Verlängerung der Wahlperiode wäre nur akzeptabel, wenn – wie in allen Bundesländern – zwischen den Wahlen die Möglichkeit bestünde, mit der direkten Demokratie Einfluss nehmen zu können. Dafür aber müsste der bundesweite Volksentscheid eingeführt werden, von dem sich die Grünen mit ihrem neuen Grundsatzprogramm 2020 bewusst verabschiedet haben. Was Baerbock vorschlägt, läuft jedenfalls nicht auf mehr, sondern auf weniger Demokratie hinaus.

## Der Zusammenhang von Bürgerräten und direkter Demokratie ist unterbelichtet

Vorstöße, wie die beiden oben zitierten, ignorieren zugleich, dass Bürgerräte die direkte Demokratie als Netz und doppelten Boden brauchen. Besteht die Möglichkeit, mit Bürger- oder Volksbegehren die Empfehlungen eines Bürgerrates, die in einem Bürgergutachten zusammengefasst sind, zur Abstimmung zu bringen, dürfte dies mindestens die Wahrscheinlichkeit steigern, dass Politik und Verwaltung die Ergebnisse eines Bürgerrates ernst nehmen und auch umgesetzt wird, was in Bürgerräten erarbeitet wurde. Diese Verbindung von Bürgerräten und direkter Demokratie war schließlich auch die Voraussetzung für den Erfolg der Citizens' Assembly in Irland 2016, womit schwierige Verfassungsfragen mit einem Bürgerrat vorbereitet und schließlich in einer Volksabstimmung beantwortet wurden.

## Fazit

Wo Bürgerräte mit der direkten Demokratie, also Äpfel mit Birnen, verglichen werden, sollte auf fachliche Genauigkeit Wert gelegt werden. Maßstab muss die Idee der Demokratie sein, wirklich allen Menschen zu ermöglichen, Einfluss auf politische Entscheidungen nehmen und selbst auch mitbestimmen zu können. Zu dem Bestreben, Bürgerräte zu institutionalisieren, gehört die Forderung, die Bürgerbeteiligung, die den Anspruch hat, möglichst die ganze Bevölkerung einzubeziehen, ebenso auszubauen, wie die direkte Demokratie. Die Instrumentarien sind intelligent zu verbinden, aber nicht gegeneinander auszuspielen.

## Literatur

Erler, Gisela (2021): Interview mit der FR am 15.3.2021, https://www.fr.de/politik/buergerraete-sollten-die-normalitaet-werden-90242893.html (Zuletzt aufgerufen am 22.11.2021).

Lafont, Christina (2021): Unverkürzte Demokratie. Eine Theorie deliberativer Bürgerbeteiligung, Berlin 2021.

Mehr Demokratie e. V. (2019): Bürgergutachten Demokratie. Die Empfehlungen des Bürgerrats in Leipzig 13./14. und 27./28. September 2019, Berlin.

Mehr Demokratie e. V. (2019): Losbasierte Bürgerräte in Deutschland, Berlin.

Roßmann, Robert (2020): Wir müssen unsere parlamentarische Demokratie zukunftsfähig machen, Süddeutsche Zeitung, 25.9.2020, https://www.sueddeutsche.de/politik/schaeuble-bundestagspraesident-buergerraete-1.5044696 (Zuletzt aufgerufen am 22.11.2022).

SPIEGEL (2021): Baerbock will Kanzleramtszeit begrenzen, vom 29.4.2021, https://www.spiegel.de/politik/deutschland/die-gruenen-annalena-baerbock-will-kanzler-amtszeit-begrenzen-a-269120a4-be37-40e6-8e17-2c1eb65cb23f (Zuletzt aufgerufen am 22.11.2022).

Stojanovic, Nenad (2019): Direkte Demokratie populismusresistent gestalten, in: Jahrbuch für direkte Demokratie, S. 63-82, S. 82.

Dr. Eva Krick

# Typische Schwächen von Bürgerräten und wie man ihnen begegnen kann

*Ein charakteristisches Element der Beteiligungswende in Deutschland ist die Konjunktur der Bürgerräte, also per Zufallsauswahl zusammengesetzter, dialogorientierter Bürgerbeteiligungsforen. In den letzten Jahren wird dieses Instrument zunehmend auch auf Bundesebene angewandt und auf kommunaler Ebene werden erste Bürgerräte verstetigt. Während die Stärken und Versprechen dieser demokratischen Innovation oft betont werden, sind die potenziellen Schwächen von Bürgerräten bisher weniger diskutiert worden. Basierend auf Erkenntnissen der Beteiligungsforschung liegt der Fokus des Beitrags auf der Ursachenbeschreibung und der Skizzierung von Möglichkeiten, typische Mängel von Bürgerräten, wie eingeschränkte Repräsentativität und Wirkungslosigkeit, auszugleichen.*

Weltweit suchen Demokratien nach Möglichkeiten, die repräsentative Demokratie zu beleben und klassische Beteiligungskanäle wie die Wahl und die Parteimitgliedschaft durch neue Partizipationsformen zu ergänzen. In den letzten Jahren boomen insbesondere sogenannte ,demokratische Innovationen' wie Bürgerräte, Referenden und Bürgerhaushalte, d. h. solche Formen der Bürgerbeteiligung, die darauf angelegt sind, die politische Teilhabe zu vertiefen, Demokratien zu reformieren und die Rolle der Bürger*innen neu zu denken (Elstub/Escobar 2019). Die Wende hin zu mehr und effektiverer Bürgerbeteiligung gestaltet sich innerhalb Europas durchaus unterschiedlich. Während in Norwegen und Großbritannien weitreichende Mitspracherechte im Gesundheitsbereich gewährt werden, ist das in Deutschland, wo die Öffentlichkeit besonders intensiv an der Infrastruktur- und Stadtplanung beteiligt wird, nicht der Fall. Auch haben in Deutschland Referenden seit den 1990ern stark zugenommen, während deren Zahl in anderen Ländern, wie beispielsweise Norwegen, stagniert und nur ganz be-

*Demokratische Innovationen in Europa*

stimmte Themen (wie die Zusammenlegung von Kommunen) zur Abstimmung gestellt werden. Auch das Instrument des Bürgerhaushalts hat sich innerhalb Europas sehr unterschiedlich verbreitet. Polen und Portugal verzeichnen mit je 1500 Fällen die höchsten Zahlen in Europa, während Deutschland sich mit 102 Fällen eher im unteren Mittelfeld bewegt (pbatlas 2020). In den letzten Jahren hat in Deutschland die Institution des zufällig zusammen gesetzten Bürgerrats Hochkonjunktur. Das ist keineswegs in allen Ländern so, sondern spiegelt eine spezifische Auffassung von Legitimation und Repräsentation. In den nordischen Ländern etwa verfängt diese losbasierte Form der Beteiligung bisher kaum (Baldersheim et al. 2017: 208; OECD 2020). In Deutschland gilt die Zufallsauswahl im Bereich der Bürgerbeteiligung aber vielen als besonders demokratisch. Die aktuelle Bundesregierung hat das Instrument in ihren Koalitionsvertrag aufgenommen und zahlreiche Verfahren auf Bundesebene realisiert, nachdem die Methode auf Landes- und Kommunalebene bereits intensiv erprobt wurde. Auch der erste verstetigte Bürgerrat Deutschlands in Aachen kann als Zeichen eines Konsolidierungsprozesses dieses Instruments gelesen werden.

Unterschiedliche Schwerpunkte

Die Stärken und Versprechen von Bürgerräten sind oft betont worden: Die beteiligten Bürger*innen lernen politische Entscheidungsprozesse kennen und setzen sich im direkten Austausch mit den Perspektiven von Menschen außerhalb ihrer ‚sozialen Blase' auseinander. Sie durchdenken ein bestimmtes politisch relevantes Thema intensiv und kommen zu einer gemeinsamen Position. Durch das Losverfahren werden auch Menschen zur Teilnahme eingeladen, die sich bisher nicht politisch engagieren und es wird eine relativ diverse Runde ausgewählt, die tendenziell kein strategisches Interesse am Thema hat.

Dieser Beitrag lenkt den Blick auf Mängel von Bürgerräten, die oftmals in Evaluationsverfahren benannt und in der politikwissenschaftlichen Forschung diskutiert werden. Der Schwerpunkt liegt auf der Ursachenbeschreibung und der Skizzierung von Möglichkeiten, diese Defizite zu beheben. Als Bürgerräte werden hier alle diskursiven, losbasierten Beteiligungsverfahren bezeichnet, denn das ist der Begriff, der sich in der Praxis zunehmend für solche Verfahren durchsetzt. Tatsächlich gibt es aber eine große Zahl an Bezeichnungen für diese Art der Beteiligungsverfahren, wie etwa ‚Bürgerversammlung‘, ‚Bürgerforum‘, ‚Bürgerjury‘, ‚Konsenskonferenz‘, ‚Planungszelle‘ oder ‚Minipublic‘. Darüber hinaus verbirgt sich in der Praxis hinter Verfahren mit dem Namen ‚Bürgerrat‘ eine Vielfalt an verschiedenen Institutionen, die nicht immer losbasiert sind oder den Qualitätskriterien von Bürgerräten entsprechen (Bürgerrat 2020).

## Typische Mängel von Bürgerräten

Die vielen institutionellen Experimente der letzten Jahrzehnte haben verdeutlicht, dass gelungene Bürgerbeteiligung äußerst voraussetzungsvoll ist und keineswegs immer gelingt. Gerade in Bezug auf Bürgerräte wird immer wieder auf bestimmte Mängel hingewiesen: Da ist zum einen ein Mangel an Repräsentativität oder Inklusivität (Engage 2021: 53; Setälä 2017: 848). Quer durch alle Beteiligungsformen zieht sich das Problem, dass bestimmte Gruppen stärker beteiligt und andere systematisch ausgeschlossen werden: Ältere, höher Gebildete, besser Verdienende und Männer sind in der Regel deutlich überrepräsentiert. Diese Verzerrung verstärkt sich noch, wenn die Beteiligung zeitaufwändig ist und aktive Diskussionsbeteiligung erfordert, wie bei den ‚innovativen‘, diskursiven Verfahren (Ryfe 2005: 52; Steiner 2012: 49). Ein solches Ungleichgewicht der politischen Beteiligung ist natürlich aus Sicht demokratischer Gleichheit hoch problematisch, denn sie bedeutet nicht nur, dass sich einige Stimmen stärker durchsetzen als andere, sondern dass die Stimmen der ohnehin schon Privilegierten durch diese Verfahren noch einmal zusätzliches Gewicht bekommen. Zum zweiten ist da der oft beklagte Mangel an Einfluss, also das scheinbare Verpuffen des Engagements im weiteren politischen Prozess (Geißel et al. 2019: 24; Setälä 2017: 846). Auch das kann aus Sicht einer lebendigen Demokratie problematisch sein. Wenn sich der Eindruck innerhalb der Bevölkerung verfestigt, dass Beteiligungsprozesse wirkungslos bleiben, wird die Motivation zum politischen

*Qualität ist kein Selbstläufer*

Engagement grundsätzlich abnehmen. Statt zur Belebung der Demokratie und zum politischen ‚Empowerment' beizutragen, kann so ein Partizipationsprozess dann geradezu nach hinten losgehen und die politische Desillusionierung eher verstärken. In individuellen Fällen mögen jeweils noch andere Probleme hinzutreten. Der Mangel an Repräsentativität und Einfluss wird aber so oft beklagt, wenn es um Bürgerräte geht, dass man wohl von typischen Schwächen sprechen kann. Es stellt sich die Frage: Wie kommt es dazu? Sind diese Merkmale möglicherweise diskursiven, losbasierten Verfahren inhärent? Und zum anderen: Was lässt sich dagegen tun? Gibt es Wege des Umgangs mit diesen Schwächen oder haben wir es mit einem unauflösbaren Dilemma zu tun?

## Ursachen der Schwächen von Bürgerräten

Zunächst zu den Ursachen. Wie kommt es immer wieder dazu, dass bestimmte Gruppen ausgeschlossen werden und Bürgerrat, also der eingeholte Rat von Bürger*innen, verpufft? Haben die initiierenden Stellen vielleicht gar kein Interesse an breiter und effektiver Einbindung der Öffentlichkeit? Oder liegt es an einem Mangel an Wissen darüber, wie man Bürgerbeteiligung organisiert? Beide Erklärungsansätze, Wissens- und Motivationsmangel auf Seiten der Politik, mögen in Einzelfällen eine Rolle spielen. Allerdings sind wir nicht mehr am Anfang der Partizipationswende, sondern in einem relativ reifen Stadium. Auf allen Ebenen des politischen Systems sind in den letzten 10 Jahren Qualitätsstandards für gute Bürgerbeteiligung erarbeitet worden. Für die Kommunalverwaltung gehören Leitlinienprozesse mittlerweile zum guten Ton, aber auch auf Bundesebene läuft dieser Prozess. Inklusivität der Beteiligung und Resonanz der Vorschläge sind dabei zentrale Qualitätsstandards (s. BMU 2019; Mehr Demokratie 2022). Auch nimmt die öffentliche Aufmerksamkeit für Bürgerräte und damit auch für die hier im Zentrum stehenden Mängel zu. Bürgerräte werden oft danach durchleuchtet, und wenn der Eindruck von Pseudo-Beteiligung entsteht, kann das bei politischen Institutionen durchaus einen Imageschaden bewirken. Ebenso ist das Wissen über die Logiken

Der Rat von Bürger*innen verpufft

und Fallstricke von Beteiligungsverfahren mittlerweile erheblich. Die Forschung hierzu ist umfassend und gerade losbasierte Bürgerräte als relativ aufwändige Verfahren werden in Deutschland meist von professionellen Dienstleistern mit ausgeprägter Beteiligungsexpertise gemanagt. Mit dem stetigen Kapazitätsausbau innerhalb der öffentlichen Verwaltung, also der Einrichtung spezieller Beteiligungsabteilungen, -referate oder -büros und dem Einsatz von Partizipationsbeauftragten, hat auch die verwaltungsinterne Partizipationsexpertise ganz klar zugenommen (Engage 2021: 33).

Es gibt für die hier im Zentrum stehenden Schwächen von diskursiven Beteiligungsprozessen noch einige andere denkbare Ursachen, die unter anderem mit der Logik und den Legitimationsgrundlagen politischer Entscheidungen sowie mit Zielkonflikten zwischen den vielfältigen Anforderungen an Beteiligungsprozesse zu tun haben. Politische Beteiligung ist freiwillig. Es besteht in Deutschland und vielen anderen Demokratien weitgehender Konsens, dass man die Leute nicht zwingen kann, sich politisch zu engagieren. Gerade sozio-ökonomisch schlechter gestellte Gruppen haben aber oft nicht die (Zeit)Kapazitäten, um sich an aufwändigen diskursiven Verfahren zu beteiligen. Sie nehmen besonders selten Einladungen zu Bürgerforen an, und effektive Anreize zur Teilnahme werden in der Praxis zu selten gesetzt (Engage 2021: 41f.). Junge Menschen wiederum sind zwar politisch interessiert und aktiv, bevorzugen aber punktuelle und digitale Formen der Beteiligung (Vodafone Stiftung 2020). Sie nehmen insbesondere an Protesten und an Onlinepetitionen teil und damit an Partizipationsformen, die politische Entscheidungen eher indirekt beeinflussen, als sie inhaltlich mit zu entwickeln, wie dies diskursive Verfahren anstreben. Wenn sich bestimmte Gruppen aber tendenziell ausschließen, dann ist das Ziel der ‚deskriptiven Repräsentativität' – also die Zusammenstellung eines Mikrokosmos, der die Bevölkerung im Kleinen widerspiegelt – schwerer zu erreichen.

Hinzu kommt: Beteiligungsverfahren, die auf Dialog bauen, funktionieren reibungsloser in eher kleinen Gruppen, deren Teilnehmer*innen sich relativ ähnlich sind (Lafont 2015: 46; Ryfe 2005: 51).

Zielkonflikte

Im direkten Kontakt in kleinen Gruppen entwickeln Menschen persönliche Beziehungen. Sie gehen in der Regel respektvoller miteinander um und verstehen sich besser. Wenn die Gruppe dazu noch relativ homogen ist, also eben nicht besonders inklusiv, erleichtert das die Konsensbildung, und es erhöht die Legitimation und potenzielle Wirkung von Beteiligungsverfahren, wie unten noch weiter ausgeführt wird. Allerdings: Wenn die ausgewählte Gruppe klein ist und die Gesellschaft, die hier abgebildet werden soll, bunt, dann ist Repräsentativität höchstens in Bezug auf eine Handvoll soziodemografischer Merkmale wie Alter, Geschlecht und Migrationshintergrund zu erreichen – und selbst das gelingt oft nicht. Die gesamte Pluralität unserer modernen Gesellschaften hinsichtlich Biografien und Erfahrungen, politischen Werten und persönlichen Interessen kann eine kleine Gruppe von ‚Zufallsbürger*innen' nicht widerspiegeln.

Auch dafür, dass Vorschläge aus Bürgerbeteiligungsforen höchstens zu Teilen umgesetzt werden, gibt es einige – und durchaus auch gute – Gründe: Natürlich ist es zuallererst gar nicht unbedingt wünschenswert, den Rat einer kleinen Gruppe von Bürger*innen 1:1 in Gesetze zu gießen und damit alle anderen zu binden. Das gilt insbesondere, wenn die Runde wenig repräsentativ oder schlecht organisiert ist, wenn also beispielsweise hauptsächlich männliche Akademiker teilnehmen, wenn ein Wortführer die Debatte dominiert oder es den versammelten Bürger*innen an der notwendigen Expertise fehlt. In der Forschung findet sich tatsächlich, trotz des großen Interesses an ‚Minipublics', sehr selten das Argument, dass Bürgerräte mehr Einfluss bekommen sollten (Smith/Setälä 2018: 310). Vielmehr befassen sich die meisten Forschungsbeiträge mit den Voraussetzungen gelungener Bürgerräte, und einige wenige sind grundsätzlich skeptisch (Lafont 2015). Auch in Bevölkerungsbefragungen wird immer wieder deutlich, dass Bürgerräte als sinnvolle Ergänzung der repräsentativen Demokratie gesehen werden, die innovative, lebensweltnahe Vorschläge machen, dass die bindende Entscheidung dann aber von gewählten Repräsentant*innen in Parlamenten getroffen werden sollte (Goldberg/Bächtiger 2022; Jacquet 2019).

Oft fehlt den Ergebnissen von Bürgerräten allerdings eine klare Botschaft, die von der Politik umgesetzt werden könnte. In Abschlussberichten von Bürgerforen stehen häufig alternative Lösungen für ein Problem nebeneinander, Vorschläge weisen teilweise in unterschiedliche Richtungen oder widersprechen sich gar. Die Politik kann dann gar nicht anders, als sich einige Impulse herauszupicken. Nicht selten werden lediglich knappe Mehrheiten für bestimmte Maßnahmen erzielt, und derart knappe Entscheidungen können kaum als verlässlicher Anzeiger der ‚öffentlichen Meinung‘ gelten (Bächtiger/Goldberg 2020: 37). Wird Konsens erzielt, werden Vorschläge oft so allgemein gehalten, dass sie alle mittragen können (z. B. ‚$CO_2$-Ausstoß begrenzen‘). Sie eröffnen dann einen weiten Interpretationsspielraum. Was genau getan werden soll, ob also die Verbrennung fossiler Brennstoffe verboten, die Forschung zu $CO_2$-Entnahmetechniken gefördert oder der Emmissionshandel geschärft werden soll, geht hieraus nicht hervor. Oder man einigt sich vielleicht lediglich darauf, dass man sich nicht einig ist, aber das gleiche Problem sieht. Das können wichtige erste Schritte sein. Umgesetzt werden kann ein solches Ergebnis jedoch nicht, denn es enthält keine hinreichend konkreten politischen Handlungsvorschläge. Es kommt hinzu: Partizipative Prozesse sind oft gerade dann sehr spannungsgeladen, wenn breit eingebunden wird. Je inklusiver und diverser die Teilnehmerrunde ist, desto unterschiedlicher sind in der Regel die vertretenen Positionen und Perspektiven. Das ist grundsätzlich nichts Schlechtes, und wenn Konflikte bestehen, sollten sie nicht unter den Teppich gekehrt werden. Die Demokratie lebt von der offenen Auseinandersetzung. Wenn das Konfliktniveau hoch ist, wird es aber schwierig, sich auf substantielle, klare Botschaften zu einigen und gleichzeitig die Konsensorientierung durchzuhalten, die diskursive Prozesse in der Regel kennzeichnet und den Vorschlägen von Bürgerräten besondere Autorität verleiht (Bächtiger/Goldberg 2020: 37; Nexus/IFOK 2022: 11).

Fehlende Botschaften

Es besteht also durchaus auch ein Zielkonflikt zwischen der Inklusivität und der Einflusswahrscheinlichkeit von Bürgerrat.

## Wie schafft man günstige Voraussetzungen für den Einsatz von Bürgerräten?

Zunächst ist zu bedenken, dass nicht alle Vorschläge von Bürgerräten ‚direkte Policy-Wirkung' entfalten, sich also unmittelbar in der Gesetzgebung wieder finden müssen. Es gibt eine ganze Reihe anderer Einflussformen von Bürgerbeteiligungsprozessen, die oft übersehen werden, und dabei keineswegs unwesentlich sind.

Dazu gehören die Lenkung öffentlicher Aufmerksamkeit auf gewisse Themen, die Stärkung bestimmter Argumente, das Framing des zu behandelnden Problems und die (Re-)Konfiguration von Netzwerken (Hansen/Allansdottir 2011). Die Vermittlung der Grenzen und der verschiedenen Formen des Einflusses von Bürgerräten gehören zum erfolgreichen ‚Erwartungsmanagement' durch die professionellen Dienstleister, die diese Prozesse in der Regel durchführen.

*Erwartungs-Management*

Gleichzeitig sind Bürgerräte natürlich keine reinen Debattierclubs und sie richten sich nicht nur an die Öffentlichkeit. Sie werden mit dem Ziel durchgeführt, die Politik in irgendeiner Weise zu beeinflussen und die Teilnehmenden erwarten mit Recht eine gewisse Resonanz ihrer Bemühungen. Dafür müssen aber die Voraussetzungen gegeben sein, und diese bestehen auch in einer Anbindung dieser Institutionen an das politische System, einer ‚Einbettung' oder ‚Kopplung' mit repräsentativen Institutionen, wie es in der Forschung heißt (Hendricks 2016; Setälä 2017).

Der Schlüssel sind dabei Formen der ‚losen Kopplung', durch die politische Entscheidungsinstitutionen mit Bürgerräten verbunden werden, ohne dass eine Seite an die Sicht der anderen gebunden wäre. Vertreter*innen aus Parteien oder Verwaltung werden beispielsweise als Beobachter*innen und Berater*innen in den Prozess eingebunden, ohne aber mitentscheiden zu dürfen. Das führt in der

Regel zu Vorschlägen, die realistischer und dadurch umsetzbarer sind. Die beteiligten Politiker*innen identifizieren sich außerdem möglicherweise stärker mit den Ergebnissen und vermitteln diese an Öffentlichkeit und Politik. Eine weitere Form der losen Kopplung kann darin bestehen, die Regierung zu verpflichten, innerhalb einer bestimmten Zeitspanne auf die Vorschläge öffentlich zu reagieren. Diese Befassung mit dem Bürgerinput ist im aktuellen Koalitionsvertrag der Bundesregierung als Regel vorgesehen (SPD/Grüne/FDP 2021: 8), und sie gilt mittlerweile in Praxis und Forschung als wichtiger Qualitätsstandard, der ein Mindestmaß an Wertschätzung ausdrückt (Mehr Demokratie 2022; Steiner 2012: 33).

Bessere Kopplung

Neben der Kopplung mit Parlament oder Regierung ist auch die Kopplung mit direktdemokratischen Institutionen eine Option, um Bürgerräte besser in das politische System einzubetten. In den letzten Jahren hat es einige vielversprechende Fälle gegeben, in denen losbasierte Bürgerräte ein Problem intensiv debattierten und zu einer gemeinsamen Stellungnahme gelangten, die dann zur Grundlage eines Referendums wurde. Beispiele sind die Verfassungsänderung zum Abtreibungsrecht in Irland 2018 oder das ‚citizens initiative review'-Verfahren aus Oregon, USA. In der Kombination können diese beiden Beteiligungsinstrumente die Schwächen des jeweils anderen ausgleichen, welche im Fall von Volksabstimmungen unter anderem im Fehlen eines unmittelbaren diskursiven Elements und der Zuspitzung auf eine Ja/Nein-Frage besteht.

Eine Reihe von Strategien kann helfen, die unterschiedlichen Möglichkeiten und Motivationen zur Teilnahme an politischen Prozessen innerhalb der Bevölkerung auszugleichen und so die Inklusivität von Bürgerräten zu erhöhen. Eine erste Stellschraube ist die Art der Stichprobenziehung, also die Methode der Teilnehmerauswahl. Die oben diskutierten Verzerrungen kommen bei reinen Zufallsstichproben mehr zum Tragen als beispielsweise bei Quotenstichproben, bei denen man nach bestimmten Merkmalen (wie Alter, Geschlecht, Migrations- und Bildungshintergrund, politische Einstellungen) so lange auswählt, bis die Runde an Teilnehmer*innen die Bevölkerung hinsichtlich dieser Eigenschaften widerspiegelt.

Um die Wahrscheinlichkeit zu erhöhen, dass die Ausgewählten auch bei den Treffen des Bürgerrats auftauchen und es nicht in diesem Schritt zu erneuten Verzerrungen kommt, kann es sinnvoll sein, Anreize zu setzen. Diese können zwar verschiedene Formen annehmen, aber die effektivsten sind monetärer Natur und bestehen in Teilnahmepauschalen, Kosten- oder Verdienstausfallerstattungen. Auch die gezielte, aufsuchende Rekrutierung durch Kampagnen in bestimmten, beispielsweise weniger wohlhabenden Stadtgebieten und der Einsatz von Multiplikator*innen können Personengruppen zur Teilnahme motivieren, die normalerweise unterrepräsentiert sind. Beide Strategien sind aber kostenintensiv und eine Erhöhung des Budgets für diese Posten ist daher von großer Bedeutung.

*Mehr Anreize*

Eine andere Möglichkeit, um breiter einzubinden, kann im Einsatz von hybriden Beteiligungsformen bestehen, bei denen verschiedene Beteiligungskanäle miteinander kombiniert werden, die jeweils auf verschiedene Zielgruppen zugeschnitten sind (Krick 2021). Im Zentrum kann ein Bürgerrat stehen, der Input aus Online-Diskussionsforen, gezielten repräsentativen Meinungsumfragen und einem Beirat aus Praktiker*innen, Expert*innen und Vertreter*innen betroffener Interessen erhält, und diesen Input zu konkreten, möglichst konsensualen Handlungsempfehlungen verarbeitet.

*Kombination mit anderen Formaten*

Ein weiterer Ansatzpunkt wäre, den verbreiteten Glauben an die Überlegenheit der Zufallsauswahl bei der Herstellung legitimer Vertretung zu hinterfragen. Es ist wichtig, sich eine Sache klar zu machen: Nicht nur über ‚Ähnlichkeit' zwischen den an Beteiligungsverfahren teilnehmenden Bürger*innen auf der einen Seite und der Gesamtbevölkerung auf der anderen Seite, für die diese ausgewählten Teilnehmer*innen sprechen, kann die notwendige Verbindung zwischen Repräsentant*innen und Repräsentierten hergestellt werden. Legitime Vertretung, oder Repräsentativität, ist auch auf anderer Grundlage möglich: Das Mandat von Interessenorganisationen (wie etwa Verbrauchschutzverbänden, Berufsvereinigungen oder Menschenrechtsorganisationen) für die Vertretung bestimmter gesellschaftlicher Gruppen und kollektiver Belange z. B. beruht auf ihrem engagierten Einsatz für diese Gruppe und deren Anerkennung,

*Mandatierung statt Ähnlichkeit*

die sich beispielsweise in der Mitgliedschaft ihrer Klientel in der Organisation ausdrückt.

## Fazit

Der Beitrag hat sich mit Mängeln beschäftigt, die in Bezug auf Bürgerräte häufig beklagt werden. Diese Mängel betreffen allerdings keineswegs nur Bürgerräte, sondern auch andere Formen der Partizipation. Auch in Volksabstimmungen, in Wahlen oder Bürgersprechstunden sehen wir eine Verzerrung zugunsten privilegierter Bevölkerungsgruppen. Und auch die Ergebnisse von Referenden oder Bürgerbefragungen werden in Deutschland oft nicht umgesetzt, selbst wenn es sich um klare Voten handelt. Der Beitrag hat aber verdeutlicht, dass Repräsentativitäts- und Wirkungsmängel sich durch einige Eigenschaften von Bürgerräten verstärken, wie etwa die Tatsache, dass im Dialog notwendigerweise in relativ kleiner Runde verhandelt wird. Außerdem besteht durchaus eine Spannung zwischen den beiden hier im Zentrum stehenden Ansprüchen an Beteiligung. Das eine ist ohne das andere oft leichter zu erreichen. Das Ziel der Inklusivität kann leicht auf Kosten der Diskursqualität und Konsensfindungswahrscheinlichkeit gehen, die wiederum nachgelagert auf die Umsetzungs- oder Einflusswahrscheinlichkeit wirken. Das heißt jedoch nicht, dass ein unauflösbares Dilemma bestünde. Es gibt durchaus Ansatzpunkte für gleichzeitig inklusivere und effektivere Bürgerräte. Zunächst ist es aber wichtig, sich klar zu machen, dass aufgrund der relativ schwachen Legitimation von Bürgerräten es weder um Einflussgarantien noch um eine 1:1-Umsetzung ihrer Vorschläge gehen kann. Schließlich spricht aus der Perspektive demokratischer Legitimation wenig dafür, bindende Entscheidungen in die Hand einer meist wenig repräsentativen Gruppe von Bürger*innen zu legen, die für ihre Entscheidungen nicht einmal zur Verantwortung gezogen werden könnte. Das Ziel muss die Verstärkung der Resonanz, also des Nachhalls von Bürgerräten im politischen Raum sein. Dafür sind die Erarbeitung klarer Botschaften im Bürgerrat und die lose Kopplung mit Parlament und Regierung zentral. Außerdem sollten wir

Immanente
Spannungen
auflösen

die Grenzen des reinen Zufallsprinzips bei der Teilnehmerauswahl anerkennen und stärker gezielte monetäre Anreize zur Teilnahme setzen. Ab einem bestimmten Punkt der Etablierung von Bürgerräten könnte selbst das Freiwilligkeitsprinzip der Beteiligung mit Blick auf das Jurysystem in vielen angelsächsischen Kulturen oder auch die Rolle losbasierter Posten in der athenischen Demokratie hinterfragt werden. Es wäre etwa denkbar, die Ablehnung der Teilnahme nur unter eng umgrenzten Bedingungen (wie etwa Interessenkonflikten) zuzulassen. Allerdings müssten Bürgerräte dafür sicherlich sehr viel flächendeckender zum Einsatz kommen, denn die Legitimität einer Pflichtteilnahme wächst deutlich mit dem Status der Institution und der Wahrscheinlichkeit, ausgewählt zu werden. Ebenso kann die Verknüpfung mit anderen Auswahl- und Repräsentationsprinzipien die Schwächen des Zufallsprinzips und der Idee ‚deskriptiver Repräsentation' ausgleichen. Vielversprechend ist etwa die Verknüpfung von Bürgerräten mit Volksabstimmungen oder von losbasierten Foren mit gezielt zusammen gesetzten Foren, in denen Interessenorganisationen versammelt sind, die alle betroffenen Perspektiven abbilden. Die verstärkte Einbeziehung organisierter, advokatorischer Interessenvertretungen ist insbesondere für sozial marginalisierte Personen und für soziale Gruppen wichtig, die weniger debattenerprobt oder -fähig sind, wie beispielsweise Kinder oder Personen, die nicht fließend Deutsch sprechen.

*Prüfung der Freiwilligkeit*

## Literatur

Bächtiger, André/Goldberg, Saskia (2020): Towards a more robust, but limited and contingent defence of the political uses of deliberative minipublics, Journal of Deliberative Democracy 16(2): 33–42.

Baldersheim, Harald/ Lawrende E., Rose/ Sandberg, Siv (2017): Local and regional government in the Nordic countries: Co-operative decentralization, in: The Nordic Models in Political Science. Challenged but still viable?, hrsg. von Oddbjørn Knutsen. Bergen: Fagbokforlaget, 193-218.

BMU (2019): Gute Bürgerbeteiligung. Leitlinien für Mitarbeiterinnen und Mitarbeiter des Bundesministeriums für Umwelt, Naturschutz und nukleare Sicherheit. https://www.bmuv.de/fileadmin/Daten_BMU/Download_PDF/buergerbeteiligung/leitlinien_buergerbeteiligung_bmu_bf.pdf (Zuletzt aufgerufen am 23.01.2023).

Bürgerrat (2022): Qualitätskriterien für Bürgerräte, https://www.buergerrat.de/wissen/qualitaetskriterien-fuer-buergerraete/ (Zuletzt aufgerufen am 23.01.2023).

Elstub, Stephen/ Escobar, Oliver (2019): Defining and typologising democratic innovations, in: Handbook of democratic innovation and governance, hrsg. von Stephen Elstub und Oliver Escobar. Edward Elgar Publishing, 11-31.

Engage (2021): Trendanalyse – Engagement und Beteiligung in Deutschland. https://www.uni-muenster.de/imperia/md/content/nachhaltigkeit/2021-04-01_engage_ap2_trendanalyse_arbeitspapier_mit_executive_summary_02.pdf (Zuletzt aufgerufen am 23.01.2023).

Geißel et al. (2019): Bürgerrat Demokratie. Abschlussbericht der wissenschaftlichen Evaluation. https://www.buergerrat.de/fileadmin/downloads/evaluationsbericht.pdf (Zuletzt aufgerufen am 23.01.2023).

Goldberg, Saskia/Bächtiger, André (2022): Catching the 'deliberative wave'? How (disaffected) citizens assess deliberative citizen forums, British Journal of Political Science (online first), https://doi.org/10.1017/S0007123422000059, 1-9.

Hansen, Janus/Allansdottir, Agnes (2011): Assessing the impacts of citizen participation in science governance: Exploring new roads in comparative analysis." Science and Public Policy 38(8): 609–617.

Hendricks, Carolyn M. (2016): Coupling citizens and elites in deliberative systems: The role of institutional design, European Journal of Political Research 55(1): 43–60.

Jacquet, Vincent (2019): The role and future of deliberative minipublics: a citizens perspective, Political Studies 67(3)), 639-657.

Krick, Eva (2021): Expertise and participation. Institutional designs for policy-development in Europe, Palgrave Macmillan.

Lafont, Christina (2015): Deliberation, participation and democratic legitimacy: Should deliberative minipublics shape public policy?, Journal of Political Philosophy 23(1): 40–63.

Nexus/IFOK (2022): Die Empfehlungen des Bürgerrats Forschung. https://www.bmbf.de/SharedDocs/Downloads/de/2022/220519-empfehlungen-des-buergerrats-forschung.pdf?_blob=publicationFile&v=2 (Zuletzt aufgerufen am 23.01.2023).

OECD (2020): Innovative citizen participation and new democratic institutions. Catching the deliberative wave, https://www.oecd.org/gov/open-government/innovative-citizen-participation-new-democratic-institutions-catching-the-deliberative-wave-highlights.pdf (Zuletzt aufgerufen am 23.01.2023).

Pbatlas (2020): https://www.pbatlas.net/europe.html (Zuletzt aufgerufen am 23.01.2023).

Ryfe, David M. (2005): Does deliberative democracy work?, Annual Review of Political Science 8 (1): 49–71.

Setälä, Maija (2017): Connecting deliberative mini-publics to representative decision making, European Journal of Political Research 56: 846–863.

Smith, Graham; Setälä, Maija (2018): Mini-publics and deliberative democracy, in: The Oxford Handbook of Deliberative Democracy, hrsg. von André Bächtiger, John S. Dryzek, Jane Mansbridge und Mark Warren, online publication, https://doi.org/:10.1093/oxfordhb/9780198747369.013.27

SPD/Grüne/FDP (2021): Mehr Fortschritt wagen. Bündnis für Freiheit, Gerechtigkeit und Nachhaltigkeit. Koalitionsvertrag 2021-2025 zwischen SPD, Grünen und FDP, https://www.bundesregierung.de/resource/blob/974430/1990812/04221173eef9a6720059cc353d759a2b/2021-12-10-koav2021-data.pdf?download=1 (Zuletzt aufgerufen am 23.01.2023).

Steiner, Jürg (2012): The foundations of deliberative democracy. Empirical research and normative implications. Cambridge University Press.

Vodafone Stiftung (2020): Jugend will bewegen. Politische Beteiligung junger Menschen in Deutschland. https://www.vodafone-stiftung.de/wp-content/uploads/2020/06/Vodafone-Stiftung-Deutschland_Studie_Jugend-will-bewegen.pdf (Zuletzt aufgerufen am 23.01.2023).

Jörg Sommer

# Demokratie ist kein Zufall – Warum und wie Losverfahren in Beteiligungsprozessen eingesetzt werden

*Mit der zunehmenden Verbreitung von Bürgerräten gelangen losbasierte Auswahlverfahren immer wieder in den Fokus oft emotionaler Debatten: Welche Rolle soll der Zufall in der politischen Teilhabe spielen? Wann macht es Sinn, nicht Betroffene zu beteiligen, sondern Nichtbetroffene? Und wie kann eine Zufallsauswahl gleichzeitig Repräsentativität garantieren?*

Politische Entscheidungen sollten auf Fakten beruhen und Ergebnis eines politischen Diskurses sein. Zumindest in der Theorie. Die Praxis sieht anders aus. Vor allem von außen, also für die meisten Bürger*innen. Für viele sind politische Entscheidungen Ergebnis einer merkwürdigen Melange aus programmatischer Parteiräson, undurchsichtigen Hinterzimmerdeals, nebulösem Lobbyistenwirken und persönlichen Interessen der Beteiligten. Und was für die Politik gilt, gilt erstaunlich parallel auch für die Wahrnehmung der öffentlich-rechtlichen Medien, ihrer Finanzierung und ihrer Programmgestaltung.

Bürger gegen Eliten?

Das stimmt so zwar nur manchmal, aber das Image der öffentlich-rechtlichen Medien sowie der politischen Akteur*innen war schon einmal besser. Befeuert auch durch Rechtspopulist*innen, die systematisch und penetrant an der Spaltung von „politischen Eliten" und „Volk" arbeiten.

Ihr Credo: Der/Die einfache Deutsche auf der Straße würde besser regieren als die „Politikerkaste". Kein Wunder, dass sich diese Gruppe aktuell sehr für zwei politische Ideen begeistert: Mehr „direkte Demokratie nach Schweizer Vorbild" (so steht es im AfD-Parteiprogramm) und die Idee der Aleatorik – also dem Auslosen politischer

Mandatsträger*innen bzw. dem Schaffen sogenannter „Zufallsgremien" (Sommer 2021). Dahinter steckt der Versuch, unsere demokratischen Institutionen zu delegitimieren.

Doch nur weil es Kritik aus gefährlichen Gründen gibt, muss diese Kritik per se nicht unberechtigt sein. Und nur weil bestimmte Ideen, Formate und Gremienbesetzungsmethoden (auch) falsche Freunde haben, müssen es nicht automatisch auch die falschen Methoden sein.

Wenn wir also nach Möglichkeiten suchen, z. B. den öffentlich-rechtlichen Rundfunk in seinen Aufgaben zu unterstützen, zu stärken, besser und auch demokratischer zu machen, empfiehlt es sich, ideologische Interessen, delegitimatorische Motive und unreflektierte Hypes nicht zu ignorieren, ihnen aber auch nicht auf den Leim zu gehen.

## Demokratisierung oder Delegitmierung?

Ein solcher aktueller Hype sind die sogenannten Bürgerräte (Jacobsen 2021). Zufällig ausgeloste Menschen diskutieren ein Thema und produzieren dazu „Handlungsempfehlungen" an die Politik. Das Konzept bezieht sich auf den „Rat der 500" in einer Phase der attischen Demokratie (Rhodes 1985).

Dieser war allerdings kein nur für kurze Zeit einberufenes Gremium, sondern die Mitglieder wurde als eine Art „Parlament" für jeweils ein Jahr gelost – und aus dessen Kreis dann wieder allerlei öffentliche Funktionen und Gremien bestimmt. Das Konzept ging also erheblich weiter als jenes der aktuell stark diskutierten Bürgerräte. Einige der Protagonisten dieses Formates wollen unsere Demokratie auch in diese Richtung weiterentwickeln. Es kursiert bereits der Begriff der „Losdemokratie", einer „idealen Demokratie" nach griechischem Vorbild.

Hinterfragen der Motive

Das auch dieses Vorbild Licht und Schatten hat, können uns die Historiker erklären. Denn politische Teilhabe gab es für die meisten Athener selbst zur Blütezeit nicht. Zumindest nicht für Frauen,

Fremde und Sklaven, also der übergroßen Mehrheit der Bevölkerung. Und so richtig gut funktioniert hat das im alten Griechenland auch nur im Stadtstaat Athen. Anderswo in Griechenland herrschten andere Systeme bis hin zu reinen Diktaturen. Selbst in Athen war die Blütezeit der Demarchie, also der losbasierten Regentschaft, zeitlich begrenzt. Auch Wahlen gab es dort nach wie vor (Stahl 2003).

Losdemokratie als ahistorisches Konstrukt

Das Bild der „Losdemokratie" (Röcke 2005) ist also zunächst einmal ein ideologisches Konstrukt, von unterschiedlichen Akteuren aus unterschiedlichen Motivationen favorisiert. Das gilt genauso für die ihr vorgeschaltete Marke „Bürgerrat".

Demokratie ist kein Zufall. Das Recht zu wählen – und gewählt zu werden, ist Ergebnis langer generationsübergreifender Auseinandersetzungen. Auf den Zufall zu vertrauen heißt, den Glauben an die Demokratie aufzugeben. Und wer den Glauben an die Demokratie erschüttern will, für den ist der Ruf nach dem Zufall ein wirksames Mittel.

Sind Losverfahren zur Besetzung von Gremien also blanker Unsinn?

## Losbasierte Auswahlverfahren haben vor allem praktische Gründe

Sind sie nicht. Es kommt nur darauf an, worum es geht. Die gerade massiv an Zuspruch gewinnenden Bürgerräte werden z. B. über Losverfahren besetzt. Aus zwei ganz pragmatischen Gründen: Erstens kann man aus 80 Millionen Bundesbürger*innen letztlich nur so die 120 Menschen auswählen, die einen bundesweiten Bürgerrat bilden sollen. Zweitens ist der Zufall eine hervorragende Möglichkeit, um auszuschließen, dass ein solches Gremium doch wieder überwiegend von professionellen Stakeholdern und hauptberuflichen Lobbyist*innen dominiert wird.

Dass auch Teile der AfD solche bundesweiten Bürgerräte zunächst für eine ausgezeichnete Idee hielten, deutet lediglich darauf hin, dass sie das Konzept nicht ganz verstanden hatten. Denn Bürgerräte sind kein Instrument, das Politikerbashing organisieren soll. Sie sind kein alternatives Parlament, sie sind nicht einmal breite Bürgerbeteiligung (bei der Quote von 120 zu 80 Millionen ist die Chance gering, jemals in einem Bürgerrat zu landen). Sie sind vor allem eines: ein Modell partizipativer Politikberatung.

Bürgerbeteiligung oder eher Politikberatung?

Sie helfen den gewählten (!) Entscheider*innen dabei, vielfältige Sichtweisen und Betroffenheiten zu erkennen, ihre Debatten und Entscheidungen zu erden. Deshalb ist es auch gar nicht nötig, ja nicht einmal erstrebenswert, am Ende eines Bürgerrates ein Konsensdokument zu haben. Es ist die Vielfalt der Argumente – und Gegenargumente, die Qualität der Debatte, die Gewichtung von Fakten und die ethische Reflexion, um die es geht.

## Repräsentativität steht nicht im Fokus

Ergebnisse wie „88,3 Prozent der Beteiligten sehen die Sache soundso" stehen deshalb nicht im Fokus. Sie könnten auch nicht den geringsten Anspruch auf Repräsentativität erheben, egal, wie zufällig oder nicht zufällig sie zusammengesetzt sind.

Fiktive Repräsentativität

Das Spannende an einem Bürgerrat ist der Diskurs. Vor allem zu Themen von allgemeiner Relevanz, bei denen sich „richtige" Entscheidungen nicht unmittelbar aus der Faktenlage ergeben, sondern durchaus einer ethischen Abwägung bedürfen.

Bürgerräte können also ein wunderbares Format sein, um „Deutschlands Rolle in der Welt" zu diskutieren, um über eine Wahlrechtsreform zu sprechen, sogar um Politikerdiäten zu verhandeln, um Impfpflicht zu debattieren oder klimaschutzbedingte Veränderungen zu durchdenken.

Sie sind ganz ausgezeichnet geeignet, um Zukunfts- und Gestaltungsthemen zu erörtern, weil ihre zufällige Zusammensetzung die Wahrscheinlichkeit der hohen emotionalen Betroffenheit minimiert und damit freie Diskurse ermöglicht.

## Konfliktbearbeitung nur mit Betroffenen

Aus genau diesem Grund sind sie aber überhaupt nicht geeignet, um konkrete Konflikte zu bewältigen. Denn in diesem Fall müssen die Betroffenen beteiligt werden, nicht die Nichtbetroffenen. Denn in diesen Fällen geht es nicht um Politikberatung, sondern um Bürgerbeteiligung. Und Gute Beteiligung ist immer Betroffenenbeteiligung.

Gerade auf der kommunalen Ebene findet schon heute in Deutschland viel gute Beteiligung statt. Die Betroffenen nicht nur zu lokalisieren, sondern auch zur Beteiligung zu animieren, ist dabei eine ganz besondere Herausforderung. Manchmal ist da die Versuchung groß, doch lieber auf „Zufallsbürger*innen" zurückzugreifen. Es kann die Akquise der Beteiligten erleichtern und den Prozess konfliktfreier machen.

**Konflikte mit Beteiligten klären**

Doch das funktioniert nicht. Schon systemisch ist es Unsinn, einen lokalen Konflikt konfliktfrei bearbeiten zu wollen. Und Konflikte mit Nichtkonfliktbeteiligten zu lösen, hat nicht viel Aussicht auf nachhaltigen Erfolg.

## Viel Potenzial für Bürgerräte

Sind Bürgerräte also nur etwas für große nationale Themen? Nur denkbar als partizipatives Bundestags-Add-On? Absolut nicht. Wir haben das Potenzial der Bürgerräte noch lange nicht erschlossen. Die Rundfunkräte und Programmkommissionen der großen Sender z. B. werden noch heute völlig intransparent mit Stakeholdern bestückt. Das könnten losbasierte Gremien tatsächlich besser.

Überall da, wo wir bislang versuchen aus der Summe von zementierten Partikularinteressen Gemeinwohl zu generieren, sollten wir über Bürgerräte nachdenken. Auf kommunaler Eben sind Stadtentwicklungspläne, Klimaschutz und Klimawandelanpassung, Mobilitätsentwicklung und Rahmenbedingungen für ein gutes Leben wunderbare Themen für losbasierte Gremien.

Wo es um Ideen geht, um Abwägen und die Berücksichtigung möglichst vieler Erfahrungen und Sichtweisen, da können auch lokale Bürgerräte Diskurse führen – und auf lokaler Ebene sogar in breitere Kreise tragen.

Kombinieren wir sie dann noch geschickt mit weiteren Formaten der Bürgerbeteiligung und vielleicht sogar einem Bürgerhaushalt – dann entwickeln wir nach und nach jene Beteiligungskultur, die wir wollen und brauchen, um die Transformationsprozesse der Zukunft gemeinsam zu bewältigen. So gesehen, können wir nicht nur ein Dutzend Bürgerräte gebrauchen, sondern Hunderte, ja Tausende im ganzen Land. Demokratie ist kein Zufall, aber der Zufall kann – klug eingesetzt – die Demokratie bereichern.

*Kombination der Formate*

## Viel weniger Zufall als vermutet

Doch wie kommt man nun an seine „zufällig ausgewählten" Beteiligten? Das ist tatsächlich gar nicht so einfach – und hat mit Zufall sehr viel weniger zu tun als mit kluger Planung. Denn bis heute war kein Bürgerrat wirklich absolut zufällig besetzt. Das wird auch in Zukunft nicht so sein. Doch das ist kein Problem. Wenn man weiß, wie es geht. Und es geht. Sogar auf vier sehr unterschiedlichen Wegen.

1. Da haben wir den Klassiker, manche nennen es die „reine Zufallsauswahl": eine Ziehung der Beteiligten aus dem Telefonbuch oder dem Melderegister. Die Gezogenen werden eingeladen, ein winziger Teil davon nimmt die Einladung an. Für ein Format mit 50 Beteiligten wird man in der Regel rund 1.000 Menschen einladen müssen. Die Nachteile: hoher Aufwand, hohe Kosten und am Ende ziemlich sicher ein Panel, das alles andere als repräsentativ ist. Die soziale Zusammensetzung wird eher einem typischen repräsentativen Gremium ähneln als dem Bevölkerungsquerschnitt. Diese Methode, wir nennen sie „Zufallsauswahl mit Selbstrekrutierung (ZS)", hat also ihre Grenzen.

2. Eine beliebte Methode ist in der Ablauffolge das genaue Gegenteil: Erst werden öffentlich Bürger*innen eingeladen, sich zu „bewerben" – und aus den Bewerber*innen wird dann das endgültige Panel ausgelost. Wir haben hier also zunächst die Selbstrekrutierung und danach die Zufallsauswahl (SZ). Die Methode ist manchmal weniger aufwändig, erzeugt eine höhere Sichtbarkeit, bereitet also den eigentlichen Prozess schon kommunikativ vor. Das ist smart, am Ende aber wird man mit demselben Problem konfrontiert wie bei der ZS-Methode. Auch sind stellen jene Milieus, die im politischen Raum ohnehin bereits überrepräsentiert sind, nahezu alle Teilnehmer*innen.

3. Die beiden ersten Methoden haben das Problem der mangelnden Repräsentativität, insbesondere der sogenannten „Stillen Gruppen". Jene Gruppen, die eigentlich bewusst überrepräsentiert sein sollten, um deren Wirksamkeit im Prozess zu ermöglichen. Das versucht die sogenannte Gewichtung zu lösen. Zum Beispiel, indem zunächst zufällig aus dem Melderegister gelost wird – allerdings nach soziodemografischen und/oder projektrelevanten Quoten. Wir haben also erst die Gewichtung, dann die Zufallsauswahl, aber am Ende immer noch die Selbstrekrutierung (GZS). Das ist schon besser, wenn eine gewisse Breite angestrebt wird. Natürlich ist das am Ende weder wirklich zufällig noch repräsentativ – nur näher dran. Ein Nachteil dieser Methode: In manchen Kommunen spielen die Datenschutzbeauftragten nicht mit.

4. Diese Methode lädt zunächst Bewerbungen ein, bittet die Bewerber*innen um soziodemografische Daten und lost danach quotiert aus. Diese SGZ-Methode kommt der Repräsentativität besonders nah, auf Kosten des Zufalls und einer oft mühsamen Akquise-Kampagne. Die aber bemüht sich zwangsweise gerade auch um Gruppen, die nicht leicht zu gewinnen sind. Sie ist deshalb besonders anspruchsvoll, zeit- und ressourcenintensiv, aber tatsächlich dann zu emp-

fehlen, wenn die Breite der Beteiligten besonderes erstrebenswert ist.

Funktionieren können alle vier Methoden (und alle eröffnen noch einige Variationen und Nuancen, für die uns hier der Raum fehlt. Da wäre auch noch die GZSGZ-Methode, eine „Königsvariante", die Sie sich nun fast selbst zusammenreimen können). Wir sehen: Der Zufall spielt immer mit, aber rein zufällig ist nichts.

Es gibt viele gute Gründe und einige unterschiedliche Methoden für eine zufallsbasierte Teilnehmendenauswahl, die übrigens nicht zwangsläufig nur für das Format „Bürgerrat" angewendet werden kann.

Sie macht allerdings weder die Auswahl einfacher noch den Prozess bequemer. Beides bleibt anspruchsvoll, wenn es wirklich gute und wirksame Beteiligung werden soll.

Und genau darum geht es.

## Literatur

Habermas, Jürgen (1992): Drei normative Modelle der Demokratie: Zum Begriff deliberativer Demokratie. In: Herfried Münkler (Hrsg.): Die Chancen der Freiheit. Grundprobleme der Demokratie. München und Zürich 1992. S. 11–24.

Jacobsen, Lenz (2021): Politik kann doch jeder, ZEIT Online, 03.01.2021, https://www.zeit.de/politik/deutschland/2020-12/buergerrat-demokratie-politik-wahlsystem-auslosung, Zuletzt aufgerufen am 08.12.2022.

Röcke, Anja (2005): Losverfahren und Demokratie – historische und demokratietheoretische Perspektiven, Münster 2005.

Rhodes, Peter (1985): The Athenian Boule. 2. Auflage, Oxford 1985

Sommer, Jörg (2021): Parteien und Bürgerbeteiligung – Konkurrenz, Instrument oder ein großes Missverständnis?, Berlin, 2021.

Stahl, Michael (2003): Gesellschaft und Staat bei den Griechen. Klassische Zeit. Paderborn, 2003.

Jürgen Scheurer

# Chancen und Risiken von Online-Bürgerbeteiligungsformaten bei Energiewendeprojekten

*Der vorliegende Beitrag befasst sich mit der Kommunikation im Rahmen von Energiewendeprojekten, die regelmäßig im Fokus von Bürgerinitiativen stehen, beklagt und dadurch lange verzögert werden oder gar scheitern. Es wird aufgezeigt, wie und warum es durch eine strategische Kommunikation mit umfassender Öffentlichkeitsbeteiligung durch Online-Formate gelingen kann, Debatten zu befrieden und so Projekte zu beschleunigen und sie auch zu realisieren.*

Die Energiewende in Deutschland erfordert enorme Anstrengungen beim Aufbau von Stromerzeugungskapazitäten aus Erneuerbaren Energie. Nach dem Ausstieg aus der Kernenergie und der Kohleverstromung müssen in den nächsten Jahren enorme Strommengen durch andere Erzeugungsarten ersetzt werden. Dies bedeutet, dass neben dem Bau von Wasserkraftwerken, Biomasseanlagen und Solarparks auch ein massiver Zubau von Windenergieanlagen und Geothermiekraftwerken notwendig ist. Hinzu kommt der notwendige Netzausbau auf allen Spannungsebenen und der Bau von Gleichstromleitungen aus dem windreichen Norden Deutschlands in den stromhungrigen Süden.

All dies bedeutet, dass diese Anlagen für immer mehr Bürger*innen sichtbar werden, die Betroffenheit steigt und vor allem bei Windenergie und Geothermie die Technologie aus verschiedenen Gründen auch kritisch betrachtet wird. Aber selbst Solarparks bleiben von Gegnern und Klagen nicht mehr verschont. Öffentlichkeitsbeteiligung und Bürgerdialog spielen bei den Energieinfrastrukturprojekten, insbesondere beim Netzausbau und bei Wind-

*Sichtbarkeit als Konfliktfaktor*

parkprojekten, eine wichtige Rolle. Bei diesen Projekten stoßen die Projektverantwortlichen auf den größten Widerstand.

## Rechtliche Vorgaben für Öffentlichkeitsbeteiligung

Die frühe Öffentlichkeitsbeteiligung, wie sie in Paragraf 25 Absatz 3 Verwaltungsverfahrensgesetz (VVerfG) festgelegt ist, zielt darauf ab, durch ein hohes Maß an Flexibilität mehr Kommunikation herzustellen, um den Einfluss der Verfahrensbeteiligten widerzuspiegeln. Das Verfahren soll dabei an die jeweilige Konfliktsituation angepasst werden. Ein Mehr an Kommunikation mit Stakeholdern und Betroffenen bedeutet allerdings nicht die Herrschaft der Mehrheit. Vielmehr bedarf es eines intensiven Austausches und einer Interessensklärung mit dem Ziel der Unterscheidung zwischen den Partikularinteressen und des Gemeinwohls, um ein Vorhaben zu realisieren. In diesem Zusammenhang scheinen Abstimmungen um Mehrheiten allerdings die Kommunikation und die Diskussion um die beste Lösung eher zu verkürzen bzw. zu verschieben.

Bei Energieinfrastrukturprojekten sind in erster Linie die mögliche Umsetzung von Projekten in den jeweiligen Regionen und deren allgemeine gesellschaftliche Akzeptanz von Bedeutung. Die Herstellung von Akzeptanz ist ein zentraler Anlass, um Transparenz über die Projekte zu schaffen. Höhere Akzeptanz spart Zeit und senkt die Kosten. Dabei spielt aus verwaltungsjuristischer Sicht auch die Transparenz des Verfahrens eine wichtige Rolle. Die Transparenz über das Verfahren entkräftet häufig den Vorwurf, es würde etwas „an den Bürgern vorbeientschieden".

## Die klassische Öffentlichkeitsbeteiligung

Bei Windparkprojekten hat sich aus den gesetzlichen Vorgaben und der Praxis von Genehmigungsbehörden und Windenergieunternehmen eine klassische Vorgehensweise herauskristallisiert. Die ersten Informationen über ein geplantes Projekt erfolgen in den Gemeinderäten der geplanten Standortkommunen, häufig in nicht öffentlichen Gremien. Oft taucht danach schon das erste Pro-

Akzeptanz als Leitmotiv

blem auf, wenn Teilinformationen in die Öffentlichkeit diffundieren und eine geplante Information der Öffentlichkeit bereits erschwert wird. Zumeist wird die Öffentlichkeit dann in einer klassischen Turnhallenveranstaltung über das geplante Projekt informiert, um dem Informations- und Diskussionsbedarf in der Bevölkerung gerecht zu werden. Es folgt zumeist ein Scopingtermin der Genehmigungsbehörde, in der alle relevanten Gruppen ihre Anliegen, Bedenken und Hinweise einbringen können. Danach erfolgen klassischerweise eine oder mehrere Informationsveranstaltungen. Im Zeitalter der Digitalisierung und bei Berücksichtigung heutigen Informationsverhaltens, kann man leicht erahnen, dass dabei die Gefahr besteht, weite Teile der Bevölkerung kaum zu erreichen, wenn keine digitalen Beteiligungsformate angeboten werden.

## Zur Akzeptanz von Windenergie an Land

Nach einer Forsa-Umfrage im Auftrag der Fachagentur Windenergie an Land vom November 2022 ist der Windenergieausbau den Menschen wichtiger als je zuvor (vgl. Fachagentur Windenergie an Land 2022): Umfrage zur Akzeptanz der Windenergie an Land).

Abstrakte Akzeptanz und konkrete Konflikte

Eine beeindruckende Mehrheit der Befragten finden den Ausbau der Windenergienutzung an Land „wichtig" (31 Prozent) oder „sehr wichtig" (51 Prozent). Auch vor Ort ist die Akzeptanz bestehender Anlagen höher, denn je: 84 Prozent der Menschen mit Windenergieanlagen in ihrem direkten Wohnumfeld sind mit diesen auch einverstanden – mehrheitlich sogar „voll und ganz". Bei Menschen ohne Windenergieanlagen ist der Anteil derer, die keine Bedenken gegenüber der Errichtung von Anlagen hätten, mit 38 Prozent so hoch wie nie zuvor. Insgesamt hatten 75 Prozent zumindest keine großen Bedenken.

Was ist Menschen bei der Projektumsetzung wichtig, falls Anlagen in ihrem Wohnumfeld errichtet werden? Und: Wie wird die Umsetzung von Windenergieprojekten diesbezüglich bewertet? Um diese Fragen zu beantworten, wurde Menschen mit und ohne Windenergieanlagen im Wohnumfeld jeweils eine ähnliche Frage gestellt, einmal zu Wünschen an mögliche Projekte vor Ort - 83 Prozent der Befragten ohne Windenergieanlagen im Wohnumfeld ist es sehr wichtig (52 Prozent) oder eher wichtig (31 Prozent), frühzeitig angemessen darüber informiert zu werden, dass eine Windenergieanlage in ihrer Gemeinde oder Nachbargemeinde errichtet werden sollen, und wo dies geschehen soll.

Nach der Umfrage der Fachagentur Windenergie an Land geben 12 Prozent der Befragten an, sie würden an einer Demonstration gegen die Planung von Windenergieanlagen in ihrem Wohnumfeld teilnehmen, 86 Prozent würden das nicht tun. Rund 24 Prozent würden an einer Demonstration für die Energiewende teilnehmen, auch wenn dafür neue Windenergieanlagen in ihrem Wohnumfeld gebaut werden müssten, während 74 Prozent dazu nicht bereit sind.

Mehrheit ist erreichbar

Die überwiegende sogenannte „schweigende Mehrheit" von 66 Prozent würde weder für noch gegen Windenergie demonstrieren. Diese große Mehrheit zu erreichen, kann ein entscheidender Faktor für die Akzeptanz eines Energiewendeprojekts vor Ort sein.

## Strategische Kommunikation von Energiewendeprojekten

Einer strategischen Kommunikation kommt gerade bei Netzinfrastruktur- und Windenergieprojekten eine wichtige Bedeutung zu. So mancher Projektentwickler musste schon leidvoll erfahren, was es bedeuten kann, wenn man nicht gut genug vorbereitet in eine Bürgerinformationsveranstaltung geht und sich dann dem Protest von lokalen Bürgerinitiativen, „professionellen" Windenergiegegnern und politisch motivierten Populist*innen ausgesetzt sieht.

## Strategie beginnt mit der Analyse

Unabdingbar für eine strategische Kommunikation, welche die Akzeptanz für Energiewendeprojekte fördert, ist zu Beginn eine intensive Analyse (SWOT-Analyse) der Gegebenheiten vor Ort, mit

Stärken, Schwächen, Chancen und Risiken für ein geplantes Projekt (vgl. Höhner et al. 2018: 79ff.).

Eine besondere Bedeutung kommt der Stakeholder Analyse zu. Es ist von entscheidender Bedeutung für die Akzeptanz eines Projektes, alle Beteiligten und Interessengruppen, gesellschaftlichen Akteur*innen und die Bürgerschaft genau zu kennen. Dann ist es möglich, eine strategische Kommunikation so zu planen, dass dem Informations- und Beteiligungsbedürfnis aller Beteiligten Rechnung getragen werden kann.

## Strategie und Planung nicht vernachlässigen

Frühzeitige Kommunikation schafft Grundlagen

Die Ergebnisse der Analyse münden in eine Kommunikationsstrategie und ein schriftliches Konzept mit einer konkreten Maßnahmenplanung. Die Umsetzung von Information, Kommunikation und Beteiligung erfolgt geplant, aber mit der nötigen Flexibilität über Beziehungsmanagement sowie Presse und Öffentlichkeitsarbeit. Dies wird oft vernachlässigt und mit der Planung von konkreten Kommunikationsmaßnahmen wird ohne großen zeitlichen Vorlauf erst mitten im Projekt begonnen. Oftmals sogar erst, wenn „die Hütte schon brennt".

## Risiko und Chance frühzeitiger Information

Wann ist der richtige Zeitpunkt für die erste öffentliche Information über ein geplantes Windparkprojekt? Diese Frage beantworten Windenergieunternehmen unterschiedlich. Es hat sich in einigen Befragungen von Projektierer*innen gezeigt, dass die Antworten in den letzten Jahren in etwa so ausfallen: Ein Drittel informiert die Öffentlichkeit erst dann, wenn das Projekt schon sehr konkret geplant und vorbereitet ist, und beschränkt sich bei der Informationspolitik auf das im Genehmigungsverfahren notwendige Mindestmaß. Das zweite Drittel hat erkannt, dass Information und Dialog notwendig sind und bietet entsprechend regelmäßig während des Projektverlaufs Informations- und Beteiligungsformate an. Das letzte Drittel setzt auf eine frühzeitige, umfassende und transparente strategisch geplante Kommunikation, aus der Erkenntnis, dass diese für die Akzeptanz und damit für den Projekterfolg entscheidend sein kann.

Zu den Grundregeln für eine erfolgreiche Projekt- und Akzeptanzkommunikation gehört, dass die Information frühzeitig erfolgt und auch die Rahmenbedingungen des Projektablaufs, z. B. das Verfahren bis zur Projektgenehmigung, transparent und verständlich kommuniziert werden.

## Die Bedeutung strategischer Kommunikation

Kommunikation kann vor allen Dingen dann zu einem erfolgreichen Projekt und zur Akzeptanz in der Bevölkerung beitragen, wenn sie strategisch geplant, frühzeitig begonnen und transparent umgesetzt wird. Strategische Kommunikation bringt Energiewendeprojekte nicht nur in die Öffentlichkeit, sondern kann einen entscheidenden Beitrag dazu leisten, öffentliche Debatten zu deeskalieren, da den unterschiedlichen Bedürfnissen verschiedener Adressaten von Anfang an Rechnung getragen wird.

## Dialog und Beteiligung als Chance für die „schweigende Mehrheit"

In der strategischen Kommunikation sind Bürgerdialog und Bürgerbeteiligung von großer Bedeutung. Durch sie kann die Akzeptanz für konkrete Projekte gesteigert werden, sie können Konflikten vorbeugen und die Legitimität von Planungsverfahren stärken. Darüber hinaus erhöhen sie die Transparenz von Planungsprozessen. Zu dieser Erkenntnis kamen befragte Unternehmen der kommunalen Energiewirtschaft bereits 2015 in einer Studie des Verbandes kommunaler Unternehmen (VKU).

*Erfolgsfaktor Transparenz*

Nach einer Umfrage im Jahr 2021 des Beratungsunternehmens Diskurs Research unter Windenergieunternehmen zu ihrer Kommunikation, setzten die Unternehmen mehrheitlich auf die Kommunikation über öffentliche Informationsveranstaltungen (25 Prozent), eine Projektinternetseite (16 Prozent) und Presseinformationen. In der gleichen Umfrage erklärten 35 Prozent, zukünftig rechtzeitig in einen Dialog mit der Öffentlichkeit eintreten zu wollen, um Gerüchten, Falschinformationen und auch Gegeninitiativen zu begegnen.

## Risiken im Dialogprozess durch die Rolle „sozialer" Netzwerke

Das beliebteste Medium bei den „Gegenwind"-Initiativen, sind die sozialen Netzwerke, allen voran Facebook. Daraus ergibt sich schon eine Diskrepanz zur Kommunikation der Projektverantwortlichen für einen Windpark und den kritischen Stimmen.

Während Windenergieunternehmen zumeist auf Sachinformation in Gremien, über klassische Medien und in den „gelernten" Turnhalleninformationsveranstaltungen setzen, nutzen ihre Gegenüber vor allem die Gesetze der „Aufmerksamkeitsökonomie" der sozialen Netzwerke. Berücksichtigt man deren Regeln und ihre Funktionsweise, zeigt sich schnell, dass in Bezug auf Reichweite und öffentliche Aufmerksamkeit ein massives Ungleichgewicht entsteht.

Der Internetpionier Jaron Lanier drückt die Funktionsweise von sozialen Netzwerken und die Folgen deren Nutzung besonders drastisch aus. Nach seiner Analyse untergräbt Social Media die Wahrheit, macht das, was man sagt, bedeutungslos, tötet Mitgefühl (also Verständnis für die Meinung anderer) und macht am Ende Politik unmöglich. Dies gilt in besonderem Maß für gesellschaftspolitische Debatten zu kritischen Themen. In Workshops zur Akzeptanzkommunikation bei Windparkprojekten haben Mitarbeiter von Projektentwicklern von aggressiven Debatten in den sozialen Medien berichtet, die in handfesten Drohungen gegen sie mündeten, wie sie auch manche Politiker erleben.

Der Gefahr durch die Emotionalisierung von Debatten in sozialen Netzwerken muss man sich stets bewusst sein. Oft ist die reine Nut-

Soziale Medien als Dialogrisiko

zung dieser Werbeplattformen als Reichweitenverlängerung zur Umleitung auf eigene Formate der bessere Weg.

## Chance auf eine höhere Akzeptanz durch Online-Beteiligung

Warum kann eine Onlinebeteiligung mit einer Bürgerdialogplattform für eine höhere Akzeptanz bei kritisch diskutierten Energiewendeprojekten führen? Die Antwort auf diese Frage ergibt sich zum einen aus der Reichweite, die bei einer digitalen Bürgerdialogplattform höher sein kann als bei den klassischen Formen von Informationen und Kommunikation. Online-Dialogplattformen bieten darüber hinaus die Chance, die sogenannte schweigende Mehrheit zu erreichen, die sich weder in einer hitzigen Turnhallendiskussion noch in den wenig sozialen Netzwerken beteiligen möchte. Die Reichweite sozialer Netzwerke kann sinnvoll genutzt werden, um zu klassischen Formaten einzuladen oder auf eigene Dialogplattformen zu führen, ohne die eigentlichen Dialoge in den sozialen Netzwerken zu führen.

*Online Formate als Antwort*

Der zweite Grund ist die Art und Weise des Diskurses, der auf einer moderierten Online-Plattform ermöglicht wird und nicht den Gesetzen der Aufregungsökonomie der sozialen Netzwerke folgt.

Die klassische Kommunikation, wie sie bei Windparkprojekten durchgeführt wird, hat leider einige Defizite. Zumeist gibt es keine direkte Reaktionsmöglichkeit für Betroffene auf Presseartikel und auf der Projektwebseite. Selbst die digitalen Kommunikationswege wie E-Mail oder Internetseiten bieten keine Möglichkeit der Priorisierung, Filterung oder Bündelung der Einzelanfragen. Dadurch entsteht oft eine sehr aufwendige Direktkommunikation. Es besteht auch zumeist kaum ein Überblick über Fragen, die wirklich relevant für eine breite Mehrheit sind, sodass die Gefahr besteht, dass nur die lautesten Stimmen gehört werden. Die stille oder schweigende Mehrheit ist nur schwer zu identifizieren und zu erreichen.

Bei Einsatz und Nutzung der sogenannten sozialen Netzwerke sind keine Diskussionen mit einem fachlichen und thematischen Fokus möglich. Bei Planungszellen, Bürgerwerkstätten und Infomärkten, ist ein großer Aufwand notwendig, bei vergleichsweise geringer Reichweite. Dennoch sind all die bisher eingesetzten Kanäle notwendig und wichtig. Sie sind das Grundrauschen und die Basiskommunikation. Aber leider nicht ausreichend.

Fokussierte Dialoge online führen

Ergänzend zu traditionellen Formaten der Bürgerbeteiligung oder als neue Basis der Bürgerbeteiligung sind professionelle Online-Tools und Bürgerdialogplattformen im Zeitalter von Digitalisierung und „mobile first" unabdingbar. Sie bieten allen Bürger*innen direkte Reaktionsmöglichkeiten auf Informationen, Fragen und Anregungen, nicht nur der unmittelbaren Projektbeteiligten, sondern auch anderer interessierter Bürger*innen. Die „schweigende Mehrheit" kann sich 24/7 äußern, ohne eine der wenigen Veranstaltungen besuchen oder sich an emotionalen Auseinandersetzungen in den sozialen Netzwerken beteiligen zu müssen. Die Online Partizipation hilft, jüngere Akteursgruppen und Mensch mit wenig Zeit einzubinden (vgl. Heddeshausen/Erkens 2020: 48).

Moderne Dialogplattformen bieten darüber hinaus eine enorme Effizienz der Kommunikation über Redundanz-, Themen- und Hate-Speech-Filter - es gibt kaum Streuverluste. Der Fokus des Dialogs auf einer digital moderierten Plattform liegt auf Themen und fachlichen Fragestellungen oder Anregungen. Durch die Auswertungsmöglichkeiten zeigen verschiedene Kennzahlen die Relevanz der Themen auf und damit auch eine Priorisierung nach Mehrheitsinteresse. Mit geringem Aufwand sind so eine hohe Reichweite und anhaltende Bürgerbeteiligung möglich.

## Ideale Öffentlichkeitsbeteiligung für mehr Akzeptanz von Energiewendeprojekten

Aus den uns vorliegenden Analysen und Erfahrungen ergibt sich ein idealtypischer Ablauf für Öffentlichkeitsbeteiligung und Kommunikation. Der Prozess beginnt mit einer transparenten und um-

| Standortwahl | Projekt-konkretisierung | vor Genehmigungs-antrag | Genehmigungs-verfahren | Bau | Betrieb |
|---|---|---|---|---|---|
| • Kommunikation mit<br>  • Flächen-<br>    eigentümern<br>  • Verwaltungen<br>  • Behörden | • Gremien-<br>  information | • **Online-Dialog**<br>• Medien<br>• Info-<br>  Veranstaltungen<br>• Vor-Ort-Teilnahme | • **Online-Dialog**<br>• Medien | • **Online-Dialog**<br>• Vor-Ort-Teilnahme<br>• Medien | • Infocenter<br>• Medien |

Abbildung 1: Die Phasen der strategischen Projektkommunikation (eigene Darstellung).

fassenden Information der Stakeholder und einer Verständigung über den Projektablauf sowie die dazugehörigen Kommunikationsphasen.

Klar ist, dass in der Phase der Standortwahl nicht immer alles kommuniziert werden kann. Daher muss man gut überlegen, was in der Phase der Projektkonkretisierung gegenüber den verantwortlichen Gremien, wie beispielsweise dem Gemeinderat, kommuniziert werden sollte. Schnell diffundieren Informationen in die Öffentlichkeit und sorgen für Gerüchte, vergleichbar dem „Flurfunk" in Unternehmen. Themen, die „auf der Straße liegen", werden besser gleich aktiv und sachlich richtig kommuniziert.

*Herausforderung in der Frühphase*

Während der Projektkonkretisierung müssen die Gremien, die Entscheidungen über ein Projekt treffen müssen, wie etwa der Gemeinderat einer Kommune, offen und transparent informiert werden. Dabei kommt der Prozesskommunikation eine wichtige Bedeutung zu. Der weitere Fortgang eines Projekts und die damit verbundenen Kommunikationsprozesse müssen für alle Beteiligten klar und nachvollziehbar sein.

Mit den ersten Informationen über ein Projekt für die Öffentlichkeit sollte eine online Bürgerbeteiligungsplattform freigeschaltet werden, nach Möglichkeit noch vor der ersten Informationsveranstaltung. Dies hat für die Beteiligten verschiedene Vorteile: Zum einen entsteht sofort eine Sammlung der für die Bevölkerung relevantesten Themen im Zusammenhang mit einem geplanten Projekt. Zum Zweiten kann der Onlinedialog zur Vorbereitung der weiteren Informationsveranstaltungen genutzt werden. Schnell wird klar, zu welchen Themen Expert*innen bei einer Informationsveranstaltung vor Ort sein sollten, um Rede und Antwort zu stehen.

Nutzen auch in der Nachbereitung

Für die Nachbereitung von Informationsveranstaltungen leistet eine Online-Dialogplattform ebenso gute Dienste, denn zumeist bleiben doch einige Fragen offen, die dann im Nachgang schnell und für alle Interessierten transparent beantwortet werden können. Diese Vorgehensweise sorgt von Anfang an für Transparenz und schafft Vertrauen. So wird klar, dass Vorhabensträger*innen nichts zu verbergen hat und die offene und transparente Kommunikation ernst genommen wird. Der oft gehörte Vorwurf, Projektentwickler*innen, Verwaltungen und Behörden würden nicht genügend kommunizieren und Fragen nicht beantworten, kann so von Anfang an widerlegt werden.

In der Bauphase eines Projekts kann eine Onlinedialogplattform dem Informationsbedürfnis über das aktuelle Geschehen mit geringem Aufwand gerecht werden. So kann der Übergang in eine Regelkommunikation für die Projektfertigstellung und den späteren Betrieb auf einer guten Basis eingeleitet werden. Dass eine Bürgerdialog-Plattform auch dann noch gute Dienste leisten kann, wenn sie schon lange nicht mehr aktiv betrieben wird, zeigt die direktzu®- Plattform zu Stuttgart 21. Obwohl die Plattform schon seit einigen Jahren nicht mehr aktiv genutzt werden kann, steht sie immer noch als Informationsarchiv online zur Verfügung und erfreut sich weiterhin recht hoher Zugriffszahlen.

## Online-Dialoge als wichtiges Element der Akzeptanzkommunikation

Kein Ersatz für Präsenz

Abschließend kann man sagen, dass eine Online-Dialogplattform die klassischen Kommunikationskanäle und Dialogformate keinesfalls ersetzen kann. Aber sie kann eine entscheidende Rolle im Projektverlauf und den Kommunikationsprozessen spielen, weil sie breite Bevölkerungsschichten eine Beteiligungsmöglichkeit einräumt. Der Online-Dialog kann die sogenannte „schweigende Mehrheit" aktivieren und, mit klaren Regeln und den Möglichkeiten digitaler Plattformen im Hinblick auf Relevanz und Reichweite, einen konstruktiven Dialog fördern.

Ein solcher Kommunikationsprozess wird auch künftig Klagen gegen Windparkprojekte ganz sicherlich nicht verhindern. Es lassen sich aber Debatten frühzeitig befrieden und man kann verhindern, dass sich die Fronten unnötig verhärten. So können sich auch die Bürger*innen an Debatten beteiligen, die unentschlossen sind, nur Fragen haben oder sich ihre Meinung erst noch bilden wollen.

Gute Beteiligung beschleunigt Vorhaben

Die Prozesse bis zu Genehmigung eines Projekts können so beschleunigt werden und eine höhere Akzeptanz für die Notwendigkeit des schnellen und massiven Aufbaus von Stromerzeugungskapazitäten aus erneuerbaren Energien wird erreicht.

## Literatur

Fachagentur Windenergie an Land e. V., Hrsg. (2022): Umfrage zur Akzeptanz der Windenergie an Land. Ergebnisse einer repräsentativen Umfrage zur Akzeptanz der Nutzung und des Ausbaus der Windenergie an Land in Deutschland.

Höhner, Sybille / Mehner, Ulf / Zimmerling, Thomas, Hrsg. (2018): Akzeptanzkommunikation, Deutsche Public Relations Gesellschaft e.V., Berlin..

Heddeshausen, Christiane / Erkens, Armin, Hrsg. (2020): Bürgerdialog für kommunale Unternehmen. Die Menschen vor Ort informieren und beteiligen, VKU-Verlag, Berlin.

Lanier, Jaron (2019): Zehn Gründe, warum Du Deine Social Media Accounts sofort löschen musst, Hamburg.

Sybille Neuß

# Mobilfunkausbau in Deutschland – für viele ein Segen, für manche ein Schrecken

*Die Dialoginitiative „Deutschland spricht über 5G" führt Bürgerdialoge zu Mobilfunk und 5G-Ausbau, um aufzuklären und damit den Menschen Bedenken gegen die Digitalisierung und technische Veränderungen zu nehmen. Warum wir dabei manchmal auch die Demokratie schützen, erzählt dieser Beitrag.*

Im Frühjahr 2020 hat die Bundesregierung unter Federführung des Bundesministeriums für Digitalisierung und Verkehr (BMDV, damals BMVI) die Dialoginitiative „Deutschland spricht über 5G" ins Leben gerufen. Den Auftrag übernahm Scholz & Friends Agenda in Berlin. Mit einem engagierten, dialoggeschulten Team haben wir uns an die Umsetzung eines spannenden Auftrags gemacht. Wir haben seitdem viel über Mobilfunk, aber noch viel mehr über Politikverdrossenheit und die Verbindung zwischen Technikängsten und Misstrauen in Institutionen gelernt. Aber der Reihe nach.

## Die Ausgangssituation verstehen

Von Anfang an stand fest, dass wir für die Kommunikation zum Mobilfunkausbau und insbesondere zur neuen Mobilfunkgeneration 5G Aufklärung und Dialogangebote brauchen. Unsere Analysen hatten gezeigt: Die große Mehrheit der Bevölkerung wünscht sich digitalen Fortschritt und eine bessere digitale Infrastruktur, vor allem beim Breitbandausbau, aber auch beim Mobilfunk. Gleichzeitig fühlten sich mehr als 40 Prozent der Bevölkerung über Mobilfunkausbau und 5G nicht gut informiert, selbst wenn sie grundsätzlich nichts gegen die Digitalisierung unserer Lebenswelten hatten und Fortschritt im Prinzip begrüßten. Bei etwa einem Drittel der Befragten in Deutschland bestand Unsicherheit darüber, wie Mobilfunk auf den menschlichen Organismus, auf Tiere und Pflanzen

Klare Erwartungen aber wenig Wissen

wirkt, und ob mit steigenden Mobilfunkgenerationen und höheren Frequenzbereichen nicht auch die Strahlungsintensität und damit die Schädlichkeit der elektromagnetischen Felder zunähme. Mit einer Kampagne allein, die die neuen Möglichkeiten des 5G-Mobilfunk schlicht feiern würde, werden solche Unsicherheiten nicht aus der Welt geräumt.

Um die Unschädlichkeit des Mobilfunks zu verstehen, braucht es verlässliche Informationen und Hintergründe. Die liefern die zuständigen Institutionen. Das Bundesamt für Strahlenschutz (BfS) – seit Beginn Teil von „Deutschland spricht über 5G", greift auf wissenschaftliche Erkenntnisse zurück und äußert sich sehr klar: Die einzige erwiesene Wirkung von Mobilfunkstrahlung ist eine geringfügige Wärmestrahlung, die keine Auswirkungen auf die Gesundheit hat. Zudem wurden in Deutschland strenge Strahlengrenzwerte erlassen, die in der Praxis nie erreicht werden. Selbst in Großstädten wie Berlin, Leipzig oder Hamburg mit hervorragender 5G-Mobilfunkabdeckung wird maximal ein Zehntel der erlaubten Strahlung erreicht und dies höchstens an bestimmten Punkten. Im ländlichen Raum sind die tatsächlichen Immissionen noch weiter vom Grenzwert entfernt. Die Grenzwerte werden von unabhängigen internationalen Institutionen der Wissenschaft wie der International Commission on Non-Ionizing Radiation Protection (ICNIRP) festgelegt und schützen sicher.

*Faktenbasierte Aufklärung*

Die Bundesnetzagentur (BNetzA) vergibt für jeden Mobilfunkmast, genauer für jede Basisstation, eine Standortbescheinigung, die sicherstellt, dass die gesamte installierte Antennentechnik einer Basisstation die Grenzwerte nicht überschreiten kann. Und trotzdem – und damit sind wir mitten im Thema – glauben etliche Menschen, dass Mobilfunk gefährlich oder gesundheitsschädigend sei. Ihr Misstrauen ist so groß, dass sie die Glaubwürdigkeit der demokratischen und wissenschaftlichen Institutionen anzweifeln.

## Den richtigen Umgang finden

Mit dieser Analyse der Ausgangssituation gerüstet, haben wir gemeinsam mit den beteiligten Ressorts der Bundesregierung die Ziele und Inhalte für die Dialoginitiative entwickelt. Neben den genannten nachgeordneten Behörden und Bundesämtern (BfS, BNetzA) und dem BMDV gehören auch das Bundesumweltministerium, das Bundeskanzleramt und das Bundespresseamt zum Entscheidungsgremium von „Deutschland spricht über 5G".

Bevor wir uns jedoch an die Konzeption von deutschlandweiten Bürgerdialogen setzen konnten, ist die Corona-Pandemie ausgebrochen. Damit konnten herkömmliche Bürgerdialoge erst einmal nicht stattfinden. Wir nutzten die Zeit und etablierten zahlreiche digitale Dialogangebote: eine umfassende Informations- und Dialogwebsite mit einem direkt nutzbaren Dialogforum, in dem Stand heute circa 700 Beiträge beantwortet wurden sowie hoch frequentierte Social-Media-Kanäle mit Millionenreichweite, auf denen täglich zwei Mitarbeitende im Community Management tätig sind. Der Anteil an verunsicherten und wütenden Beiträgen ist auf den Kanälen groß, besonders auf Facebook gibt es viele kritische Kommentare und Desinformation zu Mobilfunk und zur Mobilfunkstrategie der Bundesregierung. Im Community Management ist es daher die tägliche Aufgabe, aufzuklären und zu entmystifizieren – und nicht zuletzt demokratiefeindliche Falschbehauptungen zu löschen.

Außerdem erreichen unser Dialogbüro Anfragen per E-Mail und per Telefon. Speziell am Telefon nehmen sich geschulte und erfahrene Mitarbeiter*innen viel Zeit für ihr Gegenüber. Nicht selten dauert ein Telefonat eine Stunde, in der wir uns die Sorgen und Bedenken der betroffenen Bürger*innen anhören und Desinformationen über schädigende Mobilfunkwirkungen fundiert entgegentreten. Gelegentlich werden uns auch 5G-Verschwörungmythen dargelegt, z. B. über die Totalüberwachung des Staates, die durch 5G ermöglicht würde.

Desinformation wird zu einer immer größeren Bedrohung für die Demokratie. Denn aus Desinformation entstehen Skepsis, Ver-

*Erzwungene digitale Formate*

schwörungsmythen und schließlich Politikverdrossenheit und damit die Abkehr von demokratischen Institutionen. Einstiegsthemen für Desinformation und Verschwörungsmythen sind beispielsweise Mobilfunkausbau und 5G. Die Kopplung mit Technikängsten, die sich zu Verschwörungsideologien verstärken, müssen wahrgenommen und in das Sichtfeld der gesellschaftlichen Debatte rücken. Es ist notwendig, diese Themen zu kennen und verunsicherten Menschen gegenüber anzusprechen.

Es wäre übrigens vermessen zu behaupten, dass alle Menschen am Telefon überzeugt werden könnten. Aber der Dialog „mit echten Menschen", – wir werden tatsächlich manchmal gefragt, ob wir Bots sind – hilft vielen, die Perspektive zu wechseln und wieder mehr Vertrauen in die Institutionen zu gewinnen.

Im Sommer 2021 konnten wir die ersten Bürgerdialoge vor Ort veranstalten. Die ersten Anfragen erreichten uns aus Großstädten, aber sehr schnell kam die Mehrzahl der Unterstützungsanfragen von Bürgermeister*innen und Gemeindevorstehenden aus ländlichen Regionen, etwa aus Schleswig-Holstein, Sachsen und Rheinland-Pfalz. Mittlerweile sind wir in besonderem Maße in Bayern und Baden-Württemberg unterwegs. Hier befinden sich die Hotspots der Mobilfunkskeptiker*innen. In vielen vom Mobilfunkausbau betroffenen Orten Süddeutschlands bilden sich Bürgerinitiativen. Die Formate, die wir anbieten, helfen, die Situation vor Ort zu entspannen: Wir unterstützen bei rein digitalen Formaten, bieten hybride Veranstaltungen oder reine Präsenzveranstaltungen an. Bei hybriden Bürgerdialogen moderiert unser Team vor Ort an der Seite der politisch Verantwortlichen und Expert*innen des Kompetenzzentrums Elektromagnetische Felder (KEMF) am Bundesamt für Strahlenschutz werden für Fragen zum Thema Gesundheit zugeschaltet. Die Präsenzveranstaltungen können im Format eines World Cafés oder als Infomarkt mit diversen Dialogstationen aufgebaut werden. In allen Formaten kann die Bevölkerung vor Ort teilnehmen, direkt Fragen stellen und auch miteinander diskutieren.

Hotspots der Kritik

## False Balance moderieren

In den Bürgerdialogen erleben wir in der Mehrzahl interessierte, aufgeschlossene Bürger*innen. Einige sind jedoch sehr aufge-
bracht und sammeln sich vor und in der Veranstaltung zur Abwehr
eines konkreten Bauvorhabens. Der Unmut entsteht vor allem in
den Kommunen, in denen sich die Bevölkerung nicht ausreichend
in die Entscheidung für den Mobilfunkmast an einem festgelegten
Standort eingebunden und informiert fühlt. Ein Bürger aus Süd-
deutschland äußerte sich uns gegenüber etwa so: Hier wird über
jede Parkbank abgestimmt, aber über den Mobilfunkmast direkt
am Ortsrand haben wir aus dem Amtsblatt erfahren.

Die Anfrage ans Dialogbüro von „Deutschland spricht über 5G"
entsteht also nicht selten aus einer Situation heraus, in der sich
bereits Widerstand entwickelt hat, Bürgerinitiativen gegründet
wurden und aktive Mobilfunkskeptiker*innen als Referent*innen
zu einer Bürgerversammlung angefragt werden, um vor der Dorf-
gemeinschaft einen Vortrag über die Risiken des Mobilfunks zu
halten. Als Gegengewicht wird die Dialoginitiative angerufen und
wir übernehmen die Aufgabe, kurzfristig eine vollständige und
wissenschaftliche fundierte Besetzung der Veranstaltung zu organisieren. Konkret heißt das: Wir fragen die Expert*innen des Kompetenzzentrums Elektromagnetische Felder (KEMF) zum Thema
Strahlenschutz an und bitten den zuständigen Regionalmanager
des Mobilfunknetzbetreibers am Bürgerdialog teilzunehmen, um
Standortfragen und Planungszeitpunkte zu klären. Wir selbst übernehmen die Moderation.

Was bleibt, ist das Problem der False Balance. Es ist eine besondere
Herausforderung, die Wissenschaftler*innen der Institutionen und
die selbsternannten „Mobilfunkexperten" anzumoderieren. Denn
die einen sind qua Profession als Physiker*innen und Biolog*innen
ausgebildet und befassen sich beruflich jeden Tag intensiv mit dem
Thema Elektromagnetische Felder (EMF), die anderen genießen
das Vertrauen ihrer kleinen, aber wortstarken Anhängerschaft. Es
gehört also dazu, die Wissenschaftler*innen des KEMF detailliert

Konflikte als
Dialogauslöser

mit ihrer Expertise im Fachgebiet der elektromagnetischen Felder als Teilnehmende am Peer Review Verfahren und Vertreter*innen einer aus Steuermitteln finanzierten Bundesbehörde vorzustellen. Dem gegenüber gilt es, den selten fachbezogenen Background der selbsternannten Expert*innen zu offenbaren. Diese Erläuterungen führen jedoch keinesfalls direkt zur Akzeptanz der Expertenaussagen und zu einer richtigen Einordnung der Referierenden durch das Publikum. Nicht selten werden die Institutionen, die Bundesämter, die Dialoginitiative und die gesamte Politik als „gekauft" bezeichnet. Es wird ihnen fälschlicherweise unterstellt, von den Mobilfunknetzbetreibern und der Wirtschaft gekauft zu sein, die allein den Nutzen aus dem 5G-Ausbau ziehen würden.

Alternative Fakten als Folge von Misstrauen

Wir begegnen in jedem Bürgerdialog dem Typus des stark misstrauischen Bürgers, der der Bundesregierung und den zuständigen Institutionen Korruption und Machtmissbrauch vorwirft, einige Verschwörungsmythen glaubt oder Verschwörungsideologien komplett anhängt. Die einen sind vor Ort, um die Bühne zu nutzen und weitere Menschen auf ihre Seite ziehen, die meisten, so unser Eindruck, wollen aber vor allem gehört werden und sich mitteilen können. Wenn sich das Bild sortiert hat, kommen häufig die eigentlichen Sorgen zur Sprache: Angst vor den Folgen der Digitalisierung auf das eigene Leben, auf das der Kinder, auf die Umwelt. Die Angst vor mehr Fortschritt und Veränderung, vor einer technisierten Welt, die man nicht mehr versteht. Geht es um diese tieferliegenden Ängste, können wir wieder ins Gespräch kommen. Zukunftsängste sind grundsätzlich verständlich und die Debatte darüber ist berechtigt und notwendig. Sie ist sogar sehr wichtig, um die Menschen mitzunehmen und sie nicht an Feinde der Demokratie zu verlieren. Manchmal gelingt es uns an diesem Punkt zu verdeutlichen, dass die Gruppe der Mobilfunkbefürworter*innen und die Gruppe der Mobilfunkskeptiker*innen die ein oder andere Zukunftssorge miteinander teilen – dass aber die Angst vor Mobilfunkstrahlung als Gesundheitsgefahr unbegründet ist und sich die Besorgten und Skeptischen dieser Angst getrost entledigen können. Bei den Allermeistern kommt diese Botschaft an.

## Warum lohnt sich der Aufwand?

Regionale Entscheider unterstützen

Bürgerdialoge sind für das Vorankommen des Mobilfunkausbaus aus mehreren Gründen sinnvoll. Der wichtigste Aspekt ist, die politisch Verantwortlichen vor Ort mit vertrauenswürdigen Informationen zu versorgen und ihnen angesichts verschiedener Interessen und komplexer Argumente den Rücken zu stärken. Sie selbst sind häufig unschlüssig und können den Fragen zum Gesundheitsschutz nicht ausreichend kenntnisreich begegnen.

Den Bürger*innen wird die Möglichkeit gegeben, Gesundheitsfragen an echte Fachexpert*innen zu richten, statt sich Halbwissen aus dem Internet anzueignen. Das trägt maßgeblich zur Beruhigung und Aufklärung von Missverständnissen bei. Es hilft auch ungemein, wenn der zuständige Mobilfunknetzbetreiber die Wahl des Mobilfunkstandorts erläutert und mit den Menschen in den Austausch tritt. Die Erläuterung, warum ein bestimmter Standort funktechnisch geeigneter ist als ein anderer, hat oftmals die Kehrtwende gebracht und Widerstand gemindert. Das Dialogangebot der Bundesregierung wird angenommen, auch von sehr entschiedenen Mobilfunkgegner*innen. Selbst wenn daraus keine Mobilfunk-Befürworter*innen werden, kommt es zum Austausch über Themen, die die Menschen bedrücken und enttäuschen. Im Bürgerdialog zu hören und zu erleben, dass andere Nachbar*innen oder die jüngere Generation im Ort weniger angstvoll auf den digitalen Fortschritt schauen, erreicht auch die Skeptischen.

Diskursfähigkeit auch bei unterschiedlichen Positionen

Als Fazit lässt sich festhalten, dass wir nach einem Jahr Bürgerdialoge für „Deutschland spricht über 5G" die Situation vor Ort immer verbessern konnten: Klärung herbeiführten, Annäherung ermöglichten und Kommunen auf ihrem Weg zur Realisierung einer neuen Basisstation hilfreich begleiten konnten.

Jörg Sommer

# Der öffentlich-rechtliche Rundfunk und die Öffentlichkeit

*Unsere repräsentativen Institutionen, Strukturen und Prozesse beziehen ihre Legitimation zunehmend nicht mehr nur aus Wahlen, sondern aus vielfältigen Beteiligungsprozessen. Gleichzeitig ist die Programmgestaltung der öffentlich-rechtlichen Medien noch immer hierarchisch dominiert und repräsentativ fixiert. Dabei wäre es erstaunlich einfach, die reale Vielfalt unserer Gesellschaft in die Programmgestaltung einzuspeisen – durch vielfältige und breite Beteiligungsformate, die nicht erfunden werden müssen – aber erprobt.*

Der öffentlich-rechtliche Rundfunk steht unter Druck. Insbesondere den Anhängern alternativer Wirklichkeiten ist er ein Dorn im Auge (Grandt 2018). Auch die jüngsten hausgemachten Skandale schaden seinem Ansehen. Selbst Vertreter staatstragender Parteien arbeiten sich an vermeintlich zu hohen Rundfunkgebühren ab. Kritisiert wird auch die wahlweise zu geringe oder zu umfangreiche öffentliche Kontrolle. Da diese Kontrolle (über Rundfunk- und Programmbeiräte) überwiegend von Vertretern der Parteien oder anderer großer gesellschaftlicher Gruppen (Kirchen, Wirtschaft, Gewerkschaften) ausgeübt wird, beruht die Kritik daran auf ähnlichen Narrativen wie bei Parlamenten und Regierungen: Besetzungen und Beschlüsse fußen auf intransparente Mauscheleien der „Politikerkaste".

*Konfliktfeld Rundfunkbeiträge*

Die klassische, insbesondere kommunale Bürgerbeteiligung ist auch als Reaktion auf solche Wahrnehmungen entstanden. Und dort, wo sie funktioniert, kann sie diese Narrative entkräften und Kooperation entwickeln.

Entsprechend nachvollziehbar sind deshalb aktuelle Forderungen nach mehr Bürgerbeteiligung in der Ausgestaltung des öffentlich-rechtlichen Rundfunks bis hin zu der Idee, die Rundfunkräte durch losbasierte Bürgerräte zu ersetzen. So sinnvoll eine umfassende Beteiligung der zahlenden Bürgerinnen und Bürger sein kann, ob in diesem Fall das Format Bürgerrat dafür besonders geeignet ist, kann durchaus kritisch hinterfragt werden.

Zukunftsrat ohne Beteiligung

Die Rundfunkkommission jedenfalls hat ein ähnliches Format unter dem Titel „Zukunftsrat" kürzlich beschlossen (Deutschlandfunk 2023). Auf einige Dinge legte die Rundfunkkommission dabei allerdings Wert: Der Rat hat nur 8 ausgesuchte, nicht ausgeloste, Mitglieder. Die Mitglieder stammen aus der Medienbranche und/oder sind Juristen. Die Arbeit des Rates ist zeitlich befristet. Und alle von ihm erarbeiteten Konzepte sollen lediglich „Vorschläge" oder „Empfehlungen" sein – mit denen sich die Rundfunkkommission dann wiederum auseinandersetzen will.

Ob diese vorsichtige, befristete und minimalinvasive Partizipationsidee allerdings genügt, um die Akzeptanz des öffentlich-rechtlichen Rundfunks dauerhaft zu stärken, bleibt offen. Es wird schon mehr Beteiligung brauchen, mehr Beteiligte, mehr Formate.

## Partizipation ist geprägt von Vielfalt

Wir haben in Deutschland zwischenzeitlich mehr als 20 Jahre Erfahrungen mit unterschiedlichen Formaten der politischen Teilhabe. In der klassischen Bürgerbeteiligung kennen wir die genaue Zahl erfolgreich eingesetzter Formate nicht, es dürften deutlich über 600 sein. Einige sind ausgezeichnet geeignet, um gemeinsam Ideen und Visionen zu entwickeln, andere dienen der Bearbeitung von Konflikten. Manche Formate funktionieren besser bei jungen Menschen, manche können Themen tief und intensiv bearbeiten, verlangen aber viel Zeit und Vorbildung bei den Beteiligten. Andere erreichen viele Menschen, realisieren breite Beteiligung und/oder sind niederschwellig.

Hinzu kommen zahlreiche unterschiedliche Formen der Teilnehmergewinnung. Es gibt losbasierte Verfahren, Delegation durch bestimmte Gruppen, völlig offene Selbstrekrutierung, aber auch aufwändige Scoping-Prozesse mit dem Ziel, bewusst alle Betroffenengruppen zu integrieren.

Die unterschiedlichen Kombinationen aus Verfahren und Rekrutierungsmodell ergibt letztlich eine vierstellige Zahl von denkbaren Beteiligungskonstrukten – ganz unabhängig von der Wahl der Themen und der damit verknüpften Agenda.

Das Format Bürgerrat ist eines dieser Konstrukte, tatsächlich im Grunde eine geringfügig modifizierte, in der Zahl der Teilnehmenden aufgebohrte Version der sogenannten „Planungszelle", einem schon in den 70er Jahren des letzten Jahrhunderts von Professor Peter Dienel in Deutschland entwickelte Beteiligungsformat (Dienel 1978).

Wenn wir also darüber nachdenken, wie wir den öffentlich-rechtlichen Rundfunk partizipativer gestalten können, sind wir gut beraten, aus dem umfangreichen Portfolio ans Beteiligungserfahrungen zu schöpfen, ohne uns von aktuellen Trends, Moden und Motiven treiben zu lassen.

## Wie sieht ein partizipativer Rundfunk aus?

In einem ersten Schritt sollten wir definieren, welche Wirkung wir uns von partizipativen Strukturen erwarten. Was brauchen wir? Was wollen wir? Welche Defizite gibt es? Was könnte die Akzeptanz des öffentlich-rechtlichen Rundfunks erhöhen? Die Wirkung? Die Qualität des Programms? Den Bezug zur realen Alltagswelt der Bevölkerung? Die Themenbreite, die Relevanz, die Chance, auch Themen jenseits des Mainstreams anspruchsvoll zu realisieren?

*Ziele von Partizipation*

All diese Fragen münden im Grunde in vier Beteiligungsziele, die sich überschneiden und wechselseitig wirken:

Es geht um Qualität, um Transparenz, um gesellschaftliche „Erdung" und letztlich um Akzeptanz.

Die Wechselwirkungen sind komplex und teilweise herausfordernd. Während Qualität, Erdung und Transparenz unmittelbar positive Auswirkungen auf die Akzeptanz von Institution und Programm haben (Kirchhof 2017) ist insbesondere das Verhältnis von Qualität und Erdung ein dialektisches.

Eine Frage der Wirkung

Betrachten wir im nächsten Schritt, zu welchen Entscheidungen, Prozessen und Strukturen eine Beteiligung Sinn machen könnte. Aufgrund der Erfahrungen, die wir in Bürgerbeteiligungsprozessen machen konnten, wissen wir: Man kann im Prinzip zu allem beteiligen, sinnvoll aber nur, wenn es auch eine Möglichkeit gibt, dass die Beteiligung wirkt. Denn wirkungslose Beteiligung ist wertlose Beteiligung.

Konzentrieren wir uns bei den möglichen Wirkungen auf jene, die tatsächlich eine erhebliche Relevanz für unsere Ziele (Qualität, Erdung, Transparenz, Akzeptanz) haben, empfiehlt sich eine Konzentration auf folgende Wirkungsfelder:

- Finanzierung

- Strategische Planung

- Besetzung von Führungsfunktionen

- Programmgestaltung

- Evaluation

Selbst bei einer Konzentration auf die vier Beteiligungsziele und die fünf Wirkungsfelder wird angesichts der bereits geschilderten Diversität der partizipativen Formate und Prozesse klar:

Das eine Format, dass all diese Erwartungen erfüllt, gibt es nicht.

Die gute Nachricht lautet: Es gibt bewährte partizipative Formate für jedes der skizzierten Beteiligungsziele und Wirkungsfelder. Bei der Auswahl sind zwei Dinge jedoch von großer Bedeutung: Zum einen darf es keine Kakofonie unterschiedlicher, inkompatibler und nicht miteinander synchronisierbarer Formate geben, die am Ende gar parallel widersprüchliche Ergebnisse produzieren.

## Partizipation jenseits der Gremien

Zum anderen gilt es einen immer wieder aufkommenden Fehler zu vermeiden: Die Ergänzung oder gar Ersetzung repräsentativer Gremien durch neue repräsentative Gremien.

Gerade auch im Bereich des öffentlich-rechtlichen Rundfunks zeigen uns einige Vorfälle und Skandale aus jüngster Vergangenheit, dass die Kontinuität und enge, jahrelange, teilweise geheime Verflechtung von Akteuren zu erheblichen Verwerfungen führt. Partizipation lebt von Deliberation, nicht von Kontinuität. Letztere ist der Feind von Transparenz, Distanz und kritischen Debatten. Das gilt für alle Gremien, unabhängig davon, ob sie gewählt, ernannt oder gelost werden.

Kontinuität als Innovationsblocker

Gleichzeitig ist mangelnde Kontinuität wiederum ein möglicher Widerspruch zu Qualität. Insbesondere dann, wenn „normale" Bürger*innen ohne umfangreiches Vorwissen komplexe Sachverhalte bewerten und entsprechende Entscheidungen treffen sollen, ist ein hohes Manipulationspotential vorhanden. Genau das ist das bereits angesprochene problematische Verhältnis von Qualität und Erdung.

Sinnvolle Partizipation konzentriert sich also auf ethische Abwägung, Lokalisierung von möglichen Konflikten, Einbringung unterschiedlicher Interessen und Wahrnehmungen und im Idealfall Erarbeitung von Lösungspfaden für eben jene Konflikte.

Die Entwicklung eines Beteiligungsmodells mit dem langfristigen Ziel eines „partizipativen gesellschaftlichen Rundfunks" ist also, wie wir gesehen haben, machbar, aber herausfordernd. Und sicher im Rahmen dieses kurzen Beitrags nicht möglich.

Einige Ideen, Ansätze und Pfade können wir dennoch andiskutieren.

In der Finanzierung greifen die gleichen Herausforderungen, die wir aus der zwischenzeitlich 30 Jahre alten Praxis der Bürgerhaushalte kennen: Die Komplexität verhindert tiefe Beteiligung.

Und dort, wo sie dennoch angeboten wird, nehmen sie nur Wenige (aus ganz bestimmten Milieus) war. Dennoch ist Beteiligung möglich und sinnvoll: Für die ganz großen Rahmenbedingungen – und die kleinen, oft unbeachteten Themen. Übertragen auf den öffentlich-rechtlichen Rundfunk heißt dies:

Rundfunkbeitrag als Thema der Beteiligung

Es ist beispielsweise problemlos möglich, zwischen die regelmäßige Finanzbedarfsermittlung der „Kommission zur Ermittlung des Finanzbedarfs der Rundfunkanstalten" (KEF) und der Entscheidung der Landesregierungen ein Beteiligungsformat zu platzieren, das den Bericht kritisch hinterfragt und Empfehlungen dazu formuliert.

Noch grundsätzlicher – und mutiger – ist tatsächlich ein Beteiligungsprozess, der die langfristige Rolle (Programmatik und Finanzierung) des öffentlich-rechtlichen Rundfunks diskutiert und eine Vision eines partizipativen gesellschaftlichen Rundfunks entwickelt. Der Prozess kann mit Formaten auf Ebene der Landesrundfunkanstalten beginnen und dann bundesweit zusammengeführt werden. Als Formate kommen Planungszellen ebenso infrage wie Appreciative Inquiry oder Partizipatives Backcasting.

Mobile Hörer/Zuschauerversammlungen, Town-Hall Meetings oder Open-Space-Konferenzen können regional vorgeschaltet werden. Sie können Themen lokalisieren, Aufmerksamkeit wecken, bei der Rekrutierung für den weiteren Prozess helfen und durch breite, aufsuchende ad-hoc Beteiligungsangebote wie z. B. das „Rote Sofa" begleitet werden.

Partizipatives Budget

Auch die „kleinen" Themen können – ohne mit obigem Prozess zu konkurrieren, partizipativ adressiert werden. In der Beteiligung an kommunalen Finanzen hat dies zum zwischenzeitlich in vielen deutschen Kommunen praktizierten Konzept der „Bürgerbudgets" geführt (Sommer/Marticke 2021). Auch sie sind divers, folgen aber alle einem ähnlichen Prinzip: Im öffentlichen Haushalt wird ein Betrag X reserviert. Alle Bürger*innen können Vorschläge zu dessen Verwendung machen und auch konkrete Projekte vorschlagen. Regelmäßig werden diese Vorschläge – meist nach einer fachlich-rechtlichen Prüfung dann öffentlich zur Abstimmung gestellt. Welche Projekte realisiert werden, entscheiden die Bürger*innen. Man braucht nicht viel Fantasie, um sich ein ähnliches Konzept auch im Rahmen des öffentlich-rechtlichen Rundfunks vorzustellen.

Dies sind nur einige erste Gedanken zu einer partizipativeren Finanzierung, die weiteren angesprochenen Wirkungsfelder haben ähnliches, anderes und zum Teil erheblich umfassenderes Potenzial. Das gilt auch für die Rekrutierungsmodelle. Bundesweite Formate werden tatsächlich regelmäßig losbasiert besetzt, aus rein technischen Gründen. Nur so kann aus 80 Millionen potenzieller Teilnehmer*innen sinnvoll eine auch sozial breite Besetzung erfolgen. Losbasiert heißt jedoch nie reines Auslosen. Denn oft nimmt nur einer von 20 Ausgelosten die Einladung zur Beteiligung auch an – und das sind regelmäßig ähnliche Akteure (männlich, älter, gebildet und relativ wohlhabend). Es bedarf also sogenannter Gewichtungsprozesse, sonst ist zwar die reine (Los-)Lehre realisiert, aber die soziale Zusammensetzung letztlich ziemlich ähnlich jener im alten Athen.

> Losbasierte Formate sind gut, aber nicht genügend

Je näher wir aber der lokalen Lebenswirklichkeit kommen, je eher sind offene Prozesse möglich, die grundsätzlich allen ein Angebot machen, die sich einbringen wollen. Das ist in einer partizipativen Demokratie wichtig, darf aber nicht genügen. Denn die schon bei losbasierten Verfahren angesprochene soziale Dysbalance gilt auch hier.

Deshalb werden offene Angebote durch sogenannte „aufsuchende Beteiligung" ergänzt, bei der gezielt genau jene Milieus angesprochen werden, die ansonsten unterrepräsentiert sind.

Und auch ein viertes Rekrutierungsformat ist gerade im Fall des öffentlich-rechtlichen Rundfunks zu empfehlen: Eigenständige Formate für bestimmte Gruppen wie Jugendliche, Senior*innen, Migrant*innen, Menschen mit körperlichen Einschränkungen –

denn dort entstehen die besten Ergebnisse, wenn sie sich gegenseitig inspirieren.

## Partizipation als Pfad zur Zukunftsfähigkeit

Abschließend können wir festhalten: Ein zukunftsfähiger gesellschaftlicher Rundfunk in einer diversen Gesellschaft wird erheblich partizipativer sein als heute. Mit einer Gremienreform allein ist es nicht getan. Es bedarf einer umfassenden Beteiligungskultur zu vielen Themen, mit vielen Beteiligten und unterschiedlichen Formaten.

Dazu gehört auch innere Partizipation in Fragen der Programmgestaltung, der Organisation sowie der Personal- und Entwicklungsplanung. Denn Beteiligung lebt von Betroffenheit. Das bedeutet letztlich auch, überall, wo Betroffenheit existiert, gibt es auch Ansätze für Beteiligung. Und angesichts der bekannten Entwicklungen umfasst innere Partizipation im Rundfunk auch Beteiligung der Freien Mitarbeitenden.

*Beteiligung kann zeitnah starten*

Die gute Nachricht lautet: Der Einstieg in Partizipation ist erstaunlich einfach. Anfangen kann man mit jedem Thema, jedem Wirkungsfeld, jedem Ziel.

Denn das Wunderbare an der Partizipation ist: Erst begonnen, entwickelt sie stets eine erstaunliche Dynamik. Wenn sie gut gemacht ist – und sogar, wenn sie weniger gut gemacht ist. In letzterem Fall ist möglicherweise etwas konfliktreicher.

Schmerzfrei ist Beteiligung ohnehin nie. Dafür ist die Lernkurve oft überraschend hoch, gerade auch in eingeschliffenen oder gar verkrusteten Strukturen.

Man muss nur beginnen.

## Literatur

Deutschlandfunk (2023): Was bringt der geplante Zukunftsrat?, 01.03.2023, https://www.deutschlandfunk.de/reform-oeffentlich-rechtliche-zukunftsrat-100.html (Zuletzt aufgerufen am 22.04.2023)

Dienel, Peter (1978): Die Planungszelle. Der Bürger als Chance, Wiesbaden, 1978

Grandt, Michael (2018): GEZ: Wie mit Zwangsgebühren Staatspropaganda finanziert wird und warum diese abgeschafft werden sollten, Rottenburg, 2018

Kirchhof, Paul (2017): Transparenz des öffentlich-rechtlichen Rundfunks, Baden-Baden, 2017

Sommer, Jörg und Bernd Marticke (2021): Bürgerbudgets als Katalysator kommunaler Teilhabe. In: Jörg Sommer (Hrsg.): KURSBUCH BÜRGERBETEILIGUNG #4, Berlin, 2021.

Dr. Christoph Ewen

# Planspiel-Dialoge in der Entwicklung neuer gesetzlicher Regelungen

*Am Beispiel mehrerer Vorhaben im Bereich gesetzlicher und untergesetzlicher Regelungen (Verordnungen, Verwaltungsvorschriften) wird beschrieben, wie in innovativen Dialogprozessen die betroffenen und beteiligten Stakeholder aus der Praxis einbezogen wurden. Ziel ist es, jeweils praxistaugliche, wirksame, rechtssichere Regelungen zu entwickeln, die von den beteiligten Akteuren verstanden und bestenfalls auch getragen werden. Mit diesen Formaten ist es möglich, die Konsequenzen neuer Regelungen im Vorfeld diskursiv zu thematisieren – und wenn nötig, frühzeitig Korrekturen vorzunehmen.*

Anhörungen von Expert\*innen und Interessenvertreter\*innen gehören zur üblichen Praxis im Gesetzgebungsverfahren: So können die Mitglieder der Bundestagsausschüsse öffentliche Anhörungen durchführen. Häufig finden aber bereits im Vorfeld Anhörungen statt: Bevor Ministerien neue gesetzliche oder untergesetzliche Regelungen in den parlamentarischen Prozess geben, laden sie üblicherweise die beteiligten Akteure zur Diskussion der Referentenentwürfe ein. Auch wenn im Vorfeld schon vielfach Gespräche stattgefunden haben, gibt es bei der Anhörung dann die Gelegenheit mündlich und/oder schriftlich den Entwurf zu kommentieren.

Diese Form des Austauschs stellt zwar sicher, dass keine Einwände übersehen werden. Sie bietet jedoch nur begrenzte Möglichkeiten, im offenen Dialog mit den von der Regelung Betroffenen über die Praktikabilität und die zu erwartenden Wirkungen des Gesetzes bzw. der untergesetzlichen Regelung nachzudenken und, falls nötig, Vorschläge zur Verbesserung zu erarbeiten, wenn sich zeigt, dass unerwünschte oder nicht ausreichende Wirkungen zu erwarten sind. Auf die staatstheoretischen Hintergründe (Stichwort „moderierender Staat" im Zusammenhang mit steigender Komplexität) sei hier verwiesen (Stark 2014).

*Grenzen des Potentials von Anhörungen*

Ein probates Mittel zum dialogischen Blick in die Zukunft stellt die Methodik der Planspiele dar. Planspiele sind geplante und strukturierte Gruppenprozesse, bei denen komplexe reale oder fiktive Abläufe mit dem Ziel eines besseren Verständnisses der Komplexität sozialer Systeme simuliert werden – insbesondere hinsichtlich der Frage, welche Auswirkungen bestimmte Entscheidungen und/oder geänderte Rahmenbedingungen haben können. „Sie simulieren einerseits Aspekte und Prozesse realer Systeme und zeichnen sich andererseits dadurch aus, dass es konkrete Mitspieler gibt, die Rollen übernehmen und speziellen Spielregeln unterliegen" (Kriz et al. 2007).

Planspiele als Dialogformat

Im Leitfaden zur Gesetzesfolgenabschätzung („Moderner Staat – Moderne Verwaltung") empfehlen die Autoren Planspiele explizit als Mittel zur Abschätzung der Praktikabilität geplanter neuer rechtlicher Regelungen (BMI, 2002). Beispielhaft angewendet wurden Planspiele im Zuge der Gesetzesvorbereitung etwa im Zusammenhang mit der Einführung eines europäischen Chemikalienrechts (REACH), mit dem Emissionshandel sowie mit dem Bundesbaugesetz (Flächenreduzierung, Innenstadtentwicklung).

Bei den in diesem Beitrag adressierten Fragestellungen geht es jeweils darum, denkbare Regelungsansätze im Hinblick auf ihre Umsetzbarkeit und ihre Praktikabilität zu bewerten und zu optimieren. In diesen, der Rechtsetzung vorgeschalteten Prozessen, werden Fachfragen zur konkreten Ausgestaltung der Regelung geklärt. Gleichzeitig wird in der simulierten Realität deutlich, wie die denkbaren Regelungen in der Praxis bezüglich Praktikabilität, Rechtssicherheit, Wirksamkeit und unerwünschter Nebenwirkungen abschneiden. Und, welche Verbesserungsvorschläge Sinn ergeben.

Kern der hier beschriebenen Planspiele und Methoden ist jeweils der Einbezug breiter Akteursgruppen in einen strukturierten und über mehrere Termine verlaufenden dialogischen Prozess. Dieser Prozess wird fachlich und kommunikativ gesteuert, um möglichst nutzbare Ergebnisse zu erzielen.

## Planspiel Weiterentwicklung der Verpackungsverordnung

Praktischer Einsatz in der Umweltbeteiligung

Anlass für das Planspiel war eine vorgesehene Regelung, die den Umfang der bislang eingesammelten Verpackungsabfälle um weitere (in der Regel stoffgleiche) Nichtverpackungs-Abfallmengen erweitern sollte. Dabei handelt es sich etwa um Spielzeug, Werkzeug oder Büromaterialien, wie Kugelschreiber. Diese sollten dann gemeinsam in einer Wertstofftonne gesammelt werden. Im Rahmen des im Jahre 2011 durchgeführten Planspiels wurden zwei verschiedene vom Bundesumweltministerium (BMU) und Umweltbundesamt (UBA) vorher festgelegte Modelle für die Finanzierung und Organisation einer bundesweit einheitlichen Wertstofftonne erörtert – zum einen eine Lösung in kommunaler Verantwortung, zum anderen eine Lösung im Rahmen der dualen Systeme.

Ziel war es, im Dialog mit den betroffenen Akteuren eine Bewertung der beiden Systeme hinsichtlich der Kriterien ökologische Effektivität, volkswirtschaftliche Effizienz, Praktikabilität, Fairness und Rechtssicherheit zu treffen. Beteiligt waren die kommunalen Spitzenverbände, die Verbände der Entsorger (kommunale wie private), Verbände der Wirtschaft, Umweltverbände sowie die Länder und der Bund. Alle Beteiligten entsandten Vertreter*innen auf zwei Ebenen: Auf Strategieebene sowie auf operativer/fachlicher Ebene, die jeweils eigene Gruppen bildeten: Die Gruppe der fachlich und operativ Beteiligten (Dialoggruppe) arbeitete fachlich an der Bewertung der Lösungsmodelle. Die Strategiegruppe klärte zu Beginn die Vorgehensweise und nahm (Zwischen-)Ergebnisse zur Kenntnis und speiste ihre Kommentare in die Dialoggruppe zurück (siehe Abbildung 1).

Im Zuge der Arbeit erfolgte eine systematische Einteilung der zu behandelnden Themen, die dann in wechselnden Kleingruppen diskutiert und beantwortet wurden.

Eine zentrale Steuerung gab individuelle und Gruppen-Rollen, die Ausgangssituation sowie einen getakteten Zeitplan vor. Innerhalb der definierten Zeitfenster konnten die Gruppen unter sich Ergebnisse erarbeiten oder mit anderen Kleingruppen in Kontakt treten. Ob und wenn ja welche Interaktionen zwischen den einzelnen Gruppen stattfinden, wurde partiell vorgegeben, konnte aber als Teil des Spiels von den Gruppen beantragt werden.

Sensible Steuerung

Im Ergebnis führte das Planspiel zu vielfältigen Klärungen und neuartigen Ideen (z. B. Einführung einer zentralen Stelle zur Koordinierung, Sicherstellung von Transparenz und Kontrolle der Stoffströme). Die Teilnehmenden meldeten zurück, dass die Methodik des Dialogs als gelungen gelten könne, man sei zu zunehmend differen-

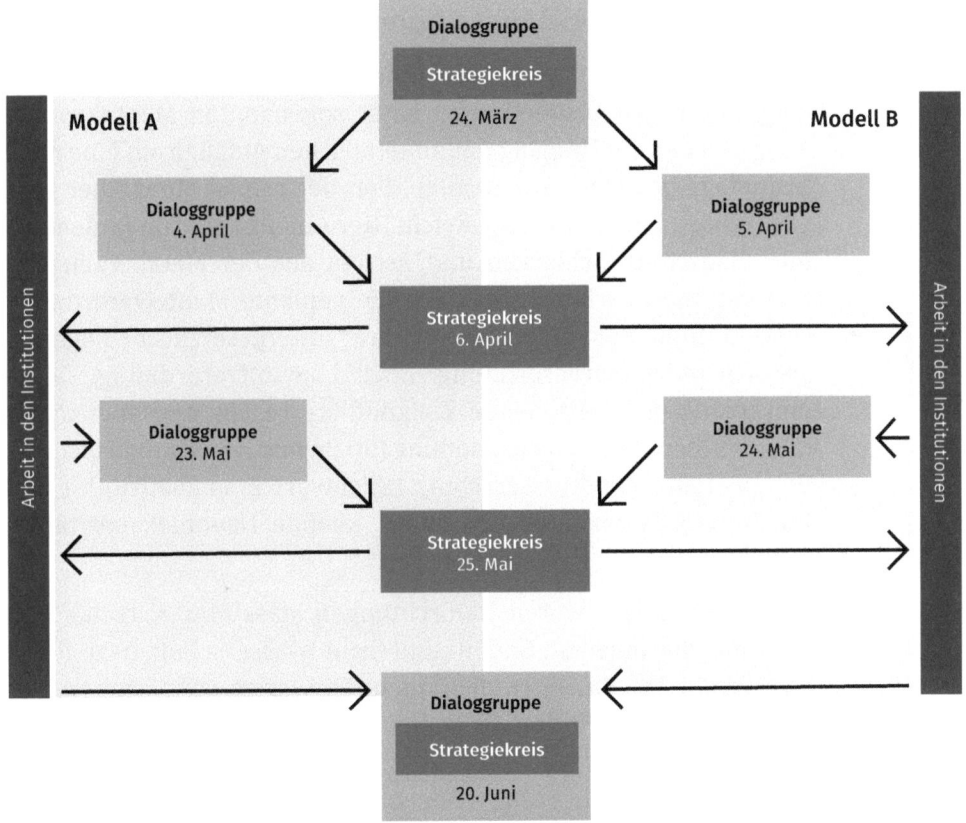

Abbildung 1:  Dialogstruktur Planspiel zur Weiterentwicklung der Verpackungsverordnung (Quelle: Dehoust/Ewen 2011)

zierten Einschätzungen gelangt und habe in vielen Bereichen die Sachlage klären können. Allerdings konnte der Grundwiderspruch der unterschiedlichen Interessen zwischen kommunaler und privater Entsorgungswirtschaft nicht aufgelöst werden (Dehoust/Ewen 2011). Dieses Dilemma führte letztlich auch dazu, dass das Gesetzesvorhaben am Ende nur teilweise umgesetzt wurde: Das zum 1.1.2019 in Kraft getretene Verpackungsgesetz schreibt die Wertstofftonne nicht verbindlich fest, führt aber eine zentrale Stelle ein und folgt auch in anderen Punkten den im Planspiel erarbeiteten Empfehlungen, z. B. in Bezug auf konkrete Vorgaben, die Möglichkeiten der Befreiung von der Systembeteiligung einschränken.

*Keine Auflösung grundsätzlicher Konflikte*

## Planspiel Mantel-Verordnung

2015 startete das Umweltbundesamt ein weiteres Planspiel. Jetzt ging es um die Auswirkungen einer sogenannten Mantelverordnung, mit der der Umgang mit mineralischen Abfällen auf eine neue Grundlage gestellt werden sollte. Von der reinen Menge her geht es hierbei um das „Schwergewicht" der Abfallberge, um Bodenaushub, Bauschutt, Schlacken und Aschen aus der Metallerzeugung und aus thermischen Prozessen. Die geplante Mantelverordnung sollte mithilfe der Änderung mehrerer untergesetzlicher Regelungen (Grundwasserverordnung, Ersatzbaustoffverordnung, Deponieverordnung) bestehende Zielkonflikte regeln und angleichen, die zwischen Ressourcenschonung (Stichwort Kreislaufwirtschaft), Boden- und Grundwasserschutz (Stichwort Ersatzbaustoffe) und Entsorgungskapazitäten (Stichwort knappe Deponiekapazitäten) auftreten.

*Eignung für Rahmensetzung?*

Konkreter Anlass waren Befürchtungen, dass eine Verschärfung der Anforderungen an Boden- und Grundwasserschutz dazu führt, dass große Abfallmengen nicht mehr verwertet, sondern beseitigt werden müssen. Mit dem Planspiel sollten die Vollzugstauglichkeit und der Erfüllungsaufwand für Wirtschaft und Verwaltung geprüft werden, die mit den vorgesehenen Regelungen verbunden wären. Es wurden verschiedene Fallkonstellationen (Grenzwerte, Einbaubestimmungen) und beispielhafte Abfallströme betrachtet und für diese jeweils abgeschätzt, welcher Aufwand für Wirtschaft und Verwaltung mit den geänderten Regelungen verbunden wäre.

Am Ende gab es von den Beteiligten Kritik am knappen Zeitbudget und der damit verbundenen mangelnden Detailtiefe sowie die Forderung, den Prozess an dieser Stelle nicht enden zu lassen, sondern die Chance der gelungenen Kommunikation zu nutzen und gemeinsam weiter an einer verbesserten Verordnung zu arbeiten (Bleher et al. 2016). Die im Dialog ermittelten Erfüllungskosten für unterschiedliche Optionen waren eine wichtige Grundlage für die weitere Befassung mit der Verordnung. Da zwischenzeitlich die Bundestagswahl 2018 den bereits weitgehend vorangeschrittenen Prozess der Verabschiedung der Mantelverordnung unterbrach, konnte diese erst 2021 veröffentlicht werden. Sie tritt nach einer Übergangsfrist von zwei Jahren am 1. August 2023 in Kraft.

*Qualitätsfaktor Beteiligung*

## Asbestdialog

1979 wurde Spritzasbest in Westdeutschland verboten, und 1993 konnte ein bundesweites Herstellungs- und Verwendungsverbot durchgesetzt werden. Bis dahin war Asbest bei einer Vielzahl von Baustoffen (Putze, Kleber, Spachtelmassen) zugemischt. Nicht nur neu errichtete Gebäude, sondern auch vor 1993 sanierte Gebäude (bis hin zu neu gekachelten Badezimmern) können Asbest enthalten. Wenn in diesen Gebäuden heute Sanierungs- oder Reparaturarbeiten stattfinden, kann Asbest freigesetzt werden und ist damit weiterhin eine Gesundheitsgefahr für alle Beteiligten. Es geht dabei nicht nur um Regulierung, sondern auch um Aufklärungsbedarf, wann, wo und in welchem Ausmaß Asbest in Deutschland verbaut wurde.

Nachdem 2016 der Versuch gescheitert war, die Gefahrstoffverordnung anzupassen, setzte das Bundesministerium für Arbeit und Soziales einen Dialog auf, an dem eine Vielzahl von Beteiligten aus der Bauwirtschaft, dem Arbeitsschutz, der Wohnungswirtschaft, der Wissenschaft sowie der Verwaltung beteiligt waren. Ziel des Nationalen Asbestdialogs war zum einen die Sensibilisierung aller am Bau Beteiligten für die sogenannten neuartigen Asbest-Risiken. Zum anderen sollte diskutiert werden, wie Bewohner, Nutzer, Mieter und die am Bau Beschäftigten effizient und effektiv vor Gesundheitsrisiken durch diese Asbest-Altlasten geschützt werden können.

In einem transparenten, ergebnisoffenen Prozess sollten in drei aufeinander abgestimmten Dialogforen Themen wie Sensibilisierung und Aufklärung, Erkundung und Anforderungen bei den relevanten Tätigkeiten genauso angesprochen werden, wie Fragen der Optimierung von Rechtsetzung und Vollzug. Die Ergebnisse des Nationalen Asbestdialogs wurden vom Bundesministerium für Arbeit und Soziales (BMAS) gemeinsam mit dem Bundesministerium für Umwelt, Naturschutz, Bau und Reaktorsicherheit (BMUB) in einem finalen Maßnahmenpaket zusammengefasst, das Vorschläge für gemeinsame Folgeaktivitäten sowie Rechtsetzung und Vollzug enthalten wird.

Die Herausforderung dabei: Umwelt- und Arbeitsministerium sowie deren nachgeordneten Behörden mussten diesen Dialog gemeinsam steuern. Und im Feld der sogenannten Stakeholder bestanden nicht nur unterschiedliche Interessen, sondern auch unterschiedliche Wissens- und Bewusstseinsstände. Dazu gab es eine Vielzahl unterschiedliche Themenfelder.

Im Verlauf des Jahres 2017 konnte ein Dialogprozess realisiert werden, an dem jeweils über 100 Vertreter*innen der betroffenen Institutionen teilnahmen. Wichtige Elemente dieses Dialogprozesses waren:

- eine wissenschaftliche Begleitung, die mit einer Eingangsbefragung der Stakeholder begann und kontinuierlich den Stand der Arbeit reflektierte.

- eine hochrangige „Aufhängung" des Dialogs (Begrüßung jeweils durch Staatssekretärsebene)

- eine Steuerung des Prozesses durch die beiden Ministerien auf Augenhöhe

- eine Moderation, die mit kommunikativen Formaten (Fishbowl, Lösungsaufstellungen, Akteurstische) die klassischen Austauschformen „aufmischte"

- eine Strukturierung der Akteurslandschaft, die für einzelne Themenfelder jeweils zentrale Stakeholder identifizierte und in den Prozess einer Lösungsfindung intensiv einbezog.

Es ist gelungen, dass die Stakeholder die Positionen aller Beteiligten hören, sich austauschen und sich im Dialog annähern konnten. Die jeweiligen Positionen konnten transparent gemacht und Lösungsmöglichkeiten ausgelotet werden.

Am Ende legten die beiden Ministerien ein gemeinsames Maßnahmenpaket vor. Die Dialogpartner bestätigten, dass das Maßnahmenpaket die sachlichen Herausforderungen und die Positionen und Vorschläge aller Stakeholder reflektiert.

Zwischenzeitlich ist die Aktualisierung der Gefahrstoff-VO – wenn auch mit pandemiebedingten Verzögerungen – auf einem guten Weg. Viele im Asbestdialog vereinbarte Lösungsansätze wurden in der Verordnungsgebung aufgegriffen, die voraussichtlich im 2. Quartal 2023 abgeschlossen wird.

## Planspiel TA Abstand

Das Gesetz zur Umsetzung der Seveso-III-Richtlinie spricht von einem „angemessenen Sicherheitsabstand", der zwischen störfallrelevanten Anlagen einerseits und benachbarten Schutzobjekten (Wohngebiete, Erholungsgebiete, ...) andererseits gewahrt werden soll. Es geht also um mögliche Konflikte zwischen Betrieben und schutzwürdigen Nutzungen, vor allem in historisch gewachsenen Zusammenhängen.

Einsatz bei technikdominierten Vorhaben

Im Rahmen eines Planspiels konnte die im Entwurf vorliegende Handlungsempfehlung „Technischen Anleitung Abstand (TA Abstand)" mit den betroffenen Akteuren diskutiert werden. Dabei ging es unter anderem darum, wie die Ermittlung des angemesse-

nen Sicherheitsabstandes erfolgen soll und welche störfallspezifi-
schen Faktoren einzubeziehen sind.

Für das Planspiel wurde ein an verschiedenen bestehenden Situationen orientiertes fiktives Beispiel mit den Akteuren: Kommune
Musterstadt, Betreiber Muster-Chemie und Muster-Behörde einem
Praxistest unterzogen. Die relevanten Praxisakteure wurden bei
der Konzeption des Planspiels beteiligt und spielten selbst im praktischen Beispiel ihre Rollen.

Zu den beteiligten Akteuren des Planspiels, das unter der Leitung
von UBA/BMUV stattfand, gehörten Bundesländer, kommunale
Spitzenverbände, Unternehmerverbände, Umwelt- und Natur-
schutz- sowie Bürgerinitiativen und -verbände sowie Sachverstän-
digenorganisationen und weitere Bundesministerien. Ähnlich dem
Planspiel zur Weiterentwicklung der Verpackungsordnung gab es
auch hier eine Differenzierung in einen strategischen Kreis und
einen Kreis der operativen Fachleute. Zu letzterem gehörten auch
Fachleute aus den drei Unternehmen, die für das fiktive Beispiel
„Pate gestanden" hatten.

Ein Teil der Gruppensitzung musste aufgrund der beginnenden
Corona-Pandemie in den digitalen Raum verlegt werden. Dieser
ermöglichte einen breiteren Austausch sowohl bei den beteiligten
Personen, als auch bei Umfang und Anzahl der Sitzungen.

Im Rahmen des Planspiels zeigte sich, dass bei der Anwendung der
Handlungsempfehlung in der Praxis Probleme zu erwarten wären.
Das betrifft die Ermittlung der angemessenen Sicherheitsabstände
und vor allem ihre Festlegung im Genehmigungsverfahren unter
Berücksichtigung von Abwägungsalternativen durch die zuständigen Behörden. Zum Beispiel bei historisch gewachsenen Standorten in Siedlungsnähe hat sich eine Praxis etabliert, die mit hoher
Flexibilität die Koexistenz von kommunaler und betrieblicher Entwicklung in Gemengelagen regelt – diese Flexibilität könnte durch

eine Neuregelung gefährdet werden und zu Konflikten führen (Ewen/Uth 2020).

## Planspiel Gesamtlärm

Lärm ist für sehr viele Menschen in Deutschland ein Problem: Mehr als eine Million Menschen sind allein im Bereich des Verkehrslärms von Lärmpegeln betroffen, die als gesundheitsgefährdend anzusehen sind. Dabei ist zwar der Straßenverkehrslärm die Geräuschquelle, die die höchsten Belästigtenzahlen hervorruft, jedoch tragen auch weitere Geräuschquellen, wie Schienenverkehr, Industrie- und Gewerbelärm sowie Fluglärm zur Lärmbelastung der Bevölkerung bei. Für einen umfassenden Immissionsschutz, der insbesondere eine verbindliche Gesamtlärmbewertung aller einwirkenden Geräuschquellen zur Anwendung bringt, gibt es derzeit keine gesetzliche Grundlage. Das soll sich laut Koalitionsvertrag der Parteien der Bundesregierung von 2018 ändern. Der Ampel-Koalitionsvertrag von 2021 sieht dies ebenfalls vor.

Nachdem im Auftrag des Umweltbundesamtes der Entwurf für ein gesamtlärmbetrachtendes Lärmschutzgesetz und eine entsprechende Durchführungsverordnung erarbeitet wurde, sollten diese Entwürfe im Rahmen eines Planspiels mit den betroffenen Akteuren auf Praktikabilität und Rechtssicherheit getestet werden. Wiederum wurde breit eingeladen – und ein strategischer (Repräsentanten) sowie ein operativer Kreis (Beteiligte) etabliert. War etwa bei den Repräsentanten der Deutsche Städtetag und der Deutsche Städte- und Gemeindebund vertreten, so waren bei den Beteiligten die Städte Berlin, München, Hamburg, Raunheim und Düsseldorf sowie der Landkreis Alzey-Worms vertreten, die im Planspiel verschiedene Rollen innerhalb der fiktiven Kommune Schallstadt übernahmen.

*Planspiel prüft Rechtssicherheit*

Anhand eines praktischen Beispiels wurden die Konsequenzen dieser Regelungen transparent dargestellt (Verpflichtung zu Lärmschutzmaßnahmen, Kostenteilung). Auf Basis dieser Ausgangslage erarbeitete die Kommune einen Lärmsanierungsplan (Tag 1), der dann von der oberen Immissionsschutzbehörde planfestgestellt werden sollte (Tag 2). Vertreter*innen aus den Bereichen Lärmerzeuger, Bürgerinitiativen und unabhängige Fachwelt kommentierten und erarbeiteten Stellungnahmen. Zwischen diesen Planspieltagen, die coronabedingt digital stattfanden, fanden weitere Abstimmungs- und Klärungsgespräche statt.

Das „Spielfeld" war die fiktive Stadt Schallheim, in der Straßen-, Schienen-, Tram-, Gewerbe- und Sportlärm auf ein Wohngebiet einwirken.

Bereits im Verlauf des Planspiels wurde deutlich, dass der Einbezug von Fluglärm den Erkenntnisgewinn des Planspiels reduziert hätte. Fluglärm und die Besonderheiten des Gewerbelärms wurden daher im Rahmen von Exkursen separat betrachtet. Verzichtet man auf Fluglärm, erscheint das Regelungsmodell am gespielten fiktiven Beispiel praktikabel. Allerdings kann es bei der vorgeschlagenen Regelung aufgrund eines subjektiven Anspruchs auf die Umsetzung von Lärmminderungsmaßnahmen gegen den Verkehrsträger zu massiven Konsequenzen für einzelne Lärmerzeuger, zu einer Klageflut und zu hohen Ressourcen und Personalbedarf kommen. Während in kleineren Kommunen diese Vorgehensweise funktionieren kann, wird es in Ballungsräumen angesichts vieler und vielfältiger Lärmüberschreitungen schwierig.

Damit steht das grundsätzliche Recht jede*r Bürger*in auf Minderung gesundheitsschädlicher Lärmimmissionen den praktischen Konsequenzen gegenüber, die eine Umsetzung vor allem Kommunen und Lärmerzeugenden in komplexen Situationen technisch und organisatorisch schwer möglich macht. Im Planspiel wurde deutlich, dass die Entwürfe für Gesetz und Durchführungsverordnung überarbeitet werden sollten. Hinweise dazu aus dem Planspiel sind:

- Durchführung einer Folgenabschätzung
- Ausnahmen im Hinblick auf Energie- und Verkehrswende
- Dynamisierung der Schwellenwerte.

Herausarbeitung der Risiken

- Gesonderte Regelung für Fluglärm.

Die Erkenntnisse und Anregungen aus dem Planspiel wurden in einer Überarbeitung des Gesetzesentwurfs und des Entwurfs für die Durchführungsverordnung berücksichtigt. Die Durchführung des Planspiels, der eingegangenen Anregungen und das resultierende Regelungsmodell werden in einem Forschungsbericht des Umweltbundesamts veröffentlicht.

## Schlussfolgerungen und Empfehlungen

Die Beispiele haben gemeinsam, dass es jeweils um ein zu lösendes Problem geht, dessen Relevanz und Lösungsbedarf nicht angezweifelt wird. Gleichzeitig geht es um Geld, Einfluss und Deutungsmacht in diesen Themenfeldern, die sich durch geplante untergesetzliche Regelungen verschieben können. Diese Mischung aus konkreter gesellschaftlicher Relevanz und gleichzeitigem Ringen um Berücksichtigung der eigenen Interessen führen dazu, dass die Stakeholder sich auf die neuartigen Dialogprozesse einlassen.

Es wäre naiv zu glauben, dass das Angebot eines Dialogs auf Augenhöhe dazu führt, dass alle Beteiligten gemeinsam die beste Lösung suchen. Aber die Erfahrung zeigt, dass sie sich auf konstruktive und lösungsorientierte Dialoge einlassen, wenn folgende Bedingungen erfüllt sind:

*Dialognutzen als Voraussetzung*

- Es handelt sich jeweils um objektiv problematische gesellschaftliche Situationen, die durch die angedachte Regelung entschärft / verbessert werden soll.

- Es besteht Offenheit bei den Vertreter*innen der Ministerien, bestehende Entwürfe zur Disposition zu stellen und das know-how der betroffenen Akteure für eine Verbesserung (zur Not auch für einen Abbruch des Verfahrens) zu nutzen.

- Den Betroffenen ist bewusst, dass es besser ist, am Dialog teilzunehmen, damit sie mitgestalten können – denn angesichts der faktischen gesellschaftlichen Problemlage ist eine Regelung kaum zu verhindern.

- Auch wenn taktisches Verhalten zum „Spiel" dazugehört – durch die intensive kommunikative Arbeit mit Fachleuten aus der operativen Ebene entsteht eine konstruktive und sachliche Atmosphäre, in der die Sachebene transparent diskutiert und geklärt werden kann.

- Interessengegensätze lassen sich jedoch kommunikativ nicht auflösen – hier bedarf es entsprechender Entscheidungen durch die Politik.

Erweiterung der Perspektivlandschaft

Der Blick auf die Dialog-/Planspiel-Methodik zeigt ihren deutlichen Mehrwert. Akteure agieren typisiert anhand von zugewiesenen Rollen, sind im mündlichen Austausch und stehen im Spiel vor der Herausforderung, schwer umsetzbare Vorgehensweisen oder sonstige Hemmnisse sichtbar werden zu lassen. Gegenüber klassischen Verfahren der Abstimmung von Entwürfen (etwa Anhörungen oder Stellungnahmen) ist hier eine Erweiterung der Perspektivlandschaft wirksam.

Die Erfahrungen zeigen, dass es für einen hilfreichen Einsatz derartiger Dialoge und Planspiele im Vorfeld der Rechtssetzung neben den Rollen und der Spielsituation auf die Struktur des Dialogs (z. B. operative und strategische Gruppe) ankommt, auf ausreichende zeitliche Ressourcen sowie auf offene und kreative Dialogformate.

Werden diese Erfahrungen beachtet, kann es durch den Dialog gelingen, ein gegenseitiges Verständnis für die unterschiedlichen Bedürfnisse zu schaffen, was die anschließende Verordnungsgebung deutlich erleichtert.

## Literatur

BMI (2002): Moderner Staat – Moderne Verwaltung, Abschlussbericht über den Praxistest zur Erprobung des Handbuches und des Leitfadens zur Gesetzesfolgenabschätzung an ausgewählten Vorhaben der Ressorts; Fundstelle https://www.bmfsfj.de/resource/blob/84362/f92734d9f57ce4c18d63320de68f45aa/moderner-staat-gesetzesfolgen-data.pdf (Zuletzt aufgerufen am 01.11.2022).

Bleher, D./Dehoust, G./Alwast, H./Thörner, T./Stuckenholz, F./Susset, B./Ewen, C.;/Albrich, H. (2016): Planspiel Mantelverordnung: Aspekte der Kreislaufwirtschaft und des Bodenschutzes: https://www.umweltbundesamt.de/sites/default/files/medien/1410/

publikationen/2017-11-08_texte_104-2017_planspiel-mantelvo.pdf (Zuletzt aufgerufen am 23.01.2023).

BMAS/BMU (2017): Nationaler Asbestdialog, Ergebnisse und Folgeaktivitäten: https://www.bmas.de/SharedDocs/Downloads/DE/Arbeitsschutz/Asbestdialog/ergebnispraesentation-des-nationalen-asbestdialogs.pdf?__blob=publicationFile&v=1 (Zuletzt aufgerufen am 23.01.2023).

Dehoust, G./Ewen, C. (2011): Planspiel zur Fortentwicklung der Verpackungsverordnung, Abschlussbericht zum Teilvorhaben 3: Planspiel: https://www.umweltbundesamt.de/sites/default/files/medien/461/publikationen/4279.pdf (Zuletzt aufgerufen am 23.01.2023).

Ewen, C./Uth, J. (2020): Unterstützung der Erarbeitung einer Verwaltungsvorschrift zum angemessenen Sicherheitsabstand: https://www.umweltbundesamt.de/sites/default/files/medien/5750/publikationen/2021-03-25_texte_48-2021_sicherheitsabstand.pdf (Zuletzt aufgerufen am 23.01.2023).

Kriz, W.C./Saam, N./Pichlbauer, M./Fröhlich, W. (2007): Intervention mit Planspielen als Großgruppenmethode – Ergebnisse einer Interviewstudie. In: W.C. Kriz (Hrsg.), Planspiele für die Organisationsentwicklung. Schriftenreihe: Wandel und Kontinuität in Organisationen (Bd. 8, S. 103-122). Berlin: Wissenschaftlicher Verlag

Stark, C. (2014): Zur Funktion des Staates. In: Kontingenz und Ambivalenz. Springer VS, Wiesbaden.

Prof. Dr. Felix Krebber

# Beteiligung vor Missbrauch schützen: Die neue PR-Ethik-Richtlinie ‚Bürgerbeteiligung und Kommunikation'

*Im Beitrag wird die neue Richtlinie „Bürgerbeteiligung und Kommunikation" des Deutschen Rates für Public Relations (DRPR) vorgestellt. Das Selbstkontrollgremium der Kommunikationsbranche regelt mit der Richtlinie freiwillige Beteiligungsverfahren, die von Organisationen wie Unternehmen, Verbänden, Vereinen und Behörden außerhalb formaler Genehmigungsverfahren oder regulierter politischer Prozesse umgesetzt werden. Ihre Notwendigkeit wird anhand von Untersuchungsdaten hergeleitet und die bisherige kommunikationsethische Regelungslücke wird beschrieben. Daraufhin werden die Regelungskriterien der Richtlinie näher ausgeführt und Implikationen für die Beteiligungspraxis aufgezeigt.*

Der Deutsche Rat für Public Relations (DRPR) – das freiwillige Ethik-Selbstkontrollgremium der Kommunikationsbranche und des Kommunikationsberufsfelds – hat im Dezember 2022 eine Ratsrichtlinie zu Partizipation in der Organisationskommunikation vorgestellt. Die Richtlinie „Bürgerbeteiligung und Kommunikation" regelt fortan freiwillige Beteiligungsverfahren, die von Organisationen wie Unternehmen, Verbänden, Vereinen und Behörden außerhalb formaler Genehmigungsverfahren oder regulierter politischer Prozesse umgesetzt werden. Sie ist Thema dieses Aufsatzes. Ihre Notwendigkeit wird anhand von Untersuchungsdaten hergeleitet und die bisherige kommunikationsethische Regelungslücke beschrieben. Daraufhin werden die Regelungen näher ausgeführt und Implikationen für die Beteiligungspraxis in der Umsetzung der Richtlinie aufgezeigt.

Seit einigen Jahren kommen Verfahren der Beteiligung von Bürger*innen (im Folgenden Bürgerbeteiligung) zum Einsatz, die außerhalb der herkömmlichen demokratischen Verfahren des Staates umgesetzt werden. Diese werden beispielsweise von Kommunen im Kontext von Stadtentwicklungsprojekten noch vor den eigentlichen Entscheidungsprozessen oder verwaltungstechnischen Genehmigungsverfahren realisiert. Auch Unternehmen beziehen zunehmend Bürger*innen direkt mit ein, etwa im Kontext von Infrastrukturprojekten oder (teils kontrovers betrachteten) Technologien wie Mobilfunkstandards oder dem Einsatz von Gentechnologie. Damit kommen diese privatwirtschaftlichen Akteure den gestiegenen Partizipationserwartungen der Zivilgesellschaft nach, die in westlichen demokratischen Gesellschaften zunehmend unmittelbare Einflussnahme einfordert (Bentele et al. 2015).

Solche Beteiligungsprozesse werden von Unternehmen zumeist mit dem Ziel initiiert, geplante Vorhaben auch tatsächlich umzusetzen (Krebber 2016). Damit ist derartigen Verfahren ein strategischer (teleologischer) Kommunikationsmodus (Habermas 1997) eigen, der den Charakter von Beteiligung maßgeblich prägt. Ein systematischer Interessenkonflikt ist in diesen Verfahren von Beginn an angelegt: Zwischen Betroffenen auf der einen Seite; sie werden, wenn sie ein Vorhaben nicht gar ganz verhindern wollen, eine Umsetzung durchzusetzen versuchen, die mit möglichst wenig Beeinträchtigungen ihrerseits verbunden ist. Auf der anderen Seite stehen die Vorhabenträger, die ihr Projekt umsetzen wollen. Beide Gruppen sind in solchen Verfahren also mit eigenen – strategischen – Interessen beteiligt.

*Beteiligung als Kommunikation für Akzeptanz*

In diesen Verfahren wird daher oft nicht allein die zu verhandelnde Sache strittig, sondern auch die Art und Weise der Kommunikation bzw. Anlage des Beteiligungsverfahrens (Burkart 2013). Daher ist aus einer kommunikationsethisch-normativen Perspektive ein hoher Maßstab an solche Verfahren anzulegen. Denn empirisch zeigt sich, dass es durchaus ‚schwarze Schafe' aufseiten der Anbieter von Beteiligungsverfahren (Vorhabenträger/Organisationen/Behörden/Unternehmen und gegebenenfalls ihren Agenturen/Dienstleistern) gibt, die diesen hohen Maßstäben nicht gerecht werden (Krebber 2020a). Eine angewandte, aus kommunikationsethischer

Perspektive zu verurteilende Taktik kann etwa sein, mehr Einfluss-möglichkeiten zuzusagen, als dann tatsächlich eingeräumt werden. Dies muss als Täuschung gewertet werden.

Der professionellen Kommunikationspraxis ist daran gelegen, aus ethischer Perspektive angemessenes Verhalten zu fördern und un-ethisches Verhalten zu sanktionieren. Hierzu ist vonseiten der Be-rufs- und Agenturverbände im Kommunikationsberufsfeld – analog zur freiwilligen Selbstkontrolle im Bereich der Presse (Presserat) und Werbung (Werberat) – der Deutsche Rat für Public Relations (DRPR) gegründet worden, der auf Basis des Deutschen Kommu-nikationskodex sowie konkretisierender Richtlinien Fehlverhalten durch Missbilligungen und Rügen ahnden kann. Die jüngst verab-schiedete Ratsrichtlinie „Bürgerbeteiligung und Kommunikation" des DRPR fügt sich in dieses Regelwerk ein. Ihr Anwendungs- und Geltungsbereich ist denkbar breit und betrifft alle, die derlei Ver-fahren organisieren: er beinhaltet alle Beteiligungsverfahren, die freiwillig und zielgerichtet außerhalb gesetzlich normierter Geneh-migungsverfahren stattfinden.

Rügen für unethisches Verhalten in der Beteiligung

Dabei ist allein die Anlage als Beteiligungsverfahren entscheidend und nicht, von wem sie organisiert werden. Auch Akteure, die sich nicht dem Kommunikationsberufsfeld zugehörig fühlen oder for-mal diesem zuzurechnen sind (etwa Ingenieur*innen oder Archi-tekt*innen), können vom DRPR mit einer Missbilligung oder Rüge belegt werden. Explizit schließt dies auch freiwillige Verfahren ein, die nicht von Unternehmen organisiert werden, sondern etwa von Behörden, Verbänden, Vereinen oder anderen staatlichen oder nichtstaatlichen Organisationen, wenngleich bei der Konzeption der Richtlinie der Blick besonders auf Unternehmen oder in deren Auftrag agierende Agenturen/Dienstleister gerichtet war.

## Partizipation in der Kommunikation von Organisationen – insbesondere Unternehmen

Partizipation ist zu einer gesellschaftlichen Erwartungshaltung in den modernen westlichen Demokratien geworden (Inglehart

2001). Politische Auseinandersetzungen finden jedoch immer stärker außerhalb der klassischen Arenen des Politischen statt, was Beck (1993) mit dem Begriff der Subpolitik beschrieb: Konflikte werden unmittelbarer zwischen den Betroffenen ausgetragen. Die „partizipative Neudefinition der Rolle des Bürgers" (Brand 2010: 123) wird unterstützt durch gesellschaftliche Veränderungstendenzen wie einer allgemeinen Zunahme des Bildungsniveaus, des Wohlstandes und postmaterieller Selbstverwirklichungswerte.

Entscheidungen werden nicht mehr akzeptiert, weil sie „von oben" kommen, sondern insbesondere bei persönlicher, materieller oder ideeller Betroffenheit infrage gestellt (Lucke 1995). Materielle Betroffenheit entsteht etwa, wenn das Grundstück von Betroffenen an Wert verliert, ideelle Betroffenheit, wenn sich Menschen auf der Ebene ihrer Werte (z. B. Ökologie) betroffen fühlen und sich beispielsweise für den Erhalt auch eines weit vom Wohnort entfernten Waldstücks einsetzen.

Darauf reagieren insbesondere Unternehmen seit einigen Jahren, indem sie im Rahmen ihrer strategischen Kommunikation sowohl organisierte Interessen und ihre in Verbänden organisierten Vertreter*innen in Form von Stakeholderdialogen (Rademacher/Stürmer 2021) sowie Bürger*innen in Beteiligungsformaten (Krebber/Hitschfeld 2021) partizipieren lassen. Dies folgt der Einsicht, dass Unternehmen eingebettet sind in sie umgebende Umweltsphären, insbesondere die der Gesellschaft (Rüegg-Stürm/Grand 2020). Dem Stakeholder-Approach (Freeman 2004) folgend, sind Unternehmen nicht allein auf ihre Kapitaleigner, sondern auf die Zustimmung breiter Stakeholdergruppen – insbesondere der Gesellschaft – angewiesen.

Witt (1997) beschreibt diese Notwendigkeit folgendermaßen: „Was immer man sich unter ‚Wirtschaften' konkret vorstellt, es ist nur in der Gesellschaft möglich, und wirtschaftliches Handeln ist damit zugleich auch immer soziales Handeln" (S. 424). Unternehmenskommunikation folgt dem Leitbild der Integration des Unternehmens sowohl in Markt als auch Gesellschaft (Zerfaß 2022). Eine

Zieldimension von Unternehmen ist dabei gesellschaftliche Akzeptanz (Krebber 2016). Diese versuchen Unternehmen zu erreichen, indem sie gesellschaftlichen Erwartungen entsprechen, um sich damit zu legitimieren oder aber auch nur scheinbar diesen gesellschaftlichen Erwartungen nachkommen, was die neo-institutionalistische Organisationstheorie beschreibt (DiMaggio/Powell 1983; Meyer/Rowan 1977; überblicksartig Krebber/Sandhu 2022). Dies geschieht teilweise auch in Bezug auf die gesellschaftliche Erwartung von Beteiligung.

## Kommunikationsethische Probleme von Bürgerbeteiligung

Im vorigen Abschnitt war bereits das nur scheinbare Entsprechen gegenüber gesellschaftlichen Erwartungshaltungen beschrieben worden. Etwa wenn eine reine Informationsveranstaltung bereits als umfassende Beteiligung ausgegeben wird und damit den Beteiligten ein höheres Maß an Einfluss suggeriert wird, als dann faktisch eingehalten wird. Ist dies der Fall, kann durchaus von einer Täuschung der Kommunikationspartner*innen gesprochen werden, was nichts anderes ist, als mangelnde Wahrhaftigkeit und damit ein Verstoß gegen geltende standesethische Normen im Kommunikationsberufsfeld.

Mangelnde Wahrhaftigkeit

Unwahrhaftigkeit war in einer umfassenden Medieninhaltsanalyse der deutschen Tages- und Wochenpresse mehrfach als geäußerte, enttäuschte Erwartung in Bürgerbeteiligungsverfahren ermittelt worden (Deutscher Akzeptanzatlas, Krebber 2019, Krebber 2020a). Hierzu wurde die Berichterstattung über Beteiligungsverfahren in 130 Tages- und Wochenzeitungen deutschlandweit untersucht und geäußerte Erwartungen gegenüber Beteiligungsverfahren erhoben. Die 459 thematisierten Projekte stammten aus den Bereichen Bau- und Stadtentwicklung, Transport und Verkehr sowie Energieversorgung. Zu den zehn am häufigsten geäußerten Erwartungen an das Beteiligungsverfahren und die begleitende Kommunikation (Tabelle 1) gehörten die Folgenden: Abgabe von

| Erwartung | Erfüllt | Nicht erfüllt | Auf die Zukunft gerichtet | Nicht zuzuordnen | Summe |
|---|---|---|---|---|---|
| Abgabe von Hinweisen zur Projektgestaltung | 84 | 20 | 37 | 11 | 152 |
| Ergebnisoffenheit | 14 | 29 | 48 | 6 | 97 |
| Frühzeitigkeit | 23 | 30 | 35 | 4 | 92 |
| Repräsentativität der Teilnehmenden | 36 | 24 | 25 | 6 | 91 |
| Transparenz | 20 | 27 | 34 | 5 | 86 |
| Implementierung von Vorschlägen | 25 | 14 | 26 | 5 | 70 |
| Öffentlichkeit der Veranstaltung | 26 | 14 | 16 | 0 | 56 |
| Ernsthaftes Eingehen auf Vorschläge | 17 | 16 | 15 | 0 | 48 |
| Wahrhaftigkeit | 1 | 29 | 7 | 2 | 39 |
| Angemessener Umfang der Informationen | 7 | 20 | 8 | 3 | 38 |

Abbildung 1:   Die zehn am häufigsten in der Presse berichteten genannten Erwartungen an Beteiligungsprozesse und ihre Bewertung (N=1.369) (eigene Darstellung nach Krebber 2019: 14.)

Hinweisen zur Projektgestaltung, Ergebnisoffenheit, Frühzeitigkeit, Repräsentativität der Teilnehmer, Transparenz, Implementierung von Vorschlägen, Öffentlichkeit der Veranstaltung, ernsthaftes Eingehen auf Vorschläge, Wahrhaftigkeit, angemessener Umfang der Information. Erwartungen wurden dabei als erfüllt, nicht erfüllt oder auf die Zukunft bezogen codiert. Besonders häufig wurde die Möglichkeit überhaupt Hinweise zur Projektgestaltung abgeben zu können gezählt, die – als Mindestmaß von Beteiligung – auch häufig erfüllt wurde. Verhältnismäßig selten entsprochen wurden den zweit- und dritthäufigsten Erwartungen von Ergebnisoffenheit und Frühzeitigkeit.

Erwartungen

Aus ethischer Perspektive besonders relevant sind 29 Äußerungen zur fehlenden Wahrhaftigkeit in Beteiligungsprozessen. Unter anderem diese Befunde waren Ausgangspunkt für eine nähere kommunikationsethische Reflexion über eine gute Praxis von Bürgerbeteiligung – insbesondere im Kontext von strategischer Kommunikation, deren Ziel es ist, Organisations- bzw. Unternehmensziele umzusetzen.

## Kommunikationsethische Perspektiven für die Normen-Entwicklung

Am Beispiel der geäußerten Erwartung der Ergebnisoffenheit wird bereits das ethische Dilemma deutlich, mit dem sich Kommunikationsverantwortliche bei der Anlage eines Beteiligungsverfahrens konfrontiert sehen. Dieser Erwartung zu entsprechen, ist in vielen Fällen unmöglich. So sei hier etwa exemplarisch an den Ausbau der Trassen von 380kV-Übertragungsnetzen gedacht, die durch Beschluss des Bundestages legitimiert sind und bei denen vor Ort höchstens über das „Wie" und nicht das „Ob" diskutiert werden kann. Ergebnisoffenheit in einem solchen Verfahren ist also schlicht unmöglich. Würden hier – hypothetisch gesprochen – zunächst Einflussmöglichkeiten suggeriert, um einen Konflikt (kurzfristig) zu befrieden, wäre eben jene Unwahrhaftigkeit gegeben, die in der Presse kritisiert worden war.

Imaginäre Ergebnisoffenheit

Für Kommunikationsverantwortliche stellt sich die grundlegende Frage, wem gegenüber sie schließlich verpflichtet sind: den Erwartungen der Öffentlichkeit oder den Interessen des Auftrag- bzw. Arbeitgebers? Krebber und Rademacher (2023) zeigen in diesem Kontext drei Perspektiven aus dem Diskurs um Ethik im Feld der Public Relations auf: (1) die Perspektive der Verpflichtung gegenüber der Öffentlichkeit, die bei Oeckl (1964) in der Beschreibung von Öffentlichkeitsarbeit als Arbeit mit der Öffentlichkeit, in der Öffentlichkeit und für die Öffentlichkeit und den damit einhergehenden Verpflichtungen zu Transparenz und letztlich dem Gemeinwohl gegenüber zum Ausdruck kommt. Diese normative Perspektive wird bei Avenarius (2019: 36) noch verstärkt durch die rhetorisch verdichtete Formel des „Dienst[es] an der Öffentlichkeit". Krebber und Rademacher (2023) kritisieren, dass dieser idealisierte Anspruch die Seite legitimer Interessendurchsetzung ausblende. Der Öffentlichkeitsverpflichtung steht die Advocacy-Perspektive (Edgett 2002) gegenüber, die Öffentlichkeitsarbeit – ähnlich einer anwaltschaftlichen Vertretung – rein den Interessen des Auftraggebers verpflichtet sieht. Als theoretische Weiterentwicklung

Mandantenkonflikt

schlagen Krebber und Rademacher (2023) Ethics of Responsible Advocacy vor, die im Kern vorsehen, dass Organisationen Eigeninteressen der Organisation mit legitimen Interessen der Gesellschaft abgleichen, Kommunikator*innen Stakeholderinteressen (etwa in Beteiligungsprozessen) identifizieren, in Entscheidungsprozesse der Organisationen hineintragen und Entscheidungsträger auf gesellschaftliche akzeptable (weil an den gesellschaftlichen Normen und Werten orientierten) Entscheidungen hin beraten. Kennzeichnend in der Kommunikation sei eine konsensorientierte Haltung des sich Aufeinanderzubewegens, ohne aber berechtigte Interessen der Organisation zu vernachlässigen.

Auf Basis dieser drei Perspektiven untersuchten Krebber und Rademacher (2023) sämtliche Leit- und Richtlinien, die in 59 deutschen Kommunen (u. a. gemeinsam mit Bürger*innen) erarbeitet wurden sowie sechs Leitlinien von Verbänden (z. B. Allianz Vielfältige Demokratie, VDI), zwei Texte von Unternehmen (z. B. Deutsche Bahn AG) und Agenturen. Ziel war es, Vorschläge für Regelungskriterien in einer kommunikationsethischen Richtlinie im Bereich der strategischen Kommunikation systematisch herzuleiten und dem Selbstkontrollgremium des Kommunikationsberufsfelds vorzuschlagen. Dabei wurden sämtliche Regelungskriterien aus den drei genannten ethischen Perspektiven diskutiert, um festzustellen, welche Kriterien aus einer Perspektive der Responsible Advocacy in einer Richtlinie als ethischer Maßstab zu beschreiben sind.

*Richtlinien als Grundlage*

## Genese der Richtlinie

Im Kontext der langjährigen Befassung mit dem Thema Bürgerbeteiligung – initiiert im strategischen Kommunikationszusammenhang – war der Autor dieses Textes auf verschiedene kommunikationsethische Probleme gestoßen (Krebber 2016). Diese zeigten sich im ‚Akzeptanzatlas' (Krebber 2019) erneut. Die Studie war als Kooperationsprojekt des Masterstudiengangs Corporate Communication Management mit Studierenden an der Fakultät für Wirtschaft und Recht der Hochschule Pforzheim unter Leitung des Autors in Kooperation mit der Deutschen Public Relations Gesellschaft e. V.

(DPRG; Berufsverband professioneller Kommunikator*innen) und ihrem Arbeitskreis Akzeptanzkommunikation, entstanden. Unter dem Terminus ‚Akzeptanzkommunikation' versammelt sich im Kommunikationsberufsfeld unter anderem die Fachdiskussion zur Gestaltung von Beteiligungsmaßnahmen von Organisationen, insbesondere Unternehmen. In der Diskussion der Studienbefunde zeigte sich erstens, dass die identifizierte Äußerung mangelnder Wahrhaftigkeit mit kommunikationsethisch fragwürdigen Praktiken in Verbindung zu bringen waren. Zweitens offenbarte ein Blick in die Kodizes und Richtlinien, dass Bürgerbeteiligung bislang für das Berufsfeld professioneller Kommunikation nicht spezifisch in den berufsethischen Kodizes und Richtlinien des Deutschen Rates für Public Relations (DRPR) geregelt war. Die Anregung des Arbeitskreises Akzeptanzkommunikation gegenüber dem Ratsvorsitzenden, in einer Arbeitsgruppe die Diskussion um standesethische Leitlinien zu vertiefen und in einem begleitenden Forschungsprojekt systematisch Regelungskriterien herzuleiten, fiel auf fruchtbaren Boden. Auf diese Weise entstand einerseits die breit angelegte Untersuchung von Leitfäden und Richtlinien zu Bürgerbeteiligung, die der Autor gemeinsam mit dem Ratsvorsitzenden – im Hauptamt Professor für Public Relations an der Hochschule Darmstadt – umsetzte. Hierdurch wurden die bereits vermuteten Regelungslücken in den bisherigen berufsständischen Kodizes und Richtlinien empirisch belegt (Krebber/Rademacher 2023).

Auf Basis eines systematisch hergeleiteten Kriterienkataloges und in Anlehnung an die kommunikationsethische Responsible-Advocacy-Perspektive erarbeitete die Arbeitsgruppe des Rates, bestehend aus engagierten Mitgliedern des Arbeitskreises Akzeptanzkommunikation der DPRG, namentlich in alphabetischer Reihenfolge Ulla Herlt, Sybille Höhne, Felix Krebber, Timo Krupp, Ulf Mehner, Minou Tikrani und Thomas Zimmerling, den Richtlinientext. Dieser wurde einerseits nach Hinweisen der Mitglieder des DRPR redigiert, andererseits aber auch selber einem Beteiligungsverfahren unterzogen. Hierzu fand im Dezember 2021 ein öffentliches Hearing des DRPR statt, zu dem die Fachöffentlichkeit eingeladen war und die Möglichkeit hatte, Hinweise zur Gestaltung der Richtlinie abzugeben. Nach Diskussion und Einarbeitung der einschlägigen Hinweise wurde der Text 2022 dann final nach etwa dreijähriger Arbeit beschlossen und im Dezember dieses Jahres der Öffentlichkeit vorgestellt. Der Autor dieses Aufsatzes dankt den an der Richtlinie Beteiligten für die konstruktive Zusammenarbeit.

## Bestimmungen der Richtlinie

Im Folgenden werden die einzelnen Absätze der Richtlinie beschrieben und in den Kontext der PR-ethischen Überlegungen aus Responsible-Advocacy-Perspektive gestellt. Aus Platzgründen werden die einzelnen Bestimmungen nicht vollständig wiedergegeben. Die vollständige Richtlinie ist auf der Website des DRPR unter dem Menüpunkt „DRPR-Ratsrichtlinien" abrufbar.

Bereits in der Präambel ist der Geist der Richtlinie festgehalten: Bürgerbeteiligung wird dort als „legitime, notwendige und begrüßenswerte Bereicherung des öffentlichen Diskurses" beschrieben. Letztlich wird damit anerkannt und wertgeschätzt, dass Beteiligung einen positiven Einfluss auf Projekte nehmen und diese bereichern kann. Beteiligungsprozesse sollen also nicht als ‚Kommunikationstool zur Akzeptanzbeschaffung' simplifiziert und missbraucht werden, sondern gegenseitige Wertschätzung und fairen Umgang miteinander widerspiegeln: „Dazu gehört im Besonderen das Gelten lassen anderer Überzeugungen, Ideen, Perspektiven sowie der Respekt gegenüber allen Beteiligten und ihrer fachlichen und persönlichen Hintergründe". Getragen ist die Richtlinie von dem Leitbild, möglichst viel Einflussmöglichkeiten und damit Gestaltungsspielräume in Beteiligungsprozessen zu eröffnen, um damit dem berechtigten Partizipationsbedürfnis der Zivilgesellschaft nachzukommen: „Wo möglich sind substanzielle Entscheidungsspielräume zu eröffnen". Damit sollen Beteiligungsverfahren über einen Kommunikationsprozess hinaus gehen und Einfluss entwickeln auf das general management der Organisation. Außerdem verweist der Präambel-Text darauf, dass es sich bei der Gestaltung von Beteiligungsprozessen „um eine anspruchsvolle Kommunikationsaufgabe

Beteiligung ist nicht Akzeptanzbeschaffung

[handelt], die als wichtige Basis eine fachlich-kommunikationsspezifische Qualifikation erfordert." Dies geht auf den Befund im „Akzeptanzatlas" zurück, nachdem Beteiligungsprozesse vielfach fachfremd von Architektur- und Ingenieurbüros angeboten werden, die weder über interdisziplinäre Teams, geschweige denn über Beschäftigte mit expliziter sozial- oder kommunikationswissenschaftlicher bzw. kommunikationspraktischer Aus- oder Weiterbildung verfügen (Krebber 2019: 31-39).

Gegliedert ist die Richtlinie in zwei wesentliche Artikel: I) Transparenz und Verbindlichkeit sowie II) Zugänglichkeit und Repräsentativität, die dann in mehreren Absätzen des Richtlinientextes spezifiziert werden.

Art. 1 Abs. 1 regelt die vielfach beschriebene Erwartung der Frühzeitigkeit, die insbesondere deshalb wichtig ist, weil Planungen im früheren Projektstatus noch veränderbar sind. „Pro forma" umgesetzter Scheinbeteiligung wird ein Riegel vorgeschoben. Abs. 2 schlägt in dieselbe Kerbe und formuliert die Maßgabe der Einflusstransparenz. So ist deutlich zu machen, in welchem Maße Beteiligte in einem Partizipationsverfahren tatsächlich mitbestimmen können – „Verfahren, die reinen Informationscharakter haben, sind als solche zu kennzeichnen". Diese können in bestimmten Situationen durchaus legitim sein, bei ihnen darf jedoch nicht der Eindruck erweckt werden, es bestehe Beteiligungsmöglichkeit über die eigene Information hinaus – dies wäre eine Praktik, die mit dieser Richtlinie geahndet werden könnte. Die in den bestehenden Kodizes bereits geregelte Absendertransparenz wird bei Beteiligungsverfahren um die Transparenz hinsichtlich der Finanzierung ergänzt (Abs. 3). Ebenfalls um etwaige Täuschungen zu unterbinden, wird in Abs. 4 die Verbindlichkeit von im Verfahren gegebenen Zusagen unterstrichen. Den Blick auf die innerorganisationale Integration von Beteiligungsergebnissen lenkt Abs. 5, der festlegt, Ergebnisse von Beteiligungsprozessen seien „angemessen in den Entscheidungen der Initiator*innen zu berücksichtigen". Damit wird das Rollenverständnis von Kommunikator*innen akzentuiert, die nicht am Ende eines Prozesses Organisationshandeln ‚verkaufen' müssen –

*Klare Abgrenzung zu Information*

quasi die ‚Schleife um ein fertiges Paket' machen, sondern – um im Bild zu bleiben – am ‚Inhalt des Pakets' beratend mitwirken. Darüber, inwiefern Beteiligungsergebnisse in Entscheidungen eingeflossen sind, ist Bericht zu erstatten (Abs. 6), was in Form einer umfassenden Evaluation zu geschehen hat (Ab. 8; praxisnahe Hinweise hierzu bei Hilse/Krebber 2017). Zugesicherte Vertraulichkeit ist zu wahren (Abs. 7).

Der zweite Artikel „Zugänglichkeit und Repräsentativität" spezifiziert eher technische Aspekte von Beteiligungsverfahren, etwa die angemessene Repräsentativität der Beteiligten (Abs. 1), womit explizit neben materiell auch ideell Betroffene eingeschlossen werden. Das Verfahren ihrer Auswahl ist offenzulegen, um sichtbar zu machen, inwiefern die Beteiligten tatsächlich repräsentativ für die Betroffenen insgesamt sind (Abs. 2). Das in einem Beteiligungsverfahren oft bestehende Informationsungleichgewicht von Beteiligten und Vorhabenträgern greift Abs. 3 auf, der fordert, dass Betroffene „in die Lage versetzt werden [müssen], partizipieren zu können." Betroffenen überhaupt die Teilnahme zu ermöglichen, regelt Abs. 4. Barrieren hinsichtlich des Zugangs sollen vermieden werden, was sprachliche Barrieren (Verständlichkeit der Informationen und Unterlagen) ebenso einschließt, wie die örtliche (Erreich- und Nutzbarkeit für beeinträchtigte Menschen), was gegebenenfalls auch die Barrierefreiheit digitaler Plattformen einschließt.

*Transparente Auswahl der Beteiligten*

## Implikationen für die Praxis

Abschließend werden Implikationen für die Beteiligungspraxis formuliert, um damit konkrete Vorschläge für die weitere Verbesserung der Beteiligungspraxis – insbesondere bei freiwilligen Verfahren – zu unterbreiten.

Erstens müssen persönliche und technische Kompetenzen sowie Fähigkeiten aufgebaut und erweitert werden. Beteiligungsverfahren zu konzipieren, zu realisieren und für die Implementierung von Beteiligungsergebnissen zu sorgen, ist notwendigerweise komplex und bedarf auf Ebene der handelnden Akteur*innen spezifische

Kompetenzen. Wenn diese nicht in einem einschlägigen Studium (z. B. Politikwissenschaft, Kommunikationswissenschaft o. ä.) erworben wurden, muss dies in fachspezifischen Aus- oder Weiterbildungen geschehen. Beteiligungsprozesse fachfremd anzubieten und zu organisieren verbietet sich, weil die Professionalität und Qualität der Leistung so nicht zu gewährleisten sind. Gleiches gilt für die begleitende Kommunikation zu einem Beteiligungsverfahren, die in die Hände von Kommunikationsexpert*innen gehört. Gleichzeitig sind auch technische Fähigkeiten – besonders im Digitalen – aufzubauen (zu Vor- und Nachteilen virtueller Formate Ziegele et al. 2022). So ergeben sich hier beispielsweise Fragen zur Barrierefreiheit.

Beteiligung braucht Fachkompetenz

Zweitens muss das ethische Bewusstsein gestärkt, verankert und adäquat vermittelt werden. Jetzt, da das Kommunikationsberufsfeld Regeln einer guten Praxis erlassen hat, sind für die Einhaltung dieser Regeln nun sowohl die einzelnen Praktiker*innen als auch ihre Organisationen gefordert: Für jede*n Einzelne*n ist zunächst die Kenntnis der Richtlinie bedeutsam. Hierfür ist es ratsam, sie in die Curricula an Hochschulen sowie an Aus- und Weiterbildungsorganisationen aufzunehmen. Auf Ebene der Organisationen bietet es sich an, die Richtlinie im Prozess eines eigenen Ethik-Managements (hierzu ausführlich für Dienstleister und Agenturen Krebber/Neidhart 2021, Krebber 2020b) zu verankern. Bei Anbietern von Beteiligungsprozessen wird für die Durchsetzung einer moralischen Praxis helfen, den Auftraggebern mithilfe der Richtlinie signalisieren zu können, welche Praktiken als unethisch gelten. Insofern dient die Richtlinie Praktiker*innen auch dem Selbstschutz der Umsetzenden, wenn sie Auftraggebern in der Organisation oder externen Kund*innen deutlich machen können, welche Praktiken aus kommunikationsethischer Perspektive zu verurteilen sind. Letztlich gehört die Einhaltung dieser Regeln zu verantwortungsvoller Unternehmensführung und ist damit Teil von Corporate Social Responsibility und sozialer Nachhaltigkeit.

Drittens muss der Einfluss auf Entscheidungsprozesse gesichert und ausgebaut werden. Für den Erfolg eines Beteiligungsverfahrens ist maßgeblich, inwiefern die initiierende Stelle in der Organisation Einfluss auf Entscheidungsprozesse nehmen kann. Ist sie ohne Einfluss, wird das Beteiligungsverfahren zwangsläufig in einer Schein-Partizipation enden. Nur durch Einfluss können Beteiligungsergebnisse beratend an Entscheider*innen herangetragen werden und werden von diesen ernst genommen. Hierfür ist das Standing in der Organisation entscheidend und muss durch Kompetenzbeweis und gelebte Einflussnahme immer wieder neu errungen und abgesichert werden (konkrete Hinweise zur Implementierung auch bei Krebber 2020b).

Nach Jahrzehnten der Debatte um Bürgerbeteiligung liegen neben umfassender empirischer Forschung inzwischen mehrere Standards vor, um Beteiligungsprozesse vor Missbrauch zu schützen und ihre Qualität zu sichern – darunter nun auch die Richtlinie ‚Bürgerbeteiligung und Kommunikation' des DRPR. Jetzt kommt es auf die Vermittlung und Umsetzung dieser Standards an, um eine gute Praxis im Handlungsfeld freiwilliger Beteiligungsprozesse zu sichern.

*Beteiligung braucht Fürsprecher*

## Literatur

Avenarius, Horst (2019): Wahrheit und Wahrhaftigkeit. In Günter Bentele (Hrsg.), Nachdenken über Public Relations: Aufsätze, Reden und Gespräche eines PR-Menschen (S. 59–72), Wiesbaden, Springer VS

Baker, Sherry (2018): Pricipled Advocacy. In Patrick Lee Plaisance (Hrsg.), Communication and Media Ethics, Handbooks of Communication Science, 26 (S. 311-328), Boston/Berlin, De Gruyter Mouton.

Beck, Ulrich (1993): Die Erfindung des Politischen: Zu einer Theorie reflexiver Modernisierung, Frankfurt am Main, Suhrkamp.

Bentele, Günter/Bohse, Reinhard/Hitschfeld, Uwe/Krebber, Felix (2015): Akzeptanz in der Medien- und Protestgesellschaft – Gedanken, Analysen, Thesen. In Günter Bentele/Reinhard Bohse/Uwe Hitschfeld/Felix Krebber (Hrsg.), Akzeptanz in der Medien- und Protestgesellschaft (S. 1–22), Wiesbaden, Springer VS.

Brand, Karl-Werner (2010): Die Neuerfindung des Bürgers. In Thomas Olk/Ansgar Klein/Birger Hartnuß (Hrsg.), Engagementpolitik (S. 123-152), Wiesbaden, VS Verlag für Sozialwissenschaften.

Burkart, Roland (2013): Verständigungsorientierte Öffentlichkeitsarbeit (VÖA) revisited: Das Konzept und eine selektive Rezeptionsbilanz aus zwei Jahrzehnten. In Olaf Hoffjann/Simone Huck-Sandhu (Hrsg.), UnVergessene Diskurse (S. 437–464), Wiesbaden, Springer VS.

DiMaggio, Paul J./Powell, Walter (1983): The Iron Cage Revisited: institutional Isomorphism and Collective Rationality in organizational Fields, in: American Sociological Review Bd. 48, Nr. 4, S. 147-160.

Edgett, Ruth (2002): Toward am Ethical Framework for Advocacy in Public Relations, in: Journal of Public Relations Research, Bd. 14, Nr. 1, S. 1-26.

Freeman, Edward R. (2004): The stakeholder approach revisited, in: Zeitschrift für Wirtschafts- und Unternehmensethik, Jg. 5, Nr. 3, S. 228-254.

Habermas, Jürgen (1997): Theorie des kommunikativen Handelns. Band 1: Handlungsrationalität und gesellschaftliche Rationalisierung (2. Aufl.), Frankfurt am Main, Suhrkamp.

Hilse, Markus/Krebber, Felix (2017): Stakeholder Engagement Monitoring. Messen und berichten der Kommunikation bei Infrastrukturprojekten." In Günter Bentele/Manfred Piwinger/Gregor Schönborn (Hrsg.), Kommunikationsmanagement: Strategien, Wissen, Lösungen (Loseblattsammlung), Jg. 2017, Nr. 7.56, S. 1-35.

Inglehart, Ronald (2001): Modernization, Sociological Theories of. In Neil J. Smelser/Paul B. Baltes (Hrsg.), International Encyclopedia of the Social & Behavioral Sciences (S. 9965–9971), Oxford, Pergamon.

Krebber, Felix (2016): Akzeptanz durch inputorientierte Organisationskommunikation: Infrastrukturprojekte und der Wandel der Unternehmenskommunikation, Wiesbaden, Springer VS.

Krebber, Felix (2019): Deutscher Akzeptanzatlas: Status quo von Bürgerbeteiligung und Projektkommunikation sowie ihren Anbietern. Pforzheim, Hochschule Pforzheim, URL (online): https://d-nb.info/1197265783/34 (Zuletzt aufgerufen am 24.01.2023).

Krebber, Felix (2020a): Kommunikation ohne Kommunikatoren. Zu Qualität und Anbietern von Bürgerbeteiligung, in: PR Magazin, Bd. 51, Nr. 5, S. 64-71.

Krebber, Felix (2020b): Partizipation und reflexive Vermittlung in der gesellschaftsorientierten Kommunikation von Unternehmen. In Astrid Lorenz/Christian P. Hoffmann/Uwe Hitschfeld (Hrsg.), Partizipation für alle und alles? Fallstricke, Grenzen und Möglichkeiten (S. 363-382), Wiesbaden, Springer VS Fachmedien.

Krebber, Felix/Hitschfeld, Uwe (2021): Akzeptanz und Legitimation von Unternehmen in modernen Gesellschaften: Kommunikative Herausforderung für Unternehmen und Interessengruppen. In: Ulrike Röttger/Patrick Donges/Ansgar Zerfaß (Hrsg.), Handbuch Public Affairs: Politische Kommunikation für Unternehmen und Organisationen (S. 233-257), Wiesbaden, Springer Gabler.

Krebber, Felix/Neidhart, Lara (2021): Ethik-Management in PR-Agenturen. Maßnahmen und Einflussfaktoren auf Organisationsebene, in: Communicatio Socialis, Bd. 54, Nr. 2, S. 240-251.

Krebber, Felix/Rademacher, Lars (2021): Beteiligungsverfahren als Instrument strategischer Kommunikation – ein Entwurf zur normativen Grenzsetzung. Vortrag bei der 27. Jahrestagung der Fachgruppe PR/Organisationskommunikation der DGPuK, Mainz, 5. November 2021.

Krebber, Felix/Rademacher, Lars (2023): Beteiligungsverfahren als Instrument strategischer Kommunikation. Ein Entwurf zur normativen Grenzsetzung auf Basis einer inhaltsanalytischen Untersuchung von Ethik- und Beteiligungsrichtlinien, In: Thomas Koch/Johannes Beckert/Benno Viererbl/Nora Denner (Hrsg.), Grenzen, Entgrenzung und Grenzüberschreitungen der Public Relations und Organisationskommunikation (im Erscheinen), Wiesbaden, Springer VS.

Krebber, Felix/Sandhu, Swaran (2022): Schlüsselbegriffe der Public Relations: Legitimität und Akzeptanz. In Peter Szyszka/Romy Fröhlich/Ulrike Röttger (Hrsg.), Handbuch der Public Relations (im Erscheinen), Wiesbaden, Springer VS.

Lucke, Doris (1995): Akzeptanz: Legitimität in der „Abstimmungsgesellschaft", Opladen, Leske und Budrich.

Meyer, John W./Rowan, Brian (1977): Institutionalized Organizations: Formal Structure as Myth and Ceremony, in: American Journal of Sociology, Jg. 83, Nr. 2, S. 340-363.

Oeckl, Albert (1964): Handbuch der Public Relations. Theorie und Praxis der Öffentlichkeitsarbeit in Deutschland und der Welt, München, Süddeutscher Verlag.

Rademacher, Lars/Stürmer, Kathrin (2021): Stakeholderdialoge zur politischen Interessenklärung und Kommunikation von Unternehmen. In Ulrike Röttger/Patrick Donges/Ansgar Zerfaß (Hrsg.), Handbuch Public Affairs: Politische Kommunikation für Unternehmen und Organisationen (S. 597-614), Wiesbaden, Springer Gabler.

Rüegg-Stürm, Johannes/Grand, Simon (2020): Das St. Galler Management-Modell: Management in einer komplexen Welt. UTB (2., überarbeitete Auflage.), Bern, Haupt Verlag.

Witt, Frank H. (1997): Organisation und Gesellschaft in der Theorie der Unternehmung. In Günther Ortmann/Jörg Sydow/Klaus Türk (Hrsg.), Theorien der Organisation. Die Rückkehr der Gesellschaft (S. 424-448), Opladen, Westdeutscher Verlag.

Zerfaß, Ansgar (2022): Unternehmenskommunikation und Kommunikationsmanagement: Grundlagen, Handlungsfelder und Wertschöpfung. In Ansgar Zerfaß/Manfred Piwinger/Ulrike Röttger (Hrsg.), Handbuch Unternehmenskommunikation (S. 29-87), Wiesbaden, Springer Gabler.

Ziegele, Daniel/Kurtze, Hannah/Zerfaß, Ansgar (2022): Zwischen Aufbruch und Konvention. Grundlagen und Grenzen virtueller Stakeholder-Dialoge in der strategischen Kommunikation von Unternehmen. In Medien & Kommunikationswissenschaft, Jg. 70, Nr. 4, S. 383-403.

# Etablierung und Verstetigung von Bürgerbeteiligung

Dr. Andreas Paust

# Von der Intention zum Impact – Wirkmodell und Wirkungsversprechen für Bürgerbeteiligung

*Vorgestellt wird eine Wirkungstreppe, mit der im Vorfeld von Bürgerbeteiligung Überlegungen angestellt werden können, welche Wirkungen durch die Beteiligung erzielt werden können und sollen. Es werden Leitfragen formuliert, die eine Orientierung geben, worauf es bei den jeweiligen Wirkungsstufen ankommt. Daraus ergeben sich Aussagen zu Wirkungs- und Beteiligungsversprechen, mit denen ein Bekenntnis zu den angestrebten Wirkungen von Bürgerbeteiligung abgegeben werden kann.*

Sämtliche Qualitätskriterien und Leitsätze für gute Bürgerbeteiligung stimmen überein: Bürgerbeteiligung muss Wirkung erzielen. Dabei wird Wirkung so verstanden, dass sich die Beteiligten den Ergebnissen des Prozesses verpflichtet fühlen. Das Netzwerk Bürgerbeteiligung (2013) z. B. stellt fest: „Die Verantwortlichen in Politik, Verwaltung oder Unternehmen wie auch die bürgergesellschaftlichen Akteure und Einwohner/innen verpflichten sich, gemeinsam getroffene Entscheidungen anzuerkennen und das erarbeitete Vorgehen mitzutragen. Idealerweise übernehmen sie gemeinsam Verantwortung für das Mandat des Beteiligungsverfahrens, für die Ausgestaltung des Gesamtprozesses und die erarbeiteten Ergebnisse." Die Europäische Bewegung Deutschland e. V. (2018) konkretisiert: „Das Ergebnis sollte nicht nur in einer Publikation o. Ä. veröffentlicht und in einer Abschlussveranstaltung an die politisch Verantwortlichen überreicht werden. Vor allem sollten sich die politisch Verantwortlichen dazu verpflichten, sich mit den Inhalten/Ergebnissen der Dialogformate ernsthaft auseinanderzusetzen und den Beteiligten zu berichten, warum Impulse aufgenommen wurden oder auch nicht." Das Bundesumweltministerium schließlich

*Beteiligung braucht Wirkung*

fordert: „Der Beteiligungsprozess hat zu einer wahrnehmbaren, positiven Veränderung beigetragen (z. B. wurde die Planung eines Bauprojektes verbessert, ein Konflikt um ein Projekt wurde gelöst, neue Ideen für die Stadtentwicklung oder einen Klimaschutzplan wurden gesammelt, ein Gesetz konnte inhaltlich verbessert werden, es wurde mehr Akzeptanz durch den Beteiligungsprozess erreicht oder die Zusammenarbeit der Akteure und Vertrauen in die Demokratie wurde gestärkt)" (Fischer/Neumann 2020: 39).

Aber müssen immer all diese Effekte eintreten, bevor einem Bürgerbeteiligungsprozess oder einer institutionalisierten Bürgerbeteiligungsstruktur Wirksamkeit bescheinigt werden kann? Lässt sich eine konkrete Wirkung von Bürgerbeteiligung in dem genannten Sinne überhaupt erreichen? Lässt sich zweifelsfrei nachweisen, dass die Verbesserung eines Bauprojekts oder eines Gesetzes, mehr Akzeptanz für ein Projekt oder stärkeres Vertrauen in die Demokratie mithilfe von Bürgerbeteiligung erreicht wurden? Wäre es nicht hilfreicher, die Messlatte niedriger zu hängen und Wirksamkeit auch schon bei weniger weitreichenden Erfolgen zu konstatieren?

Der nachfolgende Text macht den Vorschlag, die Wirkung von Bürgerbeteiligung in verschiedenen Wirkungsdimensionen einzuschätzen. Zugleich wird dafür plädiert, dass für jede Bürgerbeteiligung – sei sie ein einmaliges Projekt, sei sie ein institutionalisiertes Angebot – im Vorfeld geklärt wird, welche Wirkung mit ihr überhaupt erreicht werden soll und kann.

Dimensionen der Wirksamkeit

## Input – Output – Outcome – Impact

Im Projektmanagement und in der Wirkungsforschung wird häufig ein Input-Output-Outcome-Impact-Schema verwendet, um sich der Wirkungsfrage von Projekten zu nähern (BBSR 2022: 8). Unter Input wird dabei der Einsatz von finanziellen, personellen, fachlichen oder technischen Ressourcen verstanden. Output benennt die Aktivitäten, die durch das Projekt ausgelöst werden. Outcome beschreibt die Ergebnisse und deren Wirkungen, etwa die Verbesserung von spezifischen Versorgungsleistungen. Impact umfasst die übergeordneten Wirkungen auf wirtschaftlicher und gesellschaftlicher Ebene.

Bezogen auf Bürgerbeteiligung kann diese Unterscheidung in folgenden vier Wirkungsdimensionen gefasst werden:

- Input: Planung und Ressourcen für Bürgerbeteiligung
- Output: Prozessqualität von Bürgerbeteiligung
- Outcome: Ergebnisqualität von Bürgerbeteiligung
- Impact: Stärkung der politischen Kultur durch Bürgerbeteiligung.

Eine Fortentwicklung und Differenzierung dieses Schemas stellt die Wirkungstreppe dar, wie sie vom Beratungshaus Phineo gAG für Projekte im gemeinnützigen Sektor und für die Wirkungsorientierung von gemeinnützigen Organisationen angewandt wird (vgl. Kurz/Kubek 2021).

Beispiel NPOs

Das Input-Output-Outcome-Impact-Schema und die Wirkungstreppe eignen sich in angepasster Form dazu, im Vorfeld einer geplanten Beteiligung Wirkungsziele zu formulieren, ein Wirkungs- und Beteiligungsversprechen abzugeben und im Nachgang eine Wirkungsanalyse durchzuführen. Das nachfolgend vorgestellte Modell steht damit alternativ zu den politikwissenschaftlichen Studien von Pratchett, Kubicek, Bayer-Eynck, Neunecker, Gabriel/Kersting, Vetter und anderen (vgl. Kubicek et al. 2011 und Wagner 2019: 69-86).

## Die Wirkungstreppe

Das Standardmodell der Wirkungstreppe unterscheidet – wie im nachfolgenden Schaubild dargestellt – sieben Stufen.

Hier werden Wirkungen verstanden als „Veränderungen, die Sie mit Ihrer Arbeit bei Ihren Zielgruppen, deren Lebensumfeld oder der Gesellschaft erreichen. Gesellschaftliche Wirkung wird als Impact, Wirkungen bei den Zielgruppen werden als Outcomes bezeichnet. Bei den Outcomes lassen sich wiederum verschiedene Wirkungsebenen unterscheiden, z. B. die Veränderung von Fähigkeiten,

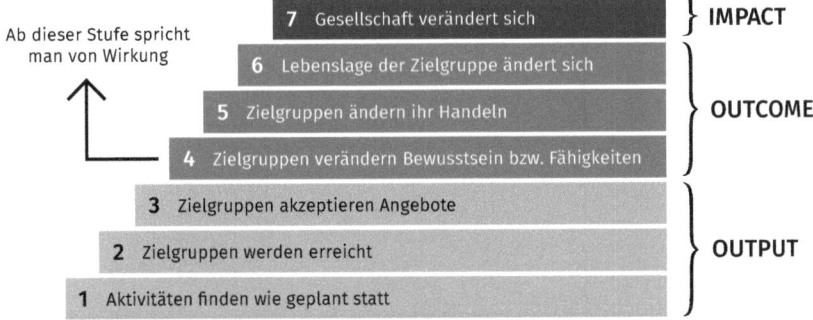

Ab dieser Stufe spricht man von Wirkung

| | |
|---|---|
| **7** Gesellschaft verändert sich | } IMPACT |
| **6** Lebenslage der Zielgruppe ändert sich | |
| **5** Zielgruppen ändern ihr Handeln | } OUTCOME |
| **4** Zielgruppen verändern Bewusstsein bzw. Fähigkeiten | |
| **3** Zielgruppen akzeptieren Angebote | |
| **2** Zielgruppen werden erreicht | } OUTPUT |
| **1** Aktivitäten finden wie geplant statt | |

Abbildung 1:     Die Wirkungstreppe (Quelle: Kurz/Kubek 2021: 5)

Verhalten oder der Lebenslagen der Zielgruppen (...). Wirkungen treten als Folge von Leistungen, das heißt Angeboten, Maßnahmen oder Produkten ein. Hierbei spricht man von Outputs" (Kurz/Kubek 2021: 5). Illustriert wird das am Beispiel eines Projekts, das Jugendlichen helfen soll, einen Ausbildungsplatz zu erhalten. Der „Output" besteht in durchgeführten Nachhilfestunden und Bewerbungstrainings (Stufe 1). Die einfache Teilnahme daran (Stufe 2) reicht aber nicht aus. Vielmehr müssen die Jugendlichen die erworbenen Kenntnisse und Fähigkeiten nicht nur anwenden können (Stufe 3), sondern auf dieser Grundlage auch tatsächlich selbstständig gut formulierte Bewerbungen erstellen (Stufe 4). Wenn es dann gelingt, sie in Ausbildung zu vermitteln (Stufe 5), verbessert sich ihre Lebenslage (Stufe 6). Als Folge davon kommt es zu einem allgemeinen Rückgang der Arbeitslosigkeit in der Region, und es gibt eine Veränderung auf gesellschaftlicher Ebene, den „Impact" (Stufe 7).

*Mindestanforderung an Wirkung*

## Wirkungstreppe Bürgerbeteiligung

Unter Bürgerbeteiligung wird im Folgenden zweierlei verstanden. Zum einen sind damit einzelne zeitlich begrenzte Projekte gemeint, mit denen Menschen in politische und planerische Projekte einbezogen werden. Beispiele sind Beteiligungsmaßnahmen beim Bau einer Umgehungsstraße (vgl. Bertelsmann Stiftung 2013), bei der Erarbeitung eines Kulturentwicklungsplans oder auch die Vertei-

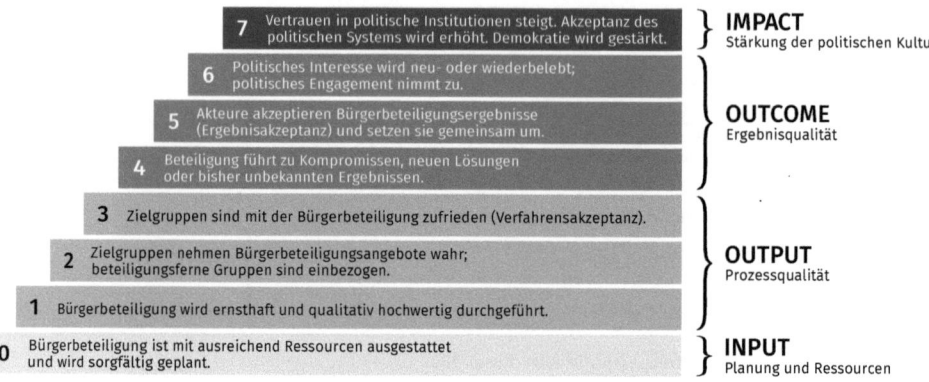

**7** Vertrauen in politische Institutionen steigt. Akzeptanz des politischen Systems wird erhöht. Demokratie wird gestärkt.

**IMPACT**
Stärkung der politischen Kultur

**6** Politisches Interesse wird neu- oder wiederbelebt; politisches Engagement nimmt zu.

**5** Akteure akzeptieren Bürgerbeteiligungsergebnisse (Ergebnisakzeptanz) und setzen sie gemeinsam um.

**OUTCOME**
Ergebnisqualität

**4** Beteiligung führt zu Kompromissen, neuen Lösungen oder bisher unbekannten Ergebnissen.

**3** Zielgruppen sind mit der Bürgerbeteiligung zufrieden (Verfahrensakzeptanz).

**2** Zielgruppen nehmen Bürgerbeteiligungsangebote wahr; beteiligungsferne Gruppen sind einbezogen.

**OUTPUT**
Prozessqualität

**1** Bürgerbeteiligung wird ernsthaft und qualitativ hochwertig durchgeführt.

**0** Bürgerbeteiligung ist mit ausreichend Ressourcen ausgestattet und wird sorgfältig geplant.

**INPUT**
Planung und Ressourcen

Abbildung 2: Wirkungstreppe Bürgerbeteiligung (eigene Darstellung)

lung von Finanzmitteln mittels eines Bürgerbudgets (vgl. Patze-Diordiychuk et al. 2022). Zum anderen meint Bürgerbeteiligung das Vorhandensein von institutionalisierten Beteiligungsstrukturen, wie z. B. Leitlinien oder eine Satzung für Bürgerbeteiligung, Beauftragte für Beteiligung und Vorhabenlisten (vgl. Paust 2019).

Übertragung auf Wirksamkeit in der Beteiligung

Überträgt man das obige Modell auf Bürgerbeteiligung, so ist zunächst eine Stufe 0 zu ergänzen, die sich mit dem Input beschäftigt. Die weiteren Stufen sind neu zu formulieren, da es sich um komplexe politische Prozesse handelt. Das führt zu einem Modell, das nachfolgend detailliert erläutert wird.

## Stufe 0 - Input: Ressourcenbereitstellung und Planung der Bürgerbeteiligung

Grundlage einer wirksamen Bürgerbeteiligung ist die Bereitstellung von finanziellen und personellen Ressourcen sowie die sorgfältige Vorbereitung und Planung der Beteiligung. Das gilt sowohl für einmalige Beteiligungsprojekte als auch für institutionalisierte Beteiligungsstrukturen.

Fragen, die sich in diesem Zusammenhang stellen, sind z. B.:

- Werden ausreichende finanzielle und zeitliche Ressourcen für die Umsetzung des Beteiligungskonzepts (z. B. 1 Prozent des Projektbudgets, vgl. VDI 2014: 16) bzw. für die Erfüllung der Beteiligungsaufgaben (z. B. Personal- und Sachkosten für Beteiligungsbeauftragte) bereitgestellt?

- Gibt es eine Stakeholder- und Themenfeldanalyse, mit der Zielgruppen identifiziert sowie Handlungsspielräume und Rahmenbedingungen der Bürgerbeteiligung ausgelotet werden?

- Liegt ein Beteiligungskonzept vor, das zielgruppenspezifische Beteiligungsangebote vorsieht (z. B. aufsuchende Formate, Unterlagen in einfacher Sprache, Visualisierungen)?

- Werden strukturelle Grundlagen für eine institutionalisierte Bürgerbeteiligung geschaffen?

## Stufe 1 – Output: Durchführung der Bürgerbeteiligung

Mit Stufe 1 beginnt die Output-Dimension. Hier gilt es zu prüfen, ob die eingesetzten Ressourcen auch genutzt werden und die Bürgerbeteiligung ernsthaft und qualitativ hochwertig durchgeführt wird.

Grundlegender Output

Fragen, die sich in diesem Zusammenhang stellen, sind z. B.:

- Gibt es ein Bekenntnis der Auftraggebenden für die Beteiligung?

- Wird das erarbeitete Beteiligungskonzept umgesetzt oder bei Bedarf im weiteren Prozessverlauf angepasst?

- Werden die Beteiligungsformate – etwa nach dem Urteil unabhängiger Evaluator*innen –(handwerklich) gut durchgeführt (vgl. Ritzi/Kaßner 2019)?

- Lässt sich bei Dialogveranstaltungen eine hohe Diskursqualität feststellen (vgl. Stains/Sarrouf 2022)?

- Werden Qualitätskriterien für gute Beteiligung (vgl. Allianz Vielfältige Demokratie, 2017a) eingehalten?

- Erledigen die Durchführenden des Beteiligungsprojekts bzw. die Mitarbeiter*innen eines Beteiligungsbüros ihre Arbeit ordnungsgemäß?

- Werden die in Vorhabenlisten beschlossenen Beteiligungsmaßnahmen durchgeführt?

## Stufe 2 – Output: Wahrnehmung der Bürgerbeteiligungsangebote

Im nächsten Schritt gilt es festzustellen, ob die Zielgruppen die ihnen zugedachten Bürgerbeteiligungsangebote wahrnehmen und ob dabei auch beteiligungsferne Gruppen einbezogen werden. Es geht nicht um die schiere Menge von Teilnehmenden, sondern darum, ob die mit den Maßnahmen Adressierten erreicht werden.

Teilnahme an Teilhabe

Fragen, die sich in diesem Zusammenhang stellen, sind z. B.:

- Werden mit den Maßnahmen die im Beteiligungskonzept identifizierten Zielgruppen vollständig, mehrheitlich oder teilweise erreicht?

- Werden stille Gruppen durch besondere Maßnahmen einbezogen (vgl. Allianz Vielfältige Demokratie, 2017b)?

- Ist sichergestellt, dass sich diejenigen beteiligen können, die sich beteiligen wollen? Werden diejenigen zur Beteiligung ermuntert, die sich beteiligen sollen?

## Stufe 3 – Output: Verfahrensakzeptanz

Akzeptanz der Angebote

Als Nächstes ist zu prüfen, ob die Zielgruppen das angewandte Beteiligungsdesign akzeptieren und mit den wahrgenommenen Beteiligungsangeboten zufrieden sind.

Fragen, die sich in diesem Zusammenhang stellen, sind z. B.:

- Nehmen die Akteure gerne an den Beteiligungsangeboten teil und gefallen sie ihnen?

- Bewerten die Akteure den Ablauf der verschiedenen Beteiligungsformate positiv? Lässt sich eine positive Stimmung beobachten?

- Äußern sich die Akteure (sowohl Auftraggebende als auch Teilnehmende) in Medien und sozialen Netzwerken lobend – oder zumindest nicht kritisch – über die Bürgerbeteiligung?

## Stufe 4 – Outcome: Lösungen, Kompromisse, neue Erkenntnisse

Mit der nächsten Stufe beginnt die Outcome-Dimension. Sie beschäftigt sich mit den konkreten Ergebnissen der Beteiligung und der Frage, ob die Bürgerbeteiligung zu Kompromissen, neuen Lösungen oder bisher unbekannten Erkenntnissen geführt hat.

*Erkennbare Ergebnisse*

Fragen, die sich in diesem Zusammenhang stellen, sind z. B.:

- Führen die Beteiligungsmaßnahmen zur Überarbeitung/Anpassung einer ursprünglichen Planung oder eines Gesetzes?

- Können sich die Teilnehmenden auf einen Kompromiss einigen? Gibt es eine Mediationsvereinbarung (vgl. Jürgens/Stamm 2015)?

- Werden neue, bisher unbekannte Ideen entwickelt oder neue Lösungen für Probleme und Herausforderungen erarbeitet und z. B. in einem Bürgergutachten niedergelegt?

## Stufe 5 – Outcome: Ergebnisakzeptanz

Anschließend geht es um die Frage, ob alle Akteure die Ergebnisse der Bürgerbeteiligung akzeptieren und sich an getroffene Vereinbarungen halten. Hinterlassen die Maßnahmen einen „partizipativen Fußabdruck" (Allianz Vielfältige Demokratie 2017c: 9)?

*Partizipativer Fußabdruck*

Fragen, die sich in diesem Zusammenhang stellen, sind z. B.:

- Werden die Beteiligungsergebnisse in politischen Gremien diskutiert und gibt es eine Beschlussfassung dazu?

- Lässt sich feststellen, dass die Ergebnisse vollständig, mehrheitlich oder teilweise umgesetzt werden – z. B. durch den Vergleich einer früheren mit der neuen Planung bzw. eines Gesetzentwurfs mit dem verabschiedeten Gesetzestext?
- Verzichten Teilnehmende auf Protestmaßnahmen? Werden Klagen zurückgezogen?

## Stufe 6 – Impact: Steigerung des politischen Interesses und des Engagements

Selbstwirksamkeit

Die letzten beiden Stufen betreffen die Impact-Dimension von Beteiligung. Auf der vorletzten Stufe geht es um die Frage, inwiefern die Bürgerbeteiligung das politische Interesse bei den Teilnehmenden neu- oder wiederbelebt bzw. ihr politisches Engagement steigert.

Fragen, die sich in diesem Zusammenhang stellen, sind z. B.:

- Erleben die Teilnehmenden eine größere politische Selbstwirksamkeit (vgl. SVR-Forschungsbereich 2019)?
- Interessieren sich die Teilnehmenden jetzt mehr für Politik als früher?
- Sind bisher unpolitische Zielgruppenmitglieder politisch aktiv geworden, z. B. durch Mitgliedschaft in einer Partei/Wählergruppe?
- Fördert die Beteiligung bei Einzelnen das politische Engagement, z. B. durch Mitarbeit in einer Bürgerinitiative oder Kandidatur für ein politisches Amt?

## Stufe 7 – Impact: Stärkung der Demokratie

Systemrelevanz

Die größte Wirksamkeit von Bürgerbeteiligung ist erreicht, wenn es ihr gelingt, das Vertrauen in politische Institutionen zu steigern, die Akzeptanz des politischen Systems zu erhöhen und damit die Demokratie zu stärken.

Fragen, die sich in diesem Zusammenhang stellen, sind z. B.:

- Lassen sich Mentalitätsveränderungen bei den Akteuren feststellen?
- Steigt die Wahlbeteiligung?
- Verändern die Maßnahmen das politische Klima?
- Stärken die Maßnahmen die Demokratie?

## Wirkungs- und Beteiligungsversprechen

Je nach Art der Beteiligung lassen sich aus der Wirkungstreppe unterschiedliche Wirkungsziele ableiten, die als Wirkungs- und Beteiligungsversprechen von Auftraggebenden zu Beginn der Beteiligung abgegeben werden können.

Stufe 0: Die Ressourcenbereitstellung und die Planung der Bürgerbeteiligung ist die Basis jeder Beteiligung; sie stellt allerdings noch keine Wirkung dar. Dennoch kann ein Versprechen lauten: „Ich stelle die benötigten Ressourcen für die Beteiligung zur Verfügung."

Stufe 1: Die Nutzung der Ressourcen und die Durchführung der Bürgerbeteiligung ist der erste Output. Auch hier wird noch keine Wirkung erzielt. Das Versprechen kann sich aber auf die Haltung beziehen und lauten: „Ich werde mich öffentlich zur Beteiligung bekennen."

Stufe 2: Die einfache Wahrnehmung der Beteiligungsangebote genügt in der Regel nur denjenigen Auftraggebenden, die Bürger- und Öffentlichkeitsbeteiligung als formale, gesetzlich vorgegebene Maßnahme betrachten. Eine echte Wirkung lässt sich auf dieser Stufe nicht konstatieren. Hier lautet das Beteiligungsversprechen: „Ich werde alles tun, damit sich die diejenigen beteiligen, die betroffen sind."

Stufe 3: Verfahrensakzeptanz und Zufriedenheit der Teilnehmenden ist das Ziel, das Auftraggebende, die sich nicht nur pro forma zur Beteiligung bekennen, und professionelle Durchführende anstreben. Das Beteiligungsversprechen hier lautet: „Ich werde die

Beteiligung wertschätzend und professionell durchführen (lassen)."

Stufe 4: Ziel der meisten Bürgerbeteiligungen ist die Erarbeitung von Lösungen, Kompromissen oder neuen Erkenntnissen, und das wird – je nach angewandtem Beteiligungsverfahren (z. B. Bürgerrat, Planungsworkshop, Mediation) in der Regel auch erreicht. Das Beteiligungsversprechen lautet hier: „Ich werde alles dafür tun, damit die Teilnehmenden gute Ergebnisse erarbeiten können."

Stufe 5: Ergebnisakzeptanz wird – wie auch aus den eingangs wiedergegebenen Zitaten hervorvorgeht – stets angestrebt, ist aber trotz größter Anstrengung nicht immer zu erreichen. So können Fundamentalkritiker eines Projekts oder einzelne Anwohner, die einen Rechtsstreit beginnen, einen bei der Beteiligung gefundenen Kompromiss platzen lassen. Auf der anderen Seite kommt es immer wieder vor, dass bei der Beteiligung erarbeitete Lösungen und neu gewonnene Erkenntnisse keine Relevanz haben, weil sie nicht umgesetzt werden. Das wichtigste Wirkungs- und Beteiligungsversprechen lautet daher: „Ich werde die Beteiligungsergebnisse nicht infrage stellen, sondern sie akzeptieren und dafür sorgen, dass sie umgesetzt werden."

Stufe 6: Steigerung des politischen Interesses und des Engagements wird bei den meisten Beteiligungen nicht das primäre Ziel der Auftraggebenden, sondern eher eine nicht-intendierte Nebenwirkung sein. Dennoch könnte ein Beteiligungsversprechen hier lauten: „Ich werde politisches und gesellschaftliches Engagement, das sich aus der Beteiligung ergibt, fördern und unterstützen."

Stufe 7: Stärkung der Demokratie wird zwar regelmäßig als Ziel von Bürgerbeteiligung proklamiert (vgl. Bertelsmann Stiftung/ Staatsministerium Baden-Württemberg 2014), kann aber durch Beteiligung allein kaum oder nur zeitweilig erreicht werden. Es ist nicht zu erwarten, dass Personen, die sich enttäuscht von der Politik abgewandt haben oder bei denen es sich um fundamentale Demokratiekritiker handelt, aufgrund einzelner Beteiligungsmaßnahmen oder lokal begrenzter Beteiligungsstrukturen auf einmal nicht mehr politik- oder parteienverdrossen sind. Ein Wirkungs- und Beteiligungsversprechen lässt sich hier nicht glaubwürdig abgeben.

## Ergebnis

Das hier vorgestellte Wirkungsmodell für Bürgerbeteiligung liefert ein einfaches Schema, mit dem zu Beginn von Bürgerbeteiligung Überlegungen darüber angestellt werden können, welche Wirkungen die Beteiligung erzielen kann und soll. Die Leitfragen erlauben eine erste Orientierung, worauf es bei der jeweiligen Wirkungsstufe ankommt. Die Aussagen zu den Wirkungs- und Beteiligungsversprechen ermöglichen, ein klares Bekenntnis zu den angestrebten Wirkungen abzugeben. Das Modell kann im Nachhinein zur Analyse der Beteiligungswirkungen herangezogen zu werden. Es muss sich nun in der Praxis bewähren.

*Leitfaden für Wirkungsplanung*

## Literatur

Allianz Vielfältige Demokratie (2017a): Qualität von Bürgerbeteiligung. Zehn Grundsätze mit Leitfragen und Empfehlungen, Gütersloh.

Allianz Vielfältige Demokratie (2017b): Wegweiser Breite Beteiligung. Argumente, Methoden, Praxisbeispiele, Gütersloh.

Allianz Vielfältige Demokratie (2017c): Partizipative Gesetzgebung. Ein Modell zur Beteiligung von Bürgerinnen und Bürgern an Gesetzgebungsverfahren, Gütersloh.

BBSR – Bundesinstitut für Bau-, Stadt- und Raumforschung im Bundesamt für Bauwesen und Raumordnung (BBR) (Hrsg.) (2022): Wirkungsanalysen von Smart-City-Projekten, BBSR-Online-Publikation 14/2022, Bonn.

Bertelsmann Stiftung (Hrsg.) (2013): Mehr Transparenz und Bürgerbeteiligung. Prozessschritte und Empfehlungen am Beispiel von Fernstraßen, Industrieanlagen und Kraftwerken, Gütersloh.

Bertelsmann Stiftung / Staatsministerium Baden-Württemberg (Hrsg.) (2014): Partizipation im Wandel. Unsere Demokratie zwischen Wählen, Mitmachen und Entscheiden, Gütersloh.

Europäische Bewegung Deutschland e. V. (2018): Kriterienkatalog für öffentliche Bürgerdialoge, Berlin, https://www.netzwerk-ebd.de/wp-content/uploads/2018/05/180506-Kriterienkatalog-f%C3%BCr-%C3%B6ffentliche-B%C3%BCrgerdialoge-Logo-Version-DE.pdf (Zuletzt aufgerufen am 29.11.2022).

Fischer, Sarah / Neumann, Irene (2020): Vorbildliche Bürgerbeteiligung stärken und ausbauen – ein Modellprojekt, Dessau.

Jürgens, Ingo / Stamm, Anne (2015): Erfolgreiche Mediation - Gemeinsamer Dialog zwischen Übertragungsnetzbetreiber und Bürgerinitiative vor dem Bau einer Umspannanlage, eNewsletter Netzwerk Bürgerbeteiligung 03/2015 vom 08.10.2015, https://www.netzwerk-buergerbeteiligung.de/fileadmin/Inhalte/PDF-Dokumente/

newsletter_beitraege/3_2015/nbb_beitrag_stamm_J%C3%BCrgens_151008.pdf (Zuletzt aufgerufen am 29.11.2022)

Kubicek, Herbert / Lippa, Barbara / Koop, Alexander (2011): Erfolgreich beteiligt? Nutzen und Erfolgsfaktoren internetgestützter Bürgerbeteiligung – Eine empirische Analyse von 12 Fallbeispielen, Gütersloh.

Kurz, Bettina / Kubek, Doreen (2021): Kursbuch Wirkung, Berlin.

Netzwerk Bürgerbeteiligung (2013): „Qualitätskriterien Bürgerbeteiligung" im Netzwerk Bürgerbeteiligung, Bonn, https://www.netzwerk-buergerbeteiligung.de/fileadmin/Inhalte/ PDF-Dokumente/Qualita%CC%88tskriterien/nbb_qualitaetskriterien_februar2013.pdf (Zuletzt aufgerufen am 29.11.2022).

Patze-Diordiychuk, Peter / Renner, Paul / Paust, Andreas (Hg.) (2022), Das Bürgerbudget – Mit kleinen Summen Großes bewirken, Wiesbaden.

Paust, Andreas (2019): Sieben Schritte zu einer lokalen Beteiligungskultur – Kommunale Leitlinien für Bürgerbeteiligung, in: Kirsten Fründt, Ralf Laumer (Hg.) Mitreden. So gelingt kommunale Bürgerbeteiligung – ein Ratgeber aus der Praxis, Marburg, S. 49 – 64.

Ritzi, Claudia / Kaßner, Jan (2019) Evaluationsleitfaden für Beteiligungsverfahren, vhw Schriftenreihe 11, Berlin.

Stains, Jr., R. R. / Sarrouf, J. (2022). Hard to Say, Hard to Hear, Heart to Heart: Inviting and Harnessing Strong Emotions in Dialogue for Deliberation. Journal of Deliberative Democracy, 18(2), pp. 1–5. https://doi.org/10.16997/jdd.979.

SVR-Forschungsbereich (2019) Mit der Politik auf Du und Du? Wie Menschen mit und ohne Migrationshintergrund ihre politische Selbstwirksamkeit wahrnehmen. Policy Brief des SVR-Forschungsbereichs und des DeZIM-Instituts, Berlin.

VDI (2014): VDI-Richtlinie 7001, Kommunikation und Öffentlichkeitsbeteiligung bei Planung und Bau von Infrastrukturprojekten. Standards für die Leistungsphasen der Ingenieure, Düsseldorf.

Wagner, Sabine (2019): Lokales Demokratie-Update. Wirkung dialogorientierter und direktdemokratischer Bürgerbeteiligung, Wiesbaden.

Dr. Corinna Metz, Sarah Straub

# Partizipation braucht einen gemeinsamen Verständigungsrahmen

*Dieser Beitrag befasst sich mit der Frage, wie ein gemeinsamer Verständigungsrahmen für die unterschiedlichen Stakeholder\*innen in Partizipationsprozessen geschaffen werden kann, der Abläufe im politisch-administrativen Prozess transparent darlegt und aufzeigt, wo Gestaltungsspielräume bestehen, die aus zivilgesellschaftlicher, wirtschaftlicher, politischer und administrativer Sicht sinnvoll sind. Dabei sollen die demokratische Legitimation und Inklusion durch Partizipation und die Stärkung des Selbstverständnisses aller Stakeholder\*innen in deren jeweiligen Rollen im Fokus stehen.*

Partizipation ist eine wichtige Voraussetzung für eine lebendige Demokratie. Grundlagen für nachhaltige Entwicklung und zur Beteiligung der Öffentlichkeit an staatlichen Entscheidungsprozessen finden sich sowohl in internationalen Dokumenten wie der Rio-Deklaration oder der Aarhus-Konvention als auch – davon abgeleitet – in Gesetzen und Politiken auf nationaler sowie auf EU-Ebene (vgl. UNO 1992; UNECE 1998).

*Anerkanntes Open Government*

Viele Staaten sind sich also bereits lange bewusst, dass „Open Government", also die Öffnung von Regierungs- und Verwaltungshandeln gegenüber der Öffentlichkeit, eine sinnvolle Maßnahme ist, um die Beziehung zwischen der Verwaltung und den Bürger\*innen positiv zu gestalten und gegenseitiges Vertrauen aufzubauen. Die OECD definiert offenes Regierungs- und Verwaltungshandeln als eine „Kultur der Regierungsführung, die – geleitet von den Grundsätzen der Transparenz, Rechenschaft und Teilhabe – auf innovativem und nachhaltigem staatlichem Entscheiden und Handeln beruht und Demokratie sowie inklusives Wachstum fördert" (OECD 2016: 1).

Dabei sehen Staaten wie beispielsweise Österreich in seinem Ministerratsbeschluss zu den „Standards der Öffentlichkeitsbeteiligung" von 2008 den speziellen Nutzen von Partizipation darin, Betroffene in die Suche nach Lösungen einzubinden, das allgemeine Interesse an politischer Teilhabe und Engagement zu wecken, den gegenseitigen Respekt und das Vertrauen zwischen Politik, Verwaltung und Beteiligten sowie die Anerkennung von Leistungen zu fördern und für unterschiedliche Standpunkte, Werte und Interessen zu sensibilisieren. So können durch eine transparente Entscheidungsfindung und das „Wissen der Vielen" innovative Lösungen mit breiter Akzeptanz erarbeitet werden. Darüber hinaus werden Beteiligungsprozesse als gemeinsame Lernprozesse verstanden, welche zur Bewusstseinsbildung beitragen (vgl. Bundeskanzleramt Österreich, Österreichisches Lebensministerium 2008: 18f.). Es geht im Kern also um die demokratische Legitimation und Inklusion in staatlichen Entscheidungsprozessen sowie um die entsprechende Bewusstseinsbildung aller Stakeholder*innen in Partizipationsprozessen.

In Hinblick auf die Ermöglichung einer erfolgreichen Kooperation der unterschiedlichen Stakeholder*innen in Beteiligungsprozessen wirft der vorliegende Beitrag folgende Fragen auf:

- Wie kann ein gemeinsamer Verständigungsrahmen für alle Stakeholder*innen von Partizipationsprozessen geschaffen werden, in welchem die Mitbestimmungsmöglichkeiten für alle involvierten Akteur*innen transparent gemacht werden?
- Wie kann die Umsetzung in der Praxis aussehen?

Um Ansätze zur Beantwortung dieser Fragen zu liefern, werden folgende Thesen aufgestellt:

Es benötigt einen gemeinsamen Verständigungsrahmen, der auf vier Säulen basiert:

- dem Fokus auf den Zweck der Partizipation, eine demokratische Legitimität von Entscheidungen und Inklusion herzustellen,

- transparenter Kommunikation der Prozesslogik und Ausgangslage der Stakeholder*innen

- der Einhaltung von Leitprinzipien der Zusammenarbeit und

- der Bewusstseinsbildung aller Stakeholder*innen in Partizipationsprozessen, damit sich alle Beteiligten ihrer Rolle bewusst sind und ihre Mitbestimmungsmöglichkeiten erkennen können.

In der Praxis bedeutet das, dass es notwendig ist, langfristig die Politische Bildung aller Akteur*innen zu stärken sowie ein neues Selbstverständnis aller Stakeholder*innen, insbesondere der Verwaltung, zu etablieren. Des Weiteren müssen umfassende Informationen über politisch-administrative Prozesse und Partizipation öffentlich zugänglich gemacht werden sowie Mitbestimmungsmöglichkeiten und die entsprechenden Prozesse durch alle Stakeholder*innen fortlaufend weiterentwickelt werden.

## Die Schaffung eines gemeinsamen Verständigungsrahmens

Politisch-administrative Prozesse bieten umfassende Möglichkeiten, Stakeholder*innen in die Entwicklung von Lösungen zur jeweiligen Thematik und in die Entscheidungsfindung einzubinden. Hierfür ist es zielführend, einen gemeinsamen Verständigungsrahmen zu schaffen, der als Grundlage der Zusammenarbeit dienen kann und auf folgenden Säulen aufbaut:

Zusammenarbeit braucht gemeinsame Grundlagen

### Fokus auf den Zweck der Partizipation

Die erste Säule des gemeinsamen Verständigungsrahmens ist der Fokus auf den Kern von Partizipation, nämlich die demokratische Legitimation von Entscheidungen und die Inklusion aller Stakeholder*innen.

Das digitale Zeitalter ist geprägt durch Technologien, die neue Informations- und Partizipationsmöglichkeiten mit sich bringen. Damit verbunden sind auch neue Anforderungen an die demokratischen

Institutionen, ansprechbar und rechenschaftspflichtig zu sein und mehr Schnittstellen für eine inklusive Partizipation und moderne Politikgestaltung zu schaffen (vgl. Thiel 2021). Im Hinblick auf einen gemeinsamen Verständigungsrahmen bedeutet dies, dass methodisch sowohl analoge als auch digitale Beteiligungsformen herangezogen werden und eine Digital Citizenship Education für alle Bürger*innen und Stakeholder*innen gefördert wird. Dazu gehören beispielsweise die „Fähigkeit, neue Macht- und Herrschaftsverhältnisse im digitalen Raum kritisch zu reflektieren" und die Förderung von „digitale(n) Partizipationsfähigkeiten, um eigene Interessen im Internet zu artikulieren" (Kenner/Lange 2020).

## Transparente Kommunikation der Prozesslogik und Ausgangslage der Stakeholder*innen

Die zweite Säule zielt darauf ab, eine transparente Kommunikation zu etablieren, die es allen Stakeholder*innen in Partizipationsprozessen ermöglicht, sich ein Bild über die Prozesslogik des jeweiligen Verfahrens sowie über die Konstellation und Standpunkte aller Beteiligten zu machen, damit Beteiligungschancen von allen Akteur*innen erkannt und genutzt werden können.

Prozesslogik als Ausgangspunkt

Politisch-administrative Prozesse umfassen alle Abläufe und staatlichen Handlungen im Rahmen der Erarbeitung und Umsetzung von Politiken und Rechtsakten, Plänen und Programmen oder Projekten. Innerhalb dieser übergeordneten politisch-administrativen Prozesse können in geeigneten Phasen Partizipationsprozesse stattfinden, um eine breite Mitwirkung an der Lösungs- und Entscheidungsfindung zu ermöglichen. Dafür gilt es von Seiten der Verwaltung, die Prozesslogik, also die einzelnen Schritte im Ablauf des politisch-administrativen Prozesses, sowie die Beteiligungsmöglichkeiten im jeweiligen Verfahren transparent zu kommunizieren. Das daraus resultierende gemeinsame Verständnis aller Akteur*innen für den politisch-administrativen Prozess sowie die darin mögliche Partizipation stellt die Grundvoraussetzung für eine Zusammenarbeit dar. Eine kontinuierliche Begleitung und Evaluierung der Abläufe und Beteiligungsprozesse ermöglicht reflexives Lernen und die Optimierung zukünftiger Zusammenarbeit.

Eine weitere wichtige Voraussetzung für erfolgreiche Partizipation ist das gegenseitige Verständnis für die unterschiedliche Ausgangslage, also Verschiedenheiten in der Organisationslogik, den Kapazitäten und Interessenslagen zwischen den Stakeholder*innen. Partizipation umfasst dabei die Beteiligung von Akteur*innen aus Politik, Verwaltung, Wirtschaft und Öffentlichkeit (Bürger*innen, Interessensgruppen wie Vereine oder Vertretungen und Fachpersonen zum jeweiligen Thema wie Berater*innen und Wissenschaftler*innen) (vgl. Arbter 2012: 9f.). Deren unterschiedliche Ausgangslagen werden im Folgenden kurz umrissen:

Akzeptanz der<br>Organisationslogik

- **Politik**: Politiker*innen können sich durch die Ermöglichung von Beteiligung einen Überblick über die Bedürfnisse unterschiedlicher Stakeholder*innen machen und sich mit diesen austauschen bzw. einen längerfristigen Dialog etablieren. So könnte das Interesse für Politik und an Partizipation gesteigert werden (vgl. Arbter et al. 2005: 11). Gleichzeitig ermöglicht Partizipation eine bürgernahe Politik und die Vermeidung von offenen Konflikten zwischen unterschiedlichen Interessensgruppen. In Hinblick auf das jeweilige Verfahren sollten von Seiten der Politik wichtige Einflussfaktoren transparent gemacht werden, unter anderem der politische Wille zur Partizipation, parteipolitische Interessen an der gegebenen Thematik, die Bedeutung von Partizipation für die politische Entscheidungsfindung, etc.

- **Verwaltung**: Sie steht im Zentrum von Partizipation als Knotenpunkt, der Beteiligung ermöglicht, was einen essenziellen Bestandteil des Verwaltungshandelns darstellt. Dabei ist die Verwaltung einerseits jene Akteurin, die Partizipation anbietet und managt und gleichzeitig selbst eine Stakeholderin. Verwaltungsbedienstete können durch Partizipation in ihrer Arbeit entlastet werden, indem unter Mitarbeit der Stakeholder*innen tragfähige Lösungen erarbeitet werden, die

Widerstände und Erwartungsdruck minimieren und das Vertrauen der Bevölkerung stärken. Gleichzeitig kann sich die Partizipation positiv auf die Qualitätssicherung und den Ressourceneinsatz auswirken (vgl. Arbter et al. 2005: 11). Gut in der Verwaltungsarbeit etablierte Partizipationsprozesse, die als Teil der Verwaltungsroutine angesehen werden, und die Wahrnehmung der Ergebnisse als besonders legitimiert und qualifiziert, können eine enorme Entlastung der Verwaltung erzielen und so wiederum zu deren Wertschätzung durch die Beamt*innen führen (vgl. Walz et al 2011: 47).

Des Weiteren kommt der Verwaltung, wie bereits erwähnt, die wichtige Aufgabe zu, den Ablauf von politisch-administrativen Prozessen unter Berücksichtigung der Verwaltungsebenen (Bund, Länder, Gemeinden), Verantwortlichkeiten, Kapazitäten und der Wirkungsorientierung transparent nach außen zu kommunizieren, um ein breiteres Verständnis für Beteiligungsmöglichkeiten zu schaffen.

**Unabhängige Stabsstelle**

In Hinblick auf die Einrichtung einer Anlaufstelle für Partizipationsfragen schätzt beispielsweise Thorsten Frei (2021: 35) die Empfehlung eines Bürgerrates zu erweiterten Möglichkeiten direkter Demokratie in Deutschland aus dem Jahr 2019 zur Etablierung einer unabhängigen Stabsstelle für Bürgerbeteiligung und direkte Demokratie als sinnvoll und schnell realisierbar ein. Eine solche Stabsstelle könnte als Kompetenzzentrum wirken und die rechtliche und organisatorische Beratung von Stakeholder*innen übernehmen.

Diese umfassenden Funktionen und Aufgaben der Verwaltung sollten strukturell verankert werden.

- **Öffentlichkeit**: Während Fachpersonen im Rahmen von Partizipationsprozessen ihre Kenntnisse von der jeweiligen Materie konstruktiv einbringen können, profitieren auch Bürger*innen und Interessensgruppen von der Möglichkeit, ihre Ideen und Bedürfnisse zum jeweiligen Vorhaben einzubringen und gegebenenfalls Entscheidungen aktiv mitzugestalten (vgl. Arbter et al. 2005: 11). Wenn die Partizipierenden als Expert*innen ihrer eigenen Lebenswelt agieren und wahrgenommen werden, kann ihr Wissen die Perspektive von Politik und Verwaltung ergänzen bzw. richtigstellen (vgl. Tillmann et al. 2019: 116).

- **Wirtschaft bzw. Unternehmen**: Abseits des Lobbyings durch wirtschaftliche Interessensgruppen besteht für Wirtschaftsakteur*innen durch die Teilnahme an Partizipationsprozessen die Möglichkeit, geplante Projekte im Dialog mit Betroffenen mit einer breiten Akzeptanz umzusetzen. Potenzielle Konflikte könnten so entschärft, ausgeräumt oder ihnen sogar vorgebeugt werden. Durch die Vermeidung von Berufungsverfahren könnten Unternehmen beispielsweise Kosten und Mühen einsparen. Ebenso wie Bürger*innen ist es Unternehmer*innen außerdem möglich, sich im Rahmen von Beteiligungsprozessen über Entscheidungen, die sie betreffen, zu informieren bzw. ihre Interessen einzubringen (vgl. Arbter et al. 2005). Diese Herangehensweise könnte bei Wirtschaftsakteur*innen zu einem neuen Transparenzverständnis führen und genutzt werden, um eine Vertrauensbasis zwischen Unternehmen und Bürger*innen zu schaffen.

## Einhaltung von Leitprinzipien der Zusammenarbeit

Für alle Stakeholder*innen von Partizipationsprozessen gelten Leitprinzipien, die für den Verständigungsrahmen zentral sind. Dazu zählen unter anderem formelle Prinzipien wie die Wahrung des rechtlichen Rahmens für Beteiligung, die Akzeptanz der Ergebnisse von Partizipationsprozessen, kontinuierliches Monitoring und Optimieren von Abläufen in Beteiligungsprozessen oder die gemeinsame Entwicklung geeigneter Partizipationsmethoden. Andererseits braucht es respektvolle Kommunikation auf Augenhöhe, die Berücksichtigung unterschiedlicher Bedürfnisse und der Diskriminierungsfreiheit, den Mitbestimmungswillen von Seiten aller Stakeholder*innen, sowie eine fortwährende politische (Weiter-) Bildung aller Akteur*innen.

*Verbindliche Leitprinzipien*

## Bewusstseinsbildung aller Stakeholder*innen in Partizipationsprozessen

Alle Akteur*innen in Partizipationsprozessen sollten ihre Einfluss-möglichkeiten kennen, um ihre Interessen entsprechend einbrin-gen und sich mit dieser Stellung im Prozess identifizieren zu kön-nen.

Politiker*innen sollten sich in ihrer Rolle als Repräsentanten und Entscheidungsverantwortliche über die Wichtigkeit von Beteili-gung im Klaren sein und sich selbst auch als Multiplikator*innen für Politische Bildung und politisches Engagement verstehen.

Ein wichtiges Ziel sollte die Etablierung eines neuen Selbstver-ständnisses in der Verwaltung sein, wonach sich Beamt*innen als Manager*innen von Partizipation verstehen, von welcher sie selbst als Stakeholder*innen in der Ausübung ihrer Tätigkeit profitieren können.

Der Öffentlichkeit und Unternehmer*innen sollte die Möglichkeit geboten werden, ein Selbstverständnis als relevante Akteur*innen in politisch-administrativen Prozessen zu entwickeln, indem durch Partizipation aktiv mitgestaltet werden kann und sie ein Bewusst-sein für ihre Rolle als Expert*innen ihrer Lebens- und Arbeitswelt entwickeln.

## Umsetzungspotenzial in der Praxis

Demokratie ist ohne Beteiligung mit einem Legitimitätsproblem konfrontiert. Laut Colin Couch nähern wir uns stetig dem postde-mokratischen Zeitalter an, in dem relativ niedrige Anforderungen an den liberalen Staat und das demokratische System gestellt wer-den. Dies führt laut Crouch zu einer Politikverdrossenheit unter den Bürger*innen und letztendlich zu einem Legitimationsverlust für das demokratische Herrschaftssystem. „Die Mehrheit der Bür-ger (sic!) spielt dabei eine passive, schweigende, ja sogar apathi-sche Rolle, sie reagieren nur noch auf Signale, die man ihnen gibt" (Crouch 2008: 10). Um diese postdemokratischen Tendenzen zu

*Demokratie braucht Legitimierung*

mindern, legt Crouch auf der andern Seite des Kontinuums einen Idealanspruch an die Demokratie als funktionale Herrschaftsform fest, in dem er sagt: „Es setzt voraus, daß (sic!) sich eine große Zahl von Menschen lebhaft an ernsthaften politischen Debatten und der Gestaltung der politischen Agenda beteiligt und (...) ein gewisses Maß an politischem Sachverstand mitbringen und sich mit den daraus folgenden politischen Ereignissen und Problemen beschäftigen" (Crouch 2008: 9).

Der für den Austausch und das gesellschaftlich-politische Engagement notwendige Verständigungsrahmen für alle Akteur*innen sollte vor diesem Hintergrund in der Praxis anhand umfassender Maßnahmen geschaffen werden:

- Die Politische Bildung leistet hier einen wichtigen Beitrag, um die Voraussetzungen für Gestaltungsmöglichkeiten zu schaffen. Dafür braucht es einerseits Initiativen in der Politischen Bildung aller Akteur*innen und in der Fort- bzw. Weiterbildung von Verwaltungspersonal und andererseits Maßnahmen zur Stärkung des Selbstverständnisses der Verwaltung in ihrer facettenreichen Funktion und der anderen Beteiligten in ihrer jeweiligen Rolle. Als praktisches Beispiel können unter anderem Bürgerräte und deren Etablierung in Zusammenarbeit mit dem formalen Schulsystem genannt werden.

  *Bildung als Voraussetzung für Beteiligung*

- In Hinblick auf die Verfügbarmachung von Informationen und den regelmäßigen Austausch über Partizipation bzw. die Weiterentwicklung von geeigneten Methoden sollten geeignete Unterlagen und Kommunikationsräume geschaffen werden. Die Erarbeitung qualitativ hochwertiger Handbücher und Plattformen für Partizipation an der Schnittstelle zwischen der Verwaltung und den weiteren Stakeholder*innen kann durch Transparenz und Aufklärung das Verständnis für Beteiligung im politisch-administrativen Prozess (inklusive der Verantwortlichkeiten, Verwaltungsabläufe und Gestaltungsspielräume) bei allen Akteur*innen fördern und

Partizipationsmöglichkeiten bzw. Einschränkungen für Beteiligung transparent aufzeigen. Die Anforderungen an diese Handbücher und Plattformen sollten weiter erforscht, partizipativ erhoben, berücksichtigt und im Idealfall durch ein etabliertes Partizipationsnetzwerk weiterentwickelt werden, um eine gemeinsame Arbeits- und Verständnisgrundlage zu etablieren.

## Fazit

Das transparente Aufklären über Gestaltungsspielräume im politisch-administrativen Prozess und entsprechende Weiterbildung im Sinne der Politischen Bildung für Bürger*innen, Unternehmer*innen, Verwaltungsbeamt*innen und Politiker*innen sowie die kontinuierliche Weiterentwicklung des gemeinsamen Verständigungsrahmens könnte dazu führen, bei allen Stakeholder*innen ein umfassendes Verständnis für Partizipation und ihre Rolle in Mitbestimmungsprozessen zu etablieren.

Der Schlüssel liegt hierbei in einer inklusiven politischen Bildung, welche alle Bürger*innen und Mitglieder einer Gesellschaft mit einschließt, jenseits von Bildungshintergrund, Herkunft, ökonomischem Status, Geschlecht, Berufsstand, Staatsbürgerschaft, körperlicher und geistiger Behinderung, etc.

Um dies zu gewährleisten, ist ein gesamtgesellschaftlicher Prozess im Sinne eines Nationalen Aktionsplans (Beispiel Österreich) und die Verankerung von Politischer Bildung in der Ausbildung von Verwaltungsbeamt*innen notwendig, um nachhaltig einen gemeinsamen Verständigungsrahmen für partizipative Demokratie zu setzen.

Rahmenbedingung als Prozess der Aushandlung

Dabei geht es nicht darum, einen abgesteckten Rahmen festzulegen, sondern die Rahmenbedingungen anhand von demokratischen Grundaspekten wie Meinungsvielfalt, Konsens bzw. Dissens und deliberativen Aushandlungsprozessen, stets neu zu erarbeiten.

# Literatur

Arbter, Kerstin/Handler, Martina/Purker, Elisabeth/Tappeiner, Georg/Trattnig, Rita (2005): Das Handbuch Öffentlichkeitsbeteiligung: Die Zukunft gemeinsam gestalten, 1. Auflage, Wien, Österreichisches Lebensministerium (Bundesministerium für Land- und Forstwirtschaft, Umwelt und Wasserwirtschaft) und ÖGUT (Österreichische Gesellschaft für Umwelt und Technik).

Arbter, Kerstin/Magistrat der Stadt Wien Magistratsabteilung 18 – Stadtentwicklung und Stadtplanung (Hg.) (2012): Praxisbuch Partizipation: Gemeinsam die Stadt entwickeln, Wien, (online) https://www.wien.gv.at/stadtentwicklung/partizipation/praxisbuch.html (Zuletzt aufgerufen am 24.01.2023).

Bundeskanzleramt Österreich und Österreichisches Lebensministerium (2008): Standards der Öffentlichkeitsbeteiligung. Empfehlungen für die gute Praxis, Vom Ministerrat beschlossen am 2.7.2008.

Crouch, Colin (2008): Postdemokratie, Frankfurt am Main, Suhrkamp.

Frei, Thorsten (2021): Rezepte zur Stärkung der Demokratie in Deutschland, in: Sommer, Jörg (2021): Kursbuch Bürgerbeteiligung #4. Berlin: Republik Verlag, S. 24-38.

Kenner, Steve/Lange, Dirk (2020): Bürgerbewusstsein, politisches Lernen und Partizipation im digitalen Zeitalter, in: DDS – Die Deutsche Schule, 112. Jahrgang 2020, Heft 2, S. 178–191, Münster, Waxmann, (online) https://doi.org/10.31244/dds.2020.02.05.

OECD: Organisation for Economic Co-operation and Development (2016): Open Government globaler Kontext und Perspektiven für offenes Regierungs- und Verwaltungshandeln, (online) https://www.oecd.org/gov/Open-Government-Highlights-GER.pdf (Zuletzt aufgerufen am 24.01.2023).

Thiel, Thorsten (2021): Demokratie in Zeiten der Digitalisierung. Bundeszentrale für politische Bildung, (online) https://www.bpb.de/lernen/digitale-bildung/politische-bildung-in-einer-digitalen-welt/325148/demokratie-in-zeiten-der-digitalisierung/ (Zuletzt aufgerufen am 24.01.2023).

Tillmann, Christina/Müller-Eiselt, Ralph/Fischer, Sarah (2019): Demokratische Teilhabe in einer digitalen Gesellschaft, in: Handbuch Politikberatung (2. Auflage), Hrsg. Svenja Falk, Manuela Glaab, Andrea Römmele, Henrik Schober und Martin Thunert, S. Till113-126. Wiesbaden/Heidelberg: Springer VS.

UNECE: United Nations Economic Commission for Europe (1998): Convention on Access to Information, Public Participation in Decision-Making and Access to Justice in Environmental Matters, done at Aarhus, Denmark, 25 June 1998, https://unece.org/environment-policy/public-participation/aarhus-convention/text (Zuletzt aufgerufen am 24.01.2023).

UNO: United Nations Organization (1992): Rio-Erklärung über Umwelt und Entwicklung zum Abschluss ihrer Tagung vom 3.-14. Juni 1992 in Rio de Janeiro, https://www.un.org/Depts/german/conf/agenda21/rio.pdf (Zuletzt aufgerufen am 24.01.2023).

Walz, Susanne/Kast, Alexandra/Schulze, Gesine/Born, Lukas/Krüger, Katja/Niggemeier, Katja/Senatsverwaltung für Stadtentwicklung Berlin (Hg.) (2011): Handbuch zur Partizipation, Berlin, Kulturbuch-Verlag GmbH.

Dimitrij Umansky

# Die richtige Strategie finden – drei Schritte zu einer erfolgreicheren Beteiligung

*Wie können wir Beteiligungsverfahren zum Erfolg führen? Leitlinien und Kriterien für gute Beteiligung, Fallstudien und Normen geben vor, wie wir erfolgreiche Beteiligung grundsätzlich gestalten sollten. Der vorliegende Beitrag basiert jedoch auf der Annahme, dass jedes Beteiligungsverfahren besonders ist und es einer individuellen Herangehensweise bedarf, um erfolgreich zu sein. Wie wir eine eigene Strategie anhand von Leitfragen ermitteln können, wird im Beitrag behandelt.*

Beteiligungsstrategien stellen ein übergeordnetes Muster für unsere Beteiligung dar. Sie zeigen eine Struktur auf, mit der Beteiligungsziele erreicht werden sollen. In diese Struktur fügen sich dann konkrete Maßnahmen. Beispielsweise verfolgt ein*e Vorhabenträger*in die Beteiligungsstrategie, transparent, respektvoll und partnerschaftlich mit betroffenen Eigentümer*innen bei der Planung umzugehen. Dahinter liegt das Ziel, die Kooperationsbereitschaft bei Bürger*innen zu fördern, um eine gütliche Einigung zu erzielen. In diese Strategie fügen sich dann konkrete Maßnahmen wie Gespräche mit betroffenen Bürger*innen, bei denen der bzw. die Vorhabenträger*in Planungsentwürfe vorstellt, erläutert und gemeinsam anpasst. Der letzte Schritt – die operative Maßnahmenplanung – ist nicht mehr Teil des Strategiefindungsprozesses.

Als übergeordnete Muster bieten Beteiligungsstrategien eine grundsätzliche Herangehensweise, unsere Beteiligungsziele zu erreichen – angesichts der spezifischen Situation, in der wir uns befinden. Zur Situation zählen Menschen, Gruppen und Organisationen, die wir beteiligen, unsere eigene Organisation, die beteiligt, das breitere

*Beteiligung braucht Strategie*

Umfeld wie politische Entscheidungsträger*innen, Behörden und Medien sowie objektive Rahmenbedingungen wie Gesetze, Normen und Verordnungen. Damit umfasst unsere Situation Einflussfaktoren, die sich auf das Erreichen unserer Beteiligungsziele auswirken können. Die Beteiligungsstrategie berücksichtigt die wesentlichen Einflussfaktoren und zeigt einen Weg auf, wie das Beteiligungsziel erreicht werden kann. Damit sind unsere Ziele vergleichbar mit einer Bergspitze, die wir erklimmen möchten. Einflussfaktoren stellen die Beschaffenheit des Berges, das Wetter, unsere Freunde, mit denen wir zusammen wandern, unsere Ausrüstung und unsere physische und mentale Verfassung dar. Die Strategie entspricht der Art und Weise, wie wir mit diesen Einflussfaktoren umgehen, um unser Ziel, die Bergspitze, zu erreichen.

Strategien sind immer vorhanden – unabhängig davon, ob wir uns bewusst für sie entscheiden oder nicht (vgl. Nagel/Wimmer 2014: 1). Selbst, wenn wir oft Maßnahmen anwenden, ohne uns einer Strategie dahinter bewusst zu sein, so verfolgen wir zumindest implizite Annahmen, warum diese Maßnahmen zum gewünschten Ziel führen sollen. Wenn wir beispielsweise einen mobilen Stand auf einer Fußgängerzone aufstellen, um Bürger*innen einzuladen, an der Planung der Innenstadt teilzunehmen, so machen wir uns womöglich keine Gedanken, warum diese Maßnahme zum Erfolg führen soll. Implizit gehen wir jedoch vielleicht davon aus, dass wir Bürger*innen durch eine unmittelbare physische Nähe in ihrem alltäglichen Umfeld eher zur Teilnahme bewegen können, als durch Zeitungswerbung.

*Risikofaktor unbewusste Strategie*

Ebenso bestehen und entwickeln sich Strategien weiter, nachdem wir uns für sie entschieden haben (vgl. Mintzberg/Walters 1985: 271). Selbst, wenn Beteiligungsmaßnahmen konstant bleiben, ändern sich oft Einflussfaktoren und Ziele und mit ihnen zusammen unsere Beteiligungsstrategien. Während wir beispielsweise zunächst in persönlichen Gesprächen mit Bürger*innen partnerschaftlich mit Ihnen umgehen, um ihre Akzeptanz für ein Vorhaben zu fördern, kann sich mit der Zeit der partnerschaftliche Umgang unbewusst in ein eher paternalistisches Verhältnis verwandeln, wenn wir nicht mehr auf ihre Akzeptanz angewiesen sind und die Gespräche schnell über die Bühne bringen wollen. Dieselbe Maßnahme, die persönlichen Gespräche mit Bürger*innen, würde in unserem Beispiel bestehen bleiben – die Strategie des partnerschaftlichen Umgangs würde sich aufgrund verändernder Ziele und Einflussfaktoren wandeln.

Dadurch, dass Strategien bestehen und sich weiterentwickeln – ob mit oder ohne unser Zutun – ist Strategiefindung keine einmalige Angelegenheit. Unsere Ziele sowie innere und äußere Einflüsse sind dynamisch. Beteiligung soll ja gerade zu Veränderungen von Beteiligenden, Beteiligten und Vorhaben führen – da können Beteiligungsstrategien nicht statisch bleiben. Die Frage ist also nicht, ob es Beteiligungsstrategien gibt und ob sie sich verändern, sondern ob wir uns der Strategien und ihrer Dynamik bewusst sind und ob wir sie beeinflussen möchten. In diesem Sinne ist Strategiefindung ein immer wiederkehrender Prozess, bei dem wir Beteiligung reflektieren und versuchen, mit einer angepassten Strategie in eine gewünschte Richtung zu lenken. Unsere Einflussmöglichkeiten

Ziele sind dynamisch

bleiben jedoch begrenzt: Beteiligungsverfahren bleiben emergente Prozesse mit vielen beteiligten Menschen und Organisationen sowie weiteren Einflussfaktoren, die nicht in unserer Hand liegen. Somit bedeutet Strategiefindung nicht, einen statischen Plan zu erstellen und spontane Entwicklungen abzuerkennen oder nicht zulassen zu wollen, sondern, im Gegenteil, Entwicklungen zu erkennen und adäquat auf sie zu reagieren. Aus diesen Überlegungen

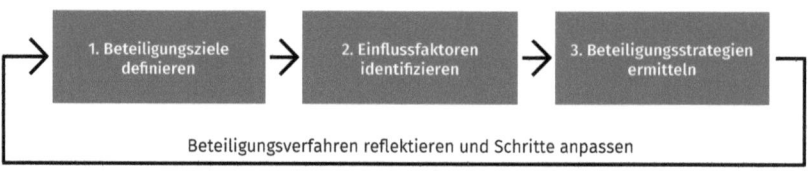

Abbildung 1: Strategiefindungsprozess (eigene Darstellung)

ergibt sich der folgende Strategiefindungsprozess, den wir im weiteren Verlauf dieses Beitrags nachvollziehen:

## Was sind Beteiligungsziele?

Beteiligungsziele beinhalten zum einen Objekte bzw. Subjekte, auf die sich Beteiligung positiv auswirken soll. Hierzu gehören

- geplante Vorhaben oder Projekte,

- beteiligende Vorhabenträger*innen,

- beteiligte Bürger*innen und Teile der Öffentlichkeit,

- Beziehungen zwischen Vorhabenträger*innen und Beteiligten,

- unsere Gemeinschaft, oder

- unser Gesellschaftssystem.

Mithilfe von Beteiligung sollen beispielsweise Vorhaben verbessert, Vorhabenträger*innen legitimiert, Beteiligte emanzipiert, Vertrauen zwischen Vorhabenträger*innen und Beteiligten gestärkt, eine Beteiligungskultur in einer Kommune gefördert oder unser politisches System demokratisiert werden.

Zum anderen umfassen Beteiligungsziele das Prinzip, wie sich Beteiligung positiv auswirken soll. Dabei unterscheiden wir zwischen einer substanziellen und symbolischen Wirkung. Eine substanzielle Wirkung bedeutet eine tatsächliche Verbesserung eines Objektes oder eines Subjektes. Beispielsweise soll die Vorhabenplanung anhand von Bedürfnissen betroffener Bürger*innen angepasst werden. Dem gegenüber kann Beteiligung auch eine symbolische Wirkung haben, wenn mit ihrer Hilfe eine positive Wahrnehmung der Vorhabenplanung, des Vorhabens und der Vorhabenträger*innen gefördert werden. Idealerweise sollte Beteiligung sowohl eine substanzielle als auch symbolische Wirkung entfalten. Wenn Beteiligung Positives bewirkt, es aber nicht so wahrgenommen wird, dann kann die gute Arbeit oftmals nicht fortgesetzt werden. Genauso hält aber auch der Schein einer guten Beteiligung nicht lange,

*Substanz und Symbol*

wenn der Prozess nicht zu einer tatsächlichen Verbesserung der Lebensumstände Beteiligter beiträgt. Nachdem wir uns mit den Bestandteilen von Beteiligungszielen befasst haben, schauen wir uns als Nächstes ihre Definition an.

## Wie definieren wir eigene Beteiligungsziele?

Die Definition eigener Ziele beginnen wir zunächst mit unserem eigenen Idealismus. Viele von uns sehen die Planung und Umsetzung von Beteiligung nicht nur als Beruf, sondern möchten von Herzen etwas Gutes bewirken. Und genau darauf ist erfolgreiche Beteiligung auch angewiesen. Im Kern soll Beteiligung Menschen und öffentlichen Gruppen, die involviert werden, sowie unserer Gemeinschaft oder gar unserer Gesellschaft etwas Positives bringen. Beteiligte sollen ermächtigt werden und bei Entscheidungen mehr zu sagen haben. Die Beteiligungskultur innerhalb einer Kommune soll gefördert und unser politisches System demokratisiert werden. Wenn Beteiligung ausschließlich der beteiligenden Organisation dient, dann ist sie blutleer. Und das spüren beteiligte Menschen sofort und quittieren es negativ. Die erste Leitfrage, die wir demnach bei der Definition unserer Ziele beantworten sollten, lautet: Welchen positiven Beitrag soll Beteiligung den Beteiligten, unserer Gemeinschaft oder unserer Gesellschaft leisten?

Beteiligung darf nicht nur den Beteiligenden dienen

Basierend auf dem Idealismus, etwas Gutes bewirken zu wollen, gilt es nun im zweiten Schritt etwas Pragmatismus beizumischen. Beteiligung ist in den meisten Fällen keine Solo-Unternehmung. An der Realisierung von Beteiligungsverfahren nehmen innerhalb der beteiligenden Organisation verschiedene Abteilungen sowie die Projektleitung bzw. die Organisationsführung teil. Der Beteiligungserfolg hängt also von der Mitwirkung verschiedener Kolleg*innen und Vorgesetzten ab. Und diese können Beteiligungsverfahren ausbremsen oder sabotieren, wenn sie die eigenen Vorteile hinter der Beteiligung nicht sehen – ungeachtet davon, ob gemeinsame Leitlinien oder verbindliche Zusagen zur Beteiligung verpflichten. Deshalb sollten wir bei der Definition unserer Beteiligungsziele die zweite Leitfrage beantworten, welchen Mehrwert Beteiligung organisationsintern leisten soll.

Der Mehrwert von Beteiligung kann sich innerhalb der beteiligenden Organisation auf drei Ebenen entfalten:

1. der übergeordneten Organisations- bzw. Projektebene,
2. der Abteilungsebene an der Beteiligung mitwirkender Einheiten und
3. der persönlichen Ebene an der Beteiligung mitwirkender Verantwortlicher.

Auf allen diesen Ebenen gilt es zu ermitteln, welche Ziele verfolgt werden und wie Beteiligung zum Erreichen dieser Ziele beitragen kann. Auf der übergeordneten Projektebene möchte beispielsweise eine Kommunalverwaltung bei der Planung eines Vorhabens die Anzahl der Bürger*innen minimieren, die durch das Vorhaben benachteiligt werden. Wie kann Beteiligung nun zu diesem Ziel beitragen? Auf der Abteilungsebene sollen beispielsweise Kolleg*innen für ein geplantes Vorhaben, bei dem Flurstücke privater Eigentümer*innen in Anspruch genommen werden müssen, Grunddienstbarkeiten aushandeln. Für diese Verhandlungen sind gute Beziehungen zu Eigentümer*innen vorteilhaft. Wie kann Beteiligung für gute Beziehungen im Vorfeld sorgen und die Arbeit der Abteilung erleichtern?

Daneben sollte Beteiligung auch den am Verfahren beteiligten Kolleg*innen auch einen persönlichen Mehrwert bringen. Diesen zu ermitteln ist sicherlich am schwierigsten, da die persönliche Ebene im professionellen Kontext nicht immer offenbart wird. Und doch wissen wir, dass die persönliche Ebene oft darüber entscheidet, ob wir ein Projekt mit Überzeugung und Erfolgswillen verfolgen oder nicht. Auf persönlicher Ebene gilt es zu ermitteln, was Kolleg*innen und Vorgesetzten grundsätzlich wichtig ist, welche persönlichen Werte sie verfolgen, was sie bei der Arbeit antreibt. Kolleg*innen können unseren Idealismus teilen, Bürger*innen zu unterstützen. Dies gilt vor allem dann, wenn sie zufälligerweise aus derselben

*Mehrwerte definieren*

Region stammen, wo ein Vorhaben realisiert werden soll. Oder ihr persönliches Ziel besteht daraus, ein für die Energiewende wichtiges Vorhaben zu realisieren. Persönliche Ziele können aber auch das Vorantreiben innovativer, digitaler Technologien darstellen. Unabhängig davon, was Kolleg*innen persönlich antreibt: je besser wir sie kennen und je mehr wir die Beteiligung an ihre persönlichen Ziele und Werte anpassen, umso mehr können wir auf ihre Mitwirkung zählen.

Nun haben wir Beteiligungsziele definiert, die Beteiligte stärken und organisationsintern einen positiven Beitrag leisten. Als Letztes sollten wir die Leitfrage beantworten, was Erfolgsindikatoren sind, die uns helfen nachzuvollziehen, inwiefern wir unsere Beteiligungsziele erreicht haben. Erfolgsindikatoren haben gleich drei Vorteile: Sie helfen uns,

Zielerreichung muss messbar sein

1. unsere Beteiligungsziele zu konkretisieren,

2. unseren Kurs während der laufenden Beteiligungsverfahren nachzujustieren, wenn wir feststellen, dass wir unsere Ziele verfehlen und

3. im Nachhinein die Beteiligungserfolge – falls sie vorhanden sind – überzeugend organisationsintern und -extern darzustellen, um Beteiligung für die Zukunft zu verankern.

Erfolgsindikatoren sind im Bereich Beteiligung jedoch kompliziert. Wie können wir nachvollziehen, ob unser Beteiligungsprozess eine Beteiligungskultur in unserer Kommune gefördert hat? Wie können wir sicher gehen, dass sich Beteiligungsverfahren auf die Wahrnehmung des Vorhabens ausgewirkt haben, wenn über die Beteiligung hinaus noch viele weitere Faktoren wie z. B. eine schwierige Wirtschaftslage, politische Skandale oder schlicht ein grauer Winter sich auf das Gemüt der zu beteiligenden Bürger*innen ausgewirkt haben können. Mit anderen Worten: Die Beteiligungsziele sind oft allgemein und die Anzahl externer Einflussfaktoren zahlreich. Eine Lösung besteht in der Operationalisierung der Begriffe, wie man es aus der empirischen Sozialforschung kennt. Beispielsweise:

Was bedeutet Beteiligungskultur konkret? Wie lässt sich Beteiligungskultur objektiv nachvollziehen, wie spiegelt sie sich objektiv wider? Wie genau möchten wir diesen objektivierten Teil mithilfe von Beteiligung beeinflussen? Wie können wir externe Einflüsse identifizieren und unseren Einfluss davon isolieren? Anhand dieser Fragen wird klar, wie die Ermittlung von Erfolgsindikatoren hilft, aus einem allgemeinen Ziel, die Beteiligungskultur zu fördern, ein konkretes Ziel zu definieren. Nach der Operationalisierung sollte klar sein, was, bei wem, bis wann und in welchem Ausmaß erreicht werden soll. Auf dieser Basis sollten wir nicht nur den finalen Erfolg prüfen, sondern auch Zwischenerfolge nachvollziehen können. Dann können wir unsere Beteiligung noch retten, bevor es zu spät ist.

Mit den nun definierten Beteiligungszielen wissen wir, was wir mithilfe von Beteiligung erreichen möchten und prüfen nun im nächsten Schritt der Strategiefindung, welche zentralen Faktoren sich auf das Erreichen unserer Ziele auswirken können.

## Was sind mögliche Einflussfaktoren?

Einflussfaktoren stellen die Bedingungen für das Erreichen unserer Beteiligungsziele dar. In der Beteiligung finden sich Einflussfaktoren organisationsintern wie -extern. Interne Faktoren gehen von der beteiligenden Organisation aus, während externe Faktoren mit den Beteiligten, weiteren vom Vorhaben, Projekt oder von der Organisation betroffenen Personen und Anspruchsgruppen sowie der breiten Öffentlichkeit, den Medien, der Politik, den Gesetzen, der Wirtschaft und der Gesellschaft ausgehen. Einen typischen internen Faktor stellt beispielsweise die zeitliche bzw. personelle Ressource dar. Ein Beispiel für einen externen Faktor sind Gesetze.

Einflüsse
einbeziehen

## Wie identifizieren wir mögliche Einflussfaktoren?

Das Feld möglicher Einflussfaktoren ist groß. Deshalb sollten wir uns auf zentrale Faktoren konzentrieren. Hierzu werfen wir mit unserer ersten Leitfrage einen Blick auf unsere bisherigen Erfahrungen:

Welche Einflussfaktoren haben sich bisher auf Beteiligung innerhalb unserer Organisation ausgewirkt? Sollten wir keine Erfahrungen mit Beteiligungsverfahren gemacht haben, so reicht ein Blick auf den Umgang mit Bürger*innen und der Öffentlichkeit grundsätzlich. Wie ist er verlaufen? Welche Worst- und Best-Cases können wir bisher verbuchen? Was hat dazu geführt, dass der Umgang mit Bürger*innen oder der Öffentlichkeit erfolgreich war oder gescheitert ist? Wichtig ist, dass wir nur die Faktoren herausnehmen, die einen nachweislichen, objektiven Einfluss ausgeübt haben.

Um das Feld möglicher Einflussfaktoren weiter einzuschränken, beantworten wir die zweite Leitfrage: Welche Themen stehen im Zusammenhang mit dem Beteiligungsverfahren – welche Menschengruppen sind betroffen? Möchten wir beispielsweise Menschen beim Strukturwandel einer Bergbauregion beteiligen und zusammenhängende Themen identifizieren, dann finden wir unter anderem Themen wie die Erschließung neuer Wirtschafts- und Unternehmensbereiche, Arbeitsplätze, Aus- und Weiterbildungsmöglichkeiten, Perspektiven für junge Menschen, Erholungsmöglichkeiten, Verkehrsinfrastruktur und Altersstruktur. Nachdem wir relevante Themen aufgelistet haben, bilden wir im Anschluss Themencluster und ordnen sie in einem Netzwerk um unseren Hauptfokus – hier exemplarisch Strukturwandel – an (vgl. VDI e. V. 2014: 22). Genauso bilden wir auch unsere Akteurslandschaft, indem wir zunächst alle organisierten und nicht organisierten Menschen aufführen, die von unserem Projekt oder Vorhaben betroffen sind (vgl. Eick: 2021). Dann sortieren wir die Menschengruppen anhand von Grad an Betroffenheit, Einflussmöglichkeit und Positionierung. Letztere umfasst Bedürfnisse, Interessen und Meinungen zum relevanten Thema. Selbstverständlich dürfen wir beim Zeichnen unserer Themen- und Akteurslandschaft unsere beteiligende Organisation nicht außer Acht lassen. Themen im Zusammenhang mit der beteiligenden Organisation sowie von unserer Organisation grundsätzlich betroffene Menschen können sich stark auf die Beteiligung auswirken.

Akteure kennen und berücksichtigen

Nun haben wir uns bisherige Einflussfaktoren angeschaut und einen Blick auf relevante Themen und betroffene Akteure geworfen. Im letzten Schritt konzentrieren wir uns auf harte Faktoren: Welche möglichen Einflussfaktoren sind strukturell? Hierbei sind Faktoren gemeint, die zumindest kurz- bis mittelfristig nicht von Menschen ausgehen. Dazu gehören unter anderem Gesetze, Normen, Verordnungen, Infrastruktur, materielle Ressourcen, Organisations-, politische, wirtschaftliche, mediale und Gesellschaftsstrukturen, physische Umgebung, Klima, Natur und Landschaften sowie Verhaltensweisen. Was diese, zugegebener Weise bunte Mischung an Kategorien, vereint, ist ihre Beständigkeit und relative Vorhersehbarkeit. Deshalb bilden diese Faktoren wichtige Rahmenbedingungen für unsere Beteiligung. Je nachdem, wie beispielsweise das Stadt- und Landschaftsbild beschaffen ist, haben Menschen in der Region eine unterschiedliche Perspektive auf ein bauliches Vorhaben. Dies gilt es entsprechend für die Beteiligung zu berücksichtigen. Ebenso wirken sich typische Verhaltensweisen auf Beteiligung aus, wenn, um ein simples Beispiel zu nennen, Menschen in Berührung mit etwas für sie Neuem kommen im Vergleich zu etwas alt Bekanntem.

An diesem Punkt unseres Strategiefindungsprozesses haben wir Beteiligungsziele definiert und wichtige, mögliche Einflussfaktoren ermittelt. Nun bringen wir beides zusammen und schauen uns an, mit welchen Strategien wir am besten an unsere Ziele gelangen können.

## Wie ermitteln wir Beteiligungsstrategien?

Beteiligungsstrategien stellen übergeordnete Handlungsweisen dar, die erklären, wie unsere Maßnahmen angesichts möglicher Einflussfaktoren zu unseren Beteiligungszielen führen sollen. Strategien umfassen Entscheidungen darüber, welche Akteure (1), zu welchem Zeitpunkt (2), wie (3) beteiligt werden sollen. Die Entscheidungen sind fallspezifisch und hängen von der individuellen Zieldefinition und Identifikation möglicher Einflussfaktoren ab. Exemplarisch können wir uns im Folgenden einige mögliche Entscheidungen auf Basis beispielhafter Szenarien anschauen.

Zunächst gilt, mit der ersten Leitfrage zu beantworten, welche Akteure wir beteiligen wollen. Beispielsweise möchte eine Kommune eine Lösung für den Konflikt zwischen Anwohnergruppen herbeiführen. Gemäß der zuvor durchgeführten Themen- und Akteursfeldanalyse sollte die Kommune zunächst die Akteure hinzunehmen, die vom Konflikt betroffen sind. Darüber hinaus sollte die Kommune aber auch die Akteure berücksichtigen, die an einer Lösung des Konfliktes beteiligt sein könnten. Das sind oftmals Dritte, die zu Beginn des Beteiligungsverfahrens noch nicht am Konflikt teilnehmen. Außerdem sollte sich die Kommune fragen, welche Rolle ihre öffentliche Wahrnehmung spielt und wie wahrscheinlich es ist, dass der Konflikt öffentlich wird und die Reputation der Kommune in Mitleidenschaft gezogen wird. Entsprechend ist zu entscheiden, wie früh und proaktiv Medien und die breite Öffentlichkeit an der Konfliktlösung beteiligt werden sollen. Des Weiteren gilt es zu klären, ob die Priorität der Kommune eher auf einer schnellen oder einer nachhaltigen Lösung liegt. Ist der Fokus kurz- bis mittelfristig, dann sollten die einflussreichsten und möglichst homogenen Akteure beteiligt werden. Kann sich die Kommune jedoch einen mittel- bis langfristigen Fokus erlauben, dann gilt es

Akteursvielfalt als
Herausforderung

gerade auch die weniger einflussreichen Akteure einzubeziehen und damit zu ermächtigen sowie eine größere Akteursvielfalt zu ermöglichen. Bei einem großzügigen zeitlichen Rahmen kann auch die objektive Qualität der Lösung im Vordergrund stehen anstelle eines Interessenausgleichs betroffener Akteure. Dafür können geloste, per Zufallsauswahl identifizierte Akteure, einbezogen werden, statt konkret Betroffener.

Das obere Beispiel zeigt, dass ein Blick auf die Themen- und Akteursfeldanalyse alleine für eine strategische Entscheidung nicht ausreicht. Erst wenn wir wissen, warum wir beteiligen und welche Einflussfaktoren vorherrschen, können wir mithilfe der Themen- und Akteursfeldanalyse entscheiden, welche Akteure beteiligt werden sollen. Beantworten wir nun im zweiten Schritt die Leitfrage, zu welchem Zeitpunkt wir beteiligen wollen. Grundsätzlich gilt die Devise, so früh wie möglich zu beteiligen, um Beteiligten eine möglichst große Entscheidungsfreiheit zu gewähren. Aber auch hier ist es nicht so einfach: Wir wissen, dass Projekte und Vorhaben nicht linear ablaufen und dass mitten im Projekt Entscheidungen getroffen werden müssen, die zu Beginn noch nicht absehbar waren. Das heißt, kein Projekt lässt sich zu Beginn klar umreißen – der Projektverlauf ist nicht vollständig absehbar. Somit ist die Steuerung jedes größeren Projektes kompliziert – auch ohne Beteiligung. Je früher wir beteiligen, umso mehr steigern wir jedoch die Komplexität: Es gibt mehr Entscheidungsfaktoren und mehr Entscheider*innen. Damit werden auch die Entscheidungsprozesse schwieriger. Um die Frage also zu beantworten, wann beteiligt werden sollte, sollten wir unter anderem ein Blick auf die Projektorganisation werfen: Wie flexibel sind die Entscheidungsprozesse? Wie flexibel sind organisationsinterne und -externe Entscheider*innen? Darüber hinaus gilt es, die Vertrauensbeziehung zwischen Beteiligenden und Beteiligten zu beleuchten: Wie transparent können Beteiligende sein? Wie viel Einblick können sie in ihre internen Entscheidungsprozesse gewähren, um Beteiligten zu erklären, warum ihr Beitrag nur zum Teil berücksichtigt werden konnte? Wie weit würden die Beweggründe der Beteiligenden in der Öffentlichkeit akzeptiert werden, würden sie publik gemacht werden? Wie weit vertrauen Beteiligte Beteiligenden, wenn entgegen anfänglicher Zusagen der Beteiligungsspielraum doch geringer ausfällt? Je nachdem, wie wir all diese Fragen beantworten, sollten wir entscheiden, in welchem Projektstadium wir beteiligen. Je weniger flexibel wir sind, je schlechter die Vertrauensbeziehung und je schwieriger die öffentliche Reputation, desto später können wir erst beteiligen, wenn wir Projektverlauf und Entscheidungsspielräume besser abschätzen können. Es ist besser, etwas später zu beteiligen, dafür aber einen konsequenten Prozess gewährleisten zu können, als früh zu beteiligen, und die Kontrolle zu verlieren. Davon unberührt bleibt aber der Grundsatz, so früh und transparent wie möglich zu informieren.

Nachdem wir nun erste Entscheidungen getroffen haben, wen wir wann beteiligen, widmen wir uns im dritten Schritt der Leitfrage zu, wie wir beteiligen möchten. Ähnlich der vorangegangenen Schritte

Strategie im Bewusstsein von Veränderung

sind die Entscheidungen fallspezifisch und lassen sich hier nur exemplarisch skizzieren. Nehmen wir an, eine Kommune möchte eine Beteiligungskultur unter jungen Menschen etablieren. Dann wäre die erste Frage, wie junge Menschen zur Teilnahme motiviert werden können. Zunächst sollte ein Thema gewählt werde, was für die Menschen relevant ist. Ein Blick auf eine aktuelle Studie zu Einstellungen junger Menschen in Deutschland zeigt, dass sich viele von Ihnen Sorgen um den Klimawandel machen (vgl. Habich 2022: 4). Entsprechend könnte Klimaschutz ein Bereich bilden, in dem sich junge Menschen gerne einbringen möchten. Neben der Wahl eines relevanten Themas können auch der Beteiligungsprozess sowie das zu erwartende Beteiligungsergebnis zur Teilnahme motivieren. Darüber hinaus ist der Rekrutierungsprozess der Teilnehmenden entscheidend. Hier gilt es, einen Blick auf Kommunikationskanäle, Multiplikator*innen und die Ansprache zu werfen.

Neben der Motivation zur Teilnahme gilt es auch die Frage zu beantworten, wie die angestrebte Beteiligungswirkung erreicht werden soll. In unserem konkreten Fall: Wie kann eine Beteiligungspraxis unter jungen Menschen verfestigt werden? Erfahrungen mit sozialen Bewegungen zeigen beispielsweise, dass eine erlebte Wirksamkeit im Kreis von Mitstreiter*innen eine langfristige Prägung hinterlassen kann. Das ist gerade für junge Menschen entscheidend, da sie sich, und das zeigen auch die Ergebnisse der oben aufgeführten Studie, von der Politik nicht ernst genommen fühlen. Somit kann eine Beteiligungsstrategie darin bestehen, Gruppen von jungen Menschen bei der Realisierung von kleinen Projekten zu unterstützen, die von der Kommunalpolitik öffentlich anerkannt werden. Der Fokus läge zunächst weniger auf der Wichtigkeit dieser Projekte für die Kommune, sondern auf der positiven Lernerfahrung junger Menschen und der erlebten Wertschätzung ihnen gegenüber.

Die oberen Beispiele zeigen, wie wir im dritten Schritt eine eigene Strategie ermitteln können. Auf dieser Basis lassen sich konkrete Maßnahmen planen.

**Wirkung gezielt organisieren**

# Wie bringen wir Strategiefindung in unserem Alltag unter?

Obwohl strategische Arbeit wichtig ist, ist es schwer, sie im stressigen Arbeitsalltag unterzubringen. Hier gilt die Devise, dass wenig strategische Reflexion besser ist, als gar keine. Wenn wir uns im Normalfall überhaupt nicht zusammensetzen, um über Ziele, Einflussfaktoren und Strategien nachzudenken, bevor wir uns auf die Maßnahmenplanung stürzen, dann wäre ein halbtägiger Workshop mit Kolleg*innen und Vorgesetzten zu Projektbeginn bereits ein Gewinn und würde die Erfolgsaussichten unserer Beteiligung steigern.

Eine entsprechende quartalsweise, zweistündige Reflexion der bisherigen Beteiligung und mögliche Nachjustierung würde weiter zum Erfolg beitragen. Die Erfahrung zeigt ohnehin, dass ein solches kurzes Ausbrechen aus dem operativen Hamsterrad nicht nur unseren Beteiligungserfolg erhöht, sondern auch unsere Zufriedenheit steigert, da es unser menschliches Bedürfnis erfüllt, in unserer tagtäglichen, kleinteiligen Arbeit einen übergeordneten Sinn zu finden.

*Strategiekompetenz durch Reflexion*

## Literatur

Eick, Martina (2021): Umfeldanalyse macht den Unterschied, Jörg Sommer (Hrsg.): Kursbuch Bürgerbeteiligung #4, Berlin: Republik Verlag, S. 200-210.

Habich, Jörg (2022): Was bewegt die Jugend in Deutschland: Einstellungen und Sorgen der jungen Generation Deutschlands, [online] https://www.bertelsmann-stiftung.de/fileadmin/files/BSt/Publikationen/GrauePublikationen/Policy_Brief_Jugendstudie.pdf (Zuletzt aufgerufen am 15.10.2022).

Mintzberg, Henry/James Walters (1985): Of strategies, deliberate and emergent, in: Strategic Management Journal, 6. Jg., Nr. 3, S. 257-272.

Nagel, Reinhart/Wimmer, Rudolf (2014): Systemische Strategieentwicklung: Modelle und Instrumente für Berater und Entscheider, 6. Aufl., Stuttgart: Schäffer-Poeschel Verlag.

Otto Brenner Stiftung (2022): Welche Arbeit machen wir?: Zur Zukunft von Wirtschaft, Natur und Kultur, Coesfeld-Lette: Satzdruck GmbH.

VDI e. V. (2014): VDI Richtlinie 7001: Kommunikation und Beteiligung bei Planung und Bau von Infrastrukturprojekten, Berlin: Beuth Verlag.

Moritz Müller, Wiebke Brink, Silke L. Voigt-Heucke,
Fabienne Wehrle

# Citizen Science – Perspektiven für die nachhaltige Etablierung von Bürgerbeteiligung in der Wissenschaft

*Der Beitrag thematisiert gegenwärtige Debatten und Entwicklungen im Feld Citizen Science und schätzt die Chancen auf eine Etablierung partizipativer Forschung im Wissenschaftssystem ein. Der Blick auf die aktuelle Forschungsliteratur und Beispiele aus der Praxis verdeutlichen, dass Bürger\*innen auf vielfältige Weise in Forschungsprozesse eingebunden sind. Dementsprechend kommt der Artikel zu dem Ergebnis, dass auch die Perspektiven für eine Etablierung bürgerschaftlicher Forschung im Wissenschaftssystem so vielfältig wie die Citizen Science selbst sind.*

Citizen Science, die aktive Beteiligung von Bürger\*innen an Forschungsprozessen, baut Brücken zwischen der Wissenschaft und der Zivilgesellschaft. Als Mittel der Wissenschaftskommunikation kann Citizen Science wissenschaftliche Prozesse nachvollziehbarer (Wagenknecht et al. 2021) und Forschungspolitik transparenter machen (Hecker et al. 2018). Die bürgerschaftliche Partizipation an Forschungsprozessen kann durch die Erhebung großskaliger Datensätze nicht nur Mehrwerte für die konkrete Forschung (Bonney 1996), beispielsweise im Monitoring der Biodiversität, schaffen, sondern darüber hinaus auch das Bewusstsein der beteiligten Bürger\*innen, z. B. für die Veränderung ihrer Umwelt, steigern (Chase & Levine 2018). Citizen Science kann neue Bildungschancen eröffnen (Jones et al. 2018) und zudem den Ideentransfer von der Zivilgesellschaft in die Fachwissenschaft fördern (Irwin 1995). Citizen Science findet heute in vielen verschiedenen Wissenschaftsdisziplinen statt: von der Gesundheitsforschung über die Biodiversitätsforschung bis hin zu den Kulturwissenschaften. Die Rahmen-

*Mehrwert und Bewusstseinsbildung*

bedingungen für die Erschließung des verdeutlichten Potenzials hat eine Arbeitsgruppe aus Vertreter*innen der Wissenschaft, Zivilgesellschaft und öffentlicher Einrichtungen mit dem Weißbuch: Citizen-Science-Strategie 2030 für Deutschland in den vergangenen zwei Jahren erarbeitet (Bonn et al. 2021). Darin sind 94 politische Handlungsempfehlungen für die nachhaltige Etablierung von Citizen Science formuliert. Vor dem Hintergrund des Erscheinens dieses richtungsweisenden Papiers wirft der vorliegende Beitrag einen Blick auf aktuelle Debatten und Entwicklungen des Feldes. Darauf aufbauend schätzt der Text die Perspektive für eine nachhaltige Etablierung von Citizen Science im Forschungssystem ein. Er bezieht sich dabei sowohl auf die aktuelle Forschungsliteratur als auch auf praktische Einblicke in die Bürgerwissenschaft, welche die Autor*innen dieses Textes durch die Koordination der zentralen deutschen Citizen-Science-Plattform *Bürger schaffen Wissen* erlangten.

Bürger schaffen Wissen

## Spannungsfelder – Wissenschaftspolitische und -ethische Diskurse

Sowohl innerhalb der Wissenschaftspolitik als auch innerhalb der Citizen-Science-Community existieren diskursive Spannungsfelder über die Chancen, Herausforderungen und Gütekriterien partizipativer Forschung. Die konstruktive Aushandlung dieser Diskurse stellt einen wesentlichen Schritt für die Weiterentwicklung und Etablierung von Citizen Science dar.

So läuft auf wissenschaftspolitischer Ebene eine Debatte über den Nutzen von Citizen Science für die Forschung und die Risiken, die von einer Öffnung der Forschung für das Wissenschaftssystem ausgehen könnten. In der Citizen-Science-Community selbst drehen sich die Diskussionen vorrangig um die Frage, was „gute" Citizen Science eigentlich ausmacht und in welchem Verhältnis verschiedene Formen von Citizen Science zueinander stehen.

Das wissenschaftliche und soziale Innovationspotential der Citizen Science hat ihren Unterstützerkreis in der jüngsten Vergangenheit vergrößert: Mit der Verankerung von Citizen Science im Koalitionsvertrag der Ampelregierung findet sie auf der höchsten Ebene der Wissenschaftspolitik Zuspruch und wird dort als Methode benannt, um Perspektiven aus der Zivilgesellschaft stärker in die Forschung einzubeziehen (Koalitionsvertrag der 20. Wahlperiode 2021). Auch an außeruniversitären Forschungseinrichtungen, wie der Leibniz-Gemeinschaft und der Helmholtz-Gemeinschaft, sind Arbeitskreise für Citizen Science entstanden. Mit der Berufung einer außerplanmäßigen Professur für Citizen Science an der Friedrich-Schiller-Universität Jena und der Ausrichtung eines Wettbewerbs für Citizen Science an der Universität Münster etabliert sich Citizen Science sukzessive auch in der Universitätslandschaft. Deutet man die hier skizzierte Entwicklung als Zeichen einer zunehmenden Etablierung von Citizen Science, so lässt sich eine gute Prognose für die Zukunft der bürgerschaftlichen Beteiligung in der Forschung stellen.

Skepsis gegenüber Citizen-Science

Aus dem Wissenschaftssystem sind aber auch zurückhaltende Töne zu vernehmen. So zeigt sich die Allianz der Wissenschaftsorganisationen in einer im November 2022 veröffentlichten Stellungnahme zur Partizipation in der Forschung offen gegenüber Citizen Science. Gleichzeitig betont die Allianz als Antwort auf die Forderung nach mehr Partizipation in der Forschung aber auch den Wert der Wissenschaftsfreiheit und der Selbstbestimmung von Forschenden (Allianz der Wissenschaftsorganisationen 2022). Die Stellungnahme der Wissenschaftsorganisationen macht damit deutlich, dass Citizen Science nur dann von der Wissenschaft unterstützt wird, wenn die bürgerschaftliche Beteiligung auch einen wissenschaftlichen Mehrwert bringt und nicht nur als Selbstzweck betrieben wird. Um Citizen Science auf breiter Basis im Wissenschaftssystem zu etablieren, muss daher beachtet werden, dass der Erfolg dieses Vorhabens wesentlich davon abhängt, wie die Wissenschaft die Relation von Kosten und Nutzen für die Umsetzung partizipativer Forschung bewertet.

Gleichzeitig findet in der Citizen-Science-Community eine Diskussion über die Kriterien von „guter" Citizen Science statt. Wer derzeit an einer Tagung oder einer Vortragsreihe zum Thema Citizen Science teilnimmt, wird mit großer Wahrscheinlichkeit eine Vielzahl unterschiedlicher Kriterien „guter" Citizen Science kennenlernen. Zum Beispiel wird Crowdsourcing, also die Beteiligung an der Datenerhebung, im Vergleich zu ko-kreativen Citizen Science-Projekten manchmal als nicht „echte" Beteiligung kritisiert. Allerdings zeigt die bürgerwissenschaftliche Praxis: Auch Crowdsourcing-Projekte haben, neben dem Nutzen für die konkrete Datenerhebung, Effekte auf die Teilnehmenden. So kann beispielsweise durch die Beteiligung an der Erhebung von Biodiversitätsdaten, ein Bewusstsein für Umweltveränderungen geschaffen (Chase & Levine 2018) und Selbstwirksamkeit erfahren werden (Lynch et al. 2018).

## Citizen-Science-Praxis – eine Vermessung des Feldes

Vor dem Hintergrund der skizzierten wissenschaftspolitischen und -ethischen Spannungsfelder zielt der vorliegende Beitrag darauf ab, die aktuelle Lage von Citizen Science entlang messbarer Indikatoren zu taxieren, um so die gegenwärtige Etablierungsperspektive bürgerschaftlicher Forschungsbeteiligung einzuschätzen. Wie viele Forschungsprojekte mit Bürgerbeteiligung existieren aktuell in Deutschland? Welche Maßnahmen könnten die Anzahl, Qualität und strukturelle Verankerung in den folgenden Jahren noch weiter erhöhen? Welche Akteur*innen, Organisationen und Institutionen bekleiden in Citizen-Science-Projekten (am häufigsten) eine Leitungsfunktion und wie könnten bislang zahlenmäßig weniger stark vertretene Organisationen und Institutionen mehr in Citizen Science involviert werden? In welcher Form sind Bürger*innen am häufigsten in Forschungsprozesse involviert und was lässt sich daraus über die Etablierungsperspektiven verschiedener bürgerschaftlicher Forschungspraktiken unter den aktuellen strukturellen Bedingungen ablesen?

*Suche nach Indikatoren*

Die Bearbeitung dieser Leitfragen bedarf der Kontextualisierung. Der Einschätzung der aktuellen Lage und der Etablierungsperspektive von Citizen Science wird daher zunächst eine genauere Betrachtung des begrifflichen Bedeutungshorizontes von Citizen

Science sowie der etablierten Typologien bürgerwissenschaftlicher Beteiligung vorangestellt. Nur so kann der Vielschichtigkeit von Citizen Science analytisch angemessen begegnet werden.

## Doppelte Begriffsbildung – Alan Irwins und Rick Bonneys Verständnis von Citizen Science

In den 1990er Jahren definierten der britische Soziologe Alan Irwin (1995) und der amerikanische Biologe Rick Bonney (1996) den Begriff „Citizen Science" beinahe zeitgleich, aber in gänzlich unterschiedlichen Kontexten. Der Ornithologe Bonney teilte in einem 1996 erschienen Artikel seine Beobachtung, dass viele der Daten des Cornell Lab of Ornithology von Hobbyforscher*innen stammten. Durch das Einspeisen ihrer Beobachtungen in die Datenbanken der Forschungsgruppe würden aus „Birdwatchers" „Citizen Scientists" (Bürgerforschende), die für Bonney einen wesentlichen (Daten-)Beitrag zum Monitoring der Biodiversität leisteten (Bonney 1996). Im Unterschied zu der praxisnahen Definition Bonneys näherte sich der Soziologe Alan Irwin dem Phänomen Citizen Science aus einer gesellschaftswissenschaftlichen Perspektive. Unter dem Eindruck sich aufeinanderfolgender Krisen in den 1990ern, beobachtete Irwin das Zusammenfallen von enormem wissenschaftlichen Fortschritt und dem Unvermögen der politischen Entscheidungsträger*innen, dieses Wissen zur Krisenbewältigung einzusetzen. In Krisensituationen, wie beispielsweise der Verbreitung der BSE-Krankheit, führte dieses Missverhältnis zu einem Vertrauensverlust der Bürger*innen in Politik und Wissenschaft. Irwin propagierte Citizen Science daher als Mittel zum Ausgleich des unausgewogenen Verhältnisses zwischen Bürger*innen, Wissenschaft und Politik durch eine stärkere Einbindung der Zivilgesellschaft in wissenschaftspolitische Entscheidungsprozesse und wissenschaftliche Problemformulierung im Sinne einer „scientific citizenship" (wissenschaftliche Bürgerschaft) (Irwin 1995). Während für Bonneys Verständnis von Citizen Science also vor allem der Beitrag von Forschungsdaten zentral ist, versteht Irwin Citizen

Entstehung und Klärung des Begriffs Citizen-Science

Science als bürgerschaftliches Empowerment im Bereich der Wissenschaft und der Forschungspolitik.

## Beteiligungsvielfalt – es existiert nicht nur eine Form von Citizen Science

Die frühen Definitionen von Bonney und Irwin wirken gleichberechtigt bis in die Gegenwart nach und beschreiben weiterhin treffend verschiedene Formen der aktuellen Citizen-Science-Praxis. So greift das von Citizen-Science-Praktiker*innen erarbeitete Weißbuch: Citizen-Science-Strategie 2030 für Deutschland die Grundgedanken von Bonney (1996) und Irwin (1995) gleichrangig in seiner Definition auf. Einleitend hebt es einerseits hervor, dass Citizen Science einerseits dabei helfen kann, „innovative großskalige Datensätze zu generieren" und andererseits die Möglichkeit eröffnet, dass „Wissen und Impulse aus der Gesellschaft in die Forschung einfließen" (Bonn et al. 2021). Der Beitrag von Forschungsdaten (Bonney 1995) und die aktive Einbeziehung der Zivilgesellschaft bei der Entwicklung von Forschungsfragen (Irwin 1996) sind also weiterhin die beiden Grundkoordinaten der etablierten Definition von Citizen Science. Darüber hinaus markieren sie auch die Pole der gängigen Typologien bürgerschaftlicher Beteiligung in Citizen Science Projekten von Haklay (2013) und Shirk et al. (2012). Auf der „untersten" Stufe der Partizipationsmodelle stehen in beiden Typologien klassische Crowdsourcing-Projekte, in denen Bürger*innen vorrangig in die Datenerhebung involviert sind. Die weiteren Projekttypen weiten den bürgerschaftlichen Beteiligungsgrad stufenweise aus. Auf Citizen-Science-Aktivitäten, in denen Bürgerforschende selbst Daten interpretieren, folgen in den Typologien solche, in denen Bürger*innen Fragestellungen (mit)-formulieren. Den höchsten Grad bürgerschaftlicher Partizipation sehen Haklay (2013) und Shirk et al. (2012) in Projekten, in denen Citizen Scientists im Sinne Irwins an der Formulierung der Forschungsfragen,

Vielfalt der Ansätze und Konzepte

der Wahl der Forschungsmethoden sowie der Auswertung der Forschungsdaten beteiligt sind.

## Etablierung – Perspektiven statt Perspektive

Die begriffsgeschichtliche und typologische Annäherung an den aktuellen Diskurs über Citizen Science und ihre Etablierungsperspektive ist in zweifacher Hinsicht aufschlussreich: Erstens liefert sie in der Diskussion über die Kriterien von „erfolgreicher" oder „guter" Citizen Science aufschlussreiche Bezugspunkte. Begleitforschung und Praxis zeigen, dass Citizen Science mit höherem Partizipationsgrad nicht zwangsläufig „erfolgreichere" oder „bessere" Citizen Science ist (Bruckermann et al. 2022). Vielmehr scheint die erfolgreiche Koordination eines Citizen-Science-Projektes davon abzuhängen, welcher konkrete Mehrwert für ALLE Beteiligten im Projektverlauf entsteht und wie gut die Balance zwischen wissenschaftlicher Arbeit und Freiwilligenmanagement bei meist knappen Ressourcen gelingt (Bonn et al. 2021). Zweitens unterstreicht die dargelegte Vielschichtigkeit von Citizen Science, dass der Komplexität des Feldes nicht Genüge getan ist, wenn man die Etablierungsperspektive der Bürgerforschung nicht auch differenziert nach der Form der bürgerschaftlichen Beteiligung einschätzt. Dementsprechend muss die Beschreibung der quantitativen Entwicklung der Citizen-Science-Projektlandschaft und der koordinierenden Institutionen des Feldes um einen Blick auf die jeweilige Verbreitung der verschiedenen Partizipationsformen ergänzt werden. Nur so kann die Etablierungsperspektive, oder treffender die Etablierungsperspektiven, von Citizen Science adäquat eingeschätzt werden.

*Mehrwert für alle Beteiligte im Fokus*

## Projektanzahl – Kontinuität bis und Boom seit 2021

Als die zentrale deutsche Citizen-Science-Plattform Bürger schaffen Wissen im Jahr 2014 online ging, listete sie zehn Projekte (https://www.buergerschaffenwissen.de). Im Jahr 2022 laden nun schon über 220 Projekte auf der Plattform zum Mitforschen ein. Der Zuwachs an Projekten über die letzten acht Jahre reflektiert deutlich die Entwicklung und Expansion des Forschungsansatzes Citizen Science. Der jährlich auf der Plattform notierte Projektzuwachs offenbart, dass die stärksten Wachstumsschübe erst in der jüngsten Vergangenheit einsetzten und vermutlich wesentlich auf Förderrichtlinien des Bundesministeriums für Bildung und Forschung (BMBF) in den Jahren 2017 und 2021 zurückzuführen sind. Abbildung 1 zeigt, dass gerade die zweite Citizen-Science-Förderrichtlinie des BMBF in 2021 für einen sprunghaften Anstieg der Projekte sorgte. Der für das Jahr 2022 bislang verzeichnete Projektzuwachs deutet jedoch darauf hin, dass sich inzwischen der Wachstumstrend auch ohne weitere Förderungsoffensiven des BMBFs erhöht hat. Freilich wäre es zu früh, von einer Verstetigung dieses Trends zu sprechen. Trotzdem ist der Verbreitung von Citizen Science auf Basis der vorliegenden Zahlen durchaus eine gute Wachstumsprognose auszustellen. Für die Verstetigung dieses positiven Trends sind allerdings weitere finanzielle Förderung sowie eine Diversifizierung der Fördergeber und Förderstrukturen von Citizen Science notwendig. Dies hat zwei Gründe: Zum einen liegt es auf der Hand, dass gute Forschung Geld braucht. Je mehr finanzielle Anreize die Fördergeber für partizipative Forschung schaffen, desto höher wird auch in den kommenden Jahren der Anteil partizipativer Forschung ausfallen. Zum anderen geht aber insbesondere von der Diversifizierung der Fördergeber und Förderstrukturen auch eine wichtige Signalwirkung aus. In den letzten zehn Jahren wurde Citizen Science disziplinübergreifend vorrangig vom BMBF gefördert. Auch die Europäischen Union stellte bereits Förderungen für Citizen-Science-Projekte bereit. Ein Beispiel hierfür ist das Horizon 2020 Programm. Daneben vergaben beispielsweise die Deutsche Bundesstiftung Umwelt (DBU) oder das Bundesministerium für Digitales und Verkehr (BMDV) Förderungen für Citizen-Science-Projekte in ihren Kernthemenfeldern. Auf wissenschaftlicher Seite unterstützen unter anderem die TU Berlin oder die Helmholtz-Gemeinschaft die Verbreitung von Citizen Science in ihren disziplinären Schwerpunkten durch die Förderung einzelner Citizen-Science-Projekte.

Förderung löst Boom aus

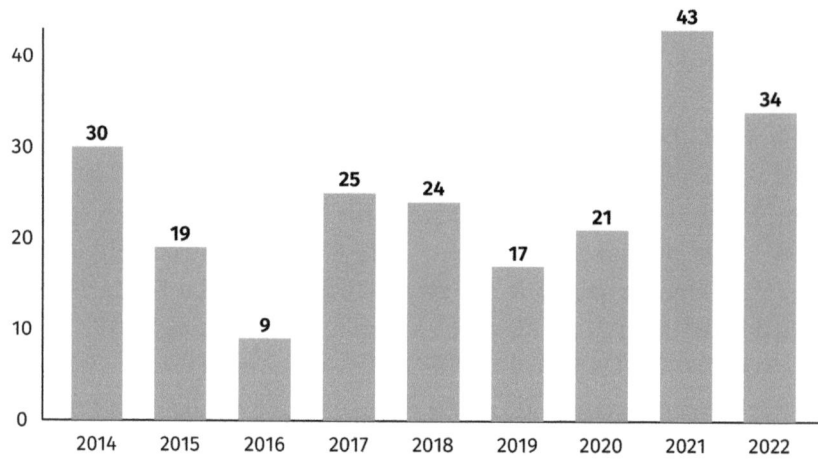

Abbildung 1:    Jährlicher Projektzuwachs auf der deutschen Citizen-Science-Plattform Bürger schaffen Wissen (eigene Darstellung)

Wächst der Kreis der Fördergeber in den kommenden Jahren um weitere Wissenschaftsorganisationen, würde dies der Forschungslandschaft nochmals stärker signalisieren, dass Citizen Science ein relevanter, akzeptierter und etablierter Bestandteil der Forschung ist. Darüber hinaus liefert ein Förderprogramm des Nachbarlandes Österreich ein gutes Beispiel, wie auch laufende Forschungsprojekte sinnvoll um bürgerwissenschaftliche Ansätze erweitert werden können. Die Förderung „Top Citizen Science" bietet beispielsweise bereits vom österreichischen Wissenschaftsfonds (FWF) geförderten Projekten die Möglichkeit, eine Aufstockungsfinanzierung für ein Citizen-Science-Erweiterungsprojekt zu beantragen. Das Beispiel zeigt, dass Citizen Science nicht nur durch Anschubfinanzierungen für neue Projekte zielgerichtet gefördert werden kann, sondern dass auch Zusatz- oder Anschlussfinanzierungen bereits laufender Forschungsprojekte eine sinnvolle Fördermaßnahme darstellen können.

## Projektkoordination – Die Wissenschaft dominiert

Der Begriff Citizen Science suggeriert – wie viele Anglizismen im deutschen Kontext – Modernität, Innovation, etwas Neuartiges. Dabei ist Bürgerbeteiligung in der Forschung nichts Neues. Schließlich betreiben Organisationen der Zivilgesellschaft wie Naturschutzverbände (z. B. NABU und BUND), Wissenschaftsläden, Geschichtswerkstätten etc. bereits seit Jahrzehnten das Prinzip Citizen Science, gleichwohl sie ihre Aktivitäten oft anders bezeichnen.

Auf der BMBF-geförderten, deutschen Citizen-Science-Plattform Bürger schaffen Wissen bilden zivilgesellschaftliche Organisationen wie Vereine, NGOs und gemeinnützige Stiftungen daher auch mit 17,4 Prozent die drittstärkste Gruppe unter den koordinierenden Institutionen von Citizen-Science-Projekten. Verglichen mit Universitäten und Forschungseinrichtungen fällt ihr Anteil unter den Projektkoordinator*innen auf der Plattform jedoch erheblich niedriger aus: Wissenschaftliche Institutionen koordinieren aktuell knapp unter 70 Prozent der Projekte. Verhältnismäßig selten werden Citizen-Science-Projekte von Behörden (6,6 Prozent), Bildungseinrichtungen (2,2 Prozent), Unternehmen (1,9 Prozent), Privatpersonen (1,3 Prozent) oder Medien (0,9 Prozent) koordiniert.

Trotz langer zivilgesellschaftlicher Traditionslinien in der Bürgerforschung hat sich das volle Potenzial der Zivilgesellschaft im Bereich Citizen Science also noch nicht entfalten können. Die wissenschaftspolitischen Strategien und Maßnahmen zur Förderung von Citizen Science sollten dementsprechend evaluiert und gegebenenfalls nachjustiert werden, um die Zivilgesellschaft stärker in die Citizen-Science-Landschaft einzubeziehen und bereits bestehende zivilgesellschaftliche Wissenschaftsformate mit der akademischen Forschung zu verzahnen.

Einbeziehung der Zivilgesellschaft

Die Aussichten auf eine Anpassung der strategischen Maßnahmen zur Förderung von Citizen Science sind aktuell jedoch günstig. Das Förderversprechen der Politik für Citizen Science ist nach dem Wortlaut des Koalitionsvertrages der Ampelregierung an die Aktivierung der Zivilgesellschaft gekoppelt. Der vom BMBF geförderte Wettbewerb „Auf die Plätze! Citizen Science in deiner Stadt" stellt einen ersten Schritt in Richtung dieses Ziels dar. Durch ein möglichst niederschwelliges Bewerbungsverfahren sollen zivilgesellschaftliche Akteur*innen in den Jahren 2022 und 2023 zur Einreichung einer Citizen Science-Idee motiviert werden. Die Umsetzung des Wettbewerbs wird derweil von Forscher*innen begleitet. Diese evaluieren den strategischen Nutzen des Wettbewerbs für die Einbindung der Zivilgesellschaft wissenschaftlich, um die evidenzbasierte Entwicklung von Förderinstrumenten im Bereich der bürgerschaftlichen Forschung zu unterstützen.

Neben der Erörterung neuer Förderangebote ist das Bauen von Brücken und Öffnen von Kommunikationskanälen zwischen der Fachwissenschaft und der organisierten Zivilgesellschaft essenziell für die Einbindung der Zivilgesellschaft in die Citizen-Science-Landschaft. Einige Strukturbedingungen für erfolgreiche und kooperative Citizen Science, wie z. B. bestehende Netzwerke von Freiwilligen und Erfahrungen im Freiwilligenmanagement, sind insbesondere von zivilgesellschaftlicher Seite erfüllt. In bestimmten Themenbereichen, wie der Genealogie und Ornithologie, gibt es auch bereits fest etablierte bürgerschaftliche Forschungsformate (z. B. das Daten-Eingabe-System des Vereins für Computergenealogie e. V. und die „Stunde der Gartenvögel" des Naturschutzbund Deutschland e. V.). Es fehlt aktuell jedoch noch an der Verflechtung zwischen den Akteur*innen der Zivilgesellschaft und der Wissenschaft. In den kommenden Jahren sollten hier vor allem Transferstellen an wissenschaftlichen Einrichtungen und andere Multiplikator*innen, wie beispielsweise Plattformen des bestehenden Citizen-Science-Netzwerks, aktiv werden und die Vernetzung zwischen wissenschaftlichen und zivilgesellschaftlichen Akteur*innen zielgerichtet moderieren.

*Verflechtung der Akteure noch ausbaufähig*

## Beteiligungsformen – Mehr Beteiligung braucht mehr Zeit

Aus dem jährlichen Wachstum der Projektlandschaft lässt sich nicht ablesen, in welcher Form die Mehrzahl der Citizen Scientists aktuell in Projekten involviert ist. Eine im Jahr 2020 unter Citizen-Science-Projektkoordinator*innen von Bürger schaffen Wissen durchgeführte Umfrage liefert darüber einen ersten Überblick (Moczek et al. 2021). Die Ergebnisse der Umfrage deuten einen unterschiedlichen Verbreitungsgrad der verschiedenen Beteiligungsformen an. So involvierte die Mehrzahl (circa 65 Prozent) der 78 an der Umfrage teilnehmenden Projekte die mitwirkenden Bürgerwissenschaftler*innen vorrangig in der Datenerhebung. Ein vergleichsweise geringerer Anteil (41 Prozent) beteiligte die Bürger*innen an der Interpretation oder Auswertung von Daten; etwa ein Viertel der 78 teilnehmenden Projekte involvierte die Bürger*innen bei der Formulierung von Forschungsfragen oder der Konzeptionierung des Forschungsdesigns. Die in der Umfrage festgestellte Verteilung der verschiedenen Partizipationsformen unterstreicht demnach unsere bereits geäußerte Vermutung, dass sich die Ausgangslage für eine Etablierung von Citizen Science je nach Partizipationsform unterscheidet. Diese Zahlen deuten an, dass die Wissenschaft den größten Nutzen bürgerschaftlicher Forschungsbeteiligung gerade in der Datenerhebung sieht. Gleichwohl sollte nicht übersehen werden, dass ein gutes Viertel der Projekte Bürger*innen auch in die konzeptionellen Aspekte des Forschungsprozesses involviert. Auch wenn die Stellungnahme der Allianz der Wissenschaftsorganisationen zu Partizipation in der Forschung also Zurückhaltung gegenüber ko-kreativer Citizen Science zu erkennen gibt, scheint sie in der Gesamtheit des Wissenschaftssystems dennoch kein Tabuthema zu sein. Soll sie zukünftig aber eine ähnliche Verbreitung wie das Crowdsourcing erreichen, müssen auf der Ebene der wissenschaftlichen Förderpraxis und der Anerkennungskultur spezielle Anreizsysteme für Citizen Science mit erweitertem Beteiligungsgrad etabliert werden. So scheinen die für wissenschaftliche Projekte aktuell gängigen Kernlaufzeiten von drei Jahren für Citizen-Science-Projekte insgesamt, aber wohl insbesondere für solche mit großem Beteiligungsgrad, nicht praktikabel. Schließlich sind Wissenschaftler*innen zwar zweifellos Expert*innen in ihren jeweiligen Forschungsfeldern, meist jedoch nicht geübt in dem Management von Freiwilligengruppen und der Moderation diskursiver und ergebnisoffener Erkenntnisprozesse mit nicht-fachwis-

Unterschiedliche Intensität der Beteiligung

senschaftlichen Stakeholdern. Im Bereich des Crowdsourcings ist demgegenüber davon auszugehen, dass in der Wissenschaft bereits Standards für die Zusammenarbeit mit (noch) nicht ausgebildeten Mitforschenden bestehen. Immerhin werden Studierende in vielen Disziplinen bereits in niedrigen Semestern in die Datenerhebung involviert. Hingegen betritt die Wissenschaft mit der ko-kreativen Citizen Science ein für sie vergleichsweise neues Feld. Da die Praxis ko-kreativer Citizen Science von den etablierten Formen der Forschung an substantiellen Stellen abweicht, passen auch die regulären Förderrahmen nicht immer. Vor diesem Hintergrund sollten weitere Fördergeber*innen dem Beispiel des Bundesministerium für Bildung und Forschung folgen und die Laufzeiten für Projektförderung anpassen. Gleichsam sollten aber auch die Fürsprecher*innen ko-kreativer Citizen Science anerkennen, dass der breiten Etablierung ko-kreativer Citizen Science ein kollektiver Lernprozess der Forschungslandschaft vorangehen muss. Kurzum: Mehr Beteiligung wird noch etwas mehr Zeit brauchen.

**Herausforderung Ko-Kreativität**

## Fazit

Citizen Science subsumiert die Vielfalt bürgerschaftlicher Beteiligung in und an Wissenschaft unter einem Begriff. Dieser Beitrag skizzierte die Vielfalt von Citizen Science aus verschiedenen Blickwinkeln: Die wissenschaftlichen Disziplinen, in denen Citizen Science betrieben wird, die Form der Beteiligung, die organisierenden Institutionen sowie der (potenziellen) Mehrwerte für die Beteiligten auf wissenschaftlicher, individueller und gesellschaftlicher Ebene. Vielfalt besteht aber auch in Bezug auf die Herausforderungen, die in der Citizen-Science-Praxis zu bewältigen sind. Der Begriff Citizen Science fungiert also scheinbar als kleinster gemeinsamer Nenner für ganz unterschiedliche Beteiligungsformate und Organisationsformen der bürgerschaftlichen Forschungsbeteiligung. Aufgrund der vielfältigen Formen bürgerschaftlicher Beteiligung und der daraus resultierenden Diversität der Herausforderungen für eine nachhaltige Verankerung von Citizen Science in der Wissenschaftslandschaft, mussten die Etablierungsperspektiven auch jeweils pointiert herausgearbeitet werden. Gleichwohl gibt es auch allgemeine Trends, die als zentrale Indikatoren für die Lage von Citizen Science angeführt wurden.

Gemessen an der quantitativen Entwicklung der Citizen-Science-Projektlandschaft ist das Feld bürgerwissenschaftlicher Forschung in den vergangenen Jahren kontinuierlich gewachsen. Insbesondere im aktuellen und dem vergangenen Jahr war der Projektzuwachs auf der Plattform Bürger schaffen Wissen verglichen mit den Vorjahren erheblich größer. Bei gleichbleibender oder im Idealfall noch steigender Förderung von Citizen Science stehen die Chancen auf eine Verstetigung dieses Trends günstig. In diesem Zusammenhang ist die aktuelle forschungspolitische Debatte über partizipative Forschungsformate mit Spannung zu beobachten, da von ihrem Ausgang auch wesentlich das zukünftige Fördervolumen für Citizen Science abhängen wird. Für eine stärkere zivilgesellschaftliche Einbindung in die Citizen-Science-Landschaft scheint der Weg noch etwas länger. Umso erfreulicher ist es daher, dass sowohl vonseiten der Zivilgesellschaft wie auch der Wissenschaftspolitik bereits die Initiative für eine stärkere Einbindung der Zivilgesellschaft in die Citizen-Science-Landschaft ergriffen wurde. So arbeitet der Beauftragte für Citizen Science der Bundesarbeitsgemeinschaft der Freiwilligenagenturen e. V. (bagfa e. V.) auf die stärkere Vernetzung der Freiwilligenagenturen und der Citizen-Science-Landschaft hin. Auf wissenschaftlicher und wissenschaftspolitischer Ebene fördert das Bundesministerium für Bildung und Forschung mit dem Wettbewerb „Auf die Plätze! Citizen Science in deiner Stadt" eine erste Maßnahme für die Involvierung der Zivilgesellschaft in das Citizen-Science-Netzwerk. Die Begleitforschung zum Wettbewerb „Auf die Plätze! Citizen Science in deiner Stadt" kann daher im Jahr 2023 bereits wichtige Einblicke liefern, ob die Zivilgesellschaft mit solchen Förderangeboten tatsächlich zielgerichtet adressiert und in das bestehende Citizen-Science-Netzwerk eingebunden werden kann.

*Quantitatives und qualitatives Wachstum*

Gemessen an der aktuellen Entwicklung des Feldes haben Crowdsourcing-Projekte wahrscheinlich die günstigste Etablierungsperspektive. Gleichwohl besteht innerhalb der Wissenschaft noch Überzeugungsbedarf, der insbesondere Fragen der Datenqualität oder des Freiwilligenmanagements betrifft. Dennoch unterstreichen die aktuellen Trägerinstitutionen sowie die in der Citizen-Science-Umfrage 2020 gewonnenen Einblicke zur bürgerschaftlichen Einbindung, dass das Crowdsourcing sich sukzessive als wissenschaftliche Methode etabliert. Die Etablierungsperspektive für ko-kreative Citizen Science lässt sich aus ihrer aktuellen Verbreitung ebenfalls abstrahieren. Aktuell existieren durchaus bürgerschaftliche Forschungsprojekte mit ko-kreativen Elementen. Ihr Anteil ist aber noch vergleichsweise gering und die für ihre höhere Verbreitung nötigen strukturellen Veränderungen in der Wissenschaftsförderung und –landschaft sind substantiell. Freilich ist dieser Strukturwandel nicht unmöglich, er wird aber zweifellos noch etwas mehr Zeit in Anspruch nehmen. Schließlich verlangt dieser Prozess sowohl vonseiten der Wissenschaft als auch der Fördergeber*innen die Bereitschaft, Forschungsvorgänge und Fördermechanismen um- und neuzudenken.

Einleitend wurde hervorgehoben, dass Citizen Science eine Brücke zwischen der Wissenschaft und der Zivilgesellschaft baut. Denkt man diese Metapher zu Ende, wird deutlich, dass die Verankerung von Citizen Science im Wissenschaftssystem nur dann gelingen kann, wenn alle Formen von Citizen Science gleichermaßen fest etabliert sind. Schließlich ist eine Brücke nur dann tragfähig, wenn alle Pfeiler stabil sind. In diesem Sinne hilft es auch in der aktuellen Debatte um Citizen Science nicht viel, wenn bestimmte Formen der Bürgerwissenschaft gegen andere aufgewogen werden. Eher sollten die verschiedenen Partizipationsgrade gleichermaßen anerkannt werden und gleichberechtigt nebeneinander stehen. Dieser Schlüsselaspekt sollte von Fördereinrichtungen, Projektleitenden und Forschenden berücksichtigt werden, um den Mehrwert der Beteiligung an Forschung bestmöglich zu nutzen.

Keine Konkurrenz der Beteiligungsmodelle

# Literatur

Allianz der Wissenschaftsorganisationen (2022): Allianz der Wissenschaftsorganisationen zur Partizipation in der Forschung. https://www.allianz-der-wissenschaftsorganisationen.de/wp-content/uploads/2022/11/2022-11-09_Allianz_Stellungnahme_Partizipation-1.pdf (Zuletzt aufgerufen am 23.01.2023).

Bonn, Aletta et al. (2021): Weißbuch Citizen Science Strategie 2030 für Deutschland. preprint. SocArXiv. https://doi.org/10.31235/osf.io/ew4uk.

Bonney, Rick (1996): Citizen science: A lab tradition. Living Bird 15(4), S. 7–15.

Bruckermann, Till, Hannah Greving, Milena Stillfried, Anke Schumann, Miriam Brandt, und Ute Harms (2022): I'm fine with collecting data: Engagement profiles differ depending on scientific activities in an online community of a citizen science project. PLOS ONE 17(10), S. e0275785. https://doi.org/10.1371/journal.pone.0275785 .

Bürger schaffen Wissen: Die Plattform für Citizen Science: https://www.buergerschaffenwissen.de/ (Zuletzt aufgerufen am 23.01.2023).

Chase, Sarah K./Levine, Arielle (2018): Citizen Science: Exploring the Potential of Natural Resource Monitoring Programs to Influence Environmental Attitudes and Behaviors: Citizen science: attitude and behavior change, Conservation Letters 11(2), https://doi.org/10.1111/conl.12382.

Haklay, Muki (2013): Citizen Science and Volunteered Geographic Information: Overview and Typology of Participation, in Daniel Sui, Sarah Elwood, und Michael Goodchild (Hrsg.) Crowdsourcing Geographic Knowledge. Dordrecht: Springer Netherlands, S. 105–122. https://doi.org/10.1007/978-94-007-4587-2_7.

Hecker, Susanne et al. (2018): Innovation in Citizen Science – Perspectives on Science-Policy Advances, Citizen Science: Theory and Practice 3(1), S. 4. https://doi.org/10.5334/cstp.114.

Irwin, Alan (1995): Citizen science: a study of people, expertise, and sustainable development, London, New York: Routledge (Environment and society).

Jones, M. Gail/Childers, Gina/Andre, Thomas/Corin, Elysa N./Hite, Rebecca (2018): Citizen scientists and non-citizen scientist hobbyists: motivation, benefits, and influences, International Journal of Science Education Part B 8(4), S. 287–306, https://doi.org/10.1080/21548455.2018.1475780.

Lynch, Louise/Dauer, Jenny/Babchuk, Wayne/Heng-Moss, Tiffany/Golick, Doug (2018): In Their Own Words: The Significance of Participant Perceptions in Assessing Entomology Citizen Science Learning Outcomes Using a Mixed Methods Approach, Insects 9(1), S. 16, https://doi.org/10.3390/insects9010016.

Moczek, Nicola/Hecker, Susanne/Voigt-Heucke, Silke L. (2021): The Known Unknowns: What Citizen Science Projects in Germany Know about Their Volunteers—And What They Don't Know, Sustainability 13(20), S. 11553, https://doi.org/10.3390/su132011553.

Naturschutzbund Deutschland e. V.: https://www.nabu.de/tiere-und-pflanzen/aktionen-und-projekte/stunde-der-gartenvoegel/index.html (Zuletzt aufgerufen am 24.01.2023).

Shirk, Jennifer L. et al.2012): Public Participation in Scientific Research: a Framework for Deliberate Design, Ecology and Society 17(2), Art. 29, https://doi.org/10.5751/ES-04705-170229.

SPD/GRÜNE/FDP (2021): Mehr Fortschritt wagen! Bündnis für Freiheit, Gerechtigkeit und Nachhaltigkeit, Koalitionsvertrag 2021-2025 zwischen SPD, Bündnis 90/ Die Grünen und FDP.

Verein für Computergenealogie e. V.: https://wiki.genealogy.net/Hauptseite (Zuletzt aufgerufen am 24.01.2023).

Wagenknecht, Katherin/Woods, Tim/Nold, Christian/Rüfenacht, Simone/Voigt-Heucke, Silke/Caplan, Anne/Hecker, Susanne;/Vohland, Katrin (2021): A question of dialogue? Reflections on how citizen science can enhance communication between science and society, Journal of Science Communication 20(03), Art. 13, https://doi.org/10.22323/2.20030213.

Dr. Michael Zschiesche

# Zur Praxis der Öffentlichkeitsbeteiligung in der Infrastrukturplanung in Deutschland

*Die Öffentlichkeitsbeteiligung im Infrastrukturbereich in Deutschland steht unter Stress. Statt sie maßvoll als Element praktisch erlebter Demokratie weiterzuentwickeln, steckt sie seit 2018 im Dilemma der Anforderungen der Beschleunigungsdebatten. Im Beitrag werden neueste empirische Daten zur Öffentlichkeitsbeteiligung in verschiedenen Beteiligungssektoren in Deutschland vorgestellt und eingeordnet. Neben den quantitativen Zahlen geht der Artikel auch auf die Praxis im Umgang mit Erörterungsterminen ein. Abschließend wird ein Ausblick auf die Verbesserungspotentiale der Öffentlichkeitsbeteiligung durch die Digitalisierung, insbesondere durch das während der Corona-Pandemie erlassene Planungssicherstellungsgesetz, gegeben.*

Die Öffentlichkeitsbeteiligung in Deutschland steht – jedenfalls aus der Sicht der Mehrzahl der Bundestagsparteien – unter enormen Stress. Sie dauere zu lang, sei zu aufwendig, bringe zu wenig und koste zu viel. Bestenfalls will man an ihr festhalten (Bundestag 2020). Niemand im Deutschen Bundestag scheint derzeit über eine Verbesserung nachzudenken, wie das noch alle 2010 im Bundestag vertretenden Parteien nach den Ereignissen um den Bahnhofsbau in Stuttgart reflexartig verkündeten (Merkel, SPD, FDP 2011). Dabei steht die Öffentlichkeitsbeteiligung nach den Jahren des Hin und Her nach Stuttgart, aber insbesondere durch die Corona-Pandemie und durch die Digitalisierung vor gewaltigen Herausforderungen und Umbrüchen (Berlin Institut für Partizipation 2020). Auch wenn diese Art der Mitbestimmung bei Infrastrukturvorhaben bereits im frühen 19. Jahrhundert in Preußen entwickelt und eingeführt wurde, scheint die Relevanz dieser zumeist lokalen

*Politik kritisiert Partizipation*

oder bestenfalls regionalen Übung in praktischer Demokratie immer weniger wertgeschätzt zu werden. Dabei wird die Leistungsfähigkeit der Öffentlichkeitsbeteiligung – wenn sie überhaupt mal systematisch evaluiert wird – bei allen Mängeln und Unzulänglichkeiten eher tiefgestapelt. Denn nicht nur der Umweltschutz wird nachweislich verbessert, auch Effektivität, Akzeptanz und die Qualität der Verfahren werden durch die Öffentlichkeitsbeteiligung gesteigert (Schütte et al 2022). Und das, obwohl der Gesetzgeber trotz gegenteiliger Versprechen und Absichtserklärungen nach Stuttgart 2010, die strukturellen Defizite der Öffentlichkeitsbeteiligung nicht wirklich beseitigt hat. Noch immer gibt es kein bundesweites Gesetz, welches die frühzeitige Beteiligung verpflichtend vorschreiben würde (PlVereinhG 2013). Noch immer gibt es keine Institution, die die Erfahrungen der Öffentlichkeitsbeteiligung in Deutschland systematisch auswertet und der Öffentlichkeit zur Verfügung stellt. Es fehlen verbindliche Standards, ja es ist bis heute nicht einmal bekannt, wie viele Verfahren mit Öffentlichkeitsbeteiligung in Deutschland pro Jahr angekündigt und durchgeführt werden und wie viele davon tatsächlich mit Stellungnahmen und Einwendungen stattfinden (VDI 2015).

**Es fehlen Standards, Verbindlichkeit und Institutionen**

## Wie viele Verfahren mit Öffentlichkeitsbeteiligung finden in Deutschland jährlich statt?

Die große Untätigkeit der öffentlichen Stellen in Deutschland im Umgang mit der Praxis der Öffentlichkeitsbeteiligung hat das Unabhängige Institut für Umweltfragen 2019 veranlasst, erstmals die Verfahren mit Öffentlichkeitsbeteiligung zu zählen. Bis dahin stammte die einzige valide Abschätzung zur Zahl der jährlichen Verfahren mit Öffentlichkeitsbeteiligung vom Forscherteam der Hochschule Darmstadt um den renommierten Umweltjuristen Martin Führ. Dieses Team hatte in einer empirischen Untersuchung zur Praxis der Umweltverträglichkeitsprüfungen auch eine Zahl von jährlichen Verfahren mit Öffentlichkeitsbeteiligung in Deutschland hochgerechnet. Nach dieser fanden 772 +/- 150 derartige Verfahren im Jahr 2005 statt (Umweltbundesamt 2009). Diese Zahl galt jahrelang als einziger empirischer Befund, zur Praxis der Öffentlichkeitsbeteiligung, ganz im Gegensatz zu den vielen gesetzgeberischen Bemühungen, die Bedeutung dieser Beteiligungsverfahren durch immer neue Beschleunigungsgesetze herunterzuspielen.

Der Umstand, dass die Europäische Union 2014 die UVP-Richtlinie novellierte, damit Deutschland vor die Aufgabe stellte, im Internet eine bundesweite Plattform zu allen in Deutschland jährlich durchzuführenden Zulassungsverfahren mit Umweltverträglichkeitsprüfungen und eben der Öffentlichkeitsbeteiligung zu etablieren, sollte aufgrund dieser zu veröffentlichten Daten nunmehr fundiertes Material zur Verfügung stellen und die Ermittlung der Zahl der jährlichen Beteiligungsverfahren im Infrastrukturbereich fortan einfach machen. Die UVP-Plattform des Bundes und der Länder, die 2018 zu arbeiten begann (leider gelang es nicht, nur eine Plattform, wie von der EU gefordert, in Deutschland zu etablieren, aber immerhin sind alle UVP-Plattformen untereinander gut verlinkt), wies für 2018 aber leider nur 190 eingetragene Verfahren aus. Für 2019 immerhin schon 409 (Umweltprüfungsportal o. D.).

*Zögerliche Transparenz*

Aufgrund der Erfahrungen der Stellungnahmetätigkeiten der anerkannten Umweltverbände und aufgrund von Plausibilitätsbetrachtungen war schnell klar, dass die in den UVP-Portalen veröffentlichten Zahlen nicht vollständig sein konnten. Zudem lagen die veröffentlichten Verfahren sehr weit unter der vom Team Führ für 2005 ermittelten Anzahl von UVP-Verfahren mit Öffentlichkeitsbeteiligung. Daher war die aus den UVP-Portalen ermittelte Anzahl von Verfahren nur ein erster Anhaltspunkt von entsprechenden Zulassungsverfahren mit Öffentlichkeitsbeteiligung. Das UfU stand vor der Aufgabe, die tatsächliche Zahl der Verfahren anders zu ermitteln.

Hierbei halfen die anerkannten Umweltverbände, die jedes Jahr mit ihren Stellungnahmen Vorhaben mit Umweltbezug in den Bundesländern und auf Bundesebene begleiten und so auch über die Daten zu Öffentlichkeitsbeteiligungen verfügen. Diese werden häufig über durchzuführende Infrastrukturvorhaben mit Öffentlichkeitsbeteiligung informiert und wenn nicht, beschaffen sich die Verbände die Informationen über das Sichten von Landesportalen, Behördeneinträgen und auch ganz altmodisch über Gesetz- und Veröffentlichungsblätter der zuständigen Behörden. Das UfU hat dann die Jahresberichte der Verbände gesichtet, Befragungen und überschlägige Abschätzungen sowie Rücksprachen mit Verbandsvertretern dort vorgenommen, wo keine veröffentlichten, statistischen Daten verfügbar waren. So konnten für 2018 und 2019 näherungsweise die entsprechenden Zahlen für die Infrastrukturvorhaben mit Öffentlichkeitsbeteiligung in der Bundesrepublik ermittelt werden.

Danach kommt das UfU für 2018 auf circa 2000 und für 2019 auf circa 1900 Genehmigungs- und Planungsverfahren zu Infrastrukturprojekten mit Öffentlichkeitsbeteiligung in Deutschland (Monitoringreport 2020).

Die ermittelten Zahlen und ihre Größenordnungen verdeutlichen mehrere Befunde: Zunächst dokumentieren sie ein großes Auseinanderklaffen zwischen den tatsächlich stattgefundenen Zulassungsverfahren mit Öffentlichkeitsbeteiligung und den in den UVP-Portalen eingestellten Verfahren. Obgleich die Schere zwischen veröffentlichten Verfahren und tatsächlich stattgefundenen Verfahren 2019 geringer geworden sind als 2018, besteht noch immer eine erhebliche Differenz (2018: 190 zu 2000 und 2019: 409 zu 1900). Die gesetzliche Anforderung, alle Verfahren mit UVP-Bezug und Öffentlichkeitsbeteiligung der Öffentlichkeit online über die UVP-Portale bekannt zu machen, wurde daher 2019, wie auch 2018, deutlich verfehlt. Ein Blick auf die noch nicht vollständig ausgewerteten Daten für 2020 und 2021 zeigt, dass auch hier noch nicht alle Verfahren auf den UVP-Plattformen veröffentlicht wurden.

Ein weiterer Befund ist die hohe Zahl der Verfahren mit Öffentlichkeitsbeteiligung in Deutschland insgesamt. Besonders wenn man die Zahlen von 2018 und 2019 mit der vom Team Führ ermittelten Zahl für 2005 vergleicht, fällt auf, wie stark die Öffentlichkeitsbeteiligungen im Infrastrukturbereich in Deutschland gestiegen sind.

Lag die Zahl der Zulassungsverfahren mit formeller Öffentlichkeitsbeteiligung um 2005 noch bei etwa 772 +/- 150 Verfahren, so lag sie etwa 13 Jahre später schon mindestens doppelt so hoch (2018 etwa 2000 Verfahren und 2019 etwa 1900 Verfahren). Für die Öffentlichkeit in Deutschland bedeutet das, sich in sehr vielen Zulassungsverfahren mit Umweltrelevanz beteiligen zu können. Scheinbar sogar in immer mehr Verfahren. Zugleich gibt es zwischen den Verfahrenstypen große Unterschiede in der Zahl der durchgeführten Verfahren.

## Die Praxis bei Erörterungsterminen in formellen Zulassungsverfahren

Erörterungstermine sind in den formellen Zulassungsverfahren die Gelegenheit, die vorher erhobenen Einwendungen öffentlich zu besprechen. Auch geht es darum, bei bestimmten Einwendungen, bei denen Wissen zur Beantwortung fehlt, dieses zu beschaffen oder zu erörtern, wie dieses ermittelt werden kann. Die Verwaltungswissenschaft weist dem Erörterungstermin daher auch die sogenannte Befriedungsfunktion zu. Auch wenn dies ein sehr hochgestecktes Ziel darstellt, ist dieser Termin mehr als das bloße Abhandeln von Für und Wider zu einem Projekt. Durch das direkte Aufeinandertreffen zwischen Genehmigungsbehörden, Antragstellern und Einwendern erhält dieser Termin, der ab mittelgroßen Vorhaben nicht nur, wie die Bezeichnung suggeriert, einen Tag umfasst, sondern in der Regel länger dauert, eine hohe Relevanz für alle Seiten. Natürlich hängt der „Erfolg" des Erörterungstermins sehr stark davon ab, wie im Termin die verschiedenen Parteien ins Gespräch kommen, inwieweit eine Bereitschaft besteht, das formell abgesteckte Gebiet der zu erörternden Themen gegebenenfalls zu erweitern, um zu einem produktiven Austausch zu gelangen. Ob das geschafft wurde, kann oftmals in den Protokollen der Erörterungstermine, die nicht immer, aber immer öfter im Internet zu finden sind, herausgelesen werden, denn im Jahr 2019 veröffentlichten Behörden vereinzelt erstmals Präsentationen, Niederschriften und Protokolle zu Erörterungsterminen auf den UVP-Portalen. Auf diese Weise sind auch im

Dokumentation von Erörterungen

Nachhinein wichtige Informationen, die beim Erörterungstermin diskutiert wurden, online einzusehen.

Druck auf Erörterungen

Leider hat der Gesetzgeber durch zahlreiche Beschleunigungsgesetze vor allem ab 2008 den Erörterungstermin bei Verfahren nach dem Bundesimmissionsschutzgesetz und auch bei Planfeststellungsverfahren ins Ermessen der Behörden gestellt (Monitoringreport 2022). Gemäß Aarhus-Konvention und den darauf fußenden europäischen Richtlinien ist dies zwar möglich, verstößt aber gegen die in Deutschland jahrzehntelang entwickelte Kultur der Durchführung dieser Termine, selbst dann noch, wenn sie ein Vorhaben betreffen, welches stark umstritten ist oder durch die schiere Zahl der Einwendungen kaum noch die Gewähr für einen sachlichen Austausch vermuten lassen.

Schaut man sich nun die in den UVP-Portalen herauszulesenden empirischen Daten zu Erörterungsterminen in Zulassungsverfahren mit Öffentlichkeitsbeteiligung in Deutschland an, so stößt man sowohl für 2019 als auch für 2018 auf den Befund, dass die Genehmigungsbehörden nur sehr sporadisch auf den Termin gänzlich verzichteten, obwohl sie dies aus Gesetzessicht hätten tun können. Obgleich die Datenbasis aufgrund nicht eingestellter Informationen in die UVP-Portale hierzu nur etwa halb so groß ist, wie die Zahl der in die UVP-Portale eingestellten Verfahren, so lässt sich für 2019 immerhin feststellten, dass von den 209 Verfahren, die 2019 eine Information über den Erörterungstermin enthielten, nur in fünf Fällen die Behörden von ihrer Verzichtsmöglichkeit Gebrauch machten. In den übrigen 204 Verfahren wurde am Erörterungstermin trotz Ermessen seitens der Zulassungsbehörden festgehalten (Monitoringreport 2022). Für 2018 war die Datenlage hinsichtlich Erörterungstermine noch etwas spärlicher. Die Tendenz aber war ähnlich eindeutig. 2018 lag die Zahl der Zulassungsverfahren, die eine Information über durchzuführenden Erörterungstermine enthielten, bei 190. Verzichtet wurde 2018 nur bei sieben Verfahren auf diesen Termin (Monitoringreport 2020).

Die fünf Verfahren in 2019, bei denen Zulassungsbehörden auf den Erörterungstermin verzichteten, betrafen zwei Windkraftanlagen, einen Steinbruch, eine Autobahn und eine Klärschlammverbrennungsanlage. Ob bei den fünf Verfahren Einwendungen vorlagen, konnte nicht ermittelt werden. Betroffen waren bei den fünf Verfahren die Bundesländer Brandenburg, Niedersachsen, Baden-Württemberg und Hessen.

Wie während der Corona-Pandemie zwischen 2020 und 2022 Erörterungstermine durchgeführt wurden, ist im Moment noch offen. Durch das Planungssicherstellungsgesetz vom Mai 2020 wurden für 24 verschiedene Zulassungsverfahren mit Öffentlichkeitsbeteiligung auch die Erörterungstermine modifiziert (PlanSiG 2020). Statt eines physischen Termins sollte entweder ein elektronischer Erörterungstermin, alternativ hierzu eine Telefonkonferenz oder ein nochmaliger schriftlicher Austausch der Einwendungsargumente stattfinden. Dieser schriftliche Austausch ohne Nachfragemöglichkeit oder Rückkopplung seitens der Einwender*innen wurde etwas missverständlich auch als Online-Konsultation bezeichnet. Wie erste empirische Untersuchungen nahelegten, gab es nur in wenigen Fällen elektronische Erörterungstermine oder auch Telefonkonferenzen. Im Wesentlichen lag das bereits daran, dass der Gesetzgeber zur Bedingung machte, dass alle Einwender*innen einem solchen Verfahren extra zustimmen mussten (PlanSiG 2020).

Unklare Folgend der Pandemie

## In welchen Zulassungsverfahren beteiligt sich die Öffentlichkeit in Deutschland?

Zulassungsverfahren sind nicht die einzigen Verwaltungsverfahren, die eine formelle Öffentlichkeitsbeteiligung vorsehen. Viele tausend Planungsverfahren, angefangen von Raumordnungsverfahren bis hin zur örtlichen Bauleitplanung sehen jedes Jahr ebenfalls eine Öffentlichkeitsbeteiligung vor. Der Unterschied liegt jedoch in der Unmittelbarkeit der Realisierung. Zulassungsverfahren betreffen konkrete Infrastrukturprojekte, die nach der Zulassung baulich beginnen. Auch sind darunter die politisch zumeist umstrittenen sogenannten Großprojekte wie Flughäfen, Bahnhöfe, Kraftwerke oder auch Raffinerien.

Für die Struktur der Zulassungsverfahren lassen sich die Industriegenehmigungen - sogenannte Genehmigungen nach dem Bundes-Immissionsschutzgesetz wie Kraftwerke, Windkraftanlagen, Tiermastanlagen - und die Zulassungen für Infrastrukturprojekte wie Straßen, Häfen, Wasserstraßen, Eisenbahnen und Leitungen, die als Planfeststellungsverfahren durchgeführt werden, unterscheiden. Für das Jahr 2019 führen mit großem Abstand Vorhaben im Bereich „Wärmeerzeugung, Bergbau und Energie" die Vorhabenliste aller Infrastrukturprojekte in Deutschland an (Monitoringreport 2022). Und innerhalb des Sektors „Wärmeerzeugung, Bergbau und Energie" entfallen auf die Verfahren für Windenergieanlagen mit Abstand die größte Anzahl von formellen Öffentlichkeitsbeteiligungsverfahren. Damit lag der Bereich „Wärmeerzeugung, Bergbau und Energie" nochmal deutlich höher am Gesamtanteil der Verfahren als noch 2018 (29 Prozent in 2018, 50 Prozent in 2019). Ansonsten sind die Schwerpunktbereiche in den Jahren 2019 und 2018 ähnlich verteilt. Es fällt auf, dass der Anteil von Verfahren für Leitungsanlagen, die für die Energiewende relevant sind, in 2019 im Vergleich zu 2018 sogar abgenommen hat (17 Verfahren in 2018, 12 Verfahren in 2019) (Ebenda 2022). Neben dem Bereich „Wärmeerzeugung, Bergbau und Energie" (50 Prozent) sind die Bereiche „Verkehrsvorhaben" (22 Prozent) und „Wasserwirtschaftliche Vorhaben" (12 Prozent) die größten Bereiche auf der Vorhabenliste aller Infrastrukturprojekte in Deutschland (Ebenda 2022).

## Schlussfolgerungen und neue Herausforderungen

Die Öffentlichkeitsbeteiligung in Infrastrukturvorhaben in Deutschland spielt eine zunehmend größere Rolle für demokratische Aushandlungsprozesse vor allem in regionalen Bezügen als noch vor fünfzehn Jahren. Das kann allein – aber nicht nur - aus der gestiegenen Anzahl an Verfahren mit Öffentlichkeitsbeteiligung in umweltrelevanten Zulassungsverfahren abgeleitet werden. Damit ist die Öffentlichkeitsbeteiligung - neben Wahlen, Plebisziten oder

Zunahme der Aushandlungsprozesse

freiwilligen sogenannten informellen Beteiligungsangeboten - ein wichtiger werdendes Element der praktischen Demokratieerfahrung in Deutschland. Umfragen zur Beteiligung der Bevölkerung in Infrastrukturprojekten bestätigen die Relevanz der Öffentlichkeitsbeteiligung. Wie die Ergebnisse eines 2022 beendeten empirischen Forschungsprojektes zeigten, haben in Deutschland sehr viele Bürger*innen konkrete Beteiligungserfahrungen mit formellen Infrastrukturvorhaben gemacht. Im konkreten Fall bestätigten 380 von 2147 Befragten (circa 18 Prozent), dass sie sich bereits praktisch an formellen Zulassungsverfahren zum Infrastrukturausbau beteiligt haben (Schütte et al. 2022). Allein gemessen an den ohnehin komplexen und immer stärker steigenden inhaltlichen und auch formellen Voraussetzungen zur Beteiligung an derartigen Verfahren erscheint der Anteil der Bevölkerung mit praktischen Beteiligungserfahrungen vergleichsweise sehr hoch und unterstreicht somit die Relevanz dieser Beteiligungsform.

Die aus den UVP-Portalen empirisch ermittelten Daten zeigen weiterhin, dass vom Verzicht auf den Erörterungstermin als Kernelement des formellen Austausches trotz der gesetzgeberischen Möglichkeit überwiegend nicht Gebrauch gemacht wird. Dies ist auch deshalb bemerkenswert, weil Zulassungsbehörden offenbar andere Prämissen für die Durchführung von Zulassungsverfahren setzen als die jeweiligen Regierungsparteien im Deutschen Bundestag, die den Erörterungstermin regelmäßig gern abschaffen würden. Die Leistungsfähigkeit der Öffentlichkeitsbeteiligung in umweltrelevanten Zulassungsverfahren, nach den Ereignissen zum Bau des Bahnhofs in Stuttgart nach 2010 Thema monatelanger öffentlicher Debatten in Deutschland, ist hiermit noch nicht hinreichend analysiert. Aber es gibt mehr als nur Indizien, dass sie leistungsfähiger ist als angenommen. Zudem unterstützt die Öffentlichkeitsbeteiligung in umweltrelevanten Zulassungsverfahren den Umweltschutz, steigert die Legitimität von Verfahren und erhöht die Qualität der behördlichen Entscheidungen (Ebenda 2022).

*Politische Rahmen nicht ausgeschöpft*

Nicht erst durch die Corona-Pandemie ist deutlich geworden, dass die Öffentlichkeitsbeteiligung in umweltrelevanten Zulassungsverfahren aber auch dringend weiterentwickelt werden muss. Dabei kommt es darauf an, die Digitalisierung zunächst als Chance zu sehen. Hierfür braucht es mehr als ein Corona-Notgesetz wie das zur Planungssicherstellung aus dem Mai 2020. Auch wenn das Gesetz nun bis Dezember 2023 in nahezu unveränderter Form weitergilt, sollten alle, die an der Öffentlichkeitsbeteiligung Interesse haben, darüber nachdenken, wie es verbessert wird, um die Prinzipien der Beteiligung auch in die digitale Welt so gut wie möglich zu übertragen. Hierfür braucht es zuallererst Lernerfahrung in Form von Pilotprojekten, um Praxiserfahrungen zu gewinnen. Und es braucht endlich auch eine Institution in Deutschland, die die Erfahrungen der Öffentlichkeitsbeteiligung systematisch sammelt, auswertet und in die Praxis zurückspielt. Ein Bundesbeauftragter für Öffentlichkeitsbeteiligung oder eine Kompetenzstelle für Partizipation würde für diesen wichtigen Bereich des demokratischen Diskurses in Deutschland daher künftig hilfreich sein (Berlin Institut für Partizipation 2020).

*Es braucht eine bundesweite Kompetenzstelle*

## Literatur

Angela Merkel (2011): Anlässlich des Festaktes zur Verleihung des ersten Reinhard-Mohn-Preises am 16.06.2011; vgl. Beschluss des SPD-Parteivorstandes vom 25. März 2011: Mehr Demokratie leben bzw. Positionspapier der FDP-Bundestagsfraktion „16 Punkte zur Bürgerbeteiligung und Planungsbeschleunigung".

Berlin Institut für Partizipation (2020): Das verlorene Jahr? Auswirkungen der Corona-Pandemie auf die Bürgerbeteiligung in Deutschland, Berlin unter: https://www.bipar.de/wp-content/uploads/2020/05/bipar_studie_corona_2020.pdf (Zuletzt aufgerufen am 30.11.2022).

Bundestag (2022): Debatte zur Verlängerung des Planungssicherstellungsgesetzes v. 13.10.2022 unter https://www.bundestag.de/dokumente/textarchiv/2022/kw41-de-planungssicherstellungsgesetz-913004 (Zuletzt aufgerufen am 28.11.2022) sowie redigiertes Wortprotokoll im Ausschuss für Verkehr und digitale Infrastruktur im Deutschen Bundestag vom 15. Januar 2020 unter: https://www.bundestag.de/resource/blob/679372/ab3c2f7a6ef0f4b8844599f440fd62ad/063_wortprotokoll-data.pdf (Zuletzt aufgerufen am 28.11.2022).

Bundestag (2020): Planungssicherstellungsgesetz vom 20. Mai 2020 (BGBl. I S. 1041).

Bundestag (2013): Gesetz zur Verbesserung der Öffentlichkeitsbeteiligung und Vereinheitlichung von Planfeststellungsverfahren (PlVereinhG) v. 31.05.2013 BGBl. I S. 1388 (Nr. 26).

Schütte, Silvia/Wolff, Franziska/von Vittorelli, Laura/Schumacher, Katja/Hünecke, Katja/Zschiesche, Michael/Stolpe, Fabian/Habigt, Lisa/Newig, Jens (2023): Evaluation der Öffentlichkeitsbeteiligung. Bessere Planung und Zulassung umweltrelevanter Vorhaben durch die Beteiligung von Bürger*innen und Umweltvereinigungen, Umweltbundesamt, Berlin unter: https://www.umweltbundesamt.de/sites/default/files/medien/479/publikationen/texte_32-2023_evaluation_der_oeffentlichkeitsbeteiligung.pdf (Zuletzt aufgerufen am 27.04.2023).

UFU (2020): Monitoringreport 2018, online Verfügbar unter: https://www.ufu.de/downloads/monitoring-report-2018-oeffentlichkeitsbeteiligung-bei-infrastrukturprojekten-in-der-bundesrepublik-deutschland-ausfuehrlicher-bericht/ (Zuletzt aufgerufen am 20.11.2022).

UFU (2022): Monitoringreport 2019, online Verfügbar unter: https://www.ufu.de/downloads/monitoring-report-2019-oeffentlichkeitsbeteiligung-bei-infrastrukturprojekten-in-der-bundesrepublik-deutschland-ausfuehrlicher-bericht/ (Zuletzt aufgerufen am 20.11.2022).

Umweltbundesamt (2003a): Richtlinie 2003/4/EG vom 28. Januar 2003 über den Zugang der Öffentlichkeit zu Umweltinformationen und zur Aufhebung der Richtlinie 90/313/EWG des Rates (ABl. Nr. L 41, S. 26).

Umweltbundesamt (2003b): Richtlinie 2003/35/EG v. 26. Mai 2003 über die Beteiligung der Öffentlichkeit bei der Ausarbeitung bestimmter umweltbezogener Pläne und Programme und zur Änderung der Richtlinien 85/337/EWG und 96/61EG des Rates in Bezug auf die Öffentlichkeitsbeteiligung und den Zugang zu Gerichten (ABl. Nr. L 156, S. 17).

Umweltbundesamt (2007): Übereinkommen über den Zugang zu Informationen, die Öffentlichkeitsbeteiligung an Entscheidungsverfahren und den Zugang zu Gerichten in Umweltangelegenheiten, siehe auch www.aarhus-konvention.de (Zuletzt aufgerufen am 23.01.2023).

Umweltbundesamt (2009): Evaluation des UVPG des Bundes, Auswirkungen des UVPG auf den Vollzug des Umweltrechts und die Durchführung von Zulassungsverfahren für Industrieanlagen und Infrastrukturmaßnahmen, UBA-Texte 3/2009, Dessau, S. 29.

Umweltbundesamt (o. D.): Umweltprüfungsportal, online unter: https://www.uvp-portal.de/ (Zuletzt aufgerufen am 27.04.2023).

VDI (2015): Richtlinie VDI 7000 „Frühe Öffentlichkeitsbeteiligung bei Industrie- und Infrastrukturprojekten" des VDI vom Januar 2015 unter: https://www.vdi.de/fileadmin/pages/vdi_de/redakteure/richtlinien/inhaltsverzeichnisse/2244254.pdf (Zuletzt aufgerufen am 22.11.2022).

Umweltprüfungsportal: https://www.uvp-portal.de/ (Zuletzt aufgerufen am 23.01.2023).

Dr. Christoph Jessen

# Bürgerbeteiligung bei Großprojekten

*In diesem Beitrag geht es um die Frage, wie Interesse und Beteiligung über die Jahre erhalten werden kann. Als Praxisbeispiel wird das Fehmarnbelt-Dialogforum verwendet. Das Dialogforum existiert seit über 10 Jahren. Anhand des gewählten Beispiels kann gezeigt werden, welche Herausforderungen solch langwierige Beteiligungsprozesse bewältigen müssen und wie diesen entgegengetreten werden kann.*

Auf Deutschland kommt eine Reihe großer Infrastrukturprojekte zu. Schienen, Straßen und Brücken werden gebaut, renoviert und erneuert, ein Endlager muss gesucht, gefunden und errichtet werden. Das alles hat erhebliche Auswirkungen auf Umwelt wie Umgebung und bedarf schon von daher einer intensiven Bürgerbeteiligung. Und - fast alle Projekte haben eins gemeinsam: Sie sind komplex und dauern in der Regel viel länger als geplant. Verwaltung und Unternehmen haben die Mittel: sie können sich institutionell darauf einstellen. Die ihnen gegenüberstehenden Bürgerinitiativen stehen vor schwer lösbaren Herausforderungen im Hinblick auf Zeit, Expertise und Frustrationstoleranz.

Welle von
Großvorhaben

Aber es kann funktionieren!

Das Dialogforum Feste Fehmarnbeltquerung hat seine Arbeit im Jahre 2011 aufgenommen. Seit nunmehr über 10 Jahren begleiten wir Planung und Bau des Tunnels zwischen Rödby auf Lolland (Dk) und Puttgarden auf Fehmarn (D) sowie seiner Straßen- und Schienenanbindung nach Lübeck. Und das mit einigem Erfolg. Wir sind das älteste mir bekannte noch arbeitende Dialogforum. (Wer noch älter ist, bitte melden, ich würde mich über Erfahrungsaustausch freuen.) Bei uns kommen Beteiligte und Betroffene an einer Art rundem Tisch zusammen: Vorhabenträger wie Verwaltung, Bürgerinitiativen dafür und dagegen, kurz das gesamte Know-how von Problemen und Lösungsmöglichkeiten. So wurden Betroffene zu Beteiligten.

In dieser Zeit haben wir einige Klippen umschifft und positive wie negative Erfahrungen gesammelt. Im Folgenden möchte ich einige davon aus persönlicher Sicht schildern und dabei die relevanten Punkte herausarbeiten. Zum Schluss werde ich alles noch einmal stichwortartig zusammenfassen.

## Das Projekt

Im Staatsvertrag mit Dänemark über den Bau einer Festen Fehmarnbeltquerung hat sich die Bundesrepublik Deutschland verpflichtet, die Straßen- und Schienenanbindung des Tunnels auf deutscher Seite von Puttgarden bis Lübeck zu modernisieren und insbesondere die Schiene zu elektrifizieren und 2-gleisig auszubauen. Die dänische Seite ist für den Tunnel und dessen Anbindung bis Kopenhagen verantwortlich. Das Gesamtprojekt ist das größte Infrastrukturprojekt Nordeuropas. Es ist Teil des Transeuropäischen Netzes Skandinavien-Mittelmeer und wird von der EU gefördert.

Bau und Betrieb greifen tief in die Belange der vom Tourismus geprägten Region Ostholstein ein. Betroffen sind insbesondere die Badeorte an der Lübecker Bucht. Schon früh bildeten sich dort Bürgerinitiativen für wie gegen das Vorhaben. Auch die politische Landschaft in Schleswig-Holstein ist gespalten, teils bis in die Parteien hinein, was Bildung und Arbeit der Koalitionsregierungen nicht gerade erleichtert.

Tiefe Spaltung

Der Staatsvertrag wurde am 3. September 2008 in Kopenhagen von dem damaligen Bundes-Verkehrsminister Tiefensee und mir als deutschem Botschafter in Anwesenheit des schleswig-holsteinischen Ministerpräsidenten Carstensen unterzeichnet, der damit die positive Haltung seiner damaligen CDU-SPD Koalition signalisierte. Der Vertrag wurde am 18. 6. 2009 durch den Bundestag und am 10. 7. durch den Bundesrat ratifiziert. Rechtlich gesehen hat der Staatsvertrag mit der Zustimmung durch Bundestag und Bundesrat die „höchstmögliche" Legitimation. Eine eigene Beteiligung der Region, also der unmittelbar Betroffenen, ist in diesem Stadium der Entscheidungsfindung nicht vorgesehen. Sie erfolgt erst im Planfeststellungsverfahren, also wenn an der Entscheidung selber nichts mehr zu ändern ist. Dementsprechend war damals auch von Bürgerbeteiligung keine Rede.

Und doch hat es im Laufe der Zeit an der Streckenführung Änderungen gegeben: So wird die Schiene nunmehr näher an die autobahnartige Straße rücken- ein Vorschlag des Dialogforums. Darüber hinaus soll die alte Sundbrücke zwischen Fehmarn und dem Festland (auch bekannt als „das Bügeleisen") durch einen Tunnel ergänzt werden. Auch dies war ein Vorschlag des Dialogforums.

Die Inbetriebnahme war laut Staatsvertrag für 2018 geplant. Inzwischen liegt die Planung bei 2029. Sie wurde durch intensive Bürgerbeteiligung begleitet. Im Folgenden schildere ich aus meiner Perspektive als Sprecher des Dialogforums Feste Fehmarnbeltquerung, wie es gelungen ist, bei diesem Großprojekt eine Bürgerbeteiligung ins Leben zu rufen und über einen so langen Zeitraum funktionsfähig zu halten.

## Die Gründung des Dialogforums

Sorge vor Stuttgarter Verhältnissen

Initiiert wurde das Dialogforum im Jahre 2011 auf Initiative der schleswig-holsteinischen Landesregierung, damals eine CDU/-FDP Koalition unter Ministerpräsident Carstensen. Man wollte erklärtermaßen eine „neue Form der Bürgerbeteiligung" schaffen. Hintergrund war sicher auch der Wunsch, angesichts bevorstehender Landtagswahlen, Bilder wie bei Stuttgart 21 mit den dortigen teils gewalttätigen Demonstrationen zu vermeiden.

So erhielt ich im Sommer 2011 kurz vor meiner Pensionierung für mich überraschend einen Anruf des Ministerpräsidenten, ob ich mir vorstellen könne, die Leitung des Dialogforums zu übernehmen. Ich sagte spontan zu, ohne letztlich zu wissen, worauf ich mich einließ. Im Laufe der Verfahren merkte ich aber, dass ich dabei auf meine beruflichen Erfahrungen in internationalen Verhandlungen wie in der Ministerialverwaltung aufbauen konnte. Als Alt-68er hatte ich darüber hinaus genügend praktische Erfahrung mit Demonstrationen und Protesten, was sich dann auch durchaus als hilfreich erweisen sollte. Warum der Ministerpräsident ausgerechnet auf mich gekommen ist, weiß ich bis heute nicht genau. Ich kann darüber nur Vermutungen anstellen und denke, er suchte eine unabhängige Person, die die schleswig-holsteinische Mentalität kennt, - ich bin gebürtiger Kieler, - ohne aber mit dortigen Interessen verbunden zu sein. Dazu eine Anekdote ohne Wahrheitsgarantie: Auf das ihm zugetragene Gerücht, ich sei SPD-Mitglied, soll er geantwortet haben: umso besser, dann kann mir niemand parteipolitische Klüngelei vorwerfen (ich gehörte und gehöre keiner Partei an). Schnell wurde klar, wie wichtig Neutralität auf dieser Position ist. Dem Vorwurf, ich sei wegen meiner Unterzeichnung des Vertrages voreingenommen, konnte ich mit dem Hinweis entgegentreten, dass ich als Botschafter und Beamter die Weisungen des Auswärtigen Amtes auszuführen und dementsprechend den Vertrag zu unterzeichnen hatte, egal, ob ich selber für oder gegen das Projekt bin. Aber: innere Neutralität reicht nicht, sie muss auch nach außen erkennbar werden. Wie mir später zugetragen wurde, wurde in den ersten Sitzungen des Dialogforums genau verfolgt, ob ich etwa zu häufig zu dem Minister blicke oder im Vorfeld öfter und länger mit Vorhabenträgern, Verwaltung oder Bürgerinitiativen spreche. Nun, wenn man sich darüber bewusst ist, und das gehört zum Handwerkszeug, kann man entsprechend agieren und das eigene Verhalten erkennbar so neutral wie möglich gestalten.

Misstrauen zum Start

Die Gründung des Dialogforums war durch das zuständige Wirtschaftsministerium in Zusammenarbeit mit den wesentlichen Gruppen hervorragend vorbereitet. Ganz wichtig dabei die Einbeziehung der Opposition, - Bürgerinitiativen sowie NABU und BUND -, in die Vorbereitung. Hier die wesentlichen Punkte unseres Gründungsdokumentes:

Aufgabe des Forums ist die Begleitung von Planung und Realisierung der Fehmarnbeltquerung mit ihren Schienen- und Straßenanbindungen. In diesem Rahmen ist das Forum frei und entscheidet selbst, welche Themen es in welcher Reihenfolge diskutiert.

Die Teilnehmerliste ist ausgewogen. Sie umfasst alle betroffenen Interessen und ist auf maximal 30 begrenzt, eine weise Limitierung, denn es ist wichtig, dass man sich bei den Verhandlungen buchstäblich „in die Augen schauen kann". Die Zusammensetzung hat sich bewährt und bemerkenswerterweise im Laufe der Zeit kaum verändert.

Das Forum ist unabhängig. Es verfügt über einen eigenen Haushalt, aus dem auch externe Experten finanziert werden können, und hat eine eigene Geschäftsstelle.

Die Funktion des Sprechers ist klar beschrieben: Einberufung und Leitung der Sitzung, Vertretung des Forums nach außen. Damit wird klargestellt, dass es nur eine Person gibt, die für das Forum als Ganzes spricht, wobei natürlich jede Interessensgruppe für sich das unbestrittene Recht in Anspruch nimmt, vor, nach (und während) der Sitzungen ihre eigene Öffentlichkeitsarbeit zu betreiben.

**Verbindliche Rahmensetzung**

Aufgaben, Finanzierung, Organisation und Verhaltenskodex sind auf 2 Din A4 Seiten in nur 14 Absätzen kurz und knapp zusammengefasst. Sie wurden auf der Gründungssitzung am 5. September 2011 im Konsens beschlossen und leiten uns bis heute. Lediglich Ziffer 14 haben wir nicht erfüllt: Wir haben nach wie vor keine Geschäftsordnung. Die Erfahrung anderer Dialogforen zeigt, wie schwierig und langwierig deren Erarbeitung sein, und wie sehr man sich darüber zerstreiten kann. Angesichts des ohnehin in der Sache vorhandenen Konfliktpotentials galt es, überflüssige Streitigkeiten wie Geschäftsordnungsdiskussionen und -debatten zu vermeiden. Bei einigermaßen vernünftiger Sitzungsleitung wird sich ohnehin eine für alle akzeptable Praxis herauskristallisieren. So bildete sich im Laufe der Zeit eine „Verfahrenspraxis" heraus, die im Mai 2018 dann auch in einem vierseitigen Papier zusammengefasst und, weil sie keinen Verbindlichkeitsanspruch erhebt, ohne große Diskussion verteilt werden konnte und seitdem auch im Großen und Ganzen befolgt wird.

## Teilnehmerebene

Bei dieser Gelegenheit ein wichtiger Punkt: Für die Durchschlagskraft des Forums ist entscheidend, wer an den Sitzungen teilnimmt. Die entscheidenden Personen müssen persönlich kommen und dürfen sich nur in wirklichen Ausnahmefällen vertreten lassen. Bei uns ist dies die Staatssekretärsebene. Diese Ebene kommt aber auf Dauer nur, wenn sich ihre zeitliche Beanspruchung in Grenzen hält. Das setzt gründliche Vorbereitung der Sitzungen ebenso voraus wie Konzentration auf das Wesentliche und Vermeidung überflüssiger Diskussionen. Wir haben deshalb die Anzahl der Sitzungen pro Jahr auf 3-4 begrenzt und ein zeitliches „Fallbeil" eingerichtet: nach 3 Stunden werden nur noch die TOPs Datum der nächsten Sitzung und Bürgerdiskussion aufgerufen. In der Praxis fällt das Fallbeil kaum, sein Vorhandensein ist Drohung genug.

Politikbeteiligung auf hoher Ebene

Die Gründungsversammlung verlief sachorientiert und, anders als damals vom Fernsehen dargestellt, absolut friedlich. Wer es nicht glaubt, mag sie sich auf unserer Website als Video on demand im Offenen Kanal Kiel anschauen.

## Öffentlichkeit

Die Frage der Öffentlichkeit ist ein weiterer wesentlicher Punkt. Sie war in den Grundsätzen nicht geregelt, weil es im Vorfeld Meinungsunterschiede gab zwischen denen, die Vertraulichkeit als Garant erfolgreicher Verhandlungen ansahen und denen, die Transparenz bei diesen für die Region wichtigen Fragen an erste Stelle stellten. Da es bei den Diskussionen im Forum aber vor allem um Themen geht, die auf Sorgen und Betroffenheiten der ohnehin argwöhnischen Bürgerinitiativen treffen, wurde letztlich allen klar, dass wir auf Dauer nur erfolgreich sein können, wenn wir deren Vertrauen in die Ernsthaftigkeit unseres Bemühens um faire Lösungen gewinnen. So entwickelte sich die Linie: öffentlich verhandeln, Sitzungen im Netz übertragen und zum Ende der Sitzungen eine „Bürgerdiskussion" führen, um dem Publikum im Saal die Möglichkeit zu Fragen und Stellungnahmen zu geben. Dies alles verlief nicht immer, doch meist, in ruhigen oder zumindest einigermaßen geordneten Bahnen, sprengte aber nie den Rahmen. Schon die Möglichkeit, sich vor Ort im Dialogforum von der Ernsthaftigkeit des Bemühens aller Beteiligten um eine Lösungssuche zu überzeugen, zusammen mit der Gelegenheit, seine eigenen Sorgen hier einmal direkt den entscheidenden Personen vorzutragen und eine direkte Antwort von ihnen zu bekommen, trägt zur Entspannung der Situation bei und schafft mit der Zeit die notwendige Vertrauensbasis für ernsthafte Verhandlungen. Die Erfahrung hat gezeigt: Alles ist besser als wenn sich vor verschlossenen Türen die Wut aufstaut. Und wenn es dann doch einmal emotional wird, so ist auch das ein wichtiges Signal an die Verantwortlichen und für diese vielleicht sogar eine notwendige Begegnung mit der Realität. So äußerte ein einflussreicher Politiker einmal mir gegenüber sein Erstaunen, dass in unserem Dialogforum auch die gegen das Projekt eingestellten Bürgerinitiativen eine große Rolle spielen. Meine Antwort: Das ist unsere Stärke.

Begleitende
Beteiligung

Von Anfang an waren deshalb Bürgergespräche Teil der Tagungen. Darüber hinaus beschloss bereits das Gründungsforum, dass das Forum „weiterhin presseöffentlich tagen" soll und „so viele Zuhörer wie möglich zugelassen werden." So steht es dann auch im Protokoll, das, wie alle unsere Protokolle, als sogenanntes „ad-hoc Protokoll" verabschiedet wird. Ein solches Protokoll, knapp auf die wesentlichen Entscheidungen beschränkt, unmittelbar nach deren Verabschiedung formuliert und im Konsens gebilligt, vermeidet viele nachträgliche Streitigkeiten, zumal ja Protokoll und die Sitzung als solche weiterhin als Video on demand auf der Website einsehbar bleiben.

Im Rückblick wird klar, dass die Öffentlichkeit der Sitzungen zusammen mit unserer Website und den Videos on demand eine wichtige Motivation für die Bürgerinitiativen ist, im Forum mitzuarbeiten und dabeizubleiben. Sie finden im Dialogforum eine Plattform mit einer Außenwirkung, die sie ansonsten nicht so leicht haben.

Trotz stehender Einladung nehmen NABU und BUND nicht am Dialogforum teil. NABU hat seine Argumente nicht im Dialogforum, sondern später vor dem Bundesverwaltungsgericht vorgetragen, das den Klagen allerdings nicht stattgegeben hat.

Rückblickend lässt sich unsere Arbeit in drei Phasen einteilen, die jeweils unterschiedliche Ansprüche stellten und auf die das Forum auch organisatorisch zu reagieren hatte. Einer anfänglichen „Findungs- und Protestphase" folgte konzentrierte Projektarbeit. Momentan liegt der Schwerpunkt darauf, den Planungs- und Bau-Prozess auch operativ zu begleiten und notwendige Impulse zu geben.

## Phase I (2011 bis 2014): Das „Ob" und das „Wie"

Die beiden Begriffe „ob" und „wie" stehen für die Bandbreite der Meinungen im Dialogforum. Sie wurden über weite Strecken zu Schlagworten, hinter denen sich die jeweils entgegengesetzten Lager versammelten. Dahinter verbergen sich die Fragen, ob die Entscheidung über den Bau unter unzutreffenden Annahmen getroffen wurde und deshalb korrigiert werden kann oder muss, und was das Forum zu dieser Korrektur beitragen kann, so die Hoffnung der gegnerischen Bürgerinitiativen, bzw. auf der anderen Seite, wie die getroffene Entscheidung möglichst zügig und sinnvoll durchgeführt werden kann, so die Vorhabenträger.

Wie oft bei Infrastrukturprojekten sind in dieser Grundfrage Kompromisse kaum möglich. Pro und Contra standen sich unversöhnlich gegenüber. Zusätzlich wurde die Diskussion manchmal dadurch belastet, dass Argumente nicht immer in sachlichem Ton vertreten wurden. Dem Forum kamen damit zwei Aufgaben zu: zum einen war es für die weitere Diskussion unabdingbar, einen für alle akzeptablen Umgangston zu finden, zum anderen waren das „Ob" und insbesondere die der Entscheidung für den Bau des Tunnels zugrunde liegenden Annahmen und deren mögliche Auswirkungen gründlich zu diskutieren. Dazu gehören insbesondere die Umweltauswirkungen und Verkehrsprognosen, aber auch die finanziellen Annahmen, um nur einige Punkte zu nennen.

Diskurs lernen

Von besonderer Bedeutung in dieser Diskussionsphase war die Möglichkeit des Dialogforums, unabhängige Fachleute anzuhören.

Diese wurden meist auf Vorschlag der Bürgerinitiativen benannt. Dadurch konnte der Wissensvorsprung von Vorhabenträgern und Administration einigermaßen ausgeglichen werden, sicher auch ein Beweggrund für Bürgerinitiativen im Forum mitzumachen und dabei zu bleiben.

Emanzipation von Parteipolitik

Auch wenn es in der Frage des „Ob" keine Einigung gab und wohl auch nicht geben konnte, zeigte die vertiefte Erörterung doch Wirkung. Die Ernsthaftigkeit, mit der sie von beiden Seiten betrieben wurde, trug zur Vertrauensbildung bei, ein wichtiges Fundament für die weitere Zusammenarbeit. Von Bedeutung war auch, dass diese Diskussion im Dialogforum eben nicht unter parteipolitischen Aspekten geführt wurde, was wiederum die Landespolitik entlastete. Überhaupt gehört parteipolitische Neutralität zu den entscheidenden Voraussetzungen für eine erfolgreiche Arbeit. Das Forum hat bis heute mit 4 Landesregierungen und Landtagen in jeweils unterschiedlichen Zusammensetzungen zusammengearbeitet. In dem Bewusstsein, dass wir auf deren Vertrauen angewiesen sind, hat sich die Leitung des Dialogforums nach jeder Landtagswahl jeweils allen im Landtag vertretenen Fraktionen vorgestellt und unser Arbeitsprogramm erläutert. Das hat sich ausgezahlt. So hat z. B. der Landtag bereits in der Anfangsphase des Dialogforums die Landesregierung aufgefordert, den Beschlüssen des Forums gebührende Beachtung zu schenken. Und, wie noch zu zeigen sein wird, waren wir in Sachen Lärmschutz dann auch noch auf die Unterstützung des Bundestages angewiesen.

Auch wenn anfangs meist das „Ob" im Vordergrund stand, hat das Forum bereits in dieser Phase einvernehmlich wegweisende Beschlüsse zum „Wie" gefasst, also zur Durchführung der Bauvorhaben. Dazu gehören beispielsweise Forderungen zur Bündelung der Verkehrsträger Straße, Schiene + Starkstromleitung und zum Bau eines Tunnels als Entlastung der Sundbrücke zwischen Fehmarn und dem Festland. Diese Vorschläge sind dann auch in die Planung eingegangen und haben so die Einflussmöglichkeiten konsensueller Beschlüsse des Dialogforums unter Beweis gestellt. Genau darin zeigt sich die Stärke des Dialogforums: Im Forum sind alle betroffenen Interessen vertreten, das gesammelte Know-how von Problemen und Lösungsmöglichkeiten. Ein dort gefundener Konsens hat erhebliche Durchschlagskraft. So werden Betroffene zu Beteiligten, eine starke Motivation der Bürgerinitiativen vor Ort mitzumachen und dabei zu bleiben.

„Die Wahrheit ist dem Menschen zumutbar", die Aussage von Ingeborg Bachmann gilt auch und ganz besonders für Dialogforen. Illusionen bringen die Sache nicht voran, im Gegenteil, sie leiten die Arbeit möglicherweise in eine falsche Richtung, kosten Zeit, führen in die Irrelevanz und sollten daher möglichst schnell korrigiert werden. Ein Beispiel hierzu: zu den großen Hoffnungen der gegen das Projekt eingestellten Bürgerinitiativen gehörte die von ihnen so genannte „Ausstiegsklausel", eine Bestimmung im Staatsvertrag, wonach die Vertragsparteien bei Veränderungen der angenommenen Voraussetzungen insbesondere bei Kostensteigerungen „...die Lage aufs Neue erörtern" (Art 5, IV sowie Art 22). Dementsprechend waren diese Bürgerinitiativen bestrebt, durch Gutachten die Grundannahmen zu erschüttern, insbesondere Verkehrsprognosen und Kostenschätzungen. In einer der ersten Sitzungen hatten wir daher einen Völkerrechtler um eine Einschätzung der Bedeutung dieser Bestimmungen gebeten. Er stellte klar, dass es sich um „Konsultationsklauseln" und eben nicht um „Ausstiegsklauseln" handelte, die Vertragsparteien sich darin vielmehr verpflichtet hätten, alles zu tun, um den Vertragszweck auch bei veränderten Umständen zu erreichen, - eine erste herbe Enttäuschung für einige Bürgerinitiativen, aber auch ein Beitrag zur Versachlichung der Diskussion.

Vor allem in der Anfangsphase vertraten einzelne Personen ihre Argumente mit hoher Emotionalität bis hin zu persönlichen Angriffen auf die Vorhabenträger. Dies mag erklärbar sein, waren sie doch teilweise persönlich betroffen, erschwerte jedoch die sachliche Erörterung. In einem Kommunikationsworkshop unter professioneller Anleitung eines von den Bürgerinitiativen vorgeschlagenen Coaches wurde dieses Thema aufgearbeitet. Zwei Ergebnisse standen im Vordergrund: die Erkenntnis, dass vor allem auf Seiten der Vorhabenträger Angestellte der jeweiligen Unternehmen sprechen,

Ausstiegsszenarien und Hoffnungen

die deren Haltung vorzutragen haben, die nicht notwendigerweise ihre eigene ist. Und, zweiter Punkt, Beschimpfungen im Dialogforum sind nicht nur unhöflich, sondern auch taktisch unklug und kontraproduktiv. Schließlich hängt der Erfolg des Dialogforums davon ab, dass sie in ihren jeweiligen Institutionen aktiv und aus Überzeugung die Beschlüsse des Forums vertreten und eben nicht beleidigt nur das Nötigste tun.

Für Foren, in denen hoch engagierte Privatleute mit erfahrenen Professionellen zusammensitzen und auf Verwaltungserfahrung stoßen, sind forumsinterne Workshops zum persönlichen Umgang, aber auch zu Arbeitstechniken, (z. B. ganz banal: Was bedeutet der Begriff „Kenntnisnahme" im Protokoll), von Bedeutung. Sie sollten so früh wie möglich durchgeführt werden, aber nicht gleich am Anfang, denn ohne einen gewissen „Leidensdruck" erschließt sich ihre Sinnhaftigkeit nicht jedem.

Am 6. Mai 2014 kam es zu einer Zäsur in der Arbeit des Dialogforums. Die Landesplanung Schleswig-Holstein gab das Ergebnis des Raumordnungsverfahrens für die Schienenanbindung des Tunnels bekannt. Sie bejahte die Raumverträglichkeit einer Trassenführung in Bündelung mit der Autobahn. Das bedeutete eine erhebliche Entlastung der Bäderorte an der Lübecker Bucht und entsprach einem entsprechenden Beschluss des Dialogforums, war aber dennoch ein harter Schlag für diejenigen, die bis zuletzt darauf gehofft hatten, dass die Behörde das Gesamt-Projekt als nicht raumverträglich ablehnen würde.

In vielen Dialogprozessen verlieren die gegnerischen Bürgerinitiativen mit der Entscheidung für das Infrastrukturprojekt das Interesse an dem weiteren Verfahren und ziehen aus. Einmal, bei Bekanntgabe des oben erwähnten Raumordnungsbeschlusses, geschah dies auch bei uns mit entsprechend lautstarker Unterstützung durch das eigens angereiste Publikum. Danach wurde es für einen Moment mäuschenstill im Saal, bis wir die Sitzung in aller Ruhe fortsetzen. Die Spannung blieb, bis dann doch "durchsickerte", dass die gegnerischen Bürgerinitiativen weiter mitmachen.

Warum sind sie dabeigeblieben? Ich denke bei ihrer Abwägung, überwogen dann doch die Vorteile einer Mitarbeit im Dialogforum, wie z. B.

- Politische Einflussmöglichkeit und Informationsgewinn durch Mitarbeit
- Wirksamkeit ihrer Arbeit, (-so entspricht ja auch die als raumverträglich festgestellte Trasse den Empfehlungen des Forums nach Bündelung der Schiene mit der Straße)
- Öffentlichkeitswirkung des Forums

Man sollte nicht unterschätzen, dass auch Bürgerinitiativen in Konkurrenz untereinander um das knappe Gut öffentlicher Aufmerksamkeit stehen.

## Phase II (2015 – 2021): Projektarbeit

In der ersten Phase hat das Dialogforum seinen eigenen Organisationsmodus entwickelt, der die damaligen Interessenschwerpunkte angemessen unterstützte. Zentraler Ort des Geschehens war das Plenum. Dort fanden die „großen" und kontroversen Debatten über das „Ob" und das „Wie", über Umweltschutz, Verkehrsprognosen, Kosten und andere allgemein interessierende Themen statt. Getagt wurde – und wird - etwa viermal pro Jahr. Die Sitzungen werden durch Arbeitsgemeinschaften und Workshops vorbereitet. Die jeweilige Tagesordnung wird dem Sprecher von einer eigenen Arbeitsgruppe, der AG Arbeitsplan, vorgeschlagen. Das stellt die Meinungsbildung auf eine breitere Grundlage, sodass es nur in den seltensten Fällen zu Diskussionen um die Tagesordnung kommt. Diese AG ist, wie alle anderen AGs auch, „offen", d. h. jedes Mitglied des Dialogforums hat das Recht daran teilzunehmen und niemand kann sich beschweren, dass er nicht gehört wurde.

Konsensprinzip als Integrationshebel

Beschlüsse des Dialogforums werden grundsätzlich im Konsens gefasst, was einen willkommenen Einigungsdruck zur Folge hat. Zudem wäre eine unterschiedliche Stimmengewichtung schwierig bis unmöglich: Sollen wirtschaftliche Überlegungen mehr Gewicht haben, als z. B. der Umweltschutz? Allein diese Diskussion hätte genügend Sprengkraft, um den Bestand eines Forums zu gefährden. Eine allerdings sinnvolle Ausnahme vom Konsens gibt es: Vorhabenträger wie Landesregierung können an sie gerichtete Bitten oder Beschlüsse nicht blockieren. Ob sie ihnen im Endergebnis dann auch folgen steht in ihrer Verantwortung, wobei sie dann allerdings auch die Auswirkungen auf das Klima im Forum zu berücksichtigen haben. Das gilt natürlich andersherum auch für das Forum und setzt einen Lernprozess in Richtung Realismus in Gang, denn niemand macht sich gerne auf Dauer durch unrealistische Forderungen lächerlich.

**Ownership und Selbstorganisation**

Solche Prozesse nehmen Zeit in Anspruch, sind aber nachhaltig und vermindern Frustrationen. „Ownership" und Selbstorganisation stehen im Vordergrund. Diese Organisation gibt dem Engagement der Betroffenen Raum und entspricht ihrem Wunsch nach inhaltlicher Gestaltungsmöglichkeit. Sie ist für die Diskussion allgemeiner Gesichtspunkte und Themen geeignet, stößt aber an ihre Grenzen, je konkreter und detaillierter die Fragen werden.

Mit dem Raumordnungsbeschluss zur Bahntrasse verlagerte sich der Schwerpunkt mehr und mehr zum „wie", also zu der Frage, wie die Belastungen durch Bau und Betrieb für die Region so gering wie möglich gehalten werden können, auch wenn die gegnerischen Bürgerinitiativen mit taktisch geschickten Schachzügen immer wieder erfolgreich das „ob" im Spiel hielten und so aus ihrer Sicht Argumente gegen das Projekt sammelten und sammeln. In der 2. Phase kam es nun verstärkt darauf an, Mittel und Wege zu finden, eine sachorientierte Arbeit an dem Projekt im Einzelnen zu ermöglichen, ohne die Möglichkeit der Erörterung der Sinnhaftigkeit des Projektes auszuschließen. Eine Quadratur des Kreises? Nein, eine Fortentwicklung der Organisation des Dialogforums im Konsens.

Zwei politische Beschlüsse hatten erheblichen Einfluss auf die weitere Entwicklung der Arbeitsweise des Dialogforums: Mit Landtagsbeschluss vom Januar 2015 wurden die Landesregierung gebeten, die Ergebnisse des Dialogforums in die Planung mit einfließen zu lassen. Und – entscheidend für die weitere Arbeit des Forums, - mit Bundestagsbeschluss vom Januar 2016 (BtDrs 18/2016) wurde Dialogforen die Möglichkeit eröffnet, bei Transeuropäischen Netzen konkrete Beschlüsse an die Bundesregierung zu formulieren, um im Einzelfall einen besonderen über das gesetzlich vorgesehene Maß hinausgehenden Schutz von Anwohnern und Umwelt erreichen zu können. Dieser Bundestagsbeschluss eröffnete dem Dialogforum die Möglichkeit, die Schienentrasse im Sinne der Betroffenen mitzugestalten. Diese Chance durfte sich das Forum nicht entgehen lassen, auch wenn sie neue Anforderungen an die Arbeitsweise stellte: Konzentration auf detaillierte Sachfragen, also auf das „Wie", ohne die gegnerischen Bürgerinitiativen mit ihrem für die Lösungsfindung so wichtigen Problembewusstsein zu verlieren.

Die Lösung lag in der Errichtung eines eigenen Arbeitsstranges für die Detailarbeit. Im September 2016 beschloss das Dialogforum die Gründung von 4 regionalen „runden Tischen" und einem „Projektbeirat". Die runden Tische bekamen die Aufgabe, lokale Lösungen zu erarbeiten und dem Projektbeirat vorzulegen, der sie dann zur Vorlage an das Dialogforum aufbereitet. All dies geschieht in Zusammenarbeit mit dem Vorhabenträger, der Deutschen Bahn, und den Betroffenen vor Ort, einschließlich aller betroffenen Gemeinden. Dabei spielt es hier keine Rolle, ob sie zu dem engen Kreis der Teilnehmer des Dialogforums gehören oder nicht. Wichtig bleibt aber, dass alles im Forum zusammenläuft. Auch dieser neue Arbeitsstrang ist deshalb Teil des Dialogforums und arbeitet nach dessen Regeln, allerdings streng sach- und zielorientiert. Er befasst sich ausschließlich mit Fragen des „Wie" und nicht des „Ob". Letztere Frage hat sich damit nicht erledigt, sondern bleibt dem Dialogforum vorbehalten. Diese Zweigleisigkeit ermöglichte es den gegnerischen Bürgerinitiativen, an konkreten Optimierungsvorschlägen mitzuarbeiten, ohne sich verbiegen zu müssen.

Skalierung von Aufgaben und Strukturen

In zahllosen Sitzungen wurde so ein detailliertes, mit Kosten unterlegtes Forderungspapier erarbeitet, dessen Stärke darin liegt, dass es sich eben nicht um die bloße Addition von Wünschen, sondern um einen realistischen Katalog drängender Maßnahmen handelt, die über den gesetzlichen Rahmen hinausgehen, und die von allen im Forum vertretenen Interessengruppen mitgetragen werden. Die Abwägung zwischen dem Wünschbaren und Realistischem brachte Projektbeirat und Dialogforum oft an ihre Grenzen. Nur in einem Einzelfall beharrte der betroffene Bürgermeister entgegen Vermittlungsvorschlägen auf seiner Ausgangsposition. Da mussten dann zwei Alternativen zur Entscheidung durch den Bundestag aufgelistet werden, (der dann dem Vermittlungsvorschlag folgte). Das Papier wurde im April 2019 von Landesverkehrsminister Dr. Buchholz dem damaligen Bahnbeauftragten der Bundesregierung, dem Parlamentarischen Staatssekretär Ferlemann, übergeben und vom Verkehrsministerium mit Stellungnahme an den Verkehrsausschuss des Bundestages weitergeleitet. Auf dessen Vorschlag hin schloss sich der Bundestag weitestgehend unseren Vorschlägen an und beschloss im Juli 2020 fast eine Viertel Milliarden Euro an übergesetzlichen Lärmschutzmaßnahmen für die Schienenanbindung des Tunnels. (BtDrS 19/20264). Die jahrelange intensive Arbeit im Dialogforum hatte sich gelohnt.

Beteiligung wirkt

Das Papier beweist, was eine funktionierende Bürgergesellschaft leisten kann, wenn sie rechtzeitig und ernsthaft in das „Wie" der Planung mit einbezogen wird. Es listet neben 8 Kernforderungen knapp 100 ortsbezogene Forderungen auf. Das ist ein Beleg dafür, dass sich jede betroffene Gemeinde mit den auf sie zukommenden Problemen befasst und dafür zusammen mit dem Dialogforum, den Bürgerinitiativen und der DB realistische Lösungen entwickelt hat. So kommt das gesammelte Knowhow von Problemen und Lösungsmöglichkeiten zusammen. So werden Betroffene zu Beteiligten.

Die Erarbeitung des Forderungskataloges war der erste wichtige Schritt, die Überzeugung des Bundestages der entscheidende zweite Schritt. Hier musste und konnte das Dialogforum auf die Unterstützung der Landesregierung wie auch der regionalen Bundestagsabgeordneten zählen.

## Phase III (2021 – heute): „Wir machen das Beste draus"

Mit Entscheidung des Bundesverwaltungsgerichtes vom November 2020 wurden alle Klagen gegen den Tunnel abgewiesen, auch die des NABU, der sich dafür entschieden hatte, seine Argumente nicht im Dialogforum, sondern vor Gericht zu verfolgen.

Damit war klar: Der Tunnel wird gebaut. Für die Region kommt es von nun an darauf an, die Belastungen durch Bau und Betrieb so gering wie möglich zu halten und dabei die sich bietenden Vorteile zu nutzen. Dementsprechend ergänzte das Dialogforum mit Beschluss vom Sommer 2021 seine Organisation um eine „Arbeitsgemeinschaft Chancen". Unter gemeinsamen Vorsitz von Kreis sowie Industrie- und Handelskammer, hat sie den Auftrag, ein „Chancenpapier" mit Vorschlägen zu Einzelmaßnahmen zu erarbeiten, dieses im Lichte der Entwicklung fortzuschreiben und dem Dialogforum jeweils darüber zu berichten.

Unser Motto „Wir machen das Beste draus" stellt klar, dass das Forum sich nicht zu einer Art Wirtschaftsförderung für die Region entwickeln will. Das ist nicht seine Aufgabe, dazu ist es nicht gemacht. Aber: das Forum verfügt anders als die verschiedenen Spartenorganisationen aufgrund seiner vielfältigen Zusammensetzung über einen wohl einzigartigen allgemeinen Überblick über die Interessen der Region. Es geht deshalb um eine Auflistung sinnvoller Maßnahmen aus möglichst allen Bereichen, wobei die jeweils dafür Verantwortlichen benannt werden. Dabei besteht Einigkeit, dass auch die Vermeidung oder Verringerung von Problemen Chancen darstellen und in das Papier gehören.

*Die Umsetzung begleiten*

Im Sommer 2022 wurde zur Vorbereitung der Bauarbeiten die erste Teilstrecke der Bahnverbindung auf Schienenersatzverkehr umgestellt. Das brachte und bringt eine ernste Belastung der Region mit sich. Da mit den Bauarbeiten bis mindestens 2029 zu rechnen ist, und neben Schiene auch Straßen und Starkstromleitung sowie andere Versorgungsleitungen in Planung bzw. im Bau sind, besteht erheblicher Koordinierungsbedarf zwischen den Baustellen und zwischen den verschiedenen Vorhabensträgern. Auf Anregung des Dialogforums wird deshalb eine gemeinsam von Land, Kreis, Deutscher Bahn, den Straßenbauern DEGES und LBV, dem Strom-Netzbetreiber TENNET und dem Dialogforum getragene Koordinationsstelle eingerichtet. Sie soll Kollisionen durch frühzeitige Koordinierung der Baumaßnahmen möglichst vermeiden. Sie berichtet dem Dialogforum, das dann der Koordinationsstelle mit seinen Beschlüssen notfalls „den Rücken stärken" kann.

## Zusammenfassung

Wir haben die Entwicklung des Dialogforums über 10 Jahre begleitet und müssen feststellen: Das Dialogforum von heute ist etwas ganz anderes als das von vor 10 Jahren. Aus einem Debattierclub, in dem sich Pro und Contra unversöhnlich gegenübersaßen, hat sich ein „runder Tisch" entwickelt, dem immer mehr Aufgaben zuwuchsen und der mittlerweile unter breiter Beteiligung der Region Einfluss auf das Bauvorhaben in Planung und Ausführung nimmt. Die Betroffenen wurden erst angehört, dann gehört und beteiligt. Probleme wurden nicht nur aufgezeigt, sondern auch angegangen.

Vom Streit zum Dialog

Im Dialogforum sitzen alle Interessen an einem Tisch und damit das gesamte Know-how von Problemen und Lösungsmöglichkeiten. Betroffene wurden zu Beteiligten, das motiviert zum Mitmachen. Wichtig war und bleibt dabei das Vertrauen der Politik in die Ernsthaftigkeit unserer Arbeit. Besonders wenn es zu Meinungsunterschieden und Konfliktlagen kam, war Realismus und Augenmaß gefragt.

In diesem Schnelldurchgang durch unsere Entwicklung konnten einige Punkte aufgezeigt werden, die für eine langjährige Mitwirkung von Bürgerinitiativen essenziell sind. Dazu gehören in erster Linie Offenheit und Öffentlichkeit, Transparenz, effiziente und unvoreingenommene Organisation, parteipolitische Neutralität, angemessenes Zeitmanagement, (schließlich opfern alle Beteiligten ihre Zeit, und nur einige werden dafür bezahlt), gemeinsames Interesse an Lösungen, auch dann noch, wenn diese vom ursprünglichen Ziel abweichen (von „Verhindern" zu „wir machen das Beste draus"), Vertrauen in die Ernsthaftigkeit des Bemühens der jeweils anderen Seite, um nur einiges in Erinnerung zu rufen. Eigeninteresse auch bei Bürgerinitiativen schadet nicht unbedingt, sondern erhöht die Motivation, sollte aber offengelegt werden.

Die Schwierigkeit besteht darin, die Motivation über einen längeren Zeitraum aufrecht zu halten. Dazu gehören Erfolgserlebnisse besonders dann, wenn sich die ursprünglichen Ziele – in unserem Fall Verhinderung des Tunnels - nicht verwirklichen lassen. Hier geht es dann vor allem um wirkliche Mitwirkung an der Planung, an der Vermeidung und Verringerung von Problemen. Da spielt der Bundestagsbeschluss zum übergesetzlichen Lärmschutz eine entscheidende Rolle. Von nicht zu unterschätzender Bedeutung sind aber auch persönliche Anerkennung und Ansehen. Den im Forum vertretenen Bürgerinitiativen wächst „qua Amt" eine herausgehobene Funktion zu. Sie sprechen im Forum mit Personen der Bundes- und Landesregierung. Sie bereiten vor Ort die Position ihrer Initiativen zum jeweiligen Forum vor und werden so zu einem Kristallisationspunkt in ihren Gemeinden. Im Forum erhalten sie eine Plattform mit Breitenwirkung. Ihr Wort hat Gewicht und wird verbreitet.

Persönliche Motivation ist eine Seite der Medaille. Hinzukommen muss die Fähigkeit, einen Dialog mit der „anderen Seite" zu führen, und das nicht nur ein oder zweimal, sondern auf Jahre hinaus. Das erfordert Sachkunde, aber auch institutionelles Wissen, denn auf der anderen Seite sitzen professionelle Institutionen, Baufirmen und Genehmigungsbehörden, mit ihrem Know-how und institutionellem Gedächtnis. Profis und Individuen, - das geht auf die Dauer nur gut, wenn das Gefälle ausgeglichen wird. Deshalb muss eine eigenständige und unabhängige Organisation hinter ihnen stehen, die auf eigenes unabhängiges Know-how zurückgreifen, einen eigenen Erfahrungsschatz aufbauen und zur Verfügung stellen kann. Das ist in einem Satz zusammengefasst, was ich mit Semi-Professionalisierung bezeichnen möchte: die Bürgerinitiativen in die Lage

Motivation über einen langen Zeitraum

versetzen, professionell zu agieren, ohne von den Profis auf der anderen Seite des Tisches abhängig zu werden.

Letztlich kommt es darauf an, von den „Profis" vorgeschlagene Lösungen nicht nur überprüfen, sondern auch mit eigenen Vorschlägen ergänzen oder verbessern zu können. Nur so entsteht Vertrauen in die gefundene Lösung.

Dies erfordert einen eigenen, selbstbestimmten Arbeitsstrang, der auch die lokalen Belange einpflegt. Die Bürgerinitiativen sollen nicht zu Profis werden, müssen aber im Bedarfsfall auf professionelle Hilfe zurückgreifen können, also „halbprofessionell" oder semiprofessionell agieren.

Kooperation von Fachleuten und Laien

Unabdingbar dafür ist zunächst einmal eine unabhängige, selbstbestimmte Organisation, die das Vertrauen aller Beteiligter genießt. Das fängt auf der Leitungsebene des Forums an: Die Leitung insgesamt sollte Erfahrung in Verhandlungen und ministeriellen Abläufen haben, unabhängig sein und in der Sache keine eigenen Interessen haben. (Bei uns wird die Geschäftsstelle von einem pensionierten Mitarbeiter des Landkreises geleitet.)

Zu Fachthemen müssen Fachleute herangezogen werden können, denen auch die Bürgerinitiativen vertrauen. So kann der Wissensvorsprung der „ausgeglichen werden. Das gesammelte Know-how wird auf der Webseite des Forums festgehalten und ist jederzeit abrufbar.

Mit zunehmender Projektarbeit wurde im Laufe der Zeit ein Unterbau durch Projektbeirat und runde Tische geschaffen. Der Projektbeirat wird von einem amtierenden Bürgermeister geleitet, dem seine Gemeindeverwaltung bei Bedarf zur Seite steht. Im Projektbeirat arbeiten neben Bürgerinitiativen auch Mitglieder von Verbänden, Gemeindevertretungen und anderen Organisationen mit der DB AG und Landesregierung zusammen. Alle eint das Ziel, akzeptable Lösungen zu finden. Gleiches gilt für die runden Tische.

Auf längere Zeit angelegte Dialogforen können nur Bestand haben, wenn sie einen von den mit Genehmigung und Durchführung be-

trauten Behörden und Vorhabenträgern unabhängigen Arbeitsstrang aufbauen, gebildet in enger Zusammenarbeit zwischen Bürgerinitiativen, Fachleuten des Vertrauens, und lokaler, an Lösungen
vor Ort orientierter Verwaltung der Gemeinden. Letztlich geht es
darum, den Kenntnissen und dem Wissen der Profis eigene Fähigkeiten und Know-how gegenüberzustellen und so eine Verhand-
lungsbasis zu schaffen.

Diese „Semi-Professionalisierung" war nicht von Anfang an gegeben. Sie wurde im Laufe der Zeit entwickelt. Wichtig war im Rückblick, dass wir uns in der Anfangsphase nicht „festgemauert" haben.
Unsere zu Beginn unserer Arbeit verabschiedeten Grundsätze waren in ihrer Kürze offen und flexibel genug, eine Weiterentwicklung
im Konsens zuzulassen. Über die Zeit konnte sich so Vertrauen aufbauen in die Ernsthaftigkeit des Bemühens des jeweiligen Gegen-
übers. Die Gegensätze blieben, der Ton verbesserte sich. Der Preis,
den Vorhabenträger und Planungsbehörden für ihre Kompromisse
möglicherweise in Kauf nehmen mussten, wurde durch Qualität
und Akzeptanz der Lösungen mindestens aufgewogen. So waren
alle Seiten froh, wenn das Dialogforum eine vor Ort umstrittene
Situation nach gründlicher Prüfung durch einen im Konsens gefundenen Vorschlag löste, wie z. B. einen Tunnel als zusätzliche Verbindung neben der Brücke zwischen Fehmarn und Festland zu bauen.
Gleiches gilt für den Grundsatzstreit, ob die Feste Fehmarnbeltquerung sinnvoll ist oder nicht, der im Dialogforum ausgetragen wurde, und damit zumindest weitgehend aus parteipolitischem Streit
herausgehalten werden konnte.

*Beteiligung als Qualitätsbooster*

Die Erfahrungen der letzten Jahre haben die Leistungsfähigkeit eines echten Bürgerdialoges unter Beweis gestellt. Die Entwicklung
geht weiter. Stand anfangs die Diskussion über die Fragen des „Ob"
und „Wie" im Vordergrund, so kam mit dem Bundestagsbeschluss
zum übergesetzlichen Lärmschutz die Beteiligung an der konkreten Planung hinzu. Mit der Anbindung des im Dezember 2022
geschaffene Baustellen- und Verkehrskoordinators an das Dialogforum geht es jetzt auch um operative Mitwirkung. Einmal mehr
werden Betroffene zu Beteiligten.

Dr. Maike Weißpflug, Christian Schwöbel, Katherin Wagenknecht, Ulla Herlt

# Pfadabhängigkeiten in langfristigen Partizipationsprozessen am Beispiel der Endlagersuche

*Der Beteiligungsprozess bei der Endlagersuche für hochradioaktive Abfälle ist so langfristig angelegt wie das Suchverfahren selbst. Das Bundesamt für die Sicherheit der nuklearen Entsorgung (BASE) achtet dabei darauf, dass das Suchverfahren zielorientiert und gemäß den gesetzlichen Festlegungen abläuft. Dazu organisiert es entsprechend dem gesetzlichen Auftrag in den unterschiedlichen Phasen des Verfahrens adäquate Formen der Beteiligung. Der Artikel wertet die Erfahrungen der ersten fünf Jahre Standortsuche, insbesondere im Hinblick auf die in der Beteiligung aufgetretenen Pfadabhängigkeiten, aus und entwickelt daraus einen Ansatz für den Umgang mit diesen langfristigen Beteiligungsprozessen.*

Partizipation in neuen Dimensionen

Die Suche nach einem Endlager für die hochradioaktiven Abfälle in Deutschland ist eines der größten partizipativen Verfahren der Gegenwart und eine langwierige, komplexe und gesamtgesellschaftlich zu lösende Aufgabe. Nach dem Ausstieg Deutschlands aus der Atomenergienutzung werden etwa 27.000 m$^3$ hochradioaktive Abfälle bleiben. Das entspricht umgerechnet dem Inhalt von rund 1.900 sogenannten Castor-Behältern, die zurzeit in Zwischenlagern untergebracht sind. Für diese hochgefährlichen Abfälle muss eine dauerhaft sichere Lösung gefunden werden. Es ist international anerkannter Konsens, dass die Lagerung unter der Erdoberfläche, in tiefengeologischen Schichten, die bestmögliche Sicherheit für diese gefährliche Hinterlassenschaft des Atomzeitalters bietet.

In der Gesetzesnovelle des Standortauswahlgesetzes (StandAG) von 2017 hat der Gesetzgeber festgelegt, dass ein solches Endlager in der Bundesrepublik Deutschland in einem wissenschaftsbasierten und partizipativen Verfahren gefunden werden soll. Mit der Durchführung der Suche wurde ein bundeseigenes Unternehmen beauftragt, die Bundesgesellschaft für Endlagerung (BGE) mbH. Die Verfahrensaufsicht liegt beim Bundesamt für die Sicherheit der nuklearen Entsorgung (BASE), das auch damit beauftragt ist, mit Blick auf das Verfahrensziel die Öffentlichkeitsbeteiligung zu organisieren. Die Suche erfolgt in drei Phasen, in denen nach vorab festgelegten fachlichen Kriterien jeweils Eingrenzungsschritte vorgenommen werden: In der ersten Phase geschieht die Suche auf Grundlage der bereits vorhandenen geologischen Daten, in der zweiten Phase konkretisieren sich die Untersuchungen mittels obertägiger Erkundung und in der dritten Phase mittels untertägiger Erkundung. In jeder der drei Phasen wird die Öffentlichkeit umfassend über die Verfahrensschritte informiert und in gesetzlich festgelegten Formaten beteiligt. Darüber hinaus ermöglicht das StandAG den Akteur*innen der Suche, zusätzliche Beteiligungsmöglichkeiten zu schaffen. Das Gesetz spricht davon, dass der Standort nach Möglichkeit bis zum Jahr 2031 gefunden werden soll. Mit Stand Herbst 2022 steht jedoch fest, dass gemäß Angaben der Vorhabenträgerin die Suche wesentlich mehr Zeit in Anspruch nehmen wird, als bisher bekannt gegeben wurde.

Aus der Langfristigkeit der Suche ergeben sich spezifische Rahmenbedingungen und Anforderungen für die Beteiligung der Öffentlichkeit. In unserem Artikel beleuchten wir eine dieser Rahmenbedingungen genauer und fragen, welche Auswirkungen frühere Ereignisse, Entscheidungen und Konstellationen auf die Gestaltung und Praxis des Beteiligungsprozesses haben. Das Standortauswahlverfahren ist mit dem Anspruch verbunden, aus der Geschichte des gesellschaftlichen Großkonflikts um die Nutzung der Atomenergie zu lernen und nach jahrzehntelangen Auseinandersetzungen die Weichen neu zu stellen. Ein zentrales Element hierbei ist die frühzeitige und weitreichende Öffentlichkeitsbeteiligung, bei der auch neue, kooperative Formen des gemeinsamen Problemlösens und Miteinanders zwischen staatlichen und gesellschaftlichen Akteur*innen erprobt werden können. In unserem Artikel betrachten

Herausforderung
Langfristigkeit

wir unsere Erfahrungen der ersten fünf Jahre Standortauswahlverfahren und untersuchen, welche Auswirkungen die konfliktreiche Geschichte auf die Planung und Durchführung der Öffentlichkeitsbeteiligung bis heute hat. Auf Grundlage der praktischen Erfahrungen des BASE entwickeln wir einen Analyserahmen und erste Ansätze für den Umgang mit Pfadabhängigkeiten in langfristigen Beteiligungsverfahren.

## Pfadabhängigkeiten in langfristigen Beteiligungsprozessen

Um den Einfluss früherer Ereignisse und Entscheidungen und deren Auswirkungen auf die Öffentlichkeitsbeteiligung besser beschreiben, analysieren und bewerten zu können, bedienen wir uns des Konzepts der Pfadabhängigkeit. Pfadabhängigkeit ist ein Konzept aus den Wirtschafts- und Sozialwissenschaften. Es fokussiert Prozesse, bei denen frühere Ereignisse oder Entscheidungen spätere Ereignisse oder Entscheidungen beeinflussen. Mittels des Analysekonzepts zur Pfadabhängigkeit in Beteiligungsprozessen werden nicht intendierte Verkettungen von Ereignissen sichtbar, die zu Rahmenbedingungen und Tatsachen führen, die wiederum die Weiterentwicklung der Beteiligung im Verfahren wesentlich beeinflussen und gestalten. Pfadabhängigkeiten können einerseits zu einer Stabilisierung von Prozessen führen, insbesondere durch eine Reduktion von Möglichkeiten. Andererseits besteht neben dem Vorteil der Komplexitätsreduktion und Effizienzsteigerung auch die Gefahr einer zunehmenden Inflexibilität oder Erstarrung in alten Mustern. Es ist davon auszugehen, dass sich Pfadabhängigkeiten in langfristigen Prozessen zunehmend verdichten und zu unhinterfragten Selbstverständlichkeiten entwickeln können. Sie können dann zu einer „Normativität des Faktischen" werden, die vordergründig nicht mehr unbedingt als Pfadabhängigkeit zu erkennen ist. Dies ist auch bei den klassischen Beispielen von Pfadabhängigkeiten im soziotechnischen Bereich zu beobachten: Die QUERTZ/QUERTY-Tastaturbelegung hat ihren Ursprung in technisch heute nicht mehr relevanten Voraussetzungen der Schreibmaschine.

Pfadabhängigkeiten als Chance und Risiko

Durch die Pfadabhängigkeit wird das Modell jedoch beibehalten, obwohl andere Tastaturbelegungen effizienter wären. Auch in sozialen und politischen Prozessen, zu denen die Beteiligung gehört, können Pfadabhängigkeiten zu wesentlichen Faktoren werden.

Pfadabhängigkeit stellt eine mehrdimensionale Herausforderung für Beteiligungsprozesse dar: Auf der einen Seite kann Pfadabhängigkeit Kontinuität und dadurch Vertrauen und Wertschätzung in ein Verfahren stiften. Auf der anderen Seite bedeutet Stabilität immer auch eine relative Inflexibilität und damit den Verlust der Fähigkeit, das jeweilige Beteiligungsformat an aktuelle Situationen und Bedarfe anzupassen. So können Verfahren und Standards, die in einer Phase dem Gelingen des Prozesses und der angemessenen Behandlung des Beteiligungsgegenstandes zuträglich sind, auf andere Phasen übertragen werden, in denen sie aus inhaltlichen oder organisatorischen Gründen nicht erforderlich sind und/oder Konflikte hervorbringen. Da gute Beteiligung vor allem davon lebt, Angebote bedarfsgerecht mit Blick auf die Zielstellung und den Beteiligungsgegenstand zu entwickeln, ist es sinnvoll, die Möglichkeit von Pfadabhängigkeiten bei der Beteiligungsarbeit im Blick zu haben.

Unsere These ist, dass die erfolgreiche Weiterentwicklung und vor allem Umsetzung von Beteiligungsformaten in langfristigen Beteiligungsverfahren wie der Endlagersuche eine Auseinandersetzung mit vorhandenen und insbesondere potenziellen und zukünftigen Pfadabhängigkeiten benötigt und diese bei der Konzeption, der Durchführung und Weiterentwicklung von Beteiligungsformaten mitgedacht werden müssen.

## Von der Konfrontation zur Partizipation in der Endlagersuche

Um zu verstehen, welche Kräfte und Pfadabhängigkeiten die Öffentlichkeitsbeteiligung in der Endlagersuche prägen, werfen wir zunächst einen Blick zurück auf die konfliktreiche Geschichte der Nutzung der Atomenergie in Deutschland. Seit den 1970er Jahren entwickelte sich eine starke gesellschaftliche Bewegung, die Umweltthemen auf die politische Agenda hob und eine hohe Sensibilität für die Gefahren und Folgen der Atomtechnologie entwickelte. Zivilgesellschaftlich organisierte Proteste und die Gründung der Partei „Die Grünen" stellten die gesellschaftliche Unterstützung für die Nutzung der Atomenergie infrage. In den darauffolgenden Jahrzehnten entwickelte sich ein gesellschaftlicher Großkonflikt, der sich vor allem auch in zivilgesellschaftlichem Widerstand gegen das Endlagerprojekt Gorleben manifestierte. Erst mit dem 2002 beschlossenen und 2011 nach der Katastrophe in Fukushima erneuerten Atomausstieg kam es zur Wendung hin zu der Bereitschaft einer gemeinsamen Problemlösung. In der Forschungsliteratur wird die Auseinandersetzung um die Nutzung der Atomenergie als Lernprozess und Erfolgsgeschichte für die Demokratie beschrieben: Zum einen wurde mit dem Atomausstieg eine politisch und gesellschaftlich akzeptierte Lösung gefunden, zum anderen belebte die Anti-AKW-Bewegung die Demokratie mit neuen Formen der Beteiligung und des zivilgesellschaftlichen Engagements, wie z. B. Bürgerinitiativen.

Das Standortauswahlverfahren stellt vor diesem Hintergrund einen Neustart der Endlagersuche unter neuen Bedingungen dar: An die Stelle der Konfrontation zwischen Staat und Zivilgesellschaft treten die Prinzipien der Partizipation und der Mitwirkung unterschiedlicher Akteur*innen und Stakeholder, von Bürger*innen und der Öffentlichkeit. Gesellschaftliche Gruppen sitzen in Beteiligungsformaten als Mitgestaltende mit am Tisch. Zugleich ist das Erbe des alten Konflikts zwischen Zivilgesellschaft und Staat im Beteiligungsverfahren weiterhin zu spüren.

Bereits die Endlagerkommission, die von 2014 bis 2016 wesentliche Empfehlungen für die Novellierung des Standortauswahlgesetzes erarbeitete, konstatierte in ihrem Abschlussbericht selbstkritisch, sich dem „Thema Aufarbeitung der Vergangenheit [...] nicht ausreichend gewidmet" (S. 420) zu haben. Es sei für die Standortsuche von entscheidender Bedeutung, die dem Verfahren nach wie vor kritisch gegenüberstehenden zivilgesellschaftlichen Gruppierungen „mit ins Boot zu holen". Der Kommission sei es nicht im

Ein Neustart mit Vorgeschichte

ausreichenden Maße gelungen, die Konfrontationsstellung mit den kritischen Teilen der Umweltbewegung aufzulösen. Die Kommission identifizierte ein weiteres Aufarbeiten der Vergangenheit, eine frühzeitige und umfassende Öffentlichkeitsbeteiligung als die zentralen Elemente, um das Vertrauen in das Verfahren auf eine breite Basis zu stellen und auch die kritischen Stimmen in das Standortauswahlverfahren einzubinden.

Die von der Kommission beschriebene Problematik entspricht dem in den langen Jahren des Atomkonflikts etablierten Muster der Konfrontation zwischen Zivilgesellschaft und Staat. Kritik „von außen" kann durchaus ein wertvoller Beitrag sein, um dem Verfahren Anstöße und Hinweise zu geben. Zugleich bietet das neue Verfahren alternative Möglichkeiten an, die der Kritik der Zivilgesellschaft innerhalb des Standortauswahlverfahrens Raum geben und damit die Chance, zivilgesellschaftliche Perspektiven, Argumente und Standpunkte auf eine Weise in den Prozess zu geben, die von den Entscheidungsträger*innen auch angehört und aufgenommen werden müssen. Mit dem Angebot zur Kooperation ist der unabhängige Handlungsspielraum der Zivilgesellschaft folglich nicht aufgehoben. Sie verfügt weiterhin über die Möglichkeit, unabhängig ihre Kritik an dem staatlich verantworteten und organisierten Verfahren öffentlich zu artikulieren.

Konfrontation und Kooperation

Die Kommission war sich dessen bewusst und ging „auf der Grundlage des Standortauswahlgesetzes davon aus, dass ein grundsätzlicher Neustart notwendig war, um zu einer breiten gesellschaftlichen Verständigung in Bezug auf die Entsorgung radioaktiver Abfälle zu kommen" (S. 425). Das Standortauswahlgesetz setzt diesen Anspruch konkret um: Die gesetzlichen Beteiligungsformate sind Beteiligungsmöglichkeiten, in denen Akteur*innen aus Staat, Verwaltung, Wissenschaft und Zivilgesellschaft zusammenarbeiten, um die Standortsuche auf die bestmögliche Wissensbasis zu stellen und breit zu legitimieren. Über die gesetzlichen Beteiligungsformate hinaus bietet das Gesetz den institutionellen Akteur*innen die Möglichkeit, zusätzliche Beteiligungsmöglichkeiten zu schaffen.

## Beteiligung im Standortsauswahlverfahren: Fachkonferenz Teilgebiete und Forum Endlagersuche

Die Fachkonferenz Teilgebiete fand zwischen Oktober 2020 und September 2021 statt und stellt den ersten gesetzlich festgelegten Beteiligungsschritt im Standortauswahlverfahren dar. Diese Konferenz diente der öffentlichen Diskussion des Zwischenberichts Teilgebiete, in dem das mit der Endlagersuche beauftragte Unternehmen in einem ersten Zwischenstand seiner Arbeit Gebiete benennt, die aus dem Verfahren ausscheiden sollen, und sogenannte Teilgebiete, die aus ihrer Sicht im nächsten Untersuchungsschritt weiter zu betrachten sind. Das StandAG macht einige Vorgaben zur Ausgestaltung dieses Formats, wie z. B. zur Zusammensetzung der Teilnehmenden (Bürger*innen, Vertreter*innen der Gebietskörperschaften der ermittelten Teilgebiete, Vertreter*innen gesellschaftlicher Organisationen sowie Wissenschaftler*innen) sowie zur Unterstützung durch eine Geschäftsstelle, die beim BASE angesiedelt ist. Auch die Gesetzesbegründung des StandAG formuliert Vorgaben und gibt damit Orientierungen zur Interpretation des Gesetzes: „Um mehr Handlungsspielräume für die neuen, von der Endlagerkommission empfohlenen Formen gelingender Beteiligung zu schaffen, werden Organisation und Ablauf dieser Beteiligung daher nicht abschließend und verbindlich vorgegeben. Vielmehr soll diese Beteiligung eigenverantwortlich von den jeweiligen Konferenzen wahrgenommen werden."

*Beteiligung in bedingter Eigenregie*

Die Fachkonferenz Teilgebiete legte damit den Grundstein für die Beteiligung im Standortauswahlverfahren, die auf ein neues Zusammenspiel von Staat, Kommunalvertreter*innen, zivilgesellschaftlichen Organisationen, Bürger*innen und Wissenschaft zielt. Zugleich wurde bei der Durchführung sichtbar, dass die alten Muster der Konfrontation immer noch vorhanden waren. Auf der einen Seite setzten einige NGOs und Bürgerinitiativen die Logik des zivilgesellschaftlichen Protests fort, auf der anderen Seite manifestierte sich in der Umsetzung des Standortauswahlgesetzes eine neue, kooperative Form der Beteiligung: Im Mittelpunkt stand dabei der

Ansatz der eigenverantwortlichen Gestaltung. Es lassen sich drei Wesensmerkmale der Arbeitsweise der Fachkonferenz Teilgebiete festhalten: 1. die eigenverantwortliche Gestaltung der Fachkonferenz, 2. die Unterstützung dieser selbstorganisierten Arbeitsweise durch eine beim BASE angesiedelte Geschäftsstelle, 3. eine Verständigung der Teilnehmenden auf eine gemeinsame Geschäftsordnung. Die Konferenzteilnehmer*innen waren eingeladen, selbst darüber zu entscheiden, wie sie beispielsweise den Ablauf, die inhaltlichen Schwerpunkte der Termine oder die Dokumentation ihrer Ergebnisse gestalten. Wesentliche Bündelungsfunktion übernahm hier die aus zwölf gewählten Mitgliedern bestehende Arbeitsgruppe Vorbereitung.

Die Fachkonferenz Teilgebiete endete mit der vom Gesetz festgelegten zeitlichen Befristung nach sechs Monaten Beratung mit der Übergabe ihres Ergebnisberichts an die BGE mbH am 7. September 2022; damit löste sie sich gemäß § 9 Abs. 2 StandAG auf. Als Träger der Öffentlichkeitsbeteiligung initiierte das BASE daraufhin intensive Gespräche mit Vertreter:innen der unterschiedlichen gesellschaftlichen Gruppen. Gemeinsam wurde ein sowohl von institutionellen wie auch nicht-institutionellen Vertreter*innen getragenes, kooperativ erarbeitetes „Gemeinsames Beteiligungskonzept für die Öffentlichkeitsbeteiligung in Phase 1, Schritt 2 des Standortauswahlverfahrens", d. h. für die Phase nach der Fachkonferenz und vor Einrichtung der Regionalkonferenzen, entworfen. Das Konzept wurde im November 2021 auf einer öffentlichen Veranstaltung präsentiert, diskutiert und mit großer Zustimmung der Teilnehmenden in die Umsetzung gebracht. Ganz bewusst wurde es dabei als Prototyp angelegt, d. h. als unfertiges und nach Phasen der Reflexion und der Evaluation anzupassendes Format. Die konzeptionelle Idee des Prototyps ist die relativ schnelle Ausarbeitung eines ersten Modells, welches in die Umsetzung gebracht und auf der Grundlage der gemachten praktischen Erfahrungen weiterentwickelt wird. Im Zentrum des Konzeptes stehen zwei sich ergänzende Elemente für die Beteiligung bis zum Start der Regionalkonferenzen: Das Forum Endlagersuche (FE) als große öffentliche Veranstal-

Fließendes Konzept

tung und das Planungsteam Forum Endlagersuche (PFE), das aus Vertreter*innen der institutionellen Akteur*innen BASE, BGE mbH und NBG sowie gewählten Vertreter*innen unterschiedlicher Gruppen (Bürger*innen, Wissenschaft, Kommunen, organisierte Zivilgesellschaft und junge Generation) besteht. Das PFE begleitet die Arbeit der BGE mbH, identifiziert so Themen für das Forum Endlagersuche und bereitet dieses vor. Vertieft wird der schon in der Fachkonferenz Teilgebiete erprobte nicht-konfrontative Ansatz der Beteiligung in der Endlagersuche durch die Schaffung eines explizit kooperativen Ansatzes: Im PFE sitzen institutionelle Akteur*innen mit den gewählten gesellschaftlichen Vertreter*innen gemeinsam am Tisch, um die Arbeit der BGE mbH bei der weiteren Eingrenzung der Teilgebiete hin zu einem Vorschlag für mögliche Standortregionen zu begleiten. In der Praxis zeigt sich dabei immer wieder der lange Schatten des alten Konflikts zwischen Zivilgesellschaft und Staat: Konflikte und Misstrauen beeinflussen die gemeinsame inhaltliche Arbeit – die kritische Begleitung des Arbeitsfortschritts der BGE mbH. Immer wieder stehen Grundsatzfragen zu Rollen, Aufgaben und Zusammenarbeit und das Ringen um die „korrekte" Ausgestaltung der Beteiligung im Mittelpunkt. Eine dauerhaft tragende „neue" Vertrauenskultur muss erst noch erarbeitet und eingeübt werden.

*Noch keine echte Vertrauenskultur*

## Faktoren der Pfadabhängigkeit in der Beteiligung

Aus der Beschreibung der Entwicklung der Beteiligung in der Endlagersuche von der konfliktreichen Vorgeschichte des Standortauswahlverfahrens, über die Endlagerkommission und zwei Beteiligungsformate im Rahmen der neu gestarteten Endlagersuche, der „Fachkonferenz Teilgebiete" und dem „Forum Endlagersuche" geht hervor, dass frühere Ereignisse, Entscheidungen und Konstellationen einen unmittelbaren Effekt auf die Entwicklung der Beteiligung in der Endlagersuche hatten. Sie brauchen eine aktive Bearbeitung, um den Bedarfen und Zielstellungen jeweils angemessene Beteiligung zu ermöglichen. Dabei lassen sich drei Faktoren der Pfadabhängigkeit unterscheiden:

Erstens: Die übergreifende, am stärksten wirkende, jedoch am schwersten greifbare Pfadabhängigkeit ist die strukturelle: Durch vierzig Jahre der Auseinandersetzung zwischen Zivilgesellschaft und Staat im Modus der Konfrontation ist eine verfestigte Konstellation entstanden, die den Wechsel in einen Modus der Partizipation und der Kooperation erschwert. Dieser lange Schatten des Atomkonflikts kann mithilfe des Dialogs und sachlicher Argumente nur schwer überwunden werden, da es sich um tieferliegende Gewohnheiten und verfestigte Verhaltensmuster handelt. Etwas, das sich auf bekannte Muster, Strukturen und Gewohnheiten stützen kann, hat in Gruppendynamiken größere Chancen, sich durchzusetzen als neue Ideen und Veränderungen.

Zweitens: Eine starke Ursache für konkrete Pfadabhängigkeiten ist die Neigung in Gruppen, einmal etablierte Standards beibehalten zu wollen, anstatt die Ausgestaltung des Formats an den konkreten Bedarfen mit Blick auf Verfahrensschritt oder den Beteiligungsgegenstand anzupassen.

Drittens: Als verstärkender Faktor wirkt zudem die personelle Kontinuität in den Beteiligungsformaten. Es gibt in der Endlagersuche aktuell eine hohe personelle Stabilität in der Beteiligung, die insbesondere auf die Strukturen der organisierten Zivilgesellschaft zurückzuführen ist. Hier gibt es einen starken Rückkopplungseffekt mit der unter 1. genannten strukturellen Pfadabhängigkeit. Die personelle Kontinuität führt zum einen zu einer Wissensträgerschaft in der Zivilgesellschaft, zum anderen verstärkt sie die Übertragung von Vorstellungen, Erfahrungen und Bewertungen. Die personelle Kontinuität kann außerdem den Zugang für neu Hinzukommende erschweren (z. B. wegen großer Wissensunterschiede).

*Personelle Kontinuität*

## Ansätze für den Umgang mit Pfadabhängigkeiten in langfristigen Beteiligungsprozessen

Erst die retrospektive Betrachtung der bisherigen Beteiligungsprozesse macht deutlich, inwiefern Pfadabhängigkeiten das Verfahren strukturieren und prägen. Aus dieser Erfahrung lassen sich einige

Eckpunkte für die Ausgestaltung langfristiger Beteiligungsformate gewinnen:

Idealerweise fließen Analysen zu möglichen Pfadabhängigkeiten bereits vor Beginn der Beteiligung in das Prozessdesign ein, in dem auch zentrale Standards für verschiedene Verfahrensphasen dargelegt werden. Dies gilt insbesondere bei gestuften oder langfristigen Beteiligungsverfahren. Dabei ist es besonders wichtig, auf die Vorgeschichte der Beteiligung und der Beteiligten zu schauen. Das Themenfeld Atomenergie ist dabei sicherlich ein besonderes, da es hier jahrzehntelange gesellschaftliche Auseinandersetzungen gab, die das Themenfeld und die Akteur*innen entschieden geprägt haben. Es ist jedoch davon auszugehen, dass jedes Themenfeld und jeder Beteiligungsgegenstand eine Geschichte haben, die betrachtet und beachtet werden sollte.

Ebenfalls notwendig ist die Fokussierung auf den jeweiligen Beteiligungsgegenstand und den Zweck der Beteiligung, aus dem sich Formate, Prozesse und Bedingungen für die Beteiligung ableiten müssen. Das herausforderndste Element ist dabei, dass Pfadabhängigkeiten in der Regel erst in der Retrospektive erkennbar werden.

Ein weiteres Instrument, mit dem Pfadabhängigkeiten entgegnet werden kann, ist das Anlegen von Beteiligungsformaten als Prototyp. Auch hier ist eine frühzeitige und klare Kommunikation sowie eine gute Strukturierung der Auswertungs- und Weiterentwicklungsphasen entscheidend, um ein Erkennen und Bearbeiten von Mustern der Pfadabhängigkeit zu ermöglichen. Hier entsteht ein Raum, in dem sich die Akteur*innen und die Beteiligten intensiv über die Ziele, Anforderungen und Ausgestaltung von Beteiligung austauschen und gemeinsam wachsen und lernen können.

## Literatur

Alle wesentlichen Unterlagen und Dokumente des Verfahrens wie Geschäftsordnungen, Berichte und Konzepte sowie ausführliche Dokumentationen der beschriebenen Beteiligungsformate sind auf der gesetzlich verankerten Informationsplattform Endlagersuche zu finden:

www.endlagersuche-infoplattform.de

Beyer, Jürgen (2006): Pfadabhängigkeit. Über institutionelle Kontinuität, anfällige Stabilität und fundamentalen Wandel, Schriften aus dem Max-Planck-Institut für Gesellschaftsforschung, Band 56, Frankfurt/Main, Campus Verlag.

Losada, A. M. I. (2021): Pfadabhängigkeiten in der Endlagerpolitik. Die Bedeutung von Pfadentwicklungen im Kontext der Entsorgungsoptionen und Institutionenarchitektur in der Bundesrepublik Deutschlands. In: Robuste Langzeit-Governance bei der Endlagersuche. Soziotechnische Herausforderungen im Umgang mit hochradioaktiven Abfällen, hrsg. von: Brohmann, B. et al. Bielefeld, transcript Verlag.

Meyer, Uli/Schubert, Cornelius (2005): Die Konstitution technologischer Pfade: Überlegungen jenseits der Dichotomie von Pfadabhängigkeit und Pfadkreation. (TUTS - Working Papers, 6-2005), Berlin, Technische Universität Berlin, Fak. VI Planen, Bauen, Umwelt, Institut für Soziologie Fachgebiet Techniksoziologie.

Weißpflug, Maike/Kübler, Lukas/Ahlswede, Jochen/Stelljes, Ina/Nanz, Patricia (2022): Experimente erwünscht. Öffentlichkeitsbeteiligung und staatliche Verantwortung bei der Endlagersuche in Deutschland, Forschungsjournal Soziale Bewegungen PLUS, Supplement zu Heft 2/2022.

Frieder Hartung, Hannah Reinbold, Prof. Dr. Christina
Simon-Philipp

# Mitten in der Stadt – Partizipative Forschung für starke Zentren

*Der Beitrag setzt sich mit der Stärkung von Stadt(teil)zentren durch partizipativ getragene Projekte auseinander. Es wird der Frage nachgegangen, wie diese Projekte entstehen, wie Engagement und Kooperationen erfolgreich gefördert werden können und welche Wege es zur Verstetigung bürgergetragener Projekte gibt. Die Erkenntnisse stammen aus dem vom Bundesministerium für Bildung und Forschung (BMBF) geförderten Projekt TransZ – Transformation urbaner Zentren (2017-2022).*

Mit dem Projekt TransZ – Transformation urbaner Zentren – wurden lokale Akteur*innen in verschiedenen Orten in Deutschland bei der Umsetzung ihrer Ideen zur nachhaltigen Entwicklung und Stärkung der jeweiligen Stadt(teil)zentren unterstützt. Dabei arbeiten Forschende in fachübergreifenden Teams mit der (Stadt-)Gesellschaft zusammen, um vor Ort Ideen und Projekte zu entwickeln, die eine sozial, ökonomisch und ökologisch nachhaltige Transformation gewachsener Stadtteilzentren anstoßen. Es entstanden unterschiedliche Projekte, die zum Teil über das Ende von TransZ im September 2022 hinaus bestehen bleiben. Hierzu zählen eine Bürgergenossenschaft in Holzminden, ein Kreativhaus in Hamburg und eine Bauwerkstatt in Stuttgart. Auf ihren Entstehungshintergrund und ihre Perspektiven wird in diesem Beitrag genauer eingegangen. Daneben gab es auch Initiativen und Projekte, die abgebrochen oder nicht mehr weiterverfolgt wurden.

*Das Projekt TransZ*

Wir beschäftigen uns in diesem Beitrag im Wesentlichen mit dem Aspekt der Verstetigung von bürgergetragenen Projekten in der Stadtentwicklung. Den wissenschaftlichen Ansätzen in der Theorie stellen wir die realen Erfahrungen gegenüber. Mit welchen Maßnahmen und Ansätzen wurden die initiierten Projekte verstetigt? Welche Bedingungen waren maßgeblich, welche Ressourcen, welche Kooperationen und Ziele? Auch vom Scheitern soll hier die Rede sein, als wichtige Lernerfahrung – Lessons Learned für eine breite interessierte Öffentlichkeit.

Wir möchten Beteiligungsinteressierte in Forschung und Lehre, im Studium genauso wie in Kommunalverwaltungen und weitere in der Praxis verankerte Akteur*innen und lokale Verantwortungsträger*innen von der Quartiers- bis zur Gesamtstadtebene ansprechen. Diese Perspektivenvielfalt ist uns auch in unserem Projekt begegnet. Sie hat zu einem fruchtbaren Austausch geführt, welcher

Multiperspektivität

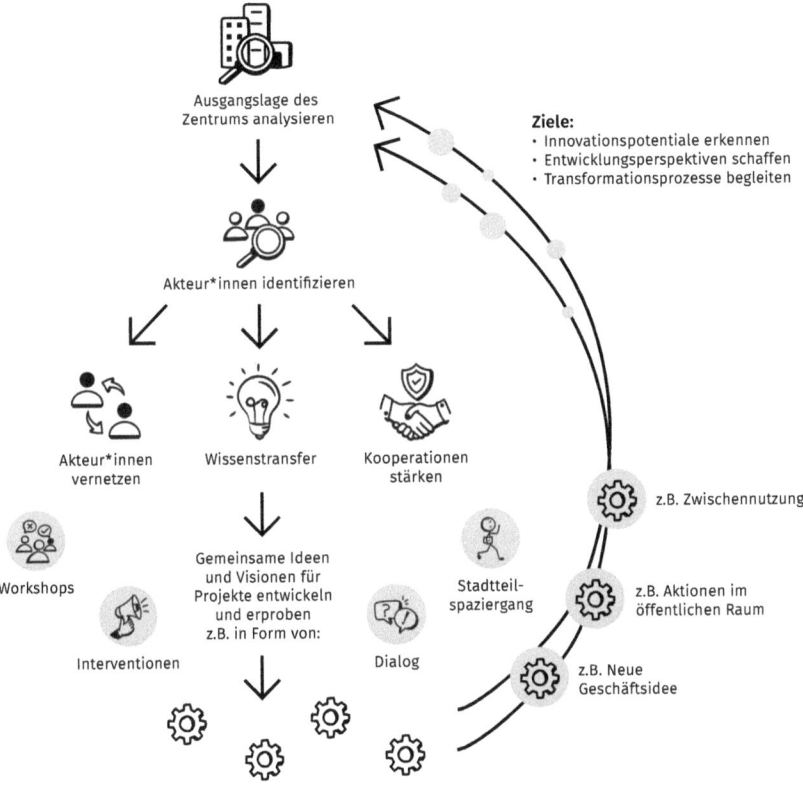

Abbildung 1:    Forschungsansatz und Vorgehen von TransZ (Quelle: TransZ)

gleichzeitig die Grundlage für die Erkenntnisse und Empfehlungen zur Stärkung von Stadt(teil)zentren sowie die aktive Einbindung der Engagierten vor Ort bildet. Denn es braucht den Mut und die Bereitschaft für mehr Partizipation, Kooperation und Koproduktion in der Stadtentwicklung, um für die Gesellschaft zentrale Orte – wie Stadt(teil)zentren – gemeinsam vital zu halten, zu stärken und zu erneuern.

## Zentren und Partizipation – Herausforderungen

Zentren sind mit erheblichen strukturellen Veränderungen konfrontiert. Ursächlich sind ein umfassender Strukturwandel im Einzelhandel und die Digitalisierung des Handels, die eine ortsunabhängige Versorgung erlaubt. Der Einzelhandel in den Zentren steht in Konkurrenz zu weiter außen liegenden Handelsstandorten, die auf den motorisierten Individualverkehr ausgerichtet sind. Zudem bindet der rund um die Uhr bequem verfügbare Online-Handel Kaufkraft. Das Einkaufsverhalten hat sich verändert, es kommt in der Folge zu Funktionsverlusten in den Zentren.

Niedergang der Zentren

Über die letzten Jahrzehnte ist zu beobachten, dass die Zentren erheblich an Bindungskraft, Wertschätzung und Bedeutung als Kommunikations-, Identitäts- und Aufenthaltsorte verloren haben. Auch ehemals vitale Zentren verlieren aufgrund der Vielschichtigkeit der Problemlagen merklich an Attraktivität. Um die Zentren attraktiv und lebendig zu halten, sind daher Orte wichtig, die für mehr stehen als für Konsum und Versorgung. Was bleibt in unseren Zentren? Wir befinden uns in bewegten Zeiten, die etliche zusätzliche Herausforderungen für die Akteure in den Zentren mit sich gebracht haben.

Die Kommunen stoßen häufig an die Grenzen ihrer Handlungsfähigkeit und sind auf die Mitwirkung der Bevölkerung angewiesen. So wird in den letzten Jahren der Partizipation in der Stadtentwicklung verstärkt Aufmerksamkeit gewidmet und Stadtentwicklung zunehmend als Gemeinschaftsaufgabe verstanden.

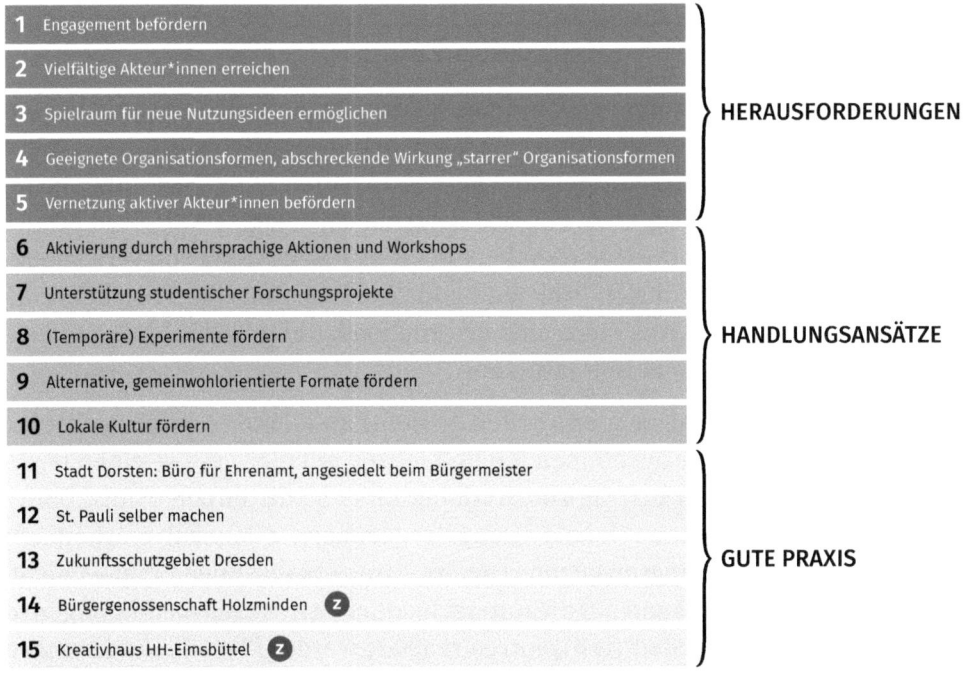

| | | |
|---|---|---|
| **1** Engagement befördern | | |
| **2** Vielfältige Akteur*innen erreichen | | |
| **3** Spielraum für neue Nutzungsideen ermöglichen | } | **HERAUSFORDERUNGEN** |
| **4** Geeignete Organisationsformen, abschreckende Wirkung „starrer" Organisationsformen | | |
| **5** Vernetzung aktiver Akteur*innen befördern | | |
| **6** Aktivierung durch mehrsprachige Aktionen und Workshops | | |
| **7** Unterstützung studentischer Forschungsprojekte | | |
| **8** (Temporäre) Experimente fördern | } | **HANDLUNGSANSÄTZE** |
| **9** Alternative, gemeinwohlorientierte Formate fördern | | |
| **10** Lokale Kultur fördern | | |
| **11** Stadt Dorsten: Büro für Ehrenamt, angesiedelt beim Bürgermeister | | |
| **12** St. Pauli selber machen | | |
| **13** Zukunftsschutzgebiet Dresden | } | **GUTE PRAXIS** |
| **14** Bürgergenossenschaft Holzminden (Z) | | |
| **15** Kreativhaus HH-Eimsbüttel (Z) | | |

Abbildung 2:     Soziale Innovation und Selbstorganisation aktivieren (Quelle: TransZ)

Bei der Zentrenentwicklung treffen unterschiedliche Handlungslogiken aufeinander. Auf der einen Seite stehen lokale Akteur*innen und eine Zivilgesellschaft, die handeln, wenn sie es für geboten halten. Auf der anderen Seite befindet sich die öffentliche Hand, die im Rahmen ihrer kommunalen Planungshoheit agiert und handelt, wenn sie es muss. Bürgerschaftlich Aktive engagieren sich für Probleme, die sie als solche erkennen und für die sie nach Lösungen suchen. Im Prozess der Entwicklung von (Stadtteil-)Zentren gibt es Reibungspotentiale und eine Reihe von zentralen Fragestellungen:

*Verschiedene Akteure und Interessen*

- Eine kooperative Zentrenentwicklung ist die Aufgabe von vielen unterschiedlichen Akteur*innen. Eine wichtige Rolle kommt dabei den Bürger*innen zu, die als Nutzende eines Zentrums umfassendes Erfahrungswissen besitzen. Doch wie kann dieses Wissen effektiv in die Zentrenentwicklung einfließen? Wie können Bürger*innen für gemeinsame Projekte zur Stärkung des Stadt- oder Stadtteilzentrums gewonnen, d. h. gezielt aktiviert werden?

- Kommen verschiedene lokale Akteur*innen zusammen, um gemeinsam konkrete Vorhaben umzusetzen, erfordert diese Art der Kooperation eine Moderation und Unterstützung. Im vorliegenden Fall des Forschungsprojektes TransZ übernahmen die Hochschulen die externe Begleitung von verschiedenen lokalen Projekten und übten die Rolle der Projektleitung aus. Was muss eine externe Begleitung leisten? Wo kann sie effizient unterstützen?

- Engagierte erarbeiten gemeinsam konkrete Projekte, setzen diese zusammen um und leisten auf diese Weise einen wichtigen Beitrag zur Stärkung ihres Stadt(teil)zentrums. Damit wird auf lokale Herausforderungen mit lokal erarbeiteten Lösungsansätzen reagiert – Universallösungen gibt es nicht. Wie kann auf die unterschiedlichen Ausgangsbedingungen in den Stadt(teil)zentren reagiert werden? Welche Änderungen oder Anpassungen der lokalen Bedingungen können eine kooperative Entwicklung der Stadt(teil)zentren stärken?

**Kommune setzt Rahmen**

Genauso wie es engagierte Menschen vor Ort geben muss, die neue Ideen für ihren Lebensraum einbringen, müssen auf der anderen Seite die Rahmenbedingungen geschaffen werden, damit diese Ideen in die Tat umgesetzt werden können. Denn Stadtentwicklung ist eine Gemeinschaftsaufgabe. Die Kommune ist dabei eine wichtige Schlüsselakteurin, die die Rahmenbedingungen setzt. Wie sollten diese gestaltet werden, um kooperative Zentrenentwicklung zu fördern und zu stärken?

## Beteiligte und ihr Zusammenwirken

Die Zentrenentwicklung ist durch eine Vielzahl von unterschiedlichen Beteiligten und deren Zusammenwirken geprägt. Diese Heterogenität spiegelt sich auch in den TransZ-Projekten wider. Je nach Ausgangslage, Problemstellung und Lösungsvorschlag treten Engagierte themenbedingt in unterschiedlichen Konstellationen miteinander in Verbindung. Geht es beispielsweise um die Nutzung und Aufwertung des öffentlichen Raums durch (temporäre) Interventionen, finden sich vor allem zivilgesellschaftlich engagierte Personen zusammen, die sich weitgehend selbst organisieren. Voraussetzung ist, dass sie von der öffentlichen Hand unterstützt werden. Geht es um Branchenmix und Gewerbestrukturen in den Stadt(teil)zentren, treten andere Akteur*innen zutage: Gewerbetreibende, Handels- und Gewerbevereine, Wirtschaftsförderung, Bezirksverwaltungen. Eher marktorientierte Interessen treffen in der Zentrenentwicklung auf am Gemeinwesen orientierte Interessen. Kommunikationsstrukturen zwischen den Beteiligten sind in gewachsenen Zentren oft kaum ausgeprägt, sofern überhaupt vorhanden.

Mit Blick auf die Stadt(teil)zentren im Forschungsverbund TransZ ist festzustellen, dass die zentralen Akteur*innen der Projekte nicht fest an Institutionen oder bestimmte Gruppen gebunden sind. In jedem Zentrum gibt es unterschiedliche Menschen, die sich im Rahmen einer gemeinsamen Zentrenentwicklung engagieren wollen und können. Unter ihnen sind Einzelne, die sich als „Macher*innen" oder „Pioniere" verstehen, andere sehen ihren Schwerpunkt eher in der tatkräftigen Unterstützung oder etwa im digitalen Support (Online-Aktive) der Initiativen.

Vielfalt an individuellen und organisierten Akteuren

Im Projekt TransZ wurde deshalb der Ansatz verfolgt, neue Kommunikations-, Kooperations- und Koordinationsstrukturen anzustoßen, die ein vielfältiges und innovatives Verständnis von Zentren entstehen lassen. Darin sollen die unterschiedlichen Interessen, Bedürfnisse und Handlungsmöglichkeiten der engagierten Menschen und Gruppen aufgegriffen und eingebunden werden.

Hierbei ist von der Ideenfindung bis zur Umsetzung eines konkreten Projektes eine sorgfältige Moderation essenziell. Eine Zusammenarbeit aller Beteiligten auf Augenhöhe ist kein Selbstläufer, sondern muss durch eine angenehme Gesprächsatmosphäre bei Treffen vor Ort und eine klare, transparente Kommunikation stetig gefördert bzw. aufrechterhalten werden. Auf diese Weise kann es gelingen, innerhalb des Projektes vertrauensvolle persönliche Beziehungen aufzubauen. Dies ist die Voraussetzung dafür, dass die Gruppe zusammenwächst und ihre Projektziele erreicht.

## Forschung in und mit der Stadt

Dieser Beitrag entstand am Ende des Forschungsprojektes. Dieses wurde von 2017 bis 2022 vom Bundesministerium für Bildung und Forschung (BMBF) im Rahmenprogramm Forschung für Nachhaltige Entwicklung (FONA) gefördert. Begleitet wurden die Stadtteilzentren von Hamburg-Eimsbüttel, Hamburg-Rissen, Stuttgart-Wangen sowie die Stadtzentren von Fellbach, Holzminden und Höxter.

Stärkung durch Aktivierung

Das Forschungsteam ging der Frage nach, wie Stadt(teil)zentren nachhaltig durch die Aktivierung und Einbindung lokaler Akteur*innen gestärkt werden können. Daraus entstanden in den Stadt(teil)zentren ganz unterschiedliche Projekte, die zum Teil auch über das Ende von TransZ hinaus bestehen bleiben. Hierzu zählen:

- **Bürgergenossenschaft Holzminden:** Die Bürgergenossenschaft erwirbt sanierungswürdige Gebäude in der Holzmindener Innenstadt, um sie zu revitalisieren und anschließend zu vermieten oder zu verkaufen. Die Form einer Genossenschaft bietet dabei umfassende Mitbestimmungsmöglichkeiten.

- **Kreativhaus Eimsbüttel:** Das Kreativhaus Eimsbüttel in Hamburg bietet der Eimsbütteler Nachbarschaft einen Raum zur kreativen Entfaltung, Gestaltung und Begegnung. Für die Verwaltung und Organisation wurde ein gemeinnütziger Verein gegründet.

- **Bauwerkstatt Wangen:** Die Bauwerkstatt fand zweimal im Stuttgarter Bezirk Wangen statt. Freiwillige gestalteten und bauten mobile Sitzmöbel aus Holz, um die Aufenthaltsqualität im Zentrum zu steigern. Die Möbel werden zu verschiedenen Anlässen für längere Zeiträume an unterschiedlichen Orten im Wangener Zentrum aufgestellt.

Diese Projekte wurden von den Hochschulen als sogenannte „Reallabore" in der Stadt begleitet. Die Forschenden arbeiten in fachübergreifenden Teams eng mit der (Stadt-)Gesellschaft zusammen und wenden vielfältige, kreative Methoden an. Nicht die Hochschule, sondern die Stadt ist das Forschungslabor. Dies äußert sich in forschenden Interventionen und Experimentierräumen, die Forschung mit Handeln und Erproben vor Ort verbinden. Das so generierte Wissen bietet Antworten für die Gestaltung einer nachhaltigen Stadt der Zukunft.

## Arbeiten im Team an unterschiedlichen Standorten

Da die Reallabore parallel an verschiedenen Orten durchgeführt wurden, war es für die Zusammenarbeit zentral, lokale Erkenntnisse stets gemeinsam zu reflektieren und zu prüfen, inwiefern einzelne Aspekte abstrahiert werden können. So kam der Frage nach einer Übertragbarkeit einzelner Ergebnisse aus den verschiedenen von TransZ begleiteten Stadt(teil)zentren eine große Bedeutung zu. Dabei hat sich gezeigt, dass konkrete Befunde aus einem der Zentren nur selten für ein anderes Zentrum passgenau übernommen werden können. Grund hierfür ist, dass sowohl die spezifischen Problemlagen in einem Zentrum als auch die lokalen Bedingungen zu verschieden sind – Ressourcen, Akteur*innen sowie Kooperationsmöglichkeiten variieren. Dennoch ist es möglich, aus den spezifischen Herausforderungen übertragbare Erkenntnisse und Erfolgsfaktoren für die kooperative Entwicklung von Stadt(teil)zentren abzuleiten.

*Übertragbarkeit als Herausforderung*

Die externe Begleitung wurde im Fall von TransZ durch ein Forschungsteam aus vier Hochschulen übernommen. Die wissenschaftliche Zusammenarbeit der Hochschulen wurde von der Verbundleitung, der HafenCity Universität Hamburg (HCU), organisiert. Zum Kernteam gehörten neben der HCU:

- die Hochschule für Angewandte Wissenschaften Hamburg (HAW),

- die Hochschule für angewandte Wissenschaft und Kunst Holzminden (HAWK) und

- die Hochschule für Technik Stuttgart (HFT).

## Perspektivenvielfalt trifft auf Praxis

Das dezentral organisierte Projektteam setzte sich nicht nur aus unterschiedlichen Hochschulen zusammen, die Teammitglieder hatten zudem unterschiedliche fachliche Hintergründe. Vertreten waren die Bereiche Stadtplanung, Geografie und Architektur, Soziale Arbeit und Kulturmanagement sowie Politik-, Sozial- und Bildungswissenschaften. Das Projektteam profitierte von diesen unterschiedlichen wissenschaftlichen Zugängen und Erfahrungshintergründen. Die übergreifende fachliche Zusammenarbeit – die Interdisziplinarität – wurde durch einen regelmäßigen Austausch gefördert. Transdisziplinarität entstand durch die Zusammenarbeit mit den Beteiligten und Engagierten vor Ort.

Transdisziplinarität

Die transdisziplinäre (Stadt)Forschung basiert auf einer engen Zusammenarbeit von Wissenschaft und Praxis. Sie versteht sich als anwendungsbezogene Fachrichtung. Unterschiedliche Akteur*innen partizipieren und verschiedene Wissenschaften werden integriert. Stadtplanung arbeitet generell im Vergleich zu vielen anderen Wissenschaftsdisziplinen interdisziplinär. Die Auseinandersetzungen mit der Vielfalt der an der Zentrenentwicklung Beteiligten, deren unterschiedlichen Interessensagen und den daraus entstehenden Konflikten sind nicht neu. In den Förderprogrammen des Bundes zur Zentrenentwicklung ist die Integration lokaler Akteur*innen in die Planungs- und Entscheidungsprozesse seit langer Zeit fest verankert. Maßgeblich ist hier die Städtebauförderung des Bundes und der Länder, die seit mehr als 50 Jahren eine integrierte und partizipative Stadt- und Zentrenentwicklung unterstützt.

## Rollenverständnis

Bei TransZ übernahmen die Hochschulen in den Projekten vor Ort eine Doppelrolle – als externe Initiator*innen und Moderator*innen. In dieser Doppelfunktion erfolgte gemeinsam mit den Beteiligten vor Ort die Festlegung auf einen bestimmten thematischen Schwerpunkt, dem sich die Zusammenarbeit widmen sollte. Die Hochschulen unterstützten die Gruppen im weiteren Prozess bei der Umsetzung konkreter Ideen. Die Projektteams der Hochschulen arbeiteten „hybrid" – sowohl als Praktiker*innen, mit den Aktiven in den Reallaboren auf Augenhöhe im Sinne der Koproduktion. Aber auch klassisch wissenschaftsbasiert, insbesondere gegenüber der Forschungscommunity, dem Projektträger und der interessierten Fachwelt. Der Wissenstransfer erfolgte über klassische Kanäle wie Publikationen, Working Papers, Vorträge und dergleichen.

Hybride Teams

Der „Einsatz auf Zeit" über den Zeitraum der Förderperiode von fünf Jahren erforderte eine frühzeitige Beschäftigung mit dem Aspekt der Verstetigung. Der Aufbau lokaler Netzwerke von Beginn an hat bei der Verstetigung geholfen. Ebenso auch die Förderung der Selbstorganisation der Akteur*innen vor Ort, sodass diese nach dem Ende der Laufzeit in der Lage sind, die Projekte eigenständig und kooperativ weiter voranzutreiben.

Ergebnisoffene Vorgehensweisen beinhalten auch die Möglichkeit des Scheiterns in Bezug auf die anfangs formulierten Ziele. Wichtig ist es jedoch, Lehren ziehen zu können: Was sind Hürden oder Erfolgsfaktoren? Es hat sich in jedem Fall gezeigt, dass anwendungsorientierte Forschung und lokales Engagement in einen erfolgreichen Austausch treten und zur Gestaltung von Transformationsprozessen beitragen können.

## Wege des Tuns

Bei formellen Planungsverfahren, z. B. Bebauungsplanverfahren, sind Zeitpunkt, Art und Umfang der Beteiligung rechtlich verbindlich vorgeschrieben. Bei sogenannten informellen Prozessen und Planungen gibt es keine derartigen Vorgaben. Eine flexible Vorgehensweise ist möglich und eröffnet so mehr Gestaltungsspielräume bei der Mitwirkung. Ein kommunikativ-kooperatives Vorgehen steht im Fokus. Die partizipativ angelegten Prozesse bei TransZ sollten eine weitreichendere Mitwirkung ermöglichen als in klassischen (in)formellen Prozessen. Dies beinhaltet eine breite Debatte über die Ausgangslage und Ziele, bis hin zu einem selbstständigen „Stadtmachen" durch die Menschen vor Ort. Dies trägt wiederum auch zu einem gestärkten gesellschaftlichen Zusammenhalt bei.

Manche der durchgeführten und umgesetzten Projekte hatten bewusst den Charakter temporärer Interventionen und waren damit von Anfang an nicht als langfristige Vorhaben angelegt. Generell ermöglichen experimentelle, temporäre Raumnutzungen neue Formen der Interaktion und ein ungezwungenes, ergebnisoffenes Ausprobieren. Reallabore befähigen Menschen, auch außerhalb von formellen Planungsprozessen aktiv an der Gestaltung ihres Stadtteils mitzuwirken. Sind Bewusstsein für die Umwelt und Motivation, diese zu verändern, vorhanden, können Projekte initiiert und neue Teilnehmende zur Mitwirkung aktiviert werden.

Temporäre Interventionen mit Folgen

Aus einer (temporären) Intervention können drei mögliche Szenarien entstehen. Im ersten Szenario kann aus einer (temporären) Intervention eine dauerhafte räumliche Veränderung direkt vor Ort resultieren. Ein zweites Szenario beinhaltet eine räumliche Veränderung andernorts. Beim dritten Szenario bewirkt eine temporäre Intervention einen Bewusstseinswandel, jedoch keine räumliche Veränderung.

## Kernaufgabe Verstetigung

Da es sich bei TransZ um ein gefördertes, befristetes Projekt handelte, war die Frage nach einer Verstetigung der vor Ort begleiteten Projekte zentral. Welche politisch abgesicherten konzeptionellen und organisatorischen Grundlagen sind notwendig?

Die wichtigsten beiden Empfehlungen lassen sich wie folgt zusammenfassen:

- Verstetigungsthematik frühzeitig und öffentlich diskutieren, um falsche Erwartungen zu vermeiden und die begrenzte Programmlaufzeit bewusst zu machen.

- Ein eigenes Verstetigungskonzept erstellen, in dem Aussagen dazu getroffen werden, welche Projekte wie aufrechterhalten werden können (organisatorisch wie auch finanziell). Auch sollten Aussagen zu verantwortlichen Ansprechpersonen, räumlichen Anlaufstellen und einer möglichen finanziellen Unterstützung (z. B. durch Verfügungsfonds) getroffen werden.

Insgesamt haben sich zwei wesentliche Handlungsansätze zur Verstetigung herauskristallisiert:

Eine Verankerung bestehender Projekte im Gebiet wird von Beginn an mitgedacht. Es werden Strategien entwickelt, um zentrale Projekte und Strukturen im Quartier nach Auslaufen einer temporär angelegten Förderung und Begleitung aufrechtzuerhalten bzw. weiter zu finanzieren. Der Fokus sollte auf den Projekten liegen, die große Wirkung vor Ort haben. Nicht alle Projekte müssen notwendigerweise erhalten bleiben.

Um eine längerfristige Verankerung von Projekten zu erreichen, sind verschiedene Voraussetzungen zu berücksichtigen. Zur finanziellen Absicherung muss etwa geprüft werden, ob Projekte in die kommunale Regelfinanzierung überführt werden bzw. ob andere Fördermittel akquiriert werden können oder auch ein dezentrales Budget bereitgestellt werden kann. Um die Projekte in eine stabile Trägerschaft zu überführen, sind folgende Erfolgsfaktoren bedeutsam: (1) Potenzielle Projektträger sollten frühzeitig an der Konzeptionierung beteiligt werden, (2) Selbstorganisationsstrukturen sollten unterstützt, (3) Räumen bereitgestellt sowie (4) feste Ansprechpartner*innen für die Zivilgesellschaft auf Gebietsebene bereitgestellt werden.

*Verstetigung ist auch eine Frage der Finanzen*

Ebenso bedeutsam ist die Institutionalisierung von Organisations- und Managementstrukturen in der Kommunalverwaltung. Es geht dabei um die raumorientierte, ressort- bzw. ämterübergreifende Zusammenarbeit und Kommunikation sowie die Kooperation mit der Quartiersebene. Verstetigung kann meist dann funktionieren, wenn Verwaltungs- und Quartiersebene gut ineinandergreifen.

## Fallbeispiel Bauwerkstatt Stuttgart-Wangen (HFT)

Im Rahmen des Forschungsprojekts TransZ wurden mit den Bürger*innen aus Stuttgart-Wangen die Aufenthaltsqualitäten in ihrem Stadtteilzentrum und damit verbundene Herausforderungen diskutiert. Sehr unzufrieden waren die Beteiligten mit der Gestaltung der öffentlichen Räume. Sie vermissten nichtkommerzielle Orte als Treffpunkte und Aufenthaltsorte. Um diesem Missstand zu begegnen, fanden sich Engagierte zusammen, die gemeinschaftlich einen Beitrag für die zukünftige Gestaltung des öffentlichen Raums in ihrem Stadtbezirk leisten wollten: Die Idee einer partizipativen Bauwerkstatt war geboren.

Im Juni 2019 bauten Bürger*innen im Zuge einer ersten Bauwerkstatt mobile Sitzgelegenheiten für den Keltervorplatz, welcher als zentraler Platzraum im Bezirk fungiert. Über das gemeinsame Tun und das Erleben von Selbstwirksamkeit wurde die Freude am öffentlichen Raum wiederentdeckt. Es wurde das Bewusstsein geweckt, den öffentlichen Raum durch kleine Interventionen verändern und für eine gemeinschaftsfördernde Nutzung aktivieren zu können. Aktuell stehen die Sitzmöbel vor dem Bürgertreff in Wangen und laden zum Verweilen oder sich treffen ein.

Mit der sich verschärfenden Pandemie kam Stillstand in das Projekt. Erschwerte Kommunikationsbedingungen in Verbindung mit den Kontaktbeschränkungen brachten Motivationsverluste mit sich. Bereits bestehende Planungen für eine Fortsetzung im direkten Umfeld konnten aufgrund restriktiver Vorgaben der Behörden nicht realisiert werden. Mit nachlassenden pandemiebedingten Beschränkungen wurde ein neuer Anlauf gestartet, ergebnisoffen eine zweite Bauwerkstatt auf den Weg zu bringen. Der Zugriff auf eine öffentliche, aber bisher nicht zugängliche Grünfläche hinter dem Wangener Rathaus eröffnete die Chance, einen bisher unbekannten Ort für die Allgemeinheit nutzbar zu machen. In weiteren Planungsschritten und in Abstimmung aller Beteiligten entstand ein bauliches Konzept. Die Fläche wurde mit Holzpodesten und vielseitig nutzbaren Möbeln ausgestattet und bietet vor allem Gruppen und Initiativen einen „Ort im Grünen inmitten der Stadt". Die Umsetzung erfolgte im Frühjahr 2022.

Damit die Ergebnisse aus den Bauwerkstätten auch über das Projektende hinaus eine positive Wirkung entfalten und bestenfalls weitere Aktivitäten nach sich ziehen, ist es wichtig, Menschen vor Ort zu gewinnen, die die Fähigkeiten mitbringen, sich selbst zu organisieren, mit Rückschlägen umzugehen, selbst zu Treiber*innen des Projektes zu werden und Schlüsselaufgaben zu übernehmen. Das Vertrauen und die Transparenz der Bezirksverwaltung haben das gelungene Vorhaben zusätzlich bereichert. Die Bezirksvorstehenden fungieren als Bindeglied zwischen den Beteiligten und waren neben der wissenschaftlichen Begleitung eine rahmengebende Instanz.

Im Bezirksrathaus wurden eine Nutzungsvereinbarung unterzeichnet, eine Kontaktstelle benannt und Regeln für die gemeinschaftliche Nutzung des Ortes definiert. Dies sind weitere Schritte hin zu einer Verstetigung. Das Projekt wurde dem Bezirksgremium vorgestellt und die Fläche im Rahmen einer Projektveranstaltung offiziell eröffnet, flankiert durch Presseberichte. Das neue Angebot wurde über verschiedene Verteiler breit im Stadtbezirk gestreut. Die Hochschule erstellte neben einem Film zusammen mit den Beteiligten jeweils eine Dokumentation der Bauwerkstätten in Form einer Broschüre, die auch online verfügbar ist. Die Dokumentation regt zum „Stadt selber machen" an und stellt konkrete Baupläne und Materiallisten zum Nachbauen bereit.

## Fallbeispiel Kreativhaus Hamburg (HCU, HAW)

Das Zentrum des Hamburger Stadtteils Eimsbüttel ist durch seine Vitalität, Kleinteiligkeit und attraktive Zentrumsangebote charakterisiert. Trotz dieser Vielfältigkeit zeichnete sich zu Beginn des TransZ-Prozesses ab, dass vor allem ein niederschwelliger Stadtteiltreffpunkt fehlte. Gewünscht wurde ein Ort für ein gemeinschaftliches und kreatives Miteinander.

Mit der Zeit reiften die Pläne für einen kulturellen und sozialen Treffpunkt und das Projekt wurde unter dem Namen „Kreativhaus Eimsbüttel" greifbar. Für die weitere Organisation wurde ein Kernteam gebildet, das mit viel Glück mehrere Räume im Zentrum anmieten konnte. Ideen und Wünsche griff das Kreativhaus-Team auf. Mit einem großen Fest wurde das Kreativhaus Eimsbüttel im Oktober 2019 eröffnet. Mit viel ehrenamtlicher Arbeit entstand ein Ort für Kreativität und eine soziale Begegnungsstätte. Seitdem ist das Kreativhaus eine Anlaufstelle für Menschen aus dem Stadtteil, die Lust haben, Projekte und Kurse anzustoßen oder daran teilzunehmen.

Die Angebote reichen von kreativen Kursen wie Fotografieren und Singen über regelmäßige Stadtteiltreffen und Konzerte, bis hin zu Veranstaltungen für inhabergeführte Gewerbetreibende (z. B. Messe Made in Eimsbüttel). Auch Außenstehende haben die Möglichkeit, die Räume gegen eine geringe (sozialverträgliche) Miete zu nutzen.

Zu Beginn wurde das Kreativhaus finanziell durch TransZ unterstützt. Mittlerweile finanziert sich das Kreativhaus durch Mieteinnahmen für die Räume, Erlöse durch den Flohmarkt und Fördermittel des Bezirksamtes eigenständig. Dies ist ein wichtiger Schritt zur Verstetigung und zum Weiterbestehen des Kreativhauses nach Projektende. Es wurde ein gemeinnütziger Verein gegründet, der die Arbeit professionalisiert und erheblich zum Weiterbestehen des Kreativhauses beiträgt.

Durch viel ehrenamtliche Arbeit, der Einstellung einer 520 Euro-Kraft und ungeachtet herausfordernder Rahmenbedingungen (Covid-Pandemie und ihre Einschränkungen) hat sich das Kreativhaus als kulturelle Institution im Stadtteil etabliert.

## Fallbeispiel Bürgergenossenschaft Holzminden eG

In Holzminden und der umliegenden Region sind die Immobilienpreise niedrig. In der Innenstadt gibt es zahlreiche Leerstände. Häuser – zumal solche in sanierungsbedürftigem Zustand – können günstig erworben werden. Aufgrund dieser Ausgangslage und aufgrund von Auftaktveranstaltungen, unter anderem mit Vorträgen über Bürgergenossenschaften zu Beginn des TransZ Prozesses, kristallisierte sich eine Gruppe von Interessierten heraus, die eine Holzmindener Bürgergenossenschaft gründen wollten. TransZ begleitete daraufhin den Prozess. Es wurden gemeinsam Ziele erarbeitet, Entscheidungen getroffen, Vorstands- und Aufsichtsratsmitglieder gewählt und alle formellen Anforderungen zur Gründung einer Genossenschaftsgründung erfüllt.

Schließlich wurde die Bürgergenossenschaft Holzminden (BG HOL) im September 2019 gegründet. Etwa ein halbes Jahr später erreichte sie den Status einer eingetragenen Genossenschaft (eG). Ziel der Bürgergenossenschaft ist es, mit den Mitgliedern, den lokal Aktiven und der Stadt zur Erhaltung und Belebung der Innenstadt beizutragen. Durch den gemeinschaftlichen Kauf und die Instandsetzung leerstehender und renovierungsbedürftiger Gebäude soll Raum für modernes Wohnen geschaffen werden und die Innenstadt belebt werden. Eine Beteiligung ist durch den Kauf von Genossenschaftsanteilen, das Einbringen von Sach- und Gegenstandswerten oder durch direkte Mithilfe bei Umbau- und Sanierungsarbeiten möglich.

Renovierungs- und Sanierungsprojekte sind nur mit einem entsprechenden finanziellen Kapital möglich, weshalb die Genossenschaft auf Mitglieder angewiesen ist. Um Mitglieder zu gewinnen, aber auch die Bekanntheit zu steigern, wurde 2021 in Unterstützung mit TransZ ein Imagefilm erstellt. Da viele Arbeiten in Eigenleistung erfolgten, spielt auch die Unterstützung der Kommune, lokaler Handwerksbetriebe und der Zivilgesellschaft eine wichtige Rolle.

Während der Gründungsprozess mit TransZ-Mitteln finanziert wurde, erfolgt die jetzige Finanzierung hauptsächlich durch gezeichnete Genossenschaftsanteile (1 Anteil: 100 Euro) Inzwischen hat die Bürgergenossenschaft über 230 Mitglieder, die rund 1400 Anteile gezeichnet haben.

2020 erwarb die Genossenschaft die erste Immobilie. Es folgten zahlreiche Arbeitseinsätze in Eigenleistung von Vorstand, Aufsichtsrat und Mitgliedern (inzwischen über 550 Arbeitsstunden).

Schon während der Begleitung durch TransZ agierte die Bürgergenossenschaft weitgehend selbstständig. Das TransZ-Team war nach erfolgreicher Gründung und dem Erwerb des ersten Sanierungsobjektes nur am Rand unterstützend tätig. Die Bürgergenossenschaft Holzminden eG hat sich als wichtige Akteur*in der Stadtentwicklung etabliert.

## Lessons Learned

Die Verstetigung der lokalen Projekte gilt als gelungen, wenn diese nach Ende des Forschungsvorhabens und damit trotz des Rückzugs der Hochschulen aus den Reallaboren weiterverfolgt werden. Durch Förderung angestoßene Projekte, bei denen die Verstetigung von Anfang an mitgedacht wird, haben Chancen auf eine Verstetigung, wenn die lokal Engagierten bereit sind, selbst Verantwortung zu übernehmen. Ein Schlüsselfaktor ist es, die Selbstorganisation von lokal Aktiven zu fördern. Darüber hinaus können weitere Erfolgsfaktoren benannt werden:

**Aktiver Ausbau lokaler Netzwerke:** Im Rahmen von TransZ hat sich gezeigt, dass Netzwerke ein Projekt von Beginn an stärken und Kooperationen vor Ort erleichtern. Sie sind widerstandsfähiger und können Probleme oder Herausforderungen, die auf sie zukommen, besser lösen als lose Gruppen. Dies wiederum hat bei der Verstetigung der Projekte geholfen, sodass diese auch nach Ende der Laufzeit von TransZ weiter vorangetrieben werden.

**Verbindlichkeit:** Kommunen spielen eine wesentliche Rolle bei der Frage, ob innovative, zivilgesellschaftliche Projekte gelingen und sogar nachhaltig bestehen können. Im Zuge von TransZ hat sich gezeigt, dass es direkte Ansprechpersonen vonseiten der Verwaltung bedarf, die Projektschaffende im Prozess mit einer wohlwollenden Haltung eng begleiten. Kommunale Unterstützung von engagierten Akteur*innen stärkt die lokale Verankerung eines Projektes und schafft Chancen für eine höhere Sichtbarkeit kooperativer Ansätze zur Zentrenentwicklung. Dies wiederum kann helfen, Themen auch über die lokalen Kreise hinauszutragen und in den Austausch mit anderen Kommunen zu treten.

**Instanz zur Vermittlung:** Für das Gelingen einer beständigen konstruktiven Zusammenarbeit erweisen sich „kleinteilige" lokale politische Strukturen und Verwaltungsaufbauten als sehr vorteilhaft. Sie ermöglichen einen engen lokalen Bezug und vor allem auch kurze Wege, z. B. bei Absprachen und Genehmigungen. Bei TransZ konnte z. B. schnell ein guter Kontakt zum Bezirksrathaus Wangen in Stuttgart aufgebaut werden. Die Bezirksvorstehenden unterstützten Projekte zur kooperativen Zentrenentwicklung frühzeitig und konnten unter anderem bei administrativen Prozessen helfen.

**Raum für Selbstwirksamkeit:** Es ist von Vorteil, wenn Engagierte im Laufe eines Projektes Selbstwirksamkeit erfahren und merken, dass sie einen Beitrag zur Zentrenentwicklung leisten können. Dies ist insbesondere dann wichtig, wenn ein Projekt dauerhaft vor Ort etabliert werden soll. Raum für Selbstwirksamkeit hilft, die im Projekt aufgebauten sozialen Strukturen in bürgerschaftlich getragene Strukturen, wie z. B. eine Bürgergenossenschaft oder einen Stadtteil-Verein zu überführen.

**Ankerpunkte der Verstetigung:** Die Verstetigung von geförderten, partizipativ angelegten Projekten ist vor allem dann erfolgreich, wenn es gelingt: (1) Orte oder Räume zu schaffen und zu finanzieren, die die Kontinuität und Sichtbarkeit im Quartier sicherstellen; (2) Gremien, Vereine o. ä. zur Selbstorganisation zu etablieren, mit denen es gelingt, belastbare Entscheidungen zu treffen.

## Partizipative Forschung für starke Zentren – ein Resümee

Die Covid-19-Pandemie hat verdeutlicht, wie wichtig Resilienz ist. In den Zentren bündeln sich viele Herausforderungen der Stadtentwicklung, globale Entwicklungen und Trends sind hier besonders zu spüren. Die Pandemie hat die Zentren verändert. Viele blicken mit Sorgen darauf, und in der Tat zeichnen sich teils sichtbar, teils unsichtbar negative Verwerfungen ab. Es eröffnen sich aber auch Chancen für die Zentren, die neben ökonomischen Aspekten vielfältige Anforderungen an die Stadt und den Stadtraum berücksichtigen.

Partizipative Forschung kann dazu beitragen, Zentren zu stärken. Für den dauerhaften Erfolg von partizipativen Projekten in den Stadt(teil)zentren sind Kooperationen, Engagement und Wege zur Verstetigung entscheidend. Im Rahmen des Forschungsprojektes wurde herausgearbeitet, dass lokales Handeln der Akteur*innen vor Ort wesentlich zur Vitalität und Lebensqualität in den Zentren beitragen kann. Voraussetzung ist eine Konstellation mit Akteur*innen, die bereit sind, neue, auch experimentelle Wege zu gehen, zu erproben, zu prüfen und auch ein mögliches Scheitern in Kauf zu nehmen. Eine erfolgreiche Zentrenentwicklung ist kein einfacher, geradliniger Weg. Zentrenentwicklung erfordert das Beschreiten vieler unterschiedlicher Wege, sie ist „Team-Sport" – nicht (nur) Team-Wort. Es geht um die Bündelung von Aspekten und Ansätzen, die trotz ihrer Vielfältigkeit ein gemeinsames Ziel verfolgen: Die Transformation von Stadt(teil)zentren hin zu belebten und attraktiven Orten.

**Zentrenentwicklung ist Team-Sport**

## Literatur

Anders, Sascha/Stoltenberg, Luise (2022): Kollaborationsformate in der Zentrenentwicklung – Reallabore aus der Governance-Perspektive, in: pnd - Planung neu denken, 27.7.2022, www.planung-neu-denken.de (Zuletzt aufgerufen am 23.01.2023).

Anders, Sascha/Kreutz, Stefan/Schaumann, Elisabeth/Schmidt, Jaqueline (2020): Reallabore zur Transformation urbaner Zentren. Erfahrungen und kritische Reflexion, TransZ Working Paper No. 2/2020, S. 14-15, https://www.nachhaltige-zukunftsstadt. de/downloads/Anders_Kreutz_Schaumann_Schmidt_TransZ_WorkingPaper_02-2020.pdf (Zuletzt aufgerufen am 23.01.2023).

Anders, Sascha/Krüger, Thomas/Stoltenberg, Luise (2021): Selbstorganisation und Governance in der Zentrenentwicklung, in: Simon-Philipp, Christina; Stoltenberg, Luise; Krüger, Thomas (Hg. 2021): Mitten in der Stadt – Transformation urbaner Zentren. Forum Stadt, Themenheft 3/2021, 48. Jahrgang. Stuttgart, S. 274-286.

Bauwerkstatt Wangen: https://vimeo.com/348536945 (Zuletzt aufgerufen am 23.01.2023).

Bühr, Hannah/Schaumann, Elisabeth/Simon-Philipp, Christina (2021): Nutzung, Gestaltung und Transformation des öffentlichen Raus in Stadt(teil)zentren. Prozesse und Planungen, in: Simon-Philipp, Christina; Stoltenberg, Luise; Krüger, Thomas (Hg. 2021): Mitten in der Stadt – Transformation urbaner Zentren. Forum Stadt, Themenheft 3/2021, 48. Jahrgang. Stuttgart, 314-327.

Bürgergenossenschaft Holzminden: https://bürgergenossenschaft-holzminden.de (Zuletzt aufgerufen am 23.01.2023).

Emanuel, Ruth/Kaschlik, Anke/Schmidt, Jaqueline (2021): Stadt selber machen. Was können gemeinschaftliche Projekte in der Stadtentwicklung erreichen und wie können Stadtverwaltung und Stadtpolitik sie dabei unterstützen?, in: Simon-Philipp, Christina; Stoltenberg, Luise; Krüger, Thomas (Hg. 2021): Mitten in der Stadt – Transformation urbaner Zentren. Forum Stadt, Themenheft 3/2021, 48. Jahrgang. Stuttgart, S. 258-270.

Franke, Thomas/Landua, Detlef/Strauss, Wolf-Christian/Bunzel, Arno (2013): Gutachten Verstetigungsmöglichkeiten Berliner Quartiersmanagementverfahren, Studie des Deutschen Instituts für Urbanistik, Berlin, 2013.

Gehrke-Claußen, Anne-Marie/Vogelpohl, Anne (2021): Begegnungsräume gestalten. Das Beispiel „Kreativhaus" in Eimsbüttel in Hamburg, in: Simon-Philipp, Christina; Stoltenberg, Luise; Krüger, Thomas (Hg. 2021): Mitten in der Stadt – Transformation urbaner Zentren. Forum Stadt, Themenheft 3/2021, 48. Jahrgang. Stuttgart, S. 297-309.

Kreativhaus Eimsbüttel: https://kreativhauseimsbuettel.de/ (Zuletzt aufgerufen am 23.01.2023).

Ruiz, Marcelo/Sauter, Matthias (2007): Die Verstetigung der Sozialen Stadt, in: Soziale Stadt info 21, Der Newsletter zum Bund-Länder-Programm Soziale Stadt, Berlin, 2007, S. 2-5.

Simon-Philipp, Christina/Stoltenberg, Luise/Krüger, Thomas (Hg. 2021): Mitten in der Stadt – Transformation urbaner Zentren. Forum Stadt, Themenheft 3/2021, 48. Jahrgang. Stuttgart.

TransZ: www.transz.de (Zuletzt aufgerufen am 23.01.2023).

Dieser Text entstand auf Grundlage der im Projekt gemeinsam erarbeiteten Erkenntnisse. Beteiligt waren neben den Autor*innen: Sascha Anders, Hannah Bühr, Ruth Emanuel, Anne-Marie Gehrke-Claußen, Anke Kaschlik, Stefan Kreutz, Thomas Krüger, Elisabeth Schaumann, Jaqueline Schmidt, Luise Stoltenberg, Anne Vogelpohl.

Sarah Lang-Lehmann, Joana Julie Scheppe, Prof. Dr.
Thomas Bäumer, Prof Dr. Patrick Müller, Prof. Dr. Uta
Bronner

# Verstetigung von Beteiligung aus Sicht der Bürger*innen

*Wie kann man Erfolg von Beteiligungsprozessen aus Sicht von Bürger\*innen messen? Welche Handlungsempfehlungen können für die Verstetigung von Prozessen gegeben werden? Im Rahmen einer studie wurden zwei verschiedene Stakeholdergruppen befragt: Partizipationsexpert\*innen und Bürger\*innen. Die Ergebnisse zeigen wesentliche Erkenntnisse und Herausforderungen für die Verstetigung von Bürgerbeteiligung in der Praxis sowie konkrete Maßnahmen für Prozessgestaltende auf.*

Die Anzahl an Bürger*innen, die in politische Entscheidungen und die Gestaltung ihres Stadtviertels miteinbezogen werden wollen, ist in den letzten Jahren stetig angestiegen. Bereits in den 1970er Jahren wurden ein geringes Vertrauen und mangelnde Einflussnahmemöglichkeiten auf Seiten der Bürger*innen in die Politik deutlich (vgl. Gabriel/Neller 2011: 88f.; Gabriel/Neller 2010: 98ff.). Die Proteste in Bezug auf den Umbau des Stuttgarter Hauptbahnhofs im Rahmen des Projekts Stuttgart 21 im Jahr 2010 betonten schließlich eindrucksvoll die Wichtigkeit, Bürger*innen in die Gestaltung ihres urbanen Umfeldes miteinzubeziehen (vgl. Vetter et al. 2013: 254). Für viele Bürger*innen sind die gängigen Wege der demokratischen Entscheidungsfindung nicht mehr ausreichend, sondern sie wollen nachvollziehen können, wie Ziele, Inhalte und Ergebnisse eines Entscheidungsprozesses entwickelt worden sind (vgl. Renn 2013: 72). Um dem fehlenden Vertrauen zwischen Bürger*innen und Politik und dem Ohnmachtsgefühl der Bürger*innen entgegenzuwirken, forderten Bürger*innen vermehrt Bürgerbeteiligungsformate, welche mittlerweile in einigen Städten etabliert sind (vgl. Benighaus

Beteiligung als Reaktion auf Ohnmachtsgefühle

et al. 2017: 9). Jedoch ist die richtige Gestaltung von Beteiligung essenziell. So führt ein unzureichend gestalteter Beteiligungsprozess zu hohen Kosten, einer geringen Teilnehmerquote und Unzufriedenheit in der Bevölkerung. Im schlimmsten Fall zweifeln Bürger*innen an der Glaubwürdigkeit des Prozesses und erheben den Vorwurf einer Scheinbeteiligung (vgl. Umansky/Schiel 2016: 40f.). Damit einher geht auch die Verschwendung von finanziellen, zeitlichen und personellen Ressourcen (vgl. Bayerisches Staatsministerium für Wohnen, Bau und Verkehr 2019: 27). Beteiligung sollte also im Sinne der Nachhaltigkeit gestaltet sein. Darunter verstehen wir, dass zum einen möglichst viele Bürger*innen erreicht werden und sich beteiligen, sodass der Prozess lohnenswert ist und ein möglichst gutes Ergebnis entsteht. Zum anderen verstehen wir unter Nachhaltigkeit den langfristigen Aufbau von Vertrauen. So sollte Beteiligung nicht auf eine kurzfristige Akzeptanz zielen, sondern zu einem nachhaltigen Vertrauen zwischen Politik und Bürger*innen beitragen (vgl. Umansky/Schiel 2016: 40f.). Vetter et al. (2013: 255) betonen in dem Zusammenhang, dass eine Verstetigung der Prozesse notwendig sei, um ein langfristiges Vertrauen zwischen beiden Parteien aufbauen zu können und das Verhältnis zueinander zu verbessern. Denn durch regelmäßige Prozesse, die sich im Aufbau und Ablauf ähneln, kann das Vertrauen der Bürger*innen langfristig wieder steigen. Auch kann eine Verstetigung dazu beitragen, Ressourcen zu schonen, wenn der Prozess erfolgreich ist und viele Bürger*innen erreicht werden.

> Beteiligung braucht Verstetigung

Es stellt sich nun also die Frage, wie Beteiligung mit dem Ziel einer Verstetigung (im Sinne eines langjährigen Miteinanders zwischen Bürger*innen und Verwaltungen) gestaltet sein muss, um von Bürger*innen nachhaltig als erfolgreich beurteilt zu werden und eine hohe Beteiligung und Vertrauen gewährleisten zu können. Bei Betrachtung der bestehenden Literatur zur Beantwortung dieser Frage wird deutlich, dass der Erfolg von Beteiligungsprozessen aus Sicht der Bürger*innen meist nur von Partizipationsexpert*innen und Prozessgestaltenden beschrieben wird (vgl. Atlee et al. 2009: 2; Goldschmidt 2014: 5f.; Wachinger 2020: 9f.). Es sind nur wenige Forschungsarbeiten vorhanden, die die direkten Antworten von Bürger*innen miteinbeziehen (vgl. Klages 2007: 7f.; Klages/Vetter 2013: 69ff.; Schröder 2018: 315ff.). Darüber hinaus scheinen aus den Perspektiven der Expert*innen/ Gestalter*innen und denen der Bürger*innen unterschiedliche Aspekte für den Erfolg von Beteiligungsprozessen wichtig zu sein: So sind für viele Partizipationsexpert*innen besonders die Mitgestaltung und Ergebnisoffenheit wesentliche Voraussetzungen für einen guten Beteiligungsprozess aus Bürgersicht sowie eine sorgfältige Planung und angemessene Rahmenbedingungen (vgl. Atlee et al. 2009: 11ff.; Birzer 2015: 43ff.; Klages 2007: 28f.; Wachinger 2020: 19ff.; Irvin/Stansbury 2004: 62). Die wenigen Forschungsarbeiten, die die Perspektive der Bürger*innen in den Fokus nehmen, betonen insbesondere die Aspekte Vertrauen, Wertschätzung und Transparenz (vgl. Klages 2007: 24; Klages/Vetter 2013: 46; Schröder 2018: 317f.). So scheinen Bürger*innen vor allem auf zwischenmenschliche Aspekte Wert zu legen, während die Partizipationsexpert*innen besonders prozessbezogene Aspekte hervorheben.

Fehlende
Perspektive

Hierbei sind zum einen die Lücke in der Forschung, die durch die wenigen Arbeiten aus Bürgersicht entsteht, sowie die Diskrepanz zwischen den verschiedenen Sichtweisen, die aus diesen Arbeiten hervorgeht, problematisch, wenn es darum geht, Beteiligungsprozesse nachhaltig und erfolgreich zu etablieren. Wird die Sicht der Bürger*innen nur unzureichend oder gar nicht untersucht, werden Beteiligungsprozesse weniger erfolgreich und damit entstehen, wie oben beschrieben, auch vermeidbare Aufwände. Das oftmals fehlende Vertrauen zwischen Politik und Bevölkerung und die wenige Forschung aus Sicht der Bürger*innen lassen es ratsam erscheinen, eine langfristige Verstetigung von Beteiligungsprozessen anzustreben und die Gestaltung dieser weiter zu erforschen. Um den Erfolg von Beteiligungsprozessen aus Sicht der Bürger*innen und Handlungsempfehlungen für zu verstetigende Prozesse ableiten zu können, wurden in der hier vorgestellten Studie folgende Fragen beantwortet:

- Was motiviert Bürger*innen zur Teilnahme an einem Beteiligungsprozess?

- Welche Erwartungen haben Bürger*innen an einen Beteiligungsprozess?

- Was macht einen Beteiligungsprozess aus Sicht von Bürger*innen erfolgreich?

Um die Fragen zu beantworten, wurde ein qualitativer Forschungsansatz gewählt, mit dem Ziel, Erfolgskriterien für Beteiligungsverfahren aus Sicht der Bürger*innen zu ermitteln. Die Datenerhebung erfolgte durch zwei qualitative, halbstandardisierte Interviewverfahren mit den Stakeholdergruppen Partizipationsexpert*innen und Bürger*innen. An den Interviews nahmen zehn Partizipationsexpert*innen teil. Darunter Wissenschaftler*innen, Prozessverantwortliche und Planer*innen, die beispielsweise in Planungsbüros verschiedener Städte oder an Universitäten tätig waren. In der Stakeholdergruppe der Bürger*innen wurden acht Vertreter*innen von Bürgerinitiativen und Stadtteilvereinen im Raum Stuttgart befragt sowie eine Gruppendiskussion mit vier weiteren Vertreter*innen einer Bürgerinitiative durchgeführt. Die Bürgerinitiativen und Stadtteilvereine beschäftigten sich mit individuellen Themen zur Entwicklung ihres Stadtbezirks oder der Verbesserung von Umweltbedingungen. Die Auswertung des Datenmaterials erfolgte mittels der kategorienbasierten qualitativen Inhaltsanalyse nach Kuckartz und Rädiker (2022) über das Softwareprogramm MAXQDA 2020.

Design der Studie

## Gestaltung von Beteiligungsprozessen

Die Ergebnisse der Interviews zeigen einige Gemeinsamkeiten sowie Unterschiede in den Antworten der Partizipationsexpert*innen und Bürger*innen auf. Es wurde deutlich, dass sich Bürger*innen laut beiden Stakeholdergruppen vor allem an Partizipationsprozessen beteiligen, um mitgestalten und sich für ihre Bedürfnisse einsetzen zu können. Dabei handelt es sich am häufigsten um Themen, die sie direkt betreffen. Als Beispiele wurden Infrastrukturprojekte und Umweltthemen, baurechtliche Entscheidungen, Mobilität und Veränderungen im sozialen Umfeld genannt. Hinsichtlich der Prozessphase, zu der Bürger*innen beteiligt werden wollen, wurde sowohl von den Partizipationsexpert*innen als auch den Bürger*innen eine möglichst frühe Phase betont, da es dann noch möglich sei, bei grundlegenden Entscheidungen Einfluss zu nehmen. Auch eine kontinuierliche Beteiligung sei wichtig.

Ein zentrales Ziel der Studie war es, die Partizipationsexpert*innen und Bürger*innen hinsichtlich der Erfolgskriterien von Beteiligungsprozessen aus Bürgersicht zu befragen, um Handlungsempfehlungen für die Verstetigung von Bürgerbeteiligung ableiten zu können. Aspekte, welche von beiden Stakeholdergruppen häufig genannt wurden, sind die Transparenz und die Fairness des Prozesses. Es handelt sich dabei nicht nur um Erfolgskriterien, sondern auch um Erwartungen, die Bürger*innen an einen Prozess stellen. Darunter fallen klare Aussagen der Prozessgestaltenden, ein transparentes Erwartungsmanagement und überschaubare Prozesse, um alle Schritte nachvollziehen zu können. Auch das Eingestehen von Irrtümern trage zur Fairness und Transparenz bei. Darüber hinaus erwarten die Bürger*innen, das Prozessthema aktiv mitgestalten zu können. So betonten beide Stakeholdergruppen, dass eine fehlende Möglichkeit zur Mitgestaltung zu einer erhöhten Abbruchquote während des Prozesses führen würde. Als eine weitere Erwartung und Erfolgskriterium für Partizipationsprozesse wurde die Wertschätzung des Engagements der Bürger*innen genannt. Darüber hinaus sei eine professionelle Gestaltung des Prozesses wichtig. Dazu gehört, dass das Prozessthema verständlich dargestellt wird, die Bürger*innen frühzeitig beteiligt und alle gesellschaftlichen Gruppen miteinbezogen werden. Ein weiteres Erfolgskriterium stellt nach beiden Stakeholdergruppen eine kontinuierliche Kommunikation und Information dar. Zudem sei auch der Spaßfaktor für einen erfolgreichen Prozess wichtig.

Werden die Interviewergebnisse der beiden Stakeholdergruppen vergleichend betrachtet, werden neben den gemeinsamen Erfolgskriterien jedoch auch einige wesentliche Unterschiede deutlich. So

Erwartungen der Beteiligten

scheint sich die Annahme zu bestätigen, dass aus Sicht der Partizipationsexpert*innen für Bürger*innen vor allem prozessbezogene Kriterien wichtig sind, während die Bürger*innen selbst einen Fokus auf zwischenmenschliche Kriterien legen. So wurde das Bedürfnis nach Mitgestaltung in den Interviews von den Partizipationsexpert*innen weitaus häufiger genannt als von den Bürger*innen. Hingegen hob die Interviewgruppe der Bürger*innen vor allem den Vertrauensaufbau und die Wertschätzung hervor. Weiterhin ist aus Sicht der Bürger*innen besonders eine Ergebnisoffenheit wichtig sowie die Möglichkeit, zeitnah erste Prozessergebnisse sehen zu können. Zudem betonten sie, dass die Möglichkeit zur Weiterentwicklung und Wissenszuwachs Faktoren für einen erfolgreichen Beteiligungsprozess aus Bürgersicht darstellen. Darüber hinaus trage die Chance im Prozess neue Kontakte zu knüpfen und sich auszutauschen zur Zufriedenheit mit dem Prozess bei.

*Ergebnisse: offen und sichtbar*

## Wesentliche Erkenntnisse für die Verstetigung von Beteiligungsprozessen

Bei Betrachtung der Ergebnisse werden vier wesentliche Erkenntnisse deutlich, die Prozessgestaltende bei der Verstetigung von Beteiligungsprozessen berücksichtigen sollten.

- **Der Konflikt unterschiedlicher Sichtweisen:** Die Unterschiede in den Antworten der Partizipationsexpert*innen und den der Bürger*innen deuten auf ein unterschiedliches Fairnessempfinden der beiden Gruppen hin. Während die Partizipationsexpert*innen den Erfolg von Beteiligungsprozessen aus Bürgersicht auf Grundlage von prozessbezogenen Aspekten bewerten, also wie fair der Prozess gestaltet wurde, bewerten die Bürger*innen selbst Prozesse anhand der zwischenmenschlichen Aspekte. Also das Ausmaß, in dem ihnen mit Wertschätzung und Vertrauen begegnet wurde, sie sich weiterentwickeln und Spaß haben konnten (interpersonale Fairness). Diese Erkenntnis betont die Wichtigkeit, die Sichtweise der Bürger*innen bei der Gestaltung von Planungsprozessen zu berücksichtigen, um einen nachhaltigen Erfolg sicherzustellen. Denn wird die Sichtweise der Bürger*innen weiterhin unterschätzt und der Fokus bei der Gestaltung von Beteiligung vor allem auf prozessbezogene Aspekte gelegt, wird ein nachhaltiger Aufbau des Vertrauens zwischen Bürger*innen und kommunaler Politik erschwert. Dementsprechend ist es für die Prozessverantwortlichen zentral, den Aufbau von Vertrauen und Wertschätzung zwischen Planer*innen und Bürger*innen zu fördern.

- **Blinde Flecken der Prozessgestaltenden und Bürger*innen:** Weiterhin scheinen auf Seiten der Prozessgestaltenden sowie auch auf Seiten der Bürger*innen blinde Flecken hinsichtlich der Gestaltung von Beteiligungsprozessen zu bestehen. So gehen Prozessgestaltende oftmals von deutlich mehr Zeit aus, die Bürger*innen in ihre Teilnahme an einer Beteiligung investieren wollen. Gleichzeitig unterschätzen viele Bürger*innen den zeitlichen Aufwand für ihre Teilnahme und die Dauer eines Beteiligungsprozesses. Sie erwarten meist sehr schnell erste Prozessergebnisse und rechnen nicht damit, dass es bis zu diesen häufig einige Jahre dauert, wodurch das anfängliche Engagement im Laufe des Prozesses schwindet. Die Herausforderung für Prozessgestaltende ist daher, einen angemessenen Zeitpunkt zu bestimmen, an dem Bürger*innen in den Beteiligungsprozess miteinbezogen werden. Die blinden Flecken auf Seiten der Prozessgestaltenden und Bürger*innen zeigen deutlich die Relevanz von Transparenz und Kommunikation bereits vor Beginn eines Beteiligungsprozesses. Denn bestehen diese blinden Flecken weiterhin, ist der nachhaltige Erfolg der Beteiligung bedroht und das Risiko von Missverständnissen, hohen Abbruchquoten und Unzufriedenheit bei den Beteiligten hoch. Ferner wirken sich diese Risiken auch über das konkrete Prozessthema hinaus darauf aus, wie Beteiligungsprozesse in der Bevölkerung wahrgenommen werden. Im Sinne verstetigter Beteiligungsprozesse und einem nachhaltigen und

*Unterschätzter Zeitaufwand*

ressourcenschonenden Erfolg ist es für Prozessgestaltende also unabdingbar, eine ehrliche und kontinuierliche Kommunikation gewährleisten zu können. Bürger*innen sollten demzufolge direkt zu Beginn transparent darüber informiert werden, wie die zeitlichen Rahmenbedingungen des Prozesses und erster Ergebnisse aussehen.

- **Die Relevanz des Zielgruppenverständnisses:** Eine weitere Erkenntnis ist, dass viele Prozessgestaltende über unzureichendes Wissen über die Bedürfnisse und Interessen der beteiligten Bürger*innen verfügen. Dabei ist es zentral, die Bedürfnisse, die hinter den Beteiligungsinteressen der Bürger*innen stehen, nachvollziehen zu können, um diese im Prozess angemessen zu berücksichtigen und somit einen nachhaltigen Erfolg sicherzustellen. Prozessgestaltende sollten daher mittels einer transparenten und zweiseitigen Kommunikation auf die Bedürfnisse der beteiligten Personen eingehen. Weiterhin überschätzen viele Prozessgestaltende, über welches Ausmaß an Vorwissen die Bürger*innen zu dem Prozessgegenstand verfügen. Dies könnte darauf zurückzuführen sein, dass sich häufig insbesondere die Bevölkerungsgruppen engagieren, die über das entsprechende Vorwissen zu dem Beteiligungsgegenstand verfügen. Bei Bürger*innen mit einem geringen Kenntnisstand entsteht durch die mangelnde Vermittlung von Fachwissen allerdings oftmals das Gefühl, nicht ausreichend abgeholt worden zu sein. Demnach ist es zu empfehlen, das Vorwissen der Beteiligten vorab beispielsweise über eine Umfrage zu erfassen und somit gleich zu Beginn einen einheitlichen Wissensstand aller Beteiligten anzustreben. Darüber hinaus ist auch die Wahl des Kommunikationsmediums zum Teilnahmeaufruf an der Beteiligung zentral, da dieses beeinflusst, welche Zielgruppen sich am Prozess beteiligen. So werden durch eine Online-Beteiligung beispielsweise insbesondere jüngere Personen angesprochen (Terhorst 2016: 7). Zusätzlich besteht die Problematik, dass in der Praxis oftmals nicht alle Bevölkerungsgruppen

Überschätztes Vorwissen

gleichzeitig über einen Beteiligungsprozess informiert werden, wodurch sich mitunter Bürger*innen nicht rechtzeitig in den Prozess einbezogen fühlen. Prozessgestaltende sollten sich vor dem Prozess ausreichend damit auseinandersetzen, welche Zielgruppe sie erreichen wollen und welche Ansprache und welches Kommunikationsmedium dafür passend sind. Die Kommunikation mit der Zielgruppe sollte im Anschluss immer wechselseitig und auf Augenhöhe erfolgen, das bedeutet, dass Prozessgestaltende besonders Wert darauflegen sollten, den Bürger*innen aktiv zuzuhören und Verständnis entgegenzubringen.

- **Das Problem unklarer Einflussmöglichkeiten:** Eine weitere Erkenntnis ist die Herausforderung unklarer Einflussmöglichkeiten und Unwissenheit im Prozess. Dies ist der Fall, wenn auch Prozessverantwortliche in ihren Entscheidungen zu dem Prozessgegenstand beschränkt sind, beispielsweise da gesetzlich bedingt keine freie Entscheidung mehr getroffen werden kann oder eine dritte Instanz die Entscheidung trifft. Prozessgestaltende sollten also noch vor Beginn des Prozesses den Grad der Mitwirkung, der für die Beteiligten möglich ist, festlegen und den Handlungsspielraum transparent an die Beteiligten kommunizieren. Denn der Mitwirkungsgrad beeinflusst die entsprechend erforderliche Kommunikation an die Bürger*innen als auch das Image des Prozesses und nachfolgende Projekte. Es gilt also zu differenzieren, ob es sich bei dem Prozess um eine reine Information, das Einholen von Stellungnahmen und Meinungen (Konsultation), einen wechselseitigen Austausch (Kooperation) oder sogar um die gemeinsame Umsetzung (Koproduktion) handelt (vgl. Bayerisches Staatsministerium für Wohnen, Bau und Verkehr 2019: 18ff.). Auch sollte, wie von der Partizipationsforscherin Sherry S. Arnstein beschrieben, das Risiko einer „Scheinbeteiligung" berücksichtigt werden. Dies ist der Fall, wenn von vornherein nicht vorgesehen ist, die Prozessergebnisse zu berücksichtigen oder nur Aspekte zur Mitgestaltung eröff-

Erwartungsmanagement

net werden, die das öffentliche Interesse nicht betreffen (vgl. Berlin Institut für Partizipation 2018: 1; Nanz/Fritsche 2012: 23). Prozessgestaltende sollten sich daher vor Prozessbeginn ausreichend darüber informieren, welche Möglichkeiten im Prozess tatsächlich realistisch sind und zu Beginn der Beteiligung transparent kommunizieren, bis zu welchem Ausmaß die Bürger*innen tatsächlich mitgestalten können.

Auf Grundlage der beschriebenen Erkenntnisse und Herausforderungen ist es zentral, die Gestaltung von Beteiligungsprozessen in der Praxis noch stärker an den Bedürfnissen der Bürger*innen auszurichten. So lassen sich zentrale Maßnahmen für Prozessgestaltende von Beteiligungen ableiten, die zu einer Verstetigung und einem nachhaltigen Erfolg des Prozesses beitragen können und somit sowohl finanzielle und personelle Ressourcen schonen als auch zu mehr Vertrauen und Zufriedenheit in der Bevölkerung führen. Für den langfristigen Erfolg eines Prozesses ist dementsprechend folgendes wichtig:

Zunächst sollten sich Prozessgestaltende ausreichend mit der zeitlichen und zielgruppenspezifischen Einbeziehung der Bürger*innen beschäftigen und diese frühestmöglich transparent kommunizieren. Dabei sollte erneut besonders Wert auf einen wechselseitigen Austausch mit den Bürger*innen gelegt werden. So sollten Prozessgestaltende auf einer Ebene mit den Bürger*innen zusammenkommen, die es ihnen erlaubt, die zwischenmenschlichen Bedürfnisse, die hinter der Beteiligung stehen, zu verstehen, im Prozess zu berücksichtigen und entsprechend zu agieren. Für ein umfassendes Verständnis hinsichtlich der Bedürfnisse von Beteiligten stellen auch die in dieser Studie erfassten Unterschiede in den genannten Erfolgskriterien der befragten Bürger*innen und Partizipationsexpert*innen einen großen Mehrwert dar. So zeigen die unterschiedlichen Antworten der beiden Befragungsgruppen, dass die meisten Planer*innen davon ausgehen, Bürger*innen würden sehr umfassend mitbestimmen wollen. Die Antworten der Bürger*innen sprechen jedoch dafür, dass es ihnen in vielen Fällen hauptsächlich um eine transparente und kontinuierliche Information geht sowie die

Bedürfnisse der Beteiligten im Mittelpunkt

Möglichkeit, Hinweise und Bedenken angemessen einzubringen. Weitere zwischenmenschliche Bedürfnisse der Bürger*innen in einem Prozess sind zudem die Möglichkeit zur Weiterentwicklung und Austausch, welche es ebenfalls zu berücksichtigen gilt. Darüber hinaus sollten Prozessgestaltende insbesondere zu Beginn des Prozesses die Wertschätzung und das Vertrauen der Bürger*innen, auch in Bezug auf die Planer*innen, fördern. Zusätzlich ist es wichtig, Möglichkeiten zur Mitgestaltung der Bürger*innen im Sinne eines angemessenen Erwartungsmanagements gewährleisten zu können.

Auf Grundlage der abgeleiteten Maßnahmen stellt sich nun die Frage, wie eine Verstetigung von Bürgerbeteiligung in der Praxis idealerweise aussehen könnte. Es ist zu empfehlen, zunächst mit einer Zielgruppenanalyse zu starten, um die Zielgruppe des Beteiligungsgegenstands und ihre Bedürfnisse identifizieren zu können. Entsprechend der identifizierten Zielgruppe und Bedürfnisse können nun die geeigneten Kommunikationsplattformen bestimmt werden, um die beteiligten Bürger*innen frühestmöglich in den Prozess einzubinden. Auf Seiten der Prozessgestaltenden sollte zu diesem Zeitpunkt auch weitgehendst geklärt sein, welche Ziele und welcher Handlungsspielraum im Rahmen des Prozesses möglich sein wird. Mit Einbeziehung der Bevölkerung ist es, auf Grundlage des erfassten Vorwissens, schließlich wichtig, für einen einheitlichen Kenntnisstand der beteiligten Personen zu sorgen. Dazu gehören sowohl Informationen zu dem Prozessgegenstand als auch zu dem Ablauf von Bürgerbeteiligungsprozessen im Allgemeinen. Darüber hinaus sollten Maßnahmen für den wechselseitigen Aufbau von Vertrauen zwischen Bürger*innen und Planer*innen getroffen werden. Dazu gehören einheitliche Ansprechpartner*innen für den gesamten Prozess, eine transparente Kommunikation über Ziele und mögliche Ergebnisse der Beteiligung sowie der Ausdruck von Wertschätzung.

*Zielgruppen kennen*

Abschließend betonen die beschriebenen Erkenntnisse und Herausforderungen die Relevanz, die Gestaltung von Beteiligungsprozessen in der Praxis entsprechend anzupassen und eine Verstetigung zu unterstützen. Um eine Verstetigung und nachhaltigen Erfolg von Beteiligungsprozessen gewährleisten zu können und somit finanzielle und personelle Ressourcen zu schonen, legen wir Prozessgestaltenden nahe, die beschriebenen Maßnahmen zu berücksichtigen und in die Gestaltung ihrer Prozesse zu integrieren. Dennoch sind, ergänzend zu den Erkenntnissen dieser Studie, weitere praktische Forschungsarbeiten wichtig, um zu untersuchen, inwiefern eine Verstetigung und die genannten Handlungsempfehlungen den nachhaltigen Erfolg von Beteiligungsprozessen aus Sicht der Bürger*innen tatsächlich erhöhen können. So ist eine begleitende Evaluation von Beteiligungsprozessen ratsam, die die genannten Maßnahmen integrieren. Im Rahmen dessen sollten nicht nur die Bürger*innen, sondern auch die Prozessgestaltenden hinsichtlich ihrer Zufriedenheit mit dem Prozess und der Umsetzung der identifizierten Erfolgskriterien befragt werden. Da diese Arbeit, auch aufgrund der geringen Anzahl an Interviewpersonen, nur einen ersten Einblick in die Thematik geben kann, ist eine Studie mit beteiligten Bürger*innen und Prozessgestaltenden während und nach der Teilnahme an einem bestimmten Beteiligungsprozess bereits ein zentrales Forschungsvorhaben der Autoren.

Evaluation nicht erst im Anschluss

## Literatur

Atlee, Tom/Buckley, Stephen/Godec, John/Harris, Reynolds-Anthony/Heierbacher, Sandy/Nurse, Leanne/McCallum, Stephanie R. (2009): Core principles for public engagement. National Coalition for Dialogue und Deliberation (NCDD), International Association for Public Participaction (IAP2), Co-Intelligence Institute. https://www.ncdd.org/uploads/1/3/5/5/135559674/pepfinal-expanded.pdf (Zuletzt aufgerufen am 21.10.2022).

Bayerisches Staatsministerium für Wohnen, Bau und Verkehr (2019): Bürgerbeteiligung im Städtebau. Ein Leitfaden. https://www.buergerbeteiligung-staedtebau.bayern.de/assets/stmi/miniwebs/buergerbeteiligung/buergerbeteiligung_im_staedtebau_e-book.pdf (Zuletzt aufgerufen am 21.10.2022).

Beninghaus,Cristina/Wachinger,Gisela/Renn,Otwin (Hg.)(2017): Bürgerbeteiligung: Konzepte und Lösungswege für die Praxis, Frankfurt am Main, Wolfgang Metzner Verlag.

Berlin Institut für Partizipation (2018): Das Konzept der Partizipationsleiter. Ein Modell von Sherry R. Arnstein zur Klassifikation von Bürgerbeteiligungsverfahren, https://www.bipar.de/das-konzept-der-partizipationsleiter/ (Zuletzt aufgerufen am 21.10.2022).

Birzer, Markus (2015): So geht Bürgerbeteiligung: eine Handreichung für die kommunale Praxis, Bonn, Friedrich-Ebert-Stiftung.

Goldschmidt, Rüdiger (2014): Kriterien zur Evaluation von Dialog-und Beteiligungsverfahren: Konzeptuelle Ausarbeitung eines integrativen Systems aus sechs Metakriterien, Wiesbaden, Springer-Verlag.

Irvin, Renée A./Stansbury, John (2004): Citizen participation in decision making: is it worth the effort?, in: Public administration review, 1/2004 (64), 55-65.

Klages, Helmut (2007): Beteiligungsverfahren und Beteiligungserfahrungen, Bonn: Friedrich-Ebert-Stiftung.

Klages, Helmut/Vetter, Angelika (2013): Bürgerbeteiligung auf kommunaler Ebene: Perspektiven für eine systematische und verstetigte Gestaltung, Baden-Baden: Nomos

Kuckartz, Udo/Rädiker, Stefan (2022): Qualitative Inhaltsanalyse. Methoden, Praxis, Computerunterstützung (5., überarb. Aufl.), Weinheim Basel: Beltz Juventa.

Nanz, P.,/Fritsche, M. (2012). Handbuch Bürgerbeteiligung. Verfahren und Akteure, Chancen und Grenzen, Bonn, Bundeszentrale für politische Bildung.

Renn, Ortwin (2013): Partizipation bei öffentlichen Planungen. Möglichkeiten, Grenzen, Reformbedarf, in: Keil, Silke I. und Thaidigsmann, Isabell (Hg.): Zivile Bürgergesellschaft und Demokratie. Wiesbaden: Springer VS, 71-96.

Schröder, Carolin (2018): Strategische Beteiligung an der Stadtteilentwicklung: Mittelfristige Wirkungen von Planungszellen im Bund-Länder-Programm Soziale Stadt, in: Dienel, Hans-Liudger; Franzl, Kerstin; Fuhrmann, Raban D.; Lietzmann, Hans J. und Vergne, Antoine (Hg.): Die Qualität von Bürgerbeteiligungsverfahren. Evaluation und Sicherung von Standards am Beispiel von Planungszellen und Bürgergutachten, München: oekom verlag, 311-331.

Terhorst, Alexandra (2016): Lassen sich durch den Einsatz „Neuer Medien" neue Zielgruppen gewinnen?. https://www.netzwerk-buergerbeteiligung.de/fileadmin/Inhalte/PDF-Dokumente/newsletter_beitraege/4_2016/nbb_beitrag_terhorst_161212.pdf (Zuletzt aufgerufen am 21.10.2022).

Umansky, Dimitrij/Schiel, Andreas (2016): Bürgerbeteiligung – Macht das wirklich Sinn?, https://www.hs-osnabrueck.de/fileadmin/HSOS/Homepages/NetFuture-Niedersachsen/Buergerbeteiligung_Kommunal_Umansky_Schiel_1216.pdf (Zuletzt aufgerufen am 21.10.2022).

Wachinger, Gisela (Hg.) (2020): Kommunale Planung: Bürger erfolgreich beteiligen, Stuttgart, Kohlhammer Verlag.

Diese Veröffentlichung wird von M4_LAB unterstützt. M4_LAB ist ein Transferprojekt an der Hochschule für Technik Stuttgart im Rahmen der Initiative „Innovative Hochschule", gefördert durch das Bundesministerium für Bildung und Forschung unter dem Förderkennzeichen 03IHS032A gefördert.

This publication is supported by M4_LAB. M4_LAB is a transfer project at the University of Applied Sciences - Stuttgart within the framework of the "Innovative Hochschule" initiative funded by the Federal Ministry of Education and Research under the grant number 03IHS032A.

Prof. Dr. Uwe Pfenning

# Verstetigung der Bürgerbeteiligung durch Verwissenschaftlichung

*Die Rolle der Sozialwissenschaften bei der Bürgerbeteiligung hat sich signifikant verändert von einer externen, unabhängigen, beobachtenden und nach objektiver Erklärung suchenden Wissenschaft hin zum aktiven, normativen und moderierenden Akteur. Dies kennzeichnet den Prozess der Verwissenschaftlichung bei der Bürgerbeteiligung mit der Funktionalität, Verwaltungen Methoden und Tools für „eigene" Beteiligungsverfahren an die Hand zu geben.*

Verstetigung ist Teil der Soziohistorie der Bürgerbeteiligung. Diese hat eine lange Geschichte, zurückreichend auf frühe Bürgerbewegungen zur nationalen Unabhängigkeit und für Bürgerrechte. Prominente Beispiele wie zur Unabhängigkeit Indiens, die Ablösung des Apartheid-Regimes in Südafrika und die Bürgerrechtsbewegung in den USA sind heute Teil des kollektiven Gedächtnisses. Das sozialwissenschaftliche Erbe dieser frühen Bürgerbeteiligung sind einerseits Massenproteste (u. a. Märsche), gewaltfreier Widerstand und ziviler Ungehorsam als politische Formate und andererseits das links-liberale Image von Demokratisierung. Aus Respekt vor den Menschen, die ihre Freiheit oder gar ihr Leben verloren, sei der Hinweis auf das seinerzeitige individuelle Risiko politischen Engagements gegeben. Gesellschaftlich spielten deshalb mutige, charismatisch wirkende Menschen (Weber 1922) eine große Rolle bei diesen Bürgerbewegungen (Gandhi, Mandela, Dr. King). Dem gegenüber stehen Erfahrungen, dass formale Bürgerbeteiligung - vorwiegend als Volksabstimmungen, aber auch im ehrenamtlichen Engagement beim Naturschutz - in Diktaturen und von Terrorregimes wie in der NS-Zeit eingesetzt wurde (Franke/Pfenning 2014; u. a. Reichsnaturschutzgesetz von 1936).

Fundament der Bürgerbewegungen

Die sich anschließende Phase nach circa 1965 ist vor allem von Jugendprotesten geprägt: Den Studentenprotesten in den USA und in Deutschland gegen den Vietnamkrieg, des Pariser Mai 1968 und des Prager Frühlings. Diese Protestbewegungen nahmen die Formate der Bürgerrechtsbewegungen auf, und ergänzten diese soziologisch mit institutionell-sozialisativen Ansätzen. So des „Marsches durch die Institutionen" (Rudi Dutschke, nach Chaussy 2018) und einer Doppelstrategie. Gemeint war, in bestehende Parteien einzutreten und zugleich Bürgerinitiativen zu unterstützen sowie beruflich relevante Positionen im Bildungs- und Rechtssystem zur Vermittlung neuer demokratischer Werte einzunehmen. Die gleichzeitige Etablierung einer Subkultur (Hippie-Bewegung) mit den Zielen Emanzipation, alternativen Lebensformen und kulturellen Aufbruch geben dieser Epoche ihr soziokulturelles Alleinstellungsmerkmal. Politisches Engagement wurde zum Wert in der damaligen jungen Generation. Die Veränderungen sollten nicht nur gesellschaftlich, sondern auch individuell in eigenen alternativen Lebensstilen erfolgen.

In dieser Epoche formierten sich flächendeckend lokale Bürgerinitiativen (Mayer-Tasch 1985) als selbstaktive, informelle Interessengruppen. Die Themenpalette umfasste vornehmlich lokale Anlässe (One Issue, insbesondere Wohnqualität und Verkehr) sowie Kollektivgüter wie Umwelt und Natur. Lokale Umweltgruppen schlossen sich 1972 im Bundesverband Bürgerinitiativen Umweltschutz e. V. (BBU) und im Bund Umwelt- und Naturschutz Deutschland e. V. zusammen. Dies kennzeichnet erste Ansätze der Institutionalisierung. Für Deutschland kam spezifisch die defizitäre Aufarbeitung der NS-Vergangenheit der älteren Generation hinzu, in dessen Kontext Antifaschismus-Initiativen entstanden.

Dem folgten nach circa 1980 neue soziale Bewegungen, mit den Themen Umwelt, Frieden, Feminismus und Gleichberechtigung sowie neuen technischen Bezügen zur Energieversorgung (Anti-AKW-Proteste). Erstmals nahm die Wissenschaft hierbei auch normative Positionen pro globalen Umweltschutz und für das Leitbild Nachhaltigkeit ein (Club of Rome/Meadows 1972, später Global 2000). Die Massenproteste dieser Zeit lassen sich zudem interpretieren als Probelauf für die Chancen einer neuen Partei mit

Boom der
Bürgerinitiativen

programmatischem Schwerpunkt auf Umwelt-, Klima- und Natur-schutz sowie Bürgerbeteiligung. Dies geschah mit der Gründung der GRÜNEN. Mit deren ersten Wahlerfolgen und Regierungsbeteiligungen gingen rechtliche Reformen zur Institutionalisierung der Bürgerbeteiligung einher.

Soziohistorisch war dies die Vollendung des o. g. Marsches durch die Institutionen. Soziologisch wurde deutlich, dass sich Bürgerbeteiligung bis dahin weitgehend in einem integrativen Rahmen zur Ergänzung und Optimierung des etablierten, demokratischen Parteiensystems bewegte. Damit verloren selbstaktive Bürgerbeteiligungen in Deutschland sukzessiv an Bedeutung. Stattdessen wurden nun zunehmend Defizite der Bürgerbeteiligung thematisiert. Zentrale Befunde waren a) die diffizile These einer möglichen Verstärkung sozialer Ungleichheit, da sich vornehmlich gut situierte, wohlhabende Bildungsbürger*innen engagierten (SES-These), b) die Erkenntnis, dass sich Bürgerbeteiligung auch für konservative Themen und Kreise erschloss und c) der legitimatorische Zwiespalt zwischen repräsentativen Parteiensystem und informell agierenden Bürgerbewegungen.

## Phase Zwei: Die Verwissenschaftlichung der Bürgerbeteiligung

Waren zu Beginn der Bürgerbeteiligung vor allem selbstaktive Bürgerinitiativen und Bürgerbewegungen relevant, übernahmen nun „die" Wissenschaft das Zepter für deren Weiterentwicklung. Befreit vom ideologischen Ballast ihrer Soziohistorie sollte sie als Methodik allen Akteuren zur Verfügung stehen, neben der Bürgerschaft auch Verwaltungen und der Politik.

## Methodische Verwissenschaftlichung: Auswahl der Bürgerbeteiligten

Um der SES-These zu begegnen, lag eine neutrale Zufallsauswahl von Bürger*innen für Beteiligungsverfahren nahe. Das methodische Spektrum reicht von Dienel`s (2002) Planungszelle über

Stichproben aus dem Einwohnermelderegister bis hin zur Gewinnung interessierter Bürger*innen durch Bürgerumfragen und deren Ernennung zu Ehrenbeamten auf Zeit (Pfenning 2017).

Beteiligte als Repräsentanten

Zudem wurde Kritik an der weit verbreiteten SES-These herausgearbeitet, da diese a) eher Themen mit Verteilungskonflikten betrifft und weniger die ohnehin allen verfügbaren Kollektivgüter und b), dass Bürgerbeteiligte neben ihren legitimen Eigeninteressen auch in einer sozialen Rolle als Bürgergutachter*in auch das Allgemeinwohl vertreten können (Pfenning 2018a). Und solange keine rechtliche Verpflichtung zur Beteiligung besteht, bleibt diese stets eine individuelle Entscheidung auf der Basis eigener Ressourcen, Bedürfnisse und Interessen. Deshalb sind Rollenbezüge hin zur sozialen Repräsentation von Meinungen der Allgemeinheit eine alternative Lösung zu Zufallsauswahlen.

## Institutionelle Verwissenschaftlichung: Individuelle und kollektive Beteiligung

Es gibt eine Vielzahl von Gründen, Entwicklungen und Prozessen, die eine Bürgerbeteiligung politisch etablierten und in Gesetzen und Verordnungen institutionalisierten. Maßgebliche Gründe sind das gesellschaftliche Protest- und das individuelle Klagerisiko (Gabriel 1983) bei Planungsvorhaben und damit verbundene Umsetzungsrisiken (Beteiligungsparadox). Hier funktioniert Bürgerbeteiligung als Frühwarnsystem (Offe 1972), um Proteste im Vorfeld zu erkennen und zu moderieren sowie individuelle Betroffenheitslagen mit kollektiven Interessen abzuwägen. Das überaus komplexe Planungsrecht (Winkler 2006) beinhaltet etliche individuelle Klagewege für Betroffene. Ergänzt um das Verbandsklagerecht werden darüber hinaus Planungsvorhaben oftmals mit dem Schutz natürlicher Ressourcen wie Luft, Wasser, Boden und Landschaft kontrastiert bis konterkariert. Dies ist eine unterschätzte Dimension individueller Beteiligung und die Liste daran gescheiterter Vorhaben ist lang. Bekannt ist der NIMBY-Effekt (Not In My Backyard), wonach allgemein begrüßte Vorhaben an der fehlenden

Bereitschaft, Einzelner eigene Ressourcen hierfür zur Verfügung zu stellen, scheitern. Für Beteiligungsverfahren ist diese Abwägung individueller und/versus kollektiver Interessen zu einem zentralen Erfolgskriterium geworden, zumal diese überwiegend als kollektive Entscheidungsprozesse gedacht werden.

Ebenso ist das Beteiligungsparadox hiervon betroffen. Danach setzt eine selbstaktive Bürgerbeteiligung erst bei der Umsetzung ein, verbunden mit dem Risiko, weit gediehene Planungen revidieren zu müssen. Es entfällt gänzlich bei Bürgerbeteiligungen, die neue Themen einbringen.

Positiv hervorzuheben ist der juristische Beitrag zur Bürgerbeteiligung durch Reformen der Kommunal- und Länderverfassungen, um die ehedem hohen Quoten für Bürgerbegehren und daran anschließende Bürgerentscheide abzusenken. Zwischenzeitlich sogar um Selbstverpflichtungen von Gemeinden zur Bürgerbeteiligung durch örtliche Satzungen komplettiert (z. B. Bürgerräte). Soziologisch und praktisch kann dies zu einer Parallelität selbstaktiver informeller Bürgerbeteiligung und gremienseitig initiierter formaler Top-Down-Beteiligungsverfahren führen. Sei es idealerweise konstruktiv mit Synergien oder destruktiv als Konfliktherd. Zudem können sich informelle Bürgerinitiativen des formalen Instrumentes Bürgerentscheid zur Durchsetzung ihrer Ziele bedienen. Damit verbessert sich der Ernstcharakter des Beteiligungsverfahrens.

Initiierung von Beteiligung

## Das Anthropozän und Bürgerbeteiligung

Die zunehmende Bedeutung von Umwelt-, Klima- und Naturschutz fußt auf der fundamentalen Erkenntnis, dass menschliches Tun globale Ökosysteme unintendiert, mit oftmals negativen bis katastrophalen Folgen, aus ihrer Balance bringen kann. Das markanteste Beispiel ist der Klimawandel, neben maritimen Plastikmüll, Ozonlöchern, Waldsterben, saurem Regen, Abholzung der Regenwälder, Überfischung, Extremwetterlagen und andere. Dies charakterisiert in Unterscheidung von seiner ursprünglich geologischen Definition das Anthropozän soziologisch (z. B. dass die Menschheit einen bleibenden Abdruck in Ökosystemen hinterlässt, Spektrum der Wissenschaft 2016; Pfenning 2018b). Diese Erkenntnis ist von zentraler Bedeutung für das Konzept der Wissensgesellschaft und deren Verhältnis zur Technik. Denn erst Detektoren, Sensoren, Satelliten und Computersimulationen deckten diese ökologischen Effekte auf. Diese wissenschaftlichen Beweise transformierten das ehedem individuelle subjektive Engagement für Umwelt und Natur in einen objektiven Imperativ und politischen Wert, sich hierfür zu engagieren. Die Hinzunahme technischer Fragestellungen erhöht die Komplexität von Bürgerbeteiligungsverfahren, weil sie a) inter- und transdisziplinärer wird, b) die Detailtiefe der Diskurse höher wird, c) das Folgenbewusstsein (Böhret 1990) ansteigt und d) intergenerative Aspekte und Zeithorizonte zu berücksichtigen sind (vgl. die Friday for Future-Bewegung und die aktuelle Rechtsprechung des Bundesverfassungsgerichts).

## Technische Verwissenschaftlichung: Neue Gesellschaftstechniken

Klimaschutz, Mobilität, Digitalisierung und Energiewende sind komplexe Themen, weil sie ökologische, ökonomische, politische, soziale und technische Systeme betreffen und miteinander in Verbindung setzen. Dabei deutet sich ein Wandel bei technischen Innovationen an: Gingen diese früher von Erfinderseite auf die Gesellschaft über, postuliert heutzutage die Gesellschaft Forderungen an die Wissenschaft, Daseinsvorsorge und Infrastrukturen zu realisieren. Dies ist das maßgebliche Merkmal von Gesellschaftstechniken.

Sie erfordern in der Gesellschaft einen Konsens über Ziele, Funktonalität, Förderung und Ausbaupfade der zu entwickelnden Technologien (Pfenning 2018b; Palm 2022). Eine Individualisierung ehedem zentraler Systemtechnologien (so bei ehemaligen Massenmedien und vor allen derzeit bei der dezentralen Energieversorgung) eröffnet Optionen, nun hierfür lokale Beteiligungsverfahren bis hin zur finanziellen Beteiligung (z. B. Bürgerenergie- und Bürgerquartiergenossenschaften) anzuwenden. Gesellschaftstechniken sind zudem ein Bildungsauftrag und eine Wissenschafts-kommunikation immanent, was wiederum Bezüge zur objektiven Information, subjektiver Informiertheit und Rationalität für Beteiligungsverfahren tangiert.

Die neuen dezentralen Systemarchitekturen bedingen darüber hinaus neben der individuellen Akzeptanz auch individuelle Verhaltensänderungen. Es kommt zur Ausprägung sozio-technischer Systeme (nach Günter Ropohl) wie Smart-Grid, Smart-Home und einem Demand-Side-Management (Pfenning/Hess 2016) als notwendiges Zusammenspiel technischer und sozialer Systeme. Die Konventionen und Kombinationen auszuhandeln, ist für Bürgerbeteiligung ein wichtiges Thema.

Digitalisierung als weitere Gesellschaftechnik (Berger/Pfenning 2019) ist für Bürgerbeteiligung in dreierlei Hinsicht interessant. a) die kollektive Vermittlung von Wissensbeständen und individuelle Informiertheit als zentrale Voraussetzungen, b) für methodische Innovationen wie Onlinebeteiligungsverfahren ohne räumliche Beschränkungen und c) erschließt ihr zunehmend auch komplexe Themen.

Im ersten Fall ist Digitalisierung Wissenschaftskommunikation im Dienste der Bürgerbeteiligung. Komplexe Themen lassen sich audio-visuell, bidirektional-interaktiv und als „augmented reality" anschaulicher und detaillierter vermitteln. Wissensplattformen („Wikis") sind allen zugänglich. Das alles kann Bürgerbeteiligten zur individuellen subjektiven Informiertheit verhelfen, die im Diskurs reflektiert werden kann auf ein Niveau allgemein anerkannter Information. Subjektiv empfundene Informiertheit senkt die Hemmschwelle für Beteiligungsverfahren ab (Pfenning 2017).

Im zweiten Fall liefert Digitalisierung eigenständige Beteiligungsformate durch professionelle Online-Tools. Diese Onlineformate heben räumlichen Beschränkungen zur Bürgerbeteiligung weitgehend auf, wie die Beispiele Nationaler Bürgerbeiräte dokumentieren (Mießlang 2021). Zudem werden dadurch parallele Bürgerbeteiligungsverfahren zum gleichen Thema möglich (z. B.

Regionalkonferenzen, mehrere Bürgergutachten u. a.), was wiederum die Entscheidungsfindung vereinheitlichen (bei gleichen Befunden) oder enorm komplexer machen kann (bei ungleichen Befunden).

Durch die Verbindung von digitalen Tools und Medien zur Informiertheit sowie interaktiven Online-Tools zur Beteiligung werden komplexe Themen für Bürgerbeteiligungsverfahren besser erschlossen. Sei es durch kostengünstige spezifische Bürgerumfragen und Prozessmodelle oder das Wechselspiel von Online- und Live-Treffen über einen längeren Zeitraum. Die Digitalisierung könnte insofern als Missing-Link zwischen Wissens- und Zivilgesellschaft interpretiert werden (Pfenning/Niederberger 2017).

## Bei Komplexität: Prozessmodelle

Durch die Triade ...

- Bürgerbeteiligung zur Informiertheit interessierter Bürger*innen,

- Bürgerbeteiligung zur Auswahl des Beteiligungsverfahrens durch die Bürger*innen selbst,

- und das eigentliche Bürgerbeteiligungsverfahren zur inhaltlichen Entscheidungsfindung ...

entsteht ein Prozessmodell der Bürgerbeteiligung. Zuerst gilt es, die Informationsbedürfnisse tangierter Zielgruppen zu erfassen, um Informationen exakt zu adressieren. Danach gilt es die Bürger*innen mitentscheiden zu lassen, mit welchen Formaten und Aufwänden sie beteiligt werden möchten. Die methodische Herausforderung hierbei ist, standardisierte Abfragen zur kurzen Darstellung zentraler Instrumente der Bürgerbeteiligung zu entwickeln und diese allgemein bekanntzumachen. Dies betrifft wiederum Wissenschaftskommunikation und Bildung zur Bürgerbeteiligung.

Für den Beteiligungsprozess ist zu entscheiden, ob jeweils a) gleiche Personenkreise für gleiche Verfahren rekrutiert werden sollen,

Beteiligung zu Beteiligung

b) verschiedene Personen für gleiche Verfahren oder c) verschiedene Personen für verschiedene Verfahren. In der Praxis bewährt hat sich die Auswahl gleicher Personen für zwei Lösungspfade. Die Option, Ergebnisse diskursiver Kleingruppen (z. B. Bürgergutachten) mit Formaten zur öffentlichen Diskussion (z. B. Bürgerversammlung) zu verbinden, führt zu einem Mix aus „diskussiven" und diskursiven Elementen. Dies gilt sowohl für Zwischenergebnisse wie auch finale Entscheidungen. Diese öffentliche Rückkoppelung findet idealerweise mehrfach statt. Sie erhöht die Legitimität der inhaltlichen Empfehlungen, derweil die Auswahl des Verfahrens durch die Bürgerschaft die formale Akzeptanz des Verfahrens verbessert.

Die Praxis der Kleingruppendiskurse hat gezeigt, dass hierbei in einer ersten Stufe die beteiligten Bürger*innen über alle möglichen Lösungspfade auf einer möglichst umfassenden Daten- und Wissensbasis informiert werden möchten. Danach werden nach lokalen und wissenschaftlichen (sic!) Kriterien zumindest zwei Lösungswege ausgewählt und deren Vor- und Nachteile intensiv vergleichend erörtert. Dieses deduktive Prozessmodell gleicht daher einer Sanduhr mit einem Nürnberger Trichter zu Beginn, den mittleren Engpass zur Reduktion der Komplexität durch Auswahl begrenzter, weil machbarer Lösungsalternativen und einen bauchigen Bodensatz divers umsetzbarer Maßnahmen.

*Sanduhr-Modell*

## Bürgerumfragen als Startpunkt von Beteiligungsverfahren mit hoher Komplexität

Für die Prozessschritte Informiertheit schaffen und Auswahl des Beteiligungsverfahrens haben sich Bürgerumfragen zu Beginn des Verfahrens bewährt (Pfenning 2017; 2018a). Die vielseitigen Funktionalitäten einer Bürgerumfrage sind:

- Aufmerksamkeit für das Verfahren wecken (medialer Effekt),
- Informationsbedürfnisse wie auch Informiertheit zum Thema erfassen (kognitiver Effekt),

- die Auswahl möglicher Beteiligungsverfahren und deren gewünschte Kopplung erfragen (Akzeptanzfunktion),
- eine Legitimation von Kleingruppen bei Entscheidungen für die Allgemeinheit zu schaffen (Verfahrenslegitimation),
- die Teilnahmebereitschaft interessierter Bürger*innen erfassen (Rekrutierung)
- sowie Meinungen der Allgemeinheit in die Kleingruppendiskussion einzubringen (soziale Repräsentation).

Bürgerumfragen fungieren dergestalt bei Beteiligungen als eine „Quasi"-Abstimmung über Verfahren, Inhalte und Legitimation der Entscheidungen bzw. Empfehlungen. Dies unterscheidet sie von sozialwissenschaftlichen Umfragen zum Test von Erklärungsmodellen aus Sicht der Forscher*innen. Sie repräsentieren überwiegend - Hybridfragen ausgenommen - quantitative statistische Methodik. Da die Kleingruppendiskurse qualitative Verfahren darstellen, in denen der Austausch von Meinungen und Argumenten im Vordergrund steht und insofern Heuristiken und Hermeneutik gesucht werden, bilden Bürgerumfragen und diskursive Kleingruppen einen idealen, sich ergänzenden qualitativen und quantitativen Methodenmix.

## Indikation komplexer Themen der Bürgerbeteiligung

Die Themen bei Bürgerbeteiligungsverfahren reichen von anfangs One-Issue-Themen (z. B. Tempolimit 30 in der Wohnstraße „An der BAB 8") bis hin zu komplexen Themen wie lokale Energievisionen. Generell ist bei Bürgerbeteiligungen ein thematischer Wandel hin zu komplexen Themen zu konstatieren. Naheliegende Gründe hierfür sind die neuen Gesellschaftstechniken mit dem Postulat zur Bürgerbeteiligung, um sie als soziotechnische Systeme optional umzusetzen, die Individualisierung von Systemtechnologien, die räumliche Öffnung für regionale und nationale Themen sowie – gerne verkannt – die vielen Erfolge von Beteiligungsverfahren. Sie ist gewissermaßen ein Selbstläufer und zugleich Opfer des eigenen Erfolges. Die Geschichte der Bürgerbeteiligung ist auch die Geschichte von Modellprojekten hin zum Standardverfahren mit vielerlei Tools. Womit sich die Frage stellt, welches Tool für welches Thema? Deshalb ist es nötig, Themen nach Einfachheit und Komplexität indizieren zu können. Was kann als allgemeine Merkmale komplexer Themen gelten?

Tools sind themenabhängig

- Technisch induzierte Fachthemen bedingen eine hohe Komplexität, weil die Diskussionen, Diskurse und Moderationen inter- und transdisziplinär werden,

- die erwähnte Individualisierung von ehemaligen Systemtechnologien erschließt diese für dezentrale Beteiligungsverfahren und stellt technisch alternative Lösungen in den Kontext von sozialen und kollektiven Aushandlungsprozessen (Soziotechnik),

- die Systematisierung ehemaliger Individualtechnologien hingegen stellt Fragen zur individuellen Akzeptanz technischer Innovationen (z. B. „autonomes Fahren" mittels Sensoren und GPS/GNSS-Satelliten),

- die vielfältigen Details von Technologien entziehen sich oftmals der Informiertheit beteiligungsinteressierter Bürger*innen. Wissenschaftskommunikation erhält deshalb eine zunehmende Funktionalität für eine Bürgerbeteiligung. Idealerweise schafft sie eine kritische Rationalität (nach Habermas 1987) als Basis für den inhaltlichen Diskurs im Beteiligungsverfahren,

- wenn Technologien in ihren Anwendungen einen sozialen Sinn (z. B. Umweltschutz), ethische (Bio- und Gentechnologien), moralische (Militärtechnik) und vor allem Risikoaspekte (Atomenergie) tangieren, gesellen sich zur sachlichen Rationalität emotionale Überzeugungsmuster für eine inhaltliche abgewogene Entscheidungsfindung. Konventionen gemäß dem ALARA-Prinzip („As Low As Reasonably Achievable") für das sozial letztlich noch akzeptable technische Risiko und zu dessen Kompensation erhöhen die Komplexität,

- gerade bei ethisch-moralisch aufgeladenen Themen steigt das Risiko von Interessenkonflikten im Beteiligungsverfahren, ebenso bei Themen mit ökonomisch-ökologischen Abwägungen (z. B. in Bürgerenergiegenossenschaften Investoren versus Überzeugungs„tätern"). Dadurch wird die Moderation komplexer bis hin zur Mediation,

- die mögliche Parallelität von selbstaktiven Bürgerbeteiligungen oder von institutionalisierten Stakeholdern von Kollektivinteressen mit von Verwaltungen initiierten Partizipationsverfahren zur gleichen Thematik erhöhen den Abstimmungsbedarf und stellt Fragen zu Synergien und Kopplung als Teil des Verfahrensablaufes,

- ist ein Thema als hinreichend komplex (an-)erkannt, bedingt es ein Prozessmodell der Bürgerbeteiligung. Dies bedeutet: Die Detailtiefe der Themenbezüge kann nur im kleinen Diskursgruppenmodus mit mehreren Sitzungen geleistet werden (i.e. Panel). Für eine allgemeine Akzeptanz müssen deren Empfehlungen rückgespiegelt werden an eine interessierte Öffentlichkeit (Konferenzmodus).

Damit wird deutlich, dass komplexe Themen administrative Vorentscheidungen zum vertretbaren Aufwand und dessen Finanzierung voraussetzen. Komplexität erhöht Kosten und Aufwände und kann selten in Eigenregie einer Verwaltung umgesetzt werden. Dazu zählen auch die Seriosität und der Ernstcharakter dieser Verfahren. Seriosität meint Stilelemente wie Räumlichkeiten, Aufwandsentschädigungen, Bewirtung und Gleichstellung mit Mandatsträgern; Ernstcharakter die Vorab-Abklärung, inwiefern Empfehlungen zu Entscheidungen werden können.

Dazu gesellt sich eine erhebliche methodische Komplexität. Der Baukasten wissenschaftlicher Tools ist so umfassend geworden, dass Praktiker leicht fehlgreifen können. Dienels Planungszelle macht klare Vorgaben zur Methodik, Cross-Impact-Analysen (Weimer-Jehle 2005) und Pareto-optimale Szenariotechniken erleichtern das Herausfinden wahrscheinlicher Szenarien (Palm 2022), Bürgerumfragen erfordern standardisierte Beschreibungen auszuwählender Beteiligungsformate, Prozessmodelle, die Kombination multipler Methoden, Gruppendelphi und Konsenskonferenzen ermöglichen die Herstellung eines fundierten Konsenses bei strittigen Themen (Schulz/Renn 2009).

## Fazit & Defizit – Verstetigung durch Verwissenschaftlichung?

In der Bürgerbeteiligung haben sich neben den weiterhin anzutreffenden selbstaktiven Bürgerinitiativen auch verwissenschaftliche Beteiligungsverfahren von Verwaltung und Politik etabliert. Damit einhergehend ist ein methodischer und inhaltlicher Wandel. Methodisch hin zu Prozessmodellen und inhaltlich hin zu Themen mit hoher Komplexität. Diese Tendenzen bei der Bürgerbeteiligung gehen einher mit gesellschaftlichen Veränderungen, so dem Aufkommen des Typus Gesellschaftstechniken und der umfassenden Institutionalisierung und unstrittigen Legitimation von Beteiligungsverfahren auch seitens der Akteure des bestehenden repräsentativen Parteiensystems. Das politische System wird ergänzt durch ein mehr an direkter Demokratie. Manche Wissenschaftler sehen Politiker visionär schon mehr als Manager von Beteiligung denn als Entscheidungsträger mit Amt und Mandat.

Dies fordert die Wissenschaft heraus. Es gilt die Indikation komplexer Themen abzuklären, Tools zu evaluieren und zu systematisieren und Prozessmodelle zu etablieren. Hierbei ist der Forschungsstand defizitär. Hingegen haben sich Institute und Stiftungen hierbei verdient gemacht (Bertelsmann Stiftung, Berlin Institut für Partizipation, Stiftung Mitarbeit Bonn, Allianz für Demokratie Baden-Württemberg, IfOK 2019). Dies hilft, Theorie und Praxis besser miteinander zu verbinden. Diese Verbindung ist sehr relevant, da theoretisch adäquate Methoden falsch angewandt auch inhaltliche Empfehlungen delegitimieren können. Die Verfahren scheitern dann insgesamt.

Zudem beinhaltet Verwissenschaftlichung neben dem Vorteil, bisherige Nachteile selbstaktiver Bürgerbeteiligung zu vermindern, auch neue Risiken. Verwaltungsseitig vorgegebene Themensetzungen können die Ergebnisoffenheit einschränken, bis hin zum Vorwurf von Alibibeteiligungen bei zuvor fixierten Entscheidungen. Zudem kann die mit der Verwissenschaftlichung der Bürgerbeteiligung assoziierte legitime Kommerzialisierung dazu führen, mehr im Sinne des Auftraggebers denn im Sinne der beteiligten Bürger*innen zu agieren. Und zu guter Letzt das soziologische Risiko, die Bürgerbeteiligung über die Grenzen daran interessierter Bürgerschaft auszudehnen.

Akademisch betrachtet kann die Verwissenschaftlichung der Bürgerbeteiligung eine neue Disziplin als die Wissenschaft von der Beteiligung etablieren, in der sich Theorie und Praxis vereinen.

## Literatur

Berger, Michael/Pfenning, Uwe (2019): Digitalisierung – eine interdisziplinäre Betrachtung, VDE-Paper 1/2019. Hrsg. VDE Deutschland. VDE Verlag Frankfurt.

Böhret, Carl (1990): Die Renaissance des Folgenbewusstseins. S.17-20 in: Folgen. VS Verlag für Sozialwissenschaften. Wiesbaden, https://doi.org/10.1007/978-3-322-95750-4_1.

Chaussy, Ulrich (2018): Rudi-Dutschke – Die Biographie, Droemer Knaur Verlag, München.

Club of Rome (1972): Die Grenzen des Wachstums – Bericht zur Lage der Menschheit, Deutsche Verlagsanstalt Stuttgart (Original: Meadows, Dennis, The Limits of Growth, MIT).

Dienel, Peter C. (2002): Eine Alternative zur Establishment-Demokratie, Westdeutscher Verlag, Wiesbaden.

Franke, Nils/Pfenning, Uwe (2014, Hrsg.): Kontinuitäten im Naturschutz, Verlag Nomos, Baden-Baden.

Gabriel, W. Oscar (1983, Hrsg.): Bürgerbeteiligung und kommunale Demokratie, Sonderauflage für die Landeszentrale für politische Bildung Nordrhein-Westfalen, Minerva, München.

Habermas, Jürgen (1987): Theorie des kommunikativen Handelns, Band 1: Handlungsrationalität und gesellschaftliche Rationalisierung, Verlag Suhrkamp, Frankfurt.

IfOK Hrsg. (2019): Gute Bürgerbeteiligung - Leitlinien für Mitarbeiterinnen und Mitarbeiter des Bundesministeriums für Umwelt, Naturschutz und nukleare Sicherheit, Institut für Organisationskommunikation (IfOK), Bensheim / Berlin.

Mayer-Tasch, Cornelius (1985): Die Bürgerinitiativbewegung. Der aktive Bürger als rechts- und politikwissenschaftliches Problem, Rowohlt-Verlag, Hamburg.

Mießlang, Theresa (2021): Bürgerräte im Onlineformat und als Präsenzveranstaltung, Abschlussarbeit zur Erlangung des Hochschulgrades Master of Science im Studiengang Planung und Partizipation, Universität Stuttgart.

Offe, Claus (1973) Strukturprobleme des kapitalistischen Staates, Aufsätze zur politischen Soziologie, Frankfurt am Main.

Palm, Herbert (2022): Prozess und Werkzeugkette zur multikriteriell optimierten Auslegung kommunaler Energiesysteme, Fachhochschule für Technik München, FBTEI-Symposium. Präsentation, https://doi.org/10.13140/RG.2.2.24208.69122.

Pfenning, Uwe/Hess, Denis (2016): Lokale Energiezukunft Rottweil-Hausen, S. 282-286, in: Christina Benighaus, Gisela Wachinger, Ortwin Renn (Hrsg.): Bürgerbeteiligung - Konzepte und Lösungswege für die Praxis, Metzner Verlag, Frankfurt.

Pfenning, Uwe/Niederberger, Marlen (2017): Demokratie und Technik in einer zivilen Wissensgesellschaft, S.16-19 in Zeitschrift Schulmanagement, Ausgabe 6/2017 (Dezember). Pädagogische Zeitschriften: Oldenbourg.

Pfenning, Uwe (2018a): Zeitschrift für Energiewirtschaft 1/2018. Eine soziologische Systemanalyse und sozio-ökonomisches Review der Soziotechnik Energiewende. Wiesbaden: Springer.

Pfenning, Uwe (2018b): Zur Soziologie und Soziotechnik der Energiewende, S.19-22 in ETG Mitgliederinformation Nr. 1/2018, Magazin der energietechnischen Gesellschaft (ETG) im VDE, VDE Verlag. Frankfurt.

Pfenning, Uwe (2017): Metzingen will 2! Bürgergutachten und Bürgerempfehlung Lokale Energiezukunft Metzingen, Abschlussbericht Bürgergutachten, DLR Stuttgart, ELIB-Bibliothek des DLR, gefördert vom BW-PLUS Programm Baden-Württemberg, Förderkennzeichen 13034, Projektträger KIT Karlsruhe, Karlsruhe, Stuttgart.

Schulz, Marlen/Renn, Ortwin (2009): Das Gruppendelphi – Über die Methode und Anwendung von Gruppendelphi-Verfahren, VS Verlag für Sozialwissenschaften, Wiesbaden, https://doi.org/10.1007/978-3-531-91511-1.

Spektrum der Wissenschaft 1.17 (2016): Das Anthropozän – ein neuer Abschnitt der Erdgeschichte beginnt, Springer Verlag, Heidelberg.

Weber, Max (1922, hrsg. von Weber, Marianne): Wirtschaft und Gesellschaft, darin: Die Typen der Herrschaft, Kapitel 3, S. 122-176. Verlag Paul Siebeck, Tübingen.

Weimer-Jehle, Wolfgang (2006): Cross Impact Balances: a system-theoretical approach to cross impact analyses, S.334-361, in: Journal Technological Forecasting and Social Change Vol. 75, Verlag Elsevier.

Winkler, Daniela (2006): Politik im verwaltungsfreien Raum, S. 103-119 in: Zeitschrift für Staats- und Europawissenschaften (ZSE).

# Handlungfeld Kommune

Elias Brandenberg, Dr. Anke Kaschlik, Tobias Nägeli

# Partizipation in der Stadtentwicklung – Vorschlag für eine Perspektiverweiterung

*Der Beitrag basiert auf den Erfahrungen aus unterschiedlichen Forschungs- und Entwicklungsprojekten in und mit kleineren Städten in Deutschland und der Schweiz im Themenbereich Stadtentwicklung. Als Hemmnis für eine nachhaltige Entwicklung zeigen sich oftmals unterschiedliche Verständnisse von Partizipation sowie damit verbunden eine eingeschränkte Sicht auf die Vielfalt und Vielzahl der Akteur\*innen der Stadtentwicklung. Mit einem erweiterten Stufenmodell der Partizipation möchten wir die Analyse und Gestaltung lokaler Entwicklungsprozesse und das Erkennen der Potenziale unterschiedlicher Akteur\*innen unterstützen.*

Rittel (2013) sprach schon in den 1970er Jahren davon, dass Planende „wicked problems" zu lösen hätten, deren Einflüsse und Wirkungen niemals allumfassend analysiert werden könnten, um daraus die „richtigen" Entscheidungen ableiten zu können und dass Planung jeweils nur unter den aktuell bekannten Bedingungen und nach bestem Wissen und Gewissen erfolgen kann. Planende sollten vorhandenes Wissen möglichst umfassend einbeziehen und fehlerfreundliche Lösungen (Burckhardt 2004) suchen, um auf Veränderungen der Ausgangslage oder auf nicht intendierte Wirkungen angemessen reagieren zu können. Selle spricht 2013 noch mit Fragezeichen von „Stadtentwicklung als Gemeinschaftsaufgabe?" (Selle 2013). Das allgemeine Planungsverständnis hat sich seither in diese Richtung entwickelt. Eine Bewusstseinszunahme zur Wichtigkeit des Einbezugs betroffener Bevölkerung in Prozesse der Stadtentwicklung sowie entsprechende Bekenntnisse von Verantwortungsträger\*innen sind zu verzeichnen. Unterschiedliche Formate partizipativer Planung und Entwicklung wie Bürgerforen, Bürgerräte oder runde Tische werden in unterschiedlichsten

Zusammenhängen erfolgreich umgesetzt. Gleichwohl bildet die nachhaltige Verankerung einer partizipativen Haltung, die lokale Politik und Verwaltung insgesamt umfasst eher die Ausnahme. Die Frage, wer angesprochen ist und wer welche Legitimation und Ressourcen hat (bzw. haben sollte), um an der Gemeinschaftsaufgabe Stadtentwicklung mitzuwirken, scheint oftmals ungeklärt. Die Frage, wie unterschiedliche Perspektiven, Interessen und Möglichkeiten genutzt werden können, um lokale Handlungsspielräume unter den Bedingungen des gesellschaftlichen Wandels und der Notwendigkeit nachhaltiger Entwicklung auszuweiten, wird eher selten gestellt. Gleichzeitig dehnen sich die „parlamentarisch nicht kontrollierten Entscheidungsspielräume der planenden Verwaltung [...] aus, da im Gegensatz zum reinen Vollzug von Ordnungsnormen Planungsziele prozesshaft definiert werden" (Siebel 2010: 7) Somit wäre für eine demokratische und nachhaltige Entwicklung vor Ort eine breite und andauernde Auseinandersetzung um Ziele der Entwicklung und um geeignete Wege der Umsetzung erforderlich. Zudem führen vor allem institutionelle und unkonventionelle Partizipationsformen (Proteste, Bürgerbewegungen, NGOs, etc.) zu Demokratie (Roth 2011). Mit diesem Beitrag möchten wir uns einem Ausschnitt aus diesem breiten Feld vertieft zuwenden, bei dem wir durch unsere Forschungstätigkeit viel Unsicherheit und Missverständnisse erlebt haben. Es soll schwerpunktmäßig um die Partizipation der Bevölkerung an Planungen und Entwicklungen in und von (kleinen) Städten gehen, die bisher wenig (gute) Erfahrung mit partizipativen Prozessen sammeln konnten. Ein umfassendes Verständnis von Beteiligung müsste auch Akteur*innen aus der Wirtschaft mit einbeziehen. Dies ist explizit nicht Thema des vorliegenden Beitrags.

Partizipative Haltung der Verwaltung

Um mögliche Ansatzpunkte aufzeigen zu können, geht es im folgenden Abschnitt auf Grundlage unserer Erkenntnisse aus verschiedenen Forschungs- und Entwicklungsprojekten zunächst um die Ausgangslage in den städtischen Verwaltungen, die dortigen Erfahrungen und Umsetzungen von Partizipation. Der dritte Abschnitt widmet sich der Begriffsklärung von Partizipation aus theoretischer Perspektive. Über die Einführung einer erweiterten Sicht auf theoretischer Ebene werden im vierten Abschnitt werden im Ausblick Möglichkeiten und Bedingungen für die Koproduktion von Stadt benannt und mit Kompetenzen professioneller Sozialer Arbeit in Verbindung gebracht.

## Erfahrungen mit Partizipation in den beteiligten Städten

In den letzten Jahren haben wir in unterschiedlichen Zusammenhängen und mit unterschiedlichen Beteiligten aus der Praxis Forschungs- und Entwicklungsprojekte im Themenfeld der nachhaltigen/sozialen Stadtentwicklung in kleineren Deutschen und Schweizer Städten durchgeführt. Für diesen Artikel wurden Daten aus fünf Projekten mit dem Fokus auf Partizipation inhaltsanalytisch mit induktiver Kategorienbildung (Kuckartz 2016) ausgewertet. Trotz unterschiedlich gelagerter Projektziele und Fragestellungen stellten sich bei allen Projekten die vorliegenden unterschiedlichen Verständnisse von Partizipation als eine wesentliche Herausforderung für die jeweilige Entwicklung dar.

*Daten aus fünf Projekten*

Vonseiten der an unseren Projekten beteiligten Städten wird Partizipation unter den gegebenen lokalen Entwicklungsbedingungen eingebettet in (planungs-)rechtliche Rahmensetzungen und vor allem wegen begrenzter Ressourcen in den Verwaltungen überwiegend als eine zwar notwendige, aber zusätzliche Aufgabe angesehen. Bei der Bevölkerung reicht das Spektrum von nicht beteiligt an städtischen Entwicklungsprojekten bis hin zur Forderung nach anderen/umfangreicheren Partizipationsmöglichkeiten. Greifbare Gewinne durch Partizipation können wenig erkannt werden. Zentral dafür scheinen aus unserer Projektarbeit vor allem folgende Punkte, die auch die Wahrnehmung erfolgreich durchgeführter partizipativer Projekte in den Städten überschatten:

Erfahrungen mit partizipativ angelegten Prozessen konnten bisher nur begrenzt gesammelt werden. Verbreitet sind Informations- oder auch Diskussionsveranstaltungen zu mehr oder weniger konkreten

Bauprojekten. Oder die Bevölkerung wird eingeladen, Bedürfnisse und Wünsche zu einem Projekt oder Quartier zu äußern. Entscheidungen werden durch die städtische Seite getroffen, vielfach auch ohne Entscheidungskriterien offen zu legen. Entscheidungsprozesse werden in der Folge vonseiten der Bevölkerung als wenig transparent empfunden. Auch auf städtischer Seite gelten diese Prozesse wegen geringer und einseitiger Teilnahme seitens der Bevölkerung oder wenig neuen Erkenntnissen bei hohem (zeitlichen) Aufwand oftmals als schlechte Erfahrungen.

*Mangelnde Transparenz*

Kleine Teilnehmer*innenzahlen oder auch die „immer gleichen" Beteiligten werden auch mit mangelndem Interesse erklärt. Dabei wird zu Partizipationsanlässen überwiegend über die Lokalpresse und die städtische Website oder städtische Kanäle in digitalen Medien eingeladen. Zugang zu wenig partizipationsaffinen Personen oder Gruppen steht den verantwortlichen Bau- und Planungsverwaltungen selten zur Verfügung.

Ein zunehmend verbreiteter und vermeintlich einfacher Weg, um die Bevölkerung in städtische Entwicklungen einzubeziehen, sind quantitativ angelegte Befragungen oder die Abfrage von Wünschen über digitale Plattformen. Die tatsächliche Teilnahme über diese Instrumente bleibt oft sehr gering und auf schon involvierte, (anderweitig) engagierte Personen(-gruppen) oder gar Mitarbeitende der Verwaltung beschränkt.

In dieser Gemengelage aus vielfältigen Herausforderungen, mangelnden (zeitlichen) Ressourcen in den Verwaltungen, geringen Erfahrungen mit Partizipation an Prozessen der Stadtentwicklung scheint es kaum möglich, das auf lange Sicht ressourcensparende/-generierende und demokratiestärkende Potenzial von umfassender Partizipation der Bevölkerung an der Stadtentwicklung zu erkennen. Eher wird befürchtet, dass aus durchgeführten partizipativen Prozessen insgesamt erhöhte Mitspracheerwartungen seitens der Bevölkerung erwachsen. Weniger planbare Prozessen und unerwartete Ideen und Wünsche, prägen in der Folge die Erwartungen an partizipative Prozesse. Diese scheinen im Verwaltungs-

*Angst vor Erwartungen*

alltag kaum integrierbar. Auch der zusätzliche Aufwand, der sich aus der Distanz zur Bevölkerung ergibt, geht so oftmals unter.

Stadtentwicklung als permanenter Prozess

Ein Ansatz im Umgang mit den genannten Schwierigkeiten erscheint uns, Stadtentwicklung umfassender und deutlicher als andauernden Prozess zu betrachten. Es geht nicht nur um die Partizipation an „Planungs- und Entscheidungsprozessen der öffentlichen Hand", sondern ebenso um Partizipation an „Prozessen der Stadtentwicklung" (Selle 2010: 10ff.). Aktuell liegt der Fokus in den an unseren Projekten beteiligten Städten fast ausschließlich Planungsprozessen der öffentlichen Hand bzw. auf baulichen und teilweise wirtschaftlichen Entwicklungen. Entsprechend ist die Wahrnehmung der Akteur*innen der Stadtentwicklung eingeschränkt. Insbesondere die große Vielfalt zivilgesellschaftlicher Initiativen und Vereinigungen werden kaum als Akteur*innen der Stadtentwicklung wahrgenommen und somit auch selten angesprochen. Gerade sie stellen jedoch eine wichtige Verbindung zur Bevölkerung dar. Innerhalb der Verwaltungen ist abteilungs- oder hierarchieebenen-übergreifende Zusammenarbeit wenig verbreitet. Erfahrungen aus partizipativen Verfahren, die beispielsweise in der Offenen Kinder- und Jugendarbeit durchgeführt werden, können so kaum geteilt oder Verfahren arbeitsteilig durchgeführt werden. Auch bestehende Kooperationen einzelner Dienstabteilungen zu zivilgesellschaftlichen Organisationen bleiben für die Stadtentwicklung ungenutzt.

Für eine erweiterte Sicht auf die Akteur*innen der Stadtentwicklung innerhalb partizipativer Prozesse sowie auf ihre jeweils spezifischen Perspektiven und Rollen stellen wir nachfolgend einen Vorschlag zur Diskussion. Zuvor erfolgt eine theoretische Annäherung.

## Partizipation: theoretische Annäherung

Es existiert eine Vielzahl unterschiedlicher Verständnisse von Partizipation, sowie diverse Begriffe, welche in ähnlicher Weise verwendet werden: Teilnahme, Mitbestimmung, Selbstverwaltung, Bürgerbeteiligung, Bürgerengagement bis hin zu Demokratisierung (Uebersax 1991: 5). Auch wird Partizipation teilweise mit der „Teilnahme an politischen Entscheidungsprozessen" gleichgesetzt (Moser et al. 1999: 109). Wir verstehen Partizipation der Bevölkerung an Prozessen der Stadtentwicklung als eine Form freiwilligen Engagements. Durch Partizipation an Prozessen der Stadtentwicklung können ebenso Eigeninteressen verfolgt werden wie Interessen der lokalen Gesellschaft oder von spezifischen Interessengruppen. Mit dem Zusatz „zivilgesellschaftlich" stellen wir auf die Ausrichtung auf das Gemeinwohl ab (Klie 2011; Evers 2020). So erfolgt zivilgesellschaftliche Partizipation freiwillig, ohne (ausschließliche) Profitabsicht und ist gleichzeitig auf das Gemeinwohl ausgerichtet. Damit ergibt sich eine klare Abgrenzung zu Partizipation, welche sich z. B. gegen demokratische Institutionen richtet.

Verschiedene Autor*innen stellten unterschiedliche „Stufen" von Partizipation dar (Arnstein 1972; Hollihn 1978; Hart 1992). Dies zeigt, dass Personen(gruppen) von Entscheidungsträger*innen in unterschiedlichem Maße an Entscheidungen beteiligt werden können. „Der Begriff der Partizipation verdeutlicht, dass Teilnahmegewährung (…) sowie Teilnahme voneinander abhängige Größen sind. Partizipation erfordert die Teilnahmestärkung durch die formal legitimierten Entscheidungsträger*innen sowie die Teilnahme der BürgerInnen" (Lüttringhaus 2000: 23). Bei Partizipation handelt es sich also stets um einen Austauschprozess mit geteilter Einflussnahme auf das Ergebnis. Um dies zu verdeutlichen, entwickelte Lüttringhaus (2000: 38ff.) ein Modell, welches erstmals diese zwei gleichzeitig wirksame Perspektiven und Rollen innerhalb von Partizipationsprozessen vereinte. Straßburger und Rieger (2014) differenzieren dieses Pyramidenmodell durch eine feinere Abstufung.

*Stufenmodelle der Partizipation*

Hollihn (1978: 25ff.) beschreibt Machttransfer als Voraussetzung für gelingende Partizipation. Machttransfer wird im Sinne von Einfluss auf das Ergebnis des partizipativen Prozesses verstanden (Klöti/Drilling 2014: 31). Je nach Zielsetzung eines partizipativen Prozesses bzw. je nach Zielgruppe und deren Partizipationskompetenzen/-interessen ist ein unterschiedlicher Umfang von Partizipation sinnvoll oder notwendig (Brandenberg/Kaschlik 2022: 263ff.).

Mit der Machtabgabe kann auch Verantwortungsabgabe erfolgen, was Entscheidungsträger*innen entlasten kann, auf jeden Fall aber den Prozess entsprechend breiter abstützt. Entscheidend für den Erfolg eines partizipativen Prozesses ist somit nicht (nur) der Grad der Partizipation, sondern insbesondere die Frage, ob beide Seiten sich darüber einig sind, in welchem Umfang Entscheidungskompetenzen umverteilt werden und welche Erwartungen an den Prozess und die Ergebnisumsetzung gestellt werden (Selle 2013).

Neben dem Potenzial partizipativer Prozesse, Wissen und Können möglichst vieler Beteiligter miteinzubeziehen, bergen solche Prozesse auch Risiken. Entsprechend ist Partizipation nicht für jede Fragestellung der Stadtentwicklung geeignet; insbesondere die Ausrichtung auf das Gemeinwohl ist gefährdet, wenn im Prozess Einzelinteressen verstärkt wirksam werden (Klöti/Drilling 2014: 8ff.). Durch die unterschiedlich starke Beteiligung der angesprochenen oder gerade auch nicht angesprochenen Personen(-gruppen) steigt das Risiko der Verstärkung bestehender Ungleichheiten. Nicht alle Personen verfügen über dieselben Fähigkeiten und Chancen, sich zu beteiligen (Roth 2011:84f.). Ressourcen wie Zeit, Geld, Wissen, Selbstbewusstsein, soziale Kontakte, geeignete strukturelle Bedingungen sowie sozialisationsabhängige Handlungskompetenzen sind notwendig, um überhaupt den Zugang zu partizipativen Prozessen zu haben (Weihnacht 2002: 237ff.). Für notwendiges Empowerment (Herriger 2020), die Ansprache oder auch Interessenvertretung nicht partizipierender Gruppen können die oben angesprochenen zivilgesellschaftlichen Organisationen eine wichtige Rolle einnehmen. Dem möchten wir im Folgenden nachgehen.

**Risiken der Partizipation** (margin note)

## Eine dritte Perspektive in partizipativen Prozessen und Projekten

Die beiden Seiten der Partizipationspyramiden nach Lüttringhaus (2000: 38ff.) und Straßburger/Rieger (2014) liefern die wesentlichen Grundlagen für Analyse und Gestaltung partizipativer Projekte und Prozesse. Die Situation ist in der (heutigen) Praxis jedoch unübersichtlicher, als es die Einteilung in zwei Seiten darstellen kann. Insbesondere für den Kontext kleinerer Städte und Gemeinden bzw. solcher mit wenig Erfahrungen im Themenfeld scheint eine dritte Perspektive sinnvoll und hilfreich, um eine umfassendere Sichtweise zu unterstützen. Denn in partizipativen Prozessen spielen neben den staatlichen Organisationen und der Bevölkerung auch zivilgesellschaftliche Organisationen eine wesentliche Rolle. Dies sind keine neuen Erkenntnisse (z.B. Drilling/Weiss 2012; Weiss/Blumer 2016). Die geschilderten Erkenntnisse aus unserer Projektarbeit lassen es aber sinnvoll erscheinen, genau diese Organisationen näher in den Blick zu nehmen und dafür das Pyramidenmodell um eine dritte Seite zu erweitern (siehe Abbildung 1). Ziel dieser Darstellung ist das Sichtbarmachen der Vielfalt lokaler Akteur*innen und der Komplexität ihrer (Zusammen-)Arbeitsformen.

Perspektive der Zivilgesellschaft

Wir verstehen unter zivilgesellschaftlichen Organisationen sogenannte Dritte-Sektor-Organisationen (Klie 2011; Evers 2020) wie Vereine, Interessenverbände, NGOs oder soziale Bewegungen, aber auch lose (thematische oder problembezogene) Zusammenschlüsse. Wesentlich ist die Ausrichtung (auch) auf das Gemeinwohl (vgl. Einleitung). Die Vielfalt der Akteur*innen dieser dritten Pyramidenseite ist groß und entsprechend den vielfältigen Ausprägungen lokaler Geschichte und Kultur sehr unterschiedlich. Es handelt sich oftmals um Akteur*innen, die sich aus der Bevölkerung herausgebildet haben, die in engem Kontakt zur Bevölkerung stehen, deren Arbeitsweisen oft selbstverständlich auf Mitarbeit und Koproduktion beruhen und die in der Folge über einen großen Erfahrungsschatz für die situations- und lokalspezifische Ausgestaltung von partizipativen Prozessen verfügen. In diesem Sinne stellen die Akteur*innen der dritten Pyramidenseite wichtige Ansprechpartner*innen für die staatliche Seite dar einerseits, um Anliegen der Bevölkerung gesammelt abfragen und andererseits, um Bevölkerung in ihrer ganzen Breite ansprechen zu können. Zudem bilden sie organisierte und thematisch fokussierte Vertretungen der Bevölkerung, die oftmals gezielt Partizipation einfordern.

Mit ihren möglichen Aufgaben und Rollen finden sich die zivilgesellschaftlichen Organisationen in den Pyramiden von Lüttringhaus (2000:38ff.) und Straßburger/Rieger (2014) (teilweise) auf der Seite der Bevölkerung an oberster Stelle als Eigenständigkeit bzw. zivilgesellschaftliche Eigenaktivität. Diese Stufe wird von den Autorinnen ausschließlich auf den Pyramidenseiten der Bevölkerung verortet und als über Partizipation hinausgehend (Straßburger/Rieger 2014: 33) beschrieben. Dies scheint aus der Betrachtung allein der von staatlichen Stellen angebotenen/durchgeführten Partizipation bzw. von formaleren Planungsprozessen zu resultieren. Die für die nachhaltige Entwicklung notwendige sehr breite Definition von Stadtentwicklung (inklusive der Vielfalt der Akteur*innen) lässt aber eine Integration von Eigenaktivitäten der Bevölkerung in die Prozesse der Stadtentwicklung als unerlässlich erscheinen. Dem möchte das von uns vorgeschlagene Modell Rechnung tragen.

Partizipations-<br>Pyramide

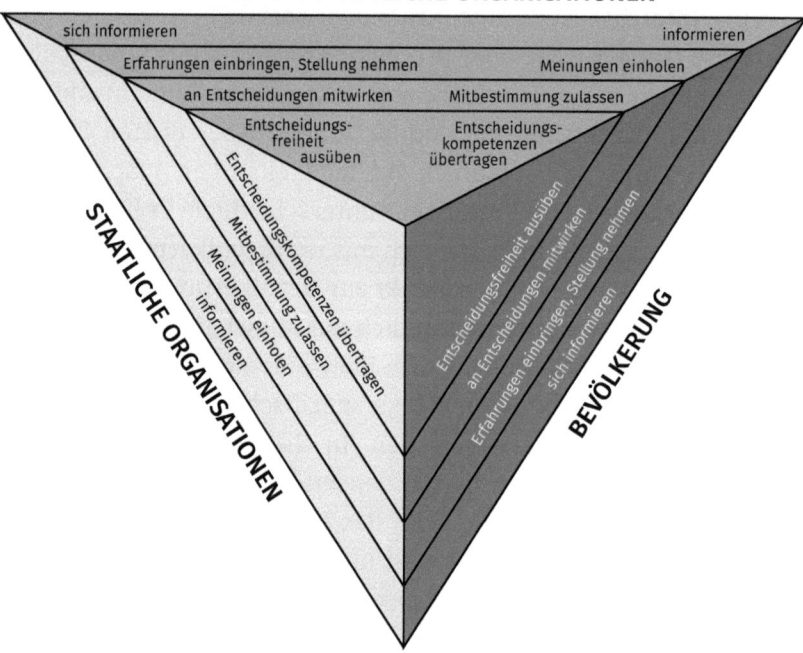

Abbildung 1:     Modell der dreiseitigen Partizipationspyramide (eigene Darstellung)

Wir gehen davon aus, dass die Erweiterung der Pyramide um die Perspektive der zivilgesellschaftlichen Organisationen helfen kann, die vielfältigen Akteur*innen, Interessen und Formen der Zusammenarbeit umfassender zu analysieren und als Potenzial für die lokale Entwicklung sichtbar und nutzbar zu machen. Mit dieser Darstellung sollen drei Aspekte verdeutlicht werden: 1. die Differenzierung der Perspektive der Bevölkerung/lokalen Gesellschaft, 2. dass diese Organisationen sozusagen selbst zu Anbietenden von Partizipation werden und 3. dass diese vermittelnde bzw. intermediäre Funktionen zwischen den beiden anderen Seiten der Pyramide übernehmen können. Im Rahmen der Stadtentwicklung stehen die zivilgesellschaftlichen Organisationen somit in einem Teilnahme-Verhältnis zu den staatlichen Organisationen und bieten gleichzeitig Teilhabemöglichkeiten für die Bevölkerung. Die Perspektiven der beiden anderen Seiten bleiben (fast ausschließlich) auf je eine dieser Rollen beschränkt. Die Darstellung ist idealtypisch zu verstehen, denn nicht alle Akteur*innen können immer eindeutig einer Seite zugeordnet werden. So können beispielsweise staatliche oder staatlich beauftragte Stellen der Sozialen Arbeit qua Auftrag intermediäre Funktionen übernehmen.

Wir gehen davon aus, dass eine derart erweiterte Sicht auf Partizipation dazu beitragen kann, dass Partizipation Wege ins „Mainstreaming" findet (Evers 2020), die „eine Verzahnung von Steuerungspolitik und Handlungsermächtigung" begünstigt, die durch notwendige Transformationen verlangt werden (Sommer 2021: 8) und damit die Bedingungen für eine Koproduktion von Stadt verbessert. Ansätzen, wie dies auf lokaler Ebene (auch in kleinen Städten) gelingen könnte und welche Rolle die „Stadt" dabei spielen sollte, widmet sich der Ausblick.

## Ausblick

Nach unserer Erfahrung ist für eine nachhaltige Stadtentwicklung nicht weniger als eine Kulturveränderung erforderlich: Es geht tatsächlich um eine partizipative Haltung, nicht (nur) um das fachgerechte Anwenden geeigneter Methoden (Löchtefeld/Sommer

Notwendige Kulturveränderung

2019). Dies bedingt selbstverständlich fundiert aufgegleiste partizipative Prozesse, die weit über die Abfrage von Wünschen und Bedürfnissen hinausgehen, die offen sind auch für unkonventionelle Ideen (Munsch/Müller 2021). Dabei behält die Stadt eine besondere Verantwortung. Denn Partizipation setzt Vertrauen in Politik voraus (Siebel 2010). „Stadt" ist also gefordert, partizipative Prozesse weiterzuentwickeln und gleichzeitig die gesamtstädtische Perspektive sowie die Orientierung am Gemeinwohl im Blick zu behalten.

Bei partizipativem Vorgehen besteht die „Gefahr, im Wesentlichen private Interessen mit privilegiertem Zugang zum politischen System aber mit dürftiger demokratischer Legitimation zu fördern" (Gualini 2010: 9). Gleichzeitig ist insbesondere die Einbindung zivilgesellschaftlicher Organisationen geeignet, Anliegen der durch das System der repräsentativen Demokratie systematisch Benachteiligten (Siebel 2010: 26) angemessen zu berücksichtigen. Das heißt, spezifische und individuelle Anforderungen müssen moderiert und integriert werden, um den Gefahren vor allem hinsichtlich der Verstärkung von Chancenungleichheit und nicht-/anti-demokratischen Aktivitäten (Roth 2011) zu begegnen. Ein unabdingbarer Teil von Partizipation ist deshalb die Unterstützung und Förderung der Teilnahme wenig partizipationsaffiner Bevölkerungsgruppen (Munsch 2021; Lüttringhaus 2000). Neben der partizipativen Haltung braucht es dafür - nach unserer Erfahrung aus der Zusammenarbeit mit verschiedenen Stadtverwaltungen - Ressourcen und eine Stelle bzw. Person in der Verwaltung – möglichst außerhalb der fachlichen und hierarchischen Struktur als Stabstelle o. ä. – an der alle Fäden zusammenlaufen. Dies schließt die Abstimmung baulich-räumlicher Entwicklungen, Nutzungen und Funktionen im Stadtgebiet ebenso ein wie soziale und kulturelle Entwicklungen. Damit wäre auch die Grundlage gelegt, um in interdisziplinärer Zusammenarbeit unterschiedlicher Verwaltungsabteilungen sowie mit den Akteur*innen der beiden anderen Seiten der Pyramide eine partizipative Haltung zu erarbeiten und zu erproben.

*Einfluss muss moderiert werden*

Zum Abbau der Hürden für Veränderungen, die sich aus dem aktuellen Erfahrungshorizont ergeben, zur Moderation der notwendigen Veränderungen wie auch zur Gestaltung partizipativer Prozesse scheint es gewinnbringend, die Kompetenzen der professionellen Sozialen Arbeit aktiv zu nutzen. Insbesondere unter den Prinzipien von Gemeinwesenarbeit, Sozialraumorientierung und sozialer Nachhaltigkeit wird dort der grundlegende Fokus auf die Bearbeitung sozialer Probleme mit einer aktivierenden Komponente ergänzt, welche auf die Unterstützung der Gestaltung von Lebenswelten abzielt (Becker 2014; Hinte 2017; Wendt 2017). Veränderungen werden „unter aktiver Beteiligung der betroffenen Menschen" (Hinte/Kreft 2017: 945) gestaltet. Der grundlegenden Bedeutung von Partizipation, „mit den Menschen zu arbeiten und nicht für sie" (Rieger/Straßburger 2014: 152) kann so entsprochen werden.

Mit diesem Verweis auf die professionelle Soziale Arbeit werden Unschärfen deutlich, die in dem vorgeschlagenen Modell der dreiseitigen Pyramide nicht abgebildet werden. Akteur*innen der Sozialen Arbeit sind oftmals in staatlichem Auftrag tätig, im hier angesprochenen Aufgabengebiet treten sie jedoch vermittelnd, moderierend zum Teil auch vertretend auf. Zahlreiche Autor*innen (Lüttringhaus 2000; Drilling/Weiss 2012; Weiss/Blumer 2016) weisen auf ihre mögliche Funktion als intermediäre Instanzen hin, einer Rolle, die im vorgeschlagenen Modell vor allem der Seite zivilgesellschaftlicher Organisationen zugedacht ist. Diese Vermischung von Verortung im Modell und von Rollen innerhalb von Prozessen der Stadtentwicklung scheint nicht auflösbar. Wir gehen dennoch davon aus, dass die Darstellung als dritte Perspektive bzw. die dadurch erreichte Hervorhebung der Bedeutung zivilgesellschaftlicher Organisationen hilfreich ist, für Analyse und Gestaltung partizipativer Prozesse der Stadtentwicklung. So soll das Modell die Sensibilisierung für die Vielfalt der Akteur*innen vor Ort und für deren Beiträge zur Lösung der jeweils lokalspezifischen „wicked problems" (Rittel 2013) unterstützen.

Die Kraft der dritten Perspektive

# Literatur

Arnstein, Sherry R. (1972): Stufen der Bürgerbeteiligung, in Mehr Demokratie im Städtebau. Beiträge zur Beteiligung der Bürger an Planungsentscheidungen, herausgegeben von Lauritz Lauritzen, 192–218. Hannover: Fackelträger-Verlag.

Becker, Martin (2014): Soziale Stadtentwicklung und Gemeinwesenarbeit in der sozialen Arbeit, Handlungsfelder sozialer Arbeit, Stuttgart: Kohlhammer.

Brandenberg, Elias/Kaschlik, Anke (2022): Partizipation in Genossenschaftssiedlungen: Warum? Für wen? Und was braucht es dafür?, pnd - rethinking planning 2022(1) 2022 (1): 253–68. https://doi.org/10.18154/RWTH-2022-05180.

Burckhardt, Lucius (2004): Wer plant die Planung?, Architektur, Politik und Mensch. Berlin: Martin Schmitz Verlag.

Drilling, Matthias/Weiss, Stephanie (2012): Soziale Nachhaltigkeit in der Siedlungsentwicklung, Raum & Umwelt: Schriftenreihe der Schweizerischen Vereinigung für Landesplanung VLP-ASPAN 2012 (3): 1–22 (online) http://hdl.handle.net/11654/21387 (Zuletzt aufgerufen am 23.01.2023).

Evers, Adalbert (2020): Die Zivilgesellschaft und ihre Organisationen. Ein Vergleich verschiedener Ansätze, in Organisation und Zivilgesellschaft, herausgegeben von Andreas Schröer, Nicolas Engel, Claudia Fahrenwald, Michael Göhlich, Christian Schröder, und Susanne Maria Weber, 24:9–32. Organisation und Pädagogik. Wiesbaden: Springer Fachmedien Wiesbaden. (online) https://doi.org/10.1007/978-3-658-18005-8_2.

Gualini, Enrico (2010) Zivilgesellschaftliches Handeln und bürgerschaftliches Engagement aus stadtentwicklungspolitischer Perspektive: kritische Überlegungen zur Thematik, in Stadtentwicklung, Zivilgesellschaft und bürgerschaftliches Engagement, herausgegeben von Elke Becker, Enrico Gualini, Carolin Runkel, und Rupert Strachwitz, 3–22. De Gruyter. https://doi.org/10.1515/9783110507867-002.

Hart, Roger A (1992): Children's Participation: From tokenism to citizenship, Innocenti Essay 1992 (4): 1–39.

Herriger, Norbert (2020): Empowerment in der Sozialen Arbeit: eine Einführung 6, Erweiterte und Aktualisierte Auflage, Stuttgart: Verlag W. Kohlhammer.

Hinte, Wolfgang (2017): Von der Gemeinwesenarbeit zum sozialräumlichen Handeln, in Methodenlehre in der Sozialen Arbeit: Konzepte, Methoden, Verfahren, herausgegeben von Dieter Kreft und Carl Wolfgang Müller, 2. überarbeitete und erweiterte Auflage, 88–98. UTB Soziale Arbeit 3370. München Basel: Ernst Reinhardt Verlag.

Hinte, Wolfgang/Kreft, Dieter (2017): Sozialraumorientierung, in Wörterbuch Soziale Arbeit. Aufgaben, Praxisfelder, Begriffe und Methoden der Sozialarbeit und Sozialpädagogik, herausgegeben von Dieter Kreft und Ingrid Mielenz, 8. Auflage, 944–948 Weinheim und Basel: Beltz Juventa.

Hollihn, Frank (1978) Partizipation und Demokratie. Bürgerbeteiligung am kommunalen Planungsprozess?, Baden-Baden: Nomos.

Klie, Thomas (2011): Zivilgesellschaft – mehr als Dritter Sektor, Zentrum für zivilgesellschaftliche Entwicklung, https://www.zze-freiburg.de/assets/pdf/Unser-Verstaendnis-von-Zivilgesellschaft-zze.pdf (Zuletzt aufgerufen am 23.01.2023).

Klöti, Tanja/Drilling, Matthias (2014): Warum eigentlich Partizipation?, Sozialwissenschaftliche Analyse aktueller Partizipationsverständnisse in der Planung, Gestaltung und Nutzung öffentlicher Räume, Forschungsbericht zum ZORA-Projekt: „Mitwirkung in der Gestaltung und Nutzung öffentlicher Räume", Institut Sozialplanung und Stadtentwicklung Hochschule für Soziale Arbeit FHNW. https://zora-cep.ch/

cmsfiles/ZORA_Forschungsbericht_FHNW-ISS_Nov2014_def_1.pdf (Zuletzt aufgerufen am 23.01.2023).

Löchtefeld, Stefan/Sommer, Jörg (2019): DAS PRINZIP HALTUNG: WARUM GUTE BÜRGERBETEILIGUNG KEINE FRAGE DER METHODE IST, Berlin Institut für Partizipation. https://www.bipar.de/wp-content/uploads/2021/09/ePaper_Transformation-und-Partizipation.pdf (Zuletzt aufgerufen am 23.01.2023).

Lüttringhaus, Maria (2000): Stadtentwicklung und Partizipation: Fallstudien aus Essen Katernburg und der Dresdner Äusseren Neustadt, Bonn: Stiftung Mitarbeit.

Moser, Heinz/Müller, Emanuel/Wettstein, Heinz/Willener, Alex (1999): Soziokulturelle Animation. Grundfragen, Grundlagen, Grundsätze, Luzern: Interact.

Munsch, Chantal (2021): Keiner sagt was. Wie die Praxis der freundlichen Frage Barrieren für Partizipation ausblendet, in Jenseits der Intention-ethnografische Einblicke in Praktiken der Partizipation, herausgegeben von Falko Müller und Chantal Munsch, 200–211. Weinheim: Beltz Juventa.

Munsch, Chantal/Müller, Falko (2021): Jenseits der Intention. Ambivalenzen, Störungen, und Ungleichheit mit Partizipation zusammen-denken" in Jenseits der Intention-ethnografische Einblicke in Praktiken der Partizipation, herausgegeben von Falko Müller und Chantal Munsch, 1. Auflage, 10–36. Weinheim: Beltz Juventa.

Rieger, Judith/Straßburger, Gaby (2014): Wie Partizipation gelingt: Nicht für, sondern mit Menschen arbeiten, in Partizipation kompakt. Für Studium, Lehre und Praxis sozialer Berufe, herausgegeben von Gaby Straßburger und Judith Rieger, 152–187 Weinheim: Beltz Juventa.

Rittel, Horst W. J. (2013): Thinking Design: transdisziplinäre Konzepte für Planer und Entwerfer, Board of International Research in Design, BIRD, Basel: Birkhäuser.

Roth, Roland (2011): Partizipation, in Handbuch bürgerschaftliches Engagement., herausgegeben von Thomas Olk und Birger Hartnuss, 77–88, Weinheim: Beltz Juventa.

Selle, Klaus (2010): Gemeinschaftswerk? Teilhabe der Bürgerinnen und Bürger an der Stadtentwicklung: Begriffe, Entwicklungen, Wirklichkeiten, Folgerungen, RWTH. https://digital.zlb.de/viewer/api/v1/records/33664014/files/images/Gemeinschaftswerk.pdf/full.pdf (Zuletzt aufgerufen am 23.01.2023).

Selle, Klaus (2013): Über Bürgerbeteiligung hinaus: Stadtentwicklung als Gemeinschaftsaufgabe?: Analysen und Konzepte, Edition Stadt-Entwicklung, Detmold: Rohn.

Siebel, Walter (2010): Planende Verwaltung und zivile Gesellschaft, in: Stadtentwicklung, Zivilgesellschaft und bürgerschaftliches Engagement, herausgegeben von Elke Becker, Enrico Gualini, Carolin Runkel, und Rupert Strachwitz, 25–38, De Gruyter, https://doi.org/10.1515/9783110507867-003.

Sommer, Jörg (2021) Transformation und Partizipation, Berlin Institut für Partizipation, https://www.bipar.de/wp-content/uploads/2021/09/ePaper_Transformation-und-Partizipation.pdf (Zuletzt aufgerufen am 23.01.2023).

Straßburger, Gaby/Rieger, Judith (2014): Bedeutung und Formen der Partizipation – Das Modell der Partizipationspyramide, in: Partizipation kompakt. Für Studium, Lehre und Praxis sozialer Berufe, herausgegeben von Gaby Straßburger und Judith Rieger, 11–39, Weinheim: Beltz Juventa.

Uebersax, Peter (1991): Betroffenheit als Anknüpfung für Partizipation. Herleitung eines Modells der Betroffenenbeteiligung mit besonderer Berücksichtigung des Aspekts örtlicher Betroffenheit, Basel: Helbing & Lichtenhahn.

Weinacht, Timo (2002): ... und sie bewegt sich doch. Jugend zwischen Partizipation, Selbstorganisation und Institutionalisierung, Münster: Lit Verlag.

Weiss, Stephanie/Blumer, Daniel (2016): Sozial nachhaltiges Bauen als Handlungsfeld der Sozialen Arbeit, in: Soziale Arbeit und Stadtentwicklung, herausgegeben von Matthias Drilling und Patrick Oehler, 141–153, Wiesbaden: Springer Fachmedien Wiesbaden.

Wendt, Peter-Ulrich (2017): Lehrbuch Methoden der Sozialen Arbeit, 2. Überarbeitete Auflage, Studienmodule Soziale Arbeit, Weinheim Basel: Beltz Juventa.

Prof. Dr. Gesine Schwan

# Kommunale Entwicklungsbeiräte als wirksame Bürgerbeteiligung in der repräsentativen Demokratie

*Liberale Demokratien brauchen eine partizipative Erweiterung, die die repräsentative Struktur und Legitimation der Demokratie durch Wahlen stimmig ergänzt und den Bürgerinnen und Bürgern eine wirksame Mitsprache zu aktuellen und grundlegenden Themen ermöglicht. Ein vielversprechender Ansatz hierfür sind Kommunale Entwicklungsbeiräte. Wie diese funktionieren, wird in diesem Beitrag sowohl theoretisch als auch praktisch am Beispiel des Kommunalen Entwicklungsbeirats Hernes dargestellt.*

Die Zustimmung zur liberalen Demokratie ist in den letzten Jahren deutlich gesunken. Das betrifft nicht nur die konkrete Praxis, sondern auch das politische Modell. Dafür gibt es vielfältige Gründe. Ein wichtiger liegt darin, dass viele Bürger*innen mit den politischen Entscheidungen unzufrieden sind und sich in ihnen nicht mehr gesehen, auch nicht beteiligt fühlen. Dagegen gibt es inzwischen eine Fülle von Vorschlägen, um die Bürgerpartizipation zu verbessern. Sie werden auch schon vielfach praktiziert.

Gesucht wird vor allem zum einen eine direkte Einwirkung der Bürger*innen auf die Entscheidungen und zum anderen deren Orientierung am Gemeinwohl statt an mächtigen Partikularinteressen.

Dabei steht auch die repräsentative Demokratie zur Debatte. Denn was die Bürger*innen vermissen, ist ihre direkte Einflussnahme auf politische Entscheidungen. Deshalb ist es sehr wichtig, eine Partizipationsform zu finden, in der sie eine solche direkte Einflussnahme empirisch überprüfbar wahrnehmen können. Allerdings darf dabei nicht das Prinzip der repräsentativen Demokratie und der Legitimation durch Wahlen konterkariert bzw. delegitimiert werden.

Einflussnahme ohne Delegitimierung

Die direkte Einflussnahme von Bürger\*innen muss im Rahmen der demokratischen Verfassung legitimiert sein, darf sich nicht einfach spontan durchsetzen. Nur wenn die Legitimität von Partikularinteressen und der Versuch, sie mit der Vergegenwärtigung (Repräsentation) auch gegenteiliger Interessen, also tendenziell des (immer nur asymptotisch zu erreichenden) Gemeinwohls zusammengedacht und -gebracht werden, wird man der Aufgabe gerecht, der „gleichen Freiheit" der Bürger\*innen, die die liberale Demokratie verspricht, so gut wie möglich zu verwirklichen. Partizipation muss in der repräsentativen Demokratie immer „vermittelt" werden, ist also immer nur „mittelbar", nie direkt.

Viele aktuelle Vorschläge zur Demokratiereform sehen die Wurzel des Verlusts der Glaubwürdigkeit von Demokratie im Einfluss von Partikularinteressen und von Lobbygruppen, die noch dazu über ungleiche Sanktionsmacht verfügen. Sie wollen diese deshalb so weit wie möglich ausschalten. Das ist auch der Kern der Forderung nach Losverfahren im Modell der Bürgerräte. Zusammen mit dem Prinzip der Deliberation, die das Gemeinwohl ermitteln soll, gilt das Losverfahren als Garant der politischen Gleichheit und der gemeinwohlorientierten Vernunft. Der Preis ist allerdings hoch. Denn entweder entfernen sich die Beratungsergebnisse solcher Deliberation weit von der realen Interessenkonstellation, mit der demokratische Politik nun einmal umgehen muss, und werden damit irrelevant. Oder sie werden autoritativ gegen die Interessengruppen ausgespielt, mit dem Risiko, dass die empirischen Bürgerinteressen tendenziell delegitimiert und autoritär zum Schweigen gebracht werden.

Der Vorschlag der „Kommunalen Bürgerräte" nimmt die empirischen Partikularinteressen in der Form seiner Multi-Stakeholder Zusammensetzung auf, er erarbeitet daraus durch begründende Argumentation und Deliberation einen Grundkonsens, der sich am Gemeinwohl orientiert, und er ermöglicht eine direkte Einflussnahme der Bürger\*innen auf die politische Entscheidung dadurch, dass an der vorbereitenden gemeinsamen Beratung der langfristigen kommunalen Entwicklung von Anfang an Legitimierte (Ver-

Garant für Gemeinwohl und Vernunft

treter*innen der Stadtverordnetenversammlung und Oberbürgermeister*in mit Verwaltung) und nicht-Legitimierte (organisierte Zivilgesellschaft und Wirtschaft) beteiligt sind. Damit entsteht ein neues, auf Dauer angelegtes institutionelles Format, das den Anforderungen an eine nachhaltige Entwicklung entspricht und mit der repräsentativen Demokratie vereinbar ist.

## Vermittlung von Partikularinteressen und Gemeinwohl in der Demokratie

In der Theorie der liberalen Demokratie etwa von John Locke oder Charles de Montesquieu bleiben die Forderung nach Aufnahme der Partikularinteressen in die Entscheidung einerseits und deren gleichzeitige Ausrichtung am Gemeinwohl andererseits theoretisch unvermittelt. Es gibt kein allgemeines Verfahren für eine Priorisierung der Interessen. Auch die Forderung im GG Art. 38, dass die Abgeordneten ein freies Mandat haben und nur ihrem Gewissen verantwortlich seien, bleibt abstrakt und faktisch meistens hilflos, weil der oft unentdeckt erfolgende Einfluss der Lobby die Gewissensentscheidung de facto konterkariert.

Der Vorschlag der Kommunalen Entwicklungsbeiräte legt diesen Hiatus auf der überschaubaren Ebene der Kommune offen. Durch Transparenz werden Kreativität und ein fairer Kompromiss ermöglicht, ohne die konkreten Interessen einfach auszublenden.

Kreativität und Kompromiss durch Transparenz

Damit entsteht in den Gemeinden nach und nach eine politische Kultur der Argumentation und gegenseitigen Offenheit, die die Output Legitimation von Demokratien durch perspektivenreichere Entscheidungen verbessert, weil sie sich mehr am Gemeinwohl orientieren und nachhaltiger ausfallen.

Schließlich begünstigen sie die Umsetzung der Beratungsergebnisse durch die Entscheidungen der legitimierten Gemeindeinstitutionen (Abgeordnetenversammlung und Bürgermeister*in einschließlich Verwaltung), weil Legitimierte und nicht Legitimierte von Anfang an zusammen beraten. Sie lernen ihre Argumente und

Logiken gegenseitig kennen, und wenn sie zu einem gemeinsamen Ergebnis kommen, liegt es psychologisch nahe, das gemeinsam Erarbeitete dann auch umzusetzen.

John Locke und Charles de Montesquieu vertrauen zur Vereinbarung von Partikularinteresse und Gemeinwohl auf die vernünftige Kompetenz der Eliten, die am Entscheidungsprozess teilnehmen. Für sie ist die soziale und politische Ungleichheit als Resultat solcher Entscheidungsprozesse kein grundlegendes Thema. Jean-Jacques Rousseau versucht dieses Spannungsverhältnis durch die Priorität eines „Gemeinwillen" zu lösen, dessen empirische Organisation er nicht ausweisen kann und der die Gefahr antipluralistischer Machtkonzentration birgt.

Gemeinwohl durch Aushandlung

An diesem Spannungsverhältnis setzen Kommunale Entwicklungsbeiräte an. Ihr Ziel ist es, vor der politischen Entscheidung in der Gesellschaft eine transparente Kommunikation über Interessen und deren Verallgemeinerungsfähigkeit herzustellen und zugleich partikulare Interessen als legitime pragmatisch auszuhandeln, nicht auszuschalten. Besonders wichtig sind dabei die Begründungen von Positionen und der argumentative, dialogische und aufgeschlossene Austausch darüber, um eine gemeinsame Referenz-Ebene – abstrakt gesprochen: der Gerechtigkeit bzw. des Gemeinwohls – gemeinsam zu erarbeiten. Wichtig ist dabei zu lernen, einander zuzuhören und sich an die Stelle der anderen zu setzen.

## Kommunale Entwicklungsbeiräte

Um es vorweg zu sagen: Der Vorschlag der „Kommunalen Entwicklungsbeiräte" bietet keine rechtliche oder logische Vereinigung von direkter und repräsentativer Demokratie, sondern eine pragmatisch-psychologische „Quadratur des Kreises", d. h. eine pragmatisch-psychologische Vereinbarung zwischen direkter Bürgerpartizipation und repräsentativer Demokratie. Die kann erst richtig gelingen, wenn Bürger*innen über einen längeren Zeitraum einander kennen und zuhören lernen. So entsteht ein tragfähiges Vertrauen das für wirksame Partizipation unerlässlich ist.

## Aufgabe und Zusammensetzung des Kommunalen Entwicklungsbeirates

Aufgabe Kommunaler Entwicklungsbeiräte (KEB) ist es, über die Langzeitentwicklung der Kommune zu beraten. Das inzwischen öffentlich weit akzeptierte Gebot der Nachhaltigkeit, das die Vereinten Nationen 2015 mit der Verabschiedung der 17 Nachhaltigkeitsziele weltweit unterstützen, erfordert in Nord und Süd Entwicklungen und Transformationen. Sie legen eine durchdachte Partizipation der Bürger*innen nahe, damit sie gerecht erfolgen können und die Bürger*innen sie sich zu Eigen machen.

Durch die Vielfalt der Perspektiven, die hier offen diskutiert werden kann, gelingt eine bessere, innovative Gemeinwohlorientierung zu finden. Zugleich findet die Transformation in der Gesellschaft der Kommune eine soziale nachhaltige Verankerung.

Kommunale Entwicklungsbeiräte setzen sich nach dem Multi-Stakeholder-Prinzip zusammen: Zum einen finden sich darin Vertreter*innen der gewählten Politik: aus dem gewählten (Stadt-)Rat (Legislative) und vonseiten des/der Oberbürgermeister*in einschließlich der Verwaltung (Exekutive), zum anderen Vertreter*innen von organisierter Zivilgesellschaft und des Unternehmenssektors, die nicht durch Wahl legitimiert sind. Einzelne Bürger*innen können per Losverfahren hinzukommen, um die Palette der Argumente zu bereichern. Damit entsteht im Kommunalen Entwicklungsbeirat eine Kooperation von demokratisch legitimierten und nicht legitimierten Bürgerinnen und Bürgern.

*Multi Stakeholder Prinzip*

Die strukturell angelegte Vielfalt unterschiedlicher, auch gegensätzlicher empirischer Interessen und damit Perspektiven, folgt aus der Zusammensetzung der Kommunalen Entwicklungsbeiräte nach dem sogenannten Multi-Stakeholder Prinzip. Ursprünglich ist es in der Entwicklungszusammenarbeit beim Bau von Staudämmen entstanden, damit Politik und Wirtschaft auch die Interessen der betroffenen Gesellschaft berücksichtigen, vertreten durch die organisierte Zivilgesellschaft. Im „Global Compact" hat der frühere Generalsekretär der Vereinten Nationen Kofi Annan die Zusammenarbeit von Politik, organisierter Zivilgesellschaft und Privatwirtschaft weiterentwickelt.

Stakeholder
Politik

Einer der drei Stakeholder bzw. Akteure ist die Politik, die in der Demokratie Entscheidungen für die Gesamtgesellschaft, orientiert am Gemeinwohl und die verschiedenen Interessen integrierend, treffen muss. Sie ist daher im strikten Sinne kein Stakeholder, der eine partikulare Perspektive vertritt.

Stakeholder
Zivilgesellschaft

Die organisierte Zivilgesellschaft vertritt legitimer Weise Partikularinteressen – zu ihnen gehört auch, was man traditionell Interessenverbände nennt. In den letzten Jahrzehnten sind immer mehr sogenannte Advocacy Initiativen entstanden, die sich aus ihrer Sicht gesamtgesellschaftlichen Interessen wie Klimaschutz, Artenvielfalt, Bekämpfung von Armut etc. widmen und in der Gesellschaft in dem Maße Vertrauen gewinnen, wie ihre Ziele als gesamtgesellschaftlich relevant wahrgenommen werden. Sie sind politische, aber nicht parteipolitische Akteure, nicht an Wahlen oder Legislaturperioden gebunden. Ihre demokratische Legitimation liegt in ihrer inneren demokratischen Verfassung, der Transparenz ihrer Finanzierung und ihrer Rechenschaftslegung und in ihrer Glaubwürdigkeit in Bezug auf die von ihnen vertretenen gesamtgesellschaftlichen Ziele.

Stakeholder
Wirtschaft

Die dritte Akteursgruppe ist die (Privat)Wirtschaft bzw. der Unternehmenssektor. Anders als Staat und organisierte Gesellschaft müssen Unternehmen sich auf dem kommerziellen Markt bewähren, sonst verlieren sie ihre Existenz. Sie folgen daher anderen Begründungs- und Handlungslogiken als Staat und organisierte Zivilgesellschaft. In einer Marktwirtschaft – wie auch immer sie reguliert ist – sind erfolgreiche Unternehmen unverzichtbar. Wichtig ist aber der Einbezug der Wirtschaft in die politische Verantwortung. Kapitalistische Wirtschaftsunternehmen sollen sich an politische Verantwortung „gewöhnen". Sie haben in der Demokratie bzw. für die moderne demokratische Politik auch eine „Citoyen"-Rolle, können nicht nur als wirtschaftlich-partikular ausgerichteter „Bourgeois" handeln und auf Gewinnmaximierung zielen. Das bisherige Modell der kapitalistischen Wirtschaft in Demokratien, gemäß dem Unternehmen auf die Regeln der Politik warten (die sie vorher durch Lobbyarbeit für sich möglichst günstig machen) und innerhalb deren Rahmen sie dann für ihren betriebswirtschaftlichen Erfolg herausholen, was das Recht hergibt, reicht in unseren Zeiten nicht aus, um ein konstruktives Verhältnis von kapitalistischer Wirtschaft und demokratischer Politik herzustellen. Milton Friedman's „the business of business is business" gilt nicht mehr. Demokratische Politik droht durch die Dynamik und ökonomische Macht der kapitalistischen Wirtschaft unterminiert und unwirksam zu werden – auch dies ein Grund dafür, dass die liberale Demokratie an Zustimmung verliert.

Innerhalb der genannten Akteursgruppen gibt es wieder deutliche Unterschiede, die nie alle eingefangen werden können. Wenn man aber die Interessenvielfalt der Gesellschaft in einer Kommune einbeziehen will, bietet das Multi-Stakeholder Modell, eine gute Chance, keine wichtigen Interessen zu übersehen.

Wissen über
Inhomogenität

Um die begründende Argumentation über die jeweiligen Interessen möglichst vorurteilslos führen zu können, bietet es sich an, zum einen wissenschaftliche Beratung (nicht als Stakeholder!) einzubeziehen und zum anderen Bürger*innen, die über ein Losverfahren ermittelt werden.

Am Ende der KEB- Beratungen, die oft von Einzelfragen ausgehen, sich dann aber konzeptionell und geografisch auf die gesamte Entwicklung einer Kommune ausdehnen, steht eine Empfehlung für den Stadtrat und für den Bürgermeister.

## Gegenüberstellung der Interessenvielfalt und Zusammengehörigkeit von Konflikt und Gemeinwohl

Der Kommunale Entwicklungsbeirat verfolgt so den Grundgedanken, die verschiedenen empirischen Perspektiven und Interessen einander gegenüberzustellen und dabei zugleich offenzulegen, damit sie fair ausgehandelt werden können. Diese Transparenz hilft, die sonst nur im Hintergrund arbeitenden Lobbygruppen und ihre Ziele und Interessen öffentlich erkennbar zu machen.

Entweder sie erweisen sich dabei als zwar politisch mächtig, aber zugleich beschränkt auf eine Minderheit von Bürger*innen, und verlieren dadurch an demokratischer Legitimation und Glaubwürdigkeit. Oder ihre öffentliche Explikation zeigt ihre Verallgemeinerbarkeit bzw. Anschlussfähigkeit an andere Interessen und sie werden so mehrheits- oder sogar konsensfähig. Oder die Kollision von konkreten Interessen erlaubt mit Verweis auf die Begründungsebenen, auf denen sich neue gemeinsame Interessen ergeben können, kreativ neue Lösungen ausfindig zu machen und zu einem sachlich überzeugenden Kompromiss zu gelangen. In der Beschreibung des Pilotprojekts in Herne soll das anschaulich gemacht werden.

Im Kommunalen Entwicklungsbeirat gibt es mithin zwischen den Multi-Stakeholder Gruppen notwendig Konflikte. Sie tragen unter anderem zur Transparenz bei, indem sie die „Kehrseiten der Medaille" der verschiedenen Positionen aufdecken, und dienen damit einer gemeinwohlorientierten Politik. Deshalb kann man von einer antagonistischen Kooperation sprechen.

Konflikte fördern Transparenz

Wichtig ist, dass die unterschiedlichen Funktionen, Interessen und Perspektiven von vornherein miteinander konfrontiert werden und dabei zugleich kooperieren müssen, um zu einem guten Ergebnis für alle zu kommen. Das schafft eine realistische Ausgangssituation: Alle Vertreter*innen der verschiedenen Perspektiven müssen gleich zu Beginn die realen Voraussetzungen der kommunalen Entwicklung kennen. Die unterschiedlichen Perspektiven und Logiken z. B. von Bürgerinitiativen und kommunaler Verwaltung müssen lernen, einander zuzuhören und zu verstehen, und sich „zusammenzuraufen" für die gemeinsame Verbesserung der Kommune. Das geht nicht von heute auf morgen. Man braucht dazu eine Kultur der Fantasie, der Offenheit, des Zuhörens und, wenn möglich, mit Empathie für die Person. Dass ihre Tätigkeiten sich auf eine (bes-

sere) Zukunft ausrichten, hilft psychologisch, sich zusammenzufin-
den.

Überdies kann diese Kooperation aller von Anfang an die Willensbildung und die Entscheidung beschleunigen. Zwar dauert die Vorbereitung dadurch länger, sie bietet aber die Möglichkeit, zunächst
unvereinbare Positionen vor einer konkreten Umsetzung auszuhandeln, und die Konflikte nicht im Nachhinein über rechtliche
Prozesse oder mit „verhärteten Fronten" austragen zu müssen.

Wichtig ist auch, dass die Mitglieder des Kommunalen Entwick-
lungsbeirates zwar ideell aus ihrer Herkunftsgruppe politisch „ge-
speist" werden, sich aber zugleich als eigenständig denkende und
entscheidende Personen begreifen, wie dies auch von gewählten
Abgeordneten im Grundgesetz erwartet wird.

Emanzipation der Akteure

Überdies ist es notwendig, über die Inhalte der Diskussionen im
KEB möglichst viel öffentlich zu kommunizieren und die Vorstellungen der Bürger*innen immer wieder „rückkoppelnd" einzuho-
len, so wird der „Einzugsbereich" der Interessen und Diskussionen
über die strikte Zahl der Mitglieder des Kommunalen Entwick-
lungsbeirates hinaus ausgeweitet. Das geschieht nach den „Chat-
ham House" Regeln: Die Inhalte der Argumente sollen öffentlich
transportiert werden, aber nicht ihre Autoren.

## „Quadratur des Zirkels" durch gemeinsame Erarbeitung der Entwicklung

Weil alle gemeinsam das Ergebnis erarbeiten, entsteht psychologisch eine Identifikation aller mit dem Ergebnis. Dabei ist eine
faire, allparteiliche und professionelle Moderation erforderlich, die
gegenseitige Wertschätzung und Vertrauensbildung fördert. Auch
Konflikte und Momente der Krise – die überwunden werden – verbinden, schaffen sozialen Zusammenhalt.

So entsteht die psychologische Vereinbarkeit von direkter Teilhabe
und repräsentativer Demokratie. Stadtverordnete bzw. gewählte

Räte und Verwaltung werden dazu neigen, das was sie zusammen erarbeitet haben, auch umzusetzen.

Es macht einen großen Unterschied aus, ob die Verwaltung eine Empfehlung vorgelegt bekommt, mit der sie vorher nichts zu tun hatte und deren begründende Argumentationen sie auch nicht kennt; oder ob sie in Abstimmungsprozessen an deren Entstehung beteiligt war, ihre möglichen Gegenargumente zur Diskussion stellen und sich den Text zu eigen machen konnte.

Eine solche wirksame Teilhabe, die in gemeinsame Gestaltung mündet, schafft überdies ein modernes zeitgemäßes Zugehörigkeits- und Heimatgefühl. Bürger*innen wirken auf die konkrete zukünftige Entwicklung ein, werden nicht nur angehört oder informiert, sie erfahren sich als „selbstwirksam". Man könnte daraus den Slogan machen: „Raus aus dem negativen Zirkel des Kontrollverlusts, rein in den positiven Zirkel der Selbstwirksamkeit!" Dies ist wichtig und zugleich chancenreich, um immun zu werden gegen rechte Polemik, die suggeriert, dass Bürger*innen in dieser Demokratie doch nichts zu sagen hätten. Damit werden sie besser gegen die Versuchungen rechter Demagogie gefeit. Deshalb ist eine Regelung von Partizipation, die die Umsetzung dessen, was gemeinsam erarbeitet worden ist, ehrlich anstrebt, zentral für den Erfolg von demokratischer Partizipation und damit von Demokratie.

**Zirkel der Selbstwirksamkeit**

## Das Beispiel Herne

In der Ruhrgebietsstadt Herne hat die „Berlin Governance Platform" der Kommune bei der Errichtung eines KEB zur Seite gestanden, um die bisher umstrittene und blockierte Weiterentwicklung des ehemaligen Zechengebietes „General Blumenthal" vorzubereiten. Dabei ging es allen Beteiligten durchaus um Nachhaltigkeit. Einander entgegen standen aber ökologische Nachhaltigkeit einerseits und soziale Nachhaltigkeit sowie wirtschaftliche Entwicklung andererseits", die nicht selbstverständlich konfliktfrei miteinander sind. Das Gebiet lag Jahre lang brach, entstanden sind Biotope, die Naturschützer*innen nicht anrühren wollen. Es hat mehrere Eigentümer (Ruhr AG, Uniper, Stadt Herne), der Boden ist über weite Strecken vergiftet, ganz gegensätzliche Wünsche und Ziele prallen hier aufeinander:

- Das Biotop unberührt lassen,
- einen Technologiepark mit Start-ups einrichten,
- das Modell für eine neue Mobilität (Seilbahn) ausprobieren,
- einen Ausflugsort für verschiedene Generationen gestalten,
- Wanne-Eickel stadtplanerisch attraktiv anbinden.

Eigentlich sollte in diesem „Pilotprojekt" durch vier Workshops die Einrichtung des Entwicklungsbeirats zunächst vorbereitet werden. Nach einer Geländebegehung mit anschließender Aussprache und vier ganztägigen Sitzungen (von 9 Uhr bis 17 Uhr) zwischen April und November 2022 wurden jedoch schon eine gemeinsame Vision für das Gebiet und Kriterien für deren Umsetzung erarbeitet. Entstanden ist nach Aussagen der Mitglieder mehr gegenseitiges Verständnis. Vorurteile konnten abgebaut werden und das Vertrauen zwischen den Teilnehmer*innen ist gewachsen. Es wurde durch das argumentative Gespräch klar, dass nicht eine Position sich einfach durchsetzen kann und dass es auf der Ebene der Begründungen mehr Gemeinsamkeiten gab als erwartet.

Empirisch war sehr wichtig, dass die Logiken von Verwaltung und organisierter Zivilgesellschaft gegenseitig besser nachvollzogen werden konnten. Zugleich hat sich gezeigt, dass der anfangs erheblich erscheinende Gegensatz zwischen „Wirtschaft/Wissenschaft" einerseits und „Natur und Umwelt" andererseits nicht unüberwindbar ist. Vielmehr bemühten sich beide Seiten erfolgreich um Schnittmengen. Nach einem Sommer, in dem die Teilnehmer*innen in ihre „Communities" zurückgegangen sind und deren Einschätzung des Zwischenergebnisses eingeholt haben, und zwei weiteren ganztägigen Sitzungen kann nun dem Bürgermeister und dem Stadtrat ein Vorschlag für die Entwicklung des Gebietes vorgelegt werden, den alle Teilnehmer*innen unterzeichnet haben.

Logiken verstehen lernen

# Kommunale Partizipation in der Globalisierung

Kann die Erweiterung von Partizipation auf der kommunalen Ebene, die Vertrauensdefizite der Demokratie in der Globalisierung überwinden? Dafür gibt es Chancen. Denn Ihr Beitrag liegt zum einen darin, dass Bürger*innen ihre kommunalen Erfahrungen des Verständnisses und vor allem der Selbstwirksamkeit auf demokratische Politik im weiteren Sinne sowohl intellektuell als auch emotional übertragen können. Sie verstehen politische Prozesse besser und gewinnen politisches Selbstvertrauen, eine entscheidende Komponente konstruktiver politischer Kultur in der Demokratie. Wenn sie vor Ort, in ihrem wichtigen Daseinsalltag Einfluss nehmen können, gewinnen sie eine positivere innere Einstellung zur Demokratie.

Globale Herausforderungen kommunal bearbeiten

Dabei ist klar, dass die Herausforderungen globaler Politik – Schutz des Klimas, der Artenvielfalt, der Ressourcen, menschliche Regelung von Migration, innere und äußere Sicherheit, um nur einige zu nennen – nicht allein auf der kommunalen Ebene entschieden werden können. Umgekehrt sehen wir, dass die nationale Ebene allein auch nicht reicht und die transnationale – europäische oder globale – Ebene so viele Abstimmungsprozesse und Kompromisse erfordert, dass oft nur allgemeine Festlegungen auf dem kleinsten gemeinsamen Nenner gelingen. Was dann fehlt, ist die Umsetzung und die findet eben ganz wesentlich auf der kommunalen Ebene statt. Die Entfaltung von menschlicher Energie, Kompetenz und Fantasie der Bürger*innen kann deshalb erheblich zur Erreichung der politischen Ziele beitragen.

Schließlich hat sich seit dem 20. Jahrhundert, insbesondere nach 1989 ein dichtes Netz von Kommunalen Assoziationen und Städtebünden herausgebildet – global über 200 – die eine horizontale Globalisierung bewirken – im Unterschied zur vertikalen durch Staaten und internationale Organisationen – und einen nachhaltigen Beitrag zur globalen gerechten Transformation leisten können. Die Nachhaltigkeitsziele streben eine partnerschaftlich-partizipatorisch gestaltete Transformation an, damit die Menschen sie sich aneignen können. Für diese Aneignung können vor allem Kommunen eine entscheidende Rolle spielen. Kommunale Partizipation steht der Globalisierung deshalb nicht entgegen, sondern erfüllt sie – klug gestaltet und durchgeführt – mit Leben und Energie.

## Lernprozesse, Folgerungen und offene Fragen

Die Teilnehmer*innen des KEB in Herne haben in ihren persönlichen Abschlussbemerkungen ein sehr positives Fazit gezogen: Sie fanden die Arbeit anstrengend, aber persönlich und in der Sache aufbauend. Die Diskussionen haben die Teilnehmer*innen, so haben sie es erlebt, zusammengeführt. Dazu hat eine durchgängige Atmosphäre der Wertschätzung entscheidend beigetragen.

Herne war ein Pilotprojekt mit experimentellem Charakter. Deshalb gab es immer wieder Situationen mit offenem Ausgang, die gemeistert werden mussten. Das gelang und sollte bei der Gestaltung zukünftiger Kommunaler Beiräte reflektiert werden. Wichtig ist nämlich, dass die Mitglieder des Beirats sich nicht einfach als „Konsument*innen" begreifen, die ein fertiges Programm absolvieren.

Eine besondere Herausforderung eines KEB ist die Moderation einer sehr heterogenen und großen Gruppe (circa 30 Personen), in der jede*r Beteiligte mit der eigenen Unterschrift für das Ergebnis am Ende bürgt. Aus dem Prozess in Herne wurde deutlich, dass die Moderator*innen zum einen offen und flexibel an den Prozess herangehen müssen und immer wieder auf die Gruppendynamiken eingehen – und gegebenenfalls Pläne wieder umschmeißen müssen-, zum anderen verschiedene kreative Methoden brauchen, um das Potenzial der gesamten Gruppe zu aktivieren und eine inklusive Gesprächskultur aufzubauen.

Um zu einem systematischen und differenzierten Kompromiss-Ergebnis zu gelangen, brauchte es viel Verarbeitung und Vorbereitung zwischen den Sitzungen. Hier spielte das nachhaltige Engagement des Koordinationsteams in Herne und der Prozessbegleitung der Berlin Governance Platform sowie deren intensive und konstruktive Kooperation miteinander eine entscheidende Rolle. Ohne eine verantwortliche Organisationsleitung in der Kommune, die beim OB oder dem Stadtrat angesiedelt sein und zum Ausdruck bringen sollte, dass die Kommune dahinter steht, kann ein Kommunaler Entwicklungsbeirat sein Ziel nicht erreichen.

Die Zusammensetzung des KEB hatte der Oberbürgermeister von Herne Frank Dudda durch seine Einladungen bestimmt, die der Maßgabe folgten, möglichst alle unterschiedlichen/gegensätzlichen Interessen einzubeziehen, ebenso wie einzelnen persönlichen „Sachverstand". Zwei Bürgerinnen wurden durch Bewerbung und Losverfahren bestimmt, um die Argumentationspalette zu erweitern.

Generell ist es aber für die Zukunft ratsam, am Anfang eine Multi-Stakeholder Steuerungsgruppe für die Konstitution der KEB's zu schaffen, in der bereits alle Stakeholderguppen vertreten sind. Für das Verfahren gibt es kein einheitliches oder axiomatisches Muster. Oft bleibt nur der Weg, auf der Grundlage des Multi-Stakeholder Ansatzes vor Ort zu ermitteln, welche Gruppen und Personen bereit, in der Lage und anerkannt genug sind, die Interessenvielfalt in der Kommune zu repräsentieren.

Dabei können zwei Logiken nicht immer miteinander vereinbart werden: über den Kreis der „üblichen Verdächtigen" hinaus gerade diejenigen einzubeziehen, die sich aus der Politik verabschiedet haben; und diejenige, die vorhandene bzw. artikulierte (nicht dasselbe!) Interessenvielfalt vor Ort „einzufangen". Allerdings hilft bereits das Organisationsprinzip „Vielfalt" und „Gegensätzlichkeit" der Interessen - auf der Basis der Stakeholder-Trias: Politik, organisierte Zivilgesellschaft und Wirtschaft - dabei, sich einer „Verallgemeinerbarkeit" bzw. einem Gemeinwohl zu nähern. Dabei gilt es besonders darauf zu achten, dass die Interessen derjenigen, die häufig nicht in Beteiligungsverfahren gehört werden, explizit vertreten sind. Zudem sollte über die Multi-Stakeholder-Verteilung hinaus auch die Diversität im Kommunalen Entwicklungsbeirat selbst unter anderem in Sachen Geschlecht, Alter und Herkunft beachtet werden.

**282** | Kursbuch Bürgerbeteiligung #5

Wichtig ist, von vornherein klarzustellen, dass Stadtrat und OB entscheiden, der Kommunale Entwicklungsbeirat nur berät. Zugleich aber muss insbesondere auf die Teilnahme von Ratsvertreter*innen und Verwaltung am KEB genau geachtet werden. Nur dann funktionieren die „Quadratur des Zirkels" und der Prozess gegenseitigen Lernens.

In Herne haben alle Teilnehmer*innen des KEB am Ende nicht nur dafür plädiert, dass die Ergebnisse ihrer Beratungen in die Planung der Stadt einfließen sollen, sondern auch dafür, einen Kommunalen Entwicklungsbeirat auf Dauer in Herne zu institutionalisieren. Ob beides gelingt, muss abgewartet werden. Die Nachhaltigkeit der Kommunalen Entwicklungsbeiräte hängt davon allerdings ab. Das ist kein Selbstläufer, selbst wenn das Projekt in Herne ein beachtliches Papier hervorgebracht hat, das alle Teilnehmer*innen unterschrieben haben.

Eine zentrale Herausforderung liegt in der Finanzierung des KEB. Ohne eine verantwortliche organisierende Person mit Büro ist das nicht zu machen. Das fällt vielen Kommunen schwer. Finanziell und sozial kann sich das aber durchaus rentieren, wenn der verlängerte Vorlauf einer Stadtentwicklung durch eine bessere Qualität und eine schnellere und reibungslose Implementation der Planung „belohnt" wird.

*Finanzierung bleibt Herausforderung*

Das bisherige Konzept sieht vor, für die Moderation mindestens eine qualifizierte Person aus der Kommune selbst oder aus der Region zu finden, um die Kommunalen Entwicklungsbeiräte nachhaltig zu installieren. Zusammen mit der Prozessbegleitung der Berlin Governance Platform sind sie für die Gestaltung des Rahmens verantwortlich. Dazu braucht es ausreichend gemeinsame Räume für Reflexion und die gemeinsame Planung. Denn sachlich, psychologisch und „menschlich" hängt viel von der Moderation ab.

Insgesamt haben die Teilnehmer*innen den KEB auch als einen Ort erlebt, an dem man durch Erweiterung der eigenen Perspektive – sich an die Stelle der anderen setzend – viel lernen konnte. Damit werden Kommunale Entwicklungsbeiräte auch zu Orten politischer

Bildung, sodass Bürger*innen viel resilienter auf Krisen reagieren und vereinfachende Parolen von Demokratiegegnern besser abwehren können, weil sie den politischen Prozess der Aushandlung und der Suche nach einer gemeinwohlorientierten Lösung politischer Herausforderungen mit seinen Schwierigkeiten besser verstehen und durchschauen; auch dass Politik eben das „Bohren harter Bretter" (Max Weber 1919: 66) verlangt. Der Übernahme von politischer Verantwortung wird damit der Weg geebnet.

Für die weitere Institutionalisierung eines KEB müssen noch Fragen geklärt werden: Soll es einen regelmäßigen Rekrutierungsmechanismus für ihn geben, solle er sich jeweils neu konstituieren, wenn ein neues Projekt – Bildung, Wohnen, Bauen, Mobilität – ansteht? Soll er sich regulär regelmäßig teilweise erneuern wie der amerikanische Senat? Prinzipiell soll allerdings der KEB kein Fachgremium sein. Wie soll die Kooperation zwischen Kommunen bzw. mit Landkreisen in Sachen nachhaltige Entwicklung gestaltet werden?

Insgesamt haben die Erfahrungen in Herne dazu ermutigt, den Aufbau von Kommunalen Entwicklungsbeiräten weiter voranzutreiben. Gegenwärtig verfolgt die Berlin Governance Platform mit drei Projekten den Aufbau von 10 weiteren Kommunalen Entwicklungsbeiräten. Sie werden helfen, Erfahrungen zu sammeln und sollen in eine Handreichung zur Einrichtung von weiteren Kommunalen Entwicklungsbeiräten münden.

## Literatur

Weber, Max (1919): Politik als Beruf. München und Leipzig: Duncker & Humblot

Dr. Christine Dörner

# Zusammenwachsen im Quartier durch Beteiligung, Engagement und Vernetzung

*Zivilgesellschaftliche Akteur\*innen gründeten ein breites Bündnis in einem Karlsruher Stadtteil. Mit breiter Bürgerbeteiligung und hohem ehrenamtlichen Engagement erarbeitete das Bündnis „Gut leben und älter werden in Beiertheim und Bulach" ein Konzept für eine sozial-räumlich orientierte Versorgungskette. Es sorgt mit Beteiligung, Vernetzung und kreativen Aktionen kontinuierlich für Zusammenwachsen im Quartier im Sinn einer „Caring Community". Es sorgte dafür, dass ein städtisches Grundstück, das bereits einem Investor zugesagt war, für seine Ziele gesichert wurde. Im Lauf des Prozesses kamen Wohlfahrtsverbände als Bündnispartner dazu. Die sehr starke zivilgesellschaftliche Komponente fördert Begeisterung, Wir-Gefühl und Innovation.*

Dies ist ein Bericht über ein sehr erfolgreiches Praxisbeispiel einer von der Bürgerschaft initiierten Quartiersentwicklung. „Gut leben und älter werden in Beiertheim und Bulach" schaffte es auf Anhieb ins Spitzenfeld des „Deutschen Pflegeinnovationspreises der Sparkassen-Finanzgruppe 2022", auf die Shortlist der aktuell besten fünf Quartiersprojekte Deutschlands, so die Jury.

Ein ausgezeichnetes Format

Sie schrieb uns, dass sie besonders beeindruckt sei vom starken Fokus auf Vernetzung und vom konsequent partizipativen Vorgehen sei. Das Bündnis „Gut leben und älter werden in Beiertheim und Bulach" wurde vor fünf Jahren gegründet.

Zur „Wir-Form" in diesem Artikel: Die Autorin hat das Bündnis mitgegründet und ist dessen Sprecherin. Unsere Erfahrungen lassen sich in zwei Thesen bündeln:

## These 1: Konsequente Partizipation und Vernetzung ist das Erfolgsrezept. Selbstverständlich ist beides nicht.

Beteiligung bedeutet Veränderung

Konsequente Partizipation und Vernetzung ist in der Tat das Erfolgsrezept. Selbstverständlich ist aber beides nicht. Hier kommt hinzu, dass diese konsequente Partizipation und Vernetzung durch die bürgerschaftliche Initiative selbst, also durch die Zivilgesellschaft, erfolgt und eingefordert wird. Meine These – und Erfahrung – ist: Beteiligung und Engagement sind zwei Seiten einer Medaille. Wer sich engagiert, will sich beteiligen und mitentscheiden. Wer beteiligt wird, engagiert sich. Konsequente Partizipation ist nicht selbstverständlich. Sie muss eingefordert und durchgesetzt werden.

Konsequente Beteiligung bedeutet „Change" Veränderung im Handeln, in den Prozessen und in den Köpfen. Eine bürgerschaftliche Initiative kann erfolgreich Beteiligung einfordern: bei Politik, Verwaltung und bei sozialen Trägern, wenn sie

- gute Strukturen entwickelt,
- von Beginn an Bündnispartner*innen ins Boot holt,
- Durchhaltevermögen zeigt,
- sich Kreativität und Spaß am gemeinsamen Wirken erhält.

## These 2: Wir brauchen neue Lösungen für Versorgung und Pflege. Das geht nur mit Beteiligung.

Wir brauchen neue Lösungen für Versorgung und Pflege. Quartiersentwicklung, gelingende Nachbarschaft und sorgende Gemeinschaft („Caring Community") sind die Zauberworte, die vielfach zu lesen und zu hören sind. Gelingende Nachbarschaften und sorgende Gemeinschaften werden als ein entscheidender Faktor begriffen, um den wachsenden Hilfe- und Pflegebedarf zu sichern (u. a. Landesstrategie Quartier 2030 Baden-Württemberg und andere Strategien und Förderprogramme bundesweit). Es gibt nicht nur zunehmend hochaltrige Menschen. Es gibt auch viele ältere Menschen ohne familiäre Unterstützung, weil keine Verwandten in der Nähe leben. Und die angespannte Personalsituation in der professionellen Pflege kennen wir alle. Dabei gilt:

- gute Versorgung und Pflege im Quartier geht nur mit Beteiligung und Mitgestaltung der Menschen in den Stadtteilen,

- dauerhaftes Engagement entsteht nur bei wirkungsvoller bzw. Wirkung erzielender Beteiligung,

- die Forderung, „auf Augenhöhe zu beteiligen", bezieht sich sowohl auf Verwaltung und Politik wie auch auf die Wohlfahrtsverbände als zentrale Player im Sozial- und Pflegebereich. Auch für sie gilt es, Mitgestaltung zu ermöglichen und als Potenzial zu sehen.

Ausgehend davon ergibt sich die Frage, wofür wir ein Bündnis brauchen.

## Im Stadtteil fehlen quartiersbezogene Angebote der Versorgung und Pflege

Beiertheim und Bulach sind benachbarte ehemalige Dörfer im Karlsruher Süden. Sie wurden zu Beginn des 20. Jahrhunderts eingemeindet und bilden heute einen Stadtteil mit circa 7000 Einwohner*innen. Der Stadtteil ist sozioökonomisch gut durchmischt. Insbesondere in Beiertheim gibt es eine gute Einzelhandelsversorgung. Einrichtungen für Kinder sind vorhanden: Kitas, ein Familienzentrum, Grundschulen und einen Schülerhort. Bulach zeichnet sich durch ein sehr aktives Vereinsleben aus. Für pflege- und versorgungsbedürftige Menschen fehlen quartiersbezogene Angebote. Es gibt weder ambulante noch stationäre Dienste. Das stellt der Bericht der Stadt Karlsruhe zur Bedarfsentwicklung in der stadtteilbezogenen Versorgung Pflegebedürftiger (Stadt Karlsruhe 2019) für Beiertheim-Bulach ausdrücklich fest.

Beiertheim und Bulach haben gemeinsame evangelische und katholische Pfarrgemeinden und jeweils einen Bürgerverein. Die Bürgervereine sind gemeinnützige Vereine und kümmern sich um die Wahrnehmung und Vertretung der Interessen der Menschen im Stadtteil. Beide Bürgervereine arbeiten seit Jahren eng zusammen. Sie veranstalten gemeinsame Aktionen und verstehen sich als Interessenvertretung der Bürger*innen gegenüber der Stadt. Sie kooperieren mit den Kirchengemeinden und anderen Organisationen und Institutionen im Stadtteil. Je nach Thema arbeiten sie mit der Stadtverwaltung und dem Gemeinderat zusammen und sind auch für diese Ansprechpartner.

## Das Bündnis „Gut leben und älter werden in Beiertheim und in Bulach"

Den Bürgervereinen ist es ein Anliegen, wohnnahe Angebote für versorgungsbedürftige Menschen zu schaffen. Es gibt zwar Grundstücke in öffentlicher bzw. kirchlicher Hand, die aber nicht verfügbar zu sein scheinen. Grundstücke sind vorhanden, guter Kontakt zur Stadtpolitik und -verwaltung sind vorhanden, aber wir stellen fest: wenn wir uns nicht bewegen, bewegt sich nichts. Um etwas zu bewegen, brauchen wir ein Bündnis, Vernetzung und die Stadtteilöffentlichkeit. Deshalb gründen wir Bürgervereine das Bündnis zusammen mit den beiden Kirchengemeinden und aktiven Bürger*innen.

*Wer sich nicht bewegt, bewegt nichts*

Wir wollen das schon vorhandene Engagement vervielfältigen und Gemeinsamkeit fördern. Unsere Vision ist die sorgende Gemeinschaft. Wir haben eine gute Basis, wir kennen den Stadtteil und viele Menschen, die sich engagieren bzw. engagieren würden.

## Unsere Strategie

- Wir nehmen die fehlenden Strukturen zum Anlass, sowohl konkrete Angebote zu schaffen als auch den sozialen Zusammenhalt und die Teilhabe aller Bewohner*innen im Sinne aktiver und gelingender Nachbarschaften zu fördern (Caring Communities).

- Ohne die Bürgerschaft geht es nicht: Wir beziehen von Beginn an die Bürger*innen und Stadtteilakteur*innen aktiv ein, um gemeinsam Bedarfe herauszuarbeiten und Ziele und Maßnahmen zu entwickeln.

- Wir arbeiten mit der Stadtverwaltung und sozialen Trägern zusammen, um aufeinander abgestimmte Entwicklungen in geteilter Verantwortung anzustoßen und nachhaltig zu verankern. Nur gemeinsam schaffen wir das.

- Wir stellen einen Förderantrag bei der Allianz für Beteiligung Baden-Württemberg e. V., um mithilfe einer externen Moderation mit einer Zukunftswerkstatt im Stadtteil zu starten und Strukturen zu bilden.

## Vision und Ziele

„Im Blick auf den demografischen Wandel ist es uns wichtig, dass wir gemeinsam das Zusammenleben in unseren Stadtteilen und gute Nachbarschaften fördern.

Das Thema ‚Gut älter werden im Stadtteil‘ ist ein zentrales Thema. Unsere Projektidee: Wir wollen Quartiersentwicklung im Sinne aktiver und sorgender Gemeinschaften für und mit älteren Menschen vorantreiben.

Dabei geht es uns sowohl um die ‚aktiven‘ Älteren, deren bürgerschaftliches Engagement für den Stadtteil wertvoll ist und aktivieren soll, als auch um diejenigen, die Hilfe benötigen, weil sie zunehmend versorgungsbedürftig werden und drittens um die Zurückgezogenen, die vereinsamen und keine Familie in Karlsruhe haben. Es gibt in beiden Stadtteilen keine ambulanten Pflegedienste und keine stationären Pflegeeinrichtungen.

Gutes älter werden als Beteiligungsidee

Unser Ziel ist es, durch einen gemeinsamen Bürgerbeteiligungsprozess eine Bewegung für ‚Gutes älter werden in Beiertheim-Bulach‘ auf den Weg zu bringen, in dem die bisher schon vorhandenen Akteur*innen, Initiativen und Angebote gut vernetzt sind sowie bedarfsorientiert und beteiligungsorientiert weiterentwickelt werden. In Beiertheim-Bulach soll man:

- gut alt werden können und in unterstützender, aufmerksamer Nachbarschaft leben,
- mitgestalten und sich vielfältig füreinander und miteinander engagieren,
- in Netzwerke eingebunden sein,
- im vertrauten Quartier bleiben können. Wir wollen ambulant betreute oder stationäre Wohnformen miteinander entwickeln, damit niemand im Alter in einen anderen Stadtteil umziehen muss."

So steht es in unserer Bewerbung für einen Beratungsgutschein im Förderprogramm „Gut Beraten" vom November 2018 (gutleben-beibu 2018). Die baden-württembergische Allianz für Beteiligung e. V. unterstützt durch das Förderprogramm „Gut Beraten" bürgerschaftlich initiierte Beteiligungsprojekte. Kern dieser Mikroförderung (bis zu 4000 € pro Projekt) ist es, dass die Initiativen den Antrag stellen, nicht die Verwaltung, wie es meist bei Förderung der Fall ist. Es ist beeindruckend, wie viel dadurch in Gang kommt. Ein Themenschwerpunkt der Förderung ist Quartiersentwicklung (vgl. Dörner 2022: 142ff.). Die Stadtverwaltung Karlsruhe hat ein Konzept der Sozialen Quartiersentwicklung entwickelt, unterstützt das Projekt und sieht es als Modellprojekt. Wir erhalten den Beratungsgutschein.

Hilfe durch Mikroförderung

Auf der ersten Zukunftswerkstatt im Mai 2019 mit mehr als 60 Teilnehmer*innen entwickelten wir aus den Zielen unsere Vision. Sie ist unsere Leitlinie bis heute (gutleben-beibu 2019):

Zukunft braucht uns alle! Wir wollen

... Jung und Alt zusammenbringen

... in unterstützender, aufmerksamer Nachbarschaft leben

... alt werden im vertrauten Stadtteil

... Begegnungsräume schaffen

## Kontinuierliche Bürgerbeteiligung

Von Mai 2019 bis September 2022 führten wir sechs Zukunfts-
werkstätten und drei offene Lernwerkstätten durch – analog und in
der Pandemiezeit digital. Die Lernwerkstätten fanden zum Thema
„Pflege in Sozialraum und Quartier" statt, um ein maßgeschneider-
tes Konzept für den Stadtteil gemeinsam mit der Bürgerschaft zu
entwickeln.

Seit der Auftakt-Zukunftswerkstatt im Mai 2019 wird kontinuierlich an der Umsetzung der Ziele und Kernideen gearbeitet. Viele
sind seit der ersten Zukunftswerkstatt dabei, neue Akteur*innen
kommen ständig hinzu.

Alle Veranstaltungen werden aus dem Stadtteil heraus organisiert.
Seit 2021 arbeiten wir mit städtischer Unterstützung und gefördert
durch das Förderprogramm „Quartiersimpulse". Das baden-württembergische Förderprogramm „Quartiersimpulse" richtet sich an
Städte, Gemeinden und Landkreise, die Projekte zur alters- und ge-
nerationengerechten Entwicklung von Quartieren, Stadtteilen und
Ortschaften mit Bürgerbeteiligung durchführen möchten. Es ist Teil
der Landesstrategie „Quartier 2030 – Gemeinsam. Gestalten."

*Weg in die Verstetigung*

Die Nutzung digitaler Konferenztools hat sich seit Corona etabliert.
Das hielt den Prozess in der Pandemiezeit und während des Lock-
downs lebendig.

## Aufbau von Projektstrukturen

Das Bündnis gab sich von Beginn an eine Struktur, die sich als sehr
stabil und gleichzeitig agil erwies:

- Steuerungsgruppe im Quartier: Bürgervereine und Kirchengemeinde bildeten eine Steuerungsgruppe, die plant und koordiniert, Veranstaltungen vorbereitet, Öffentlichkeitsarbeit
  betreibt, sich monatlich trifft und Aktionen abstimmt.

- Thematische Arbeitsgruppen: Seit der ersten Zukunftskonferenz treiben die Arbeitsgruppen „Mittagessen und Be-

gegnung", „Begegnungsstätte für Jung und Alt", „Pflege und Betreuung" und „Sicherung von Grundstücken" die Themen voran. Die Sprecher*innen sind Mitglieder der Steuerungsgruppe.

- Lenkungsgruppe während der Quartiersimpulse-Förderung: Die Vorsitzenden der beiden Bürgervereine, die Sozialplanerin der Stadtverwaltung und die wissenschaftliche Begleiterin stimmen sich in regelmäßigen Abständen ab und bereiten die nächsten Schritte vor. Eine städtische Stadtteilkoordination unterstützt das Stadtteilnetzwerk und baut Brücken in die Verwaltung.

- Ziele, Handlungsstrategien und Aktivitäten werden kontinuierlich abgestimmt. Alle Beteiligungsformate und alle Aktionen werden in einen Prozess eingebunden.

Ohne Steuerungsgruppe und die Arbeitsgruppen wäre das Projekt während der Pandemie auseinandergefallen. Die Strukturen sind dauerhaft und gleichzeitig flexibel, schaffen Sicherheit und Sichtbarkeit durch klare Ansprechpersonen.

## Sichtbare Orte und Aktionen für Begegnung

Sichtbarkeit und schnell umgesetzte Leuchttürme waren wichtig, um im Stadtteil zu zeigen: Es passiert etwas:

Hilfreiche
Leuchttürme

- Ein 14-tägiger Mittagstisch war eine Projektidee der ersten Zukunftswerkstatt und wurde wenige Monate danach umgesetzt. Er besteht seit vier Jahren im evangelischen Gemeindezentrum und wird rein ehrenamtlich organisiert. Während der Pandemiezeit konnte er nicht stattfinden. Die Arbeitsgruppe blieb zusammen und nahm Anfang 2022 den Faden wieder auf.

- „Begegnung für Jung und Alt": kreative Begegnungs- und Kennenlernformate werden seit Herbst 2019 von der Arbeitsgruppe „Begegnungsstätte für Jung und Alt" einmal monatlich auf die Beine gestellt: Vorleseaktionen auf Spielplätzen,

Speed-Datings für Nachbar*innen, Park-Cafés, Naturaktionen und anderes. Dies auch während Pandemie, Lockdown und allen Einschränkungen!

- Begegnungscafé als „Drehscheibe im Quartier": Im Herbst 2021 gründete die Begegnungsgruppe den e. V. „Jung und Alt im Quartier". Im März 2022 wurde das Café Bändel als Begegnungsstätte eröffnet und wird rein ehrenamtlich auch am Wochenende betrieben und aus eigenen Mitteln finanziert (z. B. durch Crowdfunding). Das Café ist auch Treffpunkt für geflüchtete Ukrainerinnen aus dem Stadtteil, es organisiert Informationsabende wie „Leben mit Demenz", bietet eine Gesprächsrunde für pflegende Angehörige und andere.

Drehscheibe im Quartier

- Adventsfenster als Angebot zum Treffen während der Adventszeit, jeden Abend an einem anderen Ort, durch die Bürgerschaft organisiert. Während der Pandemie wurde es digital organisiert.

## Ein Konzept für Versorgung und Pflege im Stadtteil

- Konzept Pflege und Leben im Stadtteil: Im ersten Halbjahr 2021 mit seinen pandemiebedingten Einschränkungen organisierte die wissenschaftliche Begleiterin zusammen mit der Steuerungsgruppe und der städtischen Sozialplanerin digitale und analoge Lernwerkstätten zum Thema „Pflegen und Leben im Stadtteil". Die Erfahrungen wurden in einem Beteiligungsworkshop ausgewertet und ein Konzept für den Stadtteil entwickelt: „Rahmenkonzept Pflege in Sozialraum und Quartier – Strukturen und Unterstützungsformen für Beiertheim und Bulach." Das Rahmenkonzept orientiert sich an der Sozialräumlichen Versorgungskette. An der Umsetzung wird kontinuierlich gearbeitet.

- Runder Tisch Nachbarschaftshilfe: Wichtiger Baustein der Versorgungskette sind die Nachbarschaftshilfe und Versorgungsnetzwerke. Dafür wurde ein Runder Tisch „Nachbarschaftshilfe" gegründet.

- Gewinnung von Grundstücken und Räumen für „Pflege, Versorgung, Begegnung". Seit Jahren arbeiten wir an der Sicherung von Gebäuden und Grundstücken für soziale Nutzungen. Meilenstein: Der „Letter of Intent" (siehe „Vernetzung mit Politik und Ansprechpartnerin in der Verwaltung" in diesem Beitrag).

## Information und Öffentlichkeitsarbeit

- Als digitale Plattform wurde die Homepage www.gutleben.de aufgebaut und ehrenamtlich gepflegt.

- Für regelmäßige Information werden Bürgerblätter der Quartiere, Tagespresse, neben.de genutzt.

- Corporate Identity: Ein Logo wurde entwickelt. Alle Veranstaltungen werden mit Plakaten und Flyern beworben.

## Vernetzung mit Politik und Ansprechpartnerin in der Verwaltung

- Regelmäßig finden „Treffen im Pfarrgarten" mit Information der Gemeinderatsfraktionen und Austausch statt. Das ist sehr unterstützend und hat schon zu einschlägigen fraktionsübergreifenden Anträgen für unsere Ziele geführt.

- Letter of Intent (LOI) – ein Meilenstein. 2021 wurde der „Letter of Intent – Unterstützung der integrativen Quartiersentwicklung und Verbesserung der Situation zur Versorgung, Unterstützung und Pflege" auf Initiative des Bündnisses unterzeichnet, von den Bündnispartnern im Stadtteil, dem Oberbürgermeister der Stadt Karlsruhe, von AWO und Caritas Karlsruhe und einem möglichen Investor. Diese Willenserklärung ist die Grundlage für kooperative und beteiligungsorientierte bauliche und konzeptionelle Realisierung des Konzepts (gutleben-beibu 2021).

- Eine wertvolle Bündnis- und Ansprechpartnerin ist die Sozialplanerin der Stadtverwaltung.

# Wir sind ein „lernendes Projekt" – und wie Fördermittel dabei helfen

Mit einer kleinen Anschub-Finanzierung durch die Bürgervereine und die Kirchengemeinden für Sachausgaben sowie der „Gut-Beraten"-Förderung der Allianz für Beteiligung für eine externe Moderation konnte, das Projekt sehr gut etabliert werden. Unterstützung kam auch durch die städtische Sozialplanerin. Der nächste Schritt war die Etablierung einer wissenschaftlichen Begleiterin.

Es gab die Möglichkeit, seitens der Kommune einen Antrag auf Förderung durch das Förderprogramm „Quartiersimpulse" zu stellen. „Quartiersimpulse" steht für einen wissenschaftlich begleiteten Lern- und Entwicklungsprozess im Quartier unter dem Stichwort „Geteilte Verantwortung". Die Stadt Karlsruhe erhielt für „Gut leben und älter werden in Beiertheim und Bulach" den Zuschlag. Dadurch intensivierte sich die Zusammenarbeit mit der Stadt und wir bekamen zwei Jahre lang eine wissenschaftliche Begleitung zur Seite gestellt. Das ist sehr hilfreich, weil dadurch mit fundierter fachlicher Unterstützung die Planung, Entwicklung und Umsetzung von Angeboten weiterentwickelt und in das Konzept der Versorgungskette eingebunden wurden. Die Qualifizierung durch die wissenschaftliche Begleiterin und das gemeinsame Lernen bieten eine sehr gute Unterstützung für Bündnis, Stadtverwaltung und Wohlfahrtsverbände bei der partnerschaftlichen Entwicklung einer gemeinsamen Arbeitsgrundlage.

*Fördermittel fördern Qualität*

## Resümee und Dank

Abschließend zurück zu den beiden einleitenden Thesen. Mein Resümee:

- Der Großteil der Menschen möchte sich bei Themen engagieren, die gesellschaftlich relevant sind und sie im Alltag betreffen. Die Möglichkeiten der Bürgerbeteiligung sind hier noch nicht ausgeschöpft.

- In der partizipativen Art der Umsetzung und den daraus resultierenden Herangehensweisen ist das Projekt sowohl im Stadtteil als auch in der Stadt neu und einzigartig. Es gibt viele Nachfragen aus anderen Stadtteilen und großes Interesse auch bei den Fraktionen im Gemeinderat. Der Letter of Intent, das Rahmenkonzept „Pflege in Sozialraum und Quartier" und das bürgerschaftlich getragene Café Bändel stoßen stadtweit auf sehr viel Aufmerksamkeit. Insgesamt kann zusammenfassend festgestellt werden, dass „Gut leben und älter werden in Beiertheim und Bulach" zur Karlsruher Marke geworden ist.

- Für wegweisend im Blick auf gut funktionierende „Caring Communities" halte ich es, Angebote im Mix von Professionellen und zivilgesellschaftlichen Akteur*innen zu entwickeln. Das geschieht hier unter anderem im Runden Tisch Nachbarschaftshilfe oder in der Arbeitsgemeinschaft mit den Wohlfahrtsverbänden, die auf den Grundstücken barrierefreie Wohnformen mit Serviceangeboten und Begegnungsräume mit starker Vernetzung in die Quartiere entwickeln werden. „Caring Communities" werden nur auf Augenhöhe funktionieren. „Caring Community" bedingt den Paradigmenwechsel von einer traditionell fürsorgerischen Haltung zu einem partizipativen Ansatz, der die aktive Mitgestaltung ins Zentrum rückt.

- Das Projekt steht für gute Quartiersentwicklung mit kontinuierlicher Beteiligung Kontinuierliche Beteiligung ergibt sich nicht selbstverständlich, sondern durch beharrliches „Dranbleiben" der zivilgesellschaftlichen Initiator*innen.

- Ebenfalls durch beharrliches „Dranbleiben" in der bewährten Struktur werden weitere Akteur*innen in den Stadtteilen gewonnen. Dies gelingt durch Öffentlichkeitsarbeit, Bürgerworkshops und sehr stark auch durch die Mitmachangebote wie den Mittagstisch und das bürgerschaftlich betriebene Café.

- Durch Freude, freiwilliges Engagement mit viel Selbstverant-wortlichkeit und Autonomie beim Tun entsteht Kreativität, die anspornt.

- Entwicklung braucht Zeit. Durch das gewachsene Bündnis, die breite Zusammenarbeit aller Akteur*innen (der Profes-sionellen und der Laien), die im stetigen Austausch stehen und im gemeinsamen Tun wächst Vertrauen als Basis für das Gelingen.

Gemeinsam sind wir stark: Abschließend ganz herzlichen Dank für gemeinsames Nachdenken und Entwickeln, sich gegenseitig bei Laune halten, für intensiven Austausch und immer eine Lösung finden, für Beharrlichkeit, Diskussionen und – nicht zuletzt – eine gemeinsame Grundhaltung und gemeinsames Feiern: Antje Best, Dr. Andreas Bieberstein, Rosa Buchwald-Sätje, Veronika Drechsler, Sigrid Eder, Thomas Ehret, Christine Großmann, Jana Lohse, Ute Lührs, Prof. Dr. Cornelia Kricheldorff, Sandra Lang, Jürgen Philipp, Stephan van Rensen und Elisabeth Webler.

## Literatur

Allianz für Beteiligung e. V., (online) https://allianz-fuer-beteiligung.de (Zuletzt aufgerufen am 23.01.2022).

Förderprogramme der Allianz für Beteiligung e. V., (online) https://allianz-fuer-beteiligung.de/foerderprogramme/gut-beraten/ (Zuletzt aufgerufen am 23.01.2022).

Dörner, Christine (2021): Beteiligung gemeinsam lernen, in: Kursbuch Bürgerbeteiligung #4. Berlin 2021, S. 142ff.

gutleben-beibu (2018): Bewerbung vom 23.11.2018 zur Aufnahme in das Förderprogramm „Gut Beraten" der Allianz für Beteiligung e. V., Beratungsgutscheine zur Förderung der Zivilgesellschaft und Bürgerbeteiligung in Baden-Württemberg. Themenschwerpunkt Quartiersentwicklung. Gefördert vom Ministerium für Soziales und Integration Baden-Württemberg im Rahmen der Landesstrategie Quartier 2020 Gemeinsam.Gestalten. (unveröffentlicht).

gutleben-beibu (2019): Leitlinien, online verfügbar unter: https://www.gutleben-beibu.de/ (Zuletzt aufgerufen am 21.01.2022).

gutleben-beibu (2021): Letter of Intent, online verfügbar unter: https://www.gutleben-beibu.de/wp-content/uploads/2021/05/210415_LoI_mit_Uts.pdf (Zuletzt aufgerufen am 21.01.2022).

Ministerium für Soziales, Gesundheit und Integration Baden-Württemberg: Quartier 2030 – Gemeinsam.Gestalten, (online) https://www.quartier2030-bw.de/ (Zuletzt aufgerufen am 23.01.2022).

Sparkassen-Finanzgruppe (2022): Stadt, Land, Quartier – wie gutes Altern zuhause gelingt. Deutscher Pflegeinnovationspreis der Sparkassen-Finanzgruppe 2022 zum Thema „Altwerden im Quartier", (online) https://www.ukv.de/content/service/pflege-ratgeber/pflegetag/ (Zuletzt aufgerufen am 23.01.2022).

Stadt Karlsruhe (2019): Sozial- und Jugendbehörde, Bedarfsentwicklung in der stadtteilbezogenen Versorgung Pflegebedürftiger, Karlsruhe (Rathausdruckerei).

Jörg Sommer

# Moderne Teilhabe im ländlichen Raum

*Wenn wir an Teilhabe der Menschen an der Gestaltung ihrer unmittelbaren Lebensumgebung denken, sehen wir klassische Formate der Bürgerbeteiligung einer großen Verwaltung im städtischen Milieu vor uns. Und das ist tatsächlich eher untypisch. Große Teile unserer Bevölkerung lebt im sogenannten ländlichen Raum. Auch dort findet Beteiligung statt, aber oft anders, als wir vermuten.*

Die Bürgerbeteiligung in Deutschland hat in den vergangenen Jahren an Umfang und Intensität zugenommen. Auch wenn mit vergleichsweise neuen Formaten wie den aktuell im Trend liegenden Bürgerräten neue Angebote auf Bundes- bzw. Länderebene hinzugekommen sind, so liegt der Schwerpunkt nach wie vor im kommunalen Raum (vgl. Sommer 2021a).

Doch auch der kommunale Raum hat seine Disparitäten. Ende 2021 betrug die Anzahl der Gemeinden in Deutschland insgesamt 10.789 (Statistisches Bundesamt 2022). Über 90 Prozent davon hatten weniger als 20.000 Einwohner, mehr als 2/3 sogar unter 5.000. Über die Hälfte der Menschen in unserem Land lebt in Gemeinden mit unter 50.000 Einwohnern. Deutschland ist eine Industrienation. Aber eben auch geprägt vom ländlichen Raum. Der Thünen-Typologie zufolge sind es 47 Millionen Menschen (Küpper 2016), d. h. circa 57 Prozent der Bevölkerung, die auf circa 91 Prozent der Fläche Deutschlands leben.

*Deutschland ist geprägt vom ländlichen Raum*

Wenn wir an Teilhabe der Menschen an der Gestaltung ihrer unmittelbaren Lebensumgebung denken, sehen wir klassische Formate der Bürgerbeteiligung einer großen Verwaltung im städtischen Milieu vor uns. Und das ist tatsächlich eher untypisch.

*Beteiligung ist geprägt vom städtischen Raum*

Zum einen ist Teilhabe trotz aller Trends nach wie vor eher selten in den klassischen Formaten der Bürgerbeteiligung zu finden, zum anderen findet sie eben auch in großem Umfang im ländlichen

Raum statt. Teilhabe ist ebenso divers, wie die Menschen in unserem Land. Es ist nicht nur so, dass die Bürger*innen in unserem Land oft ganz unterschiedliche, eigene, manchmal sogar eigenartige Vorstellung von Gestaltung haben.

Für die einen heißt das, Verantwortung im Verein zu übernehmen, andere verbringen ihre knappe Freizeit im Gemeinderat, engagieren sich in Parteien, bringen Kindern Singen, Musizieren oder Fußball bei, sind in der freiwilligen Feuerwehr aktiv oder pflegen Brauchtum.

Andere gründen Bürgerinitiativen für oder gegen Windräder, sammeln Unterschriften, schreiben wütende Leserbriefe oder kleben sich auf Autobahnen fest.

Und da sind wir schon bei den nächsten Widersprüchen: Je nach Lebensalter, politischer Präferenz und Erfahrung neigen wir dazu, einen Teil dieser Aktivitäten als besonders wertvoll für die Gesellschaft zu betrachten, und einen anderen Teil als überflüssig oder gar schädlich.

## Bürger*innen haben Gestaltungsanspruch

Eines aber ist all den Bürgern hinter allen geschilderten Aktivitäten gemein: Sie verbinden damit einen Gestaltungsanspruch. Und Gestaltung braucht alles drei: Engagement, Ehrenamt und Beteiligung. Auch, wenn es gerne synonym verwendet wird: Es sind drei völlig unterschiedliche Ansätze.

Engagement, Ehrenamt oder Beteiligung?

Sie zu unterscheiden ist nicht nur wissenschaftliche Erbsenzählerei, sondern es hilft uns ganz fundamental dabei, zu erkennen, warum sich bestimmte Prozesse und auch Verwerfungen in unserer Gesellschaft sich in den vergangenen Jahren so entwickelt haben, wie sie es taten. Und es kann uns dabei helfen, für die Zukunft die richtigen Weichen zu stellen. Betrachten wir also die unterschiedlichen Formen von Mitgestaltung einmal genauer.

Beginnen wir mit jenen Formen, die insbesondere im ländlichen Raum traditionell besonders stark – und auch quantitativ besonders bedeutsam sind: Über die organisierte Gestaltung in Vereinen, Verbänden und vergleichbar festen Strukturen. Wo auch immer wir mit Vereinsvorständen ins Gespräch kommen, bekommen wir fast immer und überall ähnliche Sorgen zu hören: Der Nachwuchs fehlt (Alscher 2014).

Tatsächlich wird viel über den Niedergang des Vereinswesens spekuliert. Kaum ein Tag vergeht, in dem wir dazu nicht in den Medien lesen oder hören.

## Vereinswesen ist stark – aber unter Druck

Doch die überraschende Tatsache ist: In Deutschland gibt es so viele eingetragene Vereine wie noch nie. Aktuell sind es mehr als 600.000 (Schubert 2022: 2).

Allerdings sind sie sehr unterschiedlich verteilt: In den Städten wächst ihre Zahl stark, auf dem Land dagegen nicht. Rund 20.000 Vereine haben sich seit 2006 im ländlichen Raum aufgelöst (vgl. Gilroy 2018).

Im ländlichen Raum stehen viele Vereine vor dem Problem, dass die Menschen zunehmend weniger Zeit und Bereitschaft haben, lange Wege in Kauf zu nehmen und große Teile ihrer Freizeit zu investieren. Das gilt genauso für Stadtmenschen. Doch sind dort die Wege kürzer, Entscheidungen können spontaner getroffen werden.

Vereine auf dem Land müssen digitaler werden, empfehlen Expert*innen. Diese Empfehlung macht Sinn, berücksichtigt aber zwei wesentliche Faktoren nicht:

Zum einen ist die Stadtbevölkerung erheblich digitalaffiner. Sie hat mehr Erfahrung mit digitaler Kommunikation, die besseren Endgeräte, beruflich mehr damit zu tun und – nicht ganz unwichtig, meist auch wesentlich bessere Netze zur Verfügung (Sommer 2021b).

Zum anderen ist auch die Vereinsstruktur im ländlichen Raume ein andere. Hier gibt es mehr Vereine, die Kultur und geselliges Beisammensein pflegen. Bei vielen ist dies das Hauptmotiv zur Teil-

Vereine im ländlichen Raum unter Druck

nahme. Und außerdem: Gemeinsames Singen, Musizieren oder Fußballspielen geht nun mal nicht wirklich digital.

Die pauschale Lösung „Digitalisierung" greift zu kurz. Auch, weil sie eine andere Entwicklung nicht berücksichtigt. Die Schwerpunktverschiebung im Dreieck von:

## Engagement, Ehrenamt und Beteiligung

Dieses Dreieck aber zu verstehen, ist die elementare Voraussetzung dafür, wirksame Strategien für die Zukunft der bürgerschaftlichen Gestaltung im ländlichen Raum zu entwickeln.

Schauen wir uns die Beziehung also einmal genauer an. Allzu oft werden die Begriffe verwechselt oder gar für deckungsgleich gehalten. Bis weit in die Kreise politisch Verantwortlicher hinein.

So heißt die erst 2020 gegründete bundeseigene Stiftung „Deutsche Stiftung für Engagement und Ehrenamt". Ihre Aufgabenbeschreibung lautet:

„Ziel der Stiftung ist es, dazu beizutragen, ehrenamtliches und bürgerschaftliches Engagement in Deutschland zukunftssicher zu machen. Daher fördert sie Innovationen – insbesondere im Bereich der Digitalisierung, stärkt Engagement- und Ehrenamtsstrukturen und vernetzt Bund, Länder, Kommunen, Wirtschaft und Zivilgesellschaft." (Deutsche Stiftung für Engagement und Ehrenamt 2020)

Engagement ist nicht (nur) Ehrenamt

In allen Publikationen der Stiftung wird „Engagement und Ehrenamt" in einem Atemzug genannt, als Synonym sozusagen. Das ist wenig hilfreich, weil es eine wichtige Differenzierung verkleistert, die wir erkennen müssen, um zu verstehen, warum die Entwicklung in Deutschland so ist, wie sie ist.

In Deutschland haben wir eine im internationalen Vergleich eher ungewöhnliche Historie: Im Ausland sagt man: „Treffen zwei Deutsche zusammen, gründen sie einen Verein". Tatsächlich sind Vereine seit Beginn der bürgerlichen Gesellschaft in Deutschland die prägende, nahezu ausschließliche Form von Engagement.

Wir haben in Deutschland über 3 Millionen Menschen, die ehrenamtliche Vorstandsfunktionen ausüben, die Zahl der Menschen, die ein Ehrenamt bekleiden, liegt bei über 10 Millionen. In unserem Land, und eben ganz besonders im ländlichen Raum, denken wir Ehrenamt und Engagement fast immer synonym. Bei uns ist Engagement nach wie vor für viele nur im Verein vorstellbar:

Dort ist es strukturiert, oft mit formellen Wahlfunktionen oder Beauftragungen verbunden und mit Titeln versehen. Ob Vorsitz, Schriftführung, Kassenführung oder Übungsleitung: Ehrenamt in Deutschland hat Funktionen.

Das ist in vielen anderen Gesellschaften völlig anders. In den USA z. B. wird lokale Soziale Arbeit fast ausschließlich über sogenannte community foundations organisiert. Die Vorstände dort sind oft nicht gewählt, sondern von Geldgebern ernannt. Oft arbeiten in ihrem Kontext Hunderte, ja Tausende von Engagierten in Suppenküchen und Notunterkünften, Tagesstätten und Bildungsangeboten – ohne formelle Funktion, ohne Wahlamt, ohne Titel, und ohne langfristige Verpflichtung oder Verbindlichkeit. (vgl. Gast 2006)

*Andere Kulturen haben andere Praktiken*

Dort ist das Verhältnis von Ehrenamt und Engagement ein anders als bei uns. Der Unterschied ist klarer: Ehrenamt ist ein Amt, gewählt oder bestellt, mit klaren Titeln, Rechten und langfristigen Verpflichtungen.

Engagement ist der Einsatz für andere, für das Gemeinwohl, ob spontan oder verbindlich, ob in kleinstem Umfang oder als nahezu Vollzeitbeschäftigung.

In allen Ländern gibt es denselben Unterschied zwischen Engagement und Ehrenamt – nur in Deutschland waren beide lange überwiegend deckungsgleich.

Deshalb tun wir uns heute so schwer mit der Differenzierung. Aber sie ist nötig, wie wir gleich sehen werden. Doch betrachten wir zunächst noch den dritten Begriff, die „Beteiligung".

## Anspruch auf Wirksamkeit

Gemeint ist damit die Mitwirkung an Entscheidungsprozessen, dazu gehören Wahlen, aber auch direktdemokratische Entscheidungen, Abstimmungen auf Mitgliederversammlungen, aber auch die vielen neuen Formen der Bürgerbeteiligung, die in den letzten Jahren massiv zugenommen haben.

Beteiligung ist mit dem Anspruch auf Wirksamkeit verbunden – aber ohne die Verbindlichkeit eines Ehrenamts und ohne den zeitlichen Einsatz, den Engagement erfordert. Tatsächlich braucht Beteiligung in vielen Fällen nicht einmal mehr formelle Mitgliedschaft. Und genau hier beginnt das Problem für unser historisch gewachsenes Verständnis von Mitgestaltung.

In diesem Dreieck von Engagement, Ehrenamt und Beteiligung erleben wir seit der Jahrtausendwende ein Phänomen: Der Trend geht eindeutig weg von der Bereitschaft, sich formell und langfristig zu binden oder auch nur ein langfristiges Engagement zuzusagen. Er geht hin zur Erwartung an wirksamer Beteiligung und der Ausübung von spontanem, oft unverbindlichem Engagement. (Siepker 2022: 14ff.) Die Trends sind eindeutig, empirisch messbar und sich dynamisch weiter entwickelnd:

*Klarer Trend zu weniger Verbindlichkeit*

Das Ehrenamt wird unattraktiver, das Engagement wird spontaner, die Beteiligung nimmt an Umfang und Bedeutung zu. Das ist ein Problem für viele Vereine, die nicht nur an Mitgliederschwund leiden, sondern noch dazu auch immer schwieriger aus den verbliebenen Mitgliedern heraus Ehrenämter besetzen können. Noch immer jammern wir auf hohem Niveau. Noch immer sind die Deutschen Vereinsweltmeister. Aber eben genau deshalb wird die Luft im Ehrenamt so dünn.

Wie gehen wir jetzt damit um? Bekämpfen? Betrauern? Bejammern? Ignorieren?

Auf gesellschaftlicher Ebene versuchen wir gegenzusteuern. Deshalb gibt es die besagte Stiftung. Deshalb wurde sie auch kürzlich noch einmal besser finanziell ausgestattet. Aber wir wissen im Grunde: gesellschaftliche Trends kann man nicht wegkaufen.

Die gesellschaftliche Debatte bleibt spannend, auch weil sie sich noch von einem weiteren Missverständnis befreien muss: Der Frage des Gemeinwohls.

## Gemeinwohl im Fokus

Gemeinwohl wird verstanden als Gegenbegriff zu bloßen Einzel- oder Gruppeninteressen innerhalb einer Gemeinschaft. Gemeinwohl fördert, wer sich also für andere – oder für alle einsetzt.

Und auch hier neigen wir in Deutschland zu nicht ganz scharfen Zuordnungen: Wir setzen Ehrenamt mit Engagement gleich – und beides mit Gemeinwohlorientierung. Doch das ist Unsinn. Der Vorsitzende eines elitären Business-Clubs, in dem man nur mit zwei Bürgen und 40.000,- Euro Aufnahmegebühr Mitglied werden kann, übt ein Ehrenamt aus. Mit Gemeinwohl hat das nichts zu tun. Eine Bürgerinitiative gegen den Bau eines Windrades vor der eigenen Haustüre lebt vom Engagement vieler Aktiver – wie gemeinwohlorientiert das ist, ist zumindest gesellschaftlich umstritten.

Gemeinwohl entsteht nicht von allein

Tatsächlich gab es eine Zeit in Deutschland, in der so viele Ehrenämter besetzt waren wie niemals davor oder danach: Zwischen 1933 und 1945 hatten wir Millionen von Blockwarten, Gruppenführern, Obleuten und Scharführern. Keiner käme heute auf die Idee, darin Gemeinwohl zu entdecken.

Gleichzeitig gibt es das Missverständnis, dass die Motivation zu Beteiligung nichts mit Gemeinwohl zu tun hätte, dass es da um Partikularinteressen ginge, dass sich nur beteilige, wer seine Interessen durchsetzen wolle, ohne sich auf die Mühen langfristigen Engagements einzulassen.

Es ist richtig: Ehrenamt und Engagement ist heute in Deutschland weit überwiegend mit Gemeinwohlorientierung verbunden. Und viele Beteiligungsimpulse entstehen aus einer NIMBY-Haltung: Die

Betroffenen fühlen sich durch Vorhaben subjektiv eingeschränkt oder benachteiligt.

Doch halten wir fest: Gemeinwohlorientierung ist essenziell für die Stärke einer Gesellschaft, sie ist aber nicht zwangsläufig mit Ehrenamt oder Engagement oder Beteiligung verknüpft – sondern stets eine Frage der Motive und der Ausgestaltung. Warum ist das so wichtig?

Trends akzeptieren und antizipieren

Wir haben gesehen: Der Trend geht tendenziell weg von der Bereitschaft zu Ehrenamt und zu verbindlichem, langfristigem Engagement hin zu spontanem Engagement und Beteiligungsanspruch. Das wird gesellschaftlich kritisch gesehen – ist aber so auch in anderen Gesellschaften – und längst nicht nur in den USA – seit langer Zeit Praxis.

Für aktive Verantwortliche im ländlichen Raum stellt sich ohnehin weniger die Frage, wie man gegen den Trend arbeiten soll – sondern vielmehr die Frage: Wie man mit diesem Trend umgehen kann.

## Vielfalt statt Konkurrenz

Wie also können wir, nicht nur, aber auch im ländlichen Raum, zukünftig Gestaltung denken? Wie können wir gemeinwohlorientierte Gestaltung der Heimat nicht nur bewahren, sondern sogar attraktiver und stärker machen?

Indem wir diesen Trend aktiv in unsere Strategien integrieren. Dazu gehören insbesondere zwei Angebote, die es zu entwickeln gilt:

1. Die Möglichkeit zu spontanem Engagement ohne langfristige Verbindlichkeit
2. Angebote der unmittelbaren Beteiligung

Tatsächlich sind Ehrenamt, Engagement und Beteiligung verschiedene Formen von Gestaltung. Als eines aber dürfen wir sie nicht begreifen: Als Konkurrenten.

Das Gegenteil ist richtig: Alle drei Formen der Mitgestaltung können – und müssen – zusammenwirken. Wer sich wann, wo, wie intensiv und zu welchem Thema für Mitgestaltung entscheidet, das wird sich auch in Zukunft tendenziell noch weiter ausdifferenzieren – und auch in den Biografien der Menschen in unterschiedlichen Phasen unterschiedlich manifestieren.

Aus Beteiligten werden Engagierte. Aus Engagement wird möglicherweise in einer späteren Lebensphase Ehrenamt. Und manch ein ehrenamtlicher Vereinsvorstand spielt wiederum eine ganz zentrale Rolle in Beteiligungsprozessen. Und manchmal auch alles zugleich.

Bürger*innen gestalten ihre Heimat auf, wie wir gesehen haben, höchst unterschiedliche Art und Weise. Sie tun das heute oft anders als noch vor zwei Generationen. Und sie werden es in Zukunft anders tun als heute.

Es ist die Aufgabe der Politik, diese Gestaltung zu ermöglichen, zu fördern, aber auch zu fordern und zu provozieren. Denn so, wie unsere Gesellschaft tendenziell immer vielfältiger wird, so wie die Formen der Mitgestaltung tendenziell immer vielfältiger werden, so muss, kann und darf auch unsere Demokratie an Vielfalt gewinnen.

*Mitgestaltung wird vielfältiger*

Denn es ist genau diese Gestaltung der Vielen, die jeden Tag immer wieder zahllose Stunden, viel Kreativität, Fleiß, Emotionen und manchmal auch eine gehörige Portion Frustrationstoleranz investieren, um Gemeinwohl zu generieren und unsere Demokratie zu stärken.

## Literatur

Alscher, Mareike (2014): Junge Engagierte einbeziehen. Zivilgesellschaft KONKRET ZIVIZ Praxis Nr. 4. Bertelsmann Stiftung.

Deutsche Stiftung für Engagement und Ehrenamt (2022): Selbstdarstellung, [online] https://www.deutsche-stiftung-engagement-und-ehrenamt.de/stiftung/, (Zuletzt aufgerufen am 08.01.2023).

Gast, Elaine. (2006): Community foundation handbook: What you need to know. New York: Council on Foundations.

Gilroy, Patrick e.al. (2022): Vereinssterben in ländlichen Regionen, Berlin: Stifterverband für die Deutsche Wissenschaft.

Küpper, Patrick (2016): Abgrenzung und Typisierung ländlicher Räume (Thünen Working Paper 68), Braunschweig 2016.

Schubert, Peter et al. (2022): Vereine in Deutschland im Jahr 2022, Berlin: Stifterverband für die Deutsche Wissenschaft.

Siepker, Lena et.al. (2022): Trendanalyse – Engagement und Beteiligung in Deutschland, Arbeitspapier [online] https://www.uni-muenster.de/imperia/md/content/ nachhaltigkeit/2021-04-01_engage_ap2_trendanalyse_arbeitspapier_mit_executive_ summary_02.pdf, (Zuletzt aufgerufen am 08.01.2023).

Sommer, Jörg (2021a): 10 Jahre Bürgerbeteiligung in Deutschland – Erfahrungen und Herausforderungen. In: Jörg Sommer (Hrsg.): KURSBUCH BÜRGERBETEILIGUNG #4, Berlin: Republik Verlag.

Sommer, Jörg (2021b): Die Zukunft ist digital – aber ist sie auch demokratisch?. In: Jörg Sommer (Hrsg.): KURSBUCH BÜRGERBETEILIGUNG #4, Berlin: Republik Verlag.

Sommer, Jörg und Michael Müller (2017): Der partizipative Staat - Repräsentative Demokratie und Bürgerbeteiligung, Berlin: Republik Verlag.

Statistisches Bundesamt (2022): Anzahl der Gemeinden in Deutschland nach Gemeindegrößenklassen, https://de.statista.com/statistik/daten/studie/1254/umfrage/ anzahl-der-gemeinden-in-deutschland-nach-gemeindegroessenklassen/, (Zuletzt aufgerufen am 08.01.2023).

Simone Tosson, Dr. Toralf Stark, Prof. Dr. Susanne Pickel

# Wirkungsvolle Bürgerbeteiligung? Eine Analyse des Bürgerbudgets der Stadt Augustusburg

*Das Bürgerbudget ist ein dialogorientiertes Beteiligungsverfahren, das insbesondere auf Kommunalebene Anwendung findet. Das Verfahren eröffnet den Mitgliedern einer Kommune ein (frühes) Mitspracherecht bei der Verausgabung öffentlicher Mittel und kann so die Transparenz politischer Entscheidungsprozesse und das Vertrauen in das politische Handeln der gewählten Vertreter\*innen steigern. Der Beitrag betrachtet das Bürgerbudget der Stadt Augustusburg als Praxisbeispiel und geht der Frage nach, inwiefern es sich um ein wirkungsvolles Verfahren der Bürgerbeteiligung handelt. Es zeigt sich, dass deliberative Verfahren zur Bürgerbeteiligung, sofern sie passend gewählt sind und wesentliche Qualitätskriterien erfüllen, positive Wirkungen entfalten und Verdrossenheitsgefühlen gegenüber „der" Politik entgegenwirken können.*

Die politische Beteiligung in Deutschland hat sich verändert und beschränkt sich schon lange nicht mehr nur auf die Wahlteilnahme und Parteiarbeit. Direkte und dialogorientierte Bürgerbeteiligungsformate ergänzen zunehmend Partizipationsformate der klassischen repräsentativen Demokratie (Van Deth/Zorell 2019: 393). Bürger\*innen können sich auch abseits von Wahlen und Parteien in den politischen Meinungsbildungsprozess einbringen und zumeist an kommunalen Entscheidungen beteiligen. Wenn die Bürger\*innen direkt und frühzeitig in den Entscheidungsfindungsprozess eingebunden werden, kann dies dazu beitragen, die Akzeptanz politischer Entscheidungen zu erhöhen. Zudem wird Verdrossenheitsphänomenen, insbesondere der Politiker- und Parteienverdrossenheit, sowie politischer Unzufriedenheit entgegengewirkt und das Vertrauen in Politik und Verwaltung gestärkt (Dryzek et al.

2019). Während die Beteiligung der Bürger*innen auf Bundes- und Landesebene formell geregelt ist, bietet die kommunale Ebene eine Vielzahl an freiwilligen Möglichkeiten deliberativer Bürgerbeteiligung mit einem mannigfaltigen Spektrum an Methoden und Verfahren. Trotz der Vielzahl an Annahmen über die positive Wirkung von Bürgerbeteiligungsverfahren, finden sich vergleichsweise wenige empirische Analysen hierzu (Geißel/Jung 2018; Jacobs/Kaufmann 2021; Jennstål 2018; Remer 2020)

Der Beitrag fokussiert diese Forschungslücke und betrachtet die Wirkung eines solchen Beteiligungsverfahrens auf die Bürger*innen und politischen Repräsentant*innen am Praxisbeispiel der Stadt Augustusburg im Landkreis Mittelsachsen. Konkret handelt es sich um ein seit mehreren Jahren durchgeführtes Bürgerbudget, das die Bürger*innen aktiv an der Stadtgestaltung und -entwicklung beteiligt. Initiiert wurde es im Jahr 2018 vom Bürgermeister, der erwartete, mit dem Beteiligungsformat die Distanz zwischen den Bürger*innen und der „Politik" zu verringern (Neubauer 2019). Um die Wirkung des Verfahrens zu analysieren, fragt der Beitrag: „Inwiefern handelt es sich beim Bürgerbudget in Augustusbug um ein wirkungsvolles Verfahren der Bürgerbeteiligung?"

*Konkretes Praxisbeispiel*

In einem ersten Teil wird zunächst das Verfahren „Bürgerbudget" erläutert und vom „Bürgerhaushalt" abgegrenzt. Im zweiten Abschnitt wird der Verfahrensablauf am Fallbeispiel der Stadt Augustusburg dargestellt. Anschließend werden Kriterien zur Bewertung von Bürgerbeteiligungsverfahren eingeführt. Um die Wirkung des Verfahrens zu analysieren, berücksichtigen wir sowohl die Perspektive der Bürger*innen als auch die der beteiligten kommunalen Akteure (Stadträte und Bürgermeister). Hierzu dienen qualitative Interviews mit Stadtratsmitgliedern sowie eine standardisierte Bürgerbefragung. Im Fazit werden die Ergebnisse zusammengefasst und Verbesserungspotenziale für das untersuchte Bürgerbudget in Augustusburg eruiert.

# Bürgerhaushalt und Bürgerbudget

Die partizipative Budgetplanung erfreut sich in deutschen Städten und Gemeinden einer immer größeren Beliebtheit (Apostolou/ Eckardt 2022; Vorwerk 2019). Es ermöglicht den Mitgliedern einer Kommune ein (frühes) Mitspracherecht bei der Verausgabung öffentlicher Mittel und steigert so die Transparenz politischer Entscheidungsprozesse und das Vertrauen in das politische Handeln der gewählten Vertreter*innen. In der öffentlichen Debatte hat sich für die Beteiligung der Bürger*innen an der kommunalen Mittelvergabe der Begriff des Bürgerhaushalts etabliert. Daneben gibt es weitere Verfahren, wie das in diesem Beitrag untersuchte Bürgerbudget, das sich in einigen Aspekten signifikant unterscheidet.

Im Kern unterscheiden sich der Bürgerhaushalt und das Bürgerbudget in ihrer Reichweite und Entscheidungshoheit. In einem Bürgerhaushalt werden die Bürger*innen in die Verteilung des städtischen oder kommunalen Gesamtetats mit eingebunden. Sie erhalten über verschiedene Kommunikationskanäle die Möglichkeit, Vorschläge für die Verteilung öffentlicher Mittel einzureichen (Berlin Institut für Partizipation 2021: 9). Die Bürger*innen nehmen eine Beratungsfunktion ein und verbessern die Entscheidungsgrundlage für politischen Akteure. Dieses Verfahren kann, je nach Offenheit der Gesprächs- und Entscheidungsprozesse, eine breite Akzeptanz von öffentlichen Ausgaben schaffen. Nach rechtlicher Prüfung obliegt die schlussendliche Entscheidungshoheit dem jeweiligen Rat der Kommune (Berlin Institut für Partizipation 2021: 8). Im Gegensatz dazu ist ein Bürgerbudget auf die Förderung von Projekten, die durch die Bürger*innen vorgeschlagen werden. Im Haushalt wird ein bestimmter Betrag für das kommende Haushaltsjahr festgelegt, über dessen Verausgabung die Bürger*innen entscheiden. Anders als beim Bürgerhaushalt liegt die Entscheidungshoheit über die schlussendliche Mittelvergabe beim Bürgerbudget nicht zwingend beim Rat der Kommune, sondern kann auch durch ein unabhängiges Gremium erfolgen (Berlin Institut für Partizipation 2021: 8). Über die Höhe der zur Verfügung gestellten Mittel zu entscheiden,

> Budgets sind keine Haushalte

liegt allerdings allein in der Kompetenz des Rates der Kommune. Welche Wirkung ein solches Bürgerbudget auf die Partizipationsmechanismen einer Kommune ausübt, wird im Folgenden am Beispiel des Bürgerbudgets der Stadt Augustburg skizziert.

## Ablauf des Augustusburger Bürgerbudgets

Im Rahmen ihrer kommunalen Selbstverwaltung haben die sächsischen Städte und Gemeinden die Möglichkeit, ihre Bürger*innen über nicht förmliche Verfahren in den politischen Prozess einzubeziehen und an politischen Entscheidungen zu beteiligen Hierbei können die Kommunen über die Form, die Ausgestaltung sowie den Umfang der informellen Beteiligungsmöglichkeiten frei entscheiden (Sächsische Staatskanzlei 2022). Basierend auf dieser rechtlichen Grundlage führt die Stadt Augustusburg in Mittelsachsen 2022 zum dritten Mal ein Bürgerbudget durch. Initiiert durch den (ehemaligen) Bürgermeister Dirk Neubauer bewirbt die Stadt das Beteiligungsverfahren unter dem Namen „Bürgerprojekte" und plante im Haushaltsjahr 2022 einen Posten von rund 20.000 Euro für die Umsetzung von gemeinwohlorientierten Projekten aus dem Kreis der Bürgerschaft ein.

Das Bürgerbudget in Augustusburg ist vergleichbar mit anderen Verfahren in Deutschland, die nach einem ähnlichen Grundprinzip ablaufen. Es kann in fünf Phasen untergliedert werden: Vor dem eigentlichen Beginn des Verfahrens werden die Bürger*innen in Augustusburg über die Durchführung informiert und können im Rahmen einer Informationsveranstaltung Fragen zum Ablauf stellen (Informationsphase). Nach Verfahrensbeginn haben die Bürger*innen mehrere Wochen Zeit, um ihre Projektideen über die Online-Plattform (www.meinaugustusburg.de) einzureichen. Die Plattform bildet den zentralen Mittelpunkt des Verfahrens, indem sie über seinen Stand als auch die eingereichten Projektideen informiert und die Möglichkeit bietet, diese zu kommentieren, zu unterstützen („liken") und sich (digital) darüber auszutauschen. Obwohl analoge Einreichungen ebenfalls möglich sind, überwiegt die digitale Komponente. Die Einreichungen der Bürger*innen müssen

Kommunale Projektfinanzierung durch Bürgerbudget

die Projektidee skizzieren, sowie Auskünfte über den Finanzbedarf, die Verantwortlichkeiten und Eigenleistungen zur Realisierung geben. Eine Begrenzung der Projekthöhe sowie eine Sperrfrist für Bürger*innen, die bereits in der Vergangenheit eigene Ideenskizzen eingereicht haben, ist nicht vorgesehen. Einreichungsberechtigt sind neben Einzelpersonen auch örtliche Interessengruppen und Vereine (Vorschlagsphase). Einzig für Projekte, die im Ortsteil „Augustusburg" realisiert werden sollen, war im Jahr 2022 eine Einreichung nicht möglich, da für den Stadtteil 2023 ein größerer Verfügungsfond für Bürgerprojekte zur Innenstadtentwicklung vorgesehen ist.

Nach Beendigung der Vorschlagphase werden die Projektideen an die Stadtratsmitglieder weitergeleitet. Diese sichten die Projektideen und haben die Möglichkeit, Rückfragen zu stellen und Details zu klären (Diskussionsphase). Um bei der Entscheidung berücksichtigt zu werden, müssen die Initiator*innen der Projektideen mindestens 40 (prüfbare) Unterschriften von Bürger*innen nachweisen und darüber hinaus möglichst viele Unterstützer*innen gewinnen. Im Rahmen des Entscheidungsverfahrens im Stadtrat werden die Projekte gemäß der Anzahl an Unterstützer*innen gerankt. Hierbei werden neben den analogen Unterschriften auch die verteilten Likes auf der Online-Plattform einbezogen. Die Anzahl der Unterschriften stellt jedoch keine verbindliche Reihenfolge für die Entscheidung über die Förderung dar. Letztlich stimmt der Stadtrat bei einer Sondersitzung über die Projektideen ab. Die Projektinitiator*innen bekommen im Rahmen der Sonderstadtratssitzung nochmals die Möglichkeit, ihre Idee vorzustellen und zu bewerben. Danach vergibt der Stadtrat Punkte für jedes Projekt und ermittelt so eine Rangfolge der förderwürdigen Projekte, die er anschließend verabschiedet. Beginnend mit dem Projekt, dass die meisten Stadtratsstimmen erhält, werden so viele Projekte gefördert, bis das Budget erschöpft ist (Entscheidungsphase). Während einige Kommunen Bürgerjurys für die Entscheidung einsetzen, ist ein solches Entscheidungsgremium in Augustusburg nicht möglich, da die sächsische Gemeindeverordnung (SächsGemO §78 und §76

*Integration der Kommunalpolitik*

Abs. 2) die Verantwortung über haushälterische Belange bei den Stadt- bzw. Gemeinderäten verankert. Im Anschluss wird mit der Umsetzung der Projekte begonnen, wobei eine Fertigstellung im gleichen Jahr nicht erforderlich ist (Implementationsphase).

Tabelle 1 zeigt die Entwicklung des Bürgerbudgets in Augustusburg. Im Jahr 2022 gab es insgesamt acht Projektideen, von denen vier Projekte (Brandschutzprojekt der Ortsfeuerwehren, Erweiterungen von Begegnungsflächen an Teichen, Versiegelung von Laufflächen im Freibad und Erneuerung einer Outdoor-Tischtennisplatte) gefördert wurden. Im Vergleich zu den Vorjahren fällt die Anzahl der Einreichungen sowie das verfügbare Gesamtbudget mit 20.000 Euro deutlich geringer aus. Zudem ist ein deutlicher Rückgang der Teilnehmer*innen erkennbar, wobei hier lediglich die Anzahl der registrierten Nutzer*innen des Verfahrensportals berücksichtigt werden können.

| Jahr | Budget | Budget pro EW | Teilnehmer | TN/EW | Vorschläge | angenommen | Vorschläge pro EW | EW |
|------|--------|---------------|------------|-------|------------|------------|-------------------|-----|
| 2018 | 50.000 € | 11,02 € | 213 | 4,69 % | 21 | 8 | 0,46 % | 4.538 |
| 2019 | 50.000 € | 11,08 € | 194 | 4,30 % | 16 | 8 | 0,35 % | 4.513 |
| 2022* | 20.000 € | 4,50 € | 19 | 0,70 % | 8 | 4 | 0,30 % | 2.668 |

Abbildung 1:     Übersicht Bürgerbudget in Augustusburg, (Quelle: Statistisches Landesamt Sachsen)

## Kriterien wirkungsvoller Bürgerbeteiligung

Maßzahlen zur Höhe des Budgets, zu den Teilnehmenden, den eingereichten Projekten und den Verfahrensregeln sind nur eine Seite der erfolgreichen Umsetzung von informellen Verfahren zur Bürgerbeteiligung. Die politische und gesellschaftliche Wirkung, die solche Verfahren erzielen, sind gleichermaßen von hoher Bedeutung. Sie richten sich auf eine Demokratie zum Mitmachen, nicht zum Danebenstehen und Hinnehmen. Aktive Beteiligung kann zumindest der Politikverdrossenheit auf lokaler Ebene entgegenwirken (Remer 2020). Eine „gute" Bürgerbeteiligung geht deshalb

Wie Wirkung messen?

über die bloße Übereignung von Finanzmitteln zwecks Umsetzung von Projekten hinaus.

Gute Bürgerbeteiligung baut nicht auf Resignation, sie sucht bereits im Ansatz der geplanten Maßnahmen den Kontakt zu den Bürger*innen. Sie geht über die formale Legitimierung, also das Streben nach Anerkennung der Maßnahme durch die Bürger*innen im Nachhinein hinaus, denn politische Entscheidungen ohne echte Beteiligung schaffen nur weitere Politik(er)verdrossenheit und Konflikte. Bürger*innen wollen sich engagieren – auch in sehr frühen Planungsphasen, nicht erst in Form von Widerstand oder zur Legitimitätsgewinnung im Nachhinein ohne echte Mitbestimmung. Werden die Bürger*innen früh in die Entscheidungsprozesse einbezogen, gewinnen auch die Maßnahmen der Bürgerbeteiligung an Anerkennung und erfahren in der Umsetzung mehr Unterstützung.

Mehr als formale Legitimierung

Ein Ziel informeller Bürgerbeteiligung ist, die Legitimität des Verfahrens und das damit verbundene Ergebnis durch die Zustimmung möglichst vieler Bürger*innen herzustellen, oder aber eine aktive Zustimmung nur weniger Bürgerinnen und Bürger zu erreichen, während eine große Mehrheit das Verfahren stillschweigend duldet, weil es als fair betrachtet wird (Sommer 2015: 6).

Die Akzeptanz der Bürgerbeteiligung wird durch offene, transparente und faire Gesprächs- und Entscheidungsprozesse erzielt. Sie richten sich auch auf die Anerkennung denjenigen, die nicht aktiv zustimmen. Die Akzeptanz speist sich aus zwei Zielen für Beteiligungsprozesse: maximale Beteiligung und maximale Zustimmung. Wenn also maximale Beteiligung und eine möglichst große Zufriedenheit der Beteiligten mit dem Ergebnis erzielt wurde, erfährt das Verfahren große Akzeptanz und erhält nachhaltige Legitimität.

Um möglichst große Zustimmung für das Ergebnis zu erhalten, wird der Fokus auf das partizipative Verfahren selbst gelegt. Dieses muss entweder in einem breiten Konsens erzielt werden, oder aber, wenn nur ein Teil der Beteiligten aktiv zustimmt, auf der Grundlage eines offenen, transparenten und fairen Prozesses entstanden sein, damit das Ergebnis auch für die passiv zustimmenden Beteiligten annehmbar ist (Sommer 2015: 6-7). Eine hohe Qualität erzielt eine Bürgerbeteiligung dann, wenn die Beschlüsse in ergebnisoffenen Prozessen erzielt werden. Konsequente Ergebnisoffenheit erzeugt Beteiligungsbereitschaft, fördert diskursorientierte Formate, hält zu einer größeren Transparenz an und fördert einen wertschätzenden Umgang mit allen Beteiligten. Häufig werden von Bürger*innen durchgeführte Projekte unterschätzt, da ihnen nicht allzu viel zugetraut wird. Aber Bürger*innen sind auch komplexen Fragen gewachsen. Oft zeigt sich, dass Ergebnisse von Bürgerbeteiligungsverfahren in Teilen oder zur Gänze von einer deutlich höheren Qualität sind, als vorherige Überlegungen aus Politik und Verwaltung. Sie sind meist effizienter, da sie aus der Sicht der Betroffenen entwickelt werden. Dadurch können die Ergebnisse auf eine breitere Basis gestellt und spezifisch an die Bürgerbedürfnisse angepasst werden (Sommer 2015: 8).

*Qualität*

Der vierte Aspekt gelingender Bürgerbeteiligung ist die Emanzipation. Sind die Bürger*innen Objekte oder Subjekte der politischen Durchsetzungsstrategie? Während sie als Objekte einer politischen Durchsetzungsstrategie am Ende eines intransparenten und geschlossenen Prozesses nur als degradierte, passive Dulder*innen behandelt werden, übernehmen sie als Subjekte eine aktive mitgestaltende Rolle. Durch eine emanzipative Ausrichtung wird Politik von der „Bestimmerin" zur Dienstleisterin: „Was immer die Wahrnehmung der Beteiligten als Gestalter des Prozesses fördert, ist gut, richtig und wichtig für das Verfahren." (Sommer 2015: 7-9).

*Emanzipation*

## Vorgehen

Die vier Kriterien guter Bürgerbeteiligung (Legitimität, Akzeptanz, Qualität und Emanzipation) bilden in der Folge die Grundlage zur Beantwortung der Forschungsfrage. Hierfür greift der Beitrag auf verschiedene Daten zurück, die im Rahmen eines Forschungsseminars gemeinsam mit Master-Studierenden erhoben wurden. Die Studierenden führten zwischen dem 05.07.–08.07.2022 vor Ort Leitfadeninterviews über das Beteiligungsverfahren mit dem Bürgermeister sowie sieben der insgesamt 16 Stadtratsmitglieder durch. Im Rahmen einer standardisierten Online-Umfrage wurden zudem die Bürger*innen der Stadt zu ihren politischen Einstellungen, ihrer politischen Beteiligung im Allgemeinen sowie zum Verfahren des Bürgerbudgets in Augustusburg befragt. Die Umfrage wurde zwischen dem 1. Juli 2022 und dem 31. August 2022 digital auf der Plattform LimeSurvey veröffentlicht. Um die Beteiligungsbereitschaft zu erhöhen, wurde die Umfrage über die stadteigene Informations-App sowie über E-Mails an die ortsansässigen Vereine beworben. Während ihres Aufenthalts in Augustusburg verteilten die Studierenden QR-Codes, die zur Umfrage führten, sowie gedruckte Versionen des Fragebogens an die Bürger*innen. Trotz dieser Maßnahmen fiel die Teilnahme insgesamt gering aus (N = 61), sodass die Umfrage nicht als repräsentativ verstanden wird, sondern ein Meinungsbild widerspiegelt.

*Eigene App und QR-Codes*

## Wirkungsvolle Bürgerbeteiligung beim Bürgerbudget in Augustusburg?

Die Analyse betrachtet das Beteiligungsverfahren in Augustusburg und untersucht, inwiefern es Kriterien guter Bürgerbeteiligung erfüllt.

**Legitimität:** Um die Legitimität des Verfahrens zu bewerten, wird zunächst ein Blick auf die Teilnehmenden geworfen. Im Durchschnitt sind es eher die höheren Altersgruppen, ab 40 Jahren aufwärts, die sich am Bürgerbudget in Augustusburg beteiligen. Ein zentrales Ziel des Bürgermeisters, auch jüngere Menschen für die Arbeit in ihrer Stadt bzw. Kommune zu begeistern, wird damit verfehlt. Neben der Jugend können auch die älteren Mitbürger*innen und die politisch Desinteressierten durch das Bürgerbudget nicht zur umfassenderen Partizipation motiviert werden. Die Stadtratsmitglieder teilen die Meinung, dass sich vor allem Personen beteiligen, die bereits in anderen Bereichen (Vereine, Kirchengemeinde oder freiwillige Feuerwehr) aktiv sind.

Die Bürger*innen nennen unterschiedliche Gründe für eine Nicht-Teilnahme am Bürgerbudget: Der am häufigsten genannte

Grund ist eine geringe Zeitkapazität. Dieses Ergebnis steht im Einklang mit klassischen Erklärungsansätzen der Partizipationsforschung, insbesondere dem SES-Modell (Leighley 1995: 183-185), das annimmt, dass die politische Partizipation von den individuellen Ressourcen (u. a. Zeit, Geld) abhängig ist. Größere individuelle Ressourcen steigern demnach die Wahrscheinlichkeit, sich politisch zu beteiligen und entsprechende Möglichkeiten wahrzunehmen (Stark 2019: 93). Neben einem persönlichen Zeitmangel gab ein geringer Anteil der Befragten an, nichts über das Verfahren zu wissen, mit seiner Durchführung unzufrieden zu sein oder einfach keine Lust zu haben, sich daran zu beteiligen.

**Beteiligung ist ressourcenabhängig**

**Akzeptanz**: Die Bürger*innen von Augustusburg fühlen sich insgesamt gut über das Verfahren informiert und sind mehrheitlich mit der Prozessausgestaltung zufrieden (Abbildung 2). Die Kriterien zur Teilnahme waren von Beginn an eindeutig und haben sich mit der Zeit wenig geändert. Grundsätzlich wird das Bürgerbudget von den Befragten, die sich daran beteiligt haben, als transparent beschrieben. Der allgemeine Ablauf des Verfahrens wird von einer Mehrheit der Teilnehmerinnen und Teilnehmer an der Umfrage positiv wahrgenommen. Mehr als zwei Drittel finden die Einreichungsbedingungen bzw. Voraussetzungen für die Projekte genau

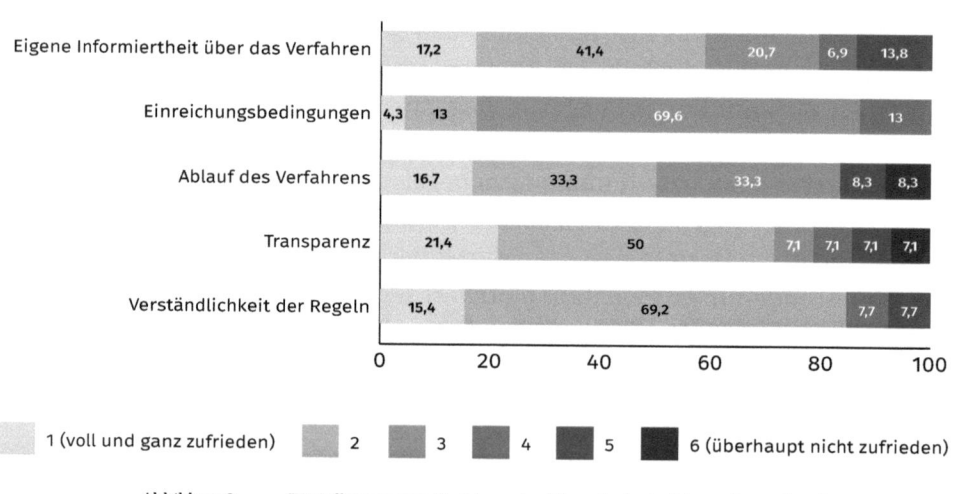

Abbildung 2:    Einstellungen zum Verfahren des Bürgerbudgets, (eigene Darstellung)

richtig. Daneben wurde in der Befragung auch nach der Verständlichkeit der Teilnahmebedingungen gefragt. Die weit überwiegende Zahl der Teilnehmenden bewerten diese als verständlich. Trotz der vorhandenen Transparenz gibt es auch kritische Einschätzungen. Zwar hat fast die Hälfte der Befragten das Gefühl, dass sich alle Bürger*innen gleichermaßen an dem Verfahren beteiligen können. Nur ein Viertel der Befragten sagt, dass ihnen eine Teilnahme schwerfällt (Abbildung 3). Jedoch beanstandeten die Stadträt*innen im Gespräch mehrfach eine mangelnde Inklusivität, weil das Verfahren selbst sowie das damit verbundene Informationsmanagement fast ausschließlich digital organisiert sind. Hier gibt sich auch der Bürgermeister selbstkritisch. „Wir kommunizieren, oder vielmehr, ich kommuniziere sehr viel digital, nebenher, weil das nicht aufwendig ist. Ich glaube, mir rutscht da immer mal der analoge Weg weg." (Interview 1, Pos. 35)

*Digitaler Fokus kann exklusiv wirken*

**Qualität:** Obwohl das Bürgerprojekt eher von einem kleinen Teil der Bürger*innen in Augustusburg aktiv gestaltet wird, ist die Unterstützung seitens der Stadtratsmitglieder sowie der übrigen Bürgerschaft durchweg positiv und breit. Die Stadtratsmitglieder sind davon überzeugt, dass es sinnvoll ist, die Verantwortung zur Realisierung der Projekte auf die Bürger*innen zu übertragen und der Verwaltung nur eine unterstützende Rolle zuzuweisen. Das Fördergeld wird nach positivem Entscheid vorab überwiesen, und es wird auf absolute Zuverlässigkeit und Verwendungstreue vertraut. Zudem zeigt sich für die Stadtratsmitglieder, dass die Projekte den Anspruch der Nachhaltigkeit erfüllen, da sie von der Gemeinschaft geachtet und erhalten werden. Besonders erwähnenswert ist, dass die Projekte durch die Bürger*innen deutlich kostengünstiger als durch die Stadtverwaltung umgesetzt werden können, da sie mit einem hohen Maß an Eigenleistung versehen sind. Sonst übliche Ausschreibungsverfahren, die mit Personalkosten und externen Dienstleistern verbunden sind, entfallen. Im Rahmen des Beteiligungsverfahrens können somit auch Projekte realisiert werden, die von der Kommune gar nicht in Betracht gezogen werden würden.

*Erkennbare Qualitätswirkung*

Auf der Basis der Einschätzungen der Interviewten lässt sich konstatieren: Das Bürgerbudget erzielt im Vergleich zur Kommunalpolitik ohne direkte Bürgerbeteiligung deutlich bessere bzw. effizientere Ergebnisse, was sich in der Folge auch auf die Akzeptanz auswirkt. Bezüglich der Ergebnisoffenheit des Verfahrens gibt es keine Beanstandungen durch die Interviewten. Dies entspricht auch der Absicht des Stadtoberhauptes, das sich und die Stadtratsmitglieder aus dem Einreichungsverfahren heraushält. Zur Genehmigung der Projekte muss allerdings nach Sächsischer Gemeindeordnung der Stadtrat entscheiden und entsprechend abstimmen.

**Emanzipation:** Die Emanzipation ist das wesentliche Element der Bürgerbeteiligung, denn es fordert, dass die Bürger*innen als Gestalter*innen und Adressat*innen ins Zentrum des Prozesses rücken (Sommer 2015: 9). Das Empfinden der Bürger*innen, als politische Akteure zu agieren sowie ihr aktives Handeln, sind hierbei zentrale Bewertungskategorien. Ein weiteres Ziel der Emanzipation ist die „Steigerung des politischen Interesses". Dieses führt zu einer größeren Informiertheit der Bürger*innen und damit zu

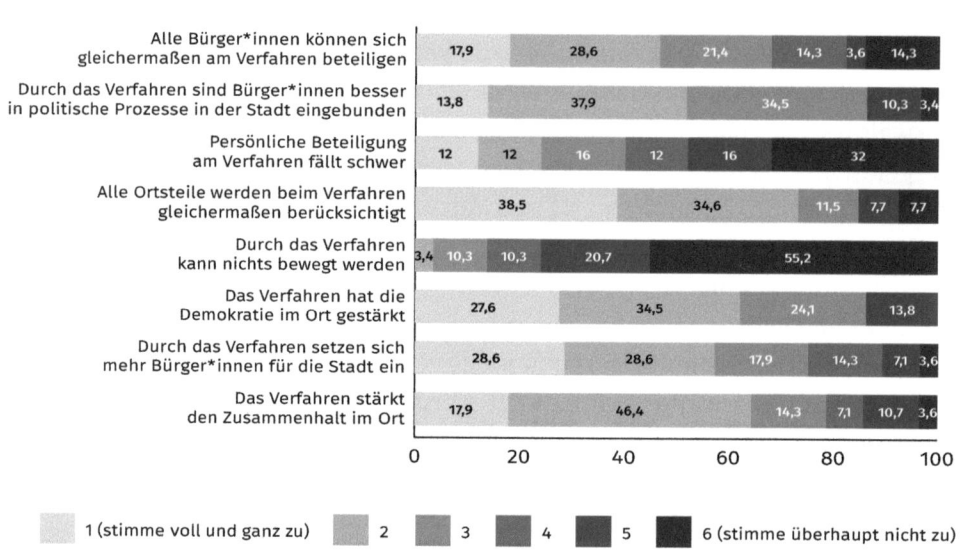

Abbildung 3:     Einstellungen zu den Wirkungen des Bürgerbudgets (eigene Darstellung)

größerer politischer Kompetenz, was sich wiederum auf die Selbst-befähigung zum politischen Handeln auswirkt.

Dem Bürgerbudget wird von den befragten Bürger*innen größ-tenteils positive Wirkungen zugeschrieben (Abbildung 3). Sie sind mehrheitlich der Ansicht, dass das Verfahren den Zusammenhalt im Ort und die Demokratie in Augustusburg allgemein gestärkt hat. Die Befragten stellen fest, dass sich seit der Einführung des Bürger-budgets mehr Bürger*innen für ihre Stadt einsetzen. Drei Viertel der Befragten sind davon überzeugt, durch das Verfahren etwas be-wegen zu können. Diese positive Wahrnehmung der Bürger*innen über die Möglichkeiten der Mitgestaltung und Einflussnahme sind ein wichtiger Aspekt, um die Attraktivität der Stadt hervorzuheben, denn als ländlich gelegenen Kleinstadt in Sachsen sieht sich Augus-tusburg mit sinkenden Einwohnerzahlen und Abwanderung kon-frontiert. Die Einschätzungen der Stadträt*innen zur Steigerung des politischen Interesses der Bürger*innen durch die Projekte ge-hen allerdings auseinander. Während ein Teil eine eher geringe Zu-nahme der Mobilisierung, Transparenz und Inklusion erkennt, neh-men andere Stadtratsmitglieder eine positive Entwicklung in der Beziehung zwischen den Bürger*innen und Stadtverwaltung wahr. Sie begrüßen das Konzept des Bürgerbudgets und geben an, besser mit den Bürger*innen ins Gespräch zu kommen und ihre Wünsche gezielter aufnehmen zu können.

*Kommunalpolitik hat unterschiedliche Einschätzungen*

## Fazit

In Augustusburg wird eine Variante des Bürgerbudgets praktiziert, das die Kriterien guter Bürgerbeteiligung erfüllt und insgesamt ein wirkungsvolles Verfahren der Bürgerbeteiligung darstellt:

Das Verfahren ist den meisten Bürger*innen bekannt, beteiligen wollen sich jedoch nur bestimmte Bevölkerungsgruppen. Mehr-heitlich sind dies Personen, die über 40 Jahre alt sind und zumeist bereits in Vereinen und anderen in zivilgesellschaftlichen Organisa-tionen mitwirken. Junge Bürger*innen werden nicht im gewünsch-ten Ausmaß mobilisiert. Dennoch genießt das Verfahren unter der

Bevölkerung sowie den Stadtratsmitgliedern hohe Akzeptanz und wird als offen, fair und relativ barrierefrei wahrgenommen. Bemängelt wird die digitale Ausrichtung des Verfahrens, von der angenommen wird, dass sie abschreckend auf weniger technikaffine Menschen wirkt. Die Qualität des Verfahrens selbst ist jedoch hoch. Es ist allgemein verständlich, transparent, ergebnisoffen und wenig bürokratisch und wird daher von der Mehrzahl der Beteiligten positiv bewertet. Die Ergebnisse sind vielfältig und gut, sodass das Verfahren eine hohe Effizienz erzielt. Positiv bleibt auch anzumerken, dass die Projekte von den Bürger*innen meist kostengünstiger umgesetzt werden können als von der Kommune. Die Bürger*innen nehmen eine Zunahme ihrer demokratischen Selbstwirksamkeit und des Zusammenhalts in der Gemeinde wahr.

*Hochwertiges Format mit guter Praxis*

Abschließend bleibt zu klären, wo Verbesserungspotentiale liegen. Der Erfolg oder Misserfolg eines dialogorientierten Bürgerbeteiligungsformates ist maßgeblich durch seine Bekanntheit sowie seine Organisation bestimmt. Alle Gesprächspartner*innen sind überzeugt, dass eine institutionalisierte Begleitung für die Ausweitung bzw. Fortführung des Verfahrens hilfreich wäre. Bisher wurde der Prozess durch den Bürgermeister organisiert, doch gute Bürgerbeteiligung braucht Management. Dabei geht es vor allem um die Begleitung des Verfahrens in all seinen Facetten (z. B. frühzeitige Bekanntmachung und Pflege der Webseite). Auf keinen Fall darf die institutionalisierte Projektbegleitung als Entscheider auftreten. Darüber hinaus müssen vielfältige Kommunikationswege genutzt werden, die neben digitalen Formaten auch analoge Ansprechforen berücksichtigen. Die Rolle der Bürger*innen als Akteur*innen im Verfahren könnte gestärkt werden, indem sie in die Entscheidung der Projektförderung umfassender einbezogen werden, z. B. als beratende Bürgerjury. Ein zentrales Anliegen der Ratsmitglieder umfasst den Wunsch nach einer umfassenderen kommunalen Selbstverwaltung. Wenn mehr Gelder mittels solcher Vergabepraxen verteilt werden, sind auch größere Projekte realisierbar, die einen größeren Teil der Gemeindemitglieder betreffen. Sie erwarten, dass das politische Interesse intensiviert wird, wenn die persönliche

Betroffenheit wächst. Dafür müssen die Länderregierungen bereit sein, etwas von ihrer Gestaltungsmacht abzutreten. Ideengeber*innen müssen zudem frühzeitig darauf hingewiesen werden, ob die Umsetzung des Projektes an bestimmte Genehmigungsverfahren gekoppelt ist, um dies bei der Zeitplanung zu berücksichtigen. Generell sollte die Vergabe an eine klare zeitliche Vorgabe geknüpft sein, bis wann das Projekt realisiert sein muss.

*Hohe Akzeptanz und weiteres Potential*

Der Wunsch aller Beteiligten nach einer Fortführung des Bürgerbudgets in Augustusburg zeigt, dass Verfahren zur Bürgerbeteiligung, sofern sie passend gewählt sind und wesentliche Qualitätskriterien erfüllen, positive Wirkungen entfalten und Verdrossenheitsgefühlen gegenüber "der" Politik entgegenwirken können.

## Literatur

Apostolou, J.,/Eckardt, M. (2022): Participatory Budgeting in Germany: Increasing Transparency in Times of Fiscal Stress. In International Trends in Participatory Budgeting (27-45): Springer.

Berlin Institut für Partizipation (2021): Bürgerbudgets in Deutschland. Formen, Bedeutung, Potenziale zur Förderung politischer Teilhabe und bürgerschaftlichem Engagements, (Online) https://www.bipar.de/wp-content/uploads/2021/03/Studie_Buergerbudgets_bipar.pdf (Zuletzt aufgerufen am 23.01.2023).

Dryzek, J. S. et al. (2019): The crisis of democracy and the science of deliberation. Science, 363(6432), 1144-1146.

Geißel, B., & Jung, S. (2018): Recall in Germany: explaining the use of a local democratic innovation, Democratization, 25(8), 1358-1378.

Jacobs, D., & Kaufmann, W. (2021): The right kind of participation? The effect of a deliberative mini-public on the perceived legitimacy of public decision-making, Public Management Review, 23(1), 91-111.

Jennstål, J. (2018): Deliberative participation and personality

: the effect of traits, situations, and motivation, European Political Science Review, 10(3), 417-440.

Leighley, J. E. (1995): Attitudes, opportunities and incentives: A field essay on political participation, Political Research Quarterly, 48(1), 181-209.

Neubauer, D. (2019): Das Problem sind wir: Ein Bürgermeister in Sachsen kämpft für die Demokratie, München: DVA.

Remer, U. (2020): Partizipative und deliberative Demokratie auf lokaler Ebene. Wiesbaden: Springer VS.

Sommer, J. (2015): Die vier Dimensionen gelingender Bürgerbeteiligung. In J. Sommer (Ed.), Kursbuch Bürgerbeteiligung (Vol. 1, 11-21), Berlin: Verlag der Deutschen Umweltstiftung.

Sächsische Staatskanzlei (2022): Bürgerbeteiligung. Im Internet: https://www.kommunale-verwaltung.sachsen.de/burgerbeteiligung-4857.html

Stark, T. (2019): Demokratische Bürgerbeteiligung außerhalb des Wahllokals. Wiesbaden: Springer VS.

Van Deth, J. W., /Zorell, C. (2019): 16. Politischer Protest und Konsum. In T. Faas, O. W. Gabriel, & J. Maier (Hrsg.), Politikwissenschaftliche Einstellungs-und Verhaltensforschung (393-412). Baden-Banden: Nomos.

Vorwerk, V. (2019). Vom Bürgerhaushalt über das Bürgerbudget zum Finanzreferendum? Was Politik von Stuttgart und Zürich über Bürgerbeteiligung lernen kann. eNewsletter Wegweiser Bürgergesellschaft, Online: https://www.buergergesellschaft.de/fileadmin/pdf/gastbeitrag_vorwerk_190125.pdf (Zuletzt aufgerufen am 23.01.2023).

Nóra Regös, Albertus Bujard und Fabian Eisenbarth

# 10 Jahre Leitlinien für mitgestaltende Bürgerbeteiligung in Heidelberg

*Die Heidelberger Leitlinien für mitgestaltende Bürgerbeteiligung feierten im Jahr 2022 ihr 10-jähriges Jubiläum. Diese Leitlinien nahmen eine Vorreiterrolle in der Beteiligungslandschaft ein, sowohl als Orientierungshilfe für die eigene Beteiligung als auch als Experimentierfeld aus beobachtender Perspektive. Wie sehen Entstehungsgeschichte und Konsequenzen für die konkrete Beteiligungspraxis in Heidelberg aus? Welche Erfahrungen konnte die „Koordinierungsstelle Bürgerbeteiligung" in der Gestaltung und Umsetzung von Beteiligungsprojekten sammeln? Was sind die wichtigsten Erkenntnisse aus den bereits durchgeführten Evaluationen der Leitlinien und wie soll mit den so gewonnenen Handlungsempfehlungen in der Praxis umgegangen werden? Dieser Beitrag soll hierzu Auskunft geben.*

## Die Geschichte der Heidelberger Bürgerbeteiligung aus der Sicht von „Bürger für Heidelberg"

Die westdeutsche Gesellschaft hatte 2010 mehr als 60 Jahre Erfahrung mit der repräsentativen Demokratie gesammelt und sie schätzen gelernt.

In über 60 Jahren haben sich aber auch im Zusammenspiel von Verwaltung, Politik und Wirtschaft eingespielte Abläufe eingeschliffen. Gleichzeitig haben sich in über 60 Jahren Technologien und Gesetzmäßigkeiten, vor allem aber Pluralität, Bildung und Selbstbewusstsein der Bürgerschaft verändert und damit auch deren Bedürfnisse und Erwartungen an die Politik. Auf diese Veränderungen in der Gesellschaft haben Politik und Verwaltung entweder gar nicht oder nicht adäquat reagiert.

Bürger*innen als Störfaktor

Alternative Ideen aus der Bürgerschaft störten die gewohnten Abläufe. Bürgerinitiativen wurden daher meist als „Störenfriede" empfunden, in die „linke Ecke" gestellt, als Vertreter von Eigeninteressen diffamiert und im besten Falle abgewiegelt. Die Entfremdung zwischen Bürgerschaft und Politik wuchs, das gegenseitige Vertrauen schwand – oft so sehr, dass auch demokratisch gefasste Beschlüsse nicht mehr akzeptiert wurden. Dies lässt sich auch an der zunehmenden Anzahl der „Bürgerbegehren" in Baden-Württemberg feststellen (Bürgerbegehrensbericht 2020: 33).

In der Gemeindeordnung des Landes Baden-Württemberg wird der Bürgerschaft das Recht eingeräumt (§ 21 GemO), gegen eine Gemeinderatsentscheidung ein Bürgerbegehren zu initiieren. Ist das Begehren erfolgreich, kann ein Bürgerentscheid eingeleitet werden. Dabei sind die gesetzlichen Vorgaben einzuhalten. Je nach Größe der Kommune gelten unterschiedliche Quoren für die Unterzeichnung der Texte, die ein Bürgerbegehren oder einen Bürgerentscheid erläutern und begründen. Ist der Bürgerentscheid erfolgreich, ist der Gemeinderatsbeschluss aufgehoben.

In Baden-Württemberg entwickelte der bürgerschaftliche Widerstand gegen das Projekt „Stuttgart 21" eine erhebliche Strahlkraft. Es gab auch in Heidelberg Vorträge, in denen die Ausbau-Gegner ihre Alternativen vorstellten. Heidelberger Initiativen mischten sich aktiv in die Stuttgarter Proteste ein. Diese Stimmung und der Mut der „Stuttgart 21"-Gegner sich einzumischen, beflügelte auch Heidelberger Initiativen, mit Bürgerbegehren und Bürgerentscheiden gegen zwei wichtige Gemeinderatsentscheidungen vorzugehen und Bürgerentscheide zu initiieren: Erstens, Sozialwohnungen aus dem Eigentum der städtischen Wohnungsgesellschaft zu privatisieren und zweitens, die historische Stadthalle zu einem großen Konferenzzentrum inmitten der kleinteiligen Altstadt auszubauen. Zur Privatisierung von Sozialwohnungen wurde zwar das notwendige Quorum knapp verfehlt, führte aber dazu, dass der Gemeinderat seine Entscheidung zurücknahm. Zum Ausbau der Stadthalle als Konferenzzentrum wurde das Quorum deutlich überschritten und somit der Gemeinderatsbeschluss durch den Bürgerentscheid aufgehoben.

Konflikte als Auslöser

# Wie lief es in Heidelberg?

Das Ringen um Mitsprache in der Kommunalpolitik begann in Heidelberg 1972 mit der Gründung des Vereins „Bürger für Heidelberg", der aus der Bürgerinitiative „Bürger für Brandt" hervorging und den Aufruf „Mehr Demokratie wagen" wörtlich genommen hat.

Seit dieser Zeit sind die „Bürger für Heidelberg" kritische Begleiter der Stadtentwicklung. Wenn sie aber kritisierten, präsentierten sie meist auch Alternativen. Sie prägten jahrzehntelang das bürgerschaftliche Engagement in der Heidelberger Stadtpolitik (Bechtel et al. 2012).

Initialzündung zur Entwicklung eines Beteiligungsmodells war aber der Bürgerentscheid zum Um- und Neubau der historischen Stadthalle, der im Juli 2010 mit einer Zweidrittelmehrheit aller abgegebenen Stimmen den Gemeinderats-Beschluss annullierte, der zuvor vom Gemeinderat mit ebenfalls Zweidrittelmehrheit gefasst worden war.

*Initialzündung Bürgerentscheid*

BIEST (Bürger-Initiative Erweiterungsbau Stopp) kämpfte mit außergewöhnlichem Einsatz, qualifizierten Diskussionsrunden und öffentlicher Präsenz gegen ein Konferenzzentrum inmitten der kleinteiligen Altstadt. Wirtschaft, Universität, Stadt und die Mehrheit des Gemeinderats – ein Goliath – wurde von BIEST – einem David – unerwartet deutlich geschlagen. Dem eindeutigen Ergebnis des Bürgerentscheids folgte eine kommunalpolitische Schockstarre. Die überwand der Oberbürgermeister als erster.

Am 11. Nov. 2010 nahm er im Deutsch-Amerikanischen Institut (DAI) an einer Podiumsdiskussion zum Thema „Heidelberg: Bürgergesellschaft" teil. Mitdiskutanten waren Prof. Dr. Helmut Klages (Verwaltungsuniversität Speyer), Prof. Dr. Klaus von Beyme (Institut für Politische Wissenschaften Uni Heidelberg), Dr. Steffen Sigmund (Bürgerstiftung Heidelberg) und Albertus Bujard (Bürger für Heidelberg). Nach der Veranstaltung bat der Oberbürgermeister darum, ihm die Vorstellungen der „Bürger für Heidelberg" zur Bürgerbeteiligung kurzfristig schriftlich zukommen zu lassen, da er zu diesem Thema mit Prof. Klages eine Initiative vorbereite, um künftig die Bürgerschaft frühzeitig an Planungsprozessen zu beteiligen und Bürgerentscheide zu vermeiden.

Mit einer fünfköpfigen Arbeitsgruppe erarbeiteten die „Bürger für Heidelberg" in nur fünf Wochen ein Konzept zur Gestaltenden Bürgerbeteiligung, das sie „Die Heidelberger Bürgerbeteiligung" nannten und am 23. Dezember 2010 dem Oberbürgermeister übergaben.

Prof. Klages schlug zur Entwicklung von „Leitlinien für Bürgerbeteiligung" einen trialogischen Prozess vor, unter wissenschaftlicher Leitung und mit professioneller Moderation. Konkret hieß das: ein paritätisch und trialogisch besetzter Arbeitskreis (AK-Leitlinien) aus Vertretern von Politik, Verwaltung und Bürgerschaft erarbeitet in öffentlichen Sitzungen die Leitlinien für eine systematische Bürgerbeteiligung.

Im Feb. 2011 beschloss der Gemeinderat den von Prof. Klages vorgeschlagenen Weg. Er begrenzte den trialogisch zu besetzenden Arbeitskreis auf jeweils vier Vertreter*innen aus Verwaltung und Politik sowie fünf Vertreter*innen aus der Bürgerschaft.

Schon elf Monate später wurden die Entwürfe von „Leitlinien für mitgestaltende Bürgerbeteiligung in der Stadt Heidelberg", eine Satzung und eine Verwaltungsvorschrift veröffentlicht (Stadt Heidelberg 2015). Für drei Monate hatten alle Interessierten die Möglichkeit, die Texte zu diskutieren und zu kommentieren. Während der Offenlage fanden zahlreiche Veranstaltungen, Vorträge und Diskussionen statt, bei denen die Anregungen und Vorschläge aus Bürgerschaft, Verwaltung und Politik gesammelt wurden: Insgesamt wurden 138 Stellungsnamen festgehalten, zusammengefasst, bewertet und daraus konkrete Änderungen vorgeschlagen. Anfang Juni 2012 beschloss der „AK-Leitlinien" seine finale Fassung und übergab sie dem Oberbürgermeister zur gemeinderätlichen Diskussion und Beschlussfassung. Ende Juli 2012 beschloss der Hei-

Trialog als<br>Innovation

delberger Gemeinderat einstimmig Leitlinien und Satzung für mitgestaltende Bürgerbeteiligung in der Stadt Heidelberg.

## Was hat sich in der Stadtgesellschaft seither verändert?

Triebfeder des Paradigmenwechsels war der von Prof. Klages und seinem Team geleitete, trialogisch besetzte „AK-Leitlinien", der sich nach anfänglich harten Auseinandersetzungen zu einem kreativen und höchst effizienten Arbeitskreis entwickelt hat. Intellektuelle Lockerungsübungen provozierte Professor Klages, wenn er im AK, mal die Linken links, mal die Rechten rechts überholte und damit erreichte, dass jeder Beitrag ernst genommen und auf seine Tauglichkeit für das gemeinsame Ziel geprüft wurde. Das gemeinsame Ziel war: Durch mitgestaltende Bürgerbeteiligung Transparenz zu schaffen, Vertrauen zwischen Bürgerschaft, Verwaltung und Politik aufzubauen und eine glaubwürdige Beteiligungskultur zu etablieren.

*Kreativität trotz Rivalität*

Die Art und Weise, wie der Arbeitskreis seine Arbeit strukturierte, hart aber fair um Lösungen rang und daraus Schritt für Schritt ein solides Fundament für eine verlässliche Bürgerbeteiligung aufbaute, war beispielhaft. Spannend in diesem Prozess war z. B. auch, wie sich aus „systematischer", „gelingender", „gestaltender" schließlich die „mitgestaltende" Bürgerbeteiligung entwickelte. Mitgestalten beinhaltet nämlich auch frühzeitig – also so früh, dass Mitgestalten noch möglich ist.

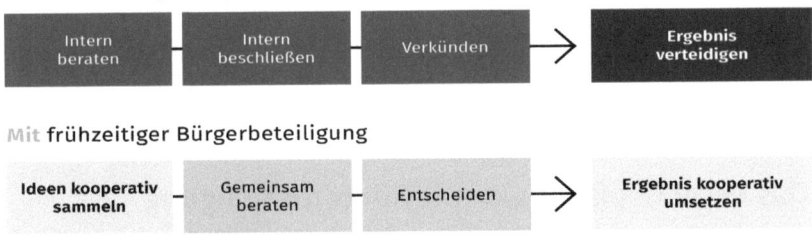

**Ohne** frühzeitige Bürgerbeteiligung

Abbildung 1:     Mitgestaltende Bürgerbeteiligung = neue Arbeitsweise. (Quelle: Bujard 2022, eigene Darstellung frei nach Striegnitz)

Das Diskussionsklima in Heidelberg hat sich seither merklich verbessert. Die mitgestaltende Bürgerbeteiligung mit Leitlinien und Satzung stärkten das Vertrauen, wofür acht wesentliche Elemente der Bürgerbeteiligung stehen:

Erfolg durch
Leitlinien

- Eine Vorhabenliste informiert auf je einer Seite über circa 100 Vorhaben der Stadt, lange bevor gemeinderätliche Beratungen beginnen

- Jeder Bürger kann für ein Vorhaben auf mehreren Wegen Bürgerbeteiligung anregen

- Leitlinien und Satzung garantieren Transparenz und Verlässlichkeit

- Vor Beendigung eines Beteiligungsverfahrens dürfen weder Gemeinderat noch Oberbürgermeister eine Entscheidung in der Sache treffen

- Ergebnisse der Bürgerbeteiligung fließen verbindlich in die gemeinderätlichen Abwägung- und Entscheidungsprozesse ein, binden aber Gemeinderat/Oberbürgermeister nicht

- Die Entscheider müssen nachvollziehbar begründen, wenn sie die Ergebnisse der Bürgerbeteiligung nicht berücksichtigen. Bürgerbegehren und Bürgerentscheids gemäß Gemeindeordnung bleiben weiterhin möglich

- Es wurde eine „Koordinierungsstelle Bürgerbeteiligung" eingerichtet und qualifiziert besetzt. Sie ist Berater und Lotse für Bürger, Verwaltung und Politik, wenn es um Bürgerbeteiligung geht

- Ein trialogisch besetzter Arbeitskreis (AK-Bürgerbeteiligung) evaluiert abgeschlossene Beteiligungsverfahren, um daraus Verbesserungen der Leitlinien und Abläufe abzuleiten

## Das erste Großprojekt mit Bürgerbeteiligung

Nachdem ein Bürgerentscheid den „Standort Stadthalle" für ein Konferenzzentrum abgelehnt hat, wurde die Standortsuche das erste Großprojekt, in dem sich die mitgestaltende Bürgerbeteiligung bewähren sollte. Ein Verfahrensvorschlag der „Bürgerstiftung Heidelberg" und die frisch verabschiedeten „Leitlinien für mitgestaltende Bürgerbeteiligung" bildeten die Grundlage. Gemäß Leitlinien berief der Gemeinderat einen Koordinationsbeirat, der passgenaue Beteiligungskonzepte für jede der vier Projektphasen „Bedarfsermittlung", „Standortsuche ", „Machbarkeit" und „Aufgabenstellung/Architektenwettbewerb" entwickeln und umsetzen sollte. Bürgerschaft, Wirtschaft, Wissenschaft, Kultur und Stadtverwaltung waren im Koordinationsbeirat vertreten. Die Moderation oblag einem externen Moderator. Am Ende jeder Phase stand eine Gemeinderatsentscheidung über die mit Bürgerbeteiligung erzielten Ergebnisse und über den Start der jeweils nächsten Projektphase. Beispielhaft sei hier das Beteiligungskonzept der Projektphase „Standortsuche" aufgezeigt, das innovative Möglichkeiten anbot, sich an der Diskussion zu beteiligen und konkrete Vorschläge einzubringen:

Beteiligung beteiligt planen

- **Internetplattform:** zur Eingabe eigener Standortvorschläge und zur Diskussion bereits eingegebener Vorschläge.

- **Auftaktveranstaltung:** zum Informieren und Erklären des Beteiligungsprozesses. Ermunterung zum Mitmachen und Mitgestalten.

- **Beteiligungsmobil:** als ein Element der aufsuchenden Bürgerbeteiligung: Es informierte in verschiedenen Stadtteilen, initiierte Gespräche, sammelte Ideen, Standortvorschläge und gab Diskussionsbeiträge in die Internetplattform ein.

- **Bürgerbüro:** mit denselben Funktionen wie das Beteiligungsmobil, jedoch mit fester Adresse.

- **Bilanzveranstaltung:** Alle Vorschläge, Anregungen, Kommentare und Meinungen aus der Bürgerbeteiligung sowie die daraus resultierenden Schlussfolgerungen von Verwaltung und Experten wurden vorgestellt und diskutiert. Die Ergebnisse bildeten die Grundlage für die Beschlussempfehlung an den Gemeinderat. Die Online-Plattform wurde insgesamt 4.575 Mal besucht. Es gab 560 Kommentare zu den 90 eingegangenen Standortvorschlägen. Jeder Standortvorschlag wurde mithilfe einer Nutzwertanalyse bewertet. Die Ergebnisse dieses transparenten Verfahrens wurden in der Bilanzveranstaltung vorgetragen und abschließend diskutiert. Die Entscheidung des Gemeinderats bestätigte das Ergebnis der Standortsuche.

- **Aufgabenstellung/Architektenwettbewerb:** Eine Expertenrunde unter Leitung des Architekturbüros, das die Ausschreibung des Architektenwettbewerbs erarbeitete, lieferte das notwendige Expertenwissen für ein qualifiziertes und Heidelberg-spezifisches neues Konferenzzentrum. In einem zweistufigen, professionell durchgeführten Wettbewerb, in dessen Jury auch Bürgervertreter mitarbeiteten, wurde der Siegerentwurf einstimmig ermittelt: „Mit der präzisen Anordnung des subtil geformten Baukörpers finden sich adäquate Antworten auf bestehende und geplante stadträumliche Bezüge" – so beginnt dessen Beurteilung durch das Preisgericht.

Nach fünf Jahren intensiver Arbeit endete ein ebenso komplexer wie innovativer Bürgerbeteiligungsprozess, der unter anderem

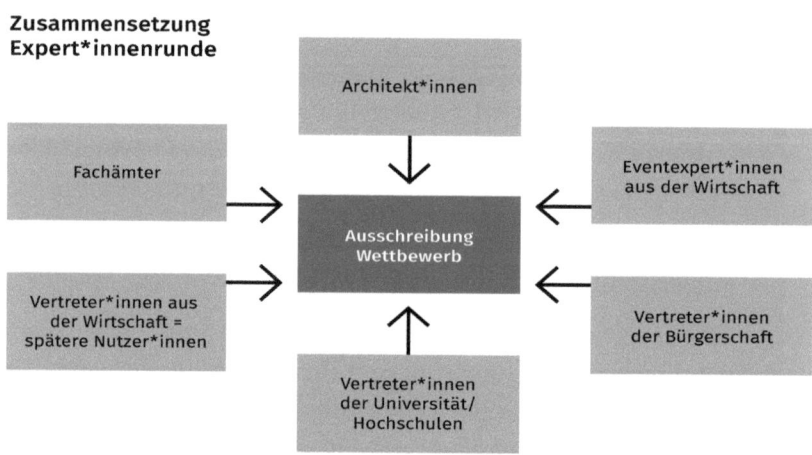

Abbildung 2:     Zusammensetzung der Expertenrunde (Quelle: Stadt Heidelberg)

auch die Praxistauglichkeit der Leitlinien für mitgestaltende Bürgerbeteiligung nachwies. Das von einer breiten Mehrheit der Bürgerschaft und des Gemeinderats getragene Ergebnis war ein ideal gelegener Standort und ein preisgekrönter Wettbewerbsentwurf für ein modernes Konferenzzentrum. Die mitgestaltende Bürgerbeteiligung im Zusammenspiel mit einem ebenso aktiven wie kreativen Koordinationsbeirat brachten damit eine 25-jährige, teilweise hochemotional und kontrovers geführte Debatte zu einem zukunftsweisenden und versöhnlichen Ende.

*Pilotprojekt als Erfolgsmodell*

## Erste Schlussfolgerungen

Heidelberg praktiziert die mitgestaltende Bürgerbeteiligung nun schon seit zehn Jahren. Verbesserungsansätze sind sichtbar geworden und müssen weiterverfolgt werden: Beispielsweise, wie beschlossene Beteiligungsergebnisse umgesetzt werden. Hierbei kann es nämlich zu Abweichungen vom beschlossenen Ergebnis kommen. Im Wesentlichen wurden aber in der bisherigen Praxis positive Erkenntnisse gewonnen:

*Beständig besser werden*

- Qualitätssicherung: Für mitgestaltete Vorhaben gab es durchweg besser-durchdachte Lösungen mit breiterer Zustimmung

- Mitwirkung: Leitlinien/Satzung geben der Bürgerschaft verbriefte Mitwirkungsrechte in die Hand. Dadurch ist Vertrauen gewachsen, der Umgangston sachlicher, die Grundstimmung positiver geworden

- Legitimation: Die Entscheidungsbefugnisse des Gemeinderats bleiben unangetastet. Beschlussvorlagen für Vorhaben, die mit Bürgerbeteiligung entwickelt wurden, finden in der Regel breitere Zustimmung

Auch nach zehn Jahren ist Heidelberg noch immer auf dem Weg, den Prof. Klages so beschrieben hat: „Bürgerbeteiligung ist ein Schritt von der Zuschauerdemokratie zur Bürgergesellschaft"

## Praxiserfahrung der Koordinierungsstelle Bürgerbeteiligung

Die Heidelberger Leitlinien für mitgestaltende Bürgerbeteiligung schaffen einen Rahmen für die frühzeitige Information und Beteiligung der Öffentlichkeit. Abbildung 3 stellt den Ablauf und die wesentlichen Inhalte der Leitlinien für mitgestaltende Bürgerbeteiligung in Heidelberg dar.

Zentrale
Koordinierung

Doch wie sieht die konkrete Beteiligungspraxis in Heidelberg aus? Welche Erfahrungen konnte die „Koordinierungsstelle Bürgerbeteiligung" in der Gestaltung und Umsetzung von Beteiligungsprojekten sammeln, die gleichermaßen für andere Kommunen, die Öffentlichkeit und die Wissenschaft interessant sind? Was sind die wichtigsten Erkenntnisse aus den bereits durchgeführten Evaluationen der Leitlinien (Klages/Vetter 2014; Vetter 2018) und wie soll mit den in diesem Prozess gewonnenen Handlungsempfehlungen in der Praxis umgegangen werden?

## Frühzeitige Information: die Vorhabenliste

Was plant die Stadt? Alle wichtigen Projekte findet man in der sogenannten Vorhabenliste der Stadt. Sie ist auf der Homepage der Stadt zu finden. Die Liste als ein zentrales Element der Heidelberger Leitlinien dient der möglichst frühzeitigen Information der

Abbildung 3:    Ablauf und Inhalte der mitgestaltenden Bürgerbeteiligung in Heidelberg, (Quelle: Stadt Heidelberg 2019)

Bürgerschaft. In Form eines kurzen Steckbriefs (eine DIN A4-Seite) werden Vorhaben der Stadt dargestellt, bei denen das Interesse vieler Einwohner*innen angenommen werden kann. Ob Bürgerbeteiligung oder Kinder- und Jugendbeteiligung bereits vorgesehen ist oder nicht, wird in Kategorien „Ja", „Nein", „offen" auf einen Blick ersichtlich. Damit enthält die Liste nur städtische Projekte mit und ohne Beteiligung. Vorhaben externer Projektträger sind nicht mit aufgenommen.

Die Vorhabenliste erwies sich als ein wichtiges Instrument zur frühzeitigen Information der Bürgerschaft. Es ist eine klare Tendenz hin zu mehr Beteiligung zu erkennen: Im Jahr 2013 wurden insgesamt 89 städtische Vorhaben von den Fachämtern gemeldet, davon 30 mit Bürgerbeteiligung (vgl. Klages/Vetter 2014: 4). Das entspricht einem Anteil von 34 Prozent. Seitdem ist ein deutlicher Anstieg der Vorhaben mit Bürgerbeteiligung festzustellen: Im Jahr 2018 wurde bei 68 der insgesamt 116 städtischen Vorhaben Bürger*innen beteiligt. 2022 bei 70 von 103 städtischen Vorhaben. Im Vergleich zur Evaluation 2018 hat der Anteil der Projekte mit Bürgerbeteiligung also noch einmal zugenommen: von 59 Prozent im Jahr 2018 auf 68 Prozent im Jahr 2022. Die Rückmeldungen sowohl aus der Bürgerschaft als auch aus dem Gemeinderat waren positiv.

Vorhabenliste als Transparenz- und Steuerungsinstrument

Die Vorhabenliste dient aber nicht nur der frühzeitigen Information der Bürger*innen. Sie gibt auch dem Gemeinderat einen regelmäßigen Überblick, woran die Verwaltung aktuell arbeitet und damit auch, welche Themen demnächst im Rahmen der politischen Beratung auf ihn zukommen. Künftig ist noch stärker darauf zu achten, dass die Projekte in der Vorhabenliste frühzeitig und zeitnah veröffentlicht und aktualisiert werden. Nur dann können die Bürger*innen sich zum Vorhaben selbst oder auch zu einer möglichen Beteiligung rechtzeitig einbringen. Die Erstellung der Vorhabenliste sorgt innerhalb der Verwaltung für eine frühzeitige ämter- und dezernatsübergreifende Abstimmung von Vorhaben. Informationen zu Kosten, zum aktuellen Arbeitsstand oder auch zum weiteren Vorgehen liefern so in komprimierter Form wichtige Prozessdetails und Sachstände. Für den dauerhaften Erfolg der Vorhabenliste sind allgemeinverständliche Formulierungen, die fortlaufende Aktualisierung sowie die oben erwähnte Entscheidung des Zeitpunkts der Veröffentlichung neuer Vorhaben von zentraler Bedeutung.

## Anregung von Bürgerbeteiligung

Jede und jeder kann Bürgerbeteiligung formlos anregen. Ansprechpartner hierfür sind: die zuständigen Fachämter, die Koordinierungsstelle Bürgerbeteiligung, Mitglieder des Gemeinderats und der Bezirksbeiräte, des Jugendgemeinderats, des Ausländer-/Migrationsrats und des Beirats für Menschen mit Behinderung. Auch bestimmte Vereine können über einen Mitgliederbeschluss Bürgerbeteiligung anregen und natürlich können auch die Verwaltung und die Gemeinderatsfraktionen selbst von sich aus dem Gemeinderat Bürgerbeteiligung empfehlen. Möglich ist auch, zu einem Vorhaben der Stadt Unterschriften für die Durchführung von Bürgerbeteiligung zu sammeln – diese leitet der Oberbürgermeister direkt an den Gemeinderat zur Beratung und Beschlussfassung weiter.

In der Praxis hat sich etabliert, dass sich Bürger*innen bei Fragen zur Bürgerbeteiligung an die Koordinierungsstelle Bürgerbeteiligung wenden oder die Gemeinderatsfraktionen selbst Bürgerbeteiligung gemäß Leitlinien empfehlen.

## Die Prozessbegleitung und das Beteiligungskonzept

Das Beteiligungskonzept soll auf das jeweilige Vorhaben zugeschnitten sein und kooperativ erarbeitet werden. Bei verbindlichen Bauleitplänen müssen unter anderem hinsichtlich der Methodenwahl und der Auswahlverfahren zusätzlich die Vorgaben des Baugesetzbuches berücksichtigt werden. Ein Beteiligungskonzept umfasst sieben Bausteine:

1. die Beschreibung des Beteiligungsgegenstands (Arbeitsauftrag)

2. die Prozessplanung (gegebenenfalls mehrphasig)

3. die Wahl der Methoden (unter Zugrundelegung der jeweiligen Anforderungen)

4. die Auswahl der zu Beteiligenden

5. die Festlegung des Rückkopplungsverfahrens

6. die Festlegung, ob eine prozessbegleitende Arbeitsgruppe eingerichtet werden soll

7. die Erarbeitung eines Zeitplans und einer Kostenschätzung.

Mitentscheidend für den Erfolg eines Bürgerbeteiligungsverfahrens ist, dass im Beteiligungskonzept der Beteiligungsgegenstand genau definiert und eine passende Beteiligungsmethode gewählt wird.

Klarer Leitfaden für Beteiligungsplanung

Außerdem muss bereits zu Anfang klargestellt werden, dass es Aufgabe der Verwaltung ist, fachliche Lösungsvorschläge unter Einbezug der Ergebnisse aus dem Beteiligungsprozess zu erarbeiten und in Form einer Beschlussvorlage dem Gemeinderat vorzulegen. Auf dieser Basis trifft der Gemeinderat seine Entscheidung.

Schlüsselpersonen und Multiplikatoren aus dem jeweiligen Themengebiet bzw. dem betroffenen Stadtteil in die Entwicklung des Beteiligungskonzepts einzubinden ist ein wichtiger Faktor, um Bürgerbeteiligung auf eine möglichst breite Basis zu stellen. Wenn Vertreter*innen unterschiedlicher Interessen und Bevölkerungsgruppen auf der Prozessebene aktiv an der Vorbereitung von Veranstaltungen beteiligt sind, erhöht sich auch die Identifikation der entsprechenden Zielgruppe mit dem Beteiligungsverfahren und den daraus erzielten Ergebnissen. Je nach Beteiligungsgegenstand und Konfliktpotenzial ist im Vorfeld abzuwägen, ob mit einem Koordinationsbeirat oder einer prozessbegleitenden Arbeitsgruppe gearbeitet werden soll, oder ob die Rückkopplung mit ausgewählten Betroffenen ausreicht.

## Art und Umfang durchgeführter Beteiligungsverfahren

Zahlreiche Vorhaben mit Beteiligung

Im Jahr 2022 wurden insgesamt 70 Vorhaben mit geplanter bzw. bereits durchgeführter Bürgerbeteiligung gemeldet. Dabei ist ein deutlicher Überhang von Vorhaben und Projekten aus den Bereichen Bauen und Verkehr zu verzeichnen.

Bei den Bürgerbeteiligungsverfahren kamen vielfältige Methoden zum Einsatz: von Bürgerworkshops und großen Beteiligungsveranstaltungen mit Kleingruppendiskussionen bis hin zu Begehungen und weitere Formate der aufsuchenden Beteiligung.

Während der Corona-Pandemie wurde zudem die digitale Beteiligung deutlich ausgebaut. Das Methodenset wurde mit digitalen und hybriden Bürgerveranstaltungen, Online-Dialogen auf einzelnen Plattformen und interaktiven Tools (durch asynchrone Umfragen via Limesurvey oder synchrone Umfragen via Slido) erweitert. Durch die Schaffung einer halben Stelle zur Kinder- und Jugendbeteiligung wurde zudem ermöglicht, mehrere zielgruppengerechte Workshops mit Kindern zu Themen wie Spielplatzgestaltung und Verkehrsplanung durchzuführen.

Die Teilnehmerzahl der einzelnen Veranstaltungen variierte stark je nach Zielgruppe und Stadtteil. Sie schwankte in der Regel zwischen 40 und 90 - im Einzelfall auch über 200 Personen. Rückschlüsse auf das soziodemografische Verhältnis der Teilnehmenden lassen sich nur bedingt durch den Teilnehmerfragebogen ziehen, der nach den Bürgerveranstaltungen und Workshops ausgefüllt wurde. Demnach ist das Geschlechterverhältnis ausgeglichen, die Teilnehmenden sind älter und verfügen über höhere Bildungsabschlüsse als der Heidelberger Durchschnitt. Der Anteil von Menschen mit Migrationshintergrund ist etwa halb so hoch wie in der Heidelberger Bevölkerung.

Die meisten Befragten bewerteten die klare Zieldefinition, ausreichende Informationen sowie die sachliche Diskussion als positiv bis sehr positiv. In mehreren Werkstattgesprächen wurde zudem das gegenseitige Verständnis gelobt. Gewünscht wurde in den offenen Kommentarfeldern sowie in abschließenden Gesprächen vor allem mehr Raum für Diskussionen sowie verständliche Sprache bei Fachvorträgen.

## Handlungsempfehlungen für gute Beteiligung

Zusammenfassend lässt sich sagen, dass Bürgerbeteiligung in Heidelberg in den letzten zehn Jahren da, wo sie praktiziert wurde, zu tragfähigen Ergebnissen geführt hat. Die durch die Leitlinien definierten Spielregeln tragen zu einer erhöhten Kompromissbereitschaft und Prozesslegitimation bei. Natürlich darf man nicht erwarten, dass durch Bürgerbeteiligung alle Interessengegensätze aufgelöst werden. Es werden jedoch die Schnittmengen für gefundene Kompromisse größer. Die wichtigsten Handlungsempfehlungen aus zehn Jahren Heidelberger Leitlinien für gelingende Bürgerbeteiligung, können auch für andere Kommunen hilfreich sein:

*Umfangreiche Erfahrungen*

- **Klare Zieldefinition der Beteiligung**: Der Beteiligungsgegenstand wird ganz am Anfang des Prozesses, idealerweise bereits im Beteiligungskonzept, klar definiert und für alle Beteiligten verständlich kommuniziert.

- **Mut zur Lücke zu Beginn des Beteiligungsprozesses:** Mitgestaltende / Frühzeitige Bürgerbeteiligung bedeutet auch, dass noch nicht alle Fragen aus der Bürgerschaft beantwortet werden können. Wenn es bereits auf alle Fragen Antworten gäbe, ist keine frühzeitige d. h. mitgestaltende Bürgerbeteiligung möglich.

- **Mut zum Experimentieren:** Die Gestaltung der Beteiligungspraxis heißt auch, bekannte standardisierte Verfahren ab und an zu verlassen und neue Formate ausprobieren.

- **Prozessbegleitung ernst nehmen:** Das Beteiligungskonzept ist zwischen den Vertreter*innen des zuständigen Fachamtes, der Koordinierungsstelle Bürgerbeteiligung und Vertreter*innen der Bürgerschaft frühzeitig abzustimmen.

- **Breite Beteiligung:** Ziel einer breiten Beteiligung ist es, möglichst vielfältige, unterschiedliche und auch kontroverse Interessen innerhalb der Gesellschaft aufzuzeigen und darüber hinaus in einen Dialog mit den verschiedensten Zielgruppen zu treten. Sind nur einseitige Interessenslagen vertreten, verliert der Beteiligungsprozess nicht nur an Legitimation, sondern auch das Ergebnis an Qualität. Die Einbindung ganz unterschiedlicher Sichtweisen und Interessen gelingt unter anderem durch eine zielgruppengerechte Ansprache sowie passgenaue Beteiligungsformate.

- **Junge Menschen erreichen:** Wenn junge Menschen erreicht werden sollen, muss man sie auch zielgruppengerecht ansprechen und mit entsprechenden Formaten zur Teilnahme motivieren.

- **Konflikte erkennen und reduzieren:** Die Erfahrung zeigt, dass es wichtig ist, zu Beginn eines Projektes, Themen und Akteure um mögliche Konflikte identifizieren und den Anspruch zu haben, ihn bestenfalls zu reduzieren.

- **Externe Moderation:** Eine externe Moderation ist zwar meist mit höheren Kosten verbunden, fördert jedoch die Akzeptanz in das Verfahren durch die gewonnene Professionalität und Neutralität. In den meisten Fällen verbessert sich die Qualität der Beteiligungsprozesse und seiner Ergebnisse.

- **Ergebnisse sichern:** Von Anfang an muss klar sein, was mit den Beteiligungsergebnissen passiert und wie der sich anschließende Entscheidungs- und Umsetzungsprozess abläuft. Das Ergebnis der Beteiligung soll dem Gemeinderat rechtzeitig vor der Entscheidung über ein Vorhaben mitgeteilt werden. Er ist verpflichtet, diese in seine Abwägungs- und Entscheidungsprozesse einfließen zu lassen, ist aber inhaltlich nicht daran gebunden.

- **Anerkennungskultur:** Sowohl von ehren- wie hauptamtlichen Akteur*innen fordert eine ernst zu nehmende und ehrliche Bürgerbeteiligung viel Engagement, Geduld, Durchhaltevermögen und Kompromissbereitschaft. Der gegenseitige, respektvolle Umgang miteinander ist dabei wichtigste Voraussetzung.

- **Transparente Kommunikation über die Planung hinaus:** Um den Dialogfaden nicht abreißen zu lassen, sollte man Informationen z. B. mittels thematischer Führungen über den Planungsprozess vermitteln.

- **Rückblick und Feiern des gemeinsam Erreichten:** Trotz der laufenden Aufgaben und des eng getakteten Tagesablaufs sollten sich alle beteiligten Akteure für einen Rückblick Zeit nehmen und kritisch hinterfragen, was gut gelaufen und was verbesserungswürdig ist. Vergessen wir alle dabei nicht, kurz innezuhalten und das Erreichte zu feiern!

## Literatur

Bechtel, Robert et al. (2012): 40 Jahre BÜRGER FÜR HEIDELBERG, 1. Aufl., Kurpfälzischer Verlag.

Mehr Demokratie e. V. (2020): Bürgerbegehren – Bericht 2020, https://www.mehr-demokratie.de/fileadmin/pdf/2020-09-28_Bu__rgerbegehrensbericht_Web.pdf (Zuletzt aufgerufen am: 30.11.2022).

Stadt Heidelberg (2015): Leitlinien Bürgerbeteiligung – Langfassung: https://www.heidelberg.de/site/Heidelberg_ROOT/get/documents_E-883021685/heidelberg/Objektdatenbank/12/PDF/12_pdf_Buergerbeteiligung_Leitlinien_Komplettfassung.pdf (Zuletzt aufgerufen am 30.11.2022).

Stadt Heidelberg (2019): Leitlinien Bürgerbeteiligung – Kurzfassung, https://www.heidelberg.de/site/Heidelberg_ROOT/get/documents_E-709327730/heidelberg/Objektdatenbank/12/PDF/B%C3%BCe/12_pdf_B%C3%BCrgerbeteiligung_Brosch%C3%BCre.pdf (Zuletzt aufgerufen am 30.11.2022).

Prof. Dr. Vetter, A. (2018): Gesamtbericht der Evaluation der Bürgerbeteiligung in Heidelberg 2018, https://www.heidelberg.de/site/Heidelberg_ROOT/get/documents_E-1311716484/heidelberg/Objektdatenbank/12/PDF/B%C3%BCe/pdf_12_Gesamtbericht_Evaluation_B%C3%BCbe_18.pdf (Zuletzt aufgerufen am 30.11.2022).

Vorhabenliste Stadt Heidelberg (2022), https://vorhabenliste.heidelbergde/ (Zuletzt aufgerufen am 30.11.2022).

Klages, H./Vetter, A. (2014): Evaluationsbericht zu den Leitlinien für mitgestaltende Bürgerbeteiligung in der Stadt Heidelberg 2014, https://www.heidelberg.de/site/Heidelberg_ROOT/get/documents_E-711433997/heidelberg/Objektdatenbank/12/PDF/12_pdf_Evaluatiosbericht_Gesamtbericht.pdf (Zuletzt aufgerufen am 30.11.2022).

Norbert Rost

# Bürgerbeteiligt zur nachhaltigen Zukunftsstadt

*Bürgerbeteiligung kann tiefer gehen als Info-Veranstaltungen, Dia-
loge oder Meinungsabfragen erwarten lassen. Bürger\*innen können
selbst die Stadt gestalten. Wie solche Bürgerprojekte entstehen können, hat Dresden im Rahmen des Zukunftsstadt-Städtewettbewerbs
erprobt und dabei wertvolles Prozess- und Methodenwissen sowie
allerlei Beteiligungsartefakte generiert: ein Zukunftsbild, eine Zukunftsbahn, Visionsblätter für Projektwerkstätten, die Rolle eines
„Planungspaten" und letztlich für den Wissenstransfer einen Werk-
StadtKoffer und eine Digitale Projektfabrik.*

Stellen wir uns vor, wir würden die Transformation von Städten,
Gemeinden und Regionen in Richtung Nachhaltigkeit ernsthaft an-
gehen. Wir würden erkennen, dass kommunalen Verwaltungen dabei eine zentrale Rolle zukommt, diese aber auch begrenzt sind in
ihrem Einfluss, ihren Kapazitäten und Ressourcen. Stellen wir uns
vor, wir könnten das Interesse der Bürger\*innen sowie von Unternehmen an ihrer Heimat aufgreifen, und sie zielgerichtet für die
Umsetzung eigener Transformationsprojekte vor Ort aktivieren.
Nicht die Verwaltung würde die meisten dieser Vorhaben umsetzen, sondern die Kooperationspartner selbst. Stellen wir uns vor,
die durch Klimawandelberichte sensibilisierten und durch Orts-
kenntnis und Fachwissen ausgestatteten Bürger\*innen und Unter-
nehmer\*innen würden in einem Beteiligungsprozess Projektideen
sichtbar machen, sich zu Projektteams verbünden und eigenständig auf eine Umsetzung hinarbeiten. Begleitende Workshops und
gezieltes Mentoring würde die Menschen zur Planung, Kooperation
und Umsetzung befähigen. Stellen wir uns vor, dies würde an allen
Orten Deutschlands, Europas und der Welt passieren, so würde die
Transformation von unten passieren.

*Transformation
durch die
Gesellschaft*

Das Besondere dieses Beteiligungs-Ansatzes: Es ginge weniger darum, über Wege und Strategien zu diskutieren oder Meinungen abzuholen, sondern darum, einen Verbund von Einzelprojekten kollaborativ umzusetzen. Es ginge weniger darum, die Kritik an allem, was nicht geht, zu wiederholen, sondern mit einer „Koaliti-on der Willigen" konkrete Veränderungen vor Ort zu bewirken. Es ginge auch darum, die Verantwortung zur Weiterentwicklung un-serer Städte, Gemeinden und Regionen auf die Schultern der Bür-gerschaft zu legen und von der verbreiteten „Forderungskultur an die Verwaltung" zu einer „Kooperationskultur mit der Verwaltung" zu kommen – anhand konkreter Projekte, die offen sind für Selbst-wirksamkeit, in einem Beteiligungsraum, der offen ist für Projekt-vorhaben aller Couleur.

Kooperation statt Forderungen

Wir haben so etwas in Dresden erprobt.

## Zukunftsstadt Dresden: Beteiligung mit Verantwortungsübertragung

2015 rief das Bundesministerium für Bildung und Forschung (BMBF) einen Städtewettbewerb aus. Unter der Forschungsagen-da „Forschung für Nachhaltige Entwicklung" (FONA) sollten Städ-te erproben, wie man mit Bürgerbeteiligung zu einer nachhaltigen Zukunftsstadt kommt. Drei Phasen sollte der Wettbewerb haben und von anfänglich 168 Bewerberstädten sollten 50 in Phase 1 Vi-sionen ihrer nachhaltigen Zukunft erarbeiten, 20 sollten in Phase 2 Strategien zu deren Erreichung formulieren und 8 sollten diese Strategien in einer dritten Phase beispielhaft im Reallabor erpro-ben – alles mit wissenschaftlicher Begleitung. Ausgangspunkt war die Erkenntnis, dass die Nachhaltigkeitstransformation auf lokaler Ebene passieren muss und die Städte die Orte sind, an denen der Großteil von Ressourcen verbraucht und wegen derer der Großteil der Emissionen produziert wird – in denen aber zugleich das größ-te Innovations- und Aktivierungspotenzial steckt. Wie ließe sich dieses Potenzial in einer Halbmillionenstadt heben? Ich habe die ersten zwei Phasen von 2015 bis 2018 als Projektleiter konzipiert und darf in Anspruch nehmen, Dresden als größte Stadt des Teilnehmerfeldes ins Finale geführt zu haben.

Offener Anfang

Die Mehrstufigkeit des Verfahrens und der Wettbewerbscharakter mit ungewissem Ausgang zwang uns von Anfang an, gewisse Haltungen einzunehmen, die wir offensiv an die Teilnehmerschaft kommuniziert haben:

- „Wir wissen nicht, wie das Ergebnis unserer Aktivitäten aussehen wird und wie das BMBF dieses Ergebnis beurteilen wird, aber wir bemühen uns im Sinne aller Teilnehmenden und unserer Stadt."

- „Wir können euch Teilnehmenden nichts für euer Engagement geben, außer das Versprechen, dass wir alle gemeinsam etwas lernen werden und gutes Essen und spannende Menschen zu jedem Workshop."

- „Was auch immer als Teilergebnis entsteht: Nicht die Dresdner Stadtverwaltung wird es umsetzen, sondern ihr selbst! Aber wir helfen bei allen Schritten, soweit es geht."

- „Ihr seid die Expertinnen und Experten für unsere Stadt und für die Themen, an denen ihr arbeitet! Stadt ist so komplex, dass kein Einzelner alles weiß und kann, der Schwarm muss sich zu eigenständigem Handeln befähigen."

- „Ich als Projektleiter verstehe mich als Hebamme: Ich mache das Kind nicht, ich trage es nicht aus, ich ziehe es nicht auf, aber ich begleite die Eltern dabei, gut für sich und ihr Baby zu sorgen."

Hinzu kam, dass wir am Anfang des Beteiligungsprozesses selbst noch nicht wussten, wie er genau ausgestaltet wird, welche Meilensteine angestrebt werden, mit welchen Methoden wir arbeiten usw. Auch dies haben transparent kommuniziert, um die Erwartungen auszubalancieren. Mit diesen Haltungen haben wir deutlich gemacht, dass es nicht darum geht, Meinungen „abzuholen", die dann „von der Verwaltung verarbeitet" werden, oder Raum für Kritik oder Protest zu geben, sondern darum, selbst in konstruktives Handeln zu kommen und Verantwortung zu übernehmen.

Natürlich siebt solch eine Haltung Menschen aus dem Prozess: Wo kein Raum zum Meckern ist, sondern konstruktives Vordenken der Stadtzukunft und produktives Arbeiten an Projekten und Projektplänen gefragt ist, bleiben Meckerer fern oder transformieren zu Mitmachern. Natürlich hat solch ein Prozess einen gewissen Anspruch und es bedarf gewisser Fähigkeiten oder den Willen, sich selbst zu befähigen, sodass wir einen hohen Akademiker- und Freiberufler-Anteil unter den Teilnehmer*innen hatten. Circa 300 Menschen beteiligten sich zu Spitzenzeiten direkt an dem über mehrere Jahre laufenden Prozess, was für solche komplexen Beteiligungsprozesse gut, für eine Halbmillionenstadt wie Dresden ausbaubar ist. Gelernt haben wir alle viel.

Kein Raum für Destruktion

## Die Ergebnisse: Zukunftsbild und Transformationsexperimente

Ziel der ersten Zukunftsstadt-Phase war es, binnen neun Monaten gemeinsam mit der Bürgerschaft eine Vision der nachhaltigen Zukunftsstadt zu erarbeiten und diese visuell darzustellen. 2015 gab es dazu keine Blaupausen des Ministeriums: weder wie das Ergebnis auszusehen habe, noch wie es erreicht werden kann. Das entstandene Dresdner Zukunftsbild zu finden auf der Webseite Zukunftsstadt-Dresden.de, ist eine visuelle Darstellung über fünf Ebenen, die die Stadtzukunft von der kleinsten Ebene – der einzelnen Stadtbewohnerin – bis zur Einbettung der Stadt in die globale Ebene beschreibt:

- Auf der untersten Ebene der Selbstverantwortung haben wir eine Kultur des respektvollen Miteinanders und eine Stadt der nachhaltigen Kooperation beschrieben, versinnbildlicht durch miteinander tanzende Menschen – es geht darum, den/die Einzelne und ihre Verbindung zu anderen in einer wünschenswerten Form hervorzuheben.

- Auf der Ebene der nachbarschaftlichen Verantwortung haben wir die Stadt als Organismus aus vielen Nachbarschaften beschrieben, eine verbrennungsmotorfreie, grüne Stadt der kurzen Wege, in der klimaangepasst, solargeführt, modular und multifunktional gebaut wird – dargestellt durch Dresden aus der Vogelperspektive, zusammengesetzt aus Nachbarschafts-Puzzleteilen.

- Die Ebene der regionalen Verantwortung beschreibt Dresden eingebettet ins Umland, mit wirtschaftlichen Bezügen zu Nachbargemeinden, mit einem regionalen Selbstversorgungsgrad von 73 Prozent an Energie, Essen, Wohnen, Kultur usw. „Von der Residenzstadt zur Resilienzstadt" wird dieser Visionsteil durch ein Netzwerk der Kommunen dargestellt.

- Auf der Ebene der Globalen Verantwortung wird die Rolle Dresdens in einem globalen Städtenetzwerk beschrieben, mit einem Haus der Kompetenzen als Schnittstelle für den globalen Wissensaustausch und Stadtbotschaftern als Mittlern. Das Bild zeigt Dresden auf dem Planeten Erde mit Verbindungen in die Welt.

- Die Ebene der gesellschaftlichen Verantwortung beschreibt das Wie: wie steuert sich die urbane Gesellschaft selbst, wie organisiert sie sich? Das Bild zeigt ein Feedback-System, in dem mittels (Bürger-)Wissenschaft nötiges Wissen generiert, mittels Zukunftsbildern der Schwarm orientiert und mittels vielfältiger, rollierender Beteiligungsprozesse die Stadtgestaltung vorangetrieben wird.

Man könnte sagen, dass dieses Bild unvollständig und reichlich anspruchsvoll ist. Andererseits gilt: wenn die Vision einer Zukunft gezeichnet werden soll, muss diese Zukunft sich von der heute bekannten Realität unterscheiden, um überhaupt visionär zu wirken. Diverse Aspekte, die wir 2015 gemeinsam mit der Bürgerschaft vorgedacht und im Zukunftsbild verarbeitet haben, erschienen zum damaligen Zeitpunkt extravertiert und utopisch, doch heute, im Jahr 2023, werden Konzepte wie Resilienz oder regionale Selbst-

**Mut zu Visionen**

versorgung viel selbstverständlicher gehandhabt, weil die Krisen unserer Zeit sie erstrebenswert machen. Auch der Begriff der post-fossilen, verbrennungsmotorfreien Stadt ist zum real diskutierbaren Zukunftsansatz geworden. Zukunftsbilder dürfen und müssen sich also trauen, weit über das Heute hinauszudenken.

Mit diesem Zukunftsbild kam Dresden also in die zweite Zukunftsstadt-Phase und wir standen vor der neuen Aufgabe: Wie kommt man nun also mit Bürgerbeteiligung zu einer Strategie, die einen Weg vom 2016er-Heute zur 2030er Zukunft aufzeigt? Unsere Interpretation: Wenn sich das Zukunftsbild aus vielen, in Workshops entstandenen Einzelbildern zusammensetzt, sollte sich dann die vor uns liegende Entstehung des zukünftigen Dresdens nicht auch aus vielen Einzelprojekten zusammensetzen? Entsprechend haben wir einen Beteiligungsprozess entwickelt, bei dem wir die Bürgerschaft einluden, sich eigene Projekte auszudenken und auszuarbeiten, die in Richtung dieser Zukunftsvision führen. In mehr als 20 Workshops, die teilweise aufeinander aufbauten, wurden Ideen gesammelt, Projektteams geformt, Projektpläne ausgearbeitet und Partnerschaften angebahnt. 100 Projektvorschläge landeten zur Zukunftskonferenz 2017 in einem Projektkatalog. Im Laufe des Prozesses definierte das Leibniz-Institut für ökologische Raumentwicklung (IÖR) als unser Wissenschaftspartner Kriterien, nach denen Projektvorschläge beim BMBF für die Umsetzungsphase eingereicht werden sollten und daher entwickelten die bürgerschaftlichen Projektteams mit unserer Unterstützung Vorhabensbeschreibungen samt Arbeits-, Ressourcen- und Finanzplänen. 25 solcher Pläne bekamen wir, sechs wurden durch ein Jury-Verfahren ausgewählt, zwei durch ein öffentliches Voting. Acht Projekte wurden als „Transformationsexperimente" gebündelt und für die Umsetzung im Reallabor vorgesehen:

- „Die Woche des guten Lebens" verfolgt die Vision, die Dresdner Neustadt für eine Woche autofrei machen und zu schauen, was passiert.

Ein Zukunftsbild aus vielen Ideen

- „Lebensraum Schule gemeinsam gestalten" zielt auf die Neugestaltung von Schulhöfen gemeinsam mit Lehrerschaft, Eltern und natürlich Schüler*innen.

- „Zur Tonne" ist ein Restaurant-Ansatz, der in Zusammenarbeit mit der Tafel übriggebliebene Lebensmittel gemeinsam mit Stadtbewohner*innen verkocht und Kochfertigkeiten und Essen vermittelt.

- Die „Materialvermittlung Dresden" verbindet Institutionen, die noch nutzbares Material aussondern (z. B. nach Ausstellungsauflösungen von Museen), mit solchen, die solches Material brauchen können.

- „Nachhaltigkeit unternehmen!" bringt Nachhaltigkeitswissen und Transformationsfähigkeit in Unternehmen, um diesen bei der Nachhaltigkeitstransformation zu helfen.

- Die „Stadtteilfonds und -beiräte für nachhaltige und aktive Nachbarschaften" baut eine Förderungsstruktur von unten auf, in der die Stadtteilbewohner*innen sowohl Antragsteller*innen wie auch Vergabe-Entscheider*innen sind.

- Der „Essbare Stadtteil Plauen" kartiert, pflanzt und verarbeitet Pflanzen im Dresdner Südwesten und schafft Bewusstsein für die Frage lokaler und regionaler Versorgung mit Lebensmitteln.

- Das „Essbares öffentliches Stadtgrün – bürgerschaftlich gepflegt" zielt auf die stadtweite Nutzung von Flächen, um den stadtinternen Versorgungsgrad zu erhöhen.

Jedes einzelne dieser Projekte erhielt 60.000 Euro bis 120.000 Euro für einen Zeitraum von zwei Jahren aus Mitteln der BMBF-Forschungsförderung sowie aus dem Stadthaushalt Dresdens. Diese Summen sollten insbesondere auch Personal abdecken, weil klar ist: Die Zukunftsgestaltung einer Stadt kann auf Dauer kein Ehrenamtsjob sein. In der Umsetzungsphase ab 2019 torpedierte die Corona-Pandemie manches Teilvorhaben und auch andere Probleme

**Zukunft ist kein Ehrenamt**

bei der Umsetzung solcher visionären Vorhaben wurden sichtbar. Der Teufel steckt im Detail (und oft im Willen und der Weltanschauung von Entscheider*innen), doch prägen die Zukunftsstadt-Projekte diverse Bereiche des Stadtlebens, beispielsweise durch den entstandenen Ernährungsrat, die lebendigen Stadtteilfonds, umgestaltete Schulhöfe oder die Idee, man könnte ganze Stadtteile temporär autofrei erleben.

Der Ansatz, Bürger könnten Projekte selbständig erdenken und durchführen, führte zu einer Institutionalisierung des Zukunftsstadt-Ansatzes mit eigener Förderrichtlinie, über die auch in den Folgejahren weitere Projekte zur nachhaltigen Stadtentwicklung gefördert wurden.

## Die Methoden: Von Zukunftsspinnerei über die Zukunftsbahn zur Projektwerkstatt

Im Folgenden wird näher beschrieben, welche Methoden wir eingesetzt haben, um den Prozess zu gestalten und die Ergebnisse zu erzielen. Wir haben viel ausprobiert!

Exemplarisch soll die Zukunftsbahn hervorgehoben werden, um den Experimentiercharakter des Zukunftsstadt-Prozesses zu veranschaulichen. Die Zukunftsbahn fuhr 2015 in der Visionsphase. Ziel war, Visionsfragmente von Menschen zu bekommen, die nicht zu unseren Workshops kommen würden. Das Dresdner ÖPNV-System gehört zu den besten Europas und die Straßenbahn wird von vielen Menschen genutzt. Gemeinsam mit den Dresdner Verkehrsbetrieben bildeten wir zwei Teams zu fünf Menschen und stiegen in eine Linie 2, die in Ost-West-Richtung die Stadt durchführt und eine Linie 7, die Nord-Süd durchfährt. Jedes Team hatte 50 Klemmbretter dabei, auf denen ein A4-Blatt die Frage stellte: „Was wünschst du dir für Dresden, was ist deine Vision?" Auf dem Klemmbrett war ein kleiner Stapel selbstklebender Post-Its und ein Stift befestigt. Die Bahnen waren im ganz normalen Fahrgastbetrieb unterwegs und die Teams wollten die Fahrgäste einladen, ihre Wünsche und Visionen zu notieren und an die Fensterscheiben zu kleben.

*Die Zukunftsbahn*

Der Oktober 2015 war in Deutschland von einer bis dahin unbekannten Flüchtlingssituation geprägt und statt Visionen trugen viele Menschen eher dystopische Gedanken mit sich. Dennoch waren die beiden Straßenbahnen nach sechs Stunden Fahrzeit mit 700 Post-Its beklebt und wir hatten Menschen in einen Beteiligungsprozess einbezogen, die einfach nur zum Einkaufen fuhren, Freunde oder den Arzt besuchten oder auf dem Weg von oder zur Arbeit waren. Diese aufsuchende Beteiligung sammelte ein Stimmungsbild über verschiedene Themen der Stadt ein: von Arbeit bis Mobilität, von Politik bis Spielplätze; ganz oben standen im Oktober 2015 Wünsche zu „mehr Toleranz".

Zentralere Rolle als die Zukunftsbahn spielten die Zukunftsspinnereien: Workshops nach dem Format des Barcamps, in denen Zukunftsbilder gemalt wurden. Die Idee: Wenn das BMBF uns das Ziel aufgibt, eine visuelle Darstellung der Zukunft zu produzieren, warum sollten wir dann die beteiligten Bürger*innen nicht gleich selbst malen lassen? Was nach „Kindergarten" klingt, hat handfeste Vorteile: Um Gedanken zeichnerisch auszudrücken, bedarf es einer intensiven Verarbeitung dieser Gedanken und der Suche nach bildhaften Fragmenten, visuellen Metaphern, darstellbaren Zusammenhängen. Die meisten Menschen denken im Alltag in Worten. Worte in Bilder zu übersetzen führt teilweise zu überraschenden Transformationen der dahinterstehenden Ideen. Also stellten wir ein Visionsblatt her, eine Din-A1 große Vorlage, deren linker Teil Fragen an die Menschen stellt, die mit Worten beantwortbar sind und deren rechter Teil einfach eine große leere Fläche war. Wie im Barcamp üblich wurden die Anwesenden nach den Themen befragt, die sie umtreiben und danach, an welchem Thema sie gern mitdenken würden. Die so entstandenen Kleingruppen bekamen jeweils einen eigenen Tisch, ein Visionsblatt und einen Stapel bunter Stifte. Wir waren zwischen den Gruppen unterwegs, um Ideen einzustreuen, weiterzutragen, Fragen zu beantworten und inspirierend oder aufmunternd zu wirken. Die Dynamik in den Kleingruppen war erstaunlich: An der Zukunft der eigenen Stadt mitzudenken war offenbar anregend, und dies an den eigenen Themen tun

Zukunftsspinnerei

zu dürfen motivierend. Der spielerische Charakter des Zeichnens wurde gern aufgegriffen, auch wenn wir im zweiten Drittel der 2-3-stündigen Workshops öfter animieren mussten, das Besprochene zu Papier zu bringen. Die dargestellten Ergebnisse waren so divers wie die Erfahrungshintergründe der Teilnehmenden: Aquarelle, Stadt-Silhouetten, schematische, abstrakte und konkrete Darstellungen. Ingenieure zeichnen anders als Sozialpädagogen. Soweit ich mich erinnere, wurden die Workshops alle als bereichernd empfunden. Über Zukunft nachzudenken kann Spaß machen! Umso mehr, als dass wir uns eine Regel zu eigen gemacht hatten: Zu jedem Workshop gab es Essen und Trinken. Wir sagten uns: Wenn die Menschen schon ihre Freizeit dafür investieren, an ihrer Stadt rumzudenken, um die Ausschreibung eines Forschungsministeriums und die Ideen eines Zukunftsstadt-Teams mitzuerfüllen, ist es das Mindeste, dass wir für gute Versorgung sorgen. Auch wenn dies mit den Finanzierungslogiken der deutschen Verwaltung nicht so leicht vereinbar ist, weil „Catering" nicht so leicht in die formalen Regeln für Budgets passt. Diese Hürde überwindend wurden unsere 24 Workshops + eine Zukunftskonferenz in neun Monaten zu einem wirtschaftlichen Faktor bei jenen Caterern, die vegetarisch-nachhaltiges Essen bereitstellen konnten. Nicht nur, weil wir sie beauftragten, sondern auch, weil dadurch diverse Institutionen auf diese Art der Versorgung aufmerksam wurden.

Zukunftskonferenz

Am Ende der 1. Phase veranstalteten wir 2016 eine Zukunftskonferenz. Die Begleitforscher der Forschungsgruppe Wissensarchitektur an der TU Dresden versorgten uns mit Methoden (und ein paar Flaschen Wein), um aus 70 Visionsblättern aus den Zukunftsspinnereien, 700 Post-Its aus der Zukunftsbahn und diversen professionellen Graphic-Recordings jenes Gesamt-Zukunftsbild zu extrahieren, das auf der Zukunftskonferenz vorgestellt wurde. Die zweite Zukunftskonferenz 2017 hatte eine andere Ausrichtung: Sie wurde zum Marktplatz für Projektvorhaben der Bürgerschaft. Im Kulturpalast waren circa 100 Stellwände mit Din-A1-großen „Projektprofil-Arbeitsblättern" ausgestellt und das jeweils dahinterstehende Projektteam diskutierte mit anderen über das Vorhaben und knüpfte Kontakte. Aber wie kam es zu diesen Projektprofilen?

Ziel der 2. Phase (Planungsphase) war es also, Projektvorhaben aus der Bürgerschaft zu initiieren, die als Transformationsexperimente in Phase 3 erprobt werden könnten und in Richtung des Zukunftsbildes führen. Wir haben daher das Format der Zukunftsspinnerei verändert, um anstatt Zukunftsbilder Projektideen zu generieren. Beibehalten wurde der Ansatz des Barcamps und das Catering, verändert wurde das Arbeitsblatt. Das „Projektprofil-Arbeitsblatt" stellte Fragen, die bei der Konzeption eines Projekts helfen: Wie heißt das Projekt? Welches Problem bzw. Herausforderung soll mit diesem Projekt adressiert werden? Welche Ziele werden angestrebt? Wo im Stadtraum findet das Vorhaben womöglich statt? Diese Fragen halfen den sich formenden Kleingruppen, Klarheit über die eigenen Ideen zu verschaffen. Und das Arbeitsblatt diente als Container, um wichtige Gedanken festzuhalten, aber auch um die Kontaktdaten der sich frisch um die Idee zusammengefundenen Menschen festzuhalten. Diese initiale Projektwerkstatt produzierte also Projektideen, Projektteams und gefüllte Projektprofile, aus denen der Projektkatalog entstand und die auf der Zukunftskonferenz öffentlich präsentiert wurden.

Viele Bürgerbeteiligungsprozesse haben eine zentrale Schwäche: Es beteiligen sich zu wenige Menschen. Auch wir standen vor der Frage, wie erreichen und aktivieren wir Menschen, um sich auf die Beteiligung einzulassen? Kamen sie zu unseren Workshops, konnte ich ihnen den Prozess genauer erläutern und sichtbar machen, was sie erwarten dürfen und was nicht. Aber wie erreichen wir sie? Wir haben uns dafür den Ansatz der Planungspaten ausgedacht. „Planungspate" konnte eine Institution werden, die den Beteiligungsprozess mit zweierlei unterstützte:

**Breite Beteiligung**

1. die Bereitstellung von Räumen für Workshops,

2. die Mitwirkung als Mitveranstalter, indem sie ihre jeweils eigene Community einladen.

Wir versammelten also diverse Institutionen mit Einfluss in verschiedenen Milieus der Stadt: Die Lokale Agenda 21 für Dresden e. V., die Dresdner Verkehrsbetriebe AG, das Umweltzentrum, die DREWAG als örtlicher Energieversorger, die Wohnungsgenossenschaft Johannstadt eG, das Unternehmensnetzwerk Dresden 2030 & beyond, die Wissenschaftspartner IÖR und die Wissensarchitekten. Workshops fanden daher an den vielfältigsten Orten statt, je nachdem, wo diese Partner Kontakte oder eigene Räume hatten: In der Johannstadthalle, im Flughafen-Gebäude, an der TU Dresden, im Straßenbahnmuseum, in den Technischen Sammlungen, in der Stadtbibliothek, im Energiemuseum usw. Wer mit uns in der zweiten Zukunftsstadt-Phase unterwegs war, bekam nicht nur Fähigkeiten der Projektplanung vermittelt, sondern auch spannende Orte in Dresden zu sehen. Wir haben kein Geld für Miete ausgegeben, hatten aber loyale Partner an unserer Seite, die ein Eigeninteresse hatten, Dresdens Zukunft mitzugestalten. Da jede dieser Partnerinstitutionen ihre jeweilige Community ansprach, erreichten wir Menschen, die die Dresdner Stadtverwaltung allein nie erreicht hätte, und hatten somit mehr Teilnehmende, als wenn die Verwaltung ohne Partner agiert hätte. Ich habe aus diesen Erfahrungen gelernt: „Keine Veranstaltung ohne Partner!"

**Konzert der Communities**

Viele der Menschen, die bei den initialen Workshops zur Projektideenfindung dabei waren, blieben den gesamten Prozess über dabei. Dieser zog sich in der zweiten Phase über mehr als ein Jahr hin (der gesamte Projektzeitraum betrug zwei Jahre: 2017-2018). Wir organisierten eine Serie von Workshops, deren Ziel es war, die Projektvorhaben von den Projektteams so ausarbeiten zu lassen, dass sie „antrags- und umsetzungstauglich" wurden. Zentraler Baustein unserer Workshops waren dabei die Arbeitsblätter, von denen im Zeitverlauf verschiedene Versionen entstanden. Je nach Anwendungsbereich und inhaltlichem Fokus nutzten wir ein Arbeitsblatt für die Projektfindung, für das Durchdenken von Aufgaben, Arbeitspaketen und Zeitplan, für Finanzplanung, für Teamfindung. Der Vorteil der Arbeit mit Arbeitsblättern ist, dass diese einen großen Teil der Moderationsarbeit abnehmen: Nie habe ich die Frage gehört „Was sollen wir jetzt machen?", die In Workshops nach der Einführung oft vorkommt, weil jemand gedanklich zwischendurch mal woanders war. Die Arbeitsblätter sagen, was zu tun ist, bzw. fragen, worüber nachgedacht werden soll und vermindern so den Moderationsaufwand pro Gruppe. Dadurch wird es leichter, auch mit größeren Teilnehmerzahlen zu arbeiten, da jede Kleingruppe ihre „Arbeitsanweisungen" auf dem Tisch hat. Außerdem fungieren die Arbeitsblätter als Container: Sie stellen Fragen und bieten Platz, um Antworten auf diese Fragen aufzuschreiben. Als Moderator beschränkt sich meine Arbeit dann oft darauf, die Kleingruppe darauf hinzuweisen, dass etwas Gesagtes ein wichtiger Gedanke ist und festgehalten werden sollte. Dank Smartphones mit Kamera kann prinzipiell auch jede*r Teilnehmer*in das Ergebnis abfotografieren und mit nach Hause nehmen. Ich entwickle inzwischen für Workshops gern vorab Arbeitsmaterialien, denn sie helfen, Workshop-Ziele und -Arbeitsschritte klarer zu sehen und erlauben besondere Lernprozesse (Beispiel: ein Arbeitsblatt für die Entwicklung von Stadtratsanträgen, das zugleich die Funktionsweise von Kommunalpolitik verdeutlicht und Teilnehmenden erleichtert, eigene politische Vorstellungen in konkretes politisches Handeln münzen. Stichwort: hacking politics.)

Unser Beteiligungsprozess hatte sicher mehrere Lücken, zwei zentrale Lücken möchte ich aber festhalten:

Förderlogik als Hürde

1. Uns fehlte ein wirklich guter Transfer von der Projektplanung der Teilnehmenden zur „Förderlogik" der BMBF. Während aus unseren Workshops die Gruppen mehrere Arbeitsblätter mit Gedanken und Fragmenten heraustrugen, erwartete das BMBF einen ausgearbeiteten Antragstext. Unser „Workaround" sah so aus, dass wir die Projektteams aufforderten, aus ihren bis dahin gesammelten Informationen einen antragsartigen Text zu machen. Das funktionierte letztlich erstaunlich gut, aber ich glaube, wir haben in dieser Situation diverse Menschen überfordert. Letztlich gingen bei uns 25 „Projektanträge" ein, von denen acht ausgewählt wurden, die wir an den zentralen BMBF-Antrag anhängten. Aber die

Lücke, die ich sehe, bestand darin, dass wir nur unzureichend Unterstützung geboten haben beim Übergang von „Arbeitsergebnisse aus den Workshops" zu „Antragseingang beim Zukunftsstadt-Team".

2. Den Projektteams fehlte in der Planungsphase ein Realitätsabgleich: Sind für ein Projekt alle Fragen durchdacht? Dies gilt insbesondere für die bundesdeutsche Bürokratierealität. Es gibt Regelungen, die dem gemeinen Bürger nicht bekannt sind, die er aber für sein Projektdenken braucht. Beispielsweise haben wir erst spät gelernt, dass auch das temporäre Sperren von Straßen für das Projekt „Woche des Guten Lebens" (autofreie Neustadt) nicht ohne Anlass passieren darf und ein „Transformationsexperiment" war kein ausreichender Anlass. Um eine Sperrungsbegründung zu haben, wurde die Idee entwickelt, den Straßenraum im Umsetzungszeitraum mit kulturellen Aktivitäten der Nachbarschaft zu beleben und dies als Sperranlass zu nehmen. Das hat letztlich die Komplexität des Vorhabens aufgebläht. Solcherart Realitätsabgleich hätte im Gespräch mit entsprechenden Wissensträger*innen in der Stadtverwaltung stattfinden können. Doch viele Abteilungen in der gut ausgelasteten Stadtverwaltung taten sich schwer, Zeit in die Vorabprüfung von Bürgerprojekten zu stecken, bei denen völlig unklar war, ob sie Huckepack im Dresdner Antrag ans BMBF überhaupt bewilligt würden. Das führte in der Umsetzungsphase dazu, dass sich betroffene Verwaltungsbereiche erst spät überhaupt mit dem Projektvorhaben auseinandersetzten und Verzögerungen und damit Frust aufkam. Auch aus diesem Frust lässt sich einiges lernen, aber gegenüber den engagierten Bürger*innen ist diese Lücke schwer erklärbar.

> Es braucht Realitätschecks

Zuletzt sei auf die Veranstaltungsreihe „Zurück oder Zukunft" hingewiesen, die in Kooperation mit dem Deutschen Hygiene-Museum Dresden (DHMD) und der Friedrich-Ebert-Stiftung (FES) stattfand. Nicht-Dresdner*innen mögen sich wundern, wieso das Hygiene-Museum Gastgeberort für solche Themen ist, aber das Museum versteht sich als Ort mit dem Menschen im Mittelpunkt (und nicht nur seiner Hygiene) und thematisiert daher eine große Breite gesellschaftlich relevanter Fragen. Die Idee einer Veranstaltungsreihe zu Zukunftsthemen kam daher, dass Dresden gern ein Ort der Nabelschau ist. Nicht nur aus funktechnischen Gründen trägt die Stadt manchmal den Beinamen „Tal der Ahnungslosen": Man ist sich oft selbst genug in der barocken Stadt der Hochkultur. Zukunft wird aber überall gemacht und gestaltet und daher sollte die Veranstaltungsreihe Impulse von außen nach Dresden holen und ihre Implikationen mit Dresdner Vertreter*innen diskutiert werden. Wir luden also Nicht-Dresdner*innen und zusätzlich zwei Menschen aus Dresden für einen Impuls auf das Podium: Der von außen kommende Impuls sollte auf eine Innenperspektive treffen. Wir luden den Wiener Gemeinderat Dr. Kurt Stürzenbecher zur Frage des Wohnens, den Bielefelder Prof. Peter Finke zur Zukunft der Wissenschaft, Davide Brocchi aus Köln/Bologna zur Stadt ohne Autos, Dr. Lutz Kossack aus Andernach zur „Essbaren Stadt" und viele andere mehr ein. Die Veranstaltungen dienten dazu, neben der ganzen Planerei und Macherei das Reflektieren nicht zu vergessen und Zukunftsdenken in der Stadt zu üben.

**Externe Impulse sind nötig**

## Die Learnings: Zukunftsstadt 3.0, der WerkStadtKoffer, die Projektfabrik

Wir haben gelernt: Auch komplexere Beteiligung funktioniert! Viele Menschen wollen mitgestalten! Bietet man passende Beteiligungsräume, lassen sich unerhörte Energien für die Stadtgestaltung mobilisieren. Das Beispiel zeigt, wie sich Menschen für die Stadtentwicklung aktivieren lassen und wie Befähigung ermöglicht werden kann.

Die Stadtverwaltung Dresden hat eine Förderkulisse implementiert, die Bürgerprojekte finanzieren kann. Gemeinsam mit den Wissenschaftspartnern wurde ein digitaler Werkzeugkoffer zusammengestellt, der sowohl lokalen Akteuren als auch anderen Kommunen und Kommunalberater*innen Erkenntnisse und Material an die

Hand gibt, die Methoden zu kopieren und ähnliche Vorhaben andernorts durchzuführen.

Diverse Akteur*innen in der Dresdner Zivilgesellschaft wurden zur Projektentwicklung und -umsetzung befähigt, und wurden vertrauter mit dem Wissen um Fördermittel und Förderanträge. Dieses Wissen dürfte dauerhaft nützlich sein, insbesondere für zivilgesellschaftlich getragene Nachhaltigkeitsaktivitäten.

Ich selbst habe bereits während der Projektplanungsphase gelernt, dass ein rein auf analogen Verfahren setzender Beteiligungsprozess schlecht skaliert. 300 Menschen zu beteiligen, hat uns als Organisatoren an unsere Grenze gebracht. In Dresden leben 560.000! Zudem gab es Detailfragen: Wer nimmt die Arbeitsblätter nach den Workshops mit? Die Organisatoren? Das „Projektteam"? Wer vom Projektteam? Ich habe daher nach meinem Ausscheiden aus der Stadtverwaltung begonnen, ein digitales Werkzeug für genau solche Beteiligungsverfahren für Bürgerprojekte zu entwickeln, die Digitale Projektfabrik. Sie wird derzeit für ihren Einsatz in Dresden und bei der Smart City Cottbus vorbereitet.

*Analoge Skalierung ist begrenzt*

## Empfehlungen an Kommunen: Bürgerschaftliche Strategieunterstützung

Städte und Gemeinden entwickeln sich ständig weiter. Die Anforderungen des 21. Jahrhunderts sind komplex. Daher brauchen Verwaltungen Kooperationen, die ihre Einflussmöglichkeiten über die kommunalen Grundstücksgrenzen hinaus erweitern. Die Kooperation mit der Bürger- und Unternehmerschaft in Projekten, bei denen die Nichtverwaltungsakteur*innen in eine planende und umsetzende Rolle gehen, kann enorme Energien in die Stadtentwicklung lenken. Dazu muss man Menschen etwas zutrauen und die passenden Räume für Beteiligung öffnen.

Gelingt das, entsteht eine wirksame Koalition der Willigen: Für Strategien zur Stadtentwicklung könnten Vorhaben außerhalb des engen Verwaltungsraumes stimuliert und mitgenutzt werden. Für die Genese solcher Projekte, für Prozesse, die Willige befähigen, für die Entwicklung plastischer, attraktiver Visionen haben wir diverse Wege und Methoden erprobt. Sie können kopiert und adaptiert werden.

Es lohnt eher, klein anzufangen, als das Potenzial aus Angst oder Überforderung auszuschlagen: Entweder mit der Einsammlung von Projektvorhaben aus der Bürger- und Unternehmerschaft oder mit einem netten Abend zur Visionsentwicklung – Catering nicht vergessen! Und sich trauen zu sagen: „Wir wissen noch nicht genau, wohin der Weg uns führt, wir wollen hier mal was ausprobieren."

Zukunft ist ein Experiment

Die Herausforderungen der Gegenwart und Zukunft brauchen eine Haltung, die Experimentierfreude begrüßt. Denn zu Beginn der 20er Jahre wissen wir weder genau, wie die nachhaltige Zukunftsstadt oder das nachhaltige Zukunftsdorf aussehen werden, noch, wie wir dahin kommen. Wir wissen aber: Mit Forderungs- und Abwehrkultur stehen Bürgerschaft und Verwaltung einsam nebeneinander, mit einer kollaborativen Beteiligungskultur steht uns eine spannende Zukunft bevor...

Katharina Zuegel

# Bürgerbeteiligung – ein zunehmend institutionalisiertes Verfahren in französischen Gemeinden

*Dieser Artikel gibt einen Überblick über die sich institutionalisieren-de Bürgerbeteiligungskultur in Frankreich und seinen über 30.000 Gemeinden. In den letzten zehn Jahren hat Frankreich einen Auf-schwung an Beteiligungsprozessen und Akteuren erlebt: immer mehr Gemeinden haben eine Abteilung für Partizipation eingeführt und ein Markt an Dienstleistern, die diese Prozesse professionalisieren wollen, hat sich entwickelt. Inwieweit dieser Elan die politische Kul-tur und die politischen Entscheidungsprozesse langfristig verändern wird, bleibt noch offen.*

Décider ensemble, ein französischer gemeinnütziger Verein und Think Tank, beobachtet und studiert die französische Bürgerbe-teiligungswelt seit 2005. In den letzten 10 Jahren hat sich diese grundlegend verändert. Im Rahmen des Umweltschutzes (Aarhaus Konvention) und der Stadtplanung sind Bürgerbeteiligungsverfah-ren seit den 80/90er Jahren vorgeschrieben und wurden auf loka-ler Ebene in den 2000er Jahren nochmal verstärkt. Seit circa 2010 erleben wir jedoch einen Aufschwung an sogenannten informellen Verfahren und ein großes Interesse, vor allem auf lokaler Ebene, an innovativen Ansätzen um mit Bürger*innen in den Dialog zu kom-men.

Dieser Aufschwung findet im Rahmen einer sich verstärkenden de-mokratischen Krise statt. Die Wahlbeteiligung bei den Lokalwahlen sinkt ständig. Während die Stimmenthaltung in den 70/80er Jahren noch bei knapp über 20 Prozent lag, stieg diese auf über 30 Prozent in den 2000er Jahren auf 36 Prozent 2014 an. Bei den letzten Lokal-wahlen im Jahr 2020 hat die Mehrheit (55 Prozent) nicht gewählt.

Demokratische Krise fördert dialogische Angebote

Parlaments-, Regional- und Departmentalwahlen kennen ähnliche Verläufe, nur bei den letzten Präsidentschaftswahlen kam Frankreich noch auf eine Wahlbeteiligung von über 60 Prozent (Centre de l'observation de la société 2020). Laut dem Barometer des politischen Vertrauens 2022 – einer Studie des Politischen Forschungszentrum Sciences Po - vertrauen nur 43 Prozent dem Präsidenten, 19 Prozent den politischen Parteien und 68 Prozent haben ein eher negatives Gefühl gegenüber der Politik. Das Vertrauen gegenüber Bürgermeister*innen liegt jedoch bei 67 Prozent, die Gemeinden sind damit ein wichtiger Ort für Bürgerdialog und Partizipation (SciencesPo 2022).

Das Interesse der öffentlichen Institutionen an der partizipativen Demokratie steigt mit jeder Wahl. Nach den Gemeindewahlen von 2014 wurden die ersten Bürgerhaushalte eingeführt, z. B. in Paris und Grenoble; 2020 gab es schon 170 Bürgerhaushalte (Les Budgetsparticipatifs 2020). Für alle befragten Gemeinden der Studie von Décider ensemble war das Thema Bürgerbeteiligung eine der Prioritäten der Wahl 2020 (Décider ensemble 2021). 63 Prozent der befragten Gemeinden hatten schon vor der Wahl eine Abteilung für Bürgerbeteiligung, die restlichen 37 Prozent haben sie nach der Wahl eingeführt. Heutzutage findet man Abteilungen mit über zehn Beamten in den großen Städten und mehrere hundert Lokalpolitiker*innen sind verantwortlich für den Dialog mit Bürger*innen in den über 30.000 französischen Gemeinden. Die Bürgerbeteiligung institutionalisiert sich und wird als Antwort auf die demokratische Krise gesehen. Die Grand Débat und der Klimabürgerrat auf nationaler Ebene, eingesetzt von Präsident Macron 2019, haben, trotz der begrenzten Ergebnisse, zur Bekanntheit von Bürgerbeteiligungsverfahren geführt.

*Deutliche Zunahme an Verantwortlichkeit*

## Institutionalisierung von Bürgerbeteiligung

Laut einer Studie von Décider ensemble (2019) mit mehreren hundert teilnehmenden Gemeinden, werden Bürgerbeteiligungsverfahren oft auf Initiative der Amtsträger*innen (Bürgermeister*innen, Abgeordnete) eingeführt, die sich auf eine Abteilung für Bürgerbeteiligung oder Kommunikation für die Umsetzung stützen. Die Zahl der Gemeinden mit einer Abteilung, die verantwortlich für Bürgerbeteiligung ist, steigt ständig. Diese arbeiten oft eng mit dem Büro des/der Bürgermeister*in und der Abteilung für Stadtplanung zusammen. Die Anzahl der Mitarbeiter*innen steigt mit der Zahl der Einwohner*innen der Gemeinden. Kommunen mit weniger als 10.000 Einwohner*innen haben so gut wie nie eine Vollzeitkraft für Bürgerbeteiligung, Gemeinden mit 10.000 bis 50.000 Einwohner*innen haben durchschnittlich 2,5 Vollzeitkräfte. Gemeinden mit mehr als 350.000 Einwohner*innen haben im Durchschnitt zwölf Vollzeitkräfte, wenige geben sogar bis zu 40 Mitarbeiter*innen an. Diese Abteilungen sind die Experten für Bürgerbeteiligung, bauen internes Wissen auf und beraten die anderen Abteilungen der Gemeinde in der Konzipierung und Umsetzung von Beteiligungsprozessen. Es ist sehr schwer das Budget für Bürgerbeteiligung einzuschätzen, da einige Gemeinden nur die Ausgaben für Dienstleister und andere Leistungen zählen, während andere auch die Personalkosten mitrechnen. Das Budget für Beteiligungsprozesse kommt oft auch aus den Fachabteilungen für ihre jeweiligen Beteiligungsprozesse, was eine Abschätzung schwieriger macht (Décider ensemble 2019).

*Umfangreiche Professionalisierung*

Zusätzlich zu rechtlich vorgeschriebenen Beteiligungsmaßnahmen (Quartiersbeteiligungsräte z. B. – Conseil citoyen und Conseil de quartier), setzten Gemeinden eine Vielzahl verschiedener informeller Beteiligungsprozesse um. Laut der Umfrage von 2021, mit über 30 teilnehmende Gemeinden, für die Beteiligung eine Priorität ist, haben 81 Prozent eine digitale Beteiligungsplattform, 77 Prozent führen punktuelle Konsultationen durch, 74 Prozent setzten Beratungsgremien von spezifischen Bevölkerungsschichten z. B. Jugendlichen ein, 61 Prozent haben ein Bürgerhaushalt eingeführt, und immer mehr setzten Bürgerräte ein (48 Prozent) (Décider ensemble 2021).

Digitale Beteiligungsplattformen nehmen einen immer zentraleren Platz in dem Baukasten der Beteiligungstools ein. Digitale Plattformen sind recht neu, die meisten wurden Mitte der 2010er Jahre initiiert, viele aber erst seit 2016/2017 eingesetzt (Décider ensemble 2019). Die Covid-Krise hat diesen digitalen Plattformen nochmal einen Aufschwung gegeben (Décider ensemble 2021). Laut einer Studie haben 68 Prozent der Regionen, 14 Prozent der Departements, 81 Prozent der Metropolen und 29 Prozent der Städte mit über 100.000 Einwohner*innen eine digitale Beteiligungsplattform. Bei kleineren Gemeinden fällt die Zahl drastisch auf 4 Prozent (Legros, 2019).

*Zunahme an digitalen Formaten*

Die Erwartungen an die Onlineformate steigen ständig. 2016 erwarteten 73 Prozent der befragten Gemeinden, dass digitale Beteiligung Transparenz fördert, 2021 waren es sogar 97 Prozent. Während 2016 nur 62 Prozent glaubten, dass digitale Beteiligung die Qualität der Entscheidungen verbessert, glauben dies 2021 bereits 97 Prozent der befragten Gemeinden. Die digitalen Formate sollen zur Stärkung der Beteiligungskultur und Strukturen beitragen: neue Ideen sammeln, einen Raum für Austausch bieten, die Anzahl der Beiträge und der Beteiligten erhöhen. Nur 77 Prozent der befragten Gemeinden erwarten jedoch, dass sie durch digitale Formate neue Zielgruppen erreichen können (Décider ensemble 2019 und 2021).

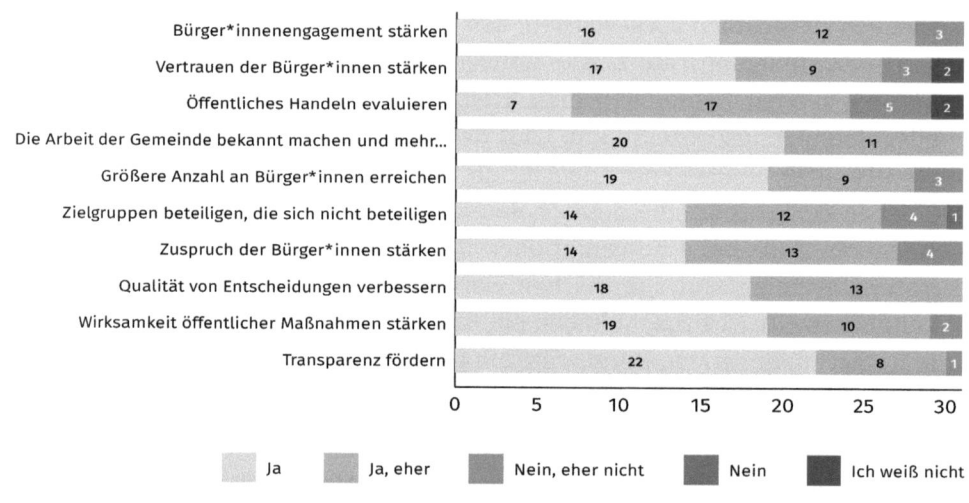

Abbildung 1:     Was digitale Formate können (Quelle: Décider ensemble 2021)

Die Realität der Onlinebeteiligung sieht jedoch anders aus und wird kritisch von den Gemeinden betrachtet. Die Kapazität von Onlineformaten Transparenz zu stärken und die Arbeit der Gemeinden bekannt zu machen, wird sehr positiv evaluiert. Digitale Beteiligung erreicht jedoch nicht unbedingt neue und sich nicht beteiligende Bevölkerungsschichten und stärkt auch den Zuspruch für die Arbeit der Gemeinden nur mittelmäßig.

Trotz der auch kritischen Stimmen und den Grenzen digitaler Beteiligung, sind diese Plattformen ein feststehender Bestandteil in immer mehr Gemeinden, die diese Formate jedoch regelmäßig mit vor Ort Formaten kombinieren. Wir erleben also eine Institutionalisierung von Partizipation und die Einführung verschiedener Ansätze in einer steigenden Anzahl von Kommunen verschiedenster Einwohnerzahlen.

## Ein wachsender Bürgerbeteiligungsmarkt

Bürgerbeteiligungsdienstleister haben einen zentralen Platz in der Entwicklung und Umsetzung von Beteiligungsverfahren eingenommen. Weniger als 30 Prozent der Gemeinden installieren oder bauen ihre eigene Beteiligungsplattform (Décider ensemble 2019) und die Hälfte der Gemeinden, die einen Bürgerhaushalt durchführt, macht dies mit der Unterstützung eines Dienstleisters (Legros 2019). Diese Dienstleister – Civic Tech Firmen, Beratungsfirmen etc., haben sich vor allem während der letzten zehn Jahren in Zusammenarbeit mit Gemeinden und staatlichen Institutionen, dessen Arbeit sie modernisieren und professionalisieren wollen, entwickelt. Sie bieten Expertise zur Bürgerbeteiligung sowie passende Werkzeuge (digitale Plattformen, Bürgerhaushalte, Bürgerräte, Moderationstechniken etc.) an (Décider ensemble 2022). Das wirtschaftliche Model gründet oft auf dem Verkauf eines Werkzeuges und der Beratung (Konzipierung, Umsetzung von Beteiligungsverfahren). Die Arbeit dieser Expert*innen hat die Praktiken der Bürgerbeteiligung strukturiert und professionalisiert. Die Dienstleister, die methodologisch vorbildliche Prozesse anbieten können, haben jedoch wenig Einfluss auf die Umsetzung der Methoden und

*Wachsendes Angebot an Dienstleistern*

deren endgültigem Einfluss auf die Entscheidungsprozesse. Während manche Anbieter nicht jeden Vertrag annehmen, arbeiten andere Dienstleister mit jeder Institution, selbst wenn das Beteiligungsverfahren eher eine Kommunikationsangelegenheit ist und es keinen Spielraum für Bürger*innen gibt, die Entscheidung zu beeinflussen (Legros 2019).

Die staatliche Plattform „Territoires en Commun" zählt über 250 Akteure und Firmen, die Dienstleistungen im Bereich Bürgerbeteiligung anbieten (Megglé 2021). Décider ensemble's Nachschlagewerk der Civic Tech Firmen zählt 27 Firmen, die eine digitale Beteiligungsplattform in Frankreich vermarkten, seit der Veröffentlichung im Mai 2022 sind schon weitere neue Akteure dazugekommen (Décider ensemble 2022b). 22 dieser Firmen wurden nach 2014 gegründet, seit 2018 sind mindestens sechs weitere hinzugekommen – es ist ein Markt, der sich kontinuierlich erneuert und verändert. Der Großteil der Dienstleister sind private Firmen (64 Prozent), 22 Prozent gehören zu der Kategorie der sozialen Unternehmen, die anderen sind Vereine (Décider ensemble 2022a).

Umsätze in Millionenhöhe

Der Umsatz dieser Firmen kann eine Million Euro übersteigen, während der der kleinsten Strukturen mehrere Zehntausend Euro beträgt. Die Hälfte der Befragten der Studie von Décider ensemble wollten diese Daten jedoch nicht kommunizieren. Die größten Civic Tech Firmen wie Cap Collectif geben dem entsprechend einen Umsatz von 2,5 Millionen Euro für 2021 an, Open Source Politics von 1,3 Millionen Euro wobei die Umsätze von Civoracy und ConsultVox bei nur 130.000 Euro und 400.000 Euro liegen. Beratungsfirmen, deren Geschäftsmodell sich nicht nur auf digitale Beteiligung beschränkt, wie Rouge Vif (7,5 Millionen Euro) oder Ethics Group (6 Millionen Euro) können deutlich größere Umsätze verbuchen (Décider ensemble 2022). Macron's Grand Débat hat den Staat elf Millionen Euro gekostet, wovon eine Millionen Euro an Cap Collectif gingen, 2,65 Millionen Euro in die Organisation der Regionalkonferenzen, über drei Millionen Euro in die Analyse der Bürgerbeiträge und der Rest in die Kommunikation (Legros, 2019). Die unterschiedliche Größe und Reichweite der Beteiligungsdienstleister macht sich auch in der Anzahl ihrer Mitarbeiter\*innen bemerkbar, die von wenigen Personen, bis um die 50 oder sogar an die 100 Mitarbeiter\*innen variieren kann. Viele arbeiten mit weniger als 100 Klient\*innen, einige haben mehrere 100 und andere über 1000 Klient\*innen, meistens Gemeinden, aber auch andere staatliche Institution, private Firmen und Vereine (Décider ensemble 2022a; 2022b).

Der Bürgerbeteiligungsmarkt und seine Akteure haben einen großen Einfluss auf die Entwicklung der Bürgerbeteiligungskultur und Verfahren in Frankreich; diese Dienstleister vermarkten Prozesse, identifizieren Standards und betreiben Lobbyarbeit, um die Bürgerbeteiligungsstrukturen zu verändern. Ob ein demokratischer Prozess, wie Bürgerbeteiligung, in den Händen von privaten Akteuren liegen sollte, und inwieweit staatliche Akteure autonom in der Durchführung von solchen Prozessen sein sollten, führt immer wieder zu Debatten. Heutzutage lassen sich viele Gemeinden von Dienstleistern beraten und nutzen eine private Beteiligungsplattform, auch wenn es einen Trend zu Open Source Plattformen gibt (Décider ensemble 2022d). Marktführer wie Cap Collectif haben den Code ihrer Plattform 2022 veröffentlicht. Diese Gemeinden haben jedoch gleichzeitig eine eigene Abteilung, die für Bürgerbeteiligung verantwortlich ist. Die Bürgerbeteiligung strukturiert und professionalisiert sich seitens der Dienstleister und seitens der Gemeinden, die jedoch trotz steigender Kompetenz weiterhin auf Dienstleister zurückgreifen: mangelnde Zeit, neutrale Moderation und mangelnde Kompetenz können dies erklären.

*Dienstleister als Treiber der Beteiligung*

## Fazit

Bürgerbeteiligung institutionalisiert sich in Gemeinden und diversifiziert sich, mit dem Anspruch, einen größeren und repräsentativeren Teil der Bevölkerung mit einzubeziehen, gemeinsame Lösungen für die Entwicklung der Gemeinde zu finden, aber auch Vertrauen in und das Ansehen der Kommune zu stärken. Es gibt jedoch kaum Studien, die evaluieren, inwieweit diese Ansätze damit erfolgreich sind. Gemeinden führen auch selbst selten Evaluierungen ihrer

Prozesse durch. Kritische Stimmen deuten darauf hin, dass es doch immer dieselben Bürger*innen sind, die an solchen Verfahren teilnehmen, dass diese Verfahren keinen Raum für kontroverse Themen zulassen und, dass der Einfluss auf den politischen Prozess gering bleibt. Trotz steigendem Interesse an Bürgerbeteiligung auf nationaler und lokaler Ebene, bleibt das Misstrauen in die Politik groß (Loisel 2022). Um die politische Landschaft zu verändern, müssten die Gemeinden zeigen, dass die Beteiligungsprozesse eine Veränderung bringen und ständig innovative Formate testen, die die Qualität und Repräsentativität der Prozesse stärken. Die nationale Regierung spielt jedoch auch eine entscheidende Rolle. Der sehr zentralistische Staat gibt Gemeinden nur einen geringen Spielraum und geringe Ressourcen, um Innovationen auszutesten und Bürger*innen bei entscheidenden Fragen mit einzubeziehen. Ein Beispiel dieser Einschränkungen ist der Eingriff des Verwaltungsgerichts auf Anfrage der Präfektur, dass das innovative Verfahren für bürgerbegehrende Referenden der Stadt Grenoble 2018 für ungültig erklärte (Cattiaux 2018). Décider ensemble's „Appel d'Amiens" zählt 21 Reformvorschläge auf, um die politischen Strukturen im Land zu reformieren und der partizipativen Demokratie mehr Effizienz zu geben (Décider ensemble 2022c). Die mehrere tausend aktiven Akteure der französischen Bürgerbeteiligungswelt, die sich jährlich, während der Rencontres européennes de la participation treffen, zeigen den Elan der partizipativen Demokratie in Frankreich und deren Wille, sich zu erneuern und Bürger*innen einen Platz in den politischen Entscheidungsprozessen zu geben.

*Zentralistischer Staat sieht Beteiligung nicht nur positiv*

## Literatur

Cattiaus, Séverine (2018): Votation citoyenne : le juge déclare illégal le dispositif inventé par Grenoble, La Gazette des Communes, www.lagazettedescommunes.com/565789/votation-citoyenne-le-juge-declare-illegal-le-dispositif-invente-par-grenoble/ (Zuletzt aufgerufen am 23.01.2023).

Centre de l'observation de la société (2020) : L'évolution de l'abstention sous la Ve République, www.observationsociete.fr/modes-de-vie/vie-politique-et-associative/participationvote/ (Zuletzt aufgerufen am 23.01.2023).

Décider ensemble (2022a): [ANALYSE] Le référentiel des civic tech actives en France - mai 2022, www.deciderensemble.com/articles/97525-analyse-le-referentiel-des-civic-tech-actives-en-france-mai-2022 (Zuletzt aufgerufen am 23.01.2023).

Décider ensemble (2022b): Référentiel des civic tech en France" https://airtable.com/shrHxa55lmozJYo2S/tbl8rKJQgpiQv7mMt (Zuletzt aufgerufen am 23.01.2023).

Décider ensemble (2022c): Apple d'Amiens https://www.deciderensemble.com/page/1580953-appel-d-amiens (Zuletzt aufgerufen am 23.01.2023).

Décider ensemble (2022d): Quand la participation citoyenne s'appuie sur les logiciels libres et open source, www.deciderensemble.com/articles/86218-etude-logiciels-libres-et-participation-citoyenne-numerique (Zuletzt aufgerufen am 23.01.2023).

Décider ensemble (2021): Baromètre de la démocratie locale numérique, Edition 2021, www.deciderensemble.com/page/724915-barometre-de-la-democratie-locale-numerique (Zuletzt aufgerufen am 23.01.2023).

Décider ensemble (2019): Baromètre de la démocratie locale numérique, Edition retrospective, www.deciderensemble.com/page/724915-barometre-de-la-democratie-locale-numerique (Zuletzt aufgerufen am 23.01.2023).

Legros, Claire (2019): La démocratie participative, un marché convoité, Le Monde

LesBudgetsparticipatifs (2020): Quel Budget participatif pour le mandat municipal 2020-26 ?, https://lesbudgetsparticipatifs.fr/quel-budget-participatif-pour-le-mandat-2020-26/ (Zuletzt aufgerufen am 23.01.2023).

Loisel, Manon et Rio, Nicolas (2022): Faut-il en finir avec... la démocratie participative, Médiacites, www.mediacites.fr/forum/national/2022/09/05/faut-il-en-finir-avec-la-democratie-participative/ (Zuletzt aufgerufen am 23.01.2023).

Megglé, Caroline (2021): Participation citoyenne: l'ANCT et la Banque des Territoires lancent la plateforme Territoires en commun, Localtis, Banque des Territoires, www.banquedesterritoires.fr/participation-citoyenne-lanct-et-la-banque-des-territoires-lancent-la-plateforme-territoires-en (Zuletzt aufgerufen am 23.01.2023).

SciencesPo (2022): En qu(o)i les Français ont-ils confiance aujourd'hui? Le baromètre de la confiance politique, vague 13b, www.sciencespo.fr/cevipof/sites/sciencespo.fr.cevipof/files/OpinionWay%20pour%20le%20CEVIPOF-Barome%cc%80tre%20de%20la%20confiance%20en%20politique%20-%20vague%2013b.pdf (Zuletzt aufgerufen am 23.01.2023).

# Beteiligung von unterrepräsentierten Gruppen

Prof. Dr. Viviane Schachler

# Betriebliche Mitbestimmung in Werkstätten für Menschen mit Behinderungen

*Betriebliche Mitbestimmung steht in Deutschland für gelebte Demokratie. In Werkstätten für Menschen mit Behinderungen wird diese durch gewählte Werkstatträte realisiert. Der Beitrag erklärt, wie sich die Gremien (rechtlich) einordnen lassen und welche Vorgaben zur Beteiligung der Werkstattbeschäftigten de jure bestehen. Darauf aufbauend beleuchtet er anhand ausgewählter empirischer Ergebnisse, wie die Arbeit der Gremien in der Praxis umgesetzt wird und wie Mitwirkung und Mitbestimmung durch Werkstatträte in Werkstätten de facto erfolgt.*

Mitbestimmung und Partizipation in unterschiedlichen Lebensbereichen sind Teil unseres Demokratieverständnisses. Für den Wirtschafts- und Arbeitsbereich ist die betriebliche Mitbestimmung ein traditioneller Bestandteil der Arbeitnehmerrechte in Deutschland: Betriebsräte in der Privatwirtschaft, Personalräte im öffentlichen Dienst und Mitarbeitervertretungen im konfessionellen Bereich gestalten Arbeitsbedingungen erfolgreich mit. Ein weiteres Element, das moderne Demokratien auszeichnet, liegt darin, dass Bürgerrechte für alle Gesellschaftsmitglieder greifen und sich nicht lediglich auf einen privilegierten Personenkreis beziehen. Um diesen Anspruch einzulösen, werden in Werkstätten für Menschen mit Behinderungen Werkstatträte zur Interessenvertretung der Beschäftigten gewählt.

## Werkstätten als Einrichtungen zur Teilhabe am Arbeitsleben

Trotz der Zielrichtung einer inklusiven Gesellschaft, zu der sich Deutschland mit der Ratifikation der UN-Behindertenrechtskonvention bekannt hat, ist der Arbeitsmarkt in Deutschland exklusiv und mit verschiedenen Ausschlussmechanismen verbunden. Insbesondere Menschen mit Behinderungen und Beeinträchtigungen sind überdurchschnittlich häufig von einer fehlenden Erwerbstätigkeit betroffen (Flüter-Hoffmann et al. 2021: 27 f.). Für Menschen, „die wegen Art oder Schwere der Behinderung nicht, noch nicht oder noch nicht wieder auf dem allgemeinen Arbeitsmarkt beschäftigt werden können" (§ 219 Abs. 1 Neuntes Buch Sozialgesetzbuch – SGB IX) ermöglichen die sogenannten Werkstätten für behinderte Menschen (WfbM) eine Beschäftigung. Bei diesen Werkstätten handelt es sich um Einrichtungen zur Teilhabe am Arbeitsleben. Sie bieten berufliche Bildung und Arbeitsplätze an und fördern

1. die Erwerbsfähigkeit sowie

2. die Persönlichkeitsbildung der leistungsberechtigten Personen und

3. deren Übergang auf den allgemeinen Arbeitsmarkt (§ 219 Abs. 1 SGB IX).

Wobei sich nur für wenige Werkstattbeschäftigte ein Übergang aus den Werkstätten auf den allgemeinen Arbeitsmarkt tatsächlich realisiert (Detmar et al. 2008: 112). Daraus folgt, dass Werkstattbeschäftigte oftmals bis zur Berentung oder darüber hinaus in Werkstätten arbeiten.

Mit einer Größe von in der Regel mindestens 120 Arbeitsplätzen (§ 7 Abs. 1 Werkstättenverordnung) sind WfbM als Großeinrichtungen konzipiert. Ursprünglich als Beschäftigungsort für Menschen mit geistigen Beeinträchtigungen entstanden (Scheibner 2000: 7 f.), sind WfbM mittlerweile flächendeckend vorhanden. Über 300.000 Menschen mit Behinderungen sind in ihnen beschäftigt (Bundesarbeitsgemeinschaft WfbM e. V. – BAG WfbM 2020). Der Personenkreis in WfbM setzt sich in einer groben Klassifizierung nach der primären Behinderungsart wie folgt zusammen:

• 75 Prozent Menschen mit geistiger Behinderung;

- 21 Prozent Menschen mit psychischer Behinderung;

- 4 Prozent Menschen mit körperlicher Behinderung (BAG WfbM 2021).

Die Beschäftigten mit Behinderungen in den Arbeitsbereichen der Werkstätten – Werkstattbeschäftigt genannt – nehmen einen arbeitnehmerähnlichen Status ein (§ 221 Abs. SGB IX). Damit sind besondere Schutzrechte, aber auch Einschränkungen verbunden. So hat dieser Status beispielsweise zur Folge, dass das Betriebsverfassungsgesetz (BetrVG) für Werkstattbeschäftigte nicht greift. Stattdessen wählen diese Werkstatträte zu ihrer Interessenvertretung. Seit 1996 ist dies eine verbindliche Vorgabe, wonach Werkstatträte als fachliche Anforderung der WfbM gewählt werden. Zur genaueren Umsetzung wurde 2001 die Werkstätten-Mitwirkungsverordnung – kurz WMVO genannt – eingeführt (Schachler 2021: 68ff.).

## Die Arbeit von Werkstatträten de jure

Die WMVO ist als Grundlage der Beteiligung der Werkstattbeschäftigten in Anlehnung an das BetrVG entstanden und umfasst 41 Paragrafen. Mit ihr sind der Anwendungsbereich der Rechtsnorm (§ 1 WMVO), das Wahlprozedere der Werkstatträte (§§ 10-28 WMVO), die Rechte und Pflichten der Gremien usw. geregelt. So findet die WMVO „keine Anwendung auf Religionsgemeinschaften und ihre Einrichtungen, soweit sie eigene gleichwertige Regelungen getroffen haben." (§ 1 Abs. 2 WMVO) Von dieser Regelung machen die Kirchen mittels äquivalenter Verordnungen – der Diakonie-Werkstättenmitwirkungsverordnung (DWMV) und der Caritas-Werkstätten-Mitwirkungsordnung (Caritas-WMO) – Gebrauch. So befinden sich circa 26 Prozent der WfbM in evangelischer und circa 17 Prozent in katholischer Trägerschaft (BAG WfbM 2019). Zwischen den Verordnungen bestehen geringfügige Unterschiede, beispielsweise können nach den kirchlichen Verordnungen eigenständige Werkstatträte in separaten Betriebsstätten bestehen (siehe hierzu Schachler 2021: 79ff.). Im Kern muss jedoch die WMVO erfüllt

*Sonderregelungen für Kirchen*

werden, weswegen sich die folgenden Ausführungen auf die WMVO beziehen.

Werkstatträte werden alle vier Jahre gewählt. Je nach Anzahl der Beschäftigten (Größe der WfbM) gehören dem Gremium zwischen drei und 13 Personen an (§ 3 Abs. 1 WMVO), eine gegenüber dem BetrVG reduzierte Anzahl, die in der Gesetzgebung nicht weiter begründet wurde. Die formalen Abläufe sind in Form eines Werkstattratsvorsitzes (§ 31 WMVO), regelmäßigen Werkstattratssitzungen (§ 32 WMVO), einer möglichen Geschäftsordnung (§ 36 WMVO) und mit weiteren gängigen Gremienstrukturen organisiert.

Formale Vorgaben

Zu den allgemeinen Aufgaben des Werkstattrats gehören nach § 4 Abs. 1 WMVO:

1. Die Überwachungspflicht der für Werkstattbeschäftigte bestehenden Gesetze;

2. Das Antragsrecht für Maßnahmen, die dem Betrieb dienen;

3. Die Funktion als Anlaufstelle für Werkstattbeschäftigte bei Anregungen und Beschwerden und die Nachverfolgung dieser Anliegen.

Diese Aufgaben sind den allgemeinen Aufgaben des Betriebsrats nach § 80 Abs. 1 BetrVG entlehnt (Neumann et al. 2020: 1062). Weiter sah die 2001 eingeführte WMVO konkret benannte Mitwirkungs- und Unterrichtungsrechte vor. Damit umfasste diese im Vergleich zum BetrVG sehr abgeschwächte Rechte (Schachler/Schreiner 2017). Dies beruhte auf unterschiedlichen Beweggründen:

- Menschen mit stärkeren Behinderungen oder geistigen Beeinträchtigungen wurde die umfängliche Interessenvertretung in eigener Sache nicht zugetraut (Naendrup 1984: 262ff.).

- Werkstattbeschäftigte sollten nicht überlastet werden (Schlummer/Schutte 2006: 75).

- Werkstätten befinden sich in anderen erwerbswirtschaftlichen Situationen als Betriebe auf dem allgemeinen Arbeitsmarkt, womit ein Teil des BetrVG für Werkstätten nicht greifen kann (etwa § 112a BetrVG).

- Die Ausweitung der Beteiligung ist ein Kostenfaktor (Deutscher Bundestag 2016: 7).

Um langjährigen Forderungen von Werkstatträten nachzukommen, wurde die WMVO mit Gültigkeit Anfang 2017 erstmalig reformiert. Seitdem haben Werkstatträte in neun ausgewählten Bereichen verbindliche Mitbestimmungsrechte (ebd.: 356ff.). Dies bedeutet, dass Werkstatträte in diesen Angelegenheiten nunmehr gemeinsam mit der Werkstattleitung entscheiden, beispielsweise bei Angelegenheiten der Arbeitszeiten oder der Ordnung und dem Verhalten in der Werkstatt (siehe § 5 Abs. 2 WMVO). Alle Maßnahmen, die in diese Themenbereiche fallen, müssen die Zustimmung des Werkstattrates finden.

**Neue verbindliche Rechte**

Somit ist mit den Beteiligungsrechten der reformierten WMVO eine Machtteilnahme des Werkstattrats an zentralen betrieblichen Themen verbindlich vorgegeben. Die Entscheidungsgewalt zwischen Werkstattrat und Werkstattleitung ist im Sinne eines ernsthaften Partizipationsverständnisses auf Egalität gerichtet. Die Mitwirkungs- und Mitbestimmungsrechte des Werkstattrats sind eine Pflicht und können nicht einseitig durch die Werkstattleitung verändert werden (Schachler 2021: 349ff.). Zumindest de jure gemäß den formalen Vorgaben. So werden bestehende Rechte nicht immer so eingelöst und umgesetzt, wie dies vom Gesetzgeber und den gegebenen Rechtsvorschriften intendiert ist. Die Fachdiskussion verweist darauf, dass insbesondere Menschen mit Behinderungen mit Barrieren in der Rechtswahrnehmung und -durchsetzung konfrontiert sind. In der Rechtssoziologie wird dies unter dem Phänomen der Rechtsmobilisierung thematisiert (Baer 2017: 226 f). Menschen mit Behinderungen erleben nun neben den allgemeinen Barrieren der Rechtsmobilisierung auch diejenigen der mangelnden Barrierefreiheit (Rambausek 2017: 434ff.), womit gegebene Rechte dieses Personenkreises de jure und de facto erheblich variieren können.

## Die Arbeit von Werkstatträten de facto

Während zur Arbeit von Betriebsräten verschiedenste Forschungsergebnisse vorliegen (siehe etwa Greifenstein/Kißler 2010), wurde die Arbeit von Werkstatträten empirisch bisher kaum beachtet. Vor dem Hintergrund dieses Forschungsdesiderats wurde im Rahmen eines Dissertationsprojekts (Schachler 2021) mittels einer Mixed-Methods-Studie im explorativen sequenziellen Design untersucht, wie die Interessenvertretung durch Werkstatträte und die Umsetzung der WMVO (bzw. der DWMV und der Caritas-WMO) de facto erfolgt.

## Erhebungsdurchführung

Exploratives sequenziellen Design bedeutet, dass anfängliche qualitative Erhebungen (Gruppendiskussionen) dazu dienten, das lebensweltliche Erfahrungswissen der Anwendungspraxis zur Werkstattratsarbeit zu rekonstruieren und darauf aufbauend valide Instrumente für bundesweite quantitative Befragungen zu konstruieren. Die Gruppendiskussionen wurden mit einem sogenannten Intensitätssampling nach inhaltlichen Kriterien besetzt. Elf Werkstattratsmitglieder, vier Assistenzpersonen von Werkstatträten und zwei Werkstattleitungen nahmen im Jahr 2018 daran teil. Die Auswertung erfolgte mittels der qualitativen Inhaltsanalyse nach Kuckartz (2016) (für genauere Ausführungen zur Erhebungsdurchführung siehe Schachler 2021: 112ff.).

*Studiendesign*

In der sich anschließenden quantitativen Erhebungsphase wurden im Herbst 2019 Werkstatträte, Vertrauenspersonen (so werden die Unterstützungspersonen von Werkstatträten genannt) und Werkstattleitungen an den Hauptwerkstätten aller anerkannten WfbM in Deutschland zur Umsetzung der WMVO befragt (N=733). Die Befragung der Werkstattratsgremien wurde mittels eines Papierfragebogens in einfacher Sprache realisiert, um auch Menschen mit geistigen Beeinträchtigungen zu erreichen. Die Vertrauenspersonen und Werkstattleitungen wurden hingegen in Form von personalisierten Online-Erhebungen befragt. Mittels einer pseudonymen Codierung konnte die Erhebungsdurchführung durchgängig kontrolliert und pro Werkstatt zusammengeführt werden. Mit einer Ausschöpfungsquote von 47 Prozent bei der Befragung der Werkstatträte liegen Angaben von rund jeder zweiten WfbM in Deutschland vor. Auch die Ausschöpfungsquoten der anderen beiden quantitativen Teilstudien fallen mit 19 Prozent und circa 32 Prozent (Schätzwert) angemessen aus (zur Diskussion der Übertragbarkeit der Ergebnisse auf die Grundgesamtheit siehe Schachler 2021: 174ff.).

Im Sinne einer Mixed-Methods-Studie wurden die qualitativen und quantitativen Erhebungsergebnisse abschließend integriert interpretiert. Im Folgenden werden wesentliche Ergebnisse der Studie vorgestellt.

## Werkstattratsgremien sind flächendeckend eingerichtet

Höhere Quote als bei Betriebsräten

Mit der quantitativen Erhebung bestätigte sich, dass Werkstatträte als Gremium der Interessenvertretung flächendeckend eingerichtet sind. Die Einrichtungsquote liegt bei 99 Prozent. Lediglich in Ausnahmefällen (z. B. nach einer Auflösung des Gremiums) ist dies nicht der Fall. Dies ist ein prägnanter Unterschied zu Betriebsräten auf dem allgemeinen Arbeitsmarkt, deren Einrichtungsquote für Betriebe ab fünf Beschäftigten bei < 10 Prozent liegt, mit der Betriebsgröße jedoch stark zunimmt (Ellguth/Kohaut 2019: 295). An diesem Punkt ist die WMVO weitreichender als das BetrVG und wird de facto wie vorgesehen umgesetzt. Dies hat zur Folge, dass Werkstatträte Deutschland e. V. – die bundesweite Interessenvertretung der Beschäftigten in WfbM – auf eine breite demokratisch legitimierte Vertretungsbasis verweisen kann. So sind Werkstatträte überregional nicht in speziellen Gewerkschaften, sondern in Arbeitsgemeinschaften und Landesverbänden organisiert, die „von unten nach oben" die Mitglieder des Bundesverbands wählen.

## Hohe Wahlbeteiligung

Mit 73 Prozent liegt die mittlere Wahlbeteiligung bei den Werkstattratswahlen in einem identisch hohen Rahmen wie die Beteiligung bei den Betriebsratswahlen, die 2018 bei 76 Prozent lag (Demir et al. 2020: 5). Auffallend ist zudem ein großes Interesse an der aktiven Werkstattratstätigkeit. Auf jedes zu wählende Werkstattratsmitglied entfallen im Mittel circa drei Kandidat*innen (Schachler 2021: 319). Sprich, bei einem fünfköpfigen Gremium stellen sich 15 Personen als Bewerber*innen zur Wahl bereit.

## Gremiumsgröße, Verteilung der Behinderungsarten unter den Werkstattratsmitgliedern

Rund ein Drittel der Werkstatträte (32 Prozent) besteht aus fünf Mitgliedern, gefolgt von Gremien mit drei (27 Prozent) bzw. sieben Mitgliedern (20 Prozent). Die mittlere Gremiumsgröße beträgt 5.5 Personen (SD=2.3).

Über die Vertrauenspersonen wurde erfragt, welche primären Behinderungsarten die Werkstattratsmitglieder aufweisen.

Von den so erfassten 1.401 Werkstattratsmitgliedern weisen 46 Prozent eine geistige Beeinträchtigung auf, gefolgt von Mitgliedern mit psychischen Beeinträchtigungen (23 Prozent) und Lernbeeinträchtigungen (19 Prozent). Sieben Prozent der Werkstattratsmitglieder weisen körperliche Beeinträchtigungen auf. Die restlichen fünf Prozent teilen sich in andere / nicht bekannten Beeinträchtigungen (2 Prozent), schwere Mehrfachbeeinträchtigungen (2 Prozent) und Sinnesbeeinträchtigungen (1 Prozent) auf.

*Vielfalt an Beeinträchtigungen vertreten*

Nimmt man die zu Beginn des Textes vorgestellten Zahlen zur Verteilung der primären Behinderungsarten unter den Werkstattbeschäftigten als indirekte Vergleichsangaben, sind Personen mit kognitiven Beeinträchtigungen (geistigen und Lernbeeinträchtigungen) in den Werkstattratsgremien unterrepräsentiert (65 Prozent gegenüber 75 Prozent). Personen mit körperlichen Beeinträchtigungen sind hingegen überrepräsentiert. Jedoch lassen sich die Zahlen durch die unterschiedlichen Erhebungsweisen nur eingeschränkt vergleichen. Festhalten lässt sich jedoch, dass vereinfachte oder Leichte Sprache ein wichtiges Element in der Arbeit von Werkstatträten bildet und Barrierefreiheit durch die verschiedensten Beeinträchtigungsarten in der Arbeit von Werkstatträten sehr Unterschiedliches bedeuten kann. So liegt auch in den meisten Werkstattratsgremien eine Durchmischung verschiedener Beeinträchtigungsarten vor (siehe dazu Schachler 2021: 243ff.).

## Arbeitsorganisation

Der mittlere Sitzungsturnus beträgt nach den erhobenen Daten zwei Werkstattratssitzungen pro Monat. Weitere untersuchte formale Möglichkeiten der WMVO zur Gremien- und Arbeitsorganisation werden von Werkstatträten bisher eher zögerlich verwendet. So haben sich lediglich 38 Prozent der Gremien eine Geschäftsordnung gegeben. In noch weniger Gremien (28 Prozent) liegt eine andauernde (Teil-)Freistellung des/der ersten Vorsitzenden vor. Hier lässt sich Werkstatträten empfehlen, diese Möglichkeiten verstärkt zu nutzen. So gilt eine personelle Freistellung als wesentlicher Faktor einer professionellen Interessenvertretung (Minssen/Riese 2007: 58) und eine Geschäftsordnung bildet ein Mittel, um sich mit den Aufgaben des Gremiums auseinanderzusetzen (Lebenshilfe für Menschen mit geistiger Behinderung Landesverband Bayern e. V. 2006: 137).

## Werkstattversammlungen

Zur Information über das Betriebsgeschehen und seine Tätigkeiten führt der Werkstattrat mindestens einmal pro Jahr eine Werkstattversammlung der Werkstattbeschäftigten durch. Abteilungsversammlungen als möglicher Ersatz sind zulässig (§ 9 WMVO). Im BetrVG sind die äquivalenten Betriebsversammlungen mit einem vierteljährlichen Turnus vorgesehen (§ 43 Abs. 1 BetrVG). Auch wenn demgegenüber die Anzahl der Werkstatt- oder Abteilungsversammlungen in WfbM stark reduziert ist, unterschreiten 22

Prozent der befragten Werkstatträte die vorgesehene Versammlungsvorgabe der WMVO, in dem sie in dem untersuchten Zweijahreszeitraum keine oder nur eine Versammlung durchgeführt haben.

Die Versammlungen sind zur „Willensbildung der Werkstattbeschäftigten im Hinblick auf die Tätigkeit des Werkstattrats" (Bernzen et al. 2020: 81) eine Grundlage der Interessenvertretung. Es erschließt sich nicht, warum Werkstatträte ihrer Informations- und Vertretungspflicht an diesem Punkt nicht nachkommen.

## Mitbestimmung ohne streitschlichtende Instanz: mehr als nur ein Fragezeichen

Mit den Erhebungsergebnissen fällt auf, dass in zwei Drittel der Werkstätten streitschlichtende Vermittlungsstellen fehlen. Diese Vermittlungsstellen können de jure angerufen werden, wenn sich Werkstattrat und Werkstattleitung in Angelegenheiten der Mitwirkung und Mitbestimmung nicht einig werden, um eine streitschlichtende oder ersetzende Entscheidung zu fällen (§ 6 WMVO). Für Werkstatträte sind diese Vermittlungsstellen die wesentlichen Stellen zur Durchsetzung ihrer Rechte (Nachtschatt/Schachler 2015). Dass diese Stellen bisher de facto lediglich in jeder dritten Werkstatt eingerichtet sind, schmälert die Durchsetzungsstärke der Werkstatträte erheblich. So gelten Konfliktfälle in der Mitbestimmungsforschung als „Nagelprobe für jeden Interessensvertretungsprozeß" (Breit & Kotthoff 1990: 49). Solange die Vermittlungsstellen und damit ein funktionierendes Verfahren im Streitfall als „juristischer Faktor der Rechtsmobilisierung" (Baer 2017: 226) noch fehlen, kann nicht davon gesprochen werden, dass die Beteiligungsrechte der Werkstattbeschäftigten in den Werkstätten garantiert sind.

Herausforderungen im Konfliktfall

## Der ignorierte Werkstattratstyp als Regelfall

Auch eine erstellte Typologie der Werkstatträte verweist darauf, dass sich viele Werkstatträte noch nicht in einer Verhandlungsposition befinden, in der ein mitbestimmendes Handeln in Werkstätten tatsächlich möglich ist. Hierzu wurde anhand der Merkmale „abgeschlossene Betriebsvereinbarung" und „eingelegter Widerspruch" eine einfache, zweidimensionale Typologie erstellt. Beide Merkmale sind sowohl in der Praxis als auch in der Theorie relevant:

- Betriebsvereinbarungen (§ 77 BetrVG) sind – als Ergebnis von Mitbestimmungsabläufen (Fricke et al. 2018: 185) – ein „wesentliches Regulierungsinstrument im umkämpften Terrain der betrieblichen Arbeitsbeziehungen" (Nienhüser 2005: 6). In der Mitbestimmungsforschung gelten diese als Indikator für eine wirksame Interessenvertretung des Betriebsrates. In der WMVO sind Betriebs- oder Werkstättenvereinbarungen nicht speziell geregelt. Dennoch werden diese von Werkstatträten genutzt und mit Werkstattleitungen und gegebenenfalls den Interessenvertretungen der Beschäftigten ohne Behinderungen in WfbM (Betriebs-, Personalrat oder Mitarbeitervertretung) abgeschlossen (Schachler 2021, S. 195).

- Ein eingelegter Widerspruch wurde in den qualitativen Erhebungen als Erfolgsfaktor der Werkstattratsarbeit geschildert. Formal gesehen nutzt der Werkstattrat mit einem Widerspruch in einer Mitwirkungs- oder Mitbestimmungsangelegenheit seine gegebenen Rechte (§ 5 WMVO) und offeriert damit eine mitbestimmende Position. Zur Erfassung wurde in einfacher Sprache erfragt: „Hat der Werkstattrat seit der letzten Wahl der Werkstattleitung bei einem Mitwirkungs- oder Mitbestimmungs-Recht widersprochen? (In den Werkstätten der Diakonie sagt man der Werkstattrat hat seine Zustimmung verweigert. Er hat Widerspruch eingelegt. Gemeint sind die Rechte nach § 5 WMVO / Caritas-WMO / § 8, § 10 DWMV)."

Der zeitliche Bezugspunkt „seit der letzten Wahl" entsprach zum Erhebungszeitpunkt einem zweijährigen Zeitraum. Werden die zwei Merkmale „abgeschlossene Betriebsvereinbarung" und „Wi-

| Werkstattratstyp | Betriebsvereinbarung seit der letzten Wahl (in den letzten zwei Jahren) | Widerspruch | In Prozent |
|---|---|---|---|
| Der ignorierte Werkstattrat | Nein | Nein | 41 % |
| Der respektierte Werkstattrat | Ja | Nein | 30 % |
| Der selbstbewusste Werkstattrat | Nein | Ja | 12 % |
| Der einflussnehmende Werkstattrat | Ja | Ja | 18 % |

Abbildung 1: Zweidimensionale Typologie der Werkstatträte (n=284 Werkstattratsgremien) (eigene Darstellung)

derspruch" nun kombiniert, entstehen vier unterschiedliche Ausprägungsmöglichkeiten (siehe Abbildung 1).

Die Namen der Werkstattratstypen sind einem Klassiker der betrieblichen Mitbestimmungsforschung (Kotthoff 1981) und den qualitativen Erhebungsergebnissen (Schachler 2021: 211ff.) entlehnt. Mit dieser zugespitzten Charakterisierung zeigt sich, dass der ignorierte Werkstattratstyp mit 41 Prozent am häufigsten vertreten ist. Die Werkstatträte dieses Typs haben im untersuchten Zweijahreszeitraum weder eine Betriebsvereinbarung abgeschlossen, noch Widerspruch in Angelegenheiten der Mitwirkung und Mitbestimmung eingelegt und nehmen damit auf das Betriebsgeschehen keinen nennenswerten Einfluss. Knapp jeder dritte Werkstattrat (30 Prozent) entspricht hingegen dem respektierten Typ. Diese Gremien können zumindest auf eine abgeschlossene Betriebsvereinbarung verweisen. Mit 18 Prozent ist der einflussnehmende Werkstattrat schließlich in ungefähr jeder fünften Werkstatt zu Hause. Mit abgeschlossenen Betriebsvereinbarungen und eingelegten Widersprüchen zeigt sein Handeln partizipative Züge. Dieser Werkstattratstyp wird in Entscheidungen einbezogen und er hat Gestaltungsoptionen.

*Wenig Relevanz*

## Rückschlüsse und Erkenntnisse

Die gewählten Interessenvertretungen der Arbeitnehmer*innen sind in Deutschland ein wichtiger Teil gelebter Demokratie. In WfbM wird diese Interessenvertretung über gewählte Werkstatträte realisiert, die seit über 25 Jahren als fachliche Vorgabe der Werkstätten einzurichten sind. Diese Vorgabe verweist darauf, dass der betrieblichen Beteiligung in Werkstätten eine wichtige Funktion zukommt. So bestehen WfbM zu dem primären Zweck, Menschen mit Behinderungen die Teilhabe am Arbeitsleben zu ermöglichen. Zu ihren sozialrechtlich definierten Aufgaben gehört die Persönlichkeitsbildung der Beschäftigten. Gerade dafür bietet die Werkstattratsarbeit ein gutes Potenzial, wie dies in einem Zitat einer Unterstützungsperson aus den qualitativen Erhebungen zum Ausdruck kommt: „Ich glaube, dass fast jeder Mensch in der Lage ist, sich irgendwie so weiterzuentwickeln. Und die Werkstattratsarbeit ist ein gutes Mittel dazu" (Schachler 2021: 219).

Wie diese Aussage verdeutlicht, ergeben sich über die Werkstattratsarbeit elementare Bildungs- und Selbstwirksamkeitserfahrungen für Werkstattbeschäftigte, die für diesen Personenkreis mit seinem hohen Exklusionsrisiko nicht ohne Weiteres gegeben sind.

Wird sich nun von der hohen normativen Bedeutung der betrieblichen Beteiligung in WfbM der praktischen Umsetzung zugewandt, zeigt sich, dass diese de jure und de facto erheblich differiert:

- De jure ist mit der WMVO seit über 20 Jahren eine explizite Grundlage zur Arbeit von Werkstatträten gegeben, die 2017 um Mitbestimmungsrechte erweitert wurde.

- An verschiedenen Stellen zeigt sich jedoch, dass die WMVO nicht, wie vorgesehen, umgesetzt wird. De facto wird Mitbestimmung derzeit in vielen Werkstätten bestenfalls lediglich in einer „light Variante" praktiziert, die hinter den Rechten der WMVO zurückbleibt.

Die Erhebungsergebnisse verdeutlichen aber auch, dass das Spektrum der Werkstatträte sehr vielfältig ist und Werkstattbeschäftigte durchaus in der Lage sind, ihre Interessen zu vertreten. So verstehen es die einflussstarken Werkstattratstypen, den Handlungsspielraum der WMVO zu ihren Gunsten zu nutzen, womit sie als wichtige Akteure des Betriebsgeschehens beachtet werden (müssen).

Um vor diesem Hintergrund Werkstatträte auf ihrem Weg zu gelebter Partizipation zu unterstützen, kann die externe Beachtung ein probates Mittel sein. Etwa durch die Zusammenarbeit mit Gewerkschaften, durch Forschungsprojekte, mediale Berichterstattungen oder regionale (politische) Dialoge, womit zugleich ein Beitrag dazu geleistet werden kann, dass Inklusion als gesellschaftliche Aufgabe gelingt.

## Literatur

Baer, Susanne (2017): Rechtssoziologie. Eine Einführung in die interdisziplinäre Rechtsforschung. 3. Aufl. Baden-Baden: Nomos.

BAG WfbM (2019): Die BAG WfbM in Zahlen. Träger der BAG WfbM-Mitgliedswerkstätten vom 30.08.2019, Online verfügbar unter https://www.bagwfbm.de/article/4167 (Zuletzt aufgerufen am 23.01.2023).

BAG WfbM (2020): Anzahl der Mitgliedswerkstätten und belegten Plätze nach Bundesländern zum 1. Januar 2019. Online verfügbar unter https://www.bagwfbm.de/file/1299/ (Zuletzt aufgerufen am 23.01.2023).

BAG WfbM (2021): Anzahl der wesentlichen Behinderungsarten in den Mitgliedswerkstätten zum 1. Januar 2020 nach Behinderungsarten, Online verfügbar unter fi-le:///C:/Users/vschachl/Downloads/behinderungsarten-1.pdf (Zuletzt aufgerufen am 23.01.2023).

Bernzen, Christian/Dittmar, Ansgar/Ertl, Kilian/Veit, Carola (2020): Werkstättenmitwirkungsver-ordnung. Kommentar für die Praxis, Mit Erläuterungen in einfacher Sprache. Marburg: Lebens-hilfe-Verlag.

Breit, Heiko/Kotthoff, Hermann (1990): Zwischen Interessenvertretung und Betreuung. Die Mitwirkung der Behinderten in den Werkstätten für Behinderte, Bonn: Der Bundesminister für Arbeit u. Sozialordnung.

Demir, Nur/Funder, Maria/Greifenstein, Ralph/Kißler, Leo (2020): Trendreport Betriebsratswahlen 2018. Mitbestimmungsreport Nr. 60, Online verfügbar unter https://www.boeckler.de/fpdf/HBS-007712/p_mbf_report_2020_60.pdf (Zuletzt aufgerufen am 23.01.2023).

Detmar, Winfried/Gehrmann, Manfred/König, Ferdinand/Momper, Dirk/Pieda, Bernd/Radatz, Joachim (2008): Entwicklung der Zugangszahlen zu Werkstätten für behinderte Menschen, Berlin: Gesellschaft für Integration, Sozialforschung und Betriebspädagogik gGmbH.

Deutscher Bundestag (2016): Gesetzentwurf der Bundesregierung. Entwurf eines Gesetzes zur Stärkung der Teilhabe und Selbstbestimmung von Menschen mit Behinderungen (Bundesteilhabegesetz – BTHG). BT-Drs. 18/9522, Online verfügbar unter https://dserver.bundestag.de/btd/18/095/1809522.pdf (Zuletzt aufgerufen am 23.01.2023).

Ellguth, Peter/Kohaut, Susanne (2019): Tarifbindung und betriebliche Interessenvertretung: Ergebnisse aus dem IAB-Betriebspanel 2018, In: WSI-Mitteilungen 72 (4), S. 290–297.

Flüter-Hoffmann, Christiane/Kurtenacker, Andrea/Schmidt, Jörg (2021): Menschen mit Beeinträchtigungen auf dem Arbeitsmarkt, Erwerbsbeteiligung, Beschäftigungsstrukturen und persönliche Einschätzungen, Köln: IWMEDIEN.

Fricke, Wolfgang/Grimberg, Herbert/Havemann, Viktor/Wolter, Wolfgang (2018): Betriebsverfassungsgesetz, Kurzkommentar für Betriebsräte, 5. Aufl. Frankfurt a. M.: Bund-Verlag.

Greifenstein, Ralph/Kißler, Leo (2010): Mitbestimmung im Spiegel der Forschung. Eine Bilanz der empirischen Untersuchungen 1952-2010, Berlin: edition sigma.

Kotthoff, Hermann (1981): Betriebsräte und betriebliche Herrschaft. Eine Typologie von Partizipationsmustern im Industriebetrieb, Frankfurt a. M.: Campus.

Kuckartz, Udo (2016): Qualitative Inhaltsanalyse. Methoden, Praxis, Computerunterstützung, 3. Aufl. Wiesbaden: Beltz Juventa.

Lebenshilfe für Menschen mit geistiger Behinderung Landesverband Bayern e. V. (Hg.) (2006): Werkstätten Mitwirkungsverordnung WMVO. Leitfaden und Arbeitshilfen für den Werkstattrat, Erlangen: Lebenshilfe-Landesverband Bayern.

Minssen, Heiner/Riese, Christian (2007): Professionalität der Interessenvertretung. Arbeitsbedingungen und Organisationspraxis von Betriebsräten, Berlin: edition sigma.

Nachtschatt, Eva/Schachler, Viviane (2015): Über die Relevanz und Funktion der Vermittlungsstelle nach § 6 Werkstätten-Mitwirkungsverordnung (WMVO), In: Bundesvereinigung Lebenshilfe (Hg.): Teilhabe durch Arbeit, Ergänzbares Handbuch zur beruflichen Teilhabe von Menschen mit Behinderung, 5. Ergänzungslieferung März 2020. Marburg: Lebenshilfe-Verlag, Kapitel 5.7.

Naendrup, Peter-Hubert (1984): Außerbetriebliche berufliche Rehabilitation. Grundprobleme eines Rechtsstellungsgesetzes für Behinderte, Paderborn, München, Wien, Zürich: Ferdinand Schöningh.

Neumann, Dirk/Pahlen, Ronald/Greiner, Stefan/Winkler, Jürgen/Jabben, Jürgen (2020): Sozialgesetzbuch IX Rehabilitation und Teilhabe behinderter Menschen, 14. neu bearbeitete Aufl. München: C.H. BECK.

Nienhüser, Werner (2005): Der Einfluss des Betriebsrats-Typs auf die Nutzung und Bewertung von Betriebsvereinbarungen. Ergebnisse einer empirischen Untersuchung, In: Industrielle Beziehungen – Zeitschrift für Arbeit, Organisation und Management 12 (1), S. 5–27.

Rambausek, Tonia (2017): Behinderte Rechtsmobilisierung. Eine rechtssoziologische Untersuchung zur Umsetzung von Artikel 19 der UN-Behindertenrechtskonvention, Wiesbaden: VS.

Schachler, Viviane (2021): Partizipation durch Werkstatträte. Wiesbaden: VS Verlag für Sozialwissenschaften, Open Access verfügbar: https://doi.org/10.1007/978-3-658-35383-4

Schachler, Viviane/Schreiner, Mario (2017): Mitbestimmung light? Die Reform der Werkstätten-Mitwirkungsverordnung durch das Bundesteilhabegesetz Teil I: Mitbestimmungsrechte und Ressourcenstärkung, Fachbeitrag B2-2017. Online verfügbar unter www.reha-recht.de (Zuletzt aufgerufen am 23.01.2023).

Scheibner, Ulrich (2000): Die Entwicklung der Werkstätten zur Arbeits- und Berufsförderung, In: Bundesvereinigung Lebenshilfe für Menschen mit geistiger Behinderung e. V. (Hg.): WfB-Handbuch. Band 1. Marburg: Lebenshilfe-Verlag, B5.

Schlummer, Werner/Schütte, Ute (2006): Mitwirkung von Menschen mit geistiger Behinderung. Schule, Arbeit, Wohnen, München, Basel: Ernst Reinhardt.

Prof. Dr. Hendrik Trescher, Peter Nothbaum

# Partizipation und Partizipationsbarrieren von Menschen mit Behinderung in Deutschland

*Mindestens seit der UN-Konvention über die Rechte von Menschen mit Behinderung steht die uneingeschränkte Teilhabe und Partizipation aller Menschen am öffentlichen Leben im Fokus sozialpolitischer Forderungen. Menschen mit Behinderung stoßen in Deutschland jedoch nach wie vor an Barrieren, die sie dabei einschränken. Aber was sind überhaupt Barrieren und was ist Partizipation? Diesen Fragen sowie der komplexen Wechselbeziehung von Partizipation und Barrieren nimmt sich der vorliegende Beitrag an.*

„Partizipation von Menschen mit Behinderung" ist ein Themengebiet, das in Deutschland schon seit längerer Zeit im Fokus sozialpolitischer Forderungen steht. Das schlägt sich auch in einer Vielzahl von Projekten und Initiativen nieder, die sich aus unterschiedlichen Blickwinkeln und Feldern damit beschäftigen, wie die Partizipation von Menschen mit Behinderung in Deutschland (und darüber hinaus) in ihrem jeweiligen Bezugskontext umzusetzen ist. Dabei wird insbesondere auf die UN-Konvention über die Rechte von Menschen mit Behinderung Bezug genommen, die Deutschland 2009 ratifiziert hat und die der uneingeschränkten Teilhabe und Partizipation aller Menschen am öffentlichen Leben politischen und rechtlichen Nachdruck verleiht. Das heißt oftmals in einem ersten Schritt, in den Projekten und Initiativen dort Partizipationsmöglichkeiten zu schaffen, wo es vorher kaum welche gab oder diese stark eingeschränkt waren. Die Förderung der Partizipation zielt darauf ab, Personen der jeweils formulierten Zielgruppe(n) – hier Menschen mit Behinderung – dabei zu unterstützen, sich selbst zu ermächtigen, sodass sie in der Folge verstärkt an mehrheitsgesellschaftlichen Praktiken als gestalterischer Part teilnehmen können und an weniger Barrieren stoßen, dies zu tun. Trotz dieser formulierten Ziele und Unternehmungen in diese Richtung sind die Teilhabe und daran anknüpfend auch die Partizipationsmöglichkeiten von Menschen mit Behinderung an mehrheitsgesellschaftlichen Praxen in Deutschland noch immer deutlich eingeschränkt. Auch wenn hervorzuheben ist, dass über die letzten Jahrzehnte hinweg eindeutige Verbesserungen zu verzeichnen sind. So wurde 2019 der Beschluss aufgehoben, dass Menschen, die eine Betreuung in allen Angelegenheiten haben, was auf einige Menschen mit kognitiver Beeinträchtigung zutrifft, nach Artikel 13 des Bundeswahlgesetzes von der Teilnahme von Wahlen ausgeschlossen werden. Nichtsdestotrotz sind es aber weiterhin gerade Personen mit komplexen (oft auch kognitiven) Beeinträchtigungen, deren Partizipationsmöglichkeiten in fast allen Lebensbereichen stark eingeschränkt sind. Ihre Situation im Besonderen, aber auch die anderer Menschen mit Behinderung, entspricht hinsichtlich der Partizipation an mehrheitsgesellschaftlichen Praxen nicht dem Anspruch der Gleichberechtigung und demokratischen Teilhabe und daher ist es nötig, in diesem Kontext entsprechende Maßnahmen zu ergreifen. Eine oft nicht nur von der Politik forcierte Handlungsstrategie ist hierbei unter dem Schlagwort ‚Barrierefreiheit' zu fassen. Dabei geht es darum, Teilhabebarrieren für Menschen mit Behinderung möglichst umfassend abzubauen. Dies klingt einfach, ist aber bei genauerer Betrachtung eine sehr komplexe und ambivalente Angelegenheit. Barrierefreiheit selbst kann zur Herausforderung werden. Im Laufe des Beitrags wird dies herausgestellt und aufgezeigt, dass Partizipationsbarrieren multiperspektivisch ineinanderwirken und in einer komplexen Wechselwirkung zueinander stehen. In dieser Komplexität gilt es sie auch zu adressieren, damit Menschen mit Behinderung möglichst umfassend mehr teilhaben und partizipieren können.

Nur partielle
Partizipation

## Partizipation

Der Begriff der Partizipation wird in verschiedensten Zusammenhängen gebraucht und ist vielschichtig wie undurchsichtig (vgl.

Rohrmann/Windisch/Düber 2015: 15). Etymologisch setzt er sich aus den lateinischen Wörtern „pars" (Teil) und „capere" (nehmen) zusammen bzw. kann aus dem Wort „participium" abgeleitet werden, was so viel wie „beteiligt sein" heißt (vgl. Schwab 2016: 127). Eine Möglichkeit diese Begriffe zusammenzubringen besteht darin, den Begriff einmal passiv (Teil-haben) und ein anderes Mal aktiv (Teil-nehmen) zu verstehen (vgl. Fach 2004: 197). Die Ungenauigkeit bzw. doppelte Bedeutung mag auch ein Grund sein, warum ähnliche Termini wie Teilnahme, Teilhabe, Beteiligung, Einbeziehung, Mitbestimmung, Integration oder Inklusion teils synonym zu dem Begriff der Partizipation verwendet oder zumindest mit ihm vermischt werden (vgl. Prosetzky 2009; Schwab 2016: 127). Nach Schwalb und Theunissen (2009: 9) steht Partizipation in jedem Falle nicht nur für Beteiligung, sondern umfasst auch das Recht auf Mitsprache, Mitgestaltung und Mitbestimmung. Es geht also darum, dass Menschen in Angelegenheiten, die sie betreffen, mindestens aktiv mit eingebunden und gehört werden, wodurch Partizipation im Vergleich zur Teilhabe eine Erweiterung findet (vgl. Wesselmann 2022: 74). Neben diesen eher lebensweltlichen Zugängen zu Partizipation, die primär in der Pädagogik große Relevanz haben, existiert in der Soziologie noch eine weitere Bedeutung, die sich vor allem auf die politische Teilhabe bezieht. Also die Beteiligung an und die Identifikation mit gesellschaftlichen Institutionen sowie das praktisch-politische Arbeiten an demokratischen Strukturen und Prozessen (vgl. Hillmann 2007: 667). Partizipation hat also auch immer einen normativen Charakter, der sich auf „das Postulat der Mitbestimmung in sozialen Situationen, das mit der Idee von Demokratie einhergeht" (vgl. Rohrmann et al. 2015: 15), bezieht. Seinen hohen Stellenwert im Kontext der Differenzkategorie Behinderung erfährt die Forderung nach Partizipation dadurch, dass Menschen mit Behinderung – wie auch oben schon angeführt – überdurchschnittlich oft und in vielfältiger Weise von einer möglichst gleichberechtigten gesellschaftlichen Teilhabe ausgeschlossen werden (vgl. Flieger 2013: 156). Zusammenfassend kann festgehalten werden, dass der Begriff der Partizipation in seiner

Bedeutung wie Verwendung von Offenheit geprägt ist, grundlegend aber immer „untrennbar durch Zugehörigkeit auf der einen Seite und Einflussnahme auf der anderen Seite geprägt" (Rohrmann et al. 2015: 15) ist.

## Barrieren

Wie schon dargelegt, sind es Barrieren, die Menschen mit Behinderung in ihrer Teilhabe und dementsprechend auch in ihren Möglichkeiten der Partizipation begrenzen. Aber was sind überhaupt Barrieren? Das ist mitunter gar nicht so einfach zu beantworten, da der Begriff der Barriere variabel verwendet wird und schlichtweg eine Vielzahl unterschiedlichster Barrieren existieren, die die Teilhabe verschiedenster Personen(gruppen) begrenzen können (vgl. Trescher 2022, S. 451f). Daher ist es auch schwer, eine allgemeine und trotzdem konkret anwendbare Definition des Begriffs zu finden (vgl. Leidner 2007: 30). Für den hiesigen Beitrag reicht es, Barrieren als Begrenzung bzw. Beschränkung von Teilhabe an je bestimmten Zusammenhängen zu fassen (für eine genauere Auseinandersetzung mit dem Begriff der Barriere und den Vorschlag einer Klassifizierung dieser siehe: Trescher 2022). Barrieren müssen, auch wenn man das erst einmal denken mag, nicht notgedrungen immer ‚schlecht' sein. Sie können gewisse Zusammenhänge nämlich auch vor unerwünschten Zugriffen schützen. Bestimmte Qualifikationen fungieren beispielsweise als Barrieren, die durchaus sinnvoll bzw. notwendig sind, damit z. B. keine Person ohne Führerschein ein Kraftfahrzeug fahren oder keine Person ohne entsprechende Ausbildung als Arzt tätig sein kann. In dem Kontext dieses Beitrags sprechen wir allerdings von Barrieren, die es abzubauen gilt, da sie Zugänge zu Zusammenhängen erschweren oder verunmöglichen, obwohl zu diesen eigentlich alle Bürger*innen einen gleichberechtigten Zugang haben sollten (z. B. die Zugänglichkeit zu öffentlichen Orten oder das Recht zu wählen). Hier wird dann auch deutlich, dass der Beschluss, zu welchen Zusammenhängen alle Bürger*innen Zugang haben sollten und zu welchen nicht, ein normativer und damit schlussendlich auch eine Frage der Gerechtigkeit ist (vgl. Forst 2005: 24ff.).

Die einzige (Teil)Klassifizierung, die hier vorgenommen werden soll, ist die Unterteilung in manifeste und latente Barrieren (vgl. Trescher 2022: 454). Manifeste Barrieren sind solche, die sich offenkundig und statisch vollziehen. Sie sind vergleichsweise einfach zu adressieren. Latente Barrieren hingegen sind solche, die im Gegensatz dazu weniger offensichtlich zutage treten und entsprechend schwerer zu adressieren sind. Nachfolgend wird, wie angekündigt, anhand von Beispielen dargelegt, wie manifeste und latente Barrieren wirksam werden können und die Teilhabe von Menschen mit verschiedenen Behinderungen einschränken und Partizipation erschweren.

*Latente und manifeste Barrieren*

## Zur Wirkmächtigkeit manifester Barrieren

Manifeste Barrieren sind – wie zuvor schon genannt – solche Barrieren, die sich offenkundig und statisch vollziehen. Also z. B. physische Hindernisse, rechtliche Beschränkungen oder fehlende Informationen. Inwiefern manifeste Barrieren wirksam werden können, wird nachfolgend an einer Statistik, die im Rahmen der wissenschaftlichen Begleitung des Projekts „Kommune Inklusiv" der Aktion Mensch e. V. (2017-2022; siehe dazu ausführlich: Trescher/Hauck 2020) erhoben wurde, deutlich. Im Rahmen der Beforschung des Projekts wurden unter anderem öffentliche Veranstaltungen (z. B. Weihnachtsmärkte, Volksfeste, Lesungen etc. in fünf ausgewählten Kommunen in Deutschland) hinsichtlich ihrer barrierefreien Zugänglichkeit untersucht (N=313 im Zeitraum des Projektbeginns 2017 bis einschließlich November 2022). Barrierefreiheit wurde hierbei in den Dimensionen Mobilität, Sehen, Hören, Lesen/Verstehen und Fremdsprache (Englisch) gefasst. Um zu verstehen, inwiefern Barrieren lebenspraktisch wirksam werden, wurden ausführliche Interviews und Gespräche mit Expert*innen geführt, die in leitender Funktion in Selbstvertretungsgruppen und/oder der (selbst vertretenen) Repräsentanz von Menschen mit entsprechenden Unterstützungsbedarfen aktiv sind. Gemeinsam wurde erörtert, wann eine Information, die online auf einer Internetseite dargeboten wird, als barrierefrei bezeichnet werden kann (erster Analyseschritt). Darüber hinaus wurde sich damit auseinandergesetzt, wann eine Veranstaltung als barrierefrei zu klassifizieren ist (zweiter Analyseschritt). Die Ergebnisse der Untersuchung zeigten, dass – um sich zwecks Veranschaulichung auf eine Beeinträchtigungsdimension zu beschränken – im Bereich Mobilität nur bei 21,7 Prozent der untersuchten Veranstaltungen Informationen über die Barrierefreiheit online verfügbar waren. Insgesamt muss also gesagt werden, dass es für Menschen, die eine Beeinträchtigung in den entsprechenden Bereichen haben, schwer ist, sich vorab über die Barrierefreiheit einer Veranstaltung zu informieren, die sie gegebenenfalls gerne besuchen würden. Das kann in einem Ausschluss dieser Menschen münden, da die Hürden für sie, Veranstaltungen zu besuchen, im Vergleich zu denen von Menschen ohne solche Unterstützungsbedarfe höher sind.

Barrieren existieren
und schließen aus
Außerdem zeigte sich im zweiten Analyseschritt (der Untersuchung der Barrierefreiheit der Veranstaltungen), dass durchschnittlich 58 Prozent der untersuchten Veranstaltungen im Bereich Mobilität als barrierefrei kategorisiert wurden. Das veranschaulicht ganz deutlich, dass es Menschen mit entsprechendem Unterstützungsbedarf im Sinne der Zugänglichkeit gegebenenfalls erst gar nicht (bzw. gegebenenfalls nur unter Widrigkeiten) möglich ist, an gewissen mehrheitsgesellschaftlichen Praktiken zu partizipieren, da sie schon zuvor daran ‚scheitern' überhaupt an den Ort des Geschehens zu kommen bzw. diesen zu nutzen. Für Menschen mit anderen Beeinträchtigungen ist dies noch herausfordernder, da sowohl die Information über die Barrierefreiheit als auch die tatsächliche Barrierefreiheit wesentlich seltener vorliegt.

Insgesamt kann anhand der Ergebnisse verdeutlicht werden, dass aus manifesten Barrieren Ausschluss entsteht. Nur in Einzelfällen war eine uneingeschränkte Teilhabe für Personen mit entsprechenden Unterstützungsbedarfen möglich. Es existieren viele manifeste Barrieren für Menschen mit verschiedenen Unterstützungsbedarfen, die ihre Partizipationsmöglichkeiten stark einschränken und dann eben auch lebensweltliche Kontakte zwischen Menschen mit und Menschen ohne Behinderung erschweren. So ist davon auszugehen, dass Personen mit komplexerem Unterstützungsbedarf öffentliche Veranstaltungen, an denen man mit anderen Menschen in Kontakt kommt, mitunter nicht besuchen (können). Solche manifesten Barrieren, die Personen daran hindern, an öffentlichen Veranstaltungen teilzunehmen und zu partizipieren, sollten (und werden es auch mitunter schon) von sozialpolitischer Seite möglichst umfassend abgebaut werden. Das kann (und ist) jedoch auch immer herausfordernd, da es unterschiedliche Bedarfe verschiedener Personen mit unterschiedlichen Beeinträchtigungen gibt, die berücksichtigt werden müssen. Hinzu kommt, dass sich diese Bedarfe gegebenenfalls auch noch im Widerstreit befinden können: Was für den einen eine Barriere ist, beispielsweise ein Bordstein für einen Menschen mit Mobilitätsbeeinträchtigung, kann für einen anderen Menschen, z. B. einen Menschen mit Sehbeeinträchtigung, eine Orientierung sein. Außerdem ist es problematisch, dass, will man solche Barrieren konsequent adressieren, ein solches Unterfangen teilweise mit immensen Kosten sowie bürokratischen Hürden verbunden ist. Es gibt also viele verschiedene Herausforderungen und es muss sich auch immer die Frage gestellt werden, was realistisch machbar ist.

## Zur Wirkmächtigkeit latenter Barrieren

Latente Barrieren sind – wie auch schon oben dargelegt – solche Barrieren, die im Gegensatz zu manifesten Barrieren weniger offensichtlich zutage treten – beispielsweise in Form von Ängsten, Vorbehalten oder ablehnenden Einstellung – und entsprechend schwerer zu adressieren sind. Als Beispiel, wie latente Barrieren wirksam werden können, kann hier herangezogen werden, dass Menschen mit Behinderung, obwohl ihnen selbstverständlich die politische Partizipation explizit erlaubt ist, deutlich seltener als Menschen ohne Behinderung an politischen Praxen partizipieren. Dies kann an der einer Evaluation (Trescher 2016; 2018) zur politischen Partizipation von Menschen mit Behinderung in Deutschland

Auch Ängste sind Barrieren

exemplifiziert werden. Die Evaluation wurde im Auftrag des Deutschen Instituts für Menschenrechte durchgeführt und verfolgte die Fragestellung, ob und inwiefern Menschen mit Behinderung am politischen Leben in Deutschland partizipieren. Die Ergebnisse der in diesem Zuge durchgeführten Interviews zeigten, dass im Bundestag sowie vier exemplarisch untersuchter Landtage (Hessen, Nordrhein-Westfalen, Niedersachsen, Sachsen) im Zeitraum vom März 2016 bis Mai 2016 weniger als 1 Prozent der Parlamentarier*innen als schwerbehindert galten. Sie waren also in politischen Ämtern deutlich unterrepräsentiert. Relevant ist hierbei der Punkt, dass es rein rechtlich erlaubt ist, dass Menschen mit Behinderung am politischen Geschehen partizipieren und sich beispielsweise auch in politische Ämter wählen lassen – darin besteht also keine Barriere, die für dieses Ungleichgewicht verantwortlich sein könnte. Dennoch passiert dies aber anscheinend nur sehr selten. Vielmehr scheint, und die Ergebnisse der Evaluation belegen dies, das Zusammenspiel vieler verschiedener (sowohl manifester als auch insbesondere latenter) Barrieren zu sein, das dafür sorgt, dass es so wenige Parlamentarier*innen mit Behinderung gibt.

**Weniger als 1% der Menschen in Parlamenten gelten als schwerbehindert**

Manifest sind Barrieren beispielsweise auf der Ebene des Zugangs zu wahlbezogenen wie tagespolitischen Informationen zu verordnen. Diese fokussieren sich oftmals nur auf die deutsche Verbalsprache und/oder sind unzureichend barrierefrei gestaltet, was dazu führt, dass sich Personen, deren Muttersprache nicht die deutsche Verbalsprache ist und/oder auf alternative Zugänge zu Informationen angewiesen sind, nur eingeschränkt umfassend informieren können und dadurch in ihrer Partizipation behindert werden. Hinzu kommen dann noch diverse manifeste Barrieren auf anderen Ebenen, die die politische Partizipation von Menschen mit Behinderung erschweren. Hier zu nennen wäre beispielsweise die Herausforderungen, dass parteipolitische Aktivitäten auf lokaler Ebene, die meistens die ersten Zugänge für Personen bilden, die politisch aktiv werden möchten, nicht barrierefrei sind, was die Partizipation erschwert und letztlich gegebenenfalls Menschen davon abhält sich zu engagieren. Die Liste ließe sich hier umfassend erweitern.

Es sind aber vor allem auch latente Barrieren, die die politische Partizipation von Menschen mit Behinderung erschweren. Insbesondere sind es beispielsweise Ängste, Vorbehalte oder Vorurteile, die als latente Barrieren wirksam werden und dazu führen, dass sich Menschen mit Behinderung nicht aufstellen lassen oder aufgrund von ablehnenden Einstellungen eines Teils der Wählerschaft kaum gewählt werden, da sie die Personen (gegebenenfalls unberechtigterweise) als ‚weniger geeignet' konstruieren.

## Ambivalenzen und Multiperspektivisches Ineinanderwirken von Barrieren

Wurden in den vorherigen Abschnitten primär die Wirkmächtigkeit sowohl manifester wie latenter Barrieren adressiert, wird hier nun gezeigt, wie Barrieren multiperspektivisch ineinander wirken können. Als Ausgangspunkt sollen hierfür die institutionalisierten Unterstützungssysteme der Behindertenhilfe genommen werden. Diese erheben und erfüllen in verschiedener Hinsicht den Anspruch, Barrieren für Menschen mit Behinderung abzubauen und ihnen Teilhabemöglichkeiten zu schaffen. Bei eingehender Betrachtung wird allerdings deutlich, dass dies nicht immer der Fall ist und der formulierte Anspruch und die dem Hilfesystem innewohnenden Praxen auch einander zuwiderlaufen können. Das mag darin Begründung finden, dass es auch Barrieren gibt, die auf den ersten Blick kaum ersichtlich sind und daher nicht mitgedacht werden (vgl. Trescher 2022: 457). Ambivalent ist hierbei insbesondere, dass das Hilfesystem selbst Barrieren reproduzieren und sogar selbst erst errichten kann – wenn auch nicht unbedingt bewusst, will es doch eigentlich nur Unterstützungsleistungen erbringen und Teilhabe ermöglichen. Maßgeblich ist dafür beispielsweise die umfassende Bürokratie, die sich an vielen Stellen des Hilfesystems finden lässt und oftmals mit erheblichen (Mehr-)Aufwand einhergeht. Das führt dazu, dass Ressourcen – die oftmals ohnehin knapp sind – für verwalterische und organisatorische Tätigkeiten bereit-

Auch Hilfen können Barrieren sein

gestellt werden müssen, die im Umkehrschluss für pädagogische Tätigkeiten (z. B. die professionelle Betreuung der Adressat*innen oder freizeitlichen Aktivitäten) fehlen. Hinzu kommt, dass viele Personen – vornehmlich Menschen mit komplexerer Beeinträchtigung –, die auf das Hilfesystem angewiesen sind, in einer massiven Abhängigkeit zu ihm stehen und über wenig persönliche Handlungsökonomie verfügen (vgl. Trescher 2015: 297ff; 2017: 157ff.). Es bestehen beispielsweise in stationären Wohneinrichtungen sehr starre Tagesabläufe, in denen jegliche Alltagsaktivitäten (Essen, Pflege, Freizeit, Arbeit, etc.) stark reguliert sind. Auch wenn solche Vorgaben teilweise notwendig sein mögen, um die Versorgung der Bewohner*innen sicherzustellen, erwachsen daraus umfassende Barrieren, die die Betroffenen in der möglichst freien Gestaltung ihres Alltags einschränken. Veranschaulichen lässt sich dies nochmal anhand eines kurzen Beispiels: die Studie „Freizeit als Fenster zur Inklusion. Konstruktionen von Teilhabe und Ausschluss für

Ressource<br>Zeitautonomie

erwachsene, institutionalisiert lebende Menschen mit ‚geistiger Behinderung'" (2013-2015) hat gezeigt, dass gerade im Freizeitbereich eine große Bereitschaft und der Wille vorhanden ist, Teilhabe- und Partizipationsmöglichkeiten für Menschen mit Behinderung zu schaffen. Diese werden aber von entsprechenden Personen oftmals kaum wahrgenommen, da die potenziellen Adressat*innen gar kein Wissen über diese Möglichkeiten haben und/oder aufgrund ihrer Lebenssituation (z. B. dem Leben in Wohnheimen) den Besuch der Aktivitäten nicht wahrnehmen können, da sie beispielsweise kein*e Betreuer*in begleiten kann oder die Aktivität zu einer Zeit stattfindet, in der sie andere „Verpflichtungen" haben. Die Institutionalisierung des Alltags von Menschen mit Behinderung kann also zur Barriere werden. Hinzu kommen dann vielmals noch Berührungsängste, oft hervorgehend aus Diskriminierungserfahrungen.

## Zur komplexen Wechselwirkung von Partizipationsbarrieren – Ausblick

Insgesamt illustrieren die vorgestellten Forschungsergebnisse, dass Menschen mit verschiedenen Unterstützungsbedarfen an diverse manifeste und latente Partizipationsbarrieren stoßen, die ineinandergreifen und in einer komplexen Wechselwirkung zueinanderstehen. Hier kann ein Handlungsbedarf, diese möglichst umfassend abzubauen, identifiziert werden. Unter dem idealtypischen und moralisch aufgeladenen Konzept der Barrierefreiheit wird dies versucht. Für den Kontext des hiesigen Beitrags zeigt sich, dass, damit Partizipationsmöglichkeiten für Menschen mit Behinderung eröffnet werden, es aber allein nicht reicht, manifeste Barrieren wie Zugangsbeschränkungen (auch wenn das wichtig und wünschenswert ist) durch standardisierte Konzepte und/oder Einzelmaßnahmen abzubauen. Insbesondere gilt es auch latente Barrieren zu adressieren. Menschen mit erhöhtem Unterstützungsbedarf betrifft das in besonderem Maße. In diesem Zusammenhang gilt es auch die institutionalisierten Betreuungsstrukturen, respektive deren Ausgestaltung, infrage zu stellen. Es konnte gezeigt werden, dass beispielsweise eine rein bauliche Umgestaltung von Wohnheimen nicht ausreicht, um Barrieren – speziell latente – abzubauen. Vielmehr ist eine sensible Adressierung von Barrieren notwendig. Oftmals ist es auch so, dass Barrieren und Barrierefreiheit zumeist in Bezug auf Mobilitätseinschränkungen gedacht werden. Aber selbst bei manifesten, die Mobilität betreffende Barrieren reicht es nicht, wenn nur einzelne Strukturen und Bereiche adressiert werden. Der Mehrwert für eine Person mit Mobilitätsbeeinträchtigung ist vergleichsweise gering, wenn beispielsweise ein Wahlamt physisch barrierefrei umgebaut wird, der Weg dorthin aber voller Barrieren bleibt. Barrieren stehen in einer komplexen Wechselwirkung zueinander und müssen auch als solche adressiert werden.

*Barrieren sind multipel*

Partizipation bedeutet mehr, als physisch irgendwo hinzukommen (auch wenn das oftmals die Grundvoraussetzung ist). Besonders bedeutsam scheint für die Partizipation von Menschen mit Behinderung daher vor allem übergeordnet die Bewusstseinsbildung und Sensibilisierung der Mehrheitsgesellschaft zu adressieren, denn es ist an sehr vielen Stellen so, dass Personen mit Behinderung (systematisch) Ausschluss erfahren. Es ist daher ganz entscheidend, dass Berührungspunkte zwischen Menschen mit und Menschen ohne

Behinderung geschaffen werden, damit Ängste und Unsicherheiten im Miteinander abgebaut werden können. Nur so kann die „soziale Grenze", die teilweise zwischen Menschen mit und Menschen ohne Behinderung besteht, aufgelöst werden.

## Literatur

Fach, Wolfgang (2004): Partizipation, in: Ulrich Bröckling, Susanne Krasmann, Thomas Lemke (Hrsg.), Glossar der Gegenwart. Frankfurt am Main: Suhrkamp, S. 197–203.

Flieger, Petra (2013): Durch Partizipation zu mehr Gerechtigkeit in der Forschung zu Behinderung, in: Markus Dederich, Heinrich Greving, Christian Mürner, Peter Rödler (Hrsg.), Behinderung und Gerechtigkeit. Heilpädagogik als Kulturpolitik. Gießen: Psychosozial-Verlag, S. 153-168.

Forst, Rainer (2005): Die erste Frage der Gerechtigkeit, in: Aus Politik und Zeitgeschichte, Jg. 55, Nr. 37, S. 24–31.

Hillmann, Karl-Heinz (2007): Wörterbuch der Soziologie. Stuttgart: Kröner.

Leidner, Rüdiger (2007): Die Begriffe „Barrierefreiheit", „Zugänglichkeit" und „Nutzbarkeit" im Fokus, in: Patrick S. Föhl, Stefanie Erdrich, Hartmut John, Karin Maaß (Hrsg.), Das barrierefreie Museum. Theorie und Praxis einer besseren Zugänglichkeit. Ein Handbuch. Bielefeld: transcript, S. 28–33.

Prosetzy, Ingolf (2009): Isolation und Partizipation, in: Markus Dederich, Wolfgang Jantzen (Hrsg.), Behinderung und Anerkennung. Stuttgart: Kohlhammer, S. 87–95.

Rohrmann, Albrecht/Windisch, Marcus/Dübner, Miriam (2015): Barrierefreie Partizipation. Annäherung an ein Thema, in: dies. (Hrsg.), Barrierefreie Partizipation. Entwicklungen, Herausforderungen und Lösungsansätze auf dem Weg zu einer neuen Kultur der Beteiligung. Weinheim, Basel: Beltz Juventa, S. 15–29.

Schwab, Susanne (2016): Partizipation, in: Ingeborg Hedderich, Gottfried Biewer, Judith Hollenweger, Reinhard Markowetz (Hrsg.), Handbuch Inklusion und Sonderpädagogik. Bad Heilbrunn: Klinkhardt, S. 127–131.

Theunissen, Georg/Schwalb, Helmut (2009): Einführung. Von der Integration zur Inklusion im Sinne von Empowerment, in: Helmut Schwalb, Georg Theunissen (Hrsg.), Inklusion, Partizipation und Empowerment in der Behindertenarbeit. Best-Practice-Beispiele: Wohnen - Leben - Arbeit - Freizeit. Stuttgart: Kohlhammer, S. 11-36.

Trescher, Hendrik (2015): Inklusion. Zur Dekonstruktion von Diskursteilhabebarrieren im Kontext von Freizeit und Behinderung. Wiesbaden: VS.

Trescher, Hendrik (2016): Wahlrecht von Menschen mit Behinderungen, in: Deutsches Institut für Menschenrechte (Hrsg.), Die Umsetzung ausgewählter OSZE-Verpflichtungen zu Menschenrechten und Demokratie in Deutschland. Unabhängiger Evaluierungsbericht anlässlich des deutschen OSZE-Vorsitzes 2016, S. 96-108.

Trescher, Hendrik (2017): Wohnräume als pädagogische Herausforderung. Lebenslagen institutionalisiert lebender Menschen mit Behinderung. Wiesbaden: SpringerVS.

Trescher, Hendrik (2018): Politische Partizipation von Menschen mit Behinderungen, in: Behindertenpädagogik, Jg. 57, Nr. 2, S. 165–177.

Trescher, Hendrik (2022): Barriere, in: Fabian Kessl, Christian Reutlinger (Hrsg.), Sozialraum. Eine elementare Einführung. Wiesbaden: SpringerVS, S. 451-461.

Trescher, Hendrik/Hauck, Teresa (2020): Inklusion im kommunalen Raum. Sozialraumentwicklung im Kontext von Behinderung, Flucht und Demenz. Bielefeld: transcript.

Wesselmann, Carla (2022). Partizipation, Inklusion und Exklusion im Kontext von Behinderung – Eckpunkte einer (kritischen) Teilhabeforschung!?, in: Gudrun Wansing, Markus Schäfers, Swantje Köbsell (Hrsg.), Teilhabeforschung – Konturen eines neuen Forschungsfeldes. Beiträge zur Teilhabeforschung. Wiesbaden: SpringerVS, S. 67-84.

Eva Konieczny

# „Nichts über uns ohne uns!" Politische Partizipation inklusiv gestalten

*Für Menschen mit Behinderungen, die zu einer benachteiligten, wenig sichtbaren Personengruppe zählen, gibt es noch vielfältige Teilhabebarrieren und ungleiche -chancen. Im Beitrag sollen Rahmenbedingungen nachgezeichnet werden, die es zur gleichberechtigten politischen Teilhabe von Betroffenen braucht. Es soll aufgezeigt werden wie sich der Thematik angenähert werden kann, wenngleich es unterschiedliche kommunalspezifische Lösungen vor Ort erfordert.*

Multiple Barrieren

So sehen Teilhabebarrieren aus: Es wird eine Veranstaltung zum Thema Partizipation von Menschen mit Behinderungen geplant. Diese soll zum Austausch auf Augenhöhe einladen. Am Veranstaltungsort befinden sich allerdings überwiegend Stehtische. Der für Rollstuhlfahrer*innen zugängliche Nebeneingang ist nicht als solcher ausgewiesen. Der Schlüssel zum barrierefreien WC muss erst organisiert werden.

Die Belange von Menschen mit Behinderungen werden wie hier sowie in vielen weiteren politischen Kontexten zum einen nicht mitgedacht, zum anderen bringen Menschen mit Behinderungen aufgrund verschiedenster Barrieren ihre Belange wenig selbst ein und partizipieren weniger. Können sie nicht teilhaben, werden sie auch nicht gesehen. Das führt im Umkehrschluss dazu, dass die Beteiligungsmöglichkeiten unverändert bleiben und nicht hinterfragt werden.

Wenn es also um die Frage der Bürgerbeteiligung geht, ist es wichtig, dass jede*r, so auch Menschen mit Behinderungen, die Möglichkeit erhalten, sich zu beteiligen und ihre Interessen gleichberechtigt mit anderen vertreten zu können. Partizipation ist die Grundlage einer demokratischen Gesellschaft. Ungleiche Partizipationsmöglichkeiten und damit verbundene Ausschlüsse entsprechen nicht dem demokratischen Grundprinzip. Partizipation ist ein Menschenrecht. Um Menschenrechte wiederum wirksam zu schützen und aktiv zu unterstützen, braucht es Partizipation. Die Geschichte zeigt, dass die Lebensrealität von Menschen mit Behinderungen sehr lange und sehr stark von Menschenrechtsverletzungen geprägt wurde. Menschen mit Behinderungen galten als unmündig. Sie wurden systematisch diskriminiert und ausgegrenzt. Noch heute stoßen sie auf vielfältige Teilhabebarrieren, die ihre gleichberechtigte und vollumfängliche Teilhabe am politischen Leben erschweren.

Weshalb ist es speziell für Menschen mit Behinderungen so schwer, in politische Kontexte zu gelangen und sich zu beteiligen?

## Exkurs: die Behindertenbewegung und die Entwicklung des Selbstvertretungsanspruchs

Es gab eine lange Tradition der Fürsorge für Menschen mit Behinderungen in Form des Stellvertreterprinzips. Statt selbst Entscheidungen zu treffen, wurden die Entscheidungen von Menschen ohne Behinderungen getroffen. Kennzeichnend für die bürgerrechtliche Position von Menschen mit Behinderungen war ihre Entrechtung, Entmündigung und Unterdrückung. Um dagegen vorzugehen, schlossen sich Menschen mit Behinderungen im Rahmen der Selbsthilfe- und Bürgerrechtsbewegungen Anfang der 60er-Jahre im internationalen und nationalen Raum zusammen. Sie bildeten eigene Netzwerke und führten diverse Protestaktionen durch. Eine breite Protestmobilisierung, bezogen auf die Missachtung der Menschenwürde, bot z. B. das sogenannte „Frankfurter Urteil". Eine Urlauberin fühlte sich am Urlaubsort von einer Gruppe von Menschen mit Behinderung gestört. Sie klagte gegenüber ihrem Reiseveranstalter auf Preisnachlass und bekam vom Frankfurter Landgericht Recht. In der Urteilsbegründung ‚im Namen des Volkes' wurde betont: „Es ist nicht zu verkennen, dass eine Gruppe von Schwerstbehinderten bei empfindsamen Menschen eine Beeinträchtigung des Urlaubsgenusses darstellen kann. (…) So wünschenswert die Inte-

Fürsorge oder Teilhabe?

gration von Schwerbehinderten in das normale tägliche Leben ist, kann sie durch einen Reiseveranstalter gegenüber seinen anderen Kunden nicht erzwungen werden. Dass es Leid auf der Welt gibt, ist nicht zu ändern; aber es kann der Klägerin nicht verwehrt werden, wenn sie es jedenfalls während des Urlaubs nicht sehen will" (Klee 1980, S. 35ff.). Menschen mit Behinderungen wurden erstmalig juristisch als Reisemangel bezeichnet (vgl. ebd.). Sie befanden sich eindeutig im gesellschaftlichen Abseits. Hier zeigte sich eine sehr starke Unterscheidung von Menschen und ihren Rechten. Die Haltung Menschen mit Behinderungen gegenüber bestand aus Abwehr und Abneigung. Die darauffolgende Demonstration in Frankfurt bewirkte einen Selbstbewusstseinsschub für die sich entwickelnde Behindertenbewegung (vgl. Köbsell 2012). Auf Grundlage des gesellschaftlich diskreditierenden Merkmals und der gemeinsam erlebten Ausgrenzungs- und Diskriminierungserfahrungen entwickelten Menschen mit Behinderungen ein neues Selbstverständnis.

**Emanzipation durch Selbstbewusstsein** Es erwuchs ein vollkommen neues Behinderungsverständnis - ein emanzipatorisches Selbstbewusstsein Betroffener und damit auch eine kollektive Identität. Was dazu führte, dass sich insgesamt das gesellschaftliche Bild von Menschen mit Behinderungen veränderte. Menschen mit Behinderungen brachen aus der ihnen zugedachten Rolle des dankbaren „Musterkrüppelchens" (Steiner 1999) aus, denn sie forderten nun selbst ihre Rechte ein und die gleichberechtigte Teilhabe in allen Lebensbereichen. Es entstand der Slogan und die Philosophie der Behindertenbewegung -– „Nichts über uns ohne uns!" Dieser Grundsatz untermauert die Notwendigkeit von Partizipation Betroffener und ist für die gegenwärtige Arbeit mit und von Menschen mit Behinderungen handlungsleitend. Auch die Entstehungsgeschichte der UN-Behindertenrechtskonvention (UN-BRK) umrahmt diesen Grundsatz und steht für echte und gelebte Partizipation von Menschen mit Behinderung. Menschen mit Behinderungen haben auf Seiten der Zivilgesellschaft, als Vertreter*innen von nationalen Menschenrechtsinstituten oder auch als Mitglieder von Regierungsdelegationen konkret und in einer bisher einzigartigen Weise bei ihrer Ausarbeitung mitgewirkt und wurden als gleichwertige Gesprächs- und Verhandlungspartner*innen wahrgenommen (mehr dazu in Bernstorff 2007; Degener 2010).

Die UN-BRK greift die Errungenschaften der Behindertenbewegung auf und bestärkt diese. Zu diesen zählt das veränderte Menschenbild. Menschen mit Behinderungen sind als vollkommene, gleichberechtigte und eigenverantwortliche Bürger*innen und als Expert*innen in eigener Sache wahrzunehmen. Eine weitere Errungenschaft ist das politische Verständnis von Behinderung. Dies drückt sich darin aus, behindert zu werden und damit zum Menschen mit Behinderung gemacht zu werden. Behinderung ist ein Konstrukt oder eine Frage politischer und persönlicher Macht. Das heißt, das Phänomen Behinderung wird sowohl politisch als auch vom Einzelnen gemacht. Eine Behinderung entsteht in Wechselwirkung mit den Barrieren in der Umgebung. So wie es auch die UN-BRK formuliert. Die Lebenssituation von Menschen mit Behinderungen wurde und wird heute noch politisch, das heißt durch politische Entscheidungen, verursacht.

*Behinderung entsteht durch Barrieren*

Ferner gehören insgesamt wichtige Gesetzesänderungen zu den Erfolgen der Behindertenbewegung. Die Änderung des Grundgesetzes, die UN-BRK, die Regelungen in der Antidiskriminierungs- und Gleichstellungsgesetzgebung, der hohe Menschenrechtsstandard, die Veränderungen der gesellschaftlich normierten Werte sowie der gesellschaftliche Umgang mit Behinderung, ist der Verdienst von Menschen mit Behinderungen selbst. Das zeigt, wie wichtig es ist, die Selbstvertretung zu fördern und Menschen mit Behinderungen hierin zu bekräftigen. Letztlich unterstreicht dies erneut die Notwendigkeit von Partizipation von Selbstvertreter*innen.

## Politische Partizipation von Menschen mit Behinderungen ist gesetzlich verankert

Die politische Partizipation von Menschen mit Behinderungen ist nicht nur notwendig. Sie ist in demokratietheoretischer Hinsicht als auch in verschiedenen Gesetzen geboten. Dies zeigen die Landesgesetzgebungen (Behindertengleichstellungsgesetze) und die UN-

BRK. Die UN-BRK umfasst Partizipation als Querschnittsanliegen. Ziel ist immer eine Gestaltung mit Menschen mit Behinderungen zusammen (vgl. BBMB, S. 9, Artikel 4, Absatz 3 UN-BRK). Menschen mit Behinderungen müssen die Möglichkeit erhalten, ihre Interessen gleichberechtigt einzubringen. Ihnen müssen auf allen politischen Ebenen Organisationen der Selbstvertretung zur Verfügung stehen. Die Bildung dieser Organisationen und der Beitritt zu ihnen sind staatlich zu fördern (vgl. BBMB, S. 25f., Artikel 29 UN-BRK).

Wo ist es am ehesten möglich, sich zu beteiligen? Wo können inklusive Prozesse am ehesten angeregt und gestalten werden?

## Partizipation fängt in der Kommune an

Das Zusammenleben und dessen Gestaltung findet vor Ort statt. Gleichberechtigte Teilhabemöglichkeiten von Menschen mit Behinderungen können hier geschaffen oder bearbeitet werden. Die notwendigen Veränderungen, um Barrieren abzubauen, müssen vor allem in den Städten und Gemeinden vollzogen werden. Dort ist zum einen die Wirkung am unmittelbarsten für den Alltag und die Lebensrealität der Menschen mit Behinderungen. Zum anderen können Themen und Maßnahmen sehr viel konkreter ausgehandelt und vereinbart werden, da es ein überschaubarer und greifbarer Rahmen ist. Um ein inklusives Zusammenleben effektiv anzugehen, ist die Beteiligung der Menschen mit Behinderungen als Expert*innen in eigener Sache unabdingbar. Damit Menschen mit Behinderungen besser mitreden und mitbestimmen können, müssen bestimmte Voraussetzungen erfüllt sein.

*Kommunaler Fokus*

## Partizipation in der Praxis, wie kann das gelingen?

Effektive Partizipation hängt von drei Grundfaktoren ab. Zu diesen zählen eine „partizipative Struktur" (ermöglichen), eine „inklusive Kultur" (wollen) und eine „politische Aktivität" (machen).

Am besten können die drei Grundbedingungen bearbeitet werden, wenn Selbstvertretung, Politik und Verwaltung an einen Tisch gebracht werden, an einem Strang ziehen und von Beginn an zusammenarbeiten. Die einzelnen Akteur*innen können z. B. durch einen Workshop, ein Netzwerktreffen oder sonstige Initiativen zusammengebracht werden. Hierzu können hauptverantwortliche Stellen oder Personen für das Themenfeld Inklusion in der Verwaltung oder Arbeitskreise usw. anregen. Die Kommune sollte dies in ihrer Federführung unterstützen. Es sollte ein Format gefunden werden, das eine intensive Auseinandersetzung mit der Verbesserung der örtlichen Teilhabemöglichkeit zulässt. Dies eröffnet die Chance, an den örtlichen Entwicklungspfaden anzusetzen und gemeinsam passgenaue Lösungen vor Ort zu entwickeln. Denn jede Kommune ist verschieden. Die Akteursgruppen können dann eine Einschätzung zum Status Quo vornehmen, das heißt: Wo steht die Kommune, bezogen auf die Beteiligungsmöglichkeiten; in welchem Bereich besteht konkreter Handlungsbedarf und wo muss möglicherweise nachjustiert werden, damit die Beteiligung von Menschen mit Behinderungen verbessert werden kann?

Inklusion ist ein Lernprozess für alle Beteiligten. Inklusion regt zugleich zu einem Perspektivwechsel an. Die unterschiedlichsten Akteur*innen können voneinander lernen und mögliche Berührungsängste können abgebaut werden. Gleichzeitig können sie die Erfahrung machen, dass eine Zusammenarbeit gelingt. Wie können örtliche Teilhabemöglichkeiten geschaffen werden?

*Inklusion ist ein Lernprozess*

## Partizipationswege ebnen: die politische Struktur

Zuallererst muss es eine politische Struktur in der Kommune geben. Sie ermöglicht es, in der Politik mitzureden und mitzubestimmen. Es gilt folglich zu schauen, wie bestehende Strukturen dahingehend beschaffen sind und gestaltet werden und wo Nachholbedarf besteht. Fördern die Strukturen die politische Teilhabe? Wird durch sie das politische Engagement ermöglicht? Gibt es ein kommunales Selbstvertretungsgremium oder eine beauftragte Person? Hier ist zu berücksichtigen, dass es unterschiedliche Formen und Modelle gibt, wie die Interessen von Menschen mit Behinderungen oder chronischen Erkrankungen vor Ort politisch vertreten werden können. Grundsätzlich kann dabei zwischen einer stellvertretenden und einer eigenen Vertretung der Interessen unterschieden werden. Behinderten- bzw. Inklusionsbeauftragte sind eine stellvertretende Form. Dadurch, dass sie das Bindeglied zwischen der Selbsthilfe und der Verwaltung sind, können sie wesentlich dazu beitragen, dass Menschen mit Behinderungen in ihrem politischen Engagement und in ihrer Selbstorganisation bestärkt werden. Behinderten-/Inklusionsbeauftragte können auch darauf hinwirken, dass Planungsprozesse in der Verwaltung partizipativ ausgerichtet werden. Das Hauptaugenmerk sollte auf die Vertretung der Interessen von Menschen mit Behinderungen gerichtet werden (siehe auch Punkt politische Aktivität). Unabhängig davon, um welches Gremium bzw. Form von politischem Korrektiv es sich handelt, ob kommunalpolitisches Gremium, Arbeitskreis, o. Ä. sollten die Rahmenbedingungen hinterfragt werden. Damit verbunden ist das Thema Barrierefreiheit.

**Beauftragte als Treiber von Beteiligung**

Folgende Rahmenbedingungen können hier besprochen werden: Wo und in welcher Räumlichkeit trifft sich die Arbeitsgruppe? Gibt es eine Moderation und Vermittlung zwischen den teilweise widerstreitigen Interessen? Wie wird außerhalb der Treffen kommuniziert? Wie werden Informationen aufbereitet? Es gibt in vielen Kommunen noch große Schwierigkeiten, was etwa die Teilnahme von Menschen mit Sinnesbehinderungen, Lernschwierigkeiten und psychischen Erkrankungen angeht. Diese Personenkreise können sich im Vergleich zum Personenkreis von Menschen mit Mobilitätsbeeinträchtigungen in politischen Kontexten noch wenig selbst vertreten bzw. engagieren. Häufig werden die Interessen beispielsweise von Menschen mit Lernschwierigkeiten in solchen Gremien eher durch Stellvertreter*innen, wie z. B. dem/der Bereichsleiter*in der Wohneinrichtung XY eingebracht. Die Beteiligung dieser Personengruppe wird durch eine Reihe von Faktoren erschwert. Hierzu zählt z. B. : die Verwendung von schwer verständlichen Sitzungsvorlagen, zeitliche Begrenzungen (Redezeit etc.) in den Gremien, unklare Rollenverteilungen oder die Einladung zum Arbeitskreis hat den Personenkreis gar nicht erreicht. Die Herausforderung und zukünftige Aufgabe besteht darin, sich behinderungsübergreifend zu öffnen und aufzustellen und Beteiligung zu ermöglichen. Dazu zählen möglicherweise neue Formen der Partizipation zu entwickeln und anzubieten. Niedrigschwellige Möglichkeiten, in denen die politische Selbstvertretungs- und Gremienarbeit erfahren und gelernt werden kann. Ebenso sollten für das bürgerliche Engagement Unterstützungs-, Anerkennungs- und Entlastungsmöglichkeiten von der Stadt bereitgestellt werden. Dazu zählt unter anderem die Aufwandsentschädigung oder die Bereitstellung von Assistenz. Dies setzt ein Verständnis und Bewusstsein für Diversität und unterschiedliche Belange voraus.

## Eine Frage der Einstellung und des Willens: die inklusive Kultur

Das zweite wichtige Kriterium für eine funktionierende politische Mitbestimmung ist eine inklusive Kultur. Sie beinhaltet eine offene und entgegenkommende Haltung. Die Haltung äußert sich darin, dass Inklusion und politische Partizipation von Menschen mit Behinderungen von Verwaltung und Politik grundsätzlich gewollt wird. Folgende Fragen sind hier zentral: setzt sich die Arbeitsgruppe oder ähnliches aktiv damit auseinander, Interessierte mit Behinderungen anzusprechen? Ist sie offen dafür, ihr Verhalten anzupassen? Setzen sie sich mit den unterschiedlichen Lebensrealitäten auseinander, um mit verschiedenen Menschen in Kontakt zu kommen? Ist die politische Partizipation von Menschen mit Behinderungen gewollt? Wird Menschen mit Behinderungen auf Augenhöhe begegnet? Das heißt, werden sie als gleichwertige Kooperations- und Entscheidungspartner*innen gesehen? Werden sie in ihren individuellen Möglichkeiten und Kompetenzen wertgeschätzt? Werden sie bei Veranstaltungen, bei denen es um Menschen mit Behinderungen geht, als Podiumsgäste eingeladen? Werden Themen, die von der Interessenvertretung angesprochen werden, ernsthaft und konstant aufgegriffen und umgesetzt? Finden sie Anschluss? All das drückt sich in einer politischen Akzeptanz und einer öffentlichen Wahrnehmung bzw. Wertschätzung der Vertretungsarbeit aus. Wird keine Bestärkung, Anerkennung

Zentrale Fragen

und Wertschätzung hier erfahren und finden die Themen keinen Anschluss, führt es häufig zum Erliegen des Engagements. Häufig bestehen viele Probleme in der Zusammenarbeit. Von Selbstvertreter*innen wird beispielsweise der Informationsaustausch als unzureichend erlebt, sei es aufgrund von Unwissenheit oder Ignoranz. Nicht immer ist eine hinreichende Sensibilität gegenüber ihren Bedarfen vorhanden. Es fehlt an einem Verständnis füreinander. Die Netzwerkstrukturen und Kommunikationstraditionen gestalten sich komplex und sind nicht leicht zu verstehen. Anstatt Selbstbestimmung zu fördern, findet eine Bevormundung statt.

Für eine Verbesserung der inklusiven Kultur vor Ort ist vor allem die Bewusstseinsbildung notwendig. Eine gelebte Partizipationskultur zeichnet sich durch eine Kooperation auf Augenhöhe aus; einer Offenheit und dass miteinander gesprochen wird. Dazu müssen alle bereit sein. Die Arbeitsgruppen usw. können über verschiedene Wege signalisieren, dass sie offen sind. Grundlegend sind dabei direkte Gespräche über Bedarfe und Barrieren. Barrieren im Umgang miteinander können nur durch eine Sensibilisierung aller Beteiligten und eine systematische Auseinandersetzung mit den Lebensbedingungen und Gestaltungsmöglichkeiten von Menschen mit Behinderungen erkannt und überwunden werden. Generell empfiehlt es sich, Barrieren gemeinsam mit Menschen mit Behinderungen aufzuspüren; durch sie zu erfahren, wo und welche bestehen - sie sind ein kritisches Korrektiv - und gemeinsame pragmatische Kompromisse zu finden. Menschen mit Behinderungen bilden eine sehr heterogene Gruppe mit sehr unterschiedlichen Bedürfnissen und Interessen. Die dadurch entstehenden Zielkonflikte müssen zusammen ausgehandelt werden. Unter Zielkonflikt ist beispielsweise die Bordsteinsenkung für Menschen mit Mobilitätsbeeinträchtigung und die Bordsteinkante als Orientierungspunkt für Menschen mit Sehbeeinträchtigungen zu verstehen.

Die Zusammenarbeit stellt einen Prozess dar. Mit diesem wird insgesamt dazu beigetragen, dass Inklusion gelebt wird. Zum einen muss Partizipation gelernt werden, um gelebt werden zu können, zum anderen muss Partizipation gelebt werden, um gelernt werden zu können. Es wird also insgesamt ein Lernanlass und Perspektiv-wechsel angeregt. Politische Partizipation muss aber nicht nur er-möglicht und gewollt, sondern auch gemacht werden.

## Das politische Engagement: die politische Aktivität

Die eigentlichen politischen Aktivitäten stellen den Kern der Inter-essenvertretung von Menschen mit Behinderungen dar. Ohne dass sich Menschen einbringen und engagieren, kann es keine Interes-senvertretung geben. Als zahlreiche Herausforderungen, die sich gegenseitig bedingen, können hier exemplarisch benannt werden: Nachwuchsprobleme, mangelnde Anerkennung der Vertretungsar-beit, persönliche Frustration, geringe Öffentlichkeitsarbeit, Angst vor Politik, mangelndes Selbstbewusstsein, Mangel an Fort- und Weiterbildungsmöglichkeiten. Wie in den vorherigen Bereichen deutlich wurde, kommt es darauf an, dass die Vertretungsarbeit von Politik und Verwaltung unterstützt wird. Zentral ist hier die Frage, wie wirksam das eigene Engagement erlebt wird. Ist die Arbeits-gruppe oder ähnliches aktiv und primär auf Mitbestimmung und Stärkung der Interessen von Menschen mit Behinderungen durch politisches Handeln ausgerichtet? Das heißt arbeitet sie an selbst gesetzten Zielen? Oder arbeitet sie eher reaktiv, das heißt auf Bera-tungsanfragen oder ähnliches? Wie ernst wird das Engagement von anderen, zum Beispiel von der Verwaltung oder Politik genommen? Es können sich hier Fragen zur Ausrichtung gestellt werden: Wie gestalten sich die Kooperationen mit anderen Akteur*innen wie Politik usw. Werden Aktionen und Veranstaltungen inklusiv gestal-tet? Wird z. B. die Podiumsdiskussion in Gebärdensprache über-setzt? Partizipation erfordert „entgegenkommende Verhältnisse", neben geeigneten Rahmenbedingungen, Haltungen, auch Ansätze, die Partizipation ermöglichen und begünstigen. Hierzu eignen sich Ansätze zur politischen Bildung sowie Schulungen zur politischen Vertretungsarbeit. Auf die Fragen hin, wie gut sich Menschen mit Behinderungen politisch beteiligen können oder wie wirksam sich die Interessenvertretung erlebt und was die Qualität der Partizi-

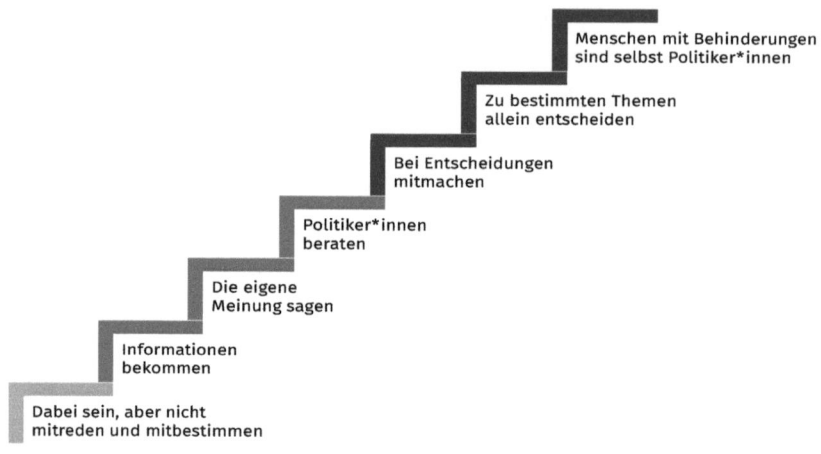

Abbildung 1: Partizipationstreppe (Eigene Darstellung nach Arnstein 1969)

pation ausmacht, kann des Weiteren die Partizipationstreppe nach Sherry R. Arnstein (1969) ein hilfreiches Instrument sein.

Mit dieser ist es möglich, einzuschätzen, auf welcher Stufe sich die Interessenvertretung befindet und wie insgesamt die Qualität der kommunalen Beteiligungsformen eingeordnet werden kann. Denn gerade im Bereich der Behindertenpolitik kommt es häufig zu Alibibeteiligung oder zur Instrumentalisierung. Instrumentalisierung heißt in diesem Kontext, dass Menschen mit Behinderung nicht ihre eigenen Interessen, sondern primär die Ihrer Einrichtungen vertreten.

*Die Partizipationstreppe*

## Der Gewinn von Partizipation

Der Gewinn von einer wirksamen Partizipation ist eine Qualitätssteigerung der Demokratie und Bürgerbeteiligung vor Ort. Wenn Bürger*innen sich in ihrer Diversität einbringen und ihr Lebensumfeld aktiv mitgestalten können, bauen sie einen positiven, wertschätzenden und verantwortungsvollen Bezug zu ihrem Wohnort auf. Das macht ihn lebendig, inklusiv und zukunftssicher. Die Beteiligung eröffnet die Möglichkeit, sich über die unterschiedlichen Perspektiven auszutauschen. Letztlich ist die Beteiligung Aller ein

Qualitätsmerkmal einer vitalen Demokratie und des jeweiligen Ortes. Ein inklusives, lebenswertes Gemeinwesen bedeutet zugleich eine Steigerung der Lebensqualität für alle. Durch die demografische Entwicklung wird das Thema „Behinderung" zunehmend präsenter. Für die Entwicklung eines inklusiven Gemeinwesens braucht es die Expertise von Menschen mit Behinderungen.

## Fazit

Bis sich die allgemeinen Strukturen so verändert haben, dass von einer inklusiven Politiklandschaft gesprochen werden kann und der Querschnitt der Bevölkerung auf allen politischen Ebenen widergespiegelt wird, braucht es noch besondere Formen politischer Interessenvertretung. Eine Beteiligung in ihrer Vielfalt stellt ein Qualitätsmerkmal bezogen auf die Vitalität einer Demokratie und letztlich einer inklusiven Gesellschaft dar. Partizipation legitimiert Entscheidungen und kann ihnen Rückenwind verschaffen. Die Politik kann hierdurch näher an den Problemlagen aller Bürger*innen sein. Menschen mit Behinderungen können als Expert*innen in eigener Sache wesentliches Wissen zur Ausgestaltung inklusiver Gemeinwesen beitragen. Damit es zu keinen Barrieren oder unbefriedigenden Lösungen kommt, müssen sich alle mit ihren Perspektiven einbringen können. Politische Partizipation offiziell einzufordern genügt nicht. Politik wird in vielen Kontexten und Räumen gemacht. Alle haben die Möglichkeit, diese Räume zu öffnen, sich weiterzubilden und neue Perspektiven einzunehmen. Solange nicht alle unsere demokratische Gesellschaft wirksam mitgestalten können, ist es keine richtige demokratische Gesellschaft.

Die Diskriminierung und der Ausschluss von marginalisierten Gruppen ist ein großes Problem und scheint sich mit der Entwicklung diverser anderer Krisen (Kriege, Corona, Klima) zu verschärfen, da die Förderungen, Kapazitäten, Prioritäten anders gelagert

Ohne Partizipation keine Inklusion

werden. Dabei braucht es eine starke, offene und inklusive Gesellschaft, um diesen Krisen überhaupt wirksam begegnen zu können.

## Literatur

Arnstein, Sherry A. (1969): A Ladder of Citizen Participation. In: Journal of the American Institute of Planners 35 (4), S. 216–224.

Beauftragter der Bundesregierung für die Belange von Menschen mit Behinderung (BBMB) (2018): UN-Behindertenrechtskonvent, Online verfügbar unter: https://www.institut-fuer-menschenrechte.de/fileadmin/Redaktion/PDF/DB_Menschenrechtsschutz/CRPD/CRPD_Konvention_und_Fakultativprotokoll.pdf, (Zuletzt aufgerufen am 30.11.22).

Bernstorff, Jochen von (2007): Menschenrechte und Betroffenenrepräsentation: Entstehung und Inhalt eines UN- Antidiskriminierungsübereinkommens über die Rechte von behinderten Menschen, in: Zeitschrift für ausländisches öffentliches Recht und Völkerrecht (67), S. 1041–1063.

Degener, Theresia (2010): Die UN – Behindertenrechtskonvention: Grundlage für eine inklusive Menschenrechtstheorie, in: Vereinte Nationen H. 2, S. 57-63.

Kempf, Matthias (2019) Mitbestimmung in Kommunen. Möglichkeiten der Etablierung und Weiterentwicklung partizipativer Strukturen, in: Gemeinsam leben, 27 Jg. H 2, S. 68 – 78.

Klee, Ernst (1980): Behinderte im Urlaub? Das Frankfurter Urteil, Frankfurt/Main: Fischer.

Köbsell, Swantje (2012): Wegweiser Behindertenbewegung. Neues (Selbst-)Verständnis von Behinderung. 1. Aufl. Neu-Ulm: AG-SPAK-Bücher.

LAG SELSBSTHILFE NRW e. V. (Hg.) (2021): „Mehr Partizipation wagen!". Abschlussbericht zum Projekt. LAG Selbsthilfe NRW.

Rohrmann, Albrecht (2010): Kommunale Teilhabeplanung als Möglichkeit der Partizipation von Menschen mit Behinderung, in: Newsletter Wegweiser Bürgergesellschaft, 8.

Steiner, Gusti (1999): Selbsthilfe als politische Interessenvertretung, in: Günther; Peter / Rohrmann, Eckhard (Hg): Soziale Selbsthilfe. Alternativ, Ergänzung oder Methode der Sozialen Arbeit? Heidelberg: Universitätsverlag Winter, S.127-143.

Daniela Kuzu

# „Misch Mit!" Kinder- und Jugendbeteiligung auf kommunaler Ebene attraktiv gestalten

*Um die Zukunftsfähigkeit der Kommune und das Interesse am ge-sellschaftlichen und politischen Leben zu stärken, sollten Verwal-tungen und die Politik auf kommunaler Ebene Kinder- und Ju-gendbeteiligung in einem erhöhten Maße zulassen und fördern. Die speziellen Bedarfe der Zielgruppe verlangen ausreichende Res-sourcen und vor allem innovative Ansätze sowie Methoden. Dieser Artikel soll Anregungen dazu geben, wie eine gelungene Planung und Umsetzung gewährleistet werden kann.*

Politische Teilhabe von Kindern und Jugendlichen riefen gestern wie heute weder bei der Zielgruppe selbst noch bei Verwaltungen und der Politik Begeisterungsstürme aus. Politik machen bzw. sich daran zu beteiligen, steht auf der Interessensliste der Kinder und Jugendlichen nicht an oberster Stelle, obwohl sich dies durch die Protestbewegungen rund um den Klimaschutz zu ändern scheint. Verwaltungen und Politik klagen meist bei den neuen Vorgaben zur Beteiligung der jüngsten Generation ihrer Gemeinden, da dies kon-tinuierliches Engagement sowie Projekt- und Öffentlichkeitsarbeit bedeutet.

Das Deutsche Kinderhilfswerk e. V. führt in seinem Leitbild aus: „Unsere Vision ist eine Gesellschaft, in der die Kinder ihre Inter-essen selbst vertreten. Weil sie das können." (Deutsches Kinder-hilfswerk). Zudem ist es für jede Verwaltung und Gemeinde, die zukunftsgewandt sein möchte und auch junge Menschen in der Kommune halten will, kontraproduktiv, nicht fortwährend Kinder und Jugendliche einzubinden. Die Beteiligung dieser Gruppe ist essenziell für die Entwicklung bzw. den Fortbestand unserer demokratischen Gesellschaft und die Zukunftsfähigkeit der Gemeinden.

Wie können Gemeinden Kinder und Jugendliche dafür begeistern, mitzumischen? Welche rechtlichen Grundlagen sind für die Beteiligungsmöglichkeiten gegeben? Wer kann wie und wo beteiligt werden? Was sollten vor allem Verwaltungen und die Politik bei der Teilhabe von Kindern und Jugendlichen beachten?

Diese Fragen werden im folgenden Beitrag beantwortet und an Beispielen erläutert.

## Was bedeutet Kinder- und Jugendbeteiligung?

Im Allgemeinen impliziert Partizipation oder Teilhabe mehrere Stufen, die sich teils bedingen und aufeinander aufbauen.

*Beteiligung ist mehr als Konsultation*

Grundvoraussetzung für Partizipation sind Information und das Recht, gehört zu werden. Diese Stufe wird auch als Vorstufe der Partizipation bezeichnet, da ohne konkrete, transparente Informationen das Recht auf Teilhabe nicht adäquat und vollumfänglich ausgeübt werden kann. Danach folgt die Mitwirkung oder Mitbestimmung, bei der Kinder und Jugendliche mit erwachsenen Personen aus Verwaltung oder Politik gemeinsam Entscheidungen treffen oder sich an Projekten beteiligen. Die höchste Stufe der Beteiligung ist die Selbstbestimmung von Kindern und Jugendlichen sowohl in der Gruppe als auch als Individuum ohne Beeinflussung durch oder das Mitwirken von Erwachsenen.

Beteiligung hört in vielen Fällen von Kinder- und Jugendbeteiligung auf kommunaler Ebene schon nach der ersten Stufe „Informations- und Anhörungsrecht" auf. Oft wird die Auffassung vertreten, dass es ausreicht, „gehört zu werden", da Erwachsene mit ihrem Hintergrundwissen und Erfahrungen die besten Entscheidungen für Kinder und Jugendliche treffen können. Der Gruppe wird die Fähigkeit abgesprochen, selbständig fundierte und zielorientierte Entscheidungen zu treffen.

Wenn Kommunen sich dazu verpflichten, Kinder und Jugendliche stärker einzubinden, dann entscheiden sich die meisten Gemeinden für das Mitbestimmungsrecht, um zumindest einen Teil ihrer Entscheidungsgewalt an Kinder und Jugendliche abzugeben. Das bedeutet, dass an Entscheidungen mitgewirkt wird, bzw. diese mitgestaltet und mitgetragen werden. Selbstbestimmung bezüglich Entscheidungen, die grundlegend nicht von Erwachsenen beeinflusst oder mitgestaltet werden, sind auf kommunaler Ebene eher die Seltenheit.

*Eher Beteiligung als Selbstbestimmung*

## Rechtliche Grundlagen Kinder- und Jugendbeteiligung

Die rechtlichen Grundlagen für Kinder- und Jugendbeteiligung sind auf verschiedensten Ebenen höchst unterschiedlich.

Auf internationaler Ebene ist sowohl in der Allgemeinen Erklärung der Menschenrechte als auch in der UN-Kinderrechtskonvention das Beteiligungsrecht von Kindern und Jugendlichen ausdrücklich erwähnt.

„Jeder hat das Recht, an der Gestaltung der öffentlichen Angelegenheiten seines Landes unmittelbar oder durch frei gewählte Vertreter mitzuwirken." (Allgemeinen Erklärung der Menschenrechte 1948: Artikel 21, Absatz)

„(1) Die Vertragsstaaten sichern dem Kind, das fähig ist, sich eine eigene Meinung zu bilden, das Recht zu, diese Meinung in allen das Kind berührenden Angelegenheiten frei zu äußern, und berücksichtigen die Meinung des Kindes angemessen und entsprechend seinem Alter und seiner Reife.

(2) Zu diesem Zweck wird dem Kind insbesondere Gelegenheit gegeben, in allen das Kind berührenden Gerichts- oder Verwaltungsfragen entweder unmittelbar oder durch einen Vertreter oder eine geeignete Stelle im Einklang mit den innerstaatlichen Verfahrensvorschriften gehört zu werden."

(UN-Kinderrechtskonvention 1989: Artikel 12, Absatz 1 + 2)

Gerade die UN-Kinderrechtskonvention schränkt die Beteiligungsform bzw. -art ein, indem sie (1) nur die freie Meinungsäußerung sowie das Anhörungsrecht benennt und (2) mit der Fähigkeit, sich eine eigene Meinung zu bilden, zusätzlich noch den Reifegrad als Kriterium aufführt. Somit ist das Mitbestimmungs- bzw. Selbstbestimmungsrecht nicht explizit von der UN-Kinderrechtskonvention benannt. Das Mitwirkungsrecht kann allerdings durch Artikel 21, Absatz 1 der Allgemeinen Erklärung der Menschenrechte hergeleitet werden.

Kritisch ist allerdings die unpräzise Formulierung hinsichtlich des Reifegrades zu sehen, denn bei Pädagog*innen und Wissenschaftler*innen ist die Frage, ab wann ein Kind fähig ist, sich seine eigene Meinung zu bilden, stets Gegenstand hitziger Diskussionen.

Der Reifegrad findet auch in Artikel 24, Absatz 1 der Charta der Grundrechte der Europäischen Union Erwähnung:

„Ihre Meinung [von Kindern; Anm. Verfasserin] wird in den Angelegenheiten, die sie betreffen, in einer ihrem Alter und ihrem Reifegrad entsprechenden Weise berücksichtigt." (Europäische Union 2010)

Die EU-Charta der Grundrechte ist bindend für alle Staaten der Europäischen Union, mit Ausnahme von Polen.

Noch keine Verankerung im Grundgesetz

Obwohl die EU-Charta für Deutschland verbindlich ist, steht eine Verankerung der Kinderrechte im Grundgesetz noch aus. Auf Bundesebene sind die Kinder- und Jugendbeteiligung mit Einschränkungen hauptsächlich im Achten Sozialgesetzbuch (SGB VIII – Kinder- und Jugendhilfe) und im Baugesetzbuch (BauGB) geregelt.

„Kinder und Jugendliche sind entsprechend ihrem Entwicklungsstand an allen sie betreffenden Entscheidungen der öffentlichen Jugendhilfe zu beteiligen (...)." (SGB VIII: § 8, Absatz 1)

„Jungen Menschen sind die zur Förderung ihrer Entwicklung erforderlichen Angebote der Jugendarbeit zur Verfügung zu stellen. Sie sollen an den Interessen junger Menschen anknüpfen und von ihnen mitbestimmt und mitgestaltet werden, sie zur Selbstbestimmung befähigen und zu gesellschaftlicher Mitverantwortung und zu sozialem Engagement anregen und hinführen." (SGB VIII: § 11, Absatz 1)

Das Baugesetzbuch sieht vor, dass bei der Entwicklung der Bauleitpläne Kinder und Jugendliche als Teil der Öffentlichkeit in die Aufstellung und Planung einbezogen werden (§ 1, Absatz 6 Satz 3 i. V. m. § 3 BauGB).

Auf der kommunalen Ebene sind manche Bundesländer schon einige Schritte weiter und haben teils durch Muss-, Soll- und Kann-Bestimmungen Kinder und Jugendbeteiligung in ihre Kommunalverfassungen aufgenommen. Hier ist nochmals zwischen den Landkreis-, Städte- und Gemeindeordnungen zu unterscheiden.

Die weitreichendsten Regelungen zur Kinder- und Jugendbeteiligung auf Landesebene hat Brandenburg im Juni 2018 gesetzlich eingeführt. Sowohl Landkreise als auch Städte und Gemeinden müssen in jedem Fall die Vorschriften einhalten. Hier heißt es in Artikel 18a der Brandenburgischen Kommunalverfassung:

*Brandenburg als Vorreiter*

„Beteiligung und Mitwirkung von Kindern und Jugendlichen

(1) Die Gemeinde sichert Kindern und Jugendlichen in allen sie berührenden Gemeindeangelegenheiten Beteiligungs- und Mitwirkungsrechte.

(2) Die Hauptsatzung bestimmt, welche Formen zur eigenständigen Mitwirkung von Kindern und Jugendlichen in der Gemeinde geschaffen werden. Kinder und Jugendliche sind an der Entwicklung der Formen angemessen zu beteiligen.

(3) Die Gemeindevertretung kann einen Beauftragten für Angelegenheiten von Kindern und Jugendlichen benennen. Für den Beauftragten gilt § 18 Absatz 3 entsprechend.

(4) Bei der Durchführung von Planungen und Vorhaben, die die Interessen von Kindern und Jugendlichen berühren, soll die Gemein-

de in geeigneter Weise vermerken, wie sie die Beteiligung nach Absatz 1 durchgeführt hat." (Land Brandenburg 2022)

## Wozu Kinder- und Jugendbeteiligung?

Wenige Verwaltungen sind vollends von der Sinnhaftigkeit überzeugt, Kinder und Jugendliche in hohem Maße zu beteiligen. Oft wird die Frage gestellt, wer denn noch alles miteinbezogen werden soll.

In der Tat ist Kinder- und Jugendbeteiligung kein leichtes Unterfangen, denn Kinder müssen

- dazu ermuntert werden, sich für die Gemeinde bzw. eine Sache einzusetzen,

- dazu befähigt werden, mitzuwirken, indem sie in leichter Sprache Informationen bekommen oder bestimmte Fähigkeiten noch ausbauen, um vollends mitzugestalten,

- da „abgeholt" werden, wo sie gerade stehen,

- über solche Informationskanäle informiert werden, die sie nutzen (nicht immer deckungsgleich mit den Kommunikationswegen, die Verwaltungen oder Politik nutzen).

Kommunen müssen sich bewusst machen, dass Kinder und Jugendliche die Zukunft der Städte und Gemeinden sind. Um Abwanderungen entgegenzuwirken, ist es ratsam, Kinder und Jugendliche regelmäßig in die verschiedensten Angelegenheiten einzubinden. Beteiligung kann die Verbindung zum Wohnort massiv steigern. Hinsichtlich der politischen Bildung ist es ein großes Plus für Kinder und Jugendliche, wenn sie befähigt werden, sich weiterzubilden und ihre Fähigkeiten auszubauen. Letztlich wird durch Teilhabe immer die Demokratie gestärkt. Sie fördert zudem das Interesse am politischen und sozialen Leben. Junge Erstwähler*innen werden dazu motiviert, ihre Stimmen bei Wahlen und Abstimmungen abzugeben.

Teilhabe stärkt
Demokratie

All diese Beweggründe sollten für Kommunen Antrieb genug sein, Kinder und Jugendliche stärker zu beteiligen. Eine Grundlage dafür können die folgenden Fragen sein:

## Wen beteiligen?

Gemeinden, die Kinder- und Jugendbeteiligung anbieten wollen, stehen meist vor der Frage, ab welchem Alter Kinder bereits teilhaben können und wo das Höchstalter liegt. Hier gibt es durchaus unterschiedliche Ansätze und keine festen Regeln.

Wissenschaftliche Studien belegen, dass Kinder ab 10 Jahren bereits ausgeprägte Fähigkeiten haben, gut zu lesen, zu schreiben und zu rechnen. Auch komplexere Sachverhalte werden ab diesem Alter besser verstanden und Rückschlüsse daraus gezogen. Es ist aber auch durchaus denkbar, dass jüngere Kinder in Einzelprojekten und mit intensiver Betreuung eine Meinung äußern und bis zu einer gewissen Grenze Vorschläge unterbreiten können. Das gilt z. B. für gestalterische Entscheidungen bei der Einrichtung einer Kita oder Schule. Hier sollten aber vor allem diejenigen in Entscheidungen eingebunden werden, die diese Einrichtung besuchen.

*Auch Kinder sind beteiligungsreif*

Für die allgemeinen Kinder- und Jugendbeteiligungsformate einer Gemeinde ist also ein Mindestalter von 10 Jahren durchaus denkbar. Nicht so einfach ist die Festlegung auf das Höchstalter.

In Deutschland gilt man als jugendlich, wenn man 14 Jahre, aber noch nicht 18 Jahre alt ist. Weltweit gibt es allerdings höhere Altersgrenzen. Die der Vereinten Nationen z. B. definieren Jugendliche als Menschen, die mindestens 14 und jünger als 25 Jahre alt sind. In manchen Ländern Afrikas (wie z. B. Ghana) werden Menschen bis zum Alter von 35 Jahren als jugendlich bezeichnet.

Es gibt durchaus viele Gemeinden in Deutschland, welche die Höchstaltersgrenze nicht auf 18 beschränken, um auch jungen Erwachsenen, die während der Berufsausbildung, Studium oder dem Beginn ihres Berufslebens Möglichkeiten zu geben, politisch aktiv zu sein und sich in verschiedenste Beteiligungsformate einzubringen. So ist eine Höchstaltersgrenze von 24 bis 27 Jahren durchaus möglich.

## Wie und wann beteiligen?

Die Formen und vor allem die Methoden, wie Kinder und Jugendliche beteiligt werden können, sind sehr vielfältig. Hier sind der Kreativität keine Grenzen gesetzt.

Erfahrungen zeigen, dass Kinder und Jugendliche starre Formate mit viel Diskussionen und wenigen (schnell sichtbaren) Ergebnissen eher meiden. Die Zielgruppe ist am engagiertesten, wenn sie das Gefühl haben, ernst genommen zu werden.

Regelmäßige Angebote

Gemeinden entscheiden sich meist für wiederkehrende und fest etablierte Formate, wie Jugendforen und -parlamente oder Kinder- und Jugendsprechstunden. Diese sollten in kurzen Zeitabständen angeboten werden, um das Interesse nicht abebben zu lassen. Dabei ist die Devise für diese wiederkehrenden Formate: kurz, knackig und zielführend.

Auch projekt- oder anlassbezogene Einzelmaßnahmen können für spezifische Zielgruppen (z. B. Schüler*innen einer bestimmten Schule, Kinder und Jugendliche eines bestimmten Wohngebietes) und zu konkreten Themen (z. B. Gestaltung Wohn- und Schulumfeldes, Mobilität, Umwelt, Stadtentwicklung etc.) angeboten werden.

Detailliertere Ausführungen zu Formen und Methoden der Kinder- und Jugendbeteiligung finden Sie im nachfolgenden Abschnitt.

Die Frage, wie Kinder und Jugendliche eingebunden werden sollten, entscheidet dann auch über das Wann. Hier sollten Gemeinden darauf achten, dass direkt nach der Schule Zeiten für Veranstaltungen festgelegt werden. Abends werden kaum Kinder und Jugendliche nach einem stressigen Schulalltag und anschließenden Hausaufgaben den Elan aufbringen, sich noch zu beteiligen. Auch die Schulferien sind tabu. Eine gute Möglichkeit Kinder und Jugendliche einzubinden, sind Kooperationen mit Schulen. Hier könnten reale Beteiligungsformate der Kommune den Unterricht in den Fächern Gesellschaftswissenschaft oder politische Bildung sinnvoll ergänzen.

Bevor Festlegungen über die Formate bzw. Methoden oder Umfang der Beteiligung getroffen werden, ist es ratsam, die Kinder und Jugendlichen zu fragen, wie und wann sie gern aktiv werden wollen.

## Wo beteiligen?

Auch hier gilt: Fragen Sie die Zielgruppe vorab, wo sie sich treffen möchten.

Selbstverständlich ist es erst einmal für Kinder und Jugendliche beeindruckend, wenn z. B. das Kinder- und Jugendparlament in einer Stadt- oder Gemeindeverwaltung oder sogar im Ratssaal tagt. Allerdings fühlen sich auch einige der Jugendlichen an solchen Orten unwohl und bevorzugen den Jugendtreff, die Schule oder das Gemeindehaus.

Der Ort ist relevant

Entscheiden Sie über die Orte situationsbedingt. Bei Einzelmaßnahmen, wie z. B. der Weiterentwicklung eines bestimmten Wohngebietes oder der Gestaltung von Bildungseinrichtungen, ist es durchaus sinnvoll, die Veranstaltung in Räumlichkeiten vor Ort stattfinden zu lassen.

Offene Formate wie Kinder- und Jugendsprechstunden oder Anhörungen sollten immer gut erreichbar und zentral sein.

## Formen und Methoden der Kinder- und Jugendbeteiligung

Sich auf Beteiligungsformen und -formate festzulegen, ist nicht leicht. Im Folgenden werden die allgemeinen drei Formen der Kinder- und Jugendbeteiligung benannt und ihnen Formate zugeordnet. Abschließend gibt es eine Auflistung von klassischen Methoden, die für Kinder und Jugendliche geeignet sind. Einzelne Fallbeispiele sollen Anregungen geben, wie vor allem diese Methoden kreativ umgesetzt werden können.

Die erste Form der Beteiligung sind offene Formate, die zugänglich für jeden sein sollten.

Offene Formate

Beispielsweise Kinder und Jugendkonferenzen, Ideenkonferenzen, Kinder und Jugendhearings, Umfragen und Demonstrationen. Hier geht es um Informationsvermittlung, Erfahrungsaustausch und Vernetzung. Bei den dazugehörigen Formaten reicht ein breiter Aufruf in Schulen, Kindertageseinrichtungen (wie Horte), Jugendorganisationen oder öffentlichen und sozialen Medien. Offene Formate sind meist wiederkehrend.

Projekt- und anlassbezogene Formen der Beteiligung können den Kreis der Teilnehmenden bereits einschränken. Dies kann ortsbezogen oder altersgruppenbezogen geschehen. Ein Muss ist es allerdings nicht. Diese Form von Beteiligung ist meist zeitlich begrenzt und hat nach einem bestimmten Projektzeitraum ein vorzeigbares, abgeschlossenes Ergebnis. Beispiele für projekt- und anlassbezogene Formate sind Jugend-Jurys / Jugend-Fonds, Einzelveranstaltungen zur Umgestaltung von Orten, Jugendprojekte (im kulturellen, wirtschaftlichen oder sozialen Bereich) und Lobbyarbeit.

Repräsentative Formate werden meist von Vertreter*innen bzw. gewählten oder ernannten Repräsentant*innen besucht, die ein Mandat haben, Entscheidungen herbeizuführen. Diese Formate sind bestimmt durch Zyklen, die sich durch eine erneute Wahl wiederholen. Zu repräsentativen Formaten gehören z. B. Jugendparlamente, Jugendbeiräte, Jugendstammtische, Schülerräte, Kinder- und Jugendbeauftragte sowie Kinderbürgermeister*innen.

Gerade für Veranstaltungen wie Kinder- und Jugendforen, Ideenkonferenzen oder Einzelveranstaltungen lohnt es sich, Methoden für die Durchführung zu wählen, die den Kindern und Jugendlichen den Freiraum gewähren, sich frei zu bewegen und zu verschiedenen Themen ihre Meinung zu äußern. Erfahrungsgemäß führt eine Zuteilung in feste Arbeitsgruppen über einen längeren Zeitraum eher zu Unmut unter den Kindern und Jugendlichen.

Die Methoden World Café und Open Space eignen sich hervorragend dafür, den Kindern und Jugendlichen maximale Freiheit bei der Wahl ihrer Arbeitsgruppen und Themen zu lassen. Durch kurze Sequenzen in den Arbeitsgruppen sowie das häufige Wechseln zu Thementischen bzw. Themenräumen wird Langeweile vorgebeugt.

Beispielsweise kann eine Ideenkonferenz zum Thema Stadtentwicklung im Format des World Cafés organisiert werden. Das sehr breit angelegte Thema der Ideenkonferenz kann an sogenannten Thementischen in einzelne Teilaspekte unterteilt werden, wie z. B. Mobilität/Infrastruktur, Energie, Tourismus, Bildung, Soziales etc. Die Thementische werden von Erwachsenen betreut, welche die Kinder und Jugendlichen durch die Diskussion führen. Die Teilnehmenden können die Tische nach einer kurzen Sequenz von maximal 30 Minuten wechseln. Hier ist die Regel, wenn alle Stühle an einem Tisch besetzt sind, so muss ein anderer Tisch gewählt werden. Auf den Tischen selbst liegt großformatiges Papier (am besten Moderationspapier) und Marker, sodass alle Kinder und Jugendlichen nach ihrem Belieben alle wichtigen Diskussionsbeiträge, Ideen, Wünsche bzw. Forderungen aufschreiben können. Wenn die Teilnehmenden die Tische wechseln, fasst der/die Moderator*in die vorherige Diskussion zusammen und die Kinder und Jugendlichen können daran anschließen. Die Diskussionsrunden können beliebig wiederholt werden, jedoch lässt erfahrungsgemäß nach drei bis vier Runden das Interesse nach. Meistens können durch die Methode World Café unzählige Ideen und Beiträge gesammelt werden, die am Ende der Veranstaltung geordnet und zusammengefasst werden sollten, um in einem Dokument zusammengetragen zu werden.

World Café

Das Format Open Space eignet sich hervorragend für Großveranstaltungen wie Kinder- und Jugendforen. Auch hier wird zu einem Oberthema einführend ein maximal15-minütiger Input von einem Experten gehalten, um die Kinder und Jugendlichen wissensmäßig da abzuholen, wo sie gerade stehen. Hierbei sollte auf eine altersgerechte Vermittlung geachtet werden. Nach dem Input geht es auch hier in sogenannte Themenräume, die auch thematisch von Kindern und Jugendlichen bestimmt werden können und möglichst

Open Space

von Experten zu dem Thema betreut werden. Am besten sollten separate Räumlichkeiten für jedes Thema angeboten werden. Ziel der Themenräume ist es, zu den bestehenden Herausforderungen Lösungsvorschläge zu erarbeiten.

Beim Open Space gilt das „Gesetz der zwei Füße". Es ist ausdrücklich erwünscht, dass die Teilnehmenden die Themenräume wechseln, wenn sie zu einem Thema nichts mehr mitnehmen oder beitragen können. Wenn ein Themenraum im Laufe des Open Space nicht mehr besucht wird, ist das ein Zeichen, dass bereits alles gesagt wurde. Am Ende der Diskussion in den Themenräumen tragen die Kinder und Jugendlichen im Plenum gemeinsam Erkenntnisse, Fragen und Inhalte der Themenräume zusammen.

Jugend-Fonds werden meist von den Gemeinden als Budget für Kinder- und Jugendliche bereitgestellt, um bestimmte Projekte zu unterstützen, die von der Zielgruppe eingereicht werden. Die Vergabe und Abrechnung der Gelder durch die Kommunen ist allerdings mit Aufwand verbunden und bedarf fester Regularien. So muss entschieden werden,

1. wie viel Gelder für die Kinder und Jugendlichen bereitstehen,

2. mit welchem Verfahren die Gelder vergeben werden,

3. wer über die Vergabe entscheiden kann (Kinder und Jugendliche selbstbestimmt oder mit Erwachsenen zusammen) und

4. nach welchen Kriterien die Gelder an wen vergeben werden.

Bei der Durchführung von Veranstaltungen sollte darauf geachtet werden, dass neben den Diskussionsbeiträgen kreative Methoden nicht zu kurz kommen. Gerade Kindern und Jugendlichen wird bei langen Diskussionsrunden schnell langweilig. Einzelne bauliche Projektvorhaben zur Stadtentwicklung, bei denen Kinder und Jugendliche beteiligt werden sollen, eignen sich besonders gut für haptische Methoden, wie das Basteln, Anfertigung von Collagen, das Bauen von 3D-Modellen oder das Einzeichnen und Markieren auf überdimensionalen Stadtplänen bzw. Kartenmaterialien.

Darüber hinaus empfiehlt sich auch das Ausprobieren mit diversen Medien, indem die Kinder Kurzfilme drehen, Podcasts aufnehmen oder ähnliches.

Alles was Spaß macht, ist erlaubt!

## Hürden der Kinder- und Jugendbeteiligung

**Hohe Fluktuation – wenig Zeit:** Das Interesse von Kindern und Jugendlichen an Politik und kommunalen Themen zu wecken, ist an sich schon nicht leicht. Darüber hinaus sind die zu Beteiligenden meist stark in der Schule und durch private Aktivitäten eingebunden. Die Erfahrung in vielen Kommunen zeigt, dass Kinder wenig Zeit haben und die Beteiligung stark schwankt. Vereinzelt interessieren sich Kinder und Jugendliche so stark für politische Themen, dass sie regelmäßig fest etablierte Formate wie das Kinder- und Jugendparlament besuchen.

Um eine größere Anzahl von Kindern und Jugendliche zu erreichen, lohnt es sich, flexible Formate bzw. projektbezogene Einzelveranstaltungen so ansprechend zu konzipieren und durchzuführen, dass sie Lust auf mehr machen.

**Schnelle Ergebnisse erwartet:** Entgegen der bürokratischen Behäbigkeit und langwierigen (Entscheidungs-)Prozessen in der Kommune erwarten die Kinder und Jugendlichen schnelle Ergebnisse nach den Veranstaltungen. Die Umsetzung von Wünschen und Forderungen darf nicht allzu lange auf sich warten lassen. Wenn dies den Mitarbeiter*innen der Verwaltung und auch der Politik klar ist, so kann bereits während der Veranstaltung die Umsetzbarkeit der Forderungen diskutiert werden, um die Erwartungen später nicht zu enttäuschen.

**Unterschiedlichen Wissensstand beachten:** Ob Themen wie Klimawandel, Mobilität oder aber das Freizeitangebot mit 10-Jährigen oder 17-Jährigen besprochen werden, macht einen großen Unterschied. Verwaltungen und die Politik auf kommunaler Ebene müssen darauf achten, die Kinder und Jugendlichen da abzuholen, wo sie wissenstechnisch gerade stehen. Informationsmaterialien und Leitfragen für Diskussionsrunden müssen entsprechend aufbereitet und formuliert werden. Eventuell verhilft ein kurzer, verständlicher Vortrag zu Beginn einer Veranstaltung Kindern und Jugendlichen zu einem leichteren Einstieg in die Debatten.

**Nichts geht ohne politischen Willen**: Grundvoraussetzung für das Gelingen von Kinder- und Jugendbeteiligung ist die Offenheit und der politische Wille vonseiten der Verwaltung und der Politik. Kinder- und Jugendbeteiligung sollte keinesfalls nur ein Alibi sein, um öffentlich zu suggerieren, dass man die jüngsten Einwohner*innen einer Kommune miteinbezieht.

Kommunen stellen meist eine*n Kinder- und Jugendkoordinator*in ein, der/die Ansprechpartner*in für die Zielgruppe ist. Es gibt viele Beispiele aus verschiedensten Gemeinden, wo eine Person als „Sprachrohr" für Kinder und Jugendliche zwar Formate mit diesen etablieren kann, aber die Verwaltung oder auch die Politik die Forderungen und Wünsche der Zielgruppe wenig beachtet bis ignoriert. Beteiligung ist ein permanentes und altersgerechtes Einbeziehen bzw. Mitwirken der Kinder und Jugendlichen. Lassen Sie ihnen Freiräume, in Projekten oder Planungen mitzugestalten!

Letztlich muss die Beteiligung von jungen Menschen in allen Fachbereichen der Verwaltung und auch in der Politik immer als Querschnittsaufgabe mitgedacht werden. Wenn wir erreichen können, dass dies wie das Gendern oder die Nachhaltigkeit mitbedacht wird, steht einer gelungenen Teilhabe der jüngsten Generation nichts mehr im Weg.

**Bereitstellung von Ressourcen:** Kinder- und Jugendbeteiligung braucht adäquate personelle, zeitliche und finanzielle Ressourcen, um eine Wirkung zu erzielen. Ein*e feste*r Ansprechpartner*in in der Verwaltung ist sicher ein guter Anfang. Leichter ist es jedoch, wenn Beteiligung in allen Fachbereichen immer Teil des Planungs- und Umsetzungsprozesses ist.

Kinder- und Jugendbeteiligung ist durch die Aufarbeitung der Informationen, die Organisation der Beteiligungsformate und die Netzwerkarbeit eine sehr zeitintensive Aufgabe, die auch die nötigen Finanzen benötigt, um die Veranstaltungen und auch die Öffentlichkeitsarbeit ohne Einschränkungen durchführen zu können.

Hier muss die Verwaltung durch das Bereitstellen der Ressourcen ein klares Zeichen setzen.

**Kindgerechte Sprache:** Die Erfahrungen haben gezeigt, dass Behördensprache für Kinder und Jugendliche nicht verständlich ist und kaum Interesse an der Politik weckt. Darüber hinaus gibt es in der Altersspanne von 10 bis über 20 Jahren große Unterschiede hinsichtlich des Wissens, der Sprachentwicklung und des Verständnisses von (komplizierteren) Sachverhalten.

Es ist daher erforderlich, Informationen für die Kinder und Jugendlichen entsprechend ihres Wissensstandes und ihrer Sprachentwicklung verständlich aufzubereiten.

Ein Beispiel aus der Praxis hat gezeigt, wie ein Stadtplaner bei der Präsentation eines Projektes für ihn typische Fachbegriffe nutzte, die für die Kinder und Jugendlichen nicht verstanden wurden. So kam im Vortrag der Begriff „Stadtmöbel" vor, der von den Kindern und Jugendlichen hinterfragt wurde. Auch das Hintergrundwissen, z. B. bezüglich von Bauprojekten, sollte kindgerecht aufbereitet werden, damit die Zielgruppe abschätzen kann, welche Forderungen realistisch und umsetzbar sind.

**Mit- und Selbstbestimmung zulassen:** Es gibt einige Beispiele von Gemeinden, die sogenannte „Alibi-Beteiligungsformate" etablieren, um zu suggerieren, dass Kinder und Jugendliche mitbestimmen können. Dabei wird in der Realität den Kindern und Jugendlichen meist wegen ihres begrenzten Hintergrundwissens und ihres (noch) eingeschränkten Verständnisses von Sachverhalten grundsätzlich die Fähigkeit abgesprochen, wertvolle Beiträge zu Projekten oder gar politischen Themen zu leisten.

In den vorherigen Punkten wurde ausdrücklich erwähnt, dass die Kinder und Jugendlichen zunächst einmal in die Lage versetzt werden müssen, fundierte Stellungnahmen zu formulieren oder sich in die Projektarbeit einzubringen. Dann kann eine vollumfängliche Mitbestimmung zugelassen werden.

Die höchste Form der Beteiligung ist die Selbstbestimmung. Wie das Beispiel des Jugendparlaments in Leipzig zeigt, konnte ein Jugendparlament oder ein Kinder- und Jugendbeirat eigene Finanzmittel bekommen, um die an ihn gerichteten Anträge fördern zu können. Die Entscheidung über die Verwendung der Mittel obliegt allein den Kindern und Jugendlichen.

**Kinder und Jugendliche fit machen:** Um Kinder und Jugendliche fit für Beteiligungsprozesse zu machen, können diese in Foren oder dem Jugendparlament fortgebildet werden.

Die Stadt Neuruppin hat z. B. Arbeitshilfen für die Kinder und Jugendlichen des Beirates bereitgestellt, in denen Hilfestellungen gegeben werden, wie man Stellungnahmen schreibt, Feedbacks gibt und Forderungen aufstellt.

Kinder und Jugendliche können ein kleines Training durchlaufen, wie man Reden hält und aktiv zuhört. Ziel dieser Übungen ist es, das generelle Selbstbewusstsein der Kinder und Jugendlichen zu stärken und Unsicherheiten abzubauen.

Themen- oder Projektbezogen sollte ausreichend Wissen vermittelt werden, um die Zielgruppe in die Lage zu versetzen, adäquat zu diskutieren und sich einzubringen. Zum Beispiel wurde zum Kinder- und Jugendforum „Klimaschutz, Umwelt und Energie" der Fontanestadt Neuruppin eigens eine Wanderausstellung konzipiert, die kindgerechte Informationen zu Themen wie Erneuerbare Energie, Wasser oder Abfall enthielt.

**Den Spaß nicht vergessen:** Wenn Sie mit Kindern und Jugendlichen zusammen Veranstaltungen durchführen, vergessen Sie den Spaß nicht!

10-Jährige können nicht 3 Stunden durchgehend diskutieren. Bieten Sie Aktivitäten an, die für Abwechslung sorgen. So können Sie z. B. zu einer Veranstaltung mit den Themen Mobilität und Verkehr einen Fahrradparcours oder ein Verkehrsquiz anbieten. Auch kurzweilige Bewegungs- oder Brettspiele sind ein guter Ausgleich zu langwierigen Debatten.

Kombinieren Sie auch ihre Veranstaltungen mit haptischen Methoden, damit die Kinder und Jugendlichen etwas zum Gestalten haben, das auch am Ende des Projektes vorzeigbar ist.

Um Aktivitäten in Formate einzubauen, bieten sich Kooperationen mit Vereinen, Jugendzentren, Jugendtreffs oder anderen Organisationen der Jugendarbeit an. Je kreativer Sie sind, desto mehr Spaß haben die Kinder und Jugendlichen!

## Schlussbemerkungen

Kinder- und Jugendbeteiligung ist kein Hexenwerk, verlangt aber aufgrund der Zielgruppe mit besonderen Bedarfen von Verwaltungen und Politik eine andere Herangehensweise. Es ist ein spürbarer Widerstand vonseiten einer Vielzahl von Kommunen gegenüber diesem „Beteiligung andersdenken" zu spüren. Vor allem das Vorurteil, dass Kinder und Jugendliche aufgrund ihres Wissensstandes oder ihres Reifegrades nicht fähig seien, sich adäquat zu beteiligen, hemmt viele Kommunen dabei, die Chancen zu ergreifen, die in der Kinder- und Jugendbeteiligung liegen.

Wenn Kinder und Jugendliche Mitspracherecht in ihren Kommunen haben, wird zum einen die Demokratie auf der lokalen Ebene gestärkt. Zum anderen kann sich eine ganz andere Bindung zur Gemeinde entwickeln, die bestenfalls dazu führt, dass diese Zielgruppe in der Heimat verbleibt bzw. nach der Ausbildung wieder zurückkehrt.

Mitsprache fördert Bindung

Generell geht es darum, Interesse an politischen Themen oder Projekten in den Kommunen bei Kindern und Jugendlichen zu wecken. Dies gelingt nur, wenn die angebotenen Formate dem Alter entsprechend gestaltet sind und Spaß auf mehr machen. Das bedeutet allerdings, dass nicht die Kinder und Jugendlichen sich den Verwaltungen und der Politik anpassen müssen, sondern die Kommune selbst sich verändern und anpassen muss. Die Etablierung von Kinder- und Jugendbeteiligung sollte als Prozess gesehen werden. Fangen Sie klein an und bauen Sie stetig aus. Sie werden nach kürzester Zeit merken, wie bereichernd dies für alle Beteiligten sein kann.

## Literatur

Deutsches Kinderhilfswerk (2022): Das Leitbild des Deutschen Kinderhilfswerkes, dkhw, [online] https://www.dkhw.de/ueber-uns/leitbild/ (Zuletzt aufgerufen am 23.01.2023).

Europäische Union (2010): Amtsblatt der Europäischen Union, C83/02, Europäische Union, [online] https://www.europarl.europa.eu/germany/resource/static/files/europa_grundrechtecharta/_30.03.2010.pdf (Zuletzt aufgerufen am 23.01.2023).

Land Brandenburg (2022): Landesrecht: Kommunalverfassung des Landes Brandenburg, Bravors Brandenburg, [online] https://bravors.brandenburg.de/gesetze/bbgkverf (Zuletzt aufgerufen am 23.01.2023).

Regionales Informationszentrum für Westeuropa (2022): Allgemeine Erklärung der Menschenrechte: Resolution 217 A (III) der Generalversammlung vom 10. Dezember 1948, UNRIC, [online] https://unric.org/de/allgemeine-erklaerung-menschenrechte/ (Zuletzt aufgerufen am 23.01.2023).

UNICEF Deutschland (2022): Konvention über die Rechte des Kindes, UNICEF, [online] https://www.unicef.de/_cae/resource/ blob/194402/3828b8c72fa8129171290d21f3de9c37/d0006-kinderkonvention-neu-data.pdf (Zuletzt aufgerufen am 23.01.2023).

Wasmund, Steffen (2022): Gesetzessammlung Sozialgesetzbuch, sozialgesetzbuch-sgb. de, [online] https://www.sozialgesetzbuch-sgb.de/sgbviii/8.html (Zuletzt aufgerufen am 23.01.2023).

Dr. Anna Grebe, Dominik Ringler

# Strategien zur kommunalen Jugendbeteiligung

*Die Umsetzung von Beteiligungsrechten, wie sie in der UN-Kinder-rechtskonvention von 1989 garantiert werden, erfolgt in Deutsch-land auf kommunaler Ebene. In der Pflicht stehen Politik und Ver-waltung, die eine geeignete Strategie entwickeln müssen, um Kinder und Jugendliche den rechtlichen Grundlagen und der kommunalen Praxis entsprechend an allen Belangen, die sie betreffen, zu beteili-gen. Wie kann eine solche Strategie entwickelt werden und welche Fragen muss sich eine Kommune stellen, um Beteiligung strukturiert und nachhaltig zu denken?*

Als sich im März 2019 Zehntausende vorwiegend junge Menschen in deutschen Städten zu den Fridays-for-Future Klimastreiks verab-redeten, forderten sie neben einem schnellen Handeln der Politik bezüglich der globalen Klimakatastrophe und einer Veränderung des individuellen Konsumverhaltens ein Recht ein, das bis dato nur vereinzelt und ernsthaft auf der Agenda von Politik und Gesellschaft zu finden gewesen war: Beteiligung als demokratisches Prinzip, das auch und gerade umfassender als das aktive und passive Wahlrecht gedacht wird, ferner als Recht auf Beteiligung an der Gestaltung der eigenen Lebensorte und Lebensräume. Mit der UN-Kinderrechts-konvention (UN-KRK), die 1989 von den Vereinten Nationen ver-abschiedet wurde, sind erstmalig dafür die rechtlichen Grundlagen dafür geschaffen worden. Die Umsetzung der Konvention und vor allen Dingen ihre Übersetzung in die politische Praxis der Bundes-republik Deutschland dauert bis zum heutigen Tage an, wenngleich auch nicht erst seit den jungen Klima-Protesten Jugendbeteiligung eines der Leitprinzipien der Jugendarbeit und der Jugendverbands-arbeit darstellt. Dass sich in diesem Feld etwas zu bewegen scheint, zeigt sich neben der im November 2022 beschlossenen Wahlaltersenkung bei Europawahlen und dem Start eines Nationalen Aktionsplans Kinder- und Jugendbeteiligung auch auf der Ebene von Ländern und Kommunen: Allein schon an den Koalitionsverträgen der im Jahr 2022 neu gewählten Landesregierungen in Schleswig-Holstein, Nordrhein-Westfalen und Niedersachsen sowie der in Mecklenburg-Vorpommern eingesetzten Enquete-Kommission „Jung sein in MV" lässt sich ablesen, dass kommunale Jugendbeteiligung keineswegs mehr als Nischenthema oder als Thema eines bestimmten parteipolitischen Spektrums verstanden wird, sondern vom Recht auf Partizipation konkrete politische Handlungs- und Reformbedarfe abgeleitet werden. Die Herausforderung, die sich für Kommunen stellt, ist dabei nicht gerade trivial: Wie kann das Recht auf Beteiligung, wie es in Art. 12 der UN-Kinderrechtskonvention festgeschrieben steht und auf Ebene der Länder bestenfalls in die Kommunalordnung aufgenommen wurde (oder zumindest in die Ausführungen zum Kinder- und Jugendhilfegesetz des jeweiligen Bundeslandes), in die jeweilige kommunale Praxis und in die vielfältigen Lebenslagen von Kindern und Jugendlichen übersetzt werden (vgl. Grebe/Ringler 2022)? Der Lebensort Nr. 1 für junge Menschen ist die Kommune – und hier müssen die Grundlagen dafür geschaffen werden, dass sie sich beteiligen können. In diesem Beitrag wird vorgestellt, wie die Umsetzung von Beteiligungsrechten strukturiert in eine Strategie transponiert werden kann, wie dies am Beispiel Brandenburg umgesetzt wurde und für welche weiteren kommunalen Praxisfelder die Beteiligung von Kindern und Jugendlichen (im Folgenden: Jugendbeteiligung) an Relevanz gewinnt.

**Jugendbeteiligung ist kommunal**

## Jugendbeteiligung in der Kommune

Um den weit gefassten Begriff der Beteiligung zunächst für die Situation junger Menschen in der Kommune zu schärfen, gilt es zunächst, das Kräfteverhältnis zwischen Kindern und Jugendlichen auf der einen Seite und der Kommune (hier verstanden als Politik und Verwaltung) auf der anderen Seite näher zu beschreiben. Bei der Beteiligung von Kindern und Jugendlichen in der Kommune geht es einerseits darum, die Interessen und Bedürfnisse von Kindern und Jugendlichen bei kommunalen Entscheidungen stärker zu berücksichtigen, andererseits soll aber auch bei Kindern und Jugendlichen das Interesse an kommunalen Geschehensabläufen und am Gemeinwesen geweckt werden. Man kann vier Felder der Jugendbeteiligung in der Kommune unterscheiden: die (eigenständige) Mitwirkung, die Interessenvertretung, die (politische) Bildung und das (ehrenamtliche) Engagement (vgl. Ringler et al. 2023; Krüger/Ringler 2022: 14f.).

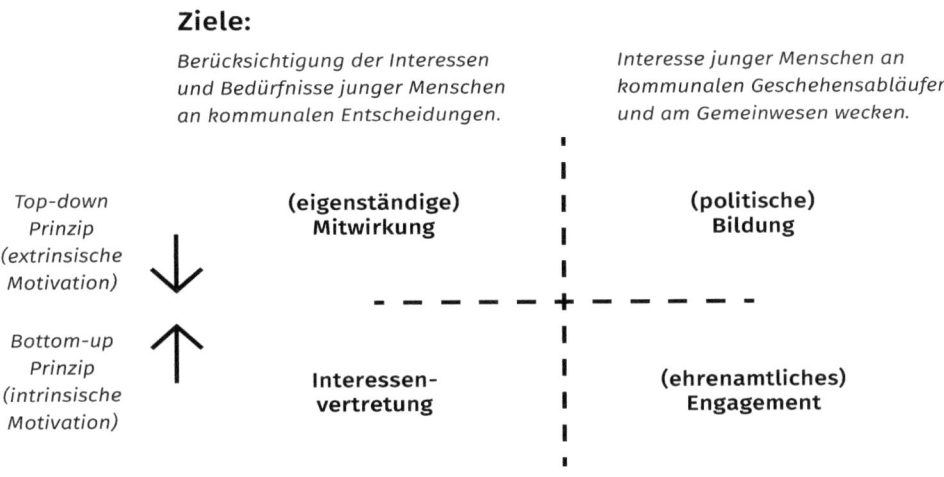

Abbildung 1:      Vier Felder der Jugendbeteiligung in der Kommune (eigene Darstellung)

Die Kinder- und Jugendbeteiligung in der Kommune verfolgt in der Regel ein mehrschichtiges Ziel: Die Interessen und Bedürfnisse von Kindern und Jugendlichen sollen bei kommunalen Entscheidungen der Politik oder in der Verwaltung berücksichtigt werden, womit auch immer die Vorstellung einhergeht, darüber auch das Interesse junger Menschen an kommunalen Geschehensabläufen und am Gemeinwesen zu wecken. Unter eigenständiger Mitwirkung wird dabei die – meist auch gesetzlich geregelte – verbindliche Beteiligung an kommunalen Abläufen verstanden. Gesetzesgrundlagen hierfür sind beispielsweise Art. 12 der UN-Kinderrechtskonvention (UN

KRK) oder die kommunalrechtlichen Regelungen in inzwischen 13 Bundesländern (vgl. Schiller: 82ff.). Anhand von verbindlichen Regelungen, wie beispielsweise Konzepten und Strategien, erfüllt die Kommune dann ihre Pflicht zur Beteiligung. Formulierungen, wie „die Vertragsstaaten sichern" (Art. 12 UN KRK) oder „die Gemeinde sichert" (§ 18a der Brandenburger Kommunalverfassung – BbgK-Verf) bzw. „die Gemeinde muss" bzw. „soll" (u. a. Baden-Württemberg, Hamburg, Schleswig-Holstein, Hessen, Sachsen etc.), weisen die Zuständigkeit und Verantwortung für die Beteiligung junger Menschen der Kommune, also Politik und Verwaltung zu. Es handelt sich also um ein Top-Down-Prinzip, bei dem nicht die Kinder nach den Beteiligungsmöglichkeiten suchen müssen (Prinzip Osterhase), sondern die Kommune muss Beteiligungsmöglichkeiten zu den jungen Menschen bringen (Prinzip Weihnachtsmann). Dabei handelt es sich um eigenständige Mitwirkungsmöglichkeiten für die Zielgruppe junger Menschen, die sich von den Beteiligungsmöglichkeiten für Erwachsene und allgemeinen Möglichkeiten der Einwohnerbeteiligung unterscheiden. Das liegt im besonderen rechtlichen Status von Minderjährigen begründet, deren allgemeine Beteiligungsmöglichkeiten (z. B. aufgrund rechtlicher Einschränkungen beim Wahlalter oder z. B. wegen des altersbezogenen Entwicklungsstandes) ansonsten eingeschränkt sind. Die Ergebnisse der eigenständigen Mitwirkung in der Kommune wirken sich, sofern es sich nicht um Scheinbeteiligung handelt, direkt auf kommunales Handeln aus und es besteht in der Regel ein subjektiver Rechtsanspruch auf Beteiligung für die jungen Menschen.

Immer häufiger sind unterschiedliche Formen der Beteiligung in den kommunalen Interessenvertretungen anzutreffen. Die Zahl der Kinder- und Jugendbeauftragten und der Selbstvertretungsgremien junger Menschen (z. B. Kinder- und Jugendbeiräte, Kinder- und Jugendparlamente, bestimmte Formen von Kinder- und Jugendforen, oder die Jugendverbände und Jugendringe, aber auch die neuerdings im §4a SGB VIII verankerten Selbstvertretungsorganisationen, wie Landesheimräte, Care-Leaver-Organisationen) wächst. Meist handelt es sich dabei um gewählte oder benannte Struktu-

**Das Prinzip Weihnachtsmann**

ren, die ihren Einfluss aus der Gruppe der jungen Menschen heraus (Bottom-up-Prinzip) gegenüber der Kommune geltend machen und somit mittelbar auf die Interessen junger Menschen aufmerksam machen. Dies geschieht in der Regel über Stellungnahmen, Berichte oder Anhörungen in Gremien, die Erwachsenen vorbehalten sind.

Um ihre Lebenswelt in der Kommune aktiv mitzugestalten, engagieren sich auch viele junge Menschen ehrenamtlich in Vereinen, Jugendverbänden, Jugendringen, Initiativgruppen oder organisieren Projekte und Aktionen in ihrer Nachbarschaft. Das Themenspektrum reicht dabei von den Angeboten der Verbände (z. B. Feuer- und Katastrophenschutz, Umwelt, Sport, Nachbarschaftshilfe, Kirchengemeinden) bis hin zu konkreten Aktionen (z. B. Organisation eines Events oder Festivals, Müllsammelaktionen). Durch das Engagement an sich wird zwar kein direkter Einfluss auf kommunales Handeln ausgeübt, aber es prägt zum einen nachhaltig die Beziehung junger Menschen zu ihren Kommunen und sorgt zum anderen durch die Vertretung von Jugendverbänden und Jugendringen in kommunalen Jugendhilfeausschüssen für eine politische Aufwertung eine nicht zu unterschätzende Lobby für die Anliegen junger Menschen.

*Engagement*

Häufig angeregt und unterstützt durch Einrichtungen und Träger aus dem schulischen und außerschulischen Kontext, spielen Bildungsangebote zu kommunalen Themen ebenfalls eine Rolle. Die methodische Bandbreite reicht beispielsweise von der Durchführung von U18- oder Juniorwahlen über Workshops und Seminare bis hin zu ausgefeilten (kommunalpolitischen) Planspielen. Solange allerdings nicht geklärt ist, wie Ergebnisse aus solchen Verfahren ihren Weg in das kommunale Handeln finden, bleibt der Schwerpunkt im Bereich der Bildung.

*Bildung*

In der kommunalen Beteiligungspraxis lassen sich die vier beschriebenen Bereiche nicht trennscharf voneinander abgrenzen. Das wäre auch gar nicht wünschenswert. Im besten Falle definiert man die Schnittstellen im Rahmen der Entwicklung einer vielfältigen Beteiligungslandschaft (u. a. Stange 2021: 10ff.) mit verschiedenen Zugangsmöglichkeiten für unterschiedliche Zielgruppen. Je nach Form, Ansatz oder Methode liegt dann der Schwerpunkt mehr oder weniger in einem der vier Felder.

Im Folgenden soll es insbesondere um die Entwicklungen von Strategien im Bereich der (eigenständigen) Mitwirkungen von jungen Menschen in der Kommune gehen, also dort, wo Kommune gesetzlich zur Beteiligung von Kindern und Jugendlichen verpflichtet ist. Eigenständig bedeutet hier zunächst die Abgrenzung zu Verfahren, die in der Kommune allgemein (Bereich der Einwohnerbeteiligung) oder speziell (der Bereich Bürgerbeteiligung, d. h. in der Regel Beteiligung der wahlberechtigten Personen) verfügbar sind.

## Beteiligen dürfen/sollen/müssen?

Ausgangspunkt für die weiteren Überlegungen ist die Zuständigkeit der Kommune für die 'Bereitstellung' der Möglichkeiten zur Beteiligung und Mitwirkung, mit dem Ziel, die Interessen und Bedürfnisse junger Menschen in und an kommunalen Entscheidungen zu berücksichtigen und damit auch das Interesse junger Menschen an kommunalen Geschehensabläufen und am Gemeinwesen zu wecken. Entscheidend dabei sind bestimmte Bedingungen oder Standards, die wirksame Beteiligung kennzeichnen:

Kommunale Aufgabe

„Partizipation bedeutet, an Entscheidungen mitzuwirken und damit Einfluss auf das Ergebnis nehmen zu können. Sie basiert auf klaren Vereinbarungen, die regeln, wie eine Entscheidung gefällt wird und wie weit das Recht auf Mitbestimmung reicht. Diese Definition grenzt Partizipation von Formen der Beteiligung ab, bei denen die Meinung der Mitwirkenden keine Auswirkung auf das Ergebnis einer Entscheidung hat oder bei denen nicht sicher ist, dass ihre Meinung in den Entscheidungsprozess einfließt" (Straßburger/Rieger 2019: 230).

Die Zuständigkeit der Kommune ergibt sich also aus dem gesetzlichen Auftrag (s. o.: sie „sichert Beteiligung" oder „muss beteiligen"). Die Verantwortung für die Entwicklung, den Inhalt und später auch für die Umsetzung einer Strategie oder einem Konzept zur Beteiligung liegt zunächst bei der Kommunalpolitik und nachgehend bei der Verwaltung. Dass sie dabei auch die Interessen von jungen Menschen berücksichtigt, liegt in der Natur der Sache und ist in Brandenburg sogar explizit gesetzlich vorgeschrieben (§18a Abs. 2 Satz 2): „Kinder und Jugendliche sind an der Entwicklung der Formen (zur eigenständigen Mitwirkung) angemessen zu beteiligen." Anderswo ergibt sich dies aus der Tatsache, dass natürlich auch die Interessen von Kindern und Jugendlichen durch die Kinder- und Jugendbeteiligungsstrategie als Beteiligungsgegenstand (s. u.) selbst „berührt" sind. Ergänzend sollten auch die Perspektiven der Verwaltung, die die Strategie dann operationalisiert, und die derjenigen Menschen berücksichtigt werden, die in der Kommune haupt- oder ehrenamtlich mit Kindern und Jugendlichen zu tun haben (z. B. Fachkräfte aus der Schule, der KiTa oder der Jugendhilfe und Personen aus den Vereinen, Verbänden, Kirchen).

## Mit sieben Leitfragen zur Beteiligungsstrategie

In vielen Kommunen besteht der konkrete Handlungsbedarf, aufgrund gesetzlicher Vorgaben eine Strategie für Jugendbeteiligung zu entwickeln. Gleichsam erkennen andere Kommunen unabhängig von diesen Vorgaben, dass Jugendbeteiligung zu einer positiven Entwicklung der lokalen Demokratie beiträgt und die Selbstwirksamkeit junger Menschen stärkt. In der konkreten kommunalen Praxis zeigt sich in beiden Fällen, dass Beteiligung, ihre Formen, Formate und Strukturen besonders bedarfsgerecht und nachhaltig entwickelt und verankert werden, wenn sie durch externe Prozessberater*innen über einen längeren Zeitraum hinweg begleitet werden. Anhand von sieben Leitfragen soll folgend aufgezeigt werden, wie Kommunen mit Unterstützung durch eine solche externe Beratung eine generische, praktikable und dynamische Strategie für die Beteiligung von Kindern und Jugendlichen entwickeln können, die auf Notwendigkeiten und Ressourcen einer wirksamen kommunalen Beteiligung abgestimmt ist (ausführlich bei Adam/Ringler 2022).

Strategien für Jugendbeteiligung entwickeln

# Sind bei einem Vorhaben, dieser Maßnahme, Entscheidung oder Idee die Interessen und/oder die Bedürfnisse von Kindern und/oder Jugendlichen berührt?

Die vielfältigen Aufgaben von Kommunen lassen sich grob in vier Bereiche (Heinrich-Böll-Stiftung 2022) einteilen:

- Freiwillige (Selbstverwaltungs-)Aufgaben, bei denen die Kommune über das Ob und das Wie der Aufgabenerfüllung frei entscheiden kann.

- Pflichtige Selbstverwaltungsaufgaben: Das Ob der Aufgabenerfüllung ist vorgegeben, über das Wie können die Kommunen jedoch selbst entscheiden.

- Pflichtaufgaben zur Erfüllung nach Weisung. Hier ist das Ob und das Wie der Aufgabenerfüllung vorgegeben.

- Auftragsangelegenheiten, Aufgaben der untersten Verwaltungsbehörde: Hier agiert die Kommune als unterste Ebene der (Landes-)Verwaltung.

Kinder- und Jugendbeteiligung kann natürlich nur dort stattfinden, wo die Kommune einen Entscheidungsspielraum hat, also bei den freiwilligen und pflichtigen Selbstverwaltungsaufgaben.

Im Dialog zwischen jungen Menschen und der Politik wäre zu klären, welche dieser Aufgaben die Interessen und/oder Bedürfnisse von Kindern und Jugendlichen berührt und wo sie sich beteiligen 'dürfen' und beteiligen 'wollen'. Die Notwendigkeit des 'Berührtseins' verlangen auch die unterschiedlichen gesetzlichen Regelungen, z. B.: „in allen das Kind berührenden Angelegenheiten" (Art. 12 UN KRK), „in allen sie berührenden Gemeindeangelegenheiten" (§ 18a BbgKVerf), „die ihre Interessen berühren" (§ 41a GO Baden-Württemberg"), „die deren spezifische Interessen berühren" (§ 80 GO Sachsen-Anhalt). Das Ergebnis ist von Kommune zu Kommune unterschiedlich, nicht nur weil die Interessen unterschiedlich sind, sondern auch weil sich die kommunalen Aufgaben unterscheiden. Nicht jede Kommune unterhält z. B. ein Schwimmbad oder eine Bibliothek.

## Was soll der genaue Gegenstand der Beteiligung sein?

Die Beteiligungsmöglichkeiten bei den kommunalen Aufgaben sind unterschiedlich. Beim Bau von Straßen wäre Beteiligung beispielsweise bei der Festlegung des Verlaufs, bei der Namensgebung oder bei der Begrünung möglich. Bei einem Spielplatz könnte es um den Standort, die Auswahl der Spielgeräte oder die Farbe der Rutsche gehen. Festzulegen, worum es genau gehen soll, hilft einerseits Transparenz zu schaffen und falsche Erwartungen zu verhindern und ermöglicht andererseits auch Rückschlüsse auf die noch folgenden Fragen (z. B. Zielgruppe, Methode).

## Wer soll beteiligt werden (Zielgruppe)?

Wer von einer Sache insbesondere „berührt" oder „betroffen" ist, sollte auch beteiligt werden. Diese Prämisse bestimmt maßgeblich die Definition der Zielgruppe in Bezug auf den festgelegten Beteiligungsgegenstand (s. o.). Die Frage ist also, ob junge Menschen einer bestimmten Altersgruppe, mit einem bestimmten Wohnort oder einer bestimmten Herkunft gemeint sind. Die Festlegung der Zielgruppe bestimmt dann auch die Wahl der Mittel z. B. bei der Ansprache oder bei der Beteiligungsmethode. Dabei ist auf die besonderen Bedürfnisse der jeweiligen Zielgruppe Rücksicht zu nehmen.

## Mit welcher Intensität soll die Zielgruppe beteiligt werden?

Das Klaviermodell der Beteiligungsintensität (Adam/Ringler 2021) hilft dabei zu bestimmen, wie intensiv die Beteiligung von Kindern und Jugendlichen bei dem jeweiligen Thema bzw. Beteiligungsgegenstand erfolgen soll. Auch in diesem Fall sollte zwischen Politik und jungen Menschen festgelegt werden, wie intensiv sie sich beteiligen dürfen und beteiligen wollen. Das Klaviermodell unterscheidet zwischen folgenden Bereichen: Als Voraussetzung für Beteiligung gilt, dass junge Menschen erstens über eine Beteiligungsmöglichkeit informiert sind und zweitens, dass sie ihre Meinung oder ihre Interessen auch äußern. Von Mitsprache ist die Rede, wenn junge Menschen von der Kommune aktiv nach ihren Meinungen, Interessen und Bedürfnissen gefragt werden und diese auch einbringen können, wenn sich Politik im Dialog mit Kindern und Jugendlichen austauscht oder wenn Kinder und Jugendliche aktiv an einer Sache mitwirken können und beispielsweise Teil eines (Planungs-) Prozesses sind. Mitbestimmung in der Kommune ist in der Regel nur möglich, wenn sich Politik z. B. durch Beschlüsse selbst bindet, die Entscheidung von Kindern und Jugendlichen zu übernehmen und zu respektieren. Somit können junge Menschen dann teilweise entscheiden oder z. B. gemeinsam mit der Politik. Überträgt Politik die Entscheidungsmacht komplett an Kinder und Jugendliche, können diese auch eigenständig entscheiden. Es geht dabei weniger darum, junge Menschen immer entscheiden zu lassen, sondern die passende Intensität in Bezug auf den Beteiligungsgegenstand festzulegen. Die Mitwirkung an einem Planungsprozess könnte somit die bessere Beteiligung sein als die bloße Entscheidung zwischen zwei Optionen. Manchmal gibt es verschiedene Intensitäten bei einer Sache, wenn junge Menschen z. B. den Namen einer Straße mitentscheiden und zum Verlauf der Straße angehört werden. Wie bei einem Klavier bestimmen die Mischung und die Intensität, mit der die Tasten gedrückt werden, am Ende die Melodie.

**Eigenentscheidung oder Beteiligung an Prozess?**

## Wer soll mit welcher Methode, wie und durch wen mitwirken oder entscheiden können?

Welche Methode die geeignete ist, definiert sich aus der Beantwortung der vorherigen Fragen: Worum geht es genau (Beteiligungsgegenstand)? Wer ist die Zielgruppe und wie intensiv soll beteiligt werden? Die Antworten gilt es, in Kontakt mit der Frage nach den zur Verfügung stehenden Ressourcen zu bringen. Dies betrifft unter anderem die personellen, materiellen, aber auch zeitlichen Ressourcen. Da diese Fragen sowieso zum kommunalen Handeln gehören, wurden sie nicht explizit in der Liste der Fragen aufgeführt. Entscheidend ist aber tatsächlich der Klärungsprozess der Beteiligungsfragen, die gewählte Methode sollte sich daher unterordnen. Es gibt eine ganze Reihe an Methodensammlungen, die frei verfügbar sind (z. B. die Werkzeugbox von jugendgerecht.de oder der Methodenkoffer von sozialraum.de, der eher in die stadtplanerische Richtung geht). Außerdem gibt es in der Kommune für die Umsetzung in der Regel erfahrene Fachkräfte z. B. in der KiTa, Jugendarbeit oder in Jugendverbänden, die methodensicher und im Umgang mit jungen Menschen geschult sind. Außerdem existieren inzwischen bundesweit qualifizierte Moderator*innen für die Kinder- und Jugendbeteiligung.

## Wie findet das Ergebnis Berücksichtigung bei der politischen Entscheidung?

Die Schwierigkeit von kommunaler Jugendbeteiligung, besteht nicht allein darin, jungen Menschen im politischen Entscheidungszyklus Zugänge und Transparenz über die politischen Themen zu schaffen sowie entwicklungsgerechte Methoden und Formate zu finden, die eine verbindliche Beteiligung in der kommunalen Auseinandersetzung zu bestimmten Themen ermöglichen. Vielmehr besteht sie auch darin zu klären, welchen tatsächlichen Einfluss Kinder und Jugendliche und ihre Interessen haben sollen bzw. werden:

Wirksamkeit

„Dabei geht es dem Gesetzgeber weniger darum, dass sich junge Menschen politisch durchsetzen, aber dass ihre Interessen ernst genommen und gegenüber anderen (kommunalen) Interessen abgewogen werden. Ihre Meinung soll als ein kommunalpolitisches Gewicht in die Waagschale geworfen werden, da sich Minderjährige im Gegensatz zu anderen Interessengruppen demokratisch nicht selbst vertreten können" (Ringler et al. 2023).

Das bedeutet für die Praxis, dass in der Kommune geklärt werden muss, wie die Interessen der Kinder und Jugendlichen in die Waagschale kommen. Sei es als Tischvorlage zur Beschlussfassung, sei es in Form einer Anhörung oder stellvertretend durch den Bericht

eines/r Jugendbeauftragten: Es sollte vor Beginn des Beteiligungsverfahrens transparent sein. Jungen Menschen sollte auch mitgeteilt werden, ob ihre Interessen z. B. mit den Interessen anderer
Bevölkerungsgruppen konkurrieren oder ob es aufgrund anderer
Regelungen (z. B. Umweltverträglichkeit, wirtschaftliche Interessen) Einwände geben könnte, die für die politische Entscheidung
gewichtiger sind. Das alles kann sich auf das Beteiligungsverhalten
auswirken. Frühzeitige Transparenz verhindert hier Scheinbeteiligung und Frustration.

## Wie und wann erfolgt eine (Zwischen-)Rückmeldung zur getroffenen politischen Entscheidung an die Zielgruppe? In welcher Form wird der Prozess der Beteiligung dokumentiert?

Aktenvermerke und Protokolle gehören ebenso zum Verwaltungshandeln wie Berichte und Nachweise zu Projektarbeit. Die Dokumentation von Prozessen und Ergebnissen ist inzwischen selbstverständlicher Bestandteil von professionellem Handeln. Sie macht
den Projektverlauf transparent, nachvollziehbar und überprüfbar.

*Transparenz im Prozess*

In der Brandenburger Kommunalverfassung (§ 18a Abs. 4) ist sie
für die Kinder- und Jugendbeteiligung Pflicht. Gleiches gilt für die
Gemeindeordnung in Schleswig-Holstein (§ 47 f Abs. 2 „muss die
Gemeinde in geeigneter Weise darlegen"). Dabei geht es nicht um
die Quantität von erfassten Daten, aber ein Mindestmaß an Informationen sollte bereitgehalten werden (z. B. Anzahl und Altersgruppe der beteiligten jungen Menschen, das Datum und die ge-
nutzten Methoden, sowie die Ergebnisse der Beteiligung). Junge
Menschen haben auch ein Recht darauf zu erfahren, was mit ihren
Interessen und Ergebnissen aus Beteiligungsverfahren passiert.
Eine Rückmeldung sollte zeitnah und angemessen (in jugendge-
rechter Form) erfolgen, bei langfristigen Verfahren auch in Form
von Zwischenständen. Am Ende sollte auch nachvollziehbar sein,

ob die Interessen junger Menschen bei der Entscheidung Berücksichtigung fanden, und – wenn nicht – eine Begründung erfolgen.

## Prozess der Umsetzung: Der Brandenburger Weg

Zur Klärung der benannten Fragen hat das Kompetenzzentrum für Kinder- und Jugendbeteiligung Brandenburg (KiJuBB) gemeinsam mit externen Berater*innen ein Verfahren entwickelt (Brandenburger Weg), um in einem prozesshaften Verfahren eine generische, praktikable und dynamische Strategie für die Beteiligung von Kindern und Jugendlichen zu entwickeln, die auf Notwendigkeiten und Ressourcen einer wirksamen kommunalen Beteiligung abgestimmt wird. Diese beinhaltet insbesondere die Perspektiven der verschiedenen Akteursgruppen in der Kommune: Kommunalpolitik, Kinder und Jugendliche, Verwaltung und alle, die haupt- und ehrenamtlich mit Kindern und Jugendlichen arbeiten. Vorrangig geht es dabei um die beiden ersten Gruppen, denn die Kommunalpolitik ist letztendliche Entscheidungsträgerin und die jungen Menschen sind die Betroffenen bzw. diejenigen, die bestenfalls von der Beteiligung profitieren. Zur Erstellung der Strategie gehören auch eine Analysephase, damit die Besonderheiten und Eigenständigkeit jeder Kommune Berücksichtigung finden, und die Begleitung des Prozesses durch eine interne Steuerungsgruppe. Der Auftrag für den Prozess erfolgt durch einen politischen Beschluss im Rat oder der Gemeindevertretung; ebenso werden dort die Zwischenergebnisse vorgelegt und die fertige Beteiligungsstrategie beschlossen. Nach Fertigstellung lohnt es sich, über einen sogenannten Verwaltungsleitfaden nachzudenken, um den Mitarbeitenden Handlungssicherheit bei der Umsetzung zu gewährleisten, in einem Pilotverfahren, die Strategie zu testen und nach angemessener Zeit die Strategie zu evaluieren und fortzuschreiben. Natürlich muss man nicht warten, bis die Strategie steht, um Kinder und Jugendliche zu beteiligen. Ist ein Thema auf der Tagesordnung, welches die Interessen von Kindern und Jugendlichen schon jetzt berührt, so lassen sich dort gemeinsam Beteiligungserfahrungen sammeln, die in den Strategieprozess einfließen können.

## Schlussbemerkung

In der Praxis zeigt sich, dass insbesondere Mitglieder in kommunalen Parlamenten, aber auch Fachkräfte der Kinder- und Jugendarbeit den Weg nicht zunächst über die Erarbeitung einer Strategie wählen, sondern von Formaten her Beteiligung denken, z. B. von Jugendparlamenten, Jugendgemeinderäten und Jugendbeiräten – oder auch von konkreten Vorhaben der Kommune, besonders häufig von Bau-Projekten, an denen die Einwohner*innen insgesamt beteiligt werden sollen. Nicht selten beschließt ein kommunales Parlament ein Jugendbeteiligungsformat, ohne dessen Gelingensbedingungen sorgfältig zu überprüfen (z. B. gibt es Qualitätsmerkmale für Jugendparlamente; mehr dazu bei Roth/Stange 2020) und in der Breite diskutiert zu haben – oder gar die jungen Menschen vor Ort selbst darüber entscheiden zu lassen, durch welches Format sie beteiligt werden möchten. Die kommunalen Träger der Jugendarbeit werden dann beauftragt, ein solches Format zu organisieren. Dies geschieht häufig, ohne dass die Grundlagen des eigenen Handelns und/oder die notwendigen Ressourcen geklärt sind und wie es im besten Falle nach Beachtung der sieben Leitfragen aus dem vorherigen Abschnitt hätte geschehen können. Insofern ist die Implementierung und nachhaltige Verankerung von Beteiligungsrechten in Form von konkreten Formaten und Gremien bereits unter dem Aspekt der Aushandlung von Beteiligung mit jungen Menschen zu denken – auch wenn der Prozess so etwas länger dauert, nie wirklich abgeschlossen ist und von einer externen Begleitung profitiert. Denn: Jugendgremien, die aus der Entwicklung einer Strategie hervorgehen, und die im besten Falle flankiert werden mit offenen, projektbezogenen Beteiligungsanlässen, haben die besseren Chancen, in ihren Entscheidungen und Beratungen auf eine breitere Akzeptanz in Politik und Verwaltung zu stoßen und ihre jugendspezifischen Anliegen und Bedürfnisse in die Einwohnerschaft zu tragen. Und nicht zuletzt stärken sie das demokratische Klima einer Kommune insgesamt.

## Literatur

Adam, Steffen/Ringler, Dominik (2022): Mit 7 Fragen zur kommunalen Beteiligungsstrategie, https://www.jugendbeteiligung-brandenburg.de/images/mediathek/pdf/20221113_7FragenBeteiligungsstrategie.pdf (Zuletzt aufgerufen am 20.10.2022).

Adam, Steffen/Ringler, Dominik (2021): Das Klaviermodell der Beteiligungsintensität, https://www.jugendbeteiligung-brandenburg.de/images/mediathek/pdf/20211031_klaviermodellbeteiligungsintensitat.pdf (Zuletzt aufgerufen am 29.11.2022).

Grebe, Anna/Ringler, Dominik (2022): Wer beteiligt, wann, wie und warum? Von der UN-KRK zur kommunalen Jugendbeteiligung", in: Sozialmagazin Ausgabe 3/4, S. 83-89.

Heinrich-Böll-Stiftung (Hrsg.), Aufgaben der Kommunen, in KommunalWiki, https://kommunalwiki.boell.de/index.php/Aufgaben_der_Kommunen (Zuletzt aufgerufen am 20.10.2022).

Krüger, Julia/Ringler, Dominik (2022): Zur institutionellen Einbettung von Jugendbudgets, in: JUBU/KiJuBB: JUBU – Jugendbeteiligung bei Bürgerbudgets und Kompetenzzentrum Kinder- und Jugendbeteiligung Brandenburg (Hrsg.), Hier entscheiden junge Menschen! – Bürgerbudgets, Kinder- und Jugendbudgets und Schüler*innenHaushalte in Brandenburg. Potsdam: Eigenverlag, S. 14-26.

Ringler, Dominik/Krüger, Julia/Rocher, Michael/Ruschin, Liza (2023): Kommunale Jugendbeteiligung als Demokratiepolitik, in: Kleger, Heinz/Klein, Ansgar, Demokratiepolitik – Neue Formen der Bürgerbeteiligung als Demokratiestärkung. Wiesbaden: VS Springer (in Erscheinung).

Roth, Roland/Stange, Waldemar (2020): Starke Kinder- und Jugendparlamente. Kommunale Erfahrungen und Qualitätsmerkmale, Online Verfügbar unter: https://www.kinderrechte.de/fileadmin/Redaktion-Kinderrechte/3_Beteiligung/3.0_Starke_Kinder-und_Jugendparlamente/Starke_Kinder-und_Jugendparlamente.pdf (Zuletzt aufgerufen am 23.01.2023).

Schiller, Sebastian (2021): Beteiligungsrechte in den Kommunalverfassungen im Vergleich in: Bär, Dominik/Roth, Roland/Csaki, Friderike (Hrsg.): Handbuch kinderfreundliche Kommune – Kinderrechte kommunal verwirklichen, Frankfurt am Main: debus, S. 82-99.

Stange, Waldemar (2021): Kinder- und Jugendbeteiligung auf kommunalpolitischer Ebene, in: dreizehn. Zeitschrift für Jugendsozialarbeit, Nr. 26, S. 8-14.

Straßburger, Gaby/Rieger, Judith (2019): Partizipation kompakt – komplexe Zusammenhänge auf den Punkt gebracht, in: Straßburger, Gaby/Rieger, Judith (Hrsg.): Partizipation kompakt – für Studium, Lehre und Praxis sozialer Berufe. Weinheim/Basel: Beltz Juventa 2019, S. 230-240.

Übereinkommen über die Rechte des Kindes (VN-Kinderrechtskonvention), am 5. April 1992 für Deutschland in Kraft getreten (Bekanntmachung vom 10. Juli 1992 – BGBl. II S. 990).

Prof. Dr. Sonja Haug, Simon Schmidbauer

# Politische Partizipation von Geflüchteten in Deutschland

*Der Beitrag befasst sich mit dem Spannungsfeld der politischen Beteiligung im Migrationskontext vor dem Hintergrund der Partizipation von unterrepräsentierten Gruppen. Empirisch untersucht werden die politische Partizipation von Geflüchteten in Bayern sowie ihre Einstellungen zur Demokratie. Die Ergebnisse werden vor dem Stand der Forschung diskutiert und es werden Empfehlungen abgeleitet.*

Jan van Deth beschreibt, dass Demokratien nicht nur von der Mitwirkung ihrer Bürger*innen leben, sondern gar auf sie angewiesen sind. „Ohne politische Partizipation wäre eine Demokratie unvorstellbar, da sich Demokratie auf das Regieren durch die Bürger bezieht. Folglich kann Demokratie nicht ohne ein minimales Niveau politischer Partizipation existieren. Ein Mangel an politischer Partizipation ist für jede Demokratie destruktiv. [...] Wer Demokratie sagt, meint Partizipation" (van Deth 2009: 141).

Die deutsche Gesellschaft wird bedeutend von Migration beeinflusst. Rund ein Viertel der Bevölkerung weist inzwischen einen Migrationshintergrund auf, von dem wiederum etwa die Hälfte Ausländer*innen sind (Destatis 2020). Aus Sicht einer Demokratie stellt dies die bestehenden Prozesse und Regelungen vor Herausforderungen, da Staatsvolk und Bevölkerung immer weniger deckungsgleich sind. Dem versucht man mittels einer Ausweitung der Teilhaberechte, als auch der Möglichkeiten der Einbürgerung entgegenzuwirken. Spätestens mit dem Hochpunkt der Flüchtlingszuwanderung 2015/2016 rückten Geflüchtete in den Fokus der gesellschaftlichen Debatte, auch wenn dies nur einen Teil der Migrationsprozesse in Deutschland betrifft. Im folgenden Beitrag geht es um die Partizipation von unterrepräsentierten Gruppen am Beispiel der politischen Beteiligung von Geflüchteten, die in den

*Staatsvolk und Bevölkerung divergieren immer mehr*

Jahren 2014 bis 2019 nach Deutschland gekommen sind. An ihnen werden Herausforderungen und Potenziale besonders deutlich, da sie vielfältigen Hürden ausgesetzt sind. Zugleich zeigen sich bei ihnen aber auch Erfolgsfaktoren und Unterstützungsstrukturen besonders deutlich.

Ein großer Teil der Partizipationsforschung fokussiert auf Wahlen. Während Deutsche mit Migrationshintergrund (d. h. Personen, die selbst nicht mit deutscher Staatsangehörigkeit geboren wurden oder die mindestens einen Elternteil haben, der nicht mit deutscher Staatsangehörigkeit geboren wurde) volle Partizipationsrechte innehaben, sind ausländische Staatsangehörige von der Wahl und damit dem zentralen Mitwirkungsinstrument der deutschen Demokratie ausgeschlossen. EU-Bürger*innen sind hierbei durch die Verträge der Europäischen Union privilegiert, sodass diese an Kommunal- und Europawahlen in Deutschland teilnehmen können. Aufgrund ihrer Wahlberechtigung sind damit Deutsche mit Migrationshintergrund eine häufige Zielgruppe der auf Wahlen zentrierten Partizipationsforschung (Müssig 2020; Müssig/Worbs 2012).

Politische Partizipation ist aber mehr als nur der Gang zur Wahlurne. Vielmehr zählen zu den Möglichkeiten der politischen Beteiligung auch beispielsweise Partei- und Protestaktivitäten ebenso wie das Kontaktieren von Politik und Verwaltung (Teorell et al. 2007; van Deth/Zorell 2019). Diese nicht auf das aktive oder passive Wahlrecht abzielenden politischen Aktivitäten werden nicht hinsichtlich der Staatsbürgerschaft eingeschränkt. Selbst drittstaatsangehörige Personen, zu denen Geflüchtete gehören, haben durchaus umfassende Beteiligungsrechte am politischen Willensbildungsprozess in Deutschland (Schmidbauer/Haug 2022b). In der Analyse bestehender Daten zeigt sich, dass Personen mit Migrationshintergrund (darunter knapp die Hälfte ausländische und etwas mehr als die Hälfte deutsche Staatsangehörige) generell seltener politische Beteiligungsoptionen als Deutsche ohne Migrationshintergrund nutzen (Schmidbauer/Haug 2022a). Andererseits greift es zu kurz, die geringere Partizipation auf das fehlende Wahlrecht von Ausländer*innen zurückzuführen, da Zugewanderte mit und ohne deut-

Ungleichgewicht der Teilhabe

schen Pass auch bei ihnen erlaubten Partizipationsformen seltener aktiv werden (z. B. Mitarbeit bei Parteien, Mitarbeit bei Bürgerinitiativen, Gewerkschaftsmitgliedschaft, Beteiligung an Unterschriftenlisten, Demonstrationen oder öffentlichen Diskussionen, kritischer Konsum, Online-Protest). In Analysen zeigt sich, dass dieses Teilhabedefizit selbst dann noch vorzufinden ist, wenn die üblichen Einflussfaktoren auf politische Beteiligung, wie Ressourcen, Involvierung und Netzwerke berücksichtigt werden (Mays et al. 2019; Müssig 2020; Müssig/Worbs 2012). Abseits der genannten Aktivitäten finden sich zudem migrationsspezifische Beteiligungsformen, wie beispielsweise die Ausländer- oder Integrationsbeiräte, die einen aktiven Einfluss auf die Politik vor Ort nehmen können (Bausch 2016; Kersting 2008). Auch wenn hierzu bereits vereinzelt Forschungsliteratur vorgelegt wurde, fehlt es weiterhin an Daten zu diesen Beteiligungsformen.

Im Schatten der Partizipations-forschung

Zu Geflüchteten gab es seit der letzten Hochphase in den 1990er Jahren kaum Forschung und das Forschungsfeld musste sich nach 2015 erst erneut etablieren (Kleist 2018). Daher bestehen weiterhin breite Forschungslücken (Johansson 2016). Die wichtigste Repräsentativbefragung von Geflüchteten stellt die IAB-BAMF-SOEP-Befragung von Geflüchteten dar. Diese bietet als Mehrthemenbefragung vielfältige Auswertungsmöglichkeiten zu Lebenssituation und Einstellungen von Geflüchteten. Auch Demokratieorientierungen waren ein Bestandteil der Befragung (Schupp et al. 2016), politische Partizipation hingegen wurde nicht erhoben. In Anbetracht dieser Forschungs- und Datenlücken ist es wenig verwunderlich, dass Geflüchtete bisher noch kaum im Fokus der Partizipationsforschung standen (Ragab/Antara 2018). Jedoch zeigten sich schon in den 1990er Jahren und ab 2012 bedeutende Geflüchtetenproteste, die einer Hinwendung zum Thema Nachdruck verleihen.

Dieser Forschungslücke begegnet das Projekt „Demokratieakzeptanz und Partizipation von Geflüchteten (DePaGe)" im Rahmen des Bayerischen Forschungsverbunds ForDemocracy, das 2018 bis 2022 durch das Staatsministerium für Wissenschaft und Kunst gefördert wurde. Nachfolgend werden Forschungsmethode und

Ergebnisse einer Geflüchtetenbefragung vorgestellt. Die Erkenntnisse werden in den aktuellen Forschungsstand und anhand der weiteren Projektergebnisse einer Expert*innen-Befragung und von Gruppendiskussionen eingeordnet. Abschließend wird ein Fazit gezogen und Empfehlungen gegeben.

## Forschungsmethode und Ergebnisse

Der Fokus der Forschungstätigkeit des Projekts DePaGe liegt auf der kommunalen Ebene, wo auch ein großer Teil der sozialen Integration stattfindet (Gesemann/Roth 2018). Dabei verfolgt es einen qualitativen als auch einen quantitativen Zugang zur Demokratieforschung. So wurden einerseits Interviews mit zwanzig Expert*innen aus Verwaltung, Praxis und Zivilgesellschaft geführt. Andererseits wurden Geflüchtete in Sprach- und Integrationskursen in Regensburg (n=109) sowie in Gemeinschaftsunterkünften in fünf Städten in Bayern (n=377) zum Jahreswechsel 2019/2020 standardisiert befragt. Die händisch auszufüllenden Fragebögen waren in sieben Sprachen verfügbar, jedoch waren bei der Befragung muttersprachliche Sprachmittler*innen zugegen, um bei Bedarf die Interviews persönlich-mündlich durchzuführen. Ergänzt wurden diese zwei Studien durch Gruppendiskussionen, Workshops und Entwicklungsprojekte sowie durch Sekundärdatenanalysen.

## Erfolgte Politische Partizipation

Zur Erfassung der politischen Partizipation wurde ein eigenes Erhebungsinstrument entwickelt, das sich an eine in der Partizipationsforschung gängige Abfrage politischer Aktivitäten anlehnt und dabei die Verlagerung des Wohnortes berücksichtigt. Geflüchtete haben nicht selten langjährige Zwischenaufenthalte in verschiedenen Ländern hinter sich, sodass bewusst auf die Benennung eines Ortes verzichtet und lediglich zwischen Aktivitäten in Deutschland und dem Ausland differenziert wurde. Um die eingeschränkten Teilhaberechte zu berücksichtigen, wurde hinsichtlich der Wahlteilnahme erfragt, ob man schon einmal an der Wahl eines Parlaments oder einer Volksvertretung teilgenommen hat. Nachfolgend wurde auch die Teilnahme an den Aktivitäten Unterschriftenaktion, Hungerstreik, Friedliche Demonstration, Streik, Boykott, Kontaktieren von Politiker*innen und Parteiaktivität in einem anderen Land bzw. in Deutschland abgefragt. Mit der Ausweichoption „Kenne ich nicht" wird neben der Teilnahme auch die Bekanntheit der Aktivität erfasst.

Die Wahlteilnahme ist mit etwa einem Viertel (23,3 Prozent) die häufigste im Ausland erfolgte Aktivität. Etwa ein Siebtel (14,9 Prozent) gab an, im Ausland bereits an Demonstrationen teilgenommen zu haben. Der Boykott ist die dritthäufigste Aktivität mit 8,3 Prozent. Die übrigen Aktivitäten werden mit annähernd gleicher Häufigkeit genannt (5,5 und 6,8 Prozent). Betrachtet man die Situation in Deutschland, so ist ebenfalls die Demonstration die häufigste bisher genutzte politische Aktivität (14,6 Prozent). Darauf folgt an zweiter Stelle die Unterschriftenaktion mit 7,0 Prozent. Bei den übrigen politischen Aktivitäten gaben etwa 2,3 bis 3,2 Prozent der Befragten an, diese schon einmal getan zu haben.

Zu berücksichtigen ist, dass zwischen 13,4 und 20,0 Prozent der Befragten angaben, die Beteiligungsformen nicht zu kennen und 18,9 bis 24,1 Prozent die Frage nicht (korrekt) beantworteten. Die erhöhte Anzahl fehlender Werte zeigt sich bei allen politikbezogenen Fragen. Dies könnte darauf hindeuten, dass manche Formen politischer Beteiligung in den Herkunftsländern weniger bekannt sind. Es ist aber ebenso gut möglich, dass die Befragten unsicher sind, wie diese Aktivitäten in Deutschland beurteilt werden (Stichwort „soziale Erwünschtheit") und daher eine Beantwortung eher scheuen. Dies könnte insbesondere dann der Fall sein, wenn die politischen Aktivitäten im Herkunftsland unerwünscht oder verboten sind.

## Zukünftige politische Partizipation

In einem zweiten Set wurde nach der erwarteten Teilnahme an den oben genannten Aktivitäten in der Zukunft mit den Antwortmög-

Migrant*innen bringen Partizipationserfahrung mit

lichkeiten „Sicherlich tun", „Vielleicht einmal tun" „Unter keinen Umständen tun" und der Ausweichoption „Kenne ich nicht" gefragt. Hier ist deutlich erkennbar, dass sich der größte Teil der Befragten vorstellen kann, zukünftig an Demonstrationen teilzunehmen (55,9 Prozent) oder zu wählen (52,0 Prozent). Danach folgt mit einigem Abstand auf dem dritten Platz die Unterschriftenaktion (38,9 Prozent). Den letzten Rang belegt der Hungerstreik (30,4 Prozent). Die übrigen Aktivitäten werden mit annähernd gleicher Häufigkeit genannt (32,1 - 35,7 Prozent). Auffällig ist, dass hinsichtlich dieser Items höhere Anteile fehlender Werte zu beobachten sind, was auf die häufigere Wahl der Ausweichoption „Kenne ich nicht" zurückzuführen ist. Dies legt den Schluss nahe, dass teilweise Ungewissheit über die soziale (Un-)Erwünschtheit der politischen Aktivität(en) besteht.

## Zusammenfassung und Vergleich zur Bevölkerung Deutschlands

Zusammengefasst wurden die abgefragten politischen Aktivitäten bisher insgesamt selten genutzt. Dabei sind die Beteiligungsquoten in Deutschland nur unwesentlich geringer als bei der zu früheren Zeitpunkten im Ausland erfolgten politischen Partizipation. Dies ist insofern bemerkenswert, als die untersuchten Personen zum Befragungszeitpunkt durchschnittlich erst vier Jahre in Deutschland leben. Auch ist auffällig, dass die Nutzung von Hungerstreiks nicht zwischen den übrigen Aktivitäten hervorsticht, obgleich dies eine häufig in Medien berichtete Aktivitätsform ist. Hinsichtlich der Zukunft beträgt das Mobilisierungspotenzial je Aktivität nur etwa ein Drittel bis knapp über die Hälfte der Befragten. Die höchste Bereitschaft liegt bei der Beteiligung an Demonstrationen, die Wahlbeteiligung folgt an zweiter Stelle.

Zieht man das gemeinsame Dataset der European Values Study und des World Values Survey 2018 heran, können Vergleiche zur Bevölkerung in Deutschland in Bezug auf die Beteiligung an Wahlen, Unterschriftenaktionen/Petitionen und Demonstrationen vorgenommen werden. Hierfür wurden die Angaben in der Studie DePaGe so umgeformt, dass die Beteiligung in Deutschland und dem Ausland je Aktivität zusammengefasst wurde. Es zeigt sich, dass die befragten Geflüchteten deutlich seltener Erfahrungen mit politischer Aktivität haben. Während etwas über ein Drittel (38,7 Prozent) sich schon einmal an einer der drei genannten Aktivitäten beteiligt hat, trifft dies auf etwa neun von zehn Befragten in Deutschland zu (91,3 Prozent). Diese hohe Disparität ist insbesondere auf die Wahlbeteiligung zurückzuführen. 87,9 Prozent der Befragten des EVS/WVS haben sich schon einmal auf nationaler oder lokaler Ebene beteiligt, wohingegen dies nur auf 23,3 Prozent der befragten Geflüchteten zutrifft. Dies könnte darauf zurückgeführt werden, dass viele von ihnen aus nicht demokratisch regierten Staaten stammen und in Deutschland keine Wahlberechtigung aufweisen. Bei den beiden anderen Aktivitätsformen sind die Unterschiede weniger stark ausgeprägt, aber trotzdem deutlich sichtbar. So stehen sich 65,6 Prozent und 13,7 Prozent Beteiligungsquoten bei Unterschriftenaktionen/Petitionen sowie 34,3 Prozent und 27,4 Prozent bei Demonstrationen gegenüber. Bei der protestorientierten politischen Beteiligung haben die befragten Geflüchteten also bereits fast zur Allgemeinbevölkerung aufgeschlossen.

## Einflussfaktoren auf die politische Partizipation

Hinsichtlich politischer Partizipation sahen die befragten Expert*innen den größten Einfluss in Faktoren, die auch auf Personen ohne Migrations- oder Fluchthintergrund wirken, wie sie im Civic Voluntarism Model (Verba et al. 1995) herausgearbeitet wurden. Das Modell unterscheidet Ressourcen („können"), Involvierung („wollen") und Netzwerke („gefragt werden") als Bündel von Einflussfaktoren. Darüber hinaus beschreiben die befragten Praktiker*innen migrationsspezifische Faktoren, wie die Entwertung von (länderspezifischem) politischem Wissen durch den Eintritt in ein anderes politisches System sowie fluchtspezifische Faktoren, wie insbesondere das Erleben eines äußerst repressiven Staates und Traumatisierungen. In zwei Diskussionsveranstaltungen wurde weiterhin klar, dass Migrant*innen politisches Engagement als „Luxus" erleben (Gutmann 2020) und andere Prioritäten höher wiegen als politisches Interesse und politische Aktivität (Mittertrainer/Schmidbauer 2020). In den Expert*innen-Interviews wurde dies aber auch eingeschränkt. Dieser Zusammenhang besteht demnach nicht, wenn erlebte Missstände eine politische Reaktion erfordern. So sind beispielsweise die Bedingungen im Herkunftsland, die Situation in den Unterkünften oder die Sicherung des eigenen Aufenthaltsstatus potenzielle Motivatoren für politisches Engagement. Diese Themen sind so relevant und hoch emotional, dass diese das übliche Wirkmodell durchbrechen – ein Effekt, der auch im Civic Voluntarism Model in Form des issue engagements (auf Deutsch etwa Themenorientierung) berücksichtigt wird.

## Demokratieorientierungen

Bei der DePaGe-Befragung zeigt sich weiterhin eine sehr hohe Zustimmung zur Demokratie. Auch die Einschätzung, welche Elementen zu einer Demokratie gehören, entspricht näherungsweise der Bevölkerung in Deutschland. Jedoch sind bei den befragten Geflüchteten auch auffällig hohe Zustimmungswerte zu Führerstaat, Militär- oder Expertenregierung zu beobachten. So ist je ein Drittel der Ansicht, dass eine Religions- oder eine Militärregierung mit der Demokratie vereinbar wäre. Soziodemografische Merkmale (Geschlecht, Alter, Bildungsniveau) stehen nur schwach in Zusammenhang mit der Einstellung zur Demokratie, ebenso wie politisches Interesse oder politische Aktivitäten in der Vergangenheit. Gleichzeitig zeigt sich, dass Geflüchtete, die in Deutschland bereits politisch aktiv waren, etwas stärker einer Herrschaftsform mit nicht demokratisch gewähltem „starkem Führer" oder Militär zuneigen (dazu ausführlich Haug/Schmidbauer 2023).

Auch wenn Limitationen aufgrund der Fokussierung der Stichprobe der DePaGe-Studie auf Gemeinschaftsunterkünften in Betracht gezogen werden müssen, lässt sich die Schlussfolgerung ziehen, dass aus diesen Haltungen ein gewisses Konfliktpotenzial für die Demokratie resultiert. In einer Auswertung der IAB-BAMF-SOEP

Befragung von Geflüchteten von Schupp et al. (2016) zeigt sich ein ähnliches Bild, wenn auch etwas weniger pointiert. Kontextualisiert werden diese Ergebnisse durch eine Auswertung des European Social Survey aus dem Jahr 2012, wo sich Hinweise darauf finden, dass Migrant*innen der ersten Generation Erfahrungen aus ihrem (nicht-demokratischen) Herkunftsland mitbringen, die ihre Einstellungen prägen. Allerdings ändern sich diese Einstellungen vor dem Hintergrund der neuen politischen Verhältnisse im Einwanderungsland und nähern sich den Einstellungen der Bevölkerung im Aufnahmeland an. Besonders brisant ist hierbei das Ergebnis, dass Diskriminierungserfahrungen nicht nur zu einer Minderung der Zufriedenheit mit der Demokratie in Deutschland, sondern darüber hinaus zu einer Abkehr von der Zustimmung zur Demokratie als Staatsform führen können (Raschke/Westle 2018).

*Diskriminierung kann Abkehr von Demokratie fördern*

## Politische Bildung

Die schulische und außerschulische politische Bildung verfolgt das Ziel, Kenntnisse über das politische System sowie demokratische Kompetenzen zu vermitteln, sowie Haltungen wie Toleranz und Kritikfähigkeit zu fördern. Im Zuge des erhöhten Flüchtlingszuzugs entwickelten die Träger der politischen Bildung Maßnahmen und Projekte für Geflüchtete. Bei einer Recherche im Zeitraum 2015 bis 2020 konnten 81 Projekte der politischen Bildung von Geflüchteten untersucht werden (Schmidbauer/Lessig/Haug 2021). Diese richten sich meist auf die Zeit direkt nach der Ankunft. Das Themenspektrum umfasst Inhalte, die dem sogenannten Orientierungswissen zugeordnet werden können; ein Schwerpunkt liegt auf dem Zusammenleben in der Demokratie. Weniger thematisiert werden Möglichkeiten politischer Teilhabe. Diese werden auch in Integrationskursen nur in beschränktem Maße vermittelt (Schmidbauer/Haug 2021).

## Fazit und Empfehlungen

Es besteht bei Geflüchteten grundlegend eine sehr hohe Zustimmung zur Demokratie. Auch die Einschätzung, welche Elemente zu einer Demokratie gehören, entspricht der Allgemeinbevölkerung in Deutschland. Es zeigen sich jedoch auch auffällig hohe Zustimmungswerte zu Führerstaat, Militär- oder Expertenregierung. Aus diesen Haltungen könnte ein gewisses Gefahrenpotenzial für die Demokratie resultieren, im Sinne eines Rekrutierungspotenzials für demokratiefeindliche Netzwerke oder politische Vereinigungen - die so genannte „dunkle Seite des sozialen Kapitals" (Portes 1998; van Deth/Zmerli 2010; Paxton 2002).

Partizipationsmöglichkeiten stellen einen gewichtigen Teil gesellschaftlicher Inklusion dar (Roth, 2018). Allgemein lassen sich eine Vielzahl von demokratischen Beteiligungsformen und Instrumenten unterscheiden. Unter dem Blickwinkel der sozialen Ungleichheit bedeutsam sind die geringe Ressourcenausstattung marginalisierter Gruppen sowie deren spezifische Sozialisations- und Diskriminierungserfahrungen, inklusive fehlender politischer Anerkennung (Kaßner/Kersting 2021). Bürgerschaftliches Engagement kann eine Chance für die Vernetzung und Kompetenzentwicklung bieten. Hinzu kommen Integrations(bei-)räte und andere lokale Verbände, Vereine und Gemeinschaften, die integrationspolitisches Potenzial entfalten (Roth 2018). Im Migrationskontext kann zwischen herkunftsland- oder aufnahmelandorientierten Organisationen oder Vereinen unterschieden werden (Haug 2022). In Deutschland gibt es etwa 12.400 bis 14.300 (Selbst-)Organisationen von Migrant*innen, die aktiv werden und das gesellschaftliche Zusammenleben aktiv mitgestalten (Friedrichs et al. 2020). Diese Stärkung der Teilhabe an der (Zivil-) Gesellschaft kann auch einer Radikalisierung bzw. Abkehr von der Demokratie entgegenwirken und den gesellschaftlichen Zusammenhalt fördern.

*Engagement als Chance*

Hier ist auch die politische Bildung in der Pflicht. Ein Fazit ist hier, dass es zu Beginn des Aufenthalts sinnvoll ist, für Geflüchtete explizite Angebote zur Erstorientierung zu konzipieren. Auch die Soziale Arbeit bzw. Flüchtlingshilfe hat einen politischen Bildungsauftrag. Gerade in der Zusammenarbeit der politischen Bildung und der Sozialen Arbeit können gewinnbringende Synergien genutzt werden (Schmidbauer 2021). Im Allgemeinen ist zu allerdings zu diskutieren, inwieweit mit speziell auf Geflüchtete zugeschnittenen Angeboten Besonderheiten über längere Zeit hinweg quasi festgeschrieben werden. Insbesondere mit fortgeschrittener Aufenthaltsdauer und Verfestigung des Aufenthaltsstatus sind daher inklusivere Ansätze vorzuziehen.

## Literatur

Bausch, Christiane (2016): Zwischen Einschluss und Ausschluss - Integrationsräte als Modell für die politische Partizipation und Repräsentation von Migrantinnen und Migranten, in: Migration und Soziale Arbeit 38 (3), S. 246-252.

Friedrichs, Nils/Barp, Francesca/Sultan Marie Mualem/Weiss, Karin (2020): Vielfältig engagiert – breit vernetzt – partiell eingebunden? Migrantenorganisationen als gestaltende Kraft in der Gesellschaft, Berlin: Sachverständigenrat deutscher Stiftungen für Integration und Migration (SVR) (Studie des SVR Forschungsbereichs, 2020-2).

Gesemann, Frank/Roth, Roland (Hg.) (2018): Handbuch Lokale Integrationspolitik, Wiesbaden: Springer VS.

Gutmann, Caroline (2020): Wenn politische Beteiligung als „Luxus" erlebt wird, Eine Gruppendiskussion über politische Partizipation von Frauen mit Migrationshintergrund", Hg. v. ForDemocracy. Regensburg und München (Arbeitspapier, 1).

Haug, Sonja (2022): Soziales Kapital, in: Martin Endreß und Benjamin Rampp (Hg.): Politische Soziologie, Handbuch für Wissenschaft und Studium, Baden-Baden: Nomos (NomosHandbuch), im Erscheinen.

Haug, Sonja/Schmidbauer, Simon (2023): Geflüchtete in Deutschland und ihre Einstellung zur Demokratie – eine empirische Untersuchung, in: Norbert Kersting (Hg.): Migration und Konflikte, Wiesbaden: Springer, im Erscheinen.

Johansson, Susanne (2016): Was wir über Flüchtlinge (nicht) wissen. Der wissenschaftliche Erkenntnisstand zur Lebenssituation von Flüchtlingen in Deutschland, eine Expertise im Auftrag der Robert Bosch Stiftung und des SVR-Forschungsbereichs, unter Mitarbeit von David Schiefer und Nora Andres, Berlin: Sachverständigenrat deutscher Stiftungen für Integration und Migration (SVR).

Kersting, Norbert (2008): Beiräte und Kommissionen. Integration von Partikularinteressen, in: Norbert Kersting (Hg.): Politische Beteiligung. Einführung in dialogorientierte Instrumente politischer und gesellschaftlicher Partizipation, Wiesbaden: VS Verlag für Sozialwissenschaften, S. 107–122.

Kleist, J. Olaf (2018): Flucht- und Flüchtlingsforschung in Deutschland: Akteure, Themen und Strukturen, State of Research Papier, Hg. v. Institut für Migrationsforschung und Interkulturelle Studien (IMIS) und Bonn International Center for Conversion (BICC) (Flucht: Forschung und Transfer, 1).

Mays, Anja/Rosebrock, Antje/Hambauer, Verena/Kühnel, Steffen (2019): Determinanten des politischen Engagements von MigrantInnen in Deutschland, in: Soziale Welt 70 (1), S. 60–92.

Mittertrainer, Mina/Schmidbauer, Simon (2020): Politisch ja, aktiv nein? Ideen aus einer Zukunftswerkstatt zur Teilhabe an demokratischen Prozessen, in: ForDemocracy, https://fordemocracy.hypotheses.org/2623 (Zuletzt aufgerufen am 23.01.2023).

Müssig, Stephanie (2020): Politische Partizipation von Menschen mit Migrationshintergrund in Deutschland, Wiesbaden: Springer VS.

Müssig, Stephanie/Worbs, Susanne (2012): Politische Einstellungen und politische Partizipation von Migranten in Deutschland, Working Paper 46, Nürnberg: Bundesamt für Migration und Flüchtlinge (BAMF) (Integrationsreport, 10).

Paxton, Pamela (2002): Social Capital and Democracy: An Interdependent Relationship, in: American Sociological Review 67 (2), S. 254–277.

Portes, Alejandro (1998): Social Capital: Its Origins and Applications in Modern Sociology, in: Annual Review of Sociology 24 (1), S. 1–24.

Raschke, Eva/Westle, Bettina (2018): Flitterwochen mit der Demokratie? Politische Unterstützung von Migranten in Europa, in: Zeitschrift für Vergleichende Politikwissenschaft 12 (1), S. 321–340.

Roth, Roland (2018): Integration durch politische Partizipation, in: Frank Gesemann und Roland Roth (Hg.): Handbuch Lokale Integrationspolitik, Wiesbaden: Springer VS, S. 629–658.

Schmidbauer, Simon (2021): Politische Bildung durch Soziale Arbeit im Handlungsfeld (Flucht-)Migration, in: Soziale Arbeit 70 (4), 137-143.

Schmidbauer, Simon/Haug, Sonja (2022a): Politische Partizipation und migrationsbedingte Diversität, in: Mina Mittertrainer, Barbara Thiessen und Kerstin Oldemeier (Hg.): Diversität und Diskriminierung, Wiesbaden: Springer, im Erscheinen.

Schmidbauer, Simon/Haug, Sonja (2022b): Politische Partizipationsmöglichkeiten von Geflüchteten, Demokratiebilder und politisches Wissen – Ergebnisse einer qualitativen Studie, in: Miriam Stock, Nazli Hodaie, Stefan Immerfall und Margarete Menz (Hg.): Arbeitstitel: Migrationsgesellschaft. Pädagogik - Profession – Praktik, Wiesbaden: Springer VS, 283-297.

Schmidbauer, Simon/Lessig, Sarah/Haug, Sonja (2021): Politische Bildungsangebote für Geflüchtete - Eine Bestandsaufnahme, In: Journal für politische Bildung 11 (3/2021), 70-74.

Schupp, Jürgen/Brücker, Herbert/Friedrich, Martin/Holst, Elke/Kosyakova, Yuliya/Kroh, Martin/Richter, David (2016): Werte, Persönlichkeitsmerkmale, soziale Beziehungen und subjektives Wohlbefinden, in: Herbert Brücker, Nina Rother und Jürgen Schupp (Hg.): IAB-BAMF-SOEP-Befragung von Geflüchteten: Überblick und erste Ergebnisse, Nürnberg: Bundesamt für Migration und Flüchtlinge (BAMF) (Forschungsbericht, 29), S. 55–66.

Statistisches Bundesamt (Destatis) (2020): Bevölkerung und Erwerbstätigkeit. Bevölkerung mit Migrationshintergrund, Ergebnisse des Mikrozensus 2019, Fachserie 1 Reihe 2.2, Wiesbaden: Statistisches Bundesamt (Destatis).

Teorell, Jan/Torcal, Mariano/Montero, José Ramón (2007): Political participation. Mapping the terrain, in: Jan W. van Deth, José Ramón Montero und Anders Westholm (Hg.): Citizenship and Involvement in European Democracies: A Comparative Analysis, Abingdon-on-Thames: Routledge, S. 334–357.

van Deth, Jan W./Zmerli, Sonja (2010): Introduction: Civicness, Equality, and Democracy—A "Dark Side" of Social Capital?, in: American Behavioral Scientist 53 (5), S. 631–639.

van Deth, Jan W./Zorell, Carolin (2020): Politischer Protest und Konsum, in: Thorsten Faas, Oscar W. Gabriel und Jürgen Maier (Hg.): Handbuch der politikwissenschaftlichen Einstellungs- und Verhaltensforschung, 1. Aufl. Baden-Baden: Nomos, S. 393–412.

van Deth, Jan W. (2009): Politische Partizipation, in: Viktoria Kaina und Andrea Römmele (Hg.): Politische Soziologie. Ein Studienbuch, 1. Aufl. Wiesbaden: VS Verlag für Sozialwissenschaften; GWV Fachverlage GmbH Wiesbaden, S. 141-162.

Verba, Sidney/Schlozman, Kay Lehman/Brady, Henry E. (1995): Voice and Equality, Civic Voluntarism in American Politics, Cambridge, London: Harvard University Press.

Dr. Katrin Gliemann, Hanna Seydel

# Interkultur in der Beteiligung breiter denken – Warum Migrationsgeschichte als Indiz für Beteiligungsferne unzureichend ist

*In diesem Beitrag beschäftigen wir uns mit der gängigen Annahme, Menschen mit Migrationsgeschichte seien in Beteiligungsprozessen der Stadtentwicklung unterrepräsentiert, und plädieren für eine Erweiterung der Perspektive. Ausgehend von Ergebnissen eines Forschungsprojekts zeigen wir auf, welche Barrieren Menschen an einer Beteiligung hindern, inwieweit diese Barrieren überhaupt mit Migration in Zusammenhang stehen und wie Partizipation zugänglicher werden kann für Menschen mit und ohne Migrationsgeschichte.*

„Meine Erfahrungen mit Beteiligungsangeboten sind eher, wie nennt man das – „schwierig" ist das falsche Wort, aber na ja, sehr gemischt. Sehr gemischt insofern, dass [dieser Stadtteil] so ein bunter Stadtteil ist und meistens die Beteiligung in den deutschen Communities stattfindet. [...] Ich glaube nicht, dass das Migrant*innen überhaupt so mitkriegen. [...] ich glaube nicht, dass die überhaupt in irgendeiner Form sich beteiligt fühlen an der politischen oder der gesellschaftspolitischen Gestaltung von dem Stadtteil" (Interviewauszug aus der INTERPART-Erzähllecke mit einer Sozialarbeiterin, ID #hs_015).

Die in dem Zitat durchscheinende und auch in der Raum- und Stadtplanung verbreitete Auffassung, Menschen mit Migrationsgeschichte seien in Beteiligungsprozessen unterrepräsentiert, greift in dieser Form zu kurz. Dies betrifft vor allem die Pauschalisierung dieser Zuschreibung, da Menschen mit Migrationsgeschichte – ebenso wie Menschen ohne Migrationsgeschichte –unterschiedliche Interessen und Kapazitäten auch in Bezug auf Beteiligungsprozesse haben. Im nachfolgenden Beitrag verdeutlichen wir, warum eine differenzierte Sichtweise wichtig ist und was sich daraus für die Gestaltung von Beteiligungsprozessen ergibt. Im ersten Abschnitt detaillieren wir, warum die These von der migrantischen Beteiligungsferne über die tatsächliche Komplexität hinwegtäuscht. Daran anknüpfend stellen wir typische Beteiligungsbarrieren dar, denen wir bei unseren eigenen Untersuchungen begegnet sind. Die Zusammenstellung zeigt allerdings, dass de facto nur wenige Hindernisse, mit denen potenzielle Teilnehmer*innen konfrontiert sind, als „migrationsspezifisch" zu bezeichnen sind. Je nachdem, welche Hürden wirksam sind, stehen Planer*innen vor der schwierigen Entscheidung, ob zielgruppenspezifische Angebote oder eine Beteiligung „für alle" im Sinne einer Normalisierung von Vielfalt angemessener sind, womit sich der dritte Abschnitt beschäftigt. Abschließend schildern wir, welche Empfehlungen sich für die Partizipationspraxis aus den Erkenntnissen ableiten lassen. Dies umfasst eine dem eigentlichen Beteiligungsverfahren vorgeschaltete „Phase Null", für die wir verschiedene Tools getestet haben.

Migrantische
Beteiligungsferne?

Der Beitrag geht zurück auf ein Forschungsprojekt mit dem Titel „Interkulturelle Räume der Partizipation" (INTERPART), das die Autorinnen zusammen mit anderen Partner*innen aus Wissenschaft und Praxis durchführten und dass das Bundesministerium für Forschung und Wissenschaft förderte (s. Anmerkung am Textende). Das Verbundprojekt untersuchte die Frage, wie Beteiligung in der Stadtentwicklung so organisiert werden kann, dass Menschen mit und ohne Migrationsgeschichte gleichermaßen daran teilhaben können. Wenn wir nachfolgend den Begriff Interkultur verwenden, beziehen wir uns auf die Definition von Interkultureller Integration, wie sie Geißler und Weber-Menges (2013: 282) formulierten: „eine angemessene Balance zu suchen und zu finden zwischen den Bedürfnissen der Minderheiten auf Anerkennung ihrer soziokulturellen Besonderheiten und den Bedürfnissen der Mehrheit nach Kenntnis sowie Anerkennung des gemeinsamen rechtlichen, kulturellen und sozialen Rahmens, der für das Miteinander unabdingbar ist". Dieses Verständnis impliziert, dass nicht etwa ein reines

Nebeneinander abgrenzbarer Teilgruppen einer Gesellschaft das Ergebnis ist, sondern sich eine neue (Inter-) Kultur herausbildet.

Ziel des Forschungsprojekts war es, urbane Vielfalt umfassender als bisher in Beteiligungsprozessen zu berücksichtigen. Dafür reflektierten und diskutierten wir in zwei exemplarisch ausgewählten Stadtteilen mit lokalen Akteur*innen über Beteiligung, probierten verschiedene Ansätze aus und verfeinerten sie aufgrund unserer Erfahrungen. Im Detail sind die hier dargestellten Projektergebnisse in der Abschlussveröffentlichung des Projekts nachzulesen (Autor*innenkollektiv INTERPART 2021, open access).

## Auftakt: Inwiefern Belege für die These der Beteiligungsferne fehlen

Beteiligung ist oft hochselektiv

Partizipationsprozesse in der Stadtentwicklung wurden bereits in den 1970er Jahren eingeführt. In formellen Planungsverfahren sind sie gesetzlich vorgeschrieben, Kommunen machen aber auch darüberhinausgehende Partizipationsangebote. Diese werden als informelle Beteiligung bezeichnet, sind stärker diskursiv ausgerichtet und weisen eine Vielfalt an Formaten auf (Paust 2016). Während kritische Bürger*innen vor rund 50 Jahren die Partizipation an kommunalen Entscheidungen hart erkämpfen mussten, sind Stadtplaner*innen heute häufig mit dem Problem konfrontiert, in der Bevölkerung überhaupt Aufmerksamkeit für solche Verfahren zu wecken. Beteiligung ist oft hochgradig selektiv (u. a. Blecken/Diringer: 2022: 32; Bock/Reimann 2021: 184f; Walther 2017) – neben anderen Bevölkerungsgruppen wird auch die mangelnde Teilnahme von Menschen mit Migrationsgeschichte beklagt.

Im Laufe des INTERPART-Projekts änderte sich die Perspektive der Forscher*innen auf das Thema Interkultur und Beteiligung: Anfangs vor allem auf die Beteiligung von Menschen mit Migrationsgeschichte fokussiert, weitete sich der Blick im Verlauf auf einen anderen Kontext aus, da das Migrationsmerkmal sich als zu einengend erwies. Es galt (und gilt), Teilhabemöglichkeiten von bisher unterrepräsentierten Personen generell auszubauen – basierend auf einem breiteren Verständnis von gesellschaftlicher Interkultur, somit für Menschen mit und ohne Migrationshintergrund. Dies ging auf die Einsicht zurück, dass relativ viele Bevölkerungsgruppen in „normalen" Beteiligungsprozessen nicht repräsentiert sind und dass die These der Beteiligungsferne für Menschen mit Migrationsgeschichte nicht pauschal zutrifft. Für diese Erweiterung des Blickwinkels war zunächst relevant, dass wer von den Menschen mit Migrationsgeschichte spricht, faktisch eine sehr heterogene Gruppe umschreibt. So zeigt beispielsweise der Migrantenmilieu-Survey des vhw, dass die Milieus innerhalb der „migrantischen" Bevölkerung ähnlich divers sind wie in der „deutschen" Bevölkerung (vhw 2018). Demgemäß fällt auch das Interesse an Partizipationsprozessen je nach Milieuzugehörigkeit sehr unterschiedlich aus (ebd.: 45f). An dieser Stelle möchten wir kurz erläutern, was wir unter (Menschen mit) Migrationsgeschichte verstehen. Wir bevorzugen diese Bezeichnung, weil der Begriff „Migrationshintergrund" unseres Erachtens unzureichend ist. „Menschen mit Migrationshintergrund" bezieht sich auf eine nicht-deutsche Staatsangehörigkeit bei der eigenen Geburt oder der eines Elternteils. „Migrationsgeschichte" geht darüber hinaus: Der Begriff schließt auch Personen ein, denen ein Migrationshintergrund z. B. aufgrund ihres Aussehens oder Namens zugeschrieben wird, etwa wenn Groß- oder Urgroßeltern aus einem anderen Land zugezogen sind (vgl. auch DOMiD o.J.).

Migration und Milieu sind verschiedene Dinge

Auch aus der Partizipationspraxis heraus lässt sich nicht grundsätzlich belegen, dass Menschen mit Migrationsgeschichte beteiligungsfern seien. Solche Aussagen beruhen meist auf einer selektiven Wahrnehmung, denn bei Beteiligungsveranstaltungen gibt es üblicherweise keine Teilnehmer*innen-Listen – und erst recht keine Abfrage des Migrationsstatus. Das heißt: Die jeweiligen Sprecher*innen machen den „Migrationsstatus" überwiegend an Sichtbarem (Aussehen) oder Hörbarem (Name, Akzent) fest. Die Identifizierung der hier behandelten Bewohner*innen basiert dann auf einer Fremddefinition – unabhängig davon, ob sich die gemeinte Person selbst einen Migrationshintergrund zuschreibt oder diese externe Zuschreibung sogar eher als diskriminierend empfindet.

Damit werden bestimmte Personen über den Mechanismus des „Othering" (Siouti et al. 2022: 7f) als anders markiert, während Personen ohne die entsprechenden sicht- oder hörbaren Merkmale zur Eigengruppe gezählt werden.

Nicht nur
Desinteresse

Das vermeintliche Fernbleiben von Menschen mit Migrationsgeschichte von Beteiligungsangeboten wird häufig mit allgemeinem Desinteresse erklärt. Das mag für manche (auch unabhängig vom Migrationsstatus) zutreffen, jedoch schaffen Planer*innen mit der Gestaltung der Verfahren auch selbst Hürden für die Teilnahme. Es gibt in der Bevölkerung mit Migrationsgeschichte sowohl Menschen, die „unerkannt" bei Beteiligungen präsent und aktiv sind, als auch solche, die kein Interesse haben (z. B. weil sie aktuell drängendere Probleme beschäftigen), und schließlich solche, die aufgrund bestimmter Barrieren nicht dabei sind. Die Aufgabe von Planer*innen ist es, das eine vom anderen zu unterscheiden – und entsprechend zu handeln.

## Beteiligungsbarrieren

Wenn Stadtplanung Partizipationsangebote stärker für beteiligungsferne Personen (mit und ohne Migrationsgeschichte) öffnen will, muss es auch darum gehen, existierende Zugangsbarrieren zu erkennen und abzubauen. Im Forschungsprojekt INTERPART identifizierten wir verschiedene Barrieren, die sich anhand abstrahierter Kernaussagen aus den Erhebungen verdeutlichen lassen:

- Skepsis gegenüber der Wirksamkeit von Beteiligung: „Das bringt doch sowieso nichts."

- Kaum Bezug zum Alltag der Teilnehmer*innen: „Das ist nur etwas für politisch Interessierte."

- Komplexität der Themen: „Das ist mir zu kompliziert."

- Mangelnde Flexibilität der Veranstalter und fehlendes Eingehen auf die Interessen der Teilnehmer*innen: „Sowas ist doch langweilig und das Programm sowieso schon bis ins Detail vorgegeben."

- Kein Gefühl von Betroffenheit: „Ich habe dazu keine Meinung. Das Thema interessiert mich nicht, bzw. hat nichts mit mir zu tun.“

- Sprachliche Barrieren: „Ich verstehe oft nicht, was bei solchen Veranstaltungen gesagt wird.“

- Angst, nicht ernst genommen oder diskriminiert zu werden: „Ich traue mich nicht, bei solchen Veranstaltungen zu sprechen, nachher machen sie sich noch über mich lustig.“

- Mängel bei der Ansprache: „Ich fühle mich nicht angesprochen.“ oder auch „Bürgerbeteiligung meint nur die Deutschen.“

Und speziell bei Online-Beteiligung:

- Zu textbasiert: „Ich mag nicht so viel schreiben und lesen.“

- Bedenken bezüglich Datenschutzrecht: „Da muss ich Daten von mir preisgeben, die ich nicht preisgeben will.“

Diese Auflistung verdeutlicht, dass es ganz unterschiedliche Hinderungsgründe gibt, sich auf Beteiligung einzulassen. Sie zeigt auch, dass es viele migrationsunabhängige Hemmnisse und nur wenige interkulturell bedingte Barrieren gibt. Zu Letzteren gehört z. B., dass manche Menschen mit Migrationsgeschichte sich beim Thema Bürgerbeteiligung nicht angesprochen fühlen, weil sie unter „Bürger*innen“ eher die „Deutschen“ verstehen. Manche fürchten auch diskriminierende oder rassistische Äußerungen bei ihrer Teilnahme – vor allem, wenn sie bereits entsprechende Erfahrungen haben. Jedoch existiert die Mehrheit der genannten Beteiligungshindernisse unabhängig von der Migrationsgeschichte.

*Unterschiedliche Barrieren*

Als typische migrationsbedingte Barriere wird gemeinhin auf fehlende Sprachkompetenzen verwiesen (z. B. Allianz Vielfältige Demokratie 2017, Friesecke 2017), auch in unserer Forschung hörten wir dies sowohl von Verwaltungsangehörigen als auch von migrantischen Selbstorganisationen. Jedoch ist die Bevölkerung mit Migrationsgeschichte auch bezüglich ihrer Kenntnisse der deutschen

Sprache (mindestens) so divers wie die Bevölkerung ohne Migrationsgeschichte. Zudem geht es in der Beteiligung beim Thema Sprache nicht nur um den Unterschied zwischen Erstsprache und dem Deutschen, sondern auch zwischen der Fachsprache der Planung und der Alltagssprache der Beteiligten. Übersetzungsleistungen sind in beiden Bereichen nötig.

Eine Frage des Prozess-Designs

Festzuhalten bleibt folglich, dass Beteiligung so konzipiert werden kann, dass nur wenige ihre Ansichten über ein Planungsprojekt (z. B. neue Platzgestaltung) zur Sprache bringen. Sie kann umgekehrt aber auch so konzipiert werden, dass sich Menschen auf unterschiedliche Art einbringen können. Personengruppen, die keinen persönlichen Bezug zu Beteiligungsthemen feststellen bzw. ihn als nicht relevant einschätzen, benötigen niedrigschwellige Zugänge und klare Signale, dass ihre Teilnahme erwünscht und wichtig ist.

## Das Spannungsfeld zwischen einer Beteiligung „für alle" und zielgruppenspezifischen Angeboten

Bei der Gestaltung von Beteiligungsangeboten schwanken Planer*innen häufig zwischen verschiedenen Strategien. Verbreitet sind Beteiligungsformate, die offen „für alle" sein sollen und damit – so das Argument – allen auch gleiche Chancen zur Teilnahme eröffnen. In einem Interview formulierte es ein Verwaltungsmitglied folgendermaßen: „Das heißt nicht, dass es Veranstaltungen nur für Deutsche gibt, sondern dass es Veranstaltungen gibt und alle [einen] gleichberechtigten Zugang haben: Wer kommt, ist da." (Auszug aus einem Expert*inneninterview ID #hs_025). Es gibt aber auch andere Beteiligungsstrategien, bei denen separate, zielgruppenspezifische Angebote entwickelt werden. Das bedeutet, dass es für bestimmte Gruppen eigene Beteiligungsformate gibt, die auf ihre Bedürfnisse zugeschnitten sind und bei denen sie „unter sich" bleiben. In unserem Forschungsprojekt stießen wir unter den Bewohner*innen mit Migrationsgeschichte bzw. Migrantenselbstorganisationen auf Befürworter*innen beider Strategien, da beide Wege Vor- und Nachteile beinhalten (vgl. im Folgenden Boger 2015; 2017).

Zielgruppenspezifische Angebote können Kompetenzen und Zusammenhalt der Beteiligten stärken und im Sinne des Empowerments benachteiligte oder stigmatisierte Gruppen befähigen, ihren eigenen Interessen in Stadtentwicklungsprozessen mehr Gehör zu verschaffen. Für privilegierte Personen oder (z. B. akademisch geprägte) Initiativen können zielgruppenspezifische Angebote ebenfalls sinnvoll sein, etwa wenn sie der Sensibilisierung für Diskriminierungsprozesse und Möglichkeiten, diesen entgegenzuwirken, dienen. Ein gruppenübergreifender Dialog findet in diesen Formaten jedoch nicht statt und die konventionellen Beteiligungsangebote werden durch solche Formate nicht ersetzt.

Im Sinne einer Beteiligung „für alle" können diese Prozesse aber auch so gestaltet werden, dass benachteiligte Gruppen die gleichen Chancen, Pflichten und Rechte haben wie die üblicherweise privilegierten Gruppen. Vielfalt als normal anzusehen kann sich z. B. darin zeigen, dass verschiedene sprachliche, räumliche, zeitliche und materielle Bedürfnisse selbstverständlich berücksichtigt werden und Expert*innen- und Alltagswissen gleichermaßen anerkannt werden.

*Charme und Risiken spezielle Angebote*

Jedoch führt der Versuch, beide Wege (spezifische Zielgruppen ansprechen und Normalisierung von Vielfalt) zu vereinen, zu Widersprüchen. Zielgruppenspezifische Angebote können einerseits Schutzräume bieten für Menschen, die sich in anderem Rahmen nicht äußern würden. Andererseits besteht die Gefahr, Zielgruppen durch deren Definition erst zu konstruieren, z. B. durch homogenisierende kulturelle Stereotypen. Zudem bedeutet Niedrigschwelligkeit, sich auf heterogene Zugänge zu Themen der Stadtentwicklung einzulassen und tatsächlich gesprächsbereit zu sein. Bei der Entscheidung für eine Strategie ist zu berücksichtigen, welchen Weg die Beteiligten selbst befürworten.

# Beteiligung vor der Beteiligung: Die „Phase Null"

Was bedeuten diese Erkenntnisse nun für die Partizipationspraxis? Unseren nachfolgend beschriebenen Ansatz kennzeichnet, dass wir die Heterogenität der postmigrantischen Gesellschaft (Foroutan 2019; Römhild 2017) in Deutschland als normal voraussetzen. In Partizipationsprozessen ist es daher sinnvoll, noch vor der „eigentlichen" Beteiligung zu einem konkreten Planungsvorhaben vor Ort herauszufinden, wie sich die Bewohner*innen des Planungsgebiets zusammensetzen, welches Interesse und welche Anforderungen an Beteiligung sie haben und auf welche Barrieren sie bisher trafen. Dies bezeichnen wir als „Phase Null". Hier verständigen sich Planer*innen und Bewohner*innen gemeinsam auf die Grundlagen und Rahmenbedingungen des Planungs- und Beteiligungsvorhabens. Gleichzeitig eröffnet die Phase die Möglichkeit der Vertrauensbildung zwischen den beteiligten Parteien, des Erkennens und Abbaus von Beteiligungsbarrieren sowie der Klärung, ob die

Vorgezogene Beteiligungsformate

jeweiligen Teilnehmer*innen zielgruppenspezifische Partizipationsangebote präferieren oder eher ein einheitliches Format „für alle" wünschen. Im Rahmen des Forschungsprojektes INTERPART erprobten wir verschiedene Partizipationsformate. Alle wären für eine Phase der Beteiligung vor der Beteiligung (eine Phase Null) geeignet.

Zwei Ansätze werden nachfolgend detaillierter beschrieben und eingeordnet: Erzählformate und eine Klingel-Installation als Kommunikationstool.

Erzählformate: Anhand von Geschichten aus dem Alltag können Bewohner*innen auf niedrigschwellige Weise das Wissen über ihre Nachbarschaft, ihr räumliches Umfeld und deren Entwicklung einbringen (Hörning 2001; Seydel et al. 2021). Dadurch werden Lebenswirklichkeiten vor Ort sowie Erfahrungen, Emotionen und Anliegen deutlich und Perspektivwechsel (siehe auch Martínez 2017) bei allen Beteiligten angeregt.

Im Laufe des INTERPART-Projekts entstanden verschiedene Erzählformate. Zwei setzten wir im Rahmen von öffentlichen Veranstaltungen auf Quartiersplätzen ein und schufen dafür eigens konzipierte Erzählräume. Teilten Forscher\*in und Teilnehmer\*in keine gemeinsame Sprache, konnten Sprachmittler\*innen das Gespräch unterstützen (zur methodischen und räumlichen Gestaltung der Erzählformate vgl. im Detail Seydel et al. 2021).

Das Erste im Projektkontext entwickelte Erzählformat war die sogenannte Erzählecke. Sie diente dem Zweiergespräch zwischen Forscher\*in und Bewohner\*in, beispielsweise über das Zusammenleben im Stadtteil oder bisherige Partizipationserfahrungen.

Da in Beteiligungsprozessen zur Stadtentwicklung verschiedene Positionen der Bewohner\*innen zur Sprache kommen, die sich ergänzen, widersprechen oder auch übereinstimmen können, führten wir neben der Erzählecke auch Erzählrunden durch. So konnten wir Menschen mit verschiedenen Sichtweisen über den Stadtteil miteinander ins Gespräch bringen und die Bewohner\*innen kamen in einen Austausch. Den baulichen Rahmen bildete ein kuppelartiges Holzgebilde, das die Besucher\*innen jederzeit zum Gespräch betreten oder wieder verlassen konnten. Im Vordergrund stand das gemeinschaftliche Erzählen und Zuhören über selbstgewählte Themen aus dem Stadtteil- und Beteiligungskontext, begleitet von zwei Moderatorinnen.

Niedrigschwellige Erzählräume können in zweierlei Hinsicht einen positiven Einfluss haben: Einerseits können Planer\*innen ihr Wissen über den (sozialen) Ort erweitern, andererseits entsteht idealerweise eine beständige Beziehungsebene zwischen Zivilgesellschaft, Bewohner\*innen und Planer\*innen. Aus dem, was in Erzählräumen passiert und worüber die Menschen sprechen, lassen sich Schlussfolgerungen für Partizipation ziehen: Mit welcher Ansprache erreicht man die Menschen vor Ort? Welche planungsrelevanten Themen spielen für sie eine Rolle und wie kann man gemeinsam darüber sprechen? Wann sind zielgruppenspezifische Angebote hilfreich und wann führen sie an vermeintlichen Zielgruppen vorbei? Diese Fragen sind vor allem im Vorfeld eines Partizipationsprozesses relevant. An der Stelle können Erzählformate

Niederschwellige
Erzählräume

helfen, die Bedürfnisse der Bevölkerung auszumachen, mögliche Barrieren zu entdecken und das Vorgehen entsprechend anzupassen.

Klingel-Installation: Die interaktive Klingel-Installation ist ein experimentelles Beteiligungsinstrument, das als raumgreifendes Objekt bei den Vor-Ort-Veranstaltungen auf öffentlichen Plätzen Aufmerksamkeit erzeugte. Das Haustür-Klingelschild ist den Teilnehmer*innen aus dem Alltag vertraut, gleichzeitig stellt es einen Zusammenhang zum Stadtentwicklungskontext und zum Leben der Stadtbewohner*innen her. Auf den Klingelschildern stand in verschiedenen Sprachen das Wort „Platz". Drückten die Besucher*innen den Klingelknopf, antwortete ein im Inneren integrierter Computer: „Hallo, hier spricht der Platz. Bitte beschreibe in drei Worten Deine Nachbarschaft". Die Antwort der Besucher*innen wurde aufgezeichnet, in verschiedene Sprachen übersetzt, ausgedruckt und das Ergebnis an einer Tafel aufgehängt. Im Laufe des Nachmittags füllte sich die Tafel mit zahlreichen Antwort-Zetteln und sorgte wiederum für Gesprächsanlässe unter den Besucher*innen.

**Klingel-Installation**

Die Klingel-Installation ermöglichte Menschen, die unterschiedliche Sprachen sprechen, sich zu einem gemeinsamen Thema in der Nachbarschaft zu äußern. Die computergestützte Übersetzung war nicht in allen Fällen korrekt, aber das war auch nicht entscheidend: Die Nutzer*innen nahmen das Angebot und die Wahlmöglichkeit verschiedener (Herkunfts-)Sprachen positiv wahr.

Durch die Verbindung zwischen der Haustürklingel als alltäglichem Gegenstand und dem Wissen der Stadtbewohner*innen über den Quartiersplatz war die Hemmschwelle gering, um sich mit der Installation auseinanderzusetzen. Zudem machte die mehrsprachige Klingel das Aushandeln von sprachlicher Vielheit im öffentlichen Raum sichtbar, ohne es zu bewerten. Somit konnten Sprachbarrieren durch computergestützte Übersetzung überwunden werden und gleichzeitig wurde sprachliche Differenz als Normalität behandelt. Sowohl die Klingelinstallation als auch die Erzählformate zielten darauf ab, Alltagswissen und Vielfalt sichtbar zu machen. Durch die Selbstverständlichkeit sprachlicher Vielfalt, die Anerkennung von Alltagswissen und die Ansprache der Menschen als Expert*innen für ihren Stadtteil gingen wir damit auf das Spannungsfeld zwischen Normalisierung und Empowerment ein.

## Fazit

Wir haben aufgezeigt, dass Beteiligung zwar selektiv ist, dass es aber nicht zielführend ist, Migrationsgeschichte grundsätzlich als Indiz für Beteiligungsferne anzunehmen. Menschen mit Migrationsgeschichte haben aufgrund ihrer Heterogenität vielfältige Ansprüche an und Vorstellungen von Beteiligung. Daher kann es keine „one size fits all"-Lösung geben, vielmehr müssen Beteiligungsansätze der Diversität der Bevölkerung Rechnung tragen. Insofern lässt sich die Eingangsfrage, ob Menschen mit Migrationsgeschichte nun beteiligungsfern sind oder nicht, nicht einfach bejahen oder verneinen. Ebenso wenig lässt sich pauschal feststellen, unter welchen Bedingungen in der Beteiligung eher zielgruppenspezifische Formate oder die Strategie der Normalisierung von gesellschaftlicher Vielfalt angebracht sind. Dies ist jeweils im Einzelfall und möglichst im Vorfeld der „eigentlichen" Beteiligung zu klären, wie wir es anhand der „Phase Null" verdeutlicht haben.

*Auch Migration ist heterogen*

Neben einer differenzierteren Perspektive auf Menschen mit Migrationsgeschichte geht es u. E. darum, gängige Barrieren abzubauen, um Beteiligung weniger selektiv und exkludierend zu gestalten. Die meisten identifizierten Hürden wirken allerdings auf beteiligungsferne Personen generell, nur wenige sind migrationsspezifisch. Im INTERPART-Projekt ging es um Beteiligungsprozesse im Bereich Stadtplanung und -entwicklung; wir sind jedoch der Meinung, dass die Ergebnisse sich im Kern auch auf andere Beteiligungsfelder übertragen lassen. Ein Problem, das die Raum- und Stadtplanung besonders betrifft, ist allerdings, dass die persönliche Alltagsrelevanz und die eigene Kompetenz zur Mitsprache über dieses Thema für viele Menschen nicht unmittelbar auf der Hand liegen.

Bei Räumen des Dialogs und des Austauschs über Fragen der Stadtentwicklung geht es um Räume, die für Menschen mit unterschiedlichen Migrationsbezügen barrierefrei zugänglich sein müssen.
Zudem sollte ihre Gestaltung die Teilnehmenden motivieren, ins
Gespräch zu kommen. In der Regel entwickeln sich diese Räume
und Möglichkeiten nicht von selbst, sondern müssen bewusst gestaltet werden. Dabei reicht es nicht aus, vielfältige Hintergründe
und Bedürfnisse zu tolerieren oder sie zumindest nicht von vornherein auszuschließen – es braucht ihre bewusste Anerkennung. Ein
offenes Partizipationsangebot „für alle" führt wiederum nur dann
zu einer Vielfalt, wenn die jeweiligen Voraussetzungen und Barrieren der Teilnehmer*innen ausreichend berücksichtigt werden und
sich das Ergebnis im Beteiligungskonzept widerspiegelt. In diesem
Sinne kann das Ziel des interkulturellen Dialogs nicht ohne Empathie, Einsatzbereitschaft und Ressourcen erreicht werden.

## Anmerkung

Die hier vorgestellten Resultate gehen auf ein Forschungsprojekt
zurück, das vom Bundesministerium für Bildung und Forschung
(BMBF, Förderkennzeichen 01UM1822AY) gefördert wurde. In
dem Projekt kooperierten folgende Partner*innen: die Fakultät
Raumplanung der Technischen Universität Dortmund, das Design
Research Lab der Universität der Künste Berlin, die Stabsstelle
Wiesbadener Identität. Engagement. Bürgerbeteiligung. Der Landeshauptstadt Wiesbaden, die Senatsverwaltung für Stadtentwicklung und Wohnen Berlin, UP19 Stadtforschung + Beratung GmbH
sowie Zebralog, Agentur für crossmediale Bürgerbeteiligung. Wir
danken allen Kolleg*innen aus dem INTERPART-Projekt für die kooperative Forschung, einschließlich der Datenerhebung, -analyse
und -interpretation. Wir danken auch den Mitarbeiter*innen aus
den Verwaltungen, den lokalen Initiativen und Vermittler*innen,
mit denen wir zusammengearbeitet haben.

# Literatur

Allianz Vielfältige Demokratie (2017): Wegweiser breite Bürgerbeteiligung. Argumente, Methoden, Praxisbeispiele, Gütersloh: Bertelsmann Stiftung. Allianz Vielfältige Demokratie (2017): Wegweiser breite Bürgerbeteiligung. Argumente, Methoden, Praxisbeispiele, Gütersloh: Bertelsmann Stiftung.

Autor*innenkollektiv Interpart (2021): Beteiligung interkulturell gestalten. Ein Lesebuch zu partizipativer Stadtentwicklung, Berlin: Jovis. https://www.degruyter.com/document/doi/10.1515/9783868599923/html.

Barbarino, Robert/Herlo, Bianca/Bergmann, Malte (2022): Online Podcast Production as Co-Creation for Intercultural Participation in Neighbourhood Development, in: Urban Planning, Jg. 7, Nr. 3, S. 418-429.

Blecken, Lutke/Diringer, Julia (2022): Beteiligen – einen Grundstein für gemeinschaftliche Aufgaben in der Stadt- und Regionalentwicklung legen, in: Jan Abt et al. (Hrsg.), Von Beteiligung zur Koproduktion. Wege der Zusammenarbeit von Kommune und Bürgerschaft für eine zukunftsfähige kommunale Entwicklung, Stadtforschung aktuell, Wiesbaden: Springer VS, S. 23-41.

Bock, Stephanie/Reimann, Bettina (2021): Mit dem Los zu mehr Vielfalt in der Bürgerbeteiligung? Chancen und Grenzen der Zufallsauswahl, in: Jörg Sommer (Hrsg.), Kursbuch Bürgerbeteiligung#4, Berlin: Deutsche Umweltstiftung bipar, S. 184-199.

Boger, May-Anh (2015): Theorie der trilemmatischen Inklusion, in: Irmtraud Schnell (Hrsg.), Herausforderung Inklusion: Theoriebildung und Praxis, Bad Heilbrunn: Klinkhardt, S. 51-62.

Boger, May-Anh (2017): Theorien der Inklusion – eine Übersicht, in: Zeitschrift für Inklusion, Jg. 1, Nr. 1, S. 1-23. [online] https://inklusion-online.net/index.php/inklusion-online/article/view/413 (Zuletzt aufgerufen am 09.12.2022).

DOMiD e. V. – Dokumentationszentrum und Museum über die Migration in Deutschland (o.J.): Migrationsgeschichte, [online] https://virtuelles-migrationsmuseum.org/Glossar/migrationsgeschichte/ (Zuletzt aufgerufen am 09.12.2022).

Foroutan, Naika (2019): Die postmigrantische Gesellschaft: Ein Versprechen der pluralen Demokratie, Bielefeld: transcript.

Friesecke, Frank (2017): Aktivierung von beteiligungsschwachen Gruppen in der Stadt- und Quartiersentwicklung, in: Hartmut Bauer et al. (Hrsg.), Partizipation in der Bürgerkommune, Potsdam: Universitätsverlag Potsdam, KWI Schriften, Nr. 10, S. 117-138.

Geißler, Rainer/Weber-Menges, Sonja (2013): Medien und Integration. Mediennutzung und Vorstellungen zur medialen Integration bei Migranten, in: Haci-Halil Uslucan; Heinz Ulrich Brinkmann (Hrsg.), Dabeisein und Dazugehören. Integration in Deutschland, Wiesbaden: Springer, S. 281-297.

Hörning, Karl H. (2001): Experten des Alltags. Die Wiederentdeckung des praktischen Wissens, Weilerswist: Velbrück Wissenschaft.

Martínez, Mattías (Hrsg.) (2017): Erzählen: ein interdisziplinäres Handbuch, Stuttgart: J.B. Metzler.

Paust, Andreas (2016): Grundlagen der Bürgerbeteiligung: Materialsammlung für die Allianz Vielfältige Demokratie, Gütersloh: Bertelsmann.

Römhild, Regina (2017): Beyond the bounds of the ethnic: For postmigrant cultural and social research, in: Journal of Aesthetics & Culture, Jg. 9, Nr. 2, S. 69-75.

Seydel, Hanna/Gliemann, Katrin/Stark, Sandra/Herlo, Bianca (2021): Erzählen im Reallabor: Ein Beitrag zur konzeptionellen Ausgestaltung partizipativer Methoden der gemeinsamen Wissensproduktion durch Erzählräume im Reallabor, in: Raumforschung und Raumordnung/Spatial Research and Planning, Jg. 79, Nr. 4, S. 351-365.

Siouti, Irini/Spies, Tina/Tuider, Elisabeth/von Unger, Hella/Yildiz, Erol (2022): Methodologischer Eurozentrismus und das Konzept des Othering. Eine Einleitung, in: Irini Siouti et al. (Hrsg.), Othering in der postmigrantischen Gesellschaft. Herausforderungen und Konsequenzen für die Forschungspraxis. Bielefeld: transcript, S. 7-30.

Sommer, Roy (2017): Gruppenbildung, in: Mattías Martínez (Hrsg.), Erzählen: Ein interdisziplinäres Handbuch, Stuttgart: J.B. Metzler, S.257-259.

vhw (Hrsg.) (2018): Migranten, Meinungen, Milieus: vhw-Migrantenmilieu-Survey 2018, Berlin: vhw Bundesverband Wohnen und Stadtentwicklung e. V.

Walther, Bettina (2017): Soziale Selektivität in der Bürgerbeteiligung. [online] https://www.bipar.de/soziale-selektivitaet-in-der-buergerbeteiligung/ (Veröffentlicht am 31.7.2017; Zuletzt aufgerufen am 18.11.2022).

Taissiya Sutormina, Tobias Stapf

# Digitalisierung statt Marginalisierung: Partizipation von migrantischen Online-Communitys

*Online-Communitys spielen eine zentrale Rolle für die gesellschaftliche Teilhabe von Migrant\*innen und Geflüchteten in Deutschland. Empirische Studien zeigen, dass migrantische Online-Communitys ihren Mitgliedern bei der Wahrnehmung ihrer Rechte helfen, einen Raum für Erfahrungsaustausch und gegenseitige Unterstützung bieten und zur Erstorientierung in Deutschland dienen. Daher bieten Online-Communitys auch gesellschaftlichen Institutionen die Möglichkeit, integrationspolitische Bedarfe zu erkennen und entsprechende Maßnahmen umzusetzen – sofern sie communitygerecht erfolgen.*

In den vergangenen Jahren haben zwei parallele Entwicklungen stark an Bedeutung gewonnen: Zum einen sind Institutionen von migrantischen Communitys wie z. B. Vereine und Initiativen zu zunehmend anerkannten Akteuren in gesellschaftlichen Diskursen geworden, die die gesellschaftliche Partizipation ihrer Mitglieder voranbringen und in ihrer Vielfalt die Entwicklung der Gesellschaft in Deutschland konstruktiv mitgestalten. Viele dieser Vereinigungen erreichen mit ihren Angeboten eine Vielzahl an Personen, bearbeiten ein breites Spektrum an Themen und werden somit zu zunehmend wichtigen Ansprechpartnern für Politik, Verwaltung und Zivilgesellschaft (Sultan/Friedrich 2020). Zum anderen hat sich das Kommunikationsverhalten von zugewanderten Personen zunehmend in die digitalen und dort vor allem in die sozialen Medien verlagert (Stapf 2019). Auch wenn dies ein gesamtgesellschaftlicher Trend ist, ist doch eine deutlich intensivere Nutzung der digitalen Medien unter Bürger\*innen mit Einwanderungsgeschichte zu verzeichnen. In der Tat scheint Kommunikation von und mit Menschen mit Einwanderungserfahrung oder familiärer Einwan-

Digitalisierung in migrantischen Gruppen

derungsgeschichte kaum mehr ohne Facebook, Instagram, Websites, YouTube, WhatsApp usw. denkbar.

Aus der Zusammenwirkung dieser zwei Entwicklungen sind über die letzten Jahre in den sozialen Medien große Netzwerke von zugewanderten Personen entstanden, in denen in den Herkunftssprachen der Einwanderung kommuniziert wird. Diese sind selbst-initiiert und verwaltet durch Mitglieder der migrantischen Communitys. Viele dieser Netzwerke dienen dem Informationsaustausch, der Vernetzung und der gegenseitigen Unterstützung unter den Mitgliedern. Daher werden migrantische Online-Communitys in diesem Beitrag als Netzwerke von Menschen mit Einwanderungsgeschichte definiert, die eine zentrale Rolle für gesellschaftliche Teilhabeprozesse haben.

Vor dem Hintergrund dieser Entwicklungen stellt sich die Frage, ob das gesellschaftliche Engagement von Menschen mit Einwanderungsgeschichte tatsächlich so überdurchschnittlich niedrig ist, wie es laut der oben genannten Studien erscheint, oder ob deren Engagement zu einem großen Teil auf digitalen Plattformen und auf solche Weise stattfindet, die nicht unter die reguläre Konzeption gesellschaftlichen Engagements gezählt werden?

## Online-Verhalten von Zugewanderten

Das besondere Potenzial der sozialen Medien liegt in der Vernetzung zwischen Menschen unabhängig von ihrem Standort, die unter anderem gemeinsame Interessen, Erfahrungen oder Sprachen teilen. Dies ermöglicht die Entstehung von selbstorganisierten Netzwerken und in diesen Netzwerken die Befähigung und Teilhabe für Personen, die ansonsten mit erheblichen Barrieren für ihre gesellschaftliche Teilhabe zu kämpfen haben. Dies ist einer der Gründe, warum zugewanderte Personen in Umfragen soziale Medien regelmäßig als eine der wichtigsten Quellen für Informationen und Selbsthilfe nennen (Kutscher/Kreß 2016).

Facebook hat sich dabei als eine der als meistgenutzten Plattformen für zugewanderte Personen in Deutschland herausgestellt –

vor allem zwischen neuzugewanderten Personen und jenen, die sich bereits etwas länger in Deutschland aufhalten und ihre Erfahrungen weitergeben möchten. Auf Facebook sind viele Zugewanderte Mitglieder von Gruppen (sogenannte Facebook-Gruppen), die von Zugewanderten als Unterstützungsnetzwerke gegründet wurden und die sich inhaltlich mit Fragen zu Ankommen und Leben in Deutschland befassen. Dies bestätigen auch die Zahlen von Facebook: Im Vergleich zur allgemeinen Nutzungsrate der Plattform in Deutschland (circa 30-40 Prozent) zeichnen sich die Nutzungsraten in den migrantischen Communitys (zwischen 60-80 Prozent) als überdurchschnittlich hoch aus (Stapf 2019)

Die hohe Facebook-Nutzung durch EU-Zugewanderte in Deutschland im Vergleich mit den Meldezahlen von Personen aus den jeweiligen Herkunftsländern verdeutlicht, dass von einer sehr weit verbreiteten Nutzung der digitalen Plattform auszugehen ist. Teilweise liegt die Facebook-Nutzendenzahl deutlich über der Anzahl der in Deutschland gemeldeten Personen.

*Fokus Facebook*

Es ist also davon auszugehen, dass ein repräsentativer Anteil der Menschen mit Einwanderungsgeschichte in Deutschland auf den Plattformen der sozialen Medien aktiv und dementsprechend über diese Medien erreichbar ist. Dabei ist allerdings zu beachten, dass sich die Geschlechterverteilung unter den Nutzenden je nach Herkunftsland und Sprachzugehörigkeit entsprechend der tatsächlichen Verteilung in den Bevölkerungsgruppen teilweise stark unterscheidet (INFO Markt- und Meinungsforschung 2022). So sind auf der Plattform Facebook z. B. 66 Prozent der arabischsprachigen Nutzenden in Deutschland männlich und 34 Prozent weiblich, während bei ukrainischsprachigen Nutzenden das Verhältnis umgekehrt ist (Meta 2022).

## Migrantische Online-Communitys als Integrationsakteure

In und mithilfe der sozialen Medien bilden sich kontinuierlich neue Kommunikationsorte und -netzwerke, in denen die Mitglieder sich ortsunabhängig und in Echtzeit über Hilfestellungen zu häufigen Fragen über Ankommen, Leben und Teilhabe in Deutschland, aber auch zu aktuellen Ereignissen austauschen. Diese migrantischen peer-to-peer Netzwerke werden vor allem im Falle von Gesetzes-änderungen, die die Mitglieder betreffen, oder Maßnahmen wie zu Beginn der COVID-19-Pandemie besonders intensiv genutzt. Insbe-sondere während dem ersten Lockdown in Deutschland ab März 2020, als viele Behörden und Organisationen ihre digitale Kommu-nikation erst aufbauen mussten, verlagerten viele Menschen mit Einwanderungsgeschichte ihre die Suche nach Informationen in die sozialen Medien, bzw. in ihre Online-Communitys.

Diese Online-Communitys, die sich überwiegend nach Herkunfts-ländern und Kommunikationssprachen der Mitglieder organisie-ren, sind gerade für Neuzugewanderte mit geringen Deutschkennt-nissen oft die erste Instanz zur Orientierung und Informationssuche zum Ankommen in Deutschland. Auch bei der Suche nach Wohn-raum, Arbeit oder Bildungsmöglichkeiten spielen diese Foren eine zentrale Rolle. Auf diesem Wege werden die Personen, die ihre Fra-gen in den Online-Communitys veröffentlichen, nicht nur bei der Wahrnehmung ihrer Rechte unterstützt, sondern erhalten auch Informationen und Erfahrungsgeschichten der anderen Mitglieder, die der Vertiefung und Orientierung der gesamten Community die-nen.

Auch wenn die Online-Communitys durch die gegenseitige Unter-stützung der Mitglieder wichtige Angebote bieten, werden in den digitalen Kommunikationsräumen oft auch illegitime Wohnungs-angebote oder Stellenangebote mit prekären Arbeitsbedingungen angeboten z. B. in der Landwirtschaft, Fleischindustrie, Transport-und Logistikbranche, Pflege und Betreuung, sowie im Bausektor. Die Wirkung der Online-Communitys von Menschen mit Einwande-rungsgeschichte, wie die sozialen Medien im Allgemeinen, ist also nicht allein positiv zu bewerten, sondern birgt auch viele Risiken, über die sich die Nutzenden durchaus bewusst sind.

Besonders zu berücksichtigen ist, dass es in Foren, wie z. B. bei Facebook-Gruppen, einen multiplikativen Effekt gibt: Antworten und Informationen, die dort veröffentlicht werden, erreichen nicht nur die Ratsuchenden selbst, sondern auch viele weitere Mitlesende. Daher ist es so wichtig, verifizierte und zugängliche Informationen in diesen Foren zu veröffentlichen, damit eine höhere Anzahl an Personen von überprüfbaren Inhalten profitiert, die wiederum das kumulierte Communitywissen an andere Mitglieder weitergeben. Dementsprechend bieten die Online-Communitys durch die Kommentare unter den Beiträgen einen Erfahrungsaustausch zwischen verschiedenen Zuwanderungs-„Generationen" und entwickelt auf diesem Wege ihre Selbsthilfekompetenz weiter. Die Selbsthilfekompetenz und das gegenseitig unterstützende Feedback in den Communitys führen bestenfalls zu mehr Autonomie und Selbstbestimmung unter den Mitgliedern. Die Existenz und Lebendigkeit dieser Foren werden also entscheidend durch das ehrenamtliche Engagement ihrer Mitglieder geprägt und die Mitgliedschaft in diesen Foren kann auch die Bereitschaft zum ehrenamtlichen Engagement (online wie offline) fördern.

*Steigende Kompetenz zur Selbsthilfe*

Die Mitgliedschaft in diesen Online-Communitys fördert für Menschen mit Einwanderungsgeschichte aber nicht nur das Bewusstsein über ihre Rechte und Pflichten in Deutschland, sondern auch die Bekanntheit von Institutionen und Strukturen, die für sie relevant sind, wie z. B. Informations- und Beratungsstellen, Antidiskriminierungsbeauftragte etc. insofern diese in diesen Communitys präsent sind oder in Erfahrungsberichten oder Empfehlungen durch die Mitglieder erwähnt werden. Die proaktive Präsenz und Informationsarbeit solcher Institutionen in den Online-Communitys von Menschen mit Migrationsgeschichte sind bisher noch die Ausnahme, könnte aber entscheidend dazu beitragen, die Barrieren für die gesellschaftliche Teilhabe dieser Zielgruppe zu senken.

Die digitale migrantische Communitys ermöglichen auch einen grenzüberschreitenden Austausch. So sind auch viele Zuwanderungsinteressierte in den Herkunftsländern Mitglieder in digitalen Gruppen ihrer Communitys in Deutschland, um sich über die zu erwartenden Möglichkeiten und Probleme bei Ankommen in Deutschland mit Menschen auszutauschen, die sich in verschiedenen Phasen auf ihrem Weg nach Deutschland und ihrer Integration vor Ort befinden. Während sich viele Menschen bereits vor ihrer Abreise nach Deutschland über Lebenshaltungskosten und Arbeitsbedingungen in bestimmten Branchen informieren, werden wichtige Themen wie Wohnungssuche, Mietrecht, Gesundheit und Aufenthaltsrecht meist erst nach der Ankunft intensiv nachgefragt. Migrantische Online-Communitys können als einer der wenigen Akteur*innen angesehen werden, die bei Vor- und Frühintegration eine Rolle spielen. Diese selbst initiierten Kommunikationsformen von Menschen mit Einwanderungsgeschichte bieten neue Perspektiven auf Migrationsbewegungen aus Sicht der Personen, die sie erleben, und sie helfen insbesondere zu verstehen, welche Hürden diese Personen beim Ankommen und bei der Teilhabe in Deutschland überwinden müssen und welche Unterstützungsmöglichkeiten sie benötigen.

Um den Informations- und Beratungsbedarfen von Menschen mit Einwanderungsgeschichte gerecht zu werden, Rückschläge im Integrationsprozess zu vermeiden und präventiv tätig zu sein, müssen Ansätze für die proaktive Arbeit von gesellschaftlichen Institutionen in Online-Communitys dieser Zielgruppen entwickelt und umgesetzt werden. Denn bei vielen großen Social-Media-Spaces wie Facebookgruppen oder YouTube-Kanälen, in denen Fragen des Ankommens und der Teilhabe in Deutschland durch die Mitglieder diskutiert werden, sprechen wir inzwischen von „neuen Migranten(selbst)organisationen" auch wenn diese Netzwerke in sehr unterschiedlichem Maße formalisiert sind.

## Rolle der Verwaltenden von migrantischen Online-Communitys

Die Verwaltung der migrantischen Online-Netzwerke wird in vielen Fällen entweder von Einzelpersonen oder ganzen Teams als ehrenamtliches Engagement mit erheblichem Zeitaufwand betrieben

(Stapf 2019: 86). Die Personen, die diese Netzwerke initiieren, organisieren und verwalten, erfüllen zentrale Rollen bei der Gründung und als „Gatekeeper" der Netzwerke, sowie bei der Moderation und Vermittlung der Informationen, die veröffentlicht und diskutiert werden. Dabei stärken sie die Relevanz der eigenen Online-Gruppen dadurch, dass sie das in den Gruppendiskussionen erarbeitete Wissen zugänglicher machen oder auch durch Hervorhebung von verlässlichen Informationen, neuer Themen oder durch die Stärkung der Vernetzung unter den Mitgliedern.

Dennoch bringt der aktive Informationsaustausch innerhalb von Online-Communitys auch entsprechende Risiken mit sich, die mit der Nutzung der sozialen Medien einhergehen, wie z. B. Hassrede, Falschinformationen und Missbrauch (Beseiso-Kamel/Schilf 2016; Kutscher/Kreß 2016). Die Entwicklung von Vertrauen zwischen den Mitgliedern dieser Online-Communitys bedarf einer sorgfältigen Administration der Inhalte, um hasserfüllte und polarisierende Diskussionen vorzubeugen oder solche zu löschen. Angesichts der oft unzureichenden Handlungen der Plattformen gegen Falschinformationen, Missbrauch, Hassrede und andere diskriminierende Aussagen (Siapera/Viejo-Otero 2021) bilden sich Initiativen unter den Administrator*innen von migrantischen Online-Communitys in Deutschland, die sich bei der Bekämpfung von Hassrede und Diskriminierung gegenseitig unterstützen (La Red - Vernetzung und Integration e. V. 2022).

Mit Rücksicht auf den Schutzraumcharakter von teilweise geschlossenen Online-Communitys sollten entsprechende Netzwerke und die darin aktiven Akteur*innen, wie Administrator*innen sowie Influencer*innen, bei der Planung und Umsetzung von Integrationspolitik und -maßnahmen mitgedacht und, wo es sinnvoll ist, beteiligt werden. Denn trotz ihrer zentralen Rolle bei der Gestaltung der Ankommens- und Teilhabeprozesse von Menschen mit Einwanderungsgeschichte sind bisher nur wenige dieser Akteur*innen in Strukturen und Kommunikationsnetzwerke von Politik, Verwaltung und Zivilgesellschaft zur Koordination und Entwicklung von Angeboten für Neuzugewanderte eingebunden.

## Partizipation von migrantischen Online-Communitys in den integrationspolitischen Maßnahmen

Neben verschiedenen Ansätzen für eine bessere Erreichung von Menschen mit Einwanderungsgeschichte durch die direkte Ansprache der migrantischen Online-Communitys in den sozialen Medien (wie es durch Minor - Projektkontor für Bildung und Forschung im Rahmen des „Digital-Streetwork" Ansatzes umgesetzt wird, siehe hierzu www.minor-kontor.de/fem-os), bietet die communityzentrierte Kommunikation bessere Möglichkeiten, das Nutzungsverhalten und die Bedarfe von Menschen mit Einwanderungsgeschichte besser zu verstehen und diese Erkenntnisse als Grundlage für die Entwicklung effektiver Kommunikations- und Unterstützungsstrategien zu nutzen. Denn viele öffentliche und private Institutionen erreichen die digitalen Communitys der Menschen mit Einwanderungsgeschichte in Deutschland nur in unzureichendem Maße.

*Kooperationen sind notwendig*

Es braucht mehr Bildung, Beratung und Unterstützung bei der Entwicklung von Handlungskonzepten, für die Verbindung ihrer Angebote mit tatsächlichen und aktuellen Informationsbedarfen dieser Zielgruppen. Es erfordert differenzierte Strategien bei der Entwicklung solcher Angebote – die Themen, Fragestellungen und das Nutzungsverhalten weisen je nach Herkunftsland, Bildungsstand, Alter, Sprache, Aufenthaltsstatus in Deutschland und Geschlecht der Zielgruppen teilweise erhebliche Unterschiede auf. Dementsprechend müssen zielgruppenorientierte, mehrsprachige und leicht verständliche Informationsangebote und Kommunikationsstrategien für und vor allem in Zusammenarbeit mit den migrantischen Online-Communitys und deren Verwalter*innen ausgearbeitet werden.

Solche Kooperationen können wichtig sein, um relevante Informationen an die entsprechenden Zielgruppen von Neuzugewanderten zu vermitteln. Als alternative Strategie bietet sich die proaktive Mitgliedschaft von öffentlichen Institutionen oder Beratungsdiensten in den Gruppen als Interaktionsangebot und zur Beantwortung relevanter Fragen an. Ein solches Vorgehen setzt die Bereitschaft für einen auch potenziell kritischen Austausch voraus.

Die Anwesenheit in Online-Communitys bietet öffentlichen Institutionen und Beratungsdiensten allerdings auch die Chance für eine effektivere Informationsvermittlung und Vertrauensaufbau sowie Erkenntnis über die Bedarfe dieser Zielgruppen. Es bedingt ein tieferes Verständnis und Anerkennung für die selbstorganisierten Netzwerke und das Informationsverhalten von Neuzugewanderten in den digitalen Medien zu entwickeln.

## Fazit

Angesichts der zentralen Bedeutung der sozialen Medien als Informations- und Orientierungsquelle für Neuzugewanderte in Deutschland macht dieser Beitrag deutlich, wie wichtig migrantische Online-Communitys inzwischen für die Entwicklung von Ankommens- und Teilhabeprozessen von Menschen mit Einwanderungsgeschichte sind.

Treiber der Partizipation

Nachhaltige Integrationsstrategien sollten diese selbstorganisierten digitalen Netzwerke in der Umsetzungsplanung von integrationspolitischen Maßnahmen mitdenken und möglichst auch in die Entwicklungsprozesse einbeziehen.

Der Aufbau von Beziehungen auf Augenhöhe, Vertrauen und Austauschmöglichkeiten mit den relevanten Online-Communitys und den darin aktiven Verwaltenden und Administrierenden ist die Prämisse für eine gemeinsame Integrationsarbeit. Dabei ist eine Orientierung der Kommunikationsstrategien am tatsächlichen Informationsverhalten und das Verständnis für die Heterogenität der Communitys der beste Ausgangspunkt.

# Literatur

Berg, Miriam (2022): Women Refugees' Media Usage: Overcoming Information Precarity in Germany, Journal of Immigrant & Refugee Studies, 125-139.

Beseiso-Kamel, Dima/Vera Schilf (2016): Geflüchtete als Verbraucherinnen und Verbraucher in Berlin, Berlin: Senatsverwaltung für Justiz und Verbraucherschutz. https://www.berlin.de/sen/justva/_assets/verbraucherlotsebericht.pdf (Zuletzt aufgerufen am 10.07.2022).

INFO Markt- und Meinungsforschung (2022): Umfrage Ukraine Flüchtlinge, Edited by Bundesministerium des Innern und für Heimat, 4 April, https://www.bmi.bund.de/SharedDocs/downloads/DE/veroeffentlichungen/nachrichten/2022/umfrage-ukraine-fluechtlinge.pdf?_blob=publicationFile&v=3 (Zuletzt aufgerufen am 22.07.2022).

Kutscher, N./L. M. Kreß (2016): Internet ist gleich mit Essen. Die Bedeutung digitaler Medien für junge Geflüchtete, Technologie Informationen 1+2: 19.

La Red - Vernetzung und Integration e. V. (2022): My Democracy – Soziale Medien von Migrantenorganisationen für das Empowerment im Umgang mit Rechtsextremismus und Rassismus, Accessed Juni 28, 2022. https://la-red.eu/portfolio/my-democracy/ (Zuletzt aufgerufen am 28.06.2022).

Meta (2022): Facebook Zielgruppen Insights, Dublin, 12 Dezember.

Sachverständigenrat deutscher Stiftungen für Integration und Migration (2020): Mitten im Spiel – oder nur an der Seitenlinie?, Berlin: Sachverständigenrat deutscher Stiftungen für Integration und Migration.

Seaver, Nick (2018): Captivating algorithms: recommender systems as traps, Journal of Material Culture, 29. Dez.: 421-436.

Siapera, Eugenia/Paloma Viejo-Otero (2021): Governing Hate: Facebook and Digital Racism, Television & New Media, 22. Januar: 112-130.

Stapf, Tobias (2019): Migration/Digital - Die Bedeutung der Sozialen Medien für Ankommen, Orientierung und Teilhabe von Neuzugewanderten in Deutschland, Berlin: Mensch und Buch.

Sultan, Marie Mualem/Friedrich, Nils (2020): Vielfältig engagiert – breit vernetzt – partiell eingebunden?, Berlin: Sachverständigenrat deutscher Stiftungen für Integration und Migration.

Peter Schraeder

# Wie Online-Wahlen zur Partizipation bestimmter Bevölkerungsgruppen beitragen

*Viele Bevölkerungsgruppen in Deutschland sind bei parlamentarischen Wahlen aus verschiedenen Gründen vom Wahlrecht ausgeschlossen oder haben bei der Ausübung ihres Wahlrechts mit hohen bürokratischen Hürden zu kämpfen. Mit Maßnahmen wie symbolischen Wahlen und öffentlichen Diskussionen versuchen die jeweiligen Interessensvertretungen gesellschaftliche und mediale Aufmerksamkeit für diesen Umstand zu bekommen. POLYAS, Anbieter von Online-Wahlen, berichtet von den Erfahrungen, die dabei gemacht wurden.*

Bei der Bundestagswahl 2021 waren circa 61 Millionen Menschen wahlberechtigt. Das bedeutet: Millionen von Menschen, die in Deutschland leben, durften nicht wählen. Das trifft auf circa drei Millionen Vierzehn- bis Siebenzehnjährige sowie rund zehn Millionen volljährige Menschen ohne deutsche Staatsbürgerschaft zu. Und vier Millionen im Ausland lebende Deutsche dürfen ihr Wahlrecht zwar ausüben, bei der Stimmabgabe müssen sie aber hohe bürokratischen Hürden überwinden. Aus der Gruppe der Jugendlichen und der Erwachsenen ohne deutsche Staatsbürgerschaft gibt es jedoch Widerspruch gegen den Ausschluss vom Wahlrecht. Diejenigen, die eine Herabsenkung des Wahlalters befürworten, kritisieren die Volljährigkeitsgrenze als willkürlich gesetzt. Viele Menschen ohne Staatsbürgerschaft hingegen fragen, warum sie in einem Land, in dem sie häufig seit Jahren oder gar Jahrzehnten leben und arbeiten, nicht über die Zusammensetzung der Regierung mitentscheiden dürfen. Und im Ausland lebende Deutsche haben oftmals den Eindruck, dem deutschen Staat liege nichts an ihrer Stimme.

Nicht alle dürfen wählen

Dieser Beitrag beschreibt aus der Perspektive des Unternehmens POLYAS, welches Potenzial in Online-Wahlen steckt, um die demokratische Teilhabe der bisher vom Wahlrecht ausgeschlossenen Bevölkerungsgruppen zu stärken. POLYAS ist ein Online-Wahl-Anbieter, das heißt: Das Unternehmen hat eine Software entwickelt, mit der sich digitale Wahlen und Abstimmungen sicher digital durchführen lassen. Daher steht POLYAS auch mit den Vertretungen der erwähnten Bevölkerungsgruppen im Austausch, einige sind Kunden des Unternehmens.

Online Wahlen sind möglich

So führte im Mai 2021 das Landesnetzwerk Migrantenorganisationen Sachsen-Anhalt e. V. (LAMSA) im Vorfeld der Landtagswahl in Sachsen-Anhalt gemeinsam mit POLYAS eine Wahl durch, bei der all jene Menschen, die aufgrund ihrer Staatsbürgerschaft nicht mitwählen durften, ihre Stimme abgeben konnten. Die echte Landtagswahl wurde simuliert, um zu zeigen, was die Menschen gewählt hätten, wenn sie es gedurft hätten. Um eine ähnliche Wahl-Simulation handelte es sich bei der Jugendkommunalwahl des Landkreises Bad-Tölz-Wolfratshausen im Jahr 2020, nur dass es in diesem Fall um Kinder und Jugendliche ging. Die Minderjährigen durften ihre Stimme im Vorfeld der bayerischen Kommunalwahl 2020 online abgeben. Im Ausland lebende Deutsche dürfen bislang nicht online wählen. In öffentlichen Diskussionen hat die SPD International Zürich POLYAS jedoch mehrfach dargelegt, welchen Aufwand eine papierbasierte Wahl für im Ausland lebende Deutsche bedeutet und welches Potenzial in einer Digitalisierung der Prozesse steckt.

Diese drei Beispiele aus der Praxis sollen im Folgenden beschrieben und bewertet werden. Beantwortet werden soll die Frage, wie Online-Wahlen zur Partizipation gewisser Bevölkerungsgruppen beitragen können.

## Jugendkommunalwahl des Landkreises Bad Tölz-Wolfratshausen

Jugendwahlen, oft auch als U18-Wahl bezeichnet, gibt es schon seit Mitte der 1990er Jahre. Die symbolische Stimmabgabe der Kinder und Jugendlichen, die im Vorfeld oder parallel zu Bundes-, Landtags- oder Kommunalwahlen stattfindet und meist von den Kommunen ausgerichtet wird, hat vor allem zum Ziel, Kinder und Jugendliche spielerisch an den Prozess der Wahl heranzuführen. Auch soll ihnen so vermittelt werden, welche Bedeutung die Stimmabgabe in der Demokratie hat. Zwar ist die Beteiligung an Jugendwahlen meist deutlich geringer als an Wahlen für Volljährige, an den Ergebnissen der Jugendkommunalwahl lässt sich aber dennoch erkennen, wie sich die noch nicht Volljährigen entschieden hätten, wenn sie hätten wählen dürfen. Ob bei diesen symbolischen Wahlen völlig andere Parteien gewinnen als bei den tatsächlichen Urnengängen, und keine Parteien erfolgreich sind, die der Demokratie ablehnend gegenüberstehen, kann in der Debatte um eine Herabsenkung des Wahlalters als eine wichtige Argumentationsgrundlage angesehen werden. Dies macht deutlich, welchen Einfluss Repräsentation von bisher nicht wahlberechtigten Menschen auf das Wahlergebnis hätte - im Übrigen auch dann, wenn es von dem der eigentlichen Wahl gar nicht stark abweicht, wie das im untenstehenden Beispiel der Fall war.

Wählen lernen

Neben Schulen, Jugendzentren, Sportvereinen, Stadtbibliotheken und ähnlichen Einrichtungen, die sich in der Regel an Werbung und Durchführung der Jugendwahlen beteiligen und nur eine analoge Stimmabgabe anbieten, liegt bei den mit dem Internet aufgewachsenen jungen Menschen der Gedanke nahe, diesen die digitale Stimmabgabe zu ermöglichen. So verhielt es sich im Herbst 2019 bei der Kreisjugendpflege des Landratsamtes Bad Tölz-Wolfratshausen, die – gemeinsam mit einem breiten Bündnis aus kommunalen Trägern der Jugendarbeit – nach einer Möglichkeit suchte, erstmals die für das Frühjahr 2020 anstehende Jugendkommunalwahl des Landkreises online durchzuführen. Die Wahl sollte kurz vor der bayerischen Kommunalwahl, die am 15. März 2020 stattfand, umgesetzt werden. Zuvor hatten die Jugendlichen des Landkreises bereits begleitend zu Landtags-, Bundestags- und Europawahlen symbolisch ihre Stimme via Urne abgegeben, wobei jedes

Mal genau darauf geachtet wurde, die Jugendwahl exakt nach dem Vorbild der eigentlichen Wahl abzubilden.

Die nun erstmals geplante Durchführung einer symbolischen Kommunalwahl stellte den zuständigen Arbeitskreis des Landkreises allerdings vor bisher nicht da gewesene Herausforderungen: Für die symbolische Kommunalwahl wurden pro Gemeinde eine Vielzahl an Stimmzetteln gebraucht, was die Wahlvorbereitung deutlich komplexer machte. Die Stimmabgabe konnte aus logistischen Gründen nicht an den Schulen des Landkreises durchgeführt werden. Jeder Jugendliche sollte vier verschiedene Stimmzettel ausfüllen dürfen: zur Bürgermeister- und Landratswahl sowie zur Wahl des Gemeinderates und des Kreistags. Bei den letzteren beiden Wahlen war Kumulieren und Panaschieren gestattet, das heißt, die Wahlberechtigten konnten den Kandidierenden einer Liste mehrere Stimmen geben oder ihre Stimmen über mehrere Listen verteilen. Zudem wären dem Landkreis durch den Druck der Stimmzettel und den Personalaufwand bei der Auszählung nicht unerhebliche Kosten entstanden. Aufgrund dieser Herausforderungen entschied sich der zuständige Arbeitskreis des Landkreises schließlich für eine Online-Stimmabgabe und wandte sich an POLYAS.

Analog zu kompliziert

Der Ablauf der Wahl war dabei folgender: Zunächst richtete der Landkreis eine Website ein, auf der sich die wahlberechtigten Zwölf- bis Siebzehnjährigen über die zur Wahl stehenden Parteien und Personen sowie die Funktionsweise der Stimmabgabe informieren konnten. Die Idee hinter diesem Angebot: Wer weiß, worum es bei einer Wahl geht, nutzt auch mit höherer Wahrscheinlichkeit das Wahlrecht. Und da die Stimmabgabe ohnehin digital erfolgt, ist es von der Information zur Abstimmung nur ein kleiner Schritt. Die Einladung zur Wahl erfolgte indes nicht online, da der Landkreis nicht über die E-Mail-Adressen aller Kinder und Jugendlichen verfügte, sondern lediglich über die postalische Anschrift. POLYAS generierte die Zugangsdaten, die für das Einloggen ins System benötigt werden, und übergab diese an den Landkreis. Dadurch mussten keine personenbezogenen Daten an POLYAS weitergegeben werden. Über einen QR-Code gelangten die Jugendlichen zum Login für die Stimmabgabe.

Außer den oben genannten ergaben sich durch die Online-Stimmabgabe noch weitere Vorteile: Das POLYAS Online-Wahlsystem ist so konfiguriert, dass eine wahlberechtigte Person darauf hingewiesen wird, wenn sie die Wahlregeln nicht beachtet und etwa zu viele Stimmen abgibt. So können die Wählenden Fehler bei der Verteilung der Stimmen, entdecken und vor der Stimmabgabe korrigieren. Bei einer recht komplexen Wahl mit vier Stimmzettel ist das gerade für unerfahrene Wählende eine sehr hilfreiche Funktion.

Digitale Wahlhilfe

Insgesamt nahmen 1.135 Kinder und Jugendliche an der symbolischen Kommunalwahl teil, die Wahlbeteiligung lag bei rund 16 Prozent. Zum Vergleich: Bei digitalen Jugendparlamentswahlen, bei dem die Wahlberechtigten einer Kommune ihr eigenes Jugendgremium wählen können, liegt die Beteiligung im Durchschnitt nur bei zehn Prozent. Hätte die Wahl hingegen in Präsenz stattgefunden, wäre sie vielleicht komplett ausgefallen, da aufgrund der Corona-Pandemie im selben Zeitraum die ersten Schulschließungen beschlossen wurden.

Die erste online durchgeführte Jugendkommunalwahl des Landkreises Bad Tölz-Wolfratshausen ermöglichte es den Jugendlichen also, eine Kommunalwahl in ihrer ganzen Komplexität zu erleben und durch die Übersichtlichkeit der Stimmzettel im Online-Wahlsystem zu verstehen. Davon abgesehen wären die Kosten bei einer papierbasierten Wahl deutlich höher ausgefallen, und personell wäre dieser Aufwand für die Gemeinden kaum möglich gewesen. Verena Peck, Kreisjugendpflegerin des Landratsamtes Bad Tölz-Wolfratshausen, zog eine positive Bilanz der Online-Jugendwahl und sagte gegenüber POLYAS, sie sei überzeugt davon, dass man Jugendliche politisch digital sehr gut erreichen könne. „Jugendliche sind unglaublich versiert in digitalen Medien. Wenn wir sie beteiligen möchten, ist es höchste Zeit, ihnen in Ihrem Medium zu begegnen, und das Medium der Jugend ist das Internet."

Und sogar medial sorgte die Online-Jugendwahl für ein wenig Aufsehen: Die Süddeutsche Zeitung berichtete online von der Entscheidung des Landkreises, die Ergebnisse der Jugendwahl zeitgleich mit denen der eigentlichen Kommunalwahl zu veröffentlichen, und nicht, wie bei früheren Jugendwahlen üblich, neun Tage vorab. Als Grund nannte das Landratsamt juristische Bedenken einiger Bürgermeister*innen, die Klagen fürchteten, da das Abstimmungsverhalten der Jugendlichen, das der Erwachsenen hätte beeinflussen können. Sowohl die Junge Union Geretsried, einer Stadt des Landkreises, als auch die Grüne Kreisjugend kritisierten diese Entscheidung. Ihre Befürchtung war, dass das Ergebnis der Jugendwahl medial untergehen und die Stimmen der Jugendlichen nicht gehört werden würden. „Leider konnten die Bedenken der Bürgermeister nicht beseitigt werden", sagte Verena Peck gegenüber POLYAS. Die Jugendpflegerin spricht sich auch für eine Senkung des Wahlalters auf 16 oder jünger aus. „Mit 14 ist man strafmündig und muss Verantwortung für seine Handlung übernehmen, aber wählen darf man erst ab 18", sagte sie. In Bayern und vier weiteren Bundesländern dürfen Jugendliche erst ab 18 an Kommunalwahlen teilnehmen, in allen anderen Ländern ab 16.

Strafe ja, wählen nein

Letztlich schafften es die gleichen drei Parteien bei beiden Wahlen zum Kreistag unter die ersten drei Ränge. Allerdings waren die Plätze von Grünen und CDU vertauscht: Während bei den Jugendlichen die Grünen 24 und die CDU/CSU 14 Sitze im Kreisrat geholt hätten, belegte die CDU/CSU bei den Erwachsenen mit 21 Sitzen den ersten Platz, während die Grünen 13 Sitze holte. Auf Platz drei lagen mit 10 (Jugendwahl) bzw. 14 Sitzen (tatsächliche Kommunalwahl) die Freien Wähler. Auch wenn sich durch eine "echte" Teilnahme der Kinder und Jugendlichen an den Ergebnissen der eigentlichen Wahl nicht viel geändert hätte - durch die symbolische Wahl wurde das ernsthafte Interesse der Minderjährigen an der Ausübung des Wahlrechts deutlich.

## Symbolische Landtagswahl in Sachsen-Anhalt

Anders als Jugendwahlen sind symbolische Wahlen für in Deutschland lebende Menschen ohne deutsche Staatsbürgerschaft noch eher eine Ausnahme. Das 2008 gegründete Landesnetzwerk Migrantenorganisationen Sachsen-Anhalt e. V. (LAMSA) veranstaltete die sogenannte „Probewahl" 2021 jedoch bereits zum zweiten Mal. Schon 2016 hatte eine symbolische Landtagswahl stattgefunden, die damals aber nur per Urne und Brief und nicht online stattfand. Während 2021 bundesweit rund 10 Millionen volljährige Menschen ohne deutsche Staatsbürgerschaft vom Wahlrecht ausgeschlossen waren, belief sich die Zahl in Sachsen-Anhalt auf circa 100.000 Personen. Menschen mit einer Staatsbürgerschaft innerhalb der Europäischen Union dürfen in Deutschland zwar seit 1992 bei Kommunalwahlen mitentscheiden, selbst wenn sie keine deutsche Staatsbürgerschaft haben, das ist aber die einzige Ausnahme. LAMSA würde das gerne ändern und das Wahlrecht auf alle Menschen ohne deutschen Pass ausweiten.

Anlässlich der Landtagswahl in Sachsen-Anhalt am 6. Juni 2021 rief LAMSA das Projekt „Partizipation ohne Wahlzettel" ins Leben, das durch das Landesprogramm für Demokratie, Vielfalt und Weltoffenheit und die Landeszentrale für politische Bildung gefördert wurde. Die Stimmabgabe für Migrant*innen lief vom 14. bis zum 28. Mai 2021. An der Probewahl teilnehmen durften alle volljährigen Personen, die zum damaligen Zeitpunkt mehr als drei Monate in Sachsen-Anhalt lebten und keine deutsche Staatsbürgerschaft besaßen. Abgeben wurde nur die Zweitstimme, also eine Stimme für eine Partei. Gewählt werden konnte per Brief und – ermöglicht durch POLYAS – online. Zudem gab es in fünf Städten auch jeweils ein Wahllokal, in dem man vor Ort abstimmen konnte.

Das Ziel der Aktion war erklärtermaßen, den aufgrund ihrer Migrationsbiografie nicht wahlberechtigten Menschen in Deutschland eine Stimme zu geben. LAMSA wies in öffentlichen Stellungnahmen darauf hin, dass viele Menschen ohne deutschen Pass zwar Steuern zahlen müssten und von politischen Entscheidungen direkt betrof-

Angebot an Migrant*innen

fen sein, ihr Anspruch auf politische Beteiligung jedoch ignoriert würde. Mamad Mohamad, Geschäftsführer bei LAMSA, sprach in diesem Zusammenhang von einem „Partizipationsdefizit". Anders als bei den Jugendlichen spielte das Heranführen der Menschen an den Prozess des Wählens eine geringe Rolle, auch wenn die symbolische Stimmabgabe offiziell „Probewahl" genannt wurde. Getestet werden sollte, wie groß das Interesse der Menschen ohne Wahlrecht am demokratischen System sein würde.

Insgesamt gaben rund 300 Menschen Ihre Stimme bei der Probewahl im Mai 2021 ab, 44 Prozent davon wählten online. Viele Menschen entschieden sich also – ob aufgrund der Corona-Pandemie oder der ländlichen Struktur Sachsen-Anhalts – für eine digitale Stimmabgabe. Die Ergebnisse der Probewahl wurden am Tag der Landtagswahl veröffentlicht. Die CDU wurde bei beiden Wahlen mit rund 37 Prozent stärkste Kraft. Auf Platz zwei folgte in der Probewahl die SPD mit 21 Prozent, bei der Landtagswahl ging Platz zwei mit 20,8 Prozent an die AfD, die es bei der Probewahl nicht über die Fünfprozenthürde schaffte. Platz drei der Probewahl ging mit 19 Prozent an die Linke, dicht gefolgt von den Grünen mit 18 Prozent. Die Linke schaffte es bei der Landtagswahl zwar auch auf Platz drei, erhielt aber nur 11 Prozent. SPD, FDP und Grüne erhielten alle weniger als 10 Prozent.

Mediale
Berichterstattung

Der Erfolg des Projekts darf indes nicht allein an der Wahlbeteiligung und der Ermöglichung einer Vergleichbarkeit von – im staatsbürgerlichen Sinn – deutschem und migrantischem Abstimmungsverhalten gesehen werden. Auch die mediale Berichterstattung und die Projekte, die LAMSA vor und begleitend zur Probewahl anbot, müssen berücksichtigt werden. So löste 2016 vor allem eine Sabotage-Aktion gegen die Probewahl ein mediales Echo aus: Unbekannte hatten eines der Wahllokale zugemauert. Eine rechtsextreme Gruppierung bekannte sich später zu der Tat, die vom LAMSA und Politiker*innen aus Sachsen-Anhalt verurteilten wurde. Zuvor hatte es im Netz bereits Anfeindungen und sogar Morddrohungen gegen LAMSA-Mitarbeitende gegeben. Der Verein sah sich dem Vorwurf ausgesetzt, die Landtagswahl verfälschen zu wollen, was die

Organisation entschieden zurückwies. Diese Hassbotschaften und Aktionen blieben 2021 weitgehend aus.

Online berichteten verschiedene Medien über die geplante Probewahl von 2021, wie z. B. die Süddeutsche Zeitung und verschiedene Lokalmedien aus Sachsen-Anhalt. Die Urnen in den fünf Städten wurden von ehrenamtlichem Wahlhelfer*innen betreut, die dafür eigens ausgebildet worden waren. Zudem wurden politische Foren mit den Kandidierenden des Landtags eingerichtet und insgesamt sechs sogenannte „Wohnzimmergespräche". Dafür stellten Menschen aus dem Netzwerk von LAMSA ihre privaten Räumlichkeiten zur Verfügung und luden Politiker*innen der Bundes- und Landtagseben ein, um über die anstehende Landtagswahl, vor allem aber über Bildungs-, Sozial- sowie Integrationspolitik zu diskutieren. Außerdem übersetzte LAMSA die Wahlprogramme der Parteien. Mamad Mohamad bezeichnet diese Projekte als für beide Seiten bereichernd und hält sie als begleitende Maßnahme für die symbolische Landtagswahl für sehr wichtig.

LAMSA und POLYAS beteiligten sich 2021 zudem an einer symbolischen Bundestagswahl, die vom Verein Freiburger Wahlkreis 100Prozent e. V. veranstaltet wurde, und bei dem alle 16 Bundesländer vertreten waren. Hier fiel die Beteiligung deutlich höher aus, bundesweit nahmen mehr als 4500 Menschen teil. Die ersten drei Plätze belegten nach Angabe des Freiburger Wahlkreis 100 Prozent e. V. die Grünen (27,1 Prozent), die SPD (22,7 Prozent) und die CDU/CSU (18,8 Prozent). Die Linke schafften es auf 15,4 Prozent, FDP und AfD lagen unterhalb der Fünf-Prozent-Hürde. 97 Prozent der Wählenden sprachen sich zudem für eine Einführung eines kommunalen Wahlrechts unabhängig von der Staatsbürgerschaft aus.

## Öffentlicher Austausch mit der SPD International

Deutsche, die im Ausland leben und nicht in Deutschland gemeldet sind, werden nicht automatisch in ein Wählerverzeichnis eingetragen. Stattdessen müssen sie einen schriftlichen Antrag auf Aufnahme ins Wählerverzeichnis stellen und an die zuständige Behörde ihres letzten Wohnorts in Deutschland schicken. Eigene Wahlkreise für im Ausland lebende Deutsche gibt es nicht. Der Antrag wird nur dann sicher positiv beschieden, wenn die Person mit deutscher Staatsbürgerschaft, die das Wahlrecht aus dem Ausland ausüben möchte, nach Vollendung ihres 14. Lebensjahres mindestens drei Monate in Deutschland gelebt hat, und dieser Aufenthalt nicht länger als 25 Jahre zurückliegt. Ist dies nicht der Fall, muss die Person darlegen, warum sie sich mit den politischen Verhältnissen in Deutschland beschäftigt und von diesen betroffen ist.

Gewählt werden kann nur per Brief. Die zuständige Gemeinde in Deutschland verschickt nach einem erfolgreichen Antrag die Briefwahlunterlagen, was allerdings frühestens sechs Wochen vor dem Wahltermin passieren darf. Die Unterlagen werden von den Wahlberechtigten ausgefüllt und gehen auf dem Postweg zurück an die Gemeinde, wo sie bis zum Wahltag eingegangen sein müssen, damit sie in das Endergebnis einfließen können. Für Deutsche in Übersee dauert der Postweg so lange, dass die maximal sechs Wochen oft nicht ausreichen, um die Briefwahlunterlagen rechtzeitig nach Deutschland zu schicken.

Auslandswahl ist anspruchsvoll

Gregor Manthey, Vorstandsmitglied der SPD International sowie Sprecher der SPD Zürich, der seit vielen Jahren in der Schweiz lebt, setzt sich gemeinsam mit den anderen Gruppen der SPD International dafür ein, das Wahlrecht für im Ausland lebende Deutsche zu verbessern. Er kritisiert den bürokratischen Prozess des Hin- und Herschickens von Dokumenten. Viele Deutsche würden den Aufwand scheuen, den eine Briefwahl aus dem Ausland mit sich brächte. 2013 stellten beispielsweise nur 67.000 im Ausland lebende Deutsche einen Antrag auf Eintragung ins Wählerverzeichnis, 2017 waren es knapp 113 000.

Gemeinsam mit seinen Mitstreitenden bereitet Manthey vor einer Wahl die Informationen zur Wahlteilnahme vor und erinnert alle Wahlberechtigten, zu denen er Kontakt hat, an das frühzeitige Einreichen des Antrags auf Eintragung ins Wählerverzeichnis. Eine der Forderungen der SPD International ist die, eine digitale Einreichung des Antrags zu ermöglichen. Manthey hinterfragt auch, warum man immer wieder aufs Neue beweisen müsse, dass man wahlberechtigt sei.

Ein Blick ins europäische Ausland zeigt, wie es anders funktionieren könnte. Frankreich und Italien haben beispielsweise Auslandswahlkreise. Alle im Ausland lebenden Personen mit französischer Staatsbürgerschaft werden je nach Weltregion in unterschiedliche Wahlkreise unterteilt und wählen ihre eigenen Vertretungen in das französische Parlament. Solche Auslandswahlkreise fordert auch Gregor Manthey. Auch die Möglichkeit, online zu wählen, hält er für keine schlechte Idee, sofern technisch sichergestellt sei, dass das Wahlgeheimnis gewahrt bleibe.

Beim Thema E-Voting ist Frankreich Deutschland ebenfalls voraus. Hier ist es Auslandsfranzosen bereits seit 2012 möglich, bei Parlamentswahlen ihre Stimme abzugeben. 2017 setzte man die Möglichkeit der elektronischen Stimmabgabe zwar aufgrund von Sicherheitsbedenken aus, 2022 war die Online-Wahl aber wieder möglich. Für die Teilnahme reicht eine Eintragung von Telefonnummer und E-Mail-Adresse ins Wählerverzeichnis des zuständigen französischen Konsulats. In Estland ist die Online-Stimmabgabe bereits seit 2005 möglich. Bei der Parlamentswahl 2019 nutzte bereits mehr als ein Viertel der estnischen Bevölkerung diese Methode der Stimmabgabe. Und in der Schweiz war die digitale Stimmabgabe bis 2019 auch in vielen Kantonen möglich. Als diese Methode aufgrund von Sicherheitsbedenken vorerst ausgesetzt wurde, sank die Wahlbeteiligung der Auslandsschweizer deutlich – im Kanton Genf beispielsweise von 36 auf 27 Prozent. Daher setzt sich besonders die Auslandsschweizer-Organisation ASO für das E-Voting ein. Die Schweiz hat das Vorhaben Online-Wahl daher auch nicht aufgegeben und arbeitet weiterhin an einer technisch sicheren Lösung für das E-Voting.

Gregor Manthey sieht aber nicht nur im E-Voting Chancen für mehr Partizipation, sondern auch in der Digitalisierung demokratischer Prozesse, die bisher analog ablaufen. Als Beispiel nennt er auch hier

Internationale Vorbilder

die Schweiz. Für die dort mehrfach im Jahr stattfindenden Abstimmungen der Bevölkerungen hat der Staat eine App mit dem Namen „VoteInfo" entwickelt. Mit dieser kann man sich nicht nur im Vorfeld über Pro- und Contra-Argumente in Bezug auf die Abstimmung informieren, sondern auch Ergebnisse ansehen. Außerdem plädiert Manthey dafür, Parteisitzungen hybrid durchzuführen, also Mitglieder auch online zuzuschalten, und die entsprechenden gesetzlichen Regelungen dafür zu schaffen. Viele Mitglieder würden eine Anreise zu den Sitzungen aus beruflichen oder familiären Gründen zeitlich nicht bewerkstelligt bekommen. Das bedeute aber nicht, dass man nur Anwesenden ein Mitspracherecht einräumen sollte.

Ein weiteres Ziel der SPD International ist, Auslandswahlkreise nach französischem oder italienischem Vorbild einzuführen. Die Stimmen der im Ausland lebenden Deutschen sollten nicht in einem Wahlkreis abgegeben werden, in dem die wahlberechtigte Person schon lange nicht mehr wohne, so Manthey. Seit der Bundestagswahl 2021 ist die Situation für die Umsetzung des Ziels günstig, da das Bundeswahlrecht ohnehin geändert werden soll, um eine weitere Vergrößerung des Bundestags mit noch mehr Abgeordnete zu verhindern. Manthey nutzt diese Situation, um den Mitgliedern des Bundestags die Anliegen der im Ausland lebenden Deutschen deutlich zu machen.

## Fazit

Die präsentierten Beispiele zeigen, dass die Online-Wahl dazu genutzt werden kann, auf die Situation der Menschen ohne Wahlrecht in Deutschland hinzuweisen. Sofern technische und rechtliche Hürden beseitigt wären, hätte die digitale Wahl sogar das Potenzial, im Ausland lebenden Deutschen den heute hoch bürokratischen Vorgang der Stimmabgabe wesentlich zu vereinfachen.

Bei Fallbeispiel der Jugendkommunalwahl im Landkreis Bad Tölz-Wolfratshausen lässt sich konstatieren, dass eine Umsetzung der komplexen Wahl mit den beschränkten Mitteln des verantwortlichen Arbeitskreises analog nicht möglich gewesen wäre. Die rein

digitale Wahl wurde von den Kindern und Jugendlichen verhältnismäßig gut angenommen und ermöglichte den unerfahrenen Wählenden eine fehlerfreie Stimmabgabe der komplexen Wahl. Bei der
symbolischen Landtagswahl Sachsen-Anhalt fiel die Gesamtbeteili-
gung zwar eher niedrig aus, die digitale Stimmabgabe wurde aber
gut angenommen und bot auch den Menschen, die es zeitlich nicht
zu einem der fünf Wahllokale in Sachsen-Anhalt schafften, eine
Chance zur Stimmabgabe. Auch bei der symbolischen Bundestagswahl 2021 nutzte rund ein Viertel der Wählenden die Online-Wahl.
Der Blick in die Schweiz und nach Frankreich zeigt, was in Sachen
Digitalisierung der Demokratie schon heute möglich ist. Eine digitale Einreichung des Antrags zur Stimmabgabe würde immerhin
den Postweg verkürzen, damit Deutsche im Ausland ihr Wahlrecht
tatsächlich wahrnehmen können.

Online-Wahl wird
akzeptiert

# Partizipation in der Arbeitswelt

Sandro Witt

# Wie selbstbewusste Belegschaften unsere Demokratie stabilisieren

*Auf den ersten Blick haben ein Krankenhaus und ein mittelständischer Automobilzulieferer erst einmal nicht viel gemeinsam. Ein zweiter, schärferer Blick zeigt aber auf, dass auf der betrieblichen Ebene vor allem Menschen arbeiten, die sich tagtäglich begegnen und sich oft nicht aus dem Weg gehen können. Das führt zu Herausforderungen. Was betriebliche Demokratie mit unserer Demokratie insgesamt zu tun hat und warum selbstbewusste Belegschaften unsere Demokratie letztlich stabilisieren. Darum geht es in diesem Artikel, der ein besonderes Programm vorstellt, welches sich seit einem Jahr dem stark um sich greifenden Rassismus in der Arbeitswelt entgegenstellt.*

Es war außergewöhnlich ruhig für einen Samstagnachmittag. Nur aus dem Zimmer am Anfang des langen und recht einfarbigen Flures waren gedämpfte Stimmen und hin und wieder heiteres Gelächter zu hören. Neben der Tür, fast am Ende des Flures, leuchtete hektisch eine rote Lampe auf und aus dem Zimmer war eine Stimme zu hören, die in gebrochenem Deutsch und schmerzverzerrt um Hilfe rief. Die Tür des Zimmers, am Anfang des Flures, ging auf und eine junge Frau, mit weißem Kittel, lief in Richtung der hilferufenden Person. „Na Frau Esposito, was haben wir denn für ein Problem?" Die so Angesprochene legte die Hand auf ihren Bauch und sagte: „dolore, fa male!" Die junge Frau im Kittel fragte: „Wo genau tut es denn weh?" Frau Esposito versuchte es ein weiteres Mal und wurde dabei etwas lauter. Die junge Frau im Kittel erwiderte sichtlich gereizt: „Frau Esposito. Sie müssen schon Deutsch mit mir sprechen, sonst kann ich nicht helfen. Hier trinken Sie das!" Sie reichte ihr einen kleinen Plastikbecher mit einer Flüssigkeit. Frau Esposito schaute fragend und die junge Frau erwiderte vielsagend: „Medikamente, helfen, nix mehr Schmerzen haben!" Die Patientin trank und die junge Frau verließ daraufhin das Zimmer und ging zurück in den Aufenthaltsraum, der laut Beschilderung „ausschließlich für Personal Innere Medizin" vorgesehen war. Dort angekommen erklärte sie den anwesenden Kolleginnen, wie sehr es sie nervt, ständig Menschen behandeln zu müssen die „kein richtiges Deutsch sprechen" und die vor allem „immer so rumjammern!" Eine andere Anwesende nickte eifrig und ergänzte: „Ja, diese Menschen aus dem Mittelmeerraum übertreiben vor allem immer so!" In diesem Moment meldete sich eine dritte Stimme zu Wort und meinte, dass in ihren über 20 Jahren auf Station eine Sache klar geworden sei. „Die Deutschen haben eine Härte, welche die Mediterranen nicht haben. Die Deutschen jammern nicht rum und übertreiben. Die haben Schmerzen, nehmen eine Tablette und dann ist gut. Die Italiener und die aus dem Osten übertreiben es immer so. Aber wisst ihr? Zum Glück können wir das als Fachpersonal ja unterscheiden!" „Was meinst du eigentlich dazu, Mihaela, das sind doch schließlich deine Leute, ach nee du kommst ja aus Bukarest?" Mihaela versuchte ein Lächeln und blickte dann doch lieber auf den Boden und dachte: Wenn ich jetzt wieder erkläre, dass es keine Unterschiede gibt, dann wird das wieder ein Scheiß Arbeitstag.

So, liebe Lesende des Kursbuches Bürgerbeteiligung. Mit diesem, durchaus direkten, Einstieg beginnt die Lesereise in das vom BMAS finanzierte und von einem DGB Koordinierungsteam begleitete und unterstützte Bundesprogramm „Unsere Arbeit – Unsere Vielfalt. Initiative Betriebliche Demokratiekompetenz". Als Projektleiter des DGB Teams im DGB Bundesvorstand habe ich mich über die Anfrage von Jörg Sommer, einen Beitrag für das neue Kursbuch schreiben zu dürfen, sehr gefreut. Gleichzeitig ist es eine große Herausforderung über ein beteiligungsorientiertes Programm zu schreiben, welches bisher leider so gut wie keine Forschungsergebnisse zur Grundlage hat und vor allem, mit Blick auf das Erstelldatum des Artikels, noch nicht ganz ein Jahr am „Markt" ist. Das Programm und seine 34 Projekte, die es direkt in der Arbeitswelt umsetzen, war jedenfalls Ergebnis einer politischen Debatte im letzten Bundeskabinett. Die Vorgängerregierung der sogenannten Ampel hatte

Impuls aus dem Bundeskabinett

sich seinerzeit zum Ziel gesetzt, die Arbeit gegen Rassismus und gruppenbezogene Menschenfeindlichkeit besser zu organisieren und vor allem die Zielgruppen zu erweitern. Der Deutsche Gewerkschaftsbund, den ich in allen Veröffentlichungen mit DGB abkürze, hatte jedenfalls Stellung genommen und sich vor allem mit einer Kernthese in den Diskussionsprozess eingebracht. Genau um diese, nicht ganz neue These, geht es im gesamten Programm. Wenn Rassismus oder gruppenbezogene Menschenfeindlichkeit überall in der Gesellschaft leider einen festen Platz haben, dann gibt es vor allem einen Ort, an dem sich Menschen tagtäglich damit konfrontiert sehen. Einem Ort, an dem sich Menschen vor allem nicht aus dem Weg gehen können. Ein Ort, an dem Vielfalt auf meist recht starre

Rassismus als Herausforderung in der Arbeitswelt

und hierarchische Strukturen trifft. Sie ahnen es längst. Die Arbeitswelt ist gemeint. Unstrittig und wissenschaftlich sehr oft belegt ist jedenfalls eine Tatsache, auf der die Gesamtidee dieses neuen und wichtigen Programms fußt. Da wo Menschen selbst mitgestalten und mitbestimmen dürfen, ist die Zufriedenheit mit den gebotenen Rahmenbedingungen immer wesentlich höher. In der Arbeitswelt sind das z. B. Betriebsratsgremien, die bei Belegschaften, aber sogar bei vielen Unternehmer*innen zu einer höheren Zufriedenheit beitragen. Betriebsräte werden von ihren Belegschaften demokratisch gewählt und haben damit zusätzlich noch eine maximale demokratische Legitimation. Sie handeln im Auftrag derer, die sie gewählt haben. Demokratie im besten Sinne. Betriebsrät*innen bilden sich weiter und erlernen zusätzlich zu ihrer demokratischen Haltung auch noch elementare gesetzliche und rechtliche Grundlagen, die für die stetige Verbesserung der Arbeitsbedingungen unabdingbar sind. Ich nenne dies immer den Werkzeugkoffer der betrieblichen Demokratie. Aus diesem Werkzeugkoffer wird sich also bedient. Aber aus welchem Werkzeugkoffer bedienen sich denn Belegschaften, die keine Betriebsratsgremien wählen? Warum schweigt Mihaela und lächelt rassistische Sprüche im Pausenraum einfach weg? Diese und viele weitere Fragen beschreiben die Betriebstemperatur, in dem sich unsere Projekte bewegen. Die exakt festgelegte Zielgruppe in diesem Bereich sind kleine und mittelständische Unternehmen mit ihren Belegschaften und Personalverantwortlichen. Kennen Sie da viele Betriebsräte?

Ich möchte mit Ihnen gemeinsam nun noch einmal die Szene wechseln. Wir gehen mal spontan gemeinsam in die Kantine eines mittelgroßen Automobilzulieferers. Dort sitzen in der Mittagspause einige Arbeiter zusammen. Andere stehen vor der Tür, mit Kaffeetassen und Zigaretten. Im Vorbeilaufen hören wir gemeinsam noch ein paar Wortfetzen. „Und die will uns jetzt zeigen, wie das alles geht, oder was? ... „Der Alte hat sie doch nicht Alle. Die lass ich auflaufen, sobald sie das erste Mal an die Maschine kommt, kriegt die ne klare Ansage..." Wir setzen uns an einen Tisch und hören ein weiteres Gespräch. „Aber von der Bettkante würdest du die auch nicht schubsen, oder?" Es fallen noch weitere und derbere Sprüche. Plötzlich meldet sich Martin zu Wort. Ein Auszubildender im 2. Ausbildungsjahr. „Eigentlich ist es doch ganz gut, wenn wir auf der Leitungsebene auch mal mehr Vielfalt bekommen. Die entsprechende Qualifikation bringt sie doch mit und vielleicht"... „Was willst du Stift uns denn erzählen? Mach dich an deinen Besen und halt dich da raus, wenn die Männer hier reden", wird Martin angeblafft. Er schaut sich hilfesuchend um aber die Kollegen schauen woanders hin. Martin schaut auf den Boden und verlässt den Pausenraum in Richtung Werkhalle. „Niemand hilft mir hier. Ich würde echt gerne was gegen diese dummen, verletzenden Sprüche tun", denkt er sich und beginnt die Werkhalle zum 5. Mal an diesem Tag zu kehren. „Aber wohin kann ich mich da bloß wenden, um Unterstützung zu bekommen?"

Was Mihaela, Sie erinnern sich, die Krankenschwester und der Auszubildende Martin noch nicht wissen, erfahren Sie liebe Lesende nun in diesem Artikel. Es gibt keinen Grund auf den Boden zu schauen und auch wenn es nicht wörtlich korrekt zitierte Situationen sind, genauso und mit vielen weiteren unangenehmen Folgen, auch für unsere plurale und lebendige Demokratie, erleben viele Menschen tagtäglich die Arbeitswelt. Ein bisschen auch mit der persönlichen Hoffnung verbunden, dass Sie, wenn ihnen Martin und Mihaela bekannt vorkommen, diese unterstützen würden, gehe ich jetzt intensiver auf unser Programm ein. Bevor wir aber tiefer eintauchen, möchte ich Sie fragen. Was würden Sie tun, wenn Sie an Mihaelas oder Martins Stelle wären? Und was würde das für ihr Verhalten außerhalb der Arbeitswelt bedeuten?

Wir haben nun herausgearbeitet, dass der Arbeitsplatz ein Ort ist, an dem ich anderen Menschen sehr schwer aus dem Weg gehen kann. Wir wissen, dass rassistische und damit verbundene menschenfeindliche Einstellungen innerhalb der Arbeitswelt auftreten und wir haben in den letzten Jahren aufmerksam die Debatten verfolgt, in denen offensiv über Fachkräftesicherung mittels Zuwanderung gesprochen wird. Damit verbunden sind dann auch immer dringende Appelle an die Menschlichkeit und Rassismus wird, mit absolutem Recht, öffentlich als Standortnachteil beschrieben. Dennoch zeigen sich vor allem in demokratischen Wahlergebnissen zu Bundes- und Landtagswahlen erstaunlich hohe Zustimmungswerte, nicht nur, aber vor allem aus der Arbeiterschaft, für eine Partei, deren Genetik sich aus den schlimmsten rassistischen Fantasien der NPD und den größtmöglichen Freiheiten für die kapitalistische Produktionsweise, à la FDP, zusammensetzt. Dazu kommen derzeit noch mehrere Krisen. Die weltweiten Auswirkungen der Coronapandemie auf der einen Seite und seit Februar 2022 zusätzlich noch der Angriffskrieg Russlands auf die Ukraine. Verschwörungserzählungen und Halbwahrheiten haben in solchen Zeiten immer Hochkonjunktur und verstärken, neben sowieso schon vorhandenen Unsicherheiten, auch gleichzeitig noch die Möglichkeiten für die extreme Rechte, mit ihrem demokratieverachtenden, parlamentarischen Arm, wissenschaftlich belegten Fakten einfach so lange mit „alternativen Fakten" zu begegnen, bis möglichst viele Menschen noch stärker verunsichert sind. Diese „Alternativen Fakten" finden über die sogenannten sozialen Medien, aber auch über die Berichterstattung in der klassischen Tageszeitung oder den abendlichen Fernsehnachrichten ihren Weg nicht nur an den Küchentisch oder den Stammtisch, sondern mitten hinein in die Arbeitswelt. Wer noch keine abendliche Talkshow gesehen hat, darf sich in diesem Zusammenhang als glücklicher Mensch einordnen.

Arbeitsplatz als Brennglas für Konflikte

Nun reicht es aber auch endlich mal mit dem Analyseteil. Ich will im Grunde genommen, diesen Artikel schreiben, der nach vorne gerichtet ist und einordnet, was wir in der Arbeitswelt so vorhaben und anbieten. Ein Artikel der Mut macht und zur Selbstermächtigung und Mitbestimmung einlädt. Ein Artikel der deutlich macht, dass es Gesetze gegen Diskriminierung am Arbeitsplatz gibt. Kennen Sie das AGG? Das allgemeine Gleichbehandlungsgesetz. Natürlich kennen wir fast alle dieses Gesetz. Das ist wie der Artikel 1 des Grundgesetzes. Die viel spannendere Frage, die ich stellen muss, ist ja. Wissen Sie, was Sie tun können, wenn Sie diskriminiert werden oder wenn Sie einem Menschen helfen wollen, der diskriminiert wird? Außerdem: Wissen Sie, dass im Betriebsverfassungsgesetz steht, dass ab 5 Beschäftigten ein Betriebsrat zu wählen ist? Da steht nicht, dass ein Betriebsrat gewählt werden sollte oder könnte oder dürfte. Da steht schlicht, ich zitiere Paragraf 1 Einrichtung von Betriebsräten: (1) In Betrieben mit in der Regel mindestens fünf ständigen wahlberechtigten Arbeitnehmern, von denen drei wählbar sind, werden Betriebsräte gewählt. […] Die Gesetz gebende Gewalt ist also davon ausgegangen, dass in einem Betrieb mit 5 ständig Beschäftigen einfach ein Betriebsrat gewählt wird. Wussten Sie das? Und genau darum geht's auch bei der Initiative Betriebliche Demokratiekompetenz. Wir wissen, dass Rassismus keine Meinungsäußerung darstellt. Wir wissen, dass rassistische oder sexistische oder abwertende Äußerungen Menschen massiv verletzen. Wir wissen auch, dass in den Gesetzen klare Regelungen definiert sind. Was wir meistens, auch mit unserer noch so prodemokratischen Grundhaltung, nicht wissen: Wie können wir diesen unmenschlichen Angriffen kompetent begegnen und die Täter*innen von der Gefährlichkeit ihrer Äußerungen und Taten überzeugen und wie können wir von Rassismus, Sexismus und anderen menschenfeindlichen Einstellungen betroffenen Menschen helfen?

Das können wir, indem wir anerkennen, dass dafür individuelle Kompetenzen notwendig sind und diese nicht einfach so vom Himmel fallen. Nicht aus Angst auch Opfer zu werden auf den Boden schauen oder den Raum verlassen, sondern offensiv in den Wider-

Mitbestimmung als Hebel

spruch gehen und konsequent die Täter stellen und die Opfer schützen. Dafür gibt es Werkzeuge und der Einsatz dieser Werkzeuge ist, um im Bild zu bleiben, etwas, was Menschen lernen können.

Unser Programm wird umgesetzt von 34 Projektträgern, die mit unterschiedlichsten Ansätzen arbeiten. Wir, also mein Team und ich im Koordinierungsprojekt des DGB-Bundesvorstands, stellen den Trägern gemeinsam mit einem Team aus dem Bundesministerium für Arbeit und Soziales die notwendige Vernetzung und vor allem auch zusätzliche Expertise zur Verfügung. Wir schaffen Öffentlichkeit für die Angebote in den unterschiedlichen Branchen und Regionen und wir flankieren mittels Online- und Social Media Kampagnen die politische öffentliche Debatte. Sie können sich sicher vorstellen, wie in sozialen Medien reagiert wird, wenn basierend auf Fakten und wissenschaftlichen Erkenntnissen, meinungsstark, so heißt die Kampagne, argumentiert wird. Falls Sie bei Twitter, Facebook & Instagram angemeldet sind, schauen Sie ruhig mal vorbei. Sie finden uns mit dem Stichwort Betriebliche Demokratiekompetenz sogar auf YouTube. Falls Sie die sozialen Medien meiden und gleichzeitig, Sie erinnern sich, auch keine Talkshows schauen, beneide ich Sie übrigens ein wenig. Jetzt aber weiter im Programm.

*Ein Programm mit vielen Partnern*

Wenn Mihaela sich traut und nicht mehr schweigen will, wendet sie sich hoffentlich an eines unserer Teams, die im Bereich Pflege und Gesundheit arbeiten. Wenn Martin die Werkhalle nicht mehr 5-mal am Tag besenrein putzen will, wendet er sich hoffentlich an die IG Metall. Wenn er aber offensiv im Unternehmen gegen Sexismus vorgehen will, um Betroffene zu schützen, wendet er sich an den Träger in unserem Programm, der Angebote im Bereich der Automobilindustrie macht. Wenn eine Personalchefin nicht mehr kann, weil im Betrieb immer wieder Verschwörungserzählungen die Runde machen oder sexistische oder rassistische Sprüche den Betriebsfrieden stören, finden sich Angebote für Personalverantwortliche, die von arbeitgebernahen Trägern umgesetzt werden.

Unser Programm bietet für Belegschaften, Personalverantwortliche, Betriebsrat und JAV und letztlich auch für Lehrende und Lernende an Berufsschulen eine vielfältige fachliche Palette an Möglichkeiten, die immer individuell an die Situation angepasst werden können. Gefördert bis zum 31.12.2024 und hoffentlich darüber hinaus, werden wir immer mehr Menschen in die Lage versetzen können, Verschwörungserzählungen zu erkennen und offensiv zu widerlegen und bei rassistischen, sexistischen, antisemitischen oder anderen menschenfeindlichen Angriffen nicht nur deutlich Position zu beziehen, sondern, aus dem Handwerkskoffer der betrieblichen Demokratiekompetenz, auch die richtigen Werkzeuge zur Verhinderung solcher Vorfälle nutzen zu können.

Was aber genau sind denn nun diese Werkzeuge, von denen der Verfasser des Artikels hier schon mehrfach geschrieben hat?

Es gibt in unserem Programm bundesweite und regionale Projekte. Außerdem gibt es branchenübergreifende Projekte und solche, die sich auf bestimmte Branchen spezialisieren. Wenn Sie die Träger und deren Projekte in der Tiefe kennenlernen wollen, können Sie dies auf unserer Website www.betriebliche-demokratiekompetenz. de mittels einer interaktiven Karte und eines damit verbundenen Filters direkt nach Bundesland oder Branche. Probieren Sie es bei Gelegenheit einfach mal aus und vielleicht melden Sie sich in dem Zusammenhang auch direkt für unseren Newsletter an. Das geht auf der Website recht unkompliziert.

Die derzeitigen Formate, in denen Betriebliche Demokratiekompetenz gemeinsam entwickelt wird sind Workshops, individuelle Beratungen, Online-Trainings, Projekttage, Gedenkfahrten, Escape Rooms, Planspiele und Inputs auf Betriebsversammlungen. Außerdem ist es möglich, bedarfsgerechte Begleitungen und Beratungen über längere Zeiträume zu organisieren. Unsere Projekte sind auch in ihren jeweiligen Branchen oder Regionen mit weiteren Demokratieprojekten vernetzt. Dadurch besteht auch die Möglichkeit, je nach Zielsetzung, weitere kompetente Akteur*innen einzubinden.

*Diverse Formate*

Unsere gemeinsame Zielsetzung im Programm ist klar. Demokratiekompetenz entwickeln umfasst dabei Einstellungen und Werte, Wissensvermittlung und Förderung von kritischem Denken und das damit verbundene Erlernen von praktischen Handlungsfertigkeiten. Eine Mehrheit der deutschen Bevölkerung findet, dass sich Unternehmen nicht ausreichend für Werte wie Vielfalt und Respekt in der Gesellschaft einsetzen. Aus diesen Gründen und weil die Pandemie, wie bereits im Artikel erwähnt, den Strukturwandel ordentlich beschleunigt hat, gibt es einen deutlichen Handlungsbedarf, die Demokratiekompetenz in der Arbeitswelt zu stärken und damit Menschen in der Arbeitswelt zu befähigen ihre eigene Arbeitswelt selbstbewusst mitzugestalten und diese positiven Erfahrungen und Fertigkeiten auch außerhalb der Arbeitswelt im Interesse unserer Demokratie und im Sinne des Grundgesetzes einzusetzen.

Demokratie-
Kompetenz brauch
es auch in der
Arbeitswelt

Bei allen Veröffentlichungen zum Programm gibt es einen Standardsatz, den ich auch hier nicht vergessen und unterschlagen will und darf. Das Programm ist Teil des Maßnahmenkatalogs des Kabinettausschusses zur Bekämpfung von Rechtsextremismus und Rassismus, der im Dezember 2020 vom Bundeskabinett beschlossen wurde und unsere Haltung ist damit klar umrissen. Wir sind ein antirassistisches Demokratieprogramm.

Danke, dass Sie gemeinsam mit mir auf dem Flur des Krankenhauses waren und auch noch mit in die Kantine des Automobilzulieferers gegangen sind. Denken wir, mit Blick auf diese herausfordernden Zeiten, die uns nun auch in den nächsten Jahren vieles nicht einfacher machen werden, immer mal an Mihaela und Martin. Ich beende diesen Artikel mit einem Gedanken, der mich seit längerer Zeit nicht loslässt. Dieser Gedanke ist im Übrigen sehr positiv optimistisch. Wenn es Menschen gelingt, in der Arbeitswelt sich selbstbestimmt und überzeugt zu ermächtigen, demokratische Grundregeln einzufordern und durchzusetzen, was für positive und spannende Effekte könnte das dann für eine wachsame, demokratische Zivilgesellschaft haben? Der Gedanke macht mir jedes Mal aufs Neue Spaß und Mut. Ich hoffe Ihnen auch!

Christiane Benner, Jan Engelhardt

# Mehr Beteiligung in fordernden Zeiten

*Demokratische Beteiligungsinstrumente in Unternehmen sind relevant für lebendige demokratische Strukturen und der Akzeptanz von gesellschaftlicher wie wirtschaftlicher Transformation. Die Beteiligung von Beschäftigten kann die anstehenden wirtschaftlichen Veränderungen im Sinne der Beschäftigten gestalten und damit auch die demokratische Resilienz der Gesellschaft stärken. Die Digitalisierung ist ein weiterer Beschleuniger der Transformation und muss als Chance genutzt werden. Neu gestaltete Arbeit braucht eine innovative Mitbestimmung. In dem folgenden Artikel werden die Missstände der Mitarbeiterbeteiligung in Unternehmen dargestellt und Lösungsansätze diskutiert. Fest steht, eine gute Mitbestimmungspolitik trägt zur vielfältigen und demokratischen Kultur in Gewerkschaften, Betrieben und in unserer Gesellschaft bei.*

Unsere provokative These: Wir benötigen eine Runderneuerung der betrieblichen Mitbestimmung, um gute, sichere Arbeitsplätze zu garantieren und die demokratische Resilienz unserer Gesellschaft zu stärken.

Inflation, teure und knappe Energieversorgung, der russische Angriffskrieg auf die Ukraine, Schäden durch den Klimawandel, Materialmangel wegen unterbrochener Lieferketten – wir leben und arbeiten in einer Zeit multipler Krisen. Eine von Staatsminister Carsten Schneider im September 2022 vorgelegte empirische Befragung und weitere Befragungen belegen, wie sich die gesellschaftliche Stimmung deutlich verschlechtert (vgl. Der Beauftragte der Bundesregierung für Ostdeutschland 2022: 93). Die negative Entwicklung ist anschaulich zu erkennen, weil mit direkten Vergleichswerten zu 2020 gearbeitet wird. Debatten über Reformen oder Bürgerbeteiligung rücken unter dem außergewöhnlichen Druck der Alltagsbewältigung in den Hintergrund.

Das ist ein großes politisches Versäumnis. Beteiligung ist gerade in gesellschaftlich volatilen Phasen ein wirksames Instrument für eine lebendige Demokratie, die sich auch in schwierigen Zeiten als das stabilste System für ein friedliches Zusammenleben der Menschen erweist. Ihre Wirkung wird noch einmal deutlich gesteigert, wenn sie sich auch in der Arbeitswelt und Wirtschaft entfalten kann.

Beteiligung als Instrument in Krisenzeiten

Es ist absolut unverständlich, warum die vor einem Jahr mit einer großen Reformeuphorie angetretene Bundesregierung hier eine Wahrnehmungslücke hat. Es gilt, sie zu schließen. Trotz der erwähnten Krisen geht die fundamentale Transformation in den deutschen Betrieben und Unternehmen weiter – teilweise sogar beschleunigt und mit Rekordgewinnen. Es gibt also sehr gute Gründe, warum der Deutsche Gewerkschaftsbund und seine acht dort zusammengeschlossenen Einzelgewerkschaften ein weitreichendes Update der Mitbestimmung von Beschäftigten in Unternehmen und Betrieben fordern. Es könnte entscheidend dazu beitragen, die anstehenden wirtschaftlichen Veränderungen im Sinne der Beschäftigten zu gestalten, und damit auch die demokratische Resilienz der Gesellschaft deutlich stärken.

## Die Ausgangssituation: Der notwendige ökologisch-soziale Umbau unserer Industrie

Seit vielen Jahren thematisiert die IG Metall den Wandel innerhalb der deutschen Industrie und dessen Konsequenzen. In Anlehnung an den Wirtschaftssoziologen Karl Polanyi sprechen wir dabei von einer „Großen Transformation", um zu unterstreichen, wie sehr sich neben der Wirtschaft selbst auch staatliches Handeln und gesellschaftliches Leben grundlegend verändern muss (vgl. Polanyi 1977). Nach Einschätzung der IG Metall ist in dieser historischen Umbruchphase ein zielorientierter aktiver Staat (vgl. Mazzucato 2021) ebenso notwendig wie vorausschauende Planung in den Unternehmen und weitreichendere Mitbestimmung der Beschäftigten und ihrer Interessenvertretungen.

Um die festgelegten klimapolitischen Ziele zu erreichen, sind zusätzlich gewaltige Investitionen notwendig. So beziffern die Hans-Böckler-Stiftung und das Institut der deutschen Wirtschaft allein das notwendige staatliche Investitionsvolumen auf 450 Milliarden Euro in einem Zeitraum von zehn Jahren (vgl. Bardt et.al. 2019).

Im Juli 2021 hat die EU-Kommission das Gesetzespaket „Fit for 55" vorgelegt, um die $CO_2$-Emissionen in der EU bis 2030 um 55 Prozent gegenüber 1990 zu senken. Nach dem Urteil des Bundesverfassungsgerichts vom 24. März 2021 sind die Klimaziele für Deutschland im Juni 2021 noch weiter heraufgesetzt worden. Die Novelle des Klimaschutzgesetzes sieht vor, dass die $CO_2$-Emissionen bis 2030 um 65 Prozent sinken sollen; bis 2045 soll Deutschland klimaneutral sein. Seit Oktober 2022 steht fest, dass in der Europäischen Union ab dem Jahr 2035 nur noch klimaneutrale Neuwagen zugelassen werden. Diese Schritte sind dringend nötig, denn die Klimakrise wütet weltweit. Wälder brennen in Kalifornien und Australien, ebenso im Harz und im Berliner Grunewald. Pakistan wurde überschwemmt, aber auch Ahrweiler, Bad Neuenahr und viele andere Orte. Das ist neben der Inflationsbekämpfung ein zusätzlicher Grund für die Abkehr von fossilen Energien und den forcierten Ausbau erneuerbarer Energien. Der Angriff Russlands auf die Ukraine und dessen Folgen haben uns zusätzlich die viel zu starke Abhängigkeit Deutschlands von russischen Gas-, Öl- und Kohlelieferungen vor Augen geführt.

*Grundlegender Wandel steht bevor*

Zum ökologischen Wandel gehören weiterhin eine Verkehrswende und ein ökologischer Umbau des Mobilitätssektors. Das betrifft die IG Metall und viele Beschäftigte aus ihrem Organisationsbereich direkt. Viele der von der IG Metall vertretenen Beschäftigten entwickeln, fertigen, verkaufen, warten und reparieren die Autos, Bahnen, Flugzeuge und auch Fahrräder von morgen. Sie entwickeln und fertigen grüne Technologien wie Wärmepumpen, Solar- und Windanlagen, Kabel- und Stromnetze, Batterien und Halbleiter. In diesem Transformationsprozess verändert sich nicht allein die betriebliche Arbeitswelt oder die Zusammensetzung der Belegschaften. Noch gravierender wirkt der Auf- und Abstieg von Branchen und Unternehmen oder die Verlagerung von Standorten und Arbeitsplätzen.

## Die Herausforderung: Gute und sichere Arbeitsplätze im ökologischen Wandel

Die IG Metall steht zu den klimapolitischen Zielen des Pariser Klimaschutzabkommens. Sie ist aber gleichermaßen verantwortlich für gute und sichere Arbeitsplätze und die berufliche Zukunft ihrer Mitglieder. Deshalb orientieren wir engagiert darauf, dass klimapolitische Ziele nicht nur ausgerufen, sondern auch durch Investitionen fundiert werden. Um auf Kohle-, Gas- und Atomkraftwerke verzichten zu können, braucht es dezentrale Bioenergie, Wasserkraft, Geothermie, Speicher und Sektorkopplung. Wir brauchen ausreichend Ladesäulen für Elektroautos. Massive Investitionen in den öffentlichen Verkehr sind ebenso notwendig wie die Produktion und ein Transportnetz für grünen Wasserstoff, mit dem energieintensive Stahlwerke künftig betrieben werden sollen.

Dieser kleine Ausschnitt zeigt bereits, dass ein ökologischer Umbau unserer Gesellschaft auch große Potentiale für neue Beschäftigungsfelder bietet. So hat etwa das Institut für Arbeitsmarkt- und Berufsforschung berechnet, dass allein die Umsetzung der klima- und baupolitischen Ziele im Koalitionsvertrag der „Ampel" das Bruttoinlandsprodukt um mehr als ein Prozent erhöhen und rund 400 000 Arbeitsplätze schaffen wird (vgl. Zika et al. 2022). Somit würde der bei einem Ende des Verbrennungsmotors prognostizierte Arbeitsplatzabbau im Automobilsektor (vgl. Bauer et al. 2018) mehr als aufgewogen durch hochwertige Beschäftigung in einem modernen Verkehrswesen, in Organisation, in Steuerung, in IT und Infrastruktur.

*Wandel schafft Arbeitsplätze, aber auch Herausforderungen*

Diese Prognose stimmt hoffnungsvoll. Dafür müssen allerdings zum einen die angesprochenen Beschlüsse aus dem Koalitionsvertrag zügig umgesetzt werden. Zum Zweiten sagen globale Summen wenig über konkrete Realitäten aus. Was nützt es Beschäftigten, die bei Automobilzulieferern in Bamberg, Lüdenscheid oder Brandenburg/Havel arbeiten, wenn in Frankfurt, Berlin oder München IT-Spezialist*innen gesucht werden? Hinzu kommt: EU-Subventionen erhalten nur Regionen, in denen wirtschaftliche Strukturen bereits weggebrochen sind - doch nicht diejenigen, denen ohne Unterstützung ein solches Schicksal droht. Diese Fragen betreffen hunderttausende Beschäftigte und ihre Familien. Standorte und Arbeitsplätze gehen verloren, Beschäftigte müssen sich in neue Branchen orientieren – oft zunächst ohne etablierte Beteiligungsformen wie Betriebsräten, Gewerkschaften und Tarifverträgen. Es muss deshalb die gemeinsame Aufgabe von Gewerkschaften, Arbeitgebern und Politik sein, die Transformation mit einer gezielten Industrie- und Strukturpolitik zu gestalten.

## Der Veränderungs-Turbo: Die Digitalisierung schafft mehr Beschäftigtenbeteiligung

Rein zahlenmäßig wird für die Beschäftigten in Deutschland durch die Digitalisierung kein Stellenabbau prognostiziert (vgl. Matthes et al. 2019). Das hebt sich erfreulich von den Dystopien ab, die vor einigen Jahren einen raschen Abbau der Beschäftigten vorhersagten (vgl. Frey/Osborne 2015). Allerdings ist der Strukturwandel enorm. Während der prognostizierte Personalabbau bei Geringqualifizierten niedrig ausfällt, sind über 700.000 Stellen mit mittlerer Qualifikation gefährdet (vgl. Wolter et al. 2016, S. 45f.) Im Gegenzug sollen in etwa gleichem Umfang Stellen mit hoher und höherer Qualifikation aufgebaut werden. Die Antwort heißt deshalb: Qualifizierung für alle! Die demografische Entwicklung verschärft die Lage auf dem Arbeitsmarkt zusätzlich (vgl. Bundesagentur für Arbeit 2020). So halten der ehemalige Chef der Bundesagentur für Arbeit, Detlef Scheele und andere Expert*innen eine jährliche Netto-Zuwanderung von 400.000 Arbeitskräften aus dem Ausland für notwendig, um den Arbeitskräftebedarf zu decken (vgl. Scheele 2021). Jede mögliche Mobilisierung des internen Arbeitsmarkts ist in einer solchen Situation hilfreich.

*Digitalisierung und Demografie als Treiber*

Die fortschreitende Digitalisierung hat zusätzlich eine qualitative Dimension. Entscheidend für den Erfolg digitaler Projekte ist die Möglichkeit zur Innovation. Unter anderem deshalb ist 2001 das „Agile Manifest" von 17 Softwareentwicklern formuliert worden: „Wir erschließen bessere Wege, Software zu entwickeln...Durch diese Tätigkeit haben wir diese Werte schätzen gelernt: Individuen und Interaktionen mehr als Prozesse und Werkzeuge, Funktionierende Software mehr als umfassende Dokumentation, Zusammenarbeit mit dem Kunden mehr als Vertragsverhandlung, Reagieren auf Veränderung mehr als das Befolgen eines Plans" (Agile Manifesto 2001). Es ist ein Beleg dafür, welches Potential die Ideen von Beschäftigten haben können. Die Arbeitswelt ist dadurch stark verändert worden. Insbesondere im Software-Bereich wird inzwischen vielfach in agilen Teams gearbeitet. Diese und andere Arbeitsmethoden sollen zu mehr Freiheit, mehr Kreativität und auch mehr Selbstbestimmung führen. Diese Oberbegriffe haben eine große Übereinstimmung mit gewerkschaftspolitischen Zielen wie Vereinbarkeit, Kooperation, humanitäre Werte, Freiräume, Gestaltungsmöglichkeiten und Demokratie.

Solche wohlklingenden Leitbegriffe gilt es konkret umzusetzen. Es nützt nichts, wenn Unternehmen mit einer „agilen Innovationskultur" werben, während mit viel zu wenig Personal, unter einem viel zu hohen Zeitdruck und innerhalb einer Bürokratiekultur gearbeitet wird, die eher an das 19. als an das 21. Jahrhundert erinnert. Diese Beschäftigten sind - frei nach dem gleichnamigen Buch von Benedict Nash - „Lost in the Matrix". Erfreulicherweise ist es auch hier engagierten Betriebsrät*innen gelungen, den Anspruch mit der betrieblichen Wirklichkeit in Einklang zu bringen. Bemerkenswert ist etwa eine Konzernvereinbarung bei Bosch zu „Smart Work". In dieser sind neben einer gemeinsam von Beschäftigten und Führungskräften getragenen progressiven Arbeitsphilosophie ganz konkrete Leitlinien zu mobiler Arbeit, Zusammenarbeit und Führung, Transparenz und sogar Innovationslaboren formuliert.

Agile Arbeit als
Chance und Risiko

Solche Betriebsvereinbarungen sind flächendeckend sinnvoll, und dafür brauchen wir einen passenden rechtlichen Rahmen.

## Die Philosophie: Die demokratische Tradition der betrieblichen Mitbestimmung

39 Prozent der Beschäftigten in Westdeutschland und 34 Prozent der Beschäftigten in Ostdeutschland arbeiteten in einem Betrieb mit Betriebsrat (vgl. Ellguth /Kohaut 2022). Die rechtliche Arbeitsgrundlage für Betriebsrät*innen ist das Betriebsverfassungsgesetz (BetrVG). Es stammt aus dem Jahr 1952 und ist 1972 letztmalig grundlegend reformiert worden; bis auf kleinere Erweiterungen in 2001 hat das Gesetz noch heute in dieser Fassung Gültigkeit. Zusammen mit dem 1976 verabschiedeten Mitbestimmungsgesetz, das die Vertretung der Beschäftigten in den Aufsichtsräten regelt, sowie mit starken Tarifverträgen bildet es zentrale Säulen des „Modells Deutschland". Die Reform bzw. Verabschiedung der beiden Gesetze ist damals von einer großen öffentlichen Debatte über verfasste demokratische Bürgerbeteiligung auch hinter dem Betriebstor begleitet worden.

*Betriebsräte als Traditionsquelle für Beteiligung*

Die damalige Zeit war stark von dem Motto „Mehr Demokratie wagen" geprägt, das Willy Brandt 1969 in seiner Regierungserklärung formuliert hatte. Überall dort, wo über ihr Leben bestimmt wird, sollten deshalb auch Beschäftigte eine Stimme haben und mitentscheiden können. Sie werden in ihrer ganzen Persönlichkeit anerkannt und sollen nicht nur funktionieren wie in Charlie Chaplins Film „Modern Times". Sehr pointiert hat das beteiligungsorientierte Verständnis in dieser Zeit der damalige FDP-Fraktionsvorsitzende im Bundestag, Wolfgang Mischnik,1976 bei der Debatte über das Mitbestimmungsgesetz formuliert: „Der gleiche Staatsbürger, der Gesetzgebungsorgane wählt, auf die Bildung seiner Regierung Einfluss nehmen kann, darf als Wirtschaftsbürger nicht wieder zum Untertan degradiert werden."

Die konkreten Verbesserungen beim Betriebsverfassungsgesetz 1972 waren enorm: Beschlossen wurden verbesserte Zugangsrechte für Gewerkschaften in die Betriebe, stärkere Rechte für die Betriebsrät*innen oder erweiterte Mitbestimmungsrechte in sozialen, personellen und wirtschaftlichen Angelegenheiten. Hinzu kamen ein besonderer Kündigungsschutz und verstärkte Fortbildungsmöglichkeiten. Die Altersgrenze für die Wählbarkeit wurde von 21 auf 18 Jahre herabgesetzt, besonders zukunftsweisend erhielten auch Beschäftigte ohne deutschen Pass das passive Wahlrecht. Laut einer Untersuchung der IG Metall nehmen Beschäftigte mit Migrationshintergrund inzwischen anteilig genauso häufig Mandate wahr wie deutsche Kolleg*innen (vgl. Benner/Ghirmazion 2017). Ein weiteres gelungenes Beispiel für Demokratie – und für Integration.

## Der Werkzeugkasten: Das Betriebsverfassungsgesetz ist veraltet

So erfreulich wie grundlegend die Novellierung des Betriebsverfassungsgesetzes 1972 war, so fahrlässig ist es, dass es bis auf kleine Anpassungen von 2001 seit über 50 Jahren keine umfassende gesetzliche Reform des Betriebsverfassungsgesetzes gab. Während die technischen, ökologischen und auch arbeitsorganisatorischen Veränderungen rasant voranschreiten, passiert bei den dazugehörigen gesetzlichen Grundlagen sehr wenig. Die minimalen Verbesserungen durch das 2021 beschlossene Betriebsrätemodernisierungsgesetz ändern an dieser kritischen Einschätzung nichts. Beamen wir uns deshalb zurück ins Jahr 1972, in dem die wesentliche Grundlage der aktuellen Betriebsverfassung beschlossen wurden. Damals waren leistungsstarke Computer so groß wie ein Einfamilienhaus. Es gab kein Internet. Zu Globalisierung hieß es: „Ja, aber nicht bei uns". Seitdem hat sich die Welt fundamental geändert. Heute sind Betriebsrät*innen bei der Gestaltung des umfassenden ökologischen Umbaus ihrer global agierenden Unternehmen, agiler Arbeit, Künstlicher Intelligenz, Industrie 4.0 oder Home-Office gefragt, haben dafür aber nur unzureichende Mitbestimmungsrechte.

*Mitbestimmung braucht ein Update*

Das Nicht-Handeln bei der Mitbestimmung passt auch nicht zu dem ambitionierten Titel „Mehr Fortschritt wagen!", unter den die Ampel-Koalition aus SPD, Grünen und der FDP ihren Koalitionsvertrag gestellt hat. Zugegeben, die aktuellen Herausforderungen verlangsamen sicher einige Vorhaben, aber ausschließliches Durchwursteln ist keine Option. An anderer Stelle schlägt die Koalition ja die richtige Richtung ein: Es wurde höchste Zeit, dass die lange unterschätzte Bedeutung der Industrie in Politik und Öffentlichkeit wieder wahrgenommen wird. Wertschöpfung kommt nicht aus dem Geldautomaten, sondern sie wird mittels Hand- und Kopfarbeit durch abhängig Beschäftigte geschaffen. Doch diese Wertschöpfung wird im Postkarbon- und Digitalisierungszeitalter grundlegend anders generiert als bisher.

Die neue Bundesregierung will die sozial-ökologische Transformation erfreulich beherzt anpacken. Die Maßnahmen im Koalitionsvertrag reichen von einer Million Ladepunkten für E-Autos über Fördermittel für klimaneutrale Autoproduktion und „grünen" Stahl bis hin zur gezielten Neuansiedlung wichtiger Zukunftsfelder wie die Halbleiterindustrie, Batteriezellproduktion, Batterierecycling oder Wasserstoffwirtschaft. Grundsätzlich ist sich die Regierung im Klaren darüber, dass der gewaltige Umbau nur gemeinsam mit den betroffenen Beschäftigten stattfinden kann. So heißt es wörtlich im Koalitionsvertrag: „Die sozial-ökologische Transformation und die Digitalisierung kann nur mit den Arbeitnehmerinnen und Arbeitnehmern wirksam gestaltet werden" (SPD, Bündnis 90/Die Grünen/FDP 2021, S. 71). Konkret soll die Behinderung von Betriebsratswahlen als Offizialdelikt eingestuft werden. Außerdem wird ein zeitgemäßes digitales Zugangsrecht für Gewerkschaften angekündigt. Diese Änderungsvorschläge allein sind allerdings viel zu schwach und unzureichend.

*Transformation als Beteiligungsprojekt*

## Die Lösung: Das Betriebsverfassungsgesetz zeitgemäß erneuern

Der Deutsche Gewerkschaftsbund und die in ihm zusammengeschlossenen Einzelgewerkschaften streben eine grundlegende Modernisierung des Betriebsverfassungsgesetzes an. Dafür haben die

DGB-Gewerkschaften, die Hans-Böckler-Stiftung sowie renommierte Arbeitsrechtler*innen im April 2022 einen eigenen, vollständig ausformulierten Gesetzentwurf für ein zeitgemäßes Betriebsverfassungsgesetz vorgelegt (vgl. Klebe et.al. 2022). Der wesentliche Kernpunkt ist: Beschäftigte und ihre Interessenvertretungen müssen in Zeiten der digitalen Transformation und des ökologischen Umbaus die strategische Ausrichtung der Betriebe und Unternehmen mitgestalten können.

Eine große Befragung der IG Metall unter mehr als 250 000 Beschäftigten in über 6700 Betrieben hat uns alarmiert. Rund die Hälfte der Befragten gab dort an, ihr Betrieb habe keine Strategie für die Transformation (vgl. IG Metall 2020). Wir brauchen daher erweiterte Rechte, die der Beschäftigungssicherung dienen. Es reicht nicht, wenn Arbeitgeber beim großen Wandel nur zuschauen und ihnen als Reaktion nur Stellenabbau, Verlagerung und Outsourcing einfallen. Vorausschauendes und mitbestimmtes Monitoring ist das Gebot der Stunde. Auf die hohe Kompetenz der Belegschaften darf nicht verzichtet werden. Die Praxis sieht leider oft anders aus. Viele Betriebsrät*innen haben Alternativkonzepte entwickelt. Die können nach geltender Rechtslage von Arbeitgebern einfach abgelehnt werden, das geschieht auch häufig.

Kompetenz der Belegschaften als Erfolgsfaktor

Die zentralen Forderungen der DGB-Gewerkschaften sind deshalb

- Verankerung eines erzwingbaren Interessenausgleichs nach § 112 im Betriebsverfassungsgesetz;

- Aufnahme des Rechts für den Betriebsrat, über Maßnahmen zum Umwelt- und Klimaschutz mitzubestimmen in § 87 des Betriebsverfassungsgesetzes;

- ein echtes Mitbestimmungsrecht bei der Personalplanung, Personalbemessung und Qualifizierung.

Darüber hinaus brauchen wir ein digitales gewerkschaftliches Zugangsrecht zu den Betrieben. Seit der Reform des Betriebsverfassungsgesetzes 1972 können Gewerkschaftsvertreter*innen in die Betriebe. Im digitalen Zeitalter ist dies gleichbedeutend mit digitalen Zutrittsrechten für Gewerkschaften. Der gesetzlich festgelegte Zugang der Gewerkschaften darf sich nicht auf einen versteckten Link zur Homepage beschränken. Ein echter digitaler Zugang ist nach unserem Verständnis mit dem Recht verbunden, unsere Positionen im Intranet der Betriebe und Unternehmen darstellen zu können. Wir wollen auf „Digitalen schwarzen Brettern" präsent sein. Vertrauensleute und Betriebsrät*innen müssen eigenständig auf den digitalen Plattformen der Unternehmen und Betriebe über gewerkschaftliche Themen informieren können. Sie sollen außerdem über technische Systeme wie Microsoft Teams zu Veranstaltungen einladen und auch eigene Gruppen bilden können.

## Die Herausforderung: Vielfältige Beteiligung bei vielfältigen Zukunftsfragen

Unser Entwurf sieht weiterhin vor, dass § 3 BetrVG ausgeweitet wird. Arbeitgeber gestalten durch Digitalisierung ihre Organisationsstrukturen und Kooperationen zunehmend flexibler. Die Weiterung des § 3 soll auch ermöglichen, passgenaue Lösungen für eine Interessenvertretung per Tarifvertrag oder Betriebsvereinbarung zu finden. New Work braucht New Mitbestimmung! Auch hier erwarten wir Möglichkeiten für angemessene Interessenvertretungsstrukturen, auch für länderübergreifende Zusammenarbeit. Wir brauchen mehr Mitbestimmung beim Einsatz von Künstlicher Intelligenz. Und zwar nicht nur bei der Einführung, sondern laufend. Betriebsrät*innen müssen auch das Recht haben, externe Expert*innen heranzuziehen, ohne dass das Unternehmen ihnen dabei Steine in den Weg legt. Wenn Künstliche Intelligenz bei der Personalauswahl vorschlägt, dass das Personal weiterhin so zusammengesetzt ist, wie es ist, und Unternehmen nicht weiblicher und diverser werden, dann ist das nicht KI, sondern KD - Künstliche Dummheit.

New Work braucht New Mitbestimmung

Ein weiterer wesentlicher Punkt ist, dass die Handlungsbedingungen für Betriebsratsarbeit verbessert werden müssen. Dazu gehört, dass Betriebsratswahlen weiter erleichtert werden. Wir wollen die

Schwelle für die Freistellung von Betriebsrät*innen von 200 auf 100 Beschäftigte senken. Und wir wollen, dass endlich die Vergütung von freigestellten Betriebsrät*innen angemessen geregelt wird. Die bestehenden gesetzlichen Regeln sind unzureichend. Einmal Facharbeiter*in, immer Facharbeiter*in – egal welche Qualifikation man in Jahren und Jahrzehnten als Betriebsrat erworben hat. Gerade bei den zurückliegenden Betriebsratswahlen 2022 haben viele gut geeignete Beschäftigte nicht für den Betriebsrat kandidiert, weil sie große berufliche Nachteile oder mindestens Stillstand befürchten. Bei der Bemessung des Arbeitsentgelts für Betriebsrät*innen müssen die erworbenen Qualifikationen und Erfahrungen berücksichtigt werden, genau wie auch die auf Dauer wahrgenommenen Aufgaben.

Unabdingbar ist auch ein verbesserter Kündigungsschutz für die Initiator*innen von Betriebsratswahlen und für diejenigen, die zu einer Wahlversammlung einladen. Das ist für die Menschen existenziell, die massiv an der Ausübung ihrer demokratischen Rechte – in Deutschland! – gehindert werden. „Union Busting" – so wird die von Betrieben oder Unternehmen initiierte Zerstörung von Gewerkschaften und Betriebsräten genannt – hat in den letzten Jahren wieder deutlich zugenommen. Was teilweise gegen Initiator*innen von Betriebsratswahlen aufgefahren wird, ist oft kriminell. Das reicht von gezieltem Mobbing mit beabsichtigten psychischen Folgen bis hin zur Kündigung aus fadenscheinigen Gründen. Jede sechste Betriebsratsgründung wird behindert (vgl. Behrens/Dribbusch 2014). Mit Maßregelung und Kündigung die Wahrnehmung demokratischer Rechte zu beantworten – das muss Arbeitgebern in Zukunft unmöglich gemacht werden. Es ist einer demokratischen Gesellschaft im 21. Jahrhundert schlicht unwürdig.

<aside>Demokratisches Engagement als Risiko</aside>

## Der Effekt: Mehr betriebliche Mitbestimmung führt zu stärkerer Demokratie

Welche positive Wirkung die betriebliche Mitbestimmung im Umkehrschluss auf unser gesamtes demokratisches System hat, lässt sich 45 Jahre nach Wolfgang Mischnicks Rede empirisch belegen. Demokratie im Betrieb leistet auch einen Beitrag dazu, die Demokratie in der Gesellschaft zu stabilisieren. Das belegt die sogenannte „Leipziger Autoritarismus-Studie" aus dem Jahr 2020. Mit dem Konzept „Industrial Citizenship" (IC) untersuchten die Autoren, wie Beteiligung, Solidarität und Anerkennung im Betrieb erlebt werden (Kiess/Schmidt 2020: 119ff.). Ihre zentrale These ist: „Wer in zentralen Lebensbereichen die Möglichkeit hat, Demokratie konkret zu erfahren, der wird ein demokratisches Bewusstsein entwickeln." Dabei haben die Forscher*innen nachgewiesen: Wer Demokratie im Betrieb konkret erfährt, neigt weniger zu rechtsextremen Einstellungen und lehnt anti-muslimisches, frauen- und migrantenfeindliches Gedankengut eher ab (vgl. ebenda).

Um die demokratischen Positionen zu stabilisieren, fordern die Autoren von Betriebsrät*innen und ihren Gewerkschaften eine „beteiligungs-, konflikt- und mobilisierungsorientierte" Mitbestimmungspolitik. Zu ähnlichen Ergebnissen kommt auch eine Studie der Hans-Böckler-Stiftung. Wer eine sichere Beschäftigung mit gutem Einkommen hat, Wertschätzung im Beruf erfährt und die Möglichkeit sieht, die eigene Arbeit mitzugestalten, neigt deutlich seltener zu antidemokratischen Ansichten. Mitbestimmung mache „einen Unterschied für die Arbeitsbedingungen: Erwerbstätige mit betrieblicher Interessenvertretung oder solche, deren Arbeitsbedingungen durch einen Tarifvertrag geregelt sind, berichten von besseren Arbeitsbedingungen als diejenigen, für die das nicht gilt" (Hövermann/Kohlrausch/Voss, 2021: 6).

beteiligungs-
orientierte
Mitbestimmung

Dazu könnte auch eine weitere Forderung der DGB-Gewerkschaften beitragen, für Beschäftigte eine so genannte „Demokratiezeit" einzuführen. Das ist einerseits notwendig für einen Austausch in den Betrieben zu den eigenen Arbeitsbedingungen. Sie soll aber auch den Diskurs über Themen fördern, die sich unmittelbar auf die Arbeit im Betrieb auswirken. Mit einem neuen § 81 Abs. 5 Betriebsverfassungsgesetz schlagen der DGB und die Einzelgewerkschaften vor, dass die Beschäftigten mindestens eine Stunde pro Woche von der Arbeit freizustellen sind, um ihre Beteiligungsrechte in den sie betreffenden Angelegenheiten im Betrieb wahrnehmen zu können. Dies ist keine völlig neue Idee. Sie ist insbesondere in Vereinbarungen zur Gruppenarbeit öfter zu finden, um die Selbstregulierung der Arbeitsgruppe zu ermöglichen.

Demokratiezeit

Ebenso wichtig wie die „Demokratiezeit" ist es, unsere eigene gewerkschaftliche Arbeit in den Betrieben weiterzuentwickeln. Die IG Metall hat in den letzten Jahren ihr bewährtes repräsentatives System durch immer mehr direktdemokratische Elemente erweitert. In unseren Tarifrunden entscheiden nach wie vor die gewählten Tarifkommissionen. Deren Entscheidungen werden aber durch die großen direkten Mitgliederbefragungen ergänzt, an denen sich je nach Anlage zwischen 250.000 bis in der Spitze 750.000 Beschäftigte beteiligen. In immer mehr Gewerkschaftsveranstaltungen gibt es die Möglichkeit, per digitaler App Feedback zu geben, gerne auch kritisch. Die Betriebsvereinbarungen zu „mobiler Arbeit", die während der Corona-Pandemie 2020 und 2021 sprunghaft angestiegen sind, haben wir in unserer Aktion „Home-Office muss fair" mit einem digitalen Fragebogen begleitet.

## Das Beispiel: Erfolgreiche Betriebsratswahlen 2022 dank direkter Demokratie

Auch die IG Metall selbst hat in diesem Jahr vom Einsatz vielfältiger Beteiligungselemente sehr profitiert, nämlich bei ihrer Kampagne für die Betriebsratswahlen 2022. Das bundesweite Motto „Team IG Metall" ist nicht von einer Agentur entwickelt worden, sondern von IG Metall-Vertrauensleuten bei BMW in München (Vertrauensleute sind die Aktiven der IG Metall in den Betrieben. Sie werden von den IG Metall-Mitgliedern direkt in den jeweiligen Abteilungen oder Arbeitsbereichen gewählt). Gemeinsam mit ihnen entstand ein Entwurf für die Kampagne, der in den Betrieben großen Anklang fand. Unsere Kolleg*innen haben außerdem Rahmenmaterial entwickelt, das von jeder und jedem eigenständig verändert werden kann. So konnte beispielsweise mit einem digitalen Plakatgenerator ohne großen technischen Aufwand in weniger als einer Minute ein individuell gestaltbares Plakat entwickelt werden. Die kreative Schwarmintelligenz, die durch solche beteiligungsorientierten Maßnahmen ausgelöst wird, ist ungleich höher als jede top down entwickelte Aktionsplanung.

Aktuell (Eigene Zählung IG Metall, Stand: November 2022) haben wir seit Anfang 2022 circa 8.307 neu gewählte Betriebsratsgremien allein im Organisationsbereich der IG Metall gezählt. Die Wahlbeteiligung ist etwas zurückgegangen, von 66 auf rund 61 Prozent. Das ist unter den erschwerten Bedingungen nicht verwunderlich, der Wahlzeitraum lag während der Corona-Welle im Frühjahr, viele Betriebe waren deshalb leer, die Beschäftigten im Home-Office oder in Kurzarbeit. Der Anteil von IG Metall-Mitgliedern bei den Betriebsrät*innen ist gestiegen, von 71,1 auf 71,7 Prozent. Jedes sechste Betriebsratsmitglied ist jünger als 35, der Frauenanteil ist auf 24,5 Prozent geklettert. Das ist mehr als der Anteil der Frauen in den Betrieben (20,8 Prozent). In 760 Betrieben ist zum ersten Mal ein Betriebsrat gewählt worden.

Besonders erfreulich ist, dass kaum extreme Rechte in die Betriebsratsgremien eingezogen sind. Das ist einerseits verhindert worden, indem gewerkschaftliche Betriebsratskandidat*innen die Belegschaften beteiligt haben. Sie haben die Beschäftigten beispielsweise über ihre Wahlprogramme mitentscheiden lassen. Ganz im Sinn des Slogans „Team IG Metall" wurde inhaltlich die Kraft gewerkschaftlicher Solidarität in den Mittelpunkt gestellt. Gleichzeitig haben wir in Abgrenzung zu den homogen autoritär auftretenden Rechtsradikalen unsere eigene Diversität unterstrichen.

*Klare Abgrenzung zu antidemokratischen Kräften*

## Die Zukunft: Sie liegt in unseren Händen

Diese vielfältige, demokratische Kultur wollen wir in unserer Gewerkschaft, in den Betrieben und in unserer Gesellschaft weiterentwickeln. Die gewählten Betriebsrät*innen haben in der Großen Transformation eine sehr wichtige Funktion und eine große Verantwortung. Sie brauchen für ihre Arbeit eine zeitgemäße Rechtsgrundlage. Die IG Metall und die anderen DGB-Gewerkschaften werden sich deshalb weiter beharrlich für eine grundlegende Reform des Betriebsverfassungsgesetzes engagieren. Damit weiter gute Argumente für diese Debatte entwickelt werden, wird der Diskurs seit kurzem unter der Webadresse aur-blog.eu durch einen von der Zeitschrift „Arbeit und Recht" verantworteten Blog begleitet. Hier gilt ebenfalls: Bessere Ergebnisse durch Beteiligung!

## Literatur

Agile Manifesto (2001): Manifesto for Agile Software Development, https://agilemanifesto. org/ (Zuletzt aufgerufen am 23.01.2023).

Bardt, Hubertus/Dullien, Sebastian/Hüther Michael/Rietzler Katja (2019): Für eine solide Finanzpolitik: Investitionen ermöglichen!, in: IMK-Report 152.

Bauer, Wilhelm/Riedel, Oliver/Herrmann, Florian/Borrmann, Daniel/Sachs, Carolina (2018): ELAB 2.0. Wirkungen der Fahrzeugelektrifizierung auf die Beschäftigung am Standort Deutschland.

Behrens, Martin/Dribbusch, Heiner (2014): Arbeitgebermaßnahmen gegen Betriebsräte: Angriffe auf die betriebliche Mitbestimmung, in: WSI-Mitteilungen 2/2014, S. 140-148.

Benner, Christiane/Ghirmazion, Fessum (2017): Mitglieder mit Migrationshintergrund in der IG Metall – Gewerkschaften und Arbeitswelt als Wegbereiter für Integration, in: WSI-Mitteilungen 4/2017, S. 296-300.

Bundesagentur für Arbeit (2020): Statistik/Arbeitsmarktberichterstattung, Berichte: Blickpunkt Arbeitsmarkt – Auswirkungen des demografischen Wandels auf den Arbeitsmarkt, Nürnberg, März 2020.

Der Beauftragte der Bundesregierung für Ostdeutschland (Hrsg.) (2022): Ostdeutschland. Ein neuer Blick, Bericht 2022, Berlin, September 2022.

Ellguth, Peter/Kohaut, Susanne (2019): Tarifbindung und betriebliche Interessenvertretung: Ergebnisse aus dem IAB-Betriebspanel 2021, in: WSI-Mitteilungen 4/2022, S. 328.

Frey, Carl Benedikt/Osborne, Michael (2015): Technology at work: the future of innovation and employment.

Höpner, Martin (2005): Besichtigung einer Reformbaustelle, Magazin Mitbestimmung 7/2005, S. 20-24.

Hövermann, Andreas/Kohlrausch, Bettina/Voss, Dorothea: Anti-demokratische Einstellungen. Der Einfluss von Arbeit, Digitalisierung und Klimawandel, Policy Brief der HBS-Forschungsförderung Nr. 7, September 2021.

IG Metall (2020): Beschäftigtenbefragung 2020: Das sind die Ergebnisse, https://www. igmetall.de/im-betrieb/beschaeftigtenbefragung-2020 (Zuletzt aufgerufen am 23.01.2023).

Kiess, Johannes/Schmidt, Andre (2020): Beteiligung, Solidarität und Anerkennung in der Arbeitswelt: industrial citizenship zur Stärkung der Demokratie, in: Decker, Oliver/ Brähler, Elmar (Hg.) (2020): Autoritäre Dynamiken. Neue Radikalität – alte Ressentiments, Leipziger Autoritarismus Studie 2020, Gießen: Psychosozial-Verlag, S. 119-147.

Klebe, Thomas (Leitung)/Allgaier, Antonius/Bolte, Michael/Buschmann, Rudolf/Däubler, Wolfgang/Deinert, Olaf/zu Dohna, Verena/Eder, Isabel/Heilmann, Micha/Jerchel, Kerstin/ Klapp, Micha/Wenckebach, Johanna (2022): Betriebliche Mitbestimmung für das 21.

Jahrhundert, Gesetzentwurf für ein modernes Betriebsverfassungsgesetz, in: Arbeit und Recht, Sonderausgabe, April 2022.

Matthes, Britta/Dauth, Wolfgang/Dengler, Katharina/Gartner, Hermann/Zika, Gerd (2019): Digitalisierung der Arbeitswelt: Bisherige Veränderungen und Folgen für Arbeitsmarkt, Ausbildung und Qualifizierung, IAB-Stellungnahme 11/2019.

Mazzucato, Mariana (2021): Mission. Auf dem Weg zu einer neuen Wirtschaft, Frankfurt a.M./New York: Campus-Verlag.

Polanyi, Karl (1977): The Great Transformation. Politische und ökonomische Ursprünge von Gesellschaften und Wirtschaftssystemen, Übersetzt von Heinrich Jelinek, Wien: Europaverlag.

Scheele Detlef (2021): Wir brauchen 400 000 Zuwanderer pro Jahr, Interview in der Süddeutschen Zeitung vom 24.08.2021, https://www.sueddeutsche.de/wirtschaft/zuwanderung-arbeitsmarkt-coronakrise-afd-1.5390143?reduced=true (Zuletzt aufgerufen am 23.01.2023).

SPD, Bündnis 90/Die Grünen/FDP (2021): Mehr Fortschritt wagen. Bündnis für Freiheit, Gerechtigkeit und Nachhaltigkeit, Koalitionsvertrag 2021 – 2025 zwischen der Sozialdemokratischen Partei Deutschlands (SPD).

Wolter, Marc Ingo/Mönnig, Anke/Hummel, Markus/Weber, Enzo/Zika, Gerd/Helmrich, Robert/Maier, Tobias/Neuber-Pohl, Caroline (2016): Wirtschaft 4.0 und die Folgen für Arbeitsmarkt und Ökonomie Szenario-Rechnungen im Rahmen der BIBB-IAB-Qualifikations- und Berufsfeldprojektion, IAB-Forschungsbericht 13/2016.

Zika, Gerd/Maier, Tobias/Mönnig, Anke/Schneemann, Christian/Steeg, Stefanie/Weber, Enzo/Wolter Marc Ingo/Krinitz, Jonas (2022): Die Folgen der neuen Klima- und Wohnungsbaupolitik des Koalitionsvertrags für Wirtschaft und Arbeitsmarkt, IAB-Forschungsbericht 3/2022.

Dr. Andreas Zeuch

# Partizipative Nachhaltigkeitsentwicklung – Wie wir Nachhaltigkeit und Demokratie zugleich entwickeln können

*Trotz immens steigenden Wissens über die Klimakrise ändert sich bislang viel zu wenig bei zwei wichtigen zivilgesellschaftlichen Akteuren: Organisationen und Bürger\*innen. In diesem Beitrag wird ein Ansatz vorgestellt, mit dem es gelingen könnte, beide Gruppen gleichermaßen für eine gelingende Transformation zu einer nachhaltigen Gesellschaft zu bewegen.*

Klimakrise konkret

Seit der ersten Veröffentlichung der Grenzen des Wachstums 1972 ist ein halbes Jahrhundert vergangen. Wir hatten fünf Jahrzehnte Zeit, um die zunehmende Erderwärmung und die damit verbundene steigende Klimakrise zumindest einzugrenzen. Passiert ist bis heute viel zu wenig, wie Klimaforscher Professor Mojib Latif klarstellt: „Die $CO_2$-Konzentration der Atmosphäre beträgt jetzt rund 421 ppm („parts per million"). Damit ist sie bereits 50 Prozent höher als vor der Industrialisierung und höher denn je in den letzten drei Millionen Jahren. Trotzdem ist die Menschheit von der $CO_2$–Wende noch weit entfernt" (Evers 2022). Am 08. März 2022 meldete die Tagesschau, dass laut der Internationalen Energieagentur (IEA) 2021 noch nie so viele energiebedingte $CO_2$–Äquivalente ausgestoßen wurden wie zuvor.

Darüber hinaus gibt es noch eine Vielzahl anderer Probleme, die sich weiter verschärfen: Artensterben, Vermüllung inklusive Plastikmüll im Meer, Bodendegradation (also die Verschlechterung der ökosystemischen Dienstleistungen des Bodens, die bis zum vollständigen Verlust gehen kann), Wasserstress, Luftverschmutzung und die Überfischung der Meere. Dafür sind freilich nicht nur unsere Organisationen, also Unternehmen, NGOs und öffentliche

Einrichtungen verantwortlich, sondern auch wir Konsument*innen. Wir können längst mit Fug und Recht von einer nachhaltigen Nicht-Nachhaltigkeit sprechen (Blühdorn 2013, 2021). Insofern stellt sich die zentrale Frage, wie genau die dringend angezeigte Entwicklung einer ausreichend umfassenden Entwicklung der Nachhaltigkeit durch Organisationen und uns Bürger*innen geleistet werden könnte.

## Aus Umweltbewusstsein folgt nicht automatisch nachhaltiges Verhalten

Die Mehrheit von uns weiß um diese ökologischen Schwierigkeiten. Laut Umweltbundesamt (2022) ist für immerhin rund 65 Prozent der Bürger*innen Umwelt- und Klimaschutz sehr bedeutsam. Die Unternehmensberatung CapGemini kommt in einer eigenen Studie sogar auf 79 Prozent Absichtsbekundung (Jacobs et al. 2020) Es ist aber längst klar, dass daraus kein umweltbewusstes, nachhaltiges Verhalten folgt. 2021 „erreicht … [der SUV-Anteil einen] neuen Rekordwert" (Brandt 2022), von 2018 auf 2019 stieg an den 24 größten deutschen Flughäfen die Anzahl der Fluggäste um 1,5 Prozent auf den bislang höchsten Wert (Statistisches Bundesamt) und vermutlich hat nur Corona ein weiteres Wachstum ausgebremst; 2020 kauften Deutsche im Durchschnitt 60 Kleidungsstücke pro Jahr, wovon 40 Prozent selten oder nie getragen wurden und werden (BMUV 2020). Diese kurze Liste ließe sich lange fortsetzen.

Bewusstsein für Herausforderungen

Es gibt eine offensichtliche Lücke zwischen der Einstellung zur Nachhaltigkeit einerseits und einem nachhaltigen Verhalten andererseits. In der Wissenschaft ist sie als Einstellungs-Verhaltens-Lücke bekannt. Diese Kluft hat verschiedene Ursachen. Beispielsweise können mit Einstellungen verbundene Ziele nicht ausreichend konkret oder leicht erreichbar sein; sie entspringen nicht aus uns selbst heraus, sondern wir versuchen nur angenommenen oder tatsächlichen Erwartungen anderer zu entsprechen (soziale Erwünschtheit); oder sie sind zeitlich nicht ausreichend stabil, da sie einer kurzfristigen Reaktion entspringen, beispielsweise nachdem wir eine Dokumentation gesehen haben (Sheeran/Webb 2016). Nun haben wir das Problem, dass wir diese Lücke bei uns Bürger*innen nicht systematisch schließen können. Denn im Rahmen unserer aktuellen Demokratie mit ihren Freiheitsrechten ist es nicht möglich, Bürger*innen zur Überwindung der Einstellungs-Verhaltens-Lücke zu verdonnern. Und das ist auch richtig so. Aber wie können wir das dann ändern?

## Was wir bei der Arbeit lernen, wirkt auch jenseits davon

Zwei Jahre vor der Veröffentlichung der Grenzen des Wachstums erschien das wegweisende Buch Participation and Democratic Theory von der britischen Politikwissenschaftlerin Carole Pateman (1970). Darin diskutierte sie die zu ihrer Zeit kaum belegbare Spillover-These: Demokratische Haltungen, Kompetenzen und Selbstwirksamkeitserfahrungen, die wir uns bei der Arbeit aneignen, nehmen wir in unser Leben außerhalb der Arbeit mit und können sie dort ebenfalls anwenden. Das Buch an sich ist bis heute eine lohnenswerte und faszinierende Lektüre. Aber was es in der empirischen Politikwissenschaft ausgelöst hat, ist noch beeindruckender. Seit der Veröffentlichung sind mittlerweile Dutzende, statistisch zunehmend umfassendere und aufwändigere Studien zum demokratischen Spillover-Effekt durchgeführt worden. Waren die Stichproben am Anfang noch überschaubar und damit angreifbar, so hat sich mittlerweile beinahe ein Trend zur Auswertung von bereits bestehenden (inter)nationalen Paneldaten und damit erheblichen Stichproben ergeben. Eine aktuelle Studie erforschte Daten von 156.359 Angestellten aus 11 EU-Ländern ist damit die bislang größte Untersuchung (Ryan/Turner 2021).

Mittlerweile gibt es empirisch untermauert starke Hinweise, dass Pateman richtig lag, was wenig überraschend ist. Warum sollten die im Berufsleben erarbeiteten demokratischen Haltungen, Kompetenzen und Selbstwirksamkeitserwartungen außerhalb der Arbeitszeit nicht wirksam sein? Konkret konnte z. B. gezeigt werden,

Spillover-These

dass Organisationsdemokratie bzw. Partizipation bei der Führung und Gestaltung von Organisationen das Vertrauen in politische Institutionen stärkt, dass Menschen sich eher an demokratischen Prozessen wie Petitionen, Demonstrationen oder Wahlen beteiligen, dass sie eher ihre Stimme erheben, indem sie lokale Politiker*innen kontaktieren oder anschreiben und dergleichen mehr. Interessanterweise kann dabei die Familie der Mitarbeiter*innen eine Vermittlerrolle spielen: Mitarbeiter (vorwiegend Männer) eines Stahlwerks in Kanada begannen, Entscheidungen in der Familie demokratischer zu gestalten, also auch die Ehefrauen und Kinder miteinzubeziehen. Von dort übertrugen sie dann die bei der Arbeit positiv veränderten demokratischen Einstellungen und erlernten Kompetenzen in Sportvereine und Kirchgemeinden (Savory-Gordon 2003).

Im Zusammenhang dieses Beitrags ist es wichtig, dass es nicht nur einen demokratischen Spillover-Effekt gibt. Genauso werden Veränderungen des Umweltbewusstseins und Änderungen des Nachhaltigkeitsverhaltens während der Arbeit anschließend ins Leben jenseits davon übertragen. Die ebenfalls seit Jahrzehnten durchgeführten empirischen Studien erscheinen sogar differenzierter und ausgeklügelter ebenso in den Fragestellungen, wie auch methodisch bis hin zur Modellbildung, als die zum demokratischen Spillover (Zeuch 2022a). Entgegen vieler schlechter Entwicklungen, wie ich sie oben kurz skizzierte, sind diese beiden Übertragungseffekte eine durch und durch ermutigende Chance. Wir sollten sie nutzen.

Demokratie- und Umweltbewusstsein

## Partizipativ erarbeitete Nachhaltigkeit ist erfolgreicher

Als was? Ganz einfach: Expertengetriebene top-down Ansätze bei der Entwicklung organisationaler Nachhaltigkeit. Oftmals werden externe Expert*innen hinzugezogen, um Nachhaltigkeitsprogramme ohne Partizipation der Mitarbeitenden zu entwickeln und einzuführen. Es gibt aber seit geraumer Zeit Forschung zur Wirksamkeit partizipativ entwickelter organisationaler Nachhaltigkeit unter dem Stichwort „Green HRM". Beispielsweise konnte gezeigt werden, dass die Einbindung der Mitarbeitenden Emissionsreduktionen wahrscheinlicher macht: „Die Einbindung von Mitarbeitenden in Umweltmanagementsysteme verbesserte zentrale Ergebnisse wie den effizienten Ressourcengebrauch (Florida/Davison 2001), Müllreduktion (May/Flannery 1995) oder Verschmutzung (Denton 1999)" (Zeuch 2022b).

Was sich im Vergleich einzelner Unternehmen zeigte, wurde mittlerweile auch im Ländervergleich deutlich. Der European Participation Index (EPI) verweist darauf, dass Länder mit stärker rechtlich verankerter Partizipation 10 Prozent weniger Treibhausgasemissionen in $CO_2$-Äquivalenten aufwiesen, als Länder mit geringerer Partizipation. Der Unterschied zwischen diesen Ländern war beim Vergleich des inländischen Gesamtenergieverbrauchs geteilt durch das Bruttoinlandsprodukt (BIP) noch wesentlich deutlicher: Eine umfassendere Partizipation korrelierte mit einem um 35 Prozent geringeren Energieverbrauch (Vitols 2010).

Korrelation von Beteiligung und Nachhaltigkeit

Für Unternehmen zeichnet sich noch ein weiterer Vorteil ab: Eine Studie mit 110 Firmen (del Brío 2007), die nach ISO 14001 oder dem Eco-Management and Audit Scheme zertifiziert waren, zeigte einen positiven Zusammenhang zwischen dem Grad der Einbindung der Belegschaft und des Managements in die Nachhaltigkeitsbemühungen sowie der Fähigkeit, einen grünen Wettbewerbsvorteil zu nutzen. Dieser Vorteil wurde umso größer, je besser die Nachhaltigkeit strategisch ins Unternehmen integriert war. Einen weiteren Aspekt untersuchte eine Studie zum Zusammenhang von hoher Einbindung in die Arbeitspraxis (High Involvement Work Practices) und einer proaktiven Umweltstrategie (Pro Environmental Strategy, PES) der Unternehmen (Martínez-del-Río et al. 2012). Die Ergebnisse stützen die zuvor skizzierten Studien: Eine weitreichende Partizipation beeinflusste die PES positiv, indem sie deren Effektivität steigerte und die Umsetzung erleichterte. Die PES wiederum trug danach zu einer besseren Wirtschaftsleistung bei.

Wir können also davon ausgehen, dass die Partizipation der Mitarbeitenden bei der Entwicklung, Umsetzung und Aufrechterhaltung organisationaler Nachhaltigkeit nicht nur die Nachhaltigkeitsbemühungen erfolgreicher macht, sondern dem Unternehmen - und wohl auch anderen Arten von Organisationen wie NGOs und öffentlichen Diensten - insgesamt Vorteile verschafft.

## Weitere Vorteile organisationaler Partizipation

Erfreulicherweise sind wir damit noch längst nicht am Ende der Vorteile einer konsequenten Einbindung der Mitarbeiter*innen in die Führung und Gestaltung von Organisationen. An dieser Stelle wird es Zeit, den Begriff der organisationalen Partizipation unter die Lupe zu nehmen.

Ich meine mit Partizipation erstens die Teilhabe an organisationalen Entscheidungen, die Partizipationsreichweite. Sie unterscheidet sich hinsichtlich dreier Dimensionen: a) Der betroffene Zeitraum der Entscheidung: Je größer die Reichweite, desto weitreichender sind die Entscheidungen hinsichtlich ihres Zeithorizonts, sie reichen immer weiter in die Zukunft. b) Das Maß der Komplexität steigt mit zunehmender Reichweite und damit auch die Unsicherheit über den Entscheidungsgegenstand. c) Vitalität. Eine steigende Reichweite betrifft zunehmend mehr die Überlebensfähigkeit der Organisation. Sie betreffen also zunehmend kritischere Entscheidungen. Ich unterscheide vier Reichweiten:

*organisationale Partizipation*

- **Operative Partizipation:** Hierzu gehören alle Entscheidungen, die im Rahmen der traditionellen kollektiven Interessenvertretung durch Betriebsräte und Gewerkschaften als Mitbestimmung am Arbeitsplatz bezeichnet werden. Typische Beispiele sind die eigene Entscheidung der Mitarbeiter*innen über Arbeitszeit, -ort und -mittel (Bring your own Device, BYOD, oder auch die freie Wahl von Android oder iOS Geräten). Mitunter kann hier auch die freie Gestaltung der eigenen Arbeitsprozesse gemeint sein.

- **Taktische Partizipation:** Mit dieser Reichweite steigt bereits die Auswirkung auf die Organisation und die betroffene Dauer der Entscheidungen. Zunehmend öfter beginnen Organisationen beispielsweise mit Formen von Peer- oder Teamrecruiting. Die Teams kümmern sich selbstständig um die Feststellung des Personalbedarfs, das eigentliche Recruiting (Strategie, Ausschreibungen, Wahl der Recruitinginstrumente etc.) bis hin zur Entlassung (die gegebenenfalls von einer höheren hierarchischen Ebene juristisch abgesegnet werden muss). Ebenso gehört hier die Kunden- und Projektauswahl hin und die Besetzung von Projekten.

- **Strategische Partizipation:** Betroffen sind hier nicht nur Strategieentwicklungen, sondern alle anderen strategischen Entscheidungen wie Standortfragen (neue Standorte, Schließungen), Merger & Acquisition, Geschäftsmodellinnovationen. Alle diese Entscheidungen sind von besonderer Bedeutung für die Vitalität der Organisation sind deutlich komplexer und reichen noch weiter in die Zukunft. Hier sind die Bedenken der Geschäftsführung / des Vorstands im Allgemeinen am größten, da der Belegschaft die Kompetenz abgesprochen wird, die damit verbundenen Herausforderungen beurteilen zu können. Das stimmt in vielen Fällen, sofern wir erstens die einzelnen Personen in den Fokus nehmen und nicht die kollektive Intelligenz. Zweitens schlage ich nicht vor, dass die Belegschaft z. B. via Mehrheitsentscheid über eine Geschäftsmodellinnovation abstimmen soll. Und drittens kann und sollte die Einführung von (mehr) Partizipation in Organisationen von Bildungsmaßnahmen flankiert werden.

- **Normative Partizipation:** Sie betrifft die Teilhabe an der Setzung des normativen Rahmens einer Organisation: Ihrer Governance und ihr Wertekodex. Beides kann durch einzelne, bewusste Interventionen (Transformationsprozesse, Werteworkshops etc.) vollzogen werden wie durch implizite Teilhabe im täglichen Tun und der damit verbundenen Reproduktion sowie Konsolidierung von Normen. Interessanterweise lässt sich gerade das zweite, implizite Vorgehen, gar nicht formal-hierarchisch gestalten, sondern ist per se partizipativ. Ob dabei die einzelnen Mitarbeiter*innen jedoch voll bewusst und absichtlich organisationale Normen reproduzieren und so konsolidieren, ist offen.

Zweitens wird Partizipation durch den Grad der Teilhabe definiert. Klassischerweise wird Partizipation in direkt und indirekt (über gewählte kollektive Interessenvertretungen) unterteilt. Das ist auch weiterhin richtig, aber reichlich grobschlächtig. Deshalb schließe ich mich den schon lange existierenden Stufenkonzepten an (Gernert 1993; Hart 1992; IDE 1976). Diese wesentlich differenziertere Unterscheidung ist deutlich nützlicher, sowohl in der organisationalen Praxis als auch der Beforschung von Partizipation, von der erst ab Stufe 4 gesprochen werden kann:

*Grade der Teilhabe*

- **Kompletter Ausschluss**: Es gibt weder Information über Entscheidungen der Führungskräfte noch Teilhabe an Entscheidungen, stattdessen nur Arbeitsanweisungen.

- **Nur Information:** Mitarbeitende werden von ihren Vorgesetzten lediglich informiert, ohne eigene Entscheidungsoptionen zu erhalten.

- **Konsultation durch Vorgesetzte:** Der konsultative Einzel- oder Gruppenentscheid. Ein oder mehrere Vorgesetzte befragen Mitarbeitende oder lassen sich von ihnen "beraten", um dann selber zu entscheiden. Die Entscheidung kann entgegen der Meinung oder Ratschläge der konsultierten Mitarbeitenden erfolgen.

- **Mitbestimmung:** Wie diese methodisch umgesetzt wird, ist offen. Das können traditionelle Instrumente sein wie Mehrheitsbeschlüsse (einfache Mehrheit, Zweidrittel, absolute Mehrheit, Konsens…) oder auch Verfahren, die die Logik der Entscheidung von einem "Ich bin dafür" in ein "Ich habe keinen schwerwiegenden Einwand" verkehren (Konsent [Soziokratie], integrative Entscheidungsfindung [Holacracy; ziemlich identisch zur älteren Soziokratie], oder abgestuft das Systemische Konsensieren).

- **Selbstbestimmung:** Die einzelnen Mitarbeiter*innen entscheiden eigenverantwortlich, ohne sich mit anderen Kolleg*innen abstimmen zu müssen. Naheliegenderweise findet diese Selbstbestimmung wiederum nur in den kleineren Reichweiten statt, bei operativen Entscheidungen und einigen wenigen taktischen Entscheidungen, z. B., wenn Mitarbeitende selber entscheiden dürfen, ob sie in einem Projekt mitarbeiten wollen.

- **Selbstverwaltung:** Sie greift vor allem bei Unternehmen, sobald das Eigentum an den Produktionsmitteln nicht nur wenigen Eigentümer*innen oder vielen Shareholder*innen gehört, sondern allen, die dort arbeiten. Denn solange Eigentum und Arbeit getrennt sind, verbleibt das Letztentscheidungsrecht in den meisten Fällen bei den Eigentümer*innen. Die können dann im Allgemeinen alle alternativen Organisationsformen wie Soziokratie, Kollegiale Führung oder „Unternehmensverfassungen" wie die im Modell der Holacracy jederzeit wieder beenden. Die Mit- und Selbstbestimmung ist insofern immer nur durch die Eigentümer*innen genehmigt, was im Zweifel nicht einklagbar ist. Somit ist die höchste Stufe der Partizipation in dem Moment erreicht, wo diejenigen, die den Mehrwert erzeugen, auch die Eigentümer*innen sind.

Reichweite und Intensität

Reichweite und Grad hängen nun insofern zusammen, als dass bei zunehmender Reichweite Mitbestimmung statt Selbstbestimmung die Partizipation charakterisiert. Das ist wenig überraschend und schnell geklärt: Schon auf der taktischen Ebene geht es um gemeinsame Teamentscheidungen wie beim Teamrecruiting oder bei der Entwicklung eines neuen Geschäftsmodells, auf der strategischen Ebene sogar um die Einbindung aller interessierten Mitarbeitenden. Partizipation bedeutet dann nicht Selbstbestimmung, sondern ist ein demokratischer Prozess.

Die allgemeinen Vorteile organisationaler Partizipation lassen sich kurz folgendermaßen zusammenfassen:

- **Mehr Innovationskraft:** Wer Ideen der Mitarbeiter*innen aktiv ignoriert oder bürokratisch im Vorschlagswesen auf Nimmerwiedersehen verschwinden lässt, verliert potenziell wertvolle Ideen, um Prozesse, Produkte, Geschäftsmodelle und dergleichen mehr zu innovieren. Zudem ist es naheliegend, dass Menschen, die in ihrem Alltag nur Anweisungen ausführen, wenig Interesse daran haben werden, neue Ideen einzubringen (Blume/Gerstlberger 2007; Gerlach 2013).

- **Mehr Agilität/Responsivität:** In den letzten Jahren hat sich der Wunsch nach mehr Agilität und Responsivität als einer der Haupttreiber von mehr Partizipation herausgestellt. In einer sich immer weiter beschleunigenden Arbeitswelt ist es verständlich, dass vor allem Unternehmen einen großen Bedarf entwickeln. Ob der immer gerechtfertigt ist, sei dahingestellt. In nicht wenigen Fällen könnte dieser Trend auch dem üblichen Modephänomen eines mehr oder weniger "neuen" Konzepts geschuldet sein. Klar ist jedenfalls, dass die Ermächtigung von Mitarbeitenden hin zu mehr eigenen Entscheidungen natürlich Entscheidungsprozesse beschleunigt und damit insbesondere an den Nahtstellen zum Markt – Lieferanten, Kunden etc. – für mehr Responsivität sorgt. Übrigens ganz entgegen der immer wieder kolportierten Kritik an Partizipation/Organisationsdemokratie, dass sie Entscheidungen verlangsamen würde. Denn diese Kritik unterscheidet erstens nicht zwischen den fünf Phasen einer Entscheidung: Problemdefinition, Entscheidungsvorbereitung, eigentliche Entscheidung, Umsetzung und abschließende Evaluation. Zweitens ignoriert sie geflissentlich all die vielen täglichen operativen Entscheidungen der Mitarbeitenden, wenn diese nicht mehr ihren Chef oder Chef-Chef um Erlaubnis fragen müssen – sondern einfach machen (Zeuch 2015: 29-31).

- **Mehr Arbeitszufriedenheit:** Zunächst klingt es sehr schlüssig. Mehr Partizipation führt zu mehr Arbeitszufriedenheit. Die Mitarbeitenden können sich einbringen, mitgestalten, ihre eigene Arbeit so vollziehen, wie es für sie passt, ihre Stimmen werden gehört etc. Dies soll den Wunsch nach Selbstbestimmung und Autonomie ansprechen, ebenso wie die Kontrolle über das eigene professionelle Umfeld, womit wiederum höhere Selbstwirksamkeit erlebt wird, kurz gesagt. Allerdings ist all das kein Selbstläufer. Denn Arbeitszufriedenheit ist von vielen Faktoren abhängig, sowohl auf der Mikroebene (die Mitarbeitenden selbst, ihre Präferenzen, Erfahrungen [z. B. mit früheren Changeprozessen], aktuellen Situationen etc.), der Mesoebene (wie genau wird die Partizipation in der Organisation umgesetzt, wie konsistent und schlüssig, wie gut aus methodischer Sicht etc.) sowie der Makroebene (Gesellschaft: gesellschaftliches Klima, Zeitgeist [z. B. ob Selbstverwirklichung gerade ein wichtiger Trend ist], welche Werte hinsichtlich der Arbeit dominieren etc.). Insofern ist dieser scheinbar klare Vorteil schnell zerrieben zwischen einem Wust von Wenn und Aber (Liang/Yeh 2019; Mohr/Zoghi 2008).

- **Bessere Mitarbeitendenbindung:** Durch die vermutete höhere Arbeitszufriedenheit werden Mitarbeitende besser an den Arbeitgeber gebunden, so eine weitere Annahme. Das ist in dieser Kausalität leicht nachvollziehbar und klingt ebenfalls plausibel. Da aber die Arbeitszufriedenheit keine einfache, kausale Folge einer gelungenen Partizipation ist, verhält es sich mit der Mitarbeiterbindung genauso wie mit der Arbeitszufriedenheit: Es kommt darauf an. Tatsächlich zeigt die organisationale und beraterische Praxis, dass im Rahmen von Transformationen hin zu Partizipation oft einige der Angestellten vergrault werden und ihr Arbeitsglück in traditionellen Organisationen suchen. Unserer Erfahrung nach ist ein wichtiger Aspekt, ob die Belegschaft von Anfang an grundlegend in die Transformation eingebunden wird, anstatt einmal mehr nur ausführendes Organ einer top-down verordneten Selbstorganisation, Partizipation oder Unternehmensdemokratie zu sein (Bhatti et al. 2011;Khalid/Nawab 2018)

- **Weniger Krankenfehlzeiten:** Die klassischen Epidemiologiestudien Whitehall I + II (Marmot et al. 1984/1991) zeigten einen signifikanten Zusammenhang des sozioökonomischen Status und der allgemeinen Sterblichkeitsrate. Mit Whitehall I wurde herausgefunden, dass männliche Angestellte des tiefsten Dienstgrades eine dreimal so hohe Sterblichkeit aufwiesen wie Studienteilnehmer mit dem höchsten Dienstgrad, gemessen über 10 Jahre. Mit Whitehall II wurde unter anderem weiter herausgearbeitet, dass der Kontrollverlust über einen wichtigen Teil des eigenen Lebens in Folge einer Anstellung auf einer geringen Hierarchiestufe mit längeren Krankenfehlzeiten verbunden ist. Das entscheidende Element ist die Kontrolle über die eigene Arbeit (Job-Demand-Control). Eine Vielzahl an weiteren Untersuchungen konnte einen Zusammenhang von Job-Demand-Control und Gesundheit aufzeigen (Bosma et al. 1997, Karasek 1990).

Alles in allem spricht also viel für Partizipation in Organisationen. Und wie hängt das mit der dringend nötigen Verbesserung organisationaler Nachhaltigkeit zusammen?

## Nachhaltigkeit als Vehikel für Partizipation

Wenn organisationale Nachhaltigkeit eine äußerst dringliche und wichtige Aufgabe ist, und Partizipation sowohl an sich als auch bei der Erarbeitung von Nachhaltigkeitsbemühungen viele Vorteile mit sich bringt, liegt genau hier eine große Chance. Und zwar in dreierlei Hinsicht.

1. Für eine erfolgreichere Nachhaltigkeit,

2. für die Organisationen selbst und last but not least

3. durch die Spillover-Effekte für die Entwicklung unserer Demokratie und der gesellschaftlichen Nachhaltigkeit insgesamt.

Zum Abschluss dieses Beitrags fokussiere ich hier auf den dritten Punkt. Wir können – und sollten – die Arbeit an organisationaler Nachhaltigkeit nutzen, um die jeweiligen Organisationen als Multiplikator zur gesellschaftlichen Demokratie- und Nachhaltigkeitsentwicklung zu machen.

Denn erstens ist unsere tägliche Arbeit einer der größten, wenn nicht der größte Sozialisationsraum für Erwachsene. Hier verbringen wir einen großen Teil unseres Lebens. Somit liegt hier ein großes Potential, um auf uns Bürger*innen im Sinne einer nachhaltigen und robusten demokratischen Gesellschaft einzuwirken. Wir können hier genau das leisten, was im Leben außerhalb der Arbeit so nicht möglich ist. Wir können an alle Mitarbeitenden die Einladung zur Partizipation aussprechen und einen Erfahrungsraum schaffen, indem wir die oben erwähnten psychologischen Prozesse zur Einstellung hinsichtlich der Nachhaltigkeit und Demokratie anstoßen. Wir kreieren ein Möglichkeitsraum zur Entwicklung demokratischer und ökologischer Kompetenzen und sich entwickelnder Selbstwirksamkeitserfahrungen sowie zur Verringerung der Einstellungs-Verhaltens-Lücke.

Nachhaltigkeits-getriebene Beteiligung

Zweitens entsteht, wenngleich viel zu langsam, ein zunehmender Druck auf Organisationen, nachhaltiger zu werden, sowohl formal als auch kulturell. Formal wird ab 2024 die neue EU-Richtlinie zur Corporate Sustainability Reporting Directive verbindlich, mit der fortan nicht mehr Unternehmen ab 500, sondern schon ab 250 Mitarbeitenden berichtspflichtig werden, sofern sie einen Nettoumsatzerlös von mindestens 40 Millionen oder eine Bilanzsumme von mind. 20 Millionen Euro aufweisen. Kulturell stehen insbesondere Unternehmen unter wachsender Beobachtung der Bevölkerung, wie sie sich hinsichtlich der Klimakrise verhalten. Dadurch werden gerade Unternehmen zu einem starken Hebel, um über die von mir beschriebenen Wirkmechanismen und Zusammenhänge eine möglichst enkelsichere Zukunft zu entwickeln. Genau deshalb haben wir Unternehmensdemokraten unser Nachhaltigkeits- und Demokratielabor für Organisationen entwickelt.

## Literatur

Bhatti, Komal et al. (2011): Effect of direct participation on organizational commitment. International Journal of Business and Social Science, 2(9): 15-23.

Blume, Lorenz/Gerstlberger, Wolfgang (2007): Determinanten betrieblicher Innovationen: Partizipation von Beschäftigten als vernachlässigter Einflussfaktor. Industrielle Beziehungen 14(3): 223 – 244.

Blühdorn, Ingolfur (2013): Simulative Demokratie. Neue Politik nach der postdemokratischen Wende. Berlin. Suhrkamp.

Blühdorn, Ingolfur (2020): Nachhaltige Nicht-Nachhaltigkeit. Warum die ökologische Transformation der Gesellschaft nicht stattfindet. Bielefeld. transcript.

BMUV (2020): Wie die Mode der Zukunft umweltverträglich wird. Berlin. BMUV Pressemitteilung Nr. 20/005 | Konsum und Produkte. https://www.bmuv.de/pressemitteilung/wie-die-mode-der-zukunft-umweltvertraeglich-wird (Zuletzt aufgerufen am 23.01.2023).

Bosma, H. et al. (1997): Low job control and risk of coronary heart disease in Whitehall ii (prospective cohort) study. British Medical Journal, 314: 558–565.

Brandt, Matthias (2022): SUV-Anteil erreicht 2021 neuen Rekordwert. Statista. https://de.statista.com/infografik/19572/anzahl-der-neuzulassungen-von-suv-in-deutschland/ (Zuletzt aufgerufen am 23.01.2023).

del Brio, Jesus Angel et al. (2007): Management and employee involvement in achieving an environmental action-based competitive advantage: an empirical study. International Journal of Human Resource Management, 18(4): 491–522.

Denton, D. Keith (1999): Employee involvement, pollution control and pieces to the puzzle. Environmental Management and Health, 10(2): 105–111.

Deutsches Luft- und Raumfahrtzentrum (2019): Weltweiter Luftverkehr steigt in den nächsten 20 Jahren um rund 3,7 Prozent jährlich. https://www.dlr.de/content/de/artikel/news/2019/04/20191216_fast-zehn-milliarden-flugpassagiere-im-jahr-2040.html (Zuletzt aufgerufen am 23.01.2023).

Evers, Marco (2022): „Mit der Zukunft wettet man nicht. Klimaforscher Latef über Wege aus der Krise." Spiegel+.

Florida, Richard./Davison, Derek (2001): Gaining from green management: environmental management systems inside and outside of the factory. California Management Review, 43:. 64–84.

Gerlach, Frank (2013): Innovation und Mitbestimmung. Empirische Untersuchungen und Literaturstudien. Düsseldorf. Hans Böckler Stiftung.

Gernert, Wolfgang (1993) Jugendhilfe – Einführung in die sozialpädagogische Praxis. Ernst Reinhardt.

Hart, Roger (1992): Children's Participation: From tokenism to citizenship. Innocenti Essay no. 4.

Industrial Democracy in Europe – IDE (1976): An international comparative study. Social Science Information, 15(1): 177–203.

Jacobs, Kees et al. (2020): How sustainability is fundamentally changing consumer preferences. CapGemini. https://www.capgemini.com/de-de/research/how-sustainability-is-fundamentally-changing-consumer-preferences/ (Zuletzt aufgerufen am 23.01.2023).

Karasek, Robert (1990): Lower health risk with increased job control among white collar workers. Journal of Organizational Behavior 11(3): 171–185.

Khalid, Komal/ Nawab, Saminaa (2018): Employee Participation and Employee Retention in View of Compensation. SAGE Open8(4): 2158244018810067.

Liang, Huai-Liang/Yeh, Tsung-Kai (2019): The effects of employee voice on workplace bullying and job satisfaction. Management Decision 58(3): 569–582.

Marmot, Michael et al. (1984). Inequalities in death – specific explanations of a general pattern? Lancet 8384, 1003-1006.

Marmot, Michael et al. (1991): Health inequalities among British civil servants: the Whitehall II study. Lancet 337:1387-1393.May, Douglas/ Flannery, Brenda (1995): Cutting waste with employee involvement teams. Business Horizons, 38(5): 28–38.

Martínez-del-Río, Javier et al. (2012): High-involvement work practices and environmental capabilities: How HIWPS create environmentally based sustainable competitive advantages. Human Resource Management, 51(6): 827–850.

May, Douglas/Flannery, Brenda (1995): Cutting waste with employee involvement teams. Business Horizons, 38(5): 28–38.

Mohr, Robert/ Zoghi, Cindy (2008): High-Involvement Work Design and Job Satisfaction. Industrial & Labor Relations Review61(3): 275–296.

Pateman, Carole (1970): Participation and Democratic Theory. Cambridge. Cambridge University Press.

Ryan, Lorraine/Turner, Thomas (2021). Does work socialisation matter? Worker engagement in political activities, attachment to democracy and openness to immigration. Industrial Relations Journal, 52(2): 125–144.

Savory-Gordon L (2003): Spillover effects of increased workplace democracy at Algoma Steel on Personal, Family, and Community Life.

Sheeran, Paschal/Webb, Thomas (2016). The Intention–Behavior Gap. Social and Personality Psychology Compass, 10(9): 503–518.

Statistisches Bundesamt (2020): Weiteres Rekordjahr: 124,4 Millionen Fluggäste starteten 2019 von deutschen Flughäfen. Pressemitteilung Nr. 050 vom 18. Februar. https://www.destatis.de/DE/Presse/Pressemitteilungen/2020/02/PD20_050_464.html (Zuletzt aufgerufen am 23.01.2023).

Umweltbundesamt (2022): Umweltbewusstsein in Deutschland. Umweltbundesamt https://www.umweltbundesamt.de/themen/nachhaltigkeit-strategien-internationales/umweltbewusstsein-in-deutschland (Zuletzt aufgerufen am 23.01.2023).

Vitols, Sigurt (2010): The European Participation Index (EPI): A Tool for Cross-National Quantitative Comparison. Brüssel. The European Trade Union Institute.

Zeuch, Andreas (2015): Alle Macht für niemand. Aufbruch der Unternehmensdemokraten. Hamburg. Murmann.

Zeuch, Andreas (2022a): Spillover-Effekt: Von der beruflichen zur privaten Nachhaltigkeit. Blog der unternehmensdemokraten. https://unternehmensdemokraten.de/2022/06/20/

spillover-effekt-von-der-beruflichen-zur-privaten-nachhaltigkeit/ (Zuletzt aufgerufen am 23.01.2023).

Zeuch, Andreas (2022b): Organisationale Nachhaltigkeit: Erfolgreicher mit Partizipation. Blog der unternehmensdemokraten. https://unternehmensdemokraten.de/2022/01/18/ organisationale-nachhaltigkeit-erfolgreicher-mit-partizipation/ (Zuletzt aufgerufen am 23.01.2023).

Franca Schreiber

# Unternehmen als Orte gelebter Demokratie

*Der Beitrag stellt das neue Bildungsangebot des Landtags Rhein-land-Pfalz für Unternehmen vor. Darin setzen sich Auszubildende und Führungskräfte gemeinsam mit Fragen zu Demokratie in der Wirt-schafts- und Arbeitswelt auseinander. Das Programm will ein Be-wusstsein dafür schaffen, dass Unternehmen einen wichtigen Beitrag zur Stärkung der Demokratie leisten können und dies nicht nur aus normativer, sondern auch wirtschaftlicher Perspektive relevant ist.*

Wie leben wir demokratische Werte in unserem Arbeitsalltag? Wie trägt der demokratische Staat zum wirtschaftlichen Erfolg unseres Unternehmens bei? Haben wir als Unternehmen eine Verantwor-tung dafür, uns in der Gesellschaft für die Demokratie zu engagie-ren?

Mit diesen und weiteren Fragen beschäftigen sich Auszubildende und Führungskräfte von Unternehmen in einem neuen Bildungs-angebot, das der Landtag Rheinland-Pfalz unter dem Motto „Unter-nehmen als Orte gelebter Demokratie" entwickelt hat. Der Landtag verfolgt damit zwei Ziele: Zum einen möchte er dazu beitragen, das Thema Demokratie in der Wirtschafts- und Arbeitswelt als Hand-lungsfeld der politischen Bildung voranzubringen und, mit Blick auf seine eigene Bildungsarbeit, Unternehmen als neue und relevante Zielgruppe zu erreichen. Zum anderen ist es ihm ein Anliegen, die Demokratisierung der Wirtschaft zu unterstützen und den Arbeits-platz als einen Ort zu fördern, an dem Demokratie aktiv gelebt und erfahren wird. Letztendlich ist damit die Überzeugung verbunden, dass auf diese Weise die Demokratie in der Gesellschaft insgesamt gestärkt wird.

*Demokratisierung der Wirtschaft*

## Demokratie als Lebensform

Der Landtag ist das demokratische Herzstück von Rheinland-Pfalz. Seine 101 Abgeordneten werden von den Bürger*innen gewählt, sie wählen die Ministerpräsidentin oder den Ministerpräsidenten, entscheiden über Gesetze, kontrollieren die Regierung, verabschieden den Haushalt und stellen Transparenz und Öffentlichkeit her. Es ist diese zuletzt genannte „Öffentlichkeitsfunktion", aus der der Landtag seine Aufgabe zur politisch-demokratischen Bildung ableitet. Konkret sichtbar wird diese in den vielfältigen Informations- und Bildungsangeboten für Bürger*innen vom Grundschul- bis ins hohe Erwachsenenalter. Ziel der Angebote ist es, Wissen zu vermitteln, Politik zu erklären und das Verständnis für demokratische Prozesse zu fördern. Darauf aufbauend sollen die Bürger*innen den Landtag als Forum des politischen Dialogs erleben und dazu befähigt werden, an diesem Dialog aktiv teilzunehmen und ihn im eigenen Umfeld weiterzuführen (Jaeger 2021; Sarcinelli 2011: 247-262).

*Landtag als Stätte demokratischer Bildung*

Hinter diesem Ansatz steht die Überzeugung, dass Demokratie nicht nur eine Staatsform ist, sondern vor allem auch eine Lebensform: Demokratie wird einerseits durch die politischen und staatlichen Institutionen praktiziert und muss andererseits von der Gesellschaft von innen heraus aktiv gelebt werden, wenn sie dauerhaft und krisenfest bestehen will. Das betrifft sämtliche gesellschaftlichen Bereiche, vom Familien- und Freundeskreis über die Kitas und Schulen, die Kunst und Kultur, die Vereine und zivilgesellschaftlichen Organisationen bis hin zur Wirtschafts- und Arbeitswelt.

Letztere erscheint als Zielgruppe und Thema der politischen Bildungslandschaft jedoch noch wenig präsent, auch wenn seit der Finanzkrise 2008 „eine erfreulich zunehmende Auseinandersetzung mit wirtschaftspolitischen Fragestellungen in der politischen Bildung zu beobachten" sei (Krell 2010). Angebote gibt es vor allem von den Gewerkschaften, politischen Stiftungen oder der Bundeszentrale und den Landeszentralen für politische Bildung. Diese scheinen schwerpunktmäßig die Vermittlung der wirtschaftspolitischen Grundlagen sowie Workshops für Auszubildende und an Berufsschulen zu den gesetzlich verankerten Partizipationsmöglichkeiten wie der Jugend- und Auszubildendenvertretung und dem Betriebsrat anzubieten. Zudem rücken Themen wie Vielfalt, Antirassismus und Antidiskriminierung in den Vordergrund (siehe hierfür z. B. Fehser et al. 2019). Flächendeckende und umfassendere Angebote zum Thema Demokratie und Wirtschaft, die auch die Unternehmen selbst ansprechen, scheint es jedoch gerade im Vergleich zu anderen Themen der politischen Bildung wenig zu geben. Auch der Landtag Rheinland-Pfalz hat in dieser Hinsicht Seminare oder Veranstaltungen bisher nur vereinzelt angeboten.

Dabei ist die Verbindung naheliegend, wenn man bedenkt, wie viele Bürger*innen einen Großteil ihres Tages am Arbeitsplatz verbringen. Auch hier bilden die Werte der demokratischen Staats- und Gesellschaftsordnung die Grundlage für das menschliche Zusammensein und -arbeiten und legen darüber hinaus die wirtschaftspolitischen Rahmenbedingungen für jegliches unternehmerisches Handeln fest.

Demokratie und Wirtschaft gehören zusammen

Demokratie und Wirtschaft sind also fest miteinander verbunden, anders als es häufig noch wahrgenommen wird (Krell 2010). Diese Prämisse ist einerseits der Ausgangspunkt des Landtags für die Entwicklung eines politischen Bildungsangebots speziell für Unternehmen und zeigt andererseits auch, warum es für Unternehmen relevant ist, sich damit zu beschäftigen.

## Demokratie im Unternehmen: Gesellschaftliche Verantwortung und wirtschaftlicher Erfolgsfaktor

Dabei sind insbesondere zwei Aspekte von Interesse: Aus normativer Perspektive geht es erstens um eine gesellschaftliche Verantwortung von Unternehmen, die diese sowohl nach innen gegenüber ihren Mitarbeitenden als auch gegenüber der Gesellschaft als Ganzes haben. Aus betriebswirtschaftlicher Perspektive geht es zweitens um die Demokratie als wirtschaftlicher Erfolgsfaktor für Unternehmen. Beide Aspekte sind dabei nicht trennscharf und überschneiden sich.

Die gesellschaftliche Verantwortung nach innen ergibt sich wie bereits erläutert aus der freiheitlich-demokratischen Grundordnung, die für alle Lebensbereiche gilt. Im Arbeitsalltag spiegelt sie sich besonders in der Unternehmenskultur wider. Denn die Mitarbeiterschaft eines Unternehmens repräsentiert immer auch die Vielfalt der Bevölkerung, beispielsweise in Bezug auf Alter, Geschlecht, Generationenzugehörigkeit, soziale und kulturelle Herkunft, formalem Bildungsgrad sowie politische, religiöse und gesellschaftliche Ansichten. Aktuelle Debatten und Konfliktlinien werden damit fast zwangsläufig auch in den Unternehmen sichtbar, wie zuletzt die Corona-Pandemie mit ihren Debatten um die Maskenpflicht in Innenräumen, die Einführung einer allgemeinen Impfpflicht oder das Recht auf Home-Office eindrücklich gezeigt hat (Mumme 2021; Vorreiter 2021; Cruz 2022).

Demokratische Werte nach innen werden damit vor allem im alltäglichen Umgang von Mitarbeitenden und Führungskräften sichtbar. Begegnen sie sich in all ihrer persönlichen und beruflichen Unterschiedlichkeit mit Toleranz und Respekt? Kann sich eine offene Kommunikation entfalten, werden Meinungsverschiedenheiten zugelassen und Konflikte in jeder Hinsicht gewaltfrei ausgetragen? Zudem kommen Fragen der Partizipation: Welche Möglichkeiten der Mitsprache und Mitentscheidung gibt es für Mitarbeitende außerhalb der gesetzlich vorgeschriebenen Instrumente? Inwiefern werden gesellschaftliche Diskurse wie z. B. zur Frauen-Quote, Vielfalt oder Inklusion auch im Unternehmen geführt und umgesetzt?

Demokratie und Haltung

Die gesellschaftliche Verantwortung von Unternehmen nach außen leitet sich ebenfalls aus der demokratischen Grundordnung ab. Im Fokus steht hier die Annahme, dass sich die Wirtschaftsordnung – im Falle Deutschlands die freie bzw. soziale Marktwirtschaft – und die demokratische Ordnung gegenseitig bedingen (Krell 2010).

Demokratische Staaten garantieren nicht nur politische, gesellschaftliche und persönliche Freiheit, sondern auch unternehmerische Freiheit. Sie ermöglichen damit die freie Entfaltung der Wirtschaft, die nur dort an ihre Grenzen stößt, wo die Rechte und Freiheiten anderer, z. B. der Arbeitnehmer*innen, berührt werden und der Staat wirtschaftspolitische Rahmenbedingungen setzt (Krell 2010; Vaut et al. 2018). Umgekehrt kann die freie Marktwirtschaft zur Entwicklung und zum Fortbestand von Demokratien beitragen. Dies zeigt sich z. B. in den historischen und auch heute noch aktuellen ökonomischen Forderungen wie denen nach dem Recht auf Privateigentum und freien Wettbewerb, nach Rechtssicherheit und politischer Teilhabe und Repräsentation (Krell 2010; Vaut et al. 2018).

Marktwirtschaft im Spannungs- verhältnis zur Demokratie

Gleichzeitig stehen freie Marktwirtschaft und Demokratie in einem Spannungsverhältnis zueinander: Ihrem Wesen nach begünstigt die freie Marktwirtschaft materielle Ungleichheit innerhalb der Gesellschaft. Diese wiederum kann dazu führen, dass weniger ressourcenstarke Mitglieder der Gesellschaft auch systematisch weniger politisch partizipieren. Dieses Ungleichgewicht in der demokratischen Teilhabe kann die Demokratie insgesamt gefährden (Krell 2010: 174).

Aus normativer Sicht entsteht aus diesem Spannungsverhältnis eine Verantwortung der Wirtschaft, dem Ungleichgewicht etwas entgegenzusetzen und sich für den Erhalt der Demokratie zu engagieren. Praktisch gesehen kann dies auf sehr vielfältige Weisen geschehen, beispielsweise von der ideellen und finanziellen Unterstützung regionaler oder lokaler Projekte und Vereine über die Förderung sozialer, ökologischer oder demokratiestärkender Initiativen bis hin zu einer stärkeren Ausrichtung des unternehmerischen Handelns am Gemeinwohl insgesamt. Solche Überlegungen finden sich in Konzepten wie Corporate Citizenship oder Corporate Social Responsibility wieder (Backhaus-Maul et al. 2008; Bohnen 2020: 102-112).

An diese beiden normativen Perspektiven der internen und externen gesellschaftlichen Verantwortung von Unternehmen knüpft schließlich die ebenso relevante betriebswirtschaftliche Perspektive an. Demnach wird die Förderung der demokratischen Rahmenbedingungen als relevanter unternehmerischer Erfolgsfaktor gesehen. Indem Demokratien als Rechtsstaaten ein stabiles, berechenbares und verlässliches Umfeld für unternehmerisches Handeln bieten, bilden sie die Grundlage für nachhaltigen Erfolg. Das gilt insbesondere auch vor den Herausforderungen der aktuellen Transformation mit ihren Trends der Digitalisierung, Dekarbonisierung und des demografischen Wandels, die auch den gesellschaftlichen Zusammenhalt und die staatliche Steuerungsfähigkeit herausfordern. Es sollte damit nicht nur normativ, sondern auch wirtschaftlich im Eigeninteresse der Unternehmen liegen, die demokratischen Rahmenbedingungen zu stärken (Bohnen 2020: 1-10).

An zwei konkreten Beispielen lässt sich der Gedanke der Demokratie als Erfolgsfaktor gut veranschaulichen. Eine der großen Herausforderungen der Wirtschaft in Deutschland ist der Fachkräftemangel in vielen Branchen, der die Produktivität und mitunter Existenz von Unternehmen gefährdet (Stiftung Familienunternehmen 2022). Eine demokratische Unternehmenskultur, die sich durch hohe Eigenverantwortung der Mitarbeitenden, mehr Möglichkeiten der Mitsprache und Partizipation, diverse Teams und ein respektvolles Miteinander auf allen Ebenen auszeichnet, kann zum Wettbewerbsvorteil werden, um vor allem junge, gut ausgebildete Fachkräfte an sich zu binden (Welpe et al. 2015). Insbesondere der Aspekt der stärkeren Eigenverantwortung und Mitbestimmung von Mitarbeitenden, z. B. in dezentralen, selbstständig entscheidenden Organisationseinheiten, wird darüber hinaus in modernen Konzepten der Arbeitsorganisation wie New Work als Möglichkeit gesehen, die Unternehmensprozesse produktiver und damit wirtschaftlich erfolgreicher zu gestalten (Dörre 2015; Hackl et al. 2017; Jobst-Jürgens 2020).

Demokratie als Erfolgsfaktor

Ein anderes Beispiel zeigt sich beim Thema Energiewende. Große Energie- und Infrastrukturprojekte benötigen die Akzeptanz der Bevölkerung vor Ort. Regelmäßig muss sich die Energiewirtschaft mit den gegenläufigen Interessen von Bürgerinitiativen auseinandersetzen. Der Dialog mit den betroffenen Bürger*innen, die grundlegende Anerkennung und Einbeziehung ihrer Anliegen sind einerseits Ausdruck der demokratischen Debatten- und Entscheidungskultur und andererseits notwendig für die Umsetzung der geplanten Projekte (Holstenkamp/Radtke 2018).

## Unternehmen als Orte gelebter Demokratie: Das neue Bildungsangebot des Landtags Rheinland-Pfalz

Es gibt also gute Gründe, warum es für Unternehmen lohnenswert ist, sich mit dem Thema Demokratie in der Wirtschaft auseinanderzusetzen. Dass hierfür auch das Interesse und der Bedarf auf Seiten der Wirtschaft besteht, machen Gespräche mit regionalen Firmen, Unternehmensberatungen und anderen wirtschaftlichen Akteuren wie den Industrie- und Handelskammern deutlich. Auch die zunehmende Zahl entsprechender wissenschaftlicher und praxisorientierter Literatur spricht dafür.

Der Landtag Rheinland-Pfalz greift mit der Entwicklung eines Bildungsangebots speziell für die Wirtschaft diesen Bedarf auf. Zugleich setzt er damit seine Gesamtstrategie in der Bildungs- und Öffentlichkeitsarbeit – Bürger*innen aus allen gesellschaftlichen Bereichen für die Demokratie zu begeistern und die Demokratie nachhaltig zu stärken – mit einem weiteren Baustein konkret um. Die Ansprache der Wirtschaft als neue Zielgruppe ist explizit einer der Schwerpunkte dieser Strategie in der laufenden Legislaturperiode. Dabei will der Landtag als Impulsgeber und Partner aus der Politik Unternehmen auf das Thema Demokratisierung der Wirtschafts- und Arbeitswelt aufmerksam machen, für die Notwendigkeit des Demokratie-Engagements aller gesellschaftlichen Akteure sensibilisieren und eine erste Handlungsorientierung für eine nachhaltige Auseinandersetzung mit dem Thema anbieten.

*Demokratiebildung für die Wirtschaft*

Vor diesem Hintergrund ist das Konzept für das neue Bildungsangebot entstanden, das im Folgenden vorgestellt wird.

„Unternehmen als Orte gelebter Demokratie" – unter diesem Motto steht das Programm. So wie der Landtag sich selbst als Herzstück der Demokratie begreift, soll mit dem Motto ein Bewusstsein dafür geschaffen werden, dass auch das eigene Unternehmen, der eigene Arbeitsplatz Orte sind, an denen demokratische Werte konkret erfahrbar und verwirklicht werden.

Hauptansatz des Konzeptes ist die besondere Konstellation der Teilnehmenden aus Auszubildenden sowie dem Management und den leitenden Führungskräften eines Unternehmens. Zwei Gruppen also, die im klassischen, in der Regel hierarchisch organisierten Unternehmensalltag eher selten direkt miteinander arbeiten. Zum einen wird hier bereits vom Format und der Methodik her ein demokratischer Ansatz verfolgt: Das Thema Demokratie und Wirtschaft wird nicht allein von „oben", also der Unternehmensleitung, besetzt, sondern in Zusammenarbeit mit den Auszubildenden erarbeitet. Zum anderen verspricht diese Konstellation vielfältige Perspektiven und Diskussionen: Auf der einen Seite stehen die Führungskräfte mit ihrer langjährigen Berufserfahrung sowie der Verantwortung für den wirtschaftlichen Erfolg und die Mitarbeiterschaft des Betriebs. Auf der anderen Seite stehen die Auszubildenden, die sich nicht nur beruflich bilden, sondern auch vor neuen gesellschaftlichen Erfahrungen stehen: Dazu gehören die Zusammenarbeit mit Menschen aus unterschiedlichen Generationen und sozialen Kontexten sowie mit unterschiedlichen Wertvorstellungen und Fachkompetenzen, das Arbeiten unter Vorgesetzten und die Integration in zumeist hierarchische Betriebsstrukturen. Insbesondere wenn es um die Aspekte einer demokratischen Unternehmenskultur und der gesellschaftlichen Verantwortung von Unternehmen geht, sollte sich daher ein spannender Austausch entwickeln können.

Zielgruppen Management und Auszubildende

Das Programm besteht aus insgesamt drei eintägigen Demokratie-Workshops, von denen zwei im Landtag und einer vor Ort im Unternehmen stattfindet. Dieses Setting setzt ebenfalls die Vorstellung um, dass Demokratiebildung dann besonders erfolgreich ist, wenn sie mit den betreffenden Orten und Akteuren aktiv verknüpft wird.

Die ersten beiden Workshops finden im Landtag statt und werden zunächst jeweils separat von den Auszubildenden und Führungskräften besucht. Ziel ist es, in den Themenbereich Demokratie und Wirtschaft einzuführen, die Relevanz für die Auseinandersetzung mit dem Thema für den Einzelnen, aber auch für das Unternehmen als Ganzes herauszuarbeiten und dabei eine möglichst ausgeglichene Ausgangslage zu schaffen, bevor beide Gruppen am dritten Tag zusammenkommen.

Separater Auftakt

Inhaltlich und methodisch sind diese ersten beiden Workshops für Auszubildende und Führungskräfte identisch. Schwerpunkte sind zum einen die Auseinandersetzung mit den Grundlagen der Demokratie, zum anderen die Vertiefung mit Blick auf die oben beschriebenen inhaltlichen Aspekte von Demokratie und Wirtschaft.

Zu den Grundlagen gehören Fragen wie: Was bedeutet Demokratie genau? Welche Werte und Vorstellungen stehen hinter diesem Begriff? Wo begegnen uns diese in unserem täglichen Leben? Dies ist vor allem für die Auszubildenden ein wichtiger Baustein, da sie erfahrungsgemäß je nach Schul- und Ausbildungsstand nicht gleichermaßen damit vertraut sind. Genauso sollen aber auch die Führungskräfte die zentralen Prinzipien der Demokratie bewusst reflektieren. Dies hilft dabei, für demokratische Werte und demokratisches Handeln am Arbeitsplatz zu sensibilisieren und den aktuellen Stand im eigenen Betriebsumfeld wahrzunehmen.

Gemeinsamer Diskurs

Darüber hinaus lernen die Teilnehmenden die Aufgaben und Funktionsweisen von Politik im Allgemeinen und des Landtags im Besonderen kennen, auch im Gespräch mit Abgeordneten des Landtags und anderen politisch Verantwortlichen sowie Fachexperten. Ziel ist es, das Verständnis für den größeren Zusammenhang von Demokratie, Politik, Wirtschaft und eigener Lebensrealität zu fördern.

Die Zusammenhänge zwischen Demokratie und Wirtschaft werden anschließend entlang der oben skizzierten Teilaspekte Unternehmenskultur, gesamtgesellschaftliche Verantwortung und betriebswirtschaftlicher Erfolg vertiefend betrachtet. Die Teilnehmenden gehen dabei erneut von ihrer eigenen Erfahrungswelt aus: Wo werden demokratische Werte in unserem Arbeitsalltag konkret sichtbar? Welche Werte sind uns besonders wichtig, und warum? In welchen Bereichen wünschen wir uns Verbesserungen, z. B. beim Thema Mitsprache und Partizipation? Inwiefern spielen gesellschaftliche Debatten wie über die Frauenquote oder Diversität und Inklusion eine Rolle? Wo stößt Demokratie in der Unternehmensführung an ihre Grenzen? Mit welchen Projekten und Initiativen engagieren wir uns als Unternehmen bereits für die Gesellschaft und welche Motivation steht dahinter?

Methodisch bedienen sich diese ersten beiden Workshop-Einheiten des klassischen Repertoires. Dazu gehören verschiedene interaktive und spielerische Elemente, Diskussionsformate wie das World-Café sowie digitale Meinungs- und Befragungstools, aber auch Kurzvorträge von und Gespräche mit politisch Verantwortlichen und Fachexperten.

Bewährte Methodik

Am dritten Tag kommen Auszubildende und Führungskräfte im Unternehmen vor Ort zusammen. Der Workshop beginnt mit einer Zusammenführung der Ergebnisse aus den ersten beiden Einheiten. Im Fokus steht die Frage, welche Gemeinsamkeiten und Unterschiede es zwischen den Teilnehmenden hinsichtlich der Vorstellungen und Erfahrungen zu demokratischen Werten im privaten, gesellschaftlichen und betrieblichen Alltag gibt.

Darauf folgt ein interaktives Planspiel, das einer Plenarsitzung des Landtags nachempfunden ist. Planspiele nehmen in der Bildungsarbeit des Landtags für alle Zielgruppen eine zentrale Rolle ein. Über das Planspiel erfahren die Teilnehmenden, wie sich Meinungsbildungs- und Entscheidungsprozesse mittels demokratischer Prinzipien entwickeln. Sie lernen, sich zu einem politischen Sachverhalt zu positionieren und ihre Interessen gegenüber anderen zu vertreten, Mehrheiten zu organisieren, eine kontroverse Debatte respektvoll zu führen und Mehrheitsentscheidungen zu akzeptieren. Üblicherweise finden diese Planspiele im Plenarsaal des Landtags statt und ermöglichen damit ein sehr eindrückliches Erleben parlamentarischer Prozesse. In diesem Programm wird das Planspiel im Unternehmen durchgeführt, wodurch dieses selbst als Ort gelebter Demokratie in den Fokus rückt. Dies wird dadurch verstärkt, dass Führungskräfte und Auszubildende ihre gewohnten Positionen verlassen, indem beispielsweise Auszubildende die Rolle der Landtags- oder Ministerpräsidentin übernehmen und Führungskräfte die der Opposition.

*Rollentausch im Planspiel*

Anschließend wird das Planspiel intensiv reflektiert: Wie haben die Teilnehmenden die demokratischen Verfahren wahrgenommen? Welchen Eindruck hat der Rollen- und Perspektivwechsel bei Auszubildenden und Führungskräften geweckt? Inwiefern lassen sich hieraus Erkenntnisse und Ideen für das Demokratie-Engagement des Unternehmens nach innen und nach außen, kurzfristig wie langfristig, gewinnen? Idealerweise können dabei bereits konkrete Handlungsfelder definiert oder Zielvereinbarungen formuliert werden.

Die vorgestellten Inhalte und Methoden verdeutlichen das Ziel des Landtags, mit dem Bildungsprogramm Akteure aus der Wirtschaft für die Wahrnehmung der Demokratie als Lebensform zu sensibilisieren und eine erste Handlungsorientierung zu geben. Letztlich geht es darum, sowohl bei den Führungskräften als auch den Auszubildenden ein Bewusstsein dafür zu schaffen, dass sie aktive Akteure der demokratischen Gesellschaft sind und entsprechendes Engagement nicht nur normativ notwendig ist, sondern auch zum eigenen wirtschaftlichen Erfolg beitragen kann.

## Praxiserfahrung: Pilotveranstaltung mit einem Energieversorger aus der Region

Wie bei jedem neuen Bildungsangebot stellt sich die Frage, inwiefern sich das theoretische Konzept erfolgreich in die Praxis umsetzen lässt und welche Anpassungen möglicherweise notwendig sind. Bereits auf den ersten Blick fällt die sicherlich größte Herausforderung des Konzepts ins Auge: Das Programm ist mit drei Workshop-Tagen sowie dem Teilnehmerkreis aus Führungskräften und Auszubildenden aufwendig konzipiert. Gelingt es, Unternehmen vom Mehrwert der Demokratiebildung zu überzeugen und für die Teilnahme an dem Programm zu gewinnen? Auch wenn das Interesse und die grundsätzliche Bereitschaft seitens der Unternehmensleitung vorhanden sind, kann die konkrete Zusage zu einer Hürde werden. Dies gilt insbesondere vor dem Hintergrund aktueller Probleme wie der Corona-Pandemie, der Energiekrise und dem drohenden wirtschaftlichen Abschwung, die scheinbar weiche oder weniger prioritäre Themen wie demokratische Unternehmensführung wieder schneller in den Hintergrund treten lassen.

Ebenfalls herausfordernd ist der Anspruch, die Teilnehmenden mit ihrem unterschiedlichen Wissens- und Erfahrungsstand und ihren divergierenden Positionen im Unternehmen in einen offenen, ausgeglichenen Dialog zu bringen. Hier kommt es auf eine zielgruppengerechte Umsetzung der einzelnen Workshop-Module an sowie auf die Motivation aller Teilnehmenden, sich auf die Zusammenarbeit einzulassen.

Schließlich stellt sich die Frage, wie nachhaltig das Bildungsangebot ist. Bleibt es aufseiten der Unternehmen bei der punktuellen Aktivität der Teilnahme an den Workshops, oder kann das Programm tatsächlich zu einem weitergehenden und langfristigen Demokratie-Engagement beitragen?

Um sich diesen Fragen anzunähern und gegebenenfalls Anpassungen an dem Konzept vorzunehmen, befindet sich das Bildungsangebot derzeit in der Pilotphase, in der das Programm mit mehreren Unternehmen getestet werden soll. Eine erste Auftaktveranstaltung fand mit dem regionalen Energieversorger EWR AG statt.

*Praktische Erprobung*

Besonders und damit untypisch mit Blick auf die beschriebenen Herausforderungen an der EWR AG ist, dass diese bereits seit vielen Jahren demokratiepolitisch engagiert ist, unter anderem als Mitglied des Bündnisses „Demokratie gewinnt!" sowie als Initiatorin vielfältiger inner- und außerbetrieblicher Aktivitäten zum Thema.

An dem Programm nahmen etwa 25 Auszubildende aus dem betriebswirtschaftlichen und technischen Bereich, der Vorstand des Unternehmens sowie etwa 20 Führungskräfte aus dem Managementkreis teil. Statt eines vollständigen Durchlaufs wurden ausgewählte und teils variierte Bausteine des Konzeptes durchgeführt. Gründe dafür waren zum einen organisatorische und zeitliche Erfordernisse und zum anderen die Einbettung des Programms in ein von der EWR AG bereits geplantes, demokratiebezogenes Projekt im Kontext der Energiewende.

Modulare Bausteine

Auch wenn das Konzept daher noch nicht in seiner Gesamtheit getestet wurde, zeigt sich hier ein Ansatz, um Unternehmen für das Programm zu gewinnen: Indem sich einzelne Bausteine aus dem Gesamtkonzept herauslösen und variieren lassen, kann der Landtag sein Angebot flexibel auf die Bedürfnisse der Unternehmen anpassen.

Konkret gestaltete sich das Programm für die EWR AG folgendermaßen: In einem ersten Teil nahmen die Auszubildenden an einem eintägigen Demokratie-Workshop im Landtag teil, der sich inhaltlich wie methodisch größtenteils an den oben beschriebenen Bausteinen orientierte: So setzten sich die Teilnehmenden anhand ihrer eigenen Lebensrealität mit den Grundlagen und Prinzipien der Demokratie auseinander, lernten die Aufgaben und Funktionsweise des Landtags kennen, erarbeiteten die verschiedenen Aspekte von Demokratie in der Wirtschaft und wandten diese auf ihr persönliches Arbeitsumfeld an. Abweichend vom Konzept führten die Auszubildenden bereits an diesem ersten Workshop-Tag und ohne die Führungskräfte das Rollenspiel im Plenarsaal des Landtags durch.

Das Feedback seitens der Auszubildenden war überwiegend sehr positiv. Insbesondere das Rollenspiel sowie die Erfahrung, dass Demokratie alle Lebensbereiche prägt, wurde als positiv und motivierend für die weitere Auseinandersetzung mit dem Thema bewertet. Ein wichtiges Ziel des Programms wurde damit bereits erreicht. Als herausfordernd stellte sich dagegen die Auseinandersetzung mit den spezifischen Aspekten von Demokratie in der Wirtschaft dar. Es zeigte sich, dass auch die Gruppe der Auszubildenden heterogen in Bezug auf ihr Vorwissen und ihre Erfahrungen war, so dass die gewählten Methoden und Inhalte zur Vermittlung des Themenbausteins nicht für alle gleich gut geeignet waren und Anpassungen erforderlich sind. Insgesamt konnte dennoch das Ziel erreicht werden, bei den Auszubildenden ein Bewusstsein dafür zu schaffen, dass auch ihr eigener Arbeitsplatz mit Politik und Demokratie auf enge Weise verbunden ist.

Den zweiten Teil des Programms bildete ein „Feierabend-Standup"-Format im Unternehmen vor Ort. An dem etwa zweistündigen Programm nahmen die Auszubildenden, der Vorstand und der Managementkreis der EWR AG sowie anlässlich des Auftakts des Bildungsangebots der Präsident des Landtags teil. Kern des Formats waren nach einer Keynote des Landtagspräsidenten und einer Bild- und Videodokumentation des Workshops im Landtag durch die Auszubildenden zwei interaktive Einheiten zum Thema Demokratie in der Wirtschaft. Zunächst positionierten sich alle Teilnehmenden mittels der „Line-Up"-Methode zu kontroversen Statements, die die Bereiche demokratische Unternehmenskultur, gesellschaftliche Verantwortung sowie Unternehmertum in Autokratien vs. Demokratien abdeckten. Die jeweiligen Positionierungen wurden anschließend gemeinsam diskutiert. Aufgrund der zugespitzten Statements und der heterogenen Gruppe aus Auszubildenden und Führungskräften entwickelte sich eine spannende und differenzierte Debatte. Es zeigten sich unterschiedliche Bewertungen der Statements entlang der beruflichen Position bzw. Verantwortung, aber auch der persönlichen Wertvorstellungen. Insofern hat sich die Grundidee des Konzepts, Auszubildende und Führungskräfte zusammenzubringen, als richtig erwiesen. Hieraus entsteht der große Mehrwert des Programms. Zugleich hat sich die Annahme bestätigt, wie wichtig eine gute inhaltliche Vorbereitung der Auszubildenden ist, damit diese in einen möglichst intensiven Austausch mit ihren Führungskräften kommen können. Umgekehrt

Feierabend-Standup

sollte bei der zukünftigen Durchführung des Programms darauf geachtet werden, wie vorgesehen auch die Führungskräfte auf den Austausch mit ihren Auszubildenden vorzubereiten.

Im Anschluss an das Line-Up richtete sich der Blick gezielt auf die Unternehmenskultur und das Demokratie-Engagement der EWR AG. Über ein Online-Tool beantworteten die Teilnehmenden die Frage, wie Demokratie in der EWR AG gelebt wird.

**Erfolgreicher Probelauf**

Die häufigsten Nennungen waren in absteigender Reihenfolge: „Betriebsrat", „Mitsprache", „Meinungsfreiheit", „Respekt", „Freiheit", „jav", und „zukunftsweisend". Aus den Antworten wird deutlich, dass die institutionellen und gesetzlich verankerten Bestandteile einer demokratischen Unternehmenskultur in Form von Betriebsrat und Jugend- und Auszubildendenvertretung wichtige und etablierte Instrumente sind. Aber auch die grundlegenden Werte demokratischen Zusammenlebens wie Meinungsfreiheit, Respekt, Mitsprache und Diversität wurden genannt. Die Einschätzung „zukunftsweisend" verweist zudem auf die Relevanz, die der Demokratisierung der Wirtschaft für das eigene Unternehmen beigemessen wird.

Auch zu diesem zweiten Teil wurde rückgemeldet, dass das Programm in seiner besonderen Konstellation der Teilnehmenden eine Bereicherung gewesen sei und eine Fortführung des Demokratie-Engagements geplant sei. Aus Sicht des Landtags wurde das Ziel erreicht, für den Zusammenhang von Demokratie und Wirtschaft zu sensibilisieren und bei Führungskräften wie Auszubildenden ein Bewusstsein dafür zu schaffen, dass es sowohl Verantwortung als auch Interesse der Wirtschafts- und Arbeitswelt ist, aktiv an der Stärkung und Gestaltung der Demokratie zu partizipieren.

## Fazit und Ausblick

Der Landtag ist überzeugt, mit seinem Bildungsangebot für Unternehmen sowohl von der konzeptionellen Idee als auch der ersten praktischen Umsetzung her einen wichtigen Beitrag dazu zu leisten, die Demokratie zu stärken. Je mehr es gelingt, Akteure aus allen gesellschaftlichen Sphären als aktive Partner zu gewinnen, desto mehr wird Demokratie als eine Lebensform verinnerlicht, die tagtäglich und überall gelebt wird. Dass es im Kontext der Wirtschafts- und Arbeitswelt dabei nicht nur um eine wertegebundene Verantwortung der Unternehmen geht, sondern auch die betriebswirtschaftlichen Eigeninteressen eine wichtige Rolle spielen, hat der vorliegende Beitrag gezeigt.

Für den Landtag geht es nun darum, das Programm inhaltlich und methodisch weiterzuentwickeln und als festes Angebot seiner politischen Bildungsarbeit zu etablieren. Im Fokus steht insbesondere die Herausforderung, Unternehmen für die Teilnahme an dem vergleichsweise anspruchsvollen und zeitintensiven Programm zu gewinnen. Hierbei scheint es darauf anzukommen, dass die Unternehmensführung den Mehrwert des Demokratie-Engagements erkennt und aktiv für sich nutzen will, dieses im besten Fall sogar als Teil der Unternehmensstrategie begreift.

Perspektivisch soll das Programm anschließend nicht nur für rheinland-pfälzische Unternehmen angeboten, sondern auch auf weitere Zielgruppen wie Verbände und Organisationen der Zivilgesellschaft ausgeweitet werden. Der Landtag möchte so möglichst viele Akteure der Wirtschafts- und Arbeitswelt erreichen und die Demokratiebildung in diesem zentralen gesellschaftlichen Bereich fördern und verstetigen.

*Perspektivische auch Angebote an Organisationen und Verbände*

## Literatur

Backhaus-Maul, Holger/Biedermann, Christiane/Nährlich, Stefan/Polterauer, Judith (Hrsg.) (2008): Corporate Citizenship in Deutschland. Bilanz und Perspektiven. Wiesbaden: VS-Verlag.

Bohnen, Johannes (2020): Corporate Political Responsibility. Wie Unternehmen die Demokratie und damit sich selbst stärken. Berlin: Springer Gabler.

Cruz, Julia (2022): Corona-Schutz im Betrieb. Dürfen Chefs noch Masken verlangen? In tagesschau.de, abrufbar unter https://www.tagesschau.de/wirtschaft/unternehmen/corona-schutz-arbeitsplatz-101.html (Zuletzt aufgerufen am 28.10.2022).

Dörre, Klaus (2015): Das demokratische Unternehmen – ein zukunftstaugliches Leitbild? In: Sattelberger, Thomas / Welpe, Isabell / Boes, Andreas (Hrsg.): Das demokratische Unternehmen. Freiburg, München: Haufe Gruppe, S. 95-114.

Fehser, Stefan/Mögling, Tatjana/Schlimbach, Tabes/Reißig, Birgit (2019): Demokratieförderung in der beruflichen Bildung. Abschlussbericht der wissenschaftlichen Begleitung des Programmbereichs F „Engagement und Vielfalt in der Arbeits- und Unternehmenswelt". München: Deutsches Jugendinstitut e. V.

Hackl, Benedikt/Wagner, Marc/Attmer, Lars/Baumann, Dominik (2017): New Work: Auf dem Weg zur neuen Arbeitswelt. Management-Impulse, Praxisbeispiele, Studien. Wiesbaden: Springer Gabler.

Holstenkamp, Lars/Radtke, Jörg (Hrsg.) (2018): Handbuch Energiewende und Partizipation. Wiesbaden: Springer Fachmedien.

Jaeger, Andreas (2021): „Wir begeistern für die Demokratie." Der Landtag Rheinland-Pfalz als außerschulischer Lernort. In: Unterricht Wirtschaft + Politik, Heft 2, S. 41-49.

Jobst-Jürgens, Vanessa (2020): New Work. Was relevante Arbeitnehmergruppen im Job wirklich wollen – eine empirische Betrachtung. Wiesbaden: Springer Gabler.

Krell, Christian (2010): Wirtschaftspolitische Entwürfe in der politischen Bildung – warum, was und wie? In: Praxis Politische Bildung, 14. Jahrgang, Heft 3, S. 172-180.

Mumme, Thorsten (2021): Facebook und Google als Vorbild? Was deutsche Firmen von einer Impfpflicht für Arbeitnehmer halten. In: tagesspiegel.de, abrufbar unter https://www.tagesspiegel.de/wirtschaft/was-deutsche-firmen-von-einer-impfpflicht-fur-arbeitnehmer-halten-8000620.html (Zuletzt abgerufen am 28.10.2022).

Sarcinelli, Ulrich (2011): Politische Kommunikation in Deutschland. Medien und Politikvermittlung im demokratischen System. 3. Auflage. Wiesbaden: VS Verlag für Sozialwissenschaften.

Stiftung Familienunternehmen (Hrsg.) (2022): Fachkräftemangel aus Unternehmenssicht: Auswirkungen und Lösungsansätze – Jahresmonitor der Stiftung Familienunternehmen, erstellt vom ifo Institut – Leibniz Institut für Wirtschaftsforschung an der Universität München e. V. München.

Vaut, Simon/Schwäbe, Carsten/Dahm, Jochen/Trömmer, Markus (2018): Wirtschaft und Soziale Demokratie. Lesebuch der Sozialen Demokratie 2. 4. Auflage. Bonn: Friedrich-Ebert-Stiftung, Abteilung Politische Akademie.

Vorreiter, Paul (2021): Corona-Maßnahmen am Arbeitsplatz. Unternehmen fordern mehr Möglichkeiten und Rechtssicherheit. In: deutschlandfunk.de, abrufbar unter https://www.deutschlandfunk.de/corona-massnahmen-am-arbeitsplatz-unternehmen-fordern-mehr-100.html (Zuletzt aufgerufen am 28. Oktober 2022).

Welpe, Isabell/Tumasjan, Andranik/Theurer, Christian (2015): Der Blick der Managementforschung. In: Sattelberger, Thomas/Welpe, Isabell/Boes, Andreas (Hrsg.): Das demokratische Unternehmen. Freiburg, München: Haufe Gruppe, S. 77-94.

# Anhang

# Unsere Autor*innen

**Prof. Dr. Thomas Bäumer** ist Wirtschaftspsychologe mit einem Schwerpunkt auf Konsumentenverständnis. Er ist Studiendekan des Fachbereichs Wirtschaftspsychologie an der HFT Stuttgart. In seiner Forschung beschäftigt er sich unter anderem mit den Themen Innovation, Akzeptanz und Partizipation.

**Ralf-Uwe Beck** ist Theologe, Bürgerrechtler und Autor. Er ist Bundesvorstandssprecher von Mehr Demokratie e. V. und war zuvor zehn Jahre stellvertreter Bundesvorsitzender des Bund für Umwelt und Naturschutz Deutschland (BUND).

**Christiane Benner** ist seit Oktober 2015 Zweite Vorsitzende der IG Metall. Die Schwerpunkte der gelernten Fremdsprachenkorrespondentin und Diplom-Soziologin liegen in der Gestaltung der modernen Arbeitswelt, darunter Innovation der Mitbestimmung, Digitalisierung sowie Diversity-Fragen. Außerdem verantwortet sie die organisationspolitische Weiterentwicklung der IG Metall sowie die Aktivitäten der Jungen IG Metall.

**Elias Brandenberg** ist wissenschaftlicher Mitarbeiter am Departement Soziale Arbeit der ZHAW, Institut für Vielfalt und gesellschaftliche Teilhabe. Er forscht, lehrt und arbeitet in den Bereichen Community Development, Offene Kinder- und Jugendarbeit, Gemeinwesenarbeit, Partizipation und soziale Nachhaltigkeit. BSc und MSc in Sozialer Arbeit an der ZHAW.

**Wiebke Brink** arbeitet als Projektleiterin bei Wissenschaft im Dialog und gestaltet dort seit 2013 den Aufbau und die Weiterentwicklung der Plattform Bürger schaffen Wissen. Als studierte Kulturwissenschaftlerin ist ihr inter- und transdisziplinäres Denken vertraut, Partizipation und (Wissenschaft-)Kommunikation sind ihre Themen.

**Prof. Dr. Uta Bronner** arbeitet an der HFT Stuttgart als Wirtschaftspsychologin im Bereich Human Ressource Management. Sie leitet das Projekt „Innovative Hochschule - M4_Lab". Ihre Forschungsschwerpunkte liegen unter anderem im Bereich Veränderungsmanagement und Partizipation.

**Albertus Bujard** ist Mitbegründer des Vereins Bürger für Heidelberg. Der Verein ging aus einer Bürgerinitiative hervor und begleitete die Stadtentwicklung seit Anfang der 70er Jahre kritisch und konstruktiv. Vom 1975 bis 1985 war er Mitglied im Heidelberger Gemeinderat. Zwischen 2002 und 2014 war er Schatzmeister dann Vorsitzender des Vereins OB-DACH e. V. Unter Federführung von Bujard wurde zudem die Bürgerstiftung Heidelberg ins Leben gerufen. 2011 wurde er in den trialogisch besetzten Arbeitskreis (AK) zur Erarbeitung von Leitlinien und Satzung für mitgestaltende Bürgerbeteiligung in Heidelberg einberufen; seit 2013 bis heute ist er Mitglied im AK Bürgerbeteiligung.

**Dr. Christine Dörner** ist Mitbegründerin der Organisationsberatung weitgeblickt, stellv. Vorsitzender Allianz für Beteiligung e. V. in Baden-Württemberg, Gründungsvorstandsmitglied des Kompetenzzentrums Bürgerbeteiligung e. V. und Zivilgesellschafterin (u. a. Vorsitzende des Bürgervereins Karlsruhe Beiertheim e. V. und Sprecherin des Bündnisses). Sie war Seniorberaterin für PWC/KGSt consult, Abteilungsleiterin bei der Stadt Karlsruhe, Leiterin des Kompetenzzentrums für Organisationsentwicklung der Führungsakademie Baden-Württemberg. Ihre Leidenschaft sind Beteiligungsprozesse in und außerhalb von Organisationen und Projekte an der Verbindungslinie von Politik, Verwaltung und Zivilgesellschaft.

**Fabian Eisenbarth** ist seit 2021 Leiter der Koordinierungsstelle Bürgerbeteiligung der Stadt Heidelberg. In dieser Funktion ist er verantwortlich für die Ausgestaltung der Beteiligungspraxis in Heidelberg sowie die ideenreiche Weiterentwicklung und Umsetzung der Leitlinien für mitgestaltende Bürgerbeteiligung. Zuvor gehörte er bereits mehrere Jahre zum Team der Koordinierungsstelle Bürgerbeteiligung. Von 2016 bis 2018 war er bei der IFOK GmbH in Bensheim tätig, wo er als Projektleiter im Bereich Mobilität sowie Energie und Infrastruktur für die kommunikative und strategische Beratung zu Beteiligungsverfahren in Planungsprozessen mit Konfliktpotenzial sowie die Durchführung und Moderation unterschiedlicher Beteiligungsformate zuständig war.

**Jan Engelhardt** koordiniert die Arbeit im Vorstandsbereich von Christiane Benner, insbesondere die strategisch-politischen Schwerpunktprojekte. Er leitet zudem ihr Büro.

**Dr. Christoph Ewen** Ausbildung als Diplom Bauingenieur (TU Darmstadt) mit Schwerpunkt Umwelt- und Raumplanung. Aus- und Weiterbildungen im Bereich Mediation sowie systemische Beratung. Von 1985 bis 1999 tätig am Öko-Institut e. V. Von 2000 bis 2003 beim Institut für Organisationskommunikation (IFOK) GmbH, Bensheim. 2003 gründete Dr. Ewen das Büro team ewen für Konflikt- und Prozessmanagement. Dort hat er die Konzeption, Moderation und Steuerung einer Vielzahl von öffentlichen Dialogen vor allem im Kontext technischer und planerischer Vorhaben inne.

**Dr. Katrin Gliemann** ist Raumplanerin und seit 2003 am (heutigen) Fachgebiet International Planning Studies der Fakultät Raumplanung der Technischen Universität Dortmund beschäftigt.

**Dr. Anna Grebe** berät und begleitet Verbände, Vereine, Kommunen und Ministerien in der Konzeptionierung, Umsetzung und Verankerung von Jugendbeteiligung. Neben ihrer Lehrtätigkeit an Hochschulen in Berlin und Jena arbeitet sie zudem als Veranstaltungs- und Prozessmoderatorin sowie als Konfliktberaterin in Berlin, NRW und darüber hinaus. Ihr Schwerpunkt liegt unter anderem in der Beteiligung von Mädchen* und jungen Frauen* sowie der Zukunftsfähigkeit von Jugend(verbands)arbeit.

**Frieder Hartung**, Dip.-Ing. (FH) Stadtplanung und MSc Sustainable Urbanism, Bartlett School of Plannung, UCL London. Prozessbegleitung für kommunale Veränderungsprozesse, Moderation von Beteiligungsprozessen, Dynamic Facilitation, Forschungstätigkeit zu Themen der Transformation urbaner Räume. Derzeit Mitarbeiter an der Intersectoral School of Governance der Dualen Hochschule

Baden-Württemberg, Projektbearbeitung zur Partizipation beim Innovationspark für Künstliche Intelligenz Heilbronn.

**Prof. Dr. Sonja Haug** ist Professorin für Empirische Sozialforschung an der OstbayerischenTechnischen Hochschule Regensburg und Co-Leiterin des Instituts für Sozialforschung und Technikfolgenabschätzung (IST). Nach ihrem Studium der Soziologie, Psychologie und Wissenschaftstheorie in Mannheim promovierte sie in Mannheim und habilitierte sich in Mainz. Sie war wissenschaftliche Mitarbeiterin an den Universitäten Stuttgart, Mannheim und Leipzig, am Bundesinstitut für Bevölkerungsforschung und Referatsleiterin in der Forschungsgruppe am Bundesamt für Migration und Flüchtlinge.

**Ulla Herlt** leitet das Grundsatzreferat der Abteilung Beteiligung im BASE. Zuvor hat sie als Beraterin Dialog- und Beteiligungsprozesse zu Energie- und Infrastrukturprojekten konzipiert und umgesetzt. Sie hat Kommunikationswissenschaft und Soziologie studiert.

**Dr. Christoph Jessen** ist ein pensionierter deutscher Diplomat mit vielfältigen beruflichen Erfahrungen vor allem in den Bereichen UNO- und Europapolitik. Zuletzt war er bis 2011 Botschafter in Dänemark. Seitdem leitet er das Dialogforum Feste Fehmarnbeltquerung, das Planung und Bau des Tunnels auf der Vogelfluglinie zwischen Lolland (Dänemark) und Fehmarn sowie der Schienen- und Straßenanschlüsse bis Lübeck begleitet. Geboren am 31. August 1946 in Kiel studierte er Rechtswissenschaften in Kiel und Freiburg, wo er auch stellvertretender ASTA-Vorsitzender war. Er legte die beiden juristischen Staatsexamen in Schleswig bzw. Hamburg ab und promovierte am Institut für Internationales Recht der Universität Kiel. 1975 trat er in den Auswärtigen Dienst ein.

**Dr. Anke Kaschlik** ist Dozentin am Departement Soziale Arbeit der ZHAW, Institut für Vielfalt und gesellschaftliche Teilhabe. Sie forscht und lehrt zu sozialer und nachhaltiger Stadtentwicklung, Partizipation und Governance sowie transdisziplinären und transformativen Methoden. Studium der Stadtplanung/Stadtentwicklungsplanung und Promotion in Planungswissenschaften an der Universität Kassel.

**Eva Konieczny** (M. A. Bildung und Soziale Arbeit) ist wissenschaftliche Referentin bei der Landesarbeitsgemeinschaft (LAG) SELBSTHILFE NRW e. V. Sie hat sich auf die Umsetzung und Gestaltung von Partizipationsmöglichkeiten von Menschen mit Behinderungen auf kommunaler Ebene spezialisiert und promoviert hierzu. Die Expertise setzt sie bei der Beratung von Kommunen sowie in Wissenschaft um.

**Prof. Dr. Felix Krebber** ist Professor für Unternehmenskommunikation an der Fakultät für Wirtschaft und Recht der Hochschule Pforzheim. Seit mehr als zehn Jahren forscht er zu Partizipation innerhalb der gesellschaftsorientierten Unternehmenskommunikation. Er ist Gründungsmitglied des Arbeitskreises Akzeptanzkommunikation der Deutschen Public Relations Gesellschaft e. V. (DPRG) und ehrenamtlich in dessen Lenkungskreis engagiert. Er gehörte als wissenschaftlicher Berater einer Arbeitsgruppe des Deutschen Rates für Public Relations (DRPR) an, die zur Aufgabe hatte, einen Entwurf für eine Richtlinie zu Partizipation in der Organisationskommunikation vorzulegen.

**Dr. Eva Krick** ist promovierte Politikwissenschaftlerin. Sie hat an verschiedenen Stationen im In- und Ausland zu den Themen Bürgerbeteiligung und Demokratiereform geforscht und gelehrt. Sie war unter anderem Vertretungsprofessorin für Vergleichende Politikwissenschaft an der Humboldt Universität Berlin und viele Jahre am ARENA Centre for European Studies der Universität Oslo. Zur Zeit bereitet sie ein Forschungsprojekt zum Thema Bürgerexpertise vor, das an die Johannes Gutenberg-Universität Mainz angesiedelt wird.

**Daniela Kuzu** ist Diplom-Politologin, ausgebildete Konfliktmanagerin und Organisationsentwicklerin. Nach ihrem Studium arbeitete sie 13 Jahre für die Friedrich-Ebert-Stiftung, wovon sie 5 ½ Jahre Büroleiterin in Ghana und 3 ½ Jahre stellvertretende Büroleiterin in Istanbul war. Seit März 2019 ist Daniela Kuzu Beigeordnete der

Fontanestadt Neuruppin. Sie ist hauptverantwortlich für den umfassenden Transformationsprozess der Stadtverwaltung hin zu einer modernen Dienstleisterin und Arbeitgeberin. Seit Beginn an hat sie auch federführend das Thema Kinder- und Jugendbeteiligung etabliert und mit vielen Akteuren die Stadtverwaltung zum Leuchtturmprojekt in Brandenburg gemacht.

**Sarah Lang-Lehmann** ist Psychologin mit dem Schwerpunkt Arbeits- und Organisationspsychologie. Sie arbeitet an der HFT Stuttgart im Projekt „Innovative Hochschule – M4_Lab". Dort forscht sie unter anderem zu den Themen wie Menschen auf psychologische Unsicherheit reagieren und Partizipation.

**Dr. Corinna Metz** ist Politikwissenschaftlerin und wissenschaftliche Mitarbeiterin am Demokratiezentrum Wien mit dem Arbeitsschwerpunk Demokratiebildung in öffentlichen Einrichtungen. Zuvor war sie an der Universität Wien sowie mehrere Jahre als Generalsekretärin am Sir Peter Ustinov Institut in Wien tätig.

**Prof. Dr. Patrick Müller** ist Wirtschaftspsychologe an der HFT Stuttgart mit einem Schwerpunkt auf Human Ressource Management. In seiner Forschung beschäftigt er sich unter anderem mit den Themen Technologieakzeptanz und Partizipation.

**Moritz Müller** studierte Geschichte & Philosophie und kam durch die Arbeit an seiner Promotion zur Citizen Science. Seit März 2022 setzt er sich als wissenschaftlicher Koordinator der Plattform Bürger schaffen Wissen mit den praktischen und theoretischen Fragen rund um Citizen Science auseinander.

**Tobias Nägeli** ist wissenschaftlicher Assistent am Departement Soziale Arbeit der ZHAW, Institut für Vielfalt und gesellschaftliche Teilhabe. Er forscht, lehrt und arbeitet in den Bereichen Community Development, Sozialraum und Gemeinwesen, Partizipation und soziale Nachhaltigkeit, offene Kinder- und Jugendarbeit sowie inter- und transdisziplinären Methoden. BSc in Sozialer Arbeit an der BFH und MSc in Sozialer Arbeit an der ZHAW.

**Sybille Neuß** ist eine studierte Germanistin und Historikerin (M. A.), hat viele Jahre als PR- und Marketing Managerin in Unternehmen gearbeitet, bevor sie 2017 erstmals den Fuß in eine Kommunikationsagentur setzte. Dort entwickelte sich schnell ein hohes Interesse für strategische Stakeholderkommunikation. Seit 2018 folgten Großprojekte im Bereich Dialog und Bürgerbeteiligung. 2020 stieg sie bei Scholz & Friends Agenda ein und war die Frau der ersten Stunde für die deutschlandweite Dialoginitiative „Deutschland spricht über 5G" zum Mobilfunkausbau. Seit 2021 leitet sie das Kompetenzfeld Dialogue & Participation bei Scholz & Friends und berät unter anderem das Bundesministerium für Digitales & Verkehr zu Fragen der direkten Stakeholder- und Bürgerkommunikation.

**Peter Nothbaum,** M. A. ist wissenschaftlicher Mitarbeiter am Lehrstuhl für Erziehungswissenschaften mit dem Schwerpunkt Inklusion und Exklusion an der Philipps-Universität Marburg. Er forscht und lehrt zu Prozessen der Teilhabe von Menschen mit Behinderung. In seiner Dissertation setzt er sich mit aktiver Sexualbegleitung bzw. Sexualassistenz bei Menschen mit geistiger Behinderung auseinander.

**Dr. Andreas Paust** hat mehr als 25 Jahren in der Kommunalpolitik gearbeitet, war Berater und Moderator bei einer Beteiligungsagentur und hat sich bei der Bertelsmann Stiftung unter anderem mit Qualitätskriterien und Kompetenzaufbau für Bürgerbeteiligung beschäftigt. Derzeit ist er Fachprojektleiter Öffentlichkeitsbeteiligung bei der 50Hertz Transmission GmbH. Er ist Vorsitzender des Kompetenzzentrum Bürgerbeteiligung e. V. und betreibt den Bürgerbeteiligungs-Blog partizipendium.de.

**Hon.-Prof. Dr. Uwe Pfenning** (Universität Stuttgart, Lehrstuhl für Soziologie mit dem Schwerpunkt sozialwissenschaftliche Methodik und DLR Stuttgart) forschte über soziale Netzwerke, Bürgerbeteiligung, MINT-Bildung und Techniksoziologie, hierbei insbesondere zur Bürgerbeteiligungsverfahren bei lokalen Energiewenden. Projekte in Rottweil wurden vom Land Baden-Württemberg 2014 und 2018 ausgezeichnet als Leuchtturmprojekt und für Nachhaltige Bürgerbeteiligung. Darüber hatte er lange Zeit Amt und Mandat für Bündnis90/Grüne in der Stadtverordnetenversammlung Viernheim inne. Dort initiierte er Bürgerentscheide und Bürgergutachten.

**Prof. Dr. Susanne Pickel** ist Professorin für Vergleichende Politikwissenschaft an der Universität Duisburg-Essen. Ihre Forschungsschwerpunkte liegen auf politischer Kultur- und Demokratieforschung, Wahlforschung, Responsivitätsforschung und Forschung zu Transitional Justice. Sie widmet sich zudem der Radikalisierungsforschung und den Methoden der Vergleichenden Politikwissenschaft.

**Nóra Regös** ist wissenschaftliche Mitarbeiterin bei der Koordinierungsstelle Bürgerbeteiligung der Stadt Heidelberg. Ihr Schwerpunkt liegt dabei auf der Evaluation und Weiterentwicklung der Heidelberger Leitlinien sowie auf dem Ausbau der digitalen Beteiligung in Heidelberg. Zuvor war sie Projektmitarbeiterin an der Deutschen Universität für Verwaltungswissenschaften Speyer im Projekt „Wissens- und Ideentransfer für Innovation in der Verwaltung". Zwischen 2014 und 2018 forschte und lehrte sie an der Universität Wien, Universität Heidelberg und am Science Po Nancy in den Bereichen Demokratie- und Migrationsforschung.

**Hannah Reinbold**, Bachelor in Sozialwissenschaften, derzeit Master Planung und Partizipation an der Universität Stuttgart, Masterarbeit „Öffentliche Räume und ihre Funktionen", studentische Hilfskraft im Projekt TransZ (Transformation urbaner Zentren) an der Hochschule für Technik Stuttgart, wissenschaftliche Hilfskraft am Fraunhofer Institut im Bereich Smart Urban Environments.

**Dominik Ringler** (Dipl.-Sozialarbeiter/-pädagoge und Dipl.-Sozialwissenschaftler) leitet das Kompetenzzentrum Kinder- und Jugendbeteiligung Brandenburg in Trägerschaft der Stiftung Wohlfahrtspflege Brandenburg und führt seit über 25 Jahren Beteiligungsprojekte mit jungen Menschen durch. Er ist derzeit Mitglied der Lenkungsgruppe des Bundesnetzwerks Kinder- und Jugendbeteiligung, Sachverständiger der Kinderfreundlichen Kommunen sowie Mitglied der Sachverständigenkommission zum 17. Kinder- und Jugendbericht der Bundesregierung.

**Norbert Rost,** Baujahr 1976, wuchs in der Lausitz auf und studierte Wirtschaftsinformatik an der TU Dresden. Er befasst sich seit 2003 mit Stadt- und Regionalentwicklungsfragen und ist stark beeinflusst von der Idee der Transition Towns. Er gründete mehrere Vereine zu regionalwirtschaftlichen und Energiewende-Fragen. Von 2015 bis 2018 leitete er das Zukunftsstadt-Projekt aus der Strategie-Abteilung der Landeshauptstadt Dresden. Er ist Geschäftsführer der futureprojects GmbH, die digitale Tools für Beteiligungsprozesse erforscht und entwickelt sowie Beteiligungsprozesse konzipiert und umsetzt.

**Prof. Dr. Viviane Schachler** ist Professorin für Soziale Arbeit in der Rehabilitation und Senatsbeauftragte für Studierende mit Beeinträchtigungen und chronischen Erkrankungen an der HAWK Hochschule für angewandte Wissenschaft und Kunst Hildesheim, Holzminden, Göttingen. Die studierte Sozialarbeiterin promovierte an der Humboldt-Universität zu Berlin über Werkstatträte in Werkstatten für Menschen mit Behinderungen.

**Joana Julie Scheppe**, M. Sc. Wirtschaftspsychologie, arbeitet an der HFT Stuttgart in dem Projekt „Innovative Hochschule – M4_Lab" und forscht dort zu dem Thema Partizipation aus Bürgersicht.

**Jürgen Scheurer**, M. A. Mag.rer.publ. (geb. 1965) ist Soziologe und Verwaltungswissenschaftler. Er ist als Projektleiter für das Solar Cluster BW und das Steinbeis-Beratungszentrum Unternehmenscoaching tätig. An der DHBW Heilbronn lehrt er im Bereich Dienstleistungsmanagement zum Thema Digitaler Medienvertrieb. Als geschäftsführender Gesellschafter der Diskurs Communication GmbH berät er Unternehmen der Energiebranche, Kommunen und die Politik. Unter der Marke direktzu wurden Online-Bürgerdialogprozesse für Stuttgart 21, Amprion, politische Organisationen und Windparks organisiert.

**Simon Schmidbauer** hat an der Ostbayerischen Technischen Hochschule einen Bachelorabschluss in Sozialer Arbeit und einen Masterabschluss im Studiengang Soziale Arbeit – Inklusion und Exklusion erworben. Er war 2017 bis 2022 wissenschaftlicher Mitarbeiter von Prof. Dr. Sonja Haug am Institut für Sozialforschung und Technikfolgenabschätzung (IST) an der OTH Regensburg und hat 2018 bis 2022 das Projekt DePaGe im Bayerischen Forschungsverbund ForDemocracy bearbeitet. Er promoviert zum Thema Politische Partizipation von Geflüchteten an der Universität Passau und ist seit Februar 2023 wissenschaftlicher Mitarbeiter am Deutschen Zentrum für Integrations- und Migrationsforschung (DeZIM).

**Peter Schraeder** ist Team-Koordinator und Senior Content Manager im Marketing-Team von POLYAS, einem der führenden Anbieter für Online-Wahlen. Studiert hat er Geschichte mit einem Schwerpunkt auf medialer Darstellung von Geschichte an der Justus-Liebig-Universität Gießen und der Freien Universität Berlin.

**Franca Schreiber**, M. A., leitet das Referat für Demokratiebildung und Erwachsenenbildung im Landtag Rheinland-Pfalz. Dort betreut sie unter anderem den Themenbereich Demokratie und Wirtschaft. Sie hat Kommunikations- und Politikwissenschaften in Mainz und Düsseldorf studiert und ein Volontariat im Bereich Presse- und Öffentlichkeitsarbeit des Landtags Rheinland-Pfalz absolviert.

**Prof. Dr. Gesine Schwan**, Politikwissenschaftlerin, seit Jahrzehnten demokratietheoretisch und -politisch engagiert. 1977-1998 Professorin am Otto-Suhr- Institut der FU Berlin. 1999-2008 Präsidentin der Europa Universität Viadrina in Frankfurt (Oder), zweimal Kandidatin von SPD/Grünen bzw. SPD für das Amt des Bundespräsidenten, aktuell Präsidentin der Berlin Governance Platform und Vorsitzende der SPD Grundwertekommission.

**Christian Schwöbel** ist Politikwissenschaftler und seit 2020 als Referent und stellv. Leiter des Grundsatzreferats der Abteilung Beteiligung im BASE tätig. Davor arbeitete er als politischer Berater in der Berliner Senatsverwaltung für Wirtschaft, Energie und Betriebe sowie dem Berliner Abgeordnetenhaus.

**Hanna Seydel** studierte Raumplanung in Dortmund und Newcastle (Großbritannien). Sie arbeitet seit 2018 als wissenschaftliche Mitarbeiterin am Fachgebiet Stadt- und Regionalsoziologie der Fakultät Raumplanung der Technischen Universität Dortmund.

**Prof. Dr. Christina Simon-Philipp**, Architektin und Stadtplanerin, Studium an der Universität Stuttgart und der ETH Zürich, Professorin an der Hochschule für Technik Stuttgart, Leiterin Zentrum für nachhaltige Stadtentwicklung am Institut für angewandte Forschung, Forschungstätigkeit mit dem Schwerpunkt Stadterneuerung, Wohnen, öffentlicher Raum, Mobilität und Partizipation, freiberufliche Tätigkeit als Stadtplanerin im interdisziplinären Netzwerk urbi_et stadt forschung praxis.

**Jörg Sommer** ist Direktor des Berlin Institut für Partizipation. Er beschäftigt sich seit über 30 Jahren mit Fragen des gesellschaftlichen Engagements und Zusammenhaltes. Er ist als Gutachter und Berater für Parlamente, Ministerien, Stiftungen und Verbände tätig, Koordinator der Allianz Vielfältige Demokratie sowie Herausgeber des regelmäßig erscheinenden KURSBUCH BÜRGERBETEILIGUNG. Seit 2020 publiziert er einen kostenlosen wöchentlichen Newsletter demokratie.plus zu Fragen der Demokratie und des gesellschaftlichen Zusammenhalts.

**Tobias Stapf** beschäftigte sich bereits seit dem Studium an der London School of Economics and Political Science mit den Selbstorganisationsprozessen von Migrantinnen und Migranten in urbanen Kontexten. Aktuell arbeitet er in verschiedenen Projekten bei Minor – Projektkontor für Bildung und Forschung, die „Digital Streetwork" für Neuzugewanderte umsetzen. Auf der Basis der angewandten Forschungsarbeit des Projektes untersucht er, warum und wie sich Zugewanderte in Deutschland inzwischen hauptsächlich in den Sozialen Medien informieren, gegenseitig unterstützen und organisieren und was diese Entwicklung für öffentliche und zivilgesellschaftliche Organisationen bedeutet, die mit diesen Zielgruppen arbeiten oder diese erreichen wollen.

**Dr. Toralf Stark** ist Lehrkraft für besondere Aufgaben im Bereich Vergleichende Politikwissenschaft und Europäische Integration & Europapolitik an der Universität Duisburg-Essen. Seine Forschungsschwerpunkte liegen in der Partizipationsforschung, der politischen Kultur- und Einstellungsforschung und den Methoden der vergleichenden Politikwissenschaft.

**Sarah Straub** ist Politikwissenschaftlerin und wissenschaftliche Mitarbeiterin am Demokratiezentrum Wien und im Arbeitsbereich Didaktik der Politischen Bildung an der Universität Wien. Sie lehrt an der Universität Wien und der Universität Graz. Ihr Arbeitsschwerpunkt liegt auf den Themen und Partizipation, Demokratie und Inclusive Citizenship Education.

**Taissiya Sutormina** hat sich intensiv mit integrationsrelevanten Auswirkungen von Sozialen Medien während ihres Masterstudiums der Politikwissenschaft an der Freien Universität Berlin beschäftigt. Seitdem konzentriert sie sich in unterschiedlichen Forschungsprojekten auf die vielfältige Wechselbeziehung zwischen Digitalisierung und Migration. Ihre Erfahrung im Bereich der Social Media Analyse und Communityarbeit setzt sie gegenwärtig im Projekt „NexSM" zur Unterstützung von Migrant*innenselbstorganisationen und migrantischen Online-Communitys bei La Red – Vernetzung und Integration ein.

**Simone Tosson**, M. A. ist wissenschaftliche Mitarbeiterin an der Universität Duisburg-Essen und arbeitet im Forschungsprojekt „Gesellschaftliche Konflikte und Dynamiken des Parteienwettbewerbs in der Migrations- und Integrationspolitik (MigRep)". Ihre Forschungsschwerpunkte liegen in der Repräsentations- Responsivitätsforschung, Partizipationsforschung sowie in der politische Kulturforschung.

**Prof. Dr. phil. habil. Hendrik Trescher** hat nach Stationen in Mainz, Frankfurt am Main und Halle an der Saale seit 2018 den Lehrstuhl für Erziehungswissenschaft mit dem Schwerpunkt „Inklusion und Exklusion" an der Philipps-Universität Marburg inne. Er lehrt und forscht unter anderem zu den Themen sozialraumbezogene Prozesse von Teilhabe und Inklusion, institutionalisierten Lebensbedingungen von Menschen mit Behinderungen und zu pädagogischen Handlungs- und Haltungsfragen in den Feldern der Inklusions- und Sozialpädagogik.

**Dimitrij Umansky** berät bei navos – Public Dialogue Consultants in Berlin Vorhabenträger*innen bei der Planung und Umsetzung von Beteiligungsverfahren. Zuvor hat er als wissenschaftlicher Mitarbeiter an der Hochschule Osnabrück Beteiligungsprozesse erforscht. Er hat einen Masterabschluss in Politischer Kommunikation an der University of Cape Town in Südafrika.

**Silke L. Voigt-Heucke** forscht mit und über Citizen Science. Sie leitet den Bereich Citizen Science am Museum für Naturkunde Berlin. In dieser Funktion leitet sie seit 2020 die wissenschaftliche Weiterentwicklung der deutschen Citizen Science Plattform Bürger schaffen Wissen und des Wettbewerbs „Auf die Plätze! Citizen Science in deiner Stadt".

**Katherin Wagenknecht** ist Kulturwissenschaftlerin. Sie hat an der Uni Münster und dem Museum für Naturkunde Berlin sowie der TH Wildau zu Trans- und Interdisziplinarität geforscht und arbeitet seit 2021 in der Abteilung Beteiligung beim BASE.

**Dr. Maike Weißpflug** ist Politikwissenschaftlerin. Sie hat an der RWTH Aachen und am Museum für Naturkunde Berlin geforscht und arbeitet heute in der Abteilung Beteiligung beim Bundesamt für die Sicherheit der nuklearen Entsorgung (BASE).

**Fabienne Wehrle** studierte Staatswissenschaften und Global Studies mit Schwerpunkt Politikwissenschaft. Als Projektmanagerin bei Wissenschaft im Dialog steht sie in engem Kontakt mit der deutschen Citizen-Science-Community und ist für die Redaktion und Kommunikation der Plattform Bürger schaffen Wissen zuständig.

**Dr. Maike Weißpflug** ist Politikwissenschaftlerin. Sie hat an der RWTH Aachen und am Museum für Naturkunde Berlin geforscht und arbeitet heute in der Abteilung Beteiligung beim Bundesamt für die Sicherheit der nuklearen Entsorgung (BASE).

**Sandro Witt**, geboren am 15. Juni 1981 im sächsischen Pirna, ist derzeit Projektleiter des DGB Koordinierungsprojektes Unsere Arbeit – Unsere Vielfalt. Initiative Betriebliche Demokratiekompetenz. Er studierte an der Europäischen Akademie der Arbeit in Frankfurt am Main und war von 2014-2021 unter anderem stellvertretender Vorsitzender des DGB Hessen – Thüringen und Vorsitzender von Mobit e. V. der mobilen Beratung gegen Rechtsextremismus in Thüringen.

**Dr. Andreas Zeuch** ist Gründer und Partner der Unternehmensdemokraten in Berlin. Er begleitet mit seinen Kolleg*innen Menschen und Organisationen auf dem Weg zu mehr und besserer Partizipation in und über Deutschland hinaus. Ihr aktueller Fokus liegt auf ihrem Nachhaltigkeits- und Demokratielabor (NaDeL), mit dem sie organisationale Nachhaltigkeit partizipativ mit allen interessierten Mitarbeitenden erarbeiten. Zeuch ist mit seinen vielfältigen Publikationen einer der führenden Experten zu organisationaler Demokratie, ihrer Theorie und Praxis sowie den Effekten in die Gesellschaft.

**Dr. Michael Zschiesche**, Jahrgang 1964, Dipl.-Ökonom, Jurist, seit 1995 Leiter Fachgebiet Umweltrecht und Partizipation im Unabhängigen Institut für Umweltfragen e. V., seit 1990 Forschungs- und Beratungstätigkeit in zahlreichen Projekten im In- und Ausland zu Fragen der Öffentlichkeitsbeteiligung, 2014 Veröffentlichung des Buches „ Öffentlichkeitsbeteiligung in umweltrelevanten Zulassungsverfahren – Status quo und Perspektiven" im Wissenschaftsverlag Berlin, Sachverständiger unter anderem in Anhörungen des Deutschen Bundestages zum Thema seit 1996.

**Katharina Zuegel** arbeitet seit über 10 Jahren zu dem Thema Bürgerbeteiligung, erst als Analystin bei der OECD und anschließend als Vize-Geschäftsführerin des französischen Vereins Décider ensemble. Sie war an der Entwicklung von Standards guter Bürgerbeteiligung beteiligt, hat nationale und lokale Regierungen beraten und Studien zu den Themen Open Government, Bürgerbeteiligung und digitale Demokratie verfasst.

# Das Berlin Institut für Partizipation

Das Berlin Institut für Partizipation ist politisch unabhängig und engagiert sich für die partizipative Weiterentwicklung unserer demokratischen Gesellschaft. Es vertritt einen umfassenden Partizipationsbegriff, der neben unterschiedlichen Formen der Bürgerbeteiligung auch Formen direkter Demokratie, eine moderne Ausgestaltung der repräsentativen Willensbildung und eine Belebung der politischen Alltagskultur umfasst.

Ziel des Instituts ist eine Weiterentwicklung der partizipativen Kultur insbesondere in Deutschland. Die Initiator*innen des Instituts sind davon überzeugt, dass die Akzeptanz und Zukunftsfähigkeit der repräsentativen Demokratie entscheidend davon abhängt, wie es dieser gelingt, die Menschen in unserem Land nachhaltig und umfassend an der politischen Willensbildung zu beteiligen.

Die Mitglieder des Instituts gehören verschiedenen politischen Strömungen des demokratischen Spektrums an. Rechtsträgerin des Instituts ist in der Gründungsphase die Deutsche Umweltstiftung, langfristig wird eine unabhängige Rechtsform angestrebt. Interessierte Bürger*innen sind eingeladen, sich als assoziierte Mitglieder an der Arbeit des Institutes zu beteiligen.

## Die Arbeitsschwerpunkte

Der Arbeitsschwerpunkt des Instituts liegt zunächst im nationalen Kontext, europäische und internationale Erfahrungen fließen jedoch in dessen Arbeit ein. Mittelfristig wird eine Zusammenarbeit mit vergleichbaren Akteur*innen im internationalen Kontext angestrebt.

Das Berlin Institut für Partizipation versteht sich nicht als Konkurrenz zu etablierten Strukturen in Wissenschaft, Forschung und Beratung, sondern als Ergänzung und Transporteur von Themen, Erkenntnissen und Anliegen. Es pflegt sowohl intern als auch extern eine kollaborative Arbeitsweise und lädt alle Interessierten zu aktiver Mitwirkung sowie alle im Bereich Partizipation tätigen Institutionen und Verbände zu partnerschaftlicher Zusammenarbeit ein.

Seit Juli 2018 ist das Berlin Institut für Partizipation als zentrale Koordination des Netzwerkes Allianz Vielfältige Demokratie tätig.

Das Institut konzentriert seine eigenen Aktivitäten zunächst auf drei Arbeitsschwerpunkte:

## Information

Das Institut betreibt umfangreiche Informations- und Öffentlichkeitsarbeit zu allen Fragen der Partizipation. Hierzu gehören unter anderem:

- der Betrieb einer frei zugänglichen Online-Plattform für alle, die sich für Partizipation und Bürgerbeteiligung interessieren. Diese Plattform bietet Fachartikel und aktuelle Nachrichten zur Theorie und Praxis der Partizipation, umfangreiche Literaturhinweise sowie eine Methoden- und Dienstleisterdatenbank,

- Publikation von Fachartikeln, Studien und Broschüren zu einzelnen Aspekten der Partizipation,

- Herausgabe eines Fachinformationsdienstes für Beteiligungsmanager*innen in Kommunen sowie auf Länder- und Bundesebene,

- Herausgabe des KURSBUCH BÜRGERBETEILIGUNG als regelmäßige Publikation zur Standortbestimmung der gesellschaftlichen Partizipationskultur,

- Aufbau eines anbieterunabhängigen Branchenportals mit der Möglichkeit, gezielt nach passenden Anbietern für Partizipationsdienstleistungen zu suchen,

- Aufbau einer zentralen Dokumentationsstelle für abgeschlossene Beteiligungsverfahren als Service für Beteiligende und Forschende.

## Konsultation

Ein weiterer Schwerpunkt der Arbeit des Instituts wird die unabhängige Politikberatung sein. Sie soll Entscheider*innen in Politik, Verwaltung, Verbänden und Wirtschaft für mehr Beteiligung begeistern und sie dabei unterstützen, diese erfolgreich umzusetzen.

Dazu gehören unter anderem folgende Aktivitäten:

- Entwicklung von Argumentationsbausteinen bezüglich des Mehrwerts von umfangreicher gesellschaftlicher Teilhabe,

- Bereitstellung konkreter Beratungsangebote für Kommunen, Ministerien, Ämter und Parteien,

- Aufbau einer Kompetenzstelle Partizipation als Ansprechpartner für recherchierende Medienvertreter*innen inklusiv des Angebots medial verwertbarer Informationen, Zusammenfassungen und Darstellungen,

- Lobbyarbeit für gute Partizipation, das heißt Überzeugungsarbeit bei politischen Entscheider*innen für ein Bundesbeteiligungsgesetz (BBG) inklusive der Etablierung entsprechender Strukturen und Institutionen (z. B. Bundesbeauftragte*r für Beteiligung, Bundesamt für Beteiligung, Bundesbeteiligungsbericht) zu leisten.

- Darlegung geeigneter Beteiligungsstrukturen und -prozesse für unterschiedliche Anforderungen.

- Entwicklung von idealtypischen Prozessen konstruktiver Beteiligung.

- Angebot von Fortbildungsveranstaltungen und Werkstattgesprächen.

- Entwicklung von Konzepten für partizipative Kommunalverwaltungen.

- Hilfestellung für Anbieter*innen bei der Aktivierung konkreter Zielgruppen.

## Evaluation

Mehr Partizipation ist auf Dauer nur durchsetzbar, wenn die Erfahrungen der Entscheider*innen und Beteiligten überwiegend positiv sind. Dazu ist es notwendig, dass Beteiligung qualitativ hochwertig geplant, durchgeführt und ausgewertet wird.

Hierzu gehören unter anderem folgende Angebote des Instituts, die gegebenenfalls mit Partner*innen umgesetzt werden:

- Entwicklung von Kriterien und Formaten zur wirkungsorientierten Evaluation von Beteiligungsprozessen,

- Etablierung eines Qualitätslabels für gutes Partizipationsdesign,

- Evaluation von Beteiligungsverfahren sowie einzelner Methoden und Formate,

- Entwicklung von Kriterien zur Erkennung von Scheinbeteiligung,

- Erarbeitung von Kriterien für gelingende E-Partizipation.

## Verhältnis zu Akteuren der Partizipation

- **Bürger*innen:** Aufgabe des Berlin Instituts für Partizipation ist es, Partizipation in allen gesellschaftlichen Bereichen zu fordern und zu fördern. Dazu stellt das Institut Informationen über Beteiligungsangebote und gelungene Beteiligungsprozesse zur Verfügung. Es publiziert niederschwellige und allgemeinverständliche Informationen auch für bestimmte Zielgruppen mit erschwertem Partizipationszugang (z. B. junge Menschen, Senior*innen, Migrant*innen). Zudem ist es Ansprechpartner für Beteiligte bei Fragen, Informationsbedarf und Kritik bzw. Konflikten in Beteiligungsverfahren. Das Institut versteht sich ausdrücklich auch als Serviceeinrichtung für Bürger, die Initiative für mehr Partizipation in ihrem konkreten Umfeld ergreifen wollen.

- **Politische Entscheider\*innen:** Als advokativer Thinktank bemüht sich das Berlin Institut für Partizipation in besonderem Maße darum, das Bewusstsein für die Notwendigkeit einer Weiterentwicklung der repräsentativen Demokratie durch robuste partizipative Strukturen zu fördern und macht dazu konkrete Vorschläge für Initiativen, Gesetze und institutionelle Reformen.

- **Wissenschaft:** Das Berlin Institut für Partizipation arbeitet nicht in Konkurrenz zu den (bislang noch überschaubaren) Hochschulstrukturen. Es betreibt zwar eigene, insbesondere anwendungsorientierte und evaluative Forschung, sieht seine Hauptaufgabe jedoch darin, grundlegende und aktuelle Forschungsergebnisse in den politischen Prozess zu transportieren und so zu mehr, umfangreicherer und besserer Partizipation in der Gesellschaft beizutragen.

- **Öffentliche Träger:** Das Berlin Institut für Partizipation berät und unterstützt öffentliche Institutionen als Beteiligerinnen insbesondere bei der Konzeption, Planung und grundsätzlichen Entscheidungsfindung sowie der Auswahl geeigneter Prozesse, Strukturen und Maßnahmen. Es stellt öffentlichen Beteiliger\*innen Informationen, Evaluations- und Forschungsergebnisse zur Verfügung.

- **Verbände:** Deutschland hat eine umfangreiche und differenzierte Verbandskultur. Im Bereich der Stakeholderbeteiligung ist unser politisches System im internationalen Vergleich weit fortgeschritten. Das Berlin Institut für Partizipation versteht sich als Partner der Stakeholder, die mehr und wirkungsvollere Partizipation einfordern und nutzen wollen. Es berät insbesondere bei Fragen effizienter Wahrnehmung von Partizipationsmöglichkeiten, aber auch bei der Entwicklung eigener, interner Beteiligungsstrukturen.

- **Unternehmen:** Mitentscheidend für die demokratische Kultur einer Gesellschaft ist auch die Frage, wie es um Partizipation in deren Arbeitswelt bestellt ist. Das Berlin Institut für Partizipation will deshalb bei Entscheider*innen in der Wirtschaft dafür werben, sowohl nach außen (Kund*innen, Anlieger*innen, Zulieferer) als auch nach innen (Beschäftigte) partizipative Angebote zu machen. Gerade im Rahmen der Herausforderungen durch eine zunehmend digitalisierte und globalisierte Arbeitswelt ist eine partizipative Unternehmenskultur ein wichtiges Erfolgskriterium auch im Ringen um besonders qualifizierte und engagierte Mitarbeiter*innen.

- **Beteiligungsdienstleister:** Das Berlin Institut für Partizipation begrüßt und fördert die Entwicklung einer vielfältigen und kompetenten Dienstleistungsbranche für gelingende Partizipation. Das Institut wird sich ausdrücklich nicht selbst im Bereich der Dienstleistung (z. B. Veranstaltungsmanagement) engagieren, sondern bei Anfragen auf geeignete Dienstleister verweisen. Es entwickelt im Dialog mit Anbieter*innen und Auftraggeber*innen unabhängige und standardisierte Qualitäts-, Auswahl- und Evaluationskriterien.

## Arbeitsweise und Struktur

Das Berlin Institut für Partizipation arbeitet gemeinnützig und nicht kommerziell. Es sieht haupt- und ehrenamtliches Engagement als gleichwertig an und integriert es in eine partnerschaftliche Zusammenarbeit.

Grundsätzlich steht eine Mitarbeit allen Interessierten offen, die die Ziele des Instituts teilen.

## Kontaktanschrift:

Berlin Institut für Partizipation | bipar
Haus der Demokratie
Greifswalder Straße 4
10405 Berlin
Telefon: 030 120826110
www.bipar.de

# dressverzeichnis Bürgerbeteiligung

nden Sie mit wenigen Klicks

*Forschungseinrichtungen*
*Förderstiftungen*
*Projektträger*
*Bildungsanbieter*
*Dienstleister*
*Sonstige Akteure*

er Bürgerbeteiligung

**Online auf
www.bipar.de**

*brigens: Auch Sie können
re Institution eintragen.
ie Aufnahme ist dauerhaft
ostenfrei.*

**Berlin Institut
für Partizipation**